124. B.
D. H.

GÉOGRAPHIE MODERNE.

TOME SECOND.

GÉOGRAPHIE MODERNE,

PRÉCÉDÉE D'UN PETIT TRAITÉ de la Sphère & du Globe : ornée de traits d'Histoire naturelle & politique ; & terminée par une *Géographie Sacrée*, & une *Géographie Ecclésiastique*, où l'on trouve tous les Archevêchés & Evêchés de l'Eglise Catholique, & les principaux des Eglises Schismatiques.

AVEC

Une Table des Longitudes & Latitudes des principales Villes du Monde, & une autre des Noms des lieux contenus dans cette Géographie.

Par M. l'Abbé NICOLLE DE LA CROIX.

NOUVELLE ÉDITION,

Revue par J. L. BARBEAU DE LA BRUYÈRE.

Les deux Volumes se vendent 6 liv. reliés.

TOME SECOND.

A PARIS,

Chez DELALAIN, Libraire, rue & à côté de l'ancienne Comédie Françoise.

M. DCC. LXXIII.

Avec Approbation & Privilège du Roi.

TABLE DES CHAPITRES.

SUITE DE LA SECONDE PARTIE,

Qui contient les Etats de l'Europe, situés au Nord & à l'Orient.

SECTION X.

DES Isles Britanniques, p. 1.
CHAP. I. De l'Angleterre, ibid.
§. I. Des six Comtés du Nord, 7
§. II. Des dix-huit Comtés du milieu, 9
I. Les huit Comtés vers les Provinces du Nord, ibid.
II. Les dix Comtés entre la Principauté de Galles, & les Provinces de l'Est, 10
§. III. Des six Comtés de l'Orient, 12
§. IV. Des dix Comtés du Midi, 16
I. Provinces du Sud, ibid.
II. Provinces de l'Ouest, 18
§. V. Des douze Comtés de la Principauté de Galles, 20
§ VI. Des Isles qui dépendent de l'Angleterre, 22
CHAP. II. De l'Ecosse, 23
§ I. Provinces de l'Ecosse Septentrionale, 26
§ II. Provinces de l'Ecosse Méridionale, 29
§ III. Des Isles d'Ecosse, 33
CHAP. III. De l'Irlande, 35
§. I. L'Ultonie, ou l'Ulster, 39
§ II. La Lagénie, ou le Leinster, 41
§ III. La Momonie, ou le Munster, 42
§ IV. La Connacie, ou le Connaugt, 43

SECTION XI.

Des Etats du Roi de Danemarck, 44
CHAP. I. Du Danemarck, 45
§ I. La Terre-Ferme, 46
1. Du Nord-Jutland, ib.
2. Du Sud-Jutland, 47
§ II. Des Isles de Danemarck à l'entrée de la Mer Baltique, 48
CHAP. II. De la Norwège, 50
CHAP. III. De l'Islande, &

de quelques autres Isles de l'Océan qui dépendoient autrefois de la Norwège, 53
Autres Possessions des Danois, 55

SECTION XII.

De la Suède, ibid.
§. I. De la Suède propre, ou Suéonie, 57
　1. La Suède propre, ibid.
　2. Le Nordland, 60
§. II. De la Gothie, 61
　1. Le Westrogothland, ib.
　2. L'Ostrogothland, 62
　3. Le Sudgothland, ibid.
Le Territoire de Bahus, 62
§. III. La Laponie, ibid.
La Laponie Suédoise, 65
§. IV. La Bothnie, ibid.
　1. La Bothnie occidentale, 66
　2. La Bothnie orientale, ibid.
§. V. La Finlande, ibid.
Autres possessions de la Suède, 68

SECTION XIII.

De la grande Russie, 69
Chap. I. Des six Gouvernemens de la Partie Septentrionale de la Russie Européenne, 76
§. I. Le Gouvernement de Saint-Pétersbourg, ibid.
§. II. Le Gouvernement de Wibourg, 78
§. III. Le Gouvernement de Revel, 79
§. IV. Le Gouvernement de Riga, ibid.
§. V. Le Gouvernement de Nowogorod, 80
§. VI. Le Gouvernement d'Archangel, 81
Chap. II. Des six Gouvernemens de la Partie Méridionale de la Russie Européenne, 85
§. I. Le Gouvernement de Moscow, ibid.
§. II. Le Gouvernement de Smolensk, 87
§. III. Le Gouvernement de Kiow, ou de la petite Russie, 88
§. IV. Le Gouvernement de Bielgorod, ibid.
§. V. Le Gouvernement de Woronez, 89
§. VI. Le Gouvernement de Niznei-Nowogorod, ibid.

SECTION XIV.

De la Turquie d'Europe, 90
Chap. I. De la Turquie Septentrionale d'Europe, 95
§. I. La Petite Tartarie, 96
§. II. La Bessarabie, 97
§. III. La Moldavie, 98
§. IV. La Valaquie, 99
§. V. La Croatie, ibid.
— Autrichienne, ibid.
— Turque, 100
§. VI. La Dalmatie, ibid.
— Vénitienne, ibid.
— Turque, 101
— Ragusienne, ibid.
§. VII. La Bosnie, 102
§. VIII. La Servie, 103
§. IX. La Bulgarie, 104
§. X. La Romanie, 105
Chap. II. De la Turquie Méridionale d'Europe, ou Grèce. 107
§. I. De la Terre-Ferme de

DES CHAPITRES.

Grèce, 108
1. La Macédoine, ou Coménolitari, ibid.
2. L'Albanie, 110.
3. La Livadie, 111
4. La Morée, 112
§. II. Des Isles de la Grèce, 114
I. Des Isles de la Mer Ionienne, ou Mer de Grèce, 115
II. Des Isles de l'Archipel, 116
Des deux grandes Isles de l'Archipel, ibid.
Des Isles Cyclades, 118
Des Isles Sporades, 120
Analyse de l'Europe, 121

TROISIEME PARTIE.

De l'Asie, 123.

CHAP. I. DE la Turquie d'Asie, 128
ART. I. De la Natolie, 129
§. I. Les Côtes dépendantes du Capitan Pacha, 130
§. II. Le Gouvernement d'Anadoli ou de Kutaieh, 131
§. III. Le Gouvernement de Sivas, 132
§. IV. Le Gouvernement de Trebisonde, 133
§. V. Le Gouvernement de Caramanie ou de Konieh, ibid.
§. VI. Le Gouvernement de Marasch, ou l'Aladulie, 134
§. VII. Le Gouvernement d'Adana, 135
§. VIII. Le Gouvernement de l'Isle de Cypre, ibid.
1. Le Pays d'Itchiil, ibid.
2. L'Isle de Cypre, 136
ART. II. La Syrie ou le Sham, 137
§. I. Le Gouvernement d'Alep, ibid.
§. II. Le Gouvernement de Tripoli, 138
§. III. Le Gouvernement de Seyde, 139
§. IV. Le Gouvernement de Damas, 140
§. V. Le Gouvernement de Jérusalem, ibid.
§. VI. Le Gouvernement d'Adgeloun, 142
ART. III. De la Turcomanie, 143
— Occidentale ou Turque, ibid.
— Orientale ou Persane, 144
ART. IV. Du Diarbeck, ib.
§. I. Du Diarbeck propre, 145
§. II. De l'Yrac-Arabi, ib.
§. III. Du Curdistan, ou Pays des Curdes, 147
ART. V. De la Géorgie, 148
— Occidentale ou Turque, ibid.
— Orientale ou Persane, 149
ART. VI. Des Isles de la Turquie d'Asie, ibid.

TABLE

De l'Isle de Rhodes, ibid.
Des autres Isles, 150
CHAP. II. De l'Arabie, 152
§. I. De l'Arabie Pétrée, 153
§. II. De l'Arabie Déserte, 154
§. III. De l'Arabie Heureuse, 155
I. Du Royaume d'Yemen, ibid.
II. Du Royaume de Fartach, ou Caresen, 156
III. Des autres Etats de l'Arabie Heureuse, ibid.
1. Le Royaume de Mascate, ibid.
2. Le Pays de Bahrein & d'Elcatif, ibid.
CHAP. III. De la Perse, 157
CHAP. IV. De l'Inde, 167
ART. I. De l'Indostan, ou Empire du Mogol, 170
ART. II. De la Presqu'Isle en deçà du Gange, ou Occidentale, 175
§. I. De la Côte Occidentale, 176
1. Du Royaume de Visapour, ibid.
2. De la Côte de Canara, 178
3. De la Côte de Malabar, ibid.
§. II. De la Côte Orientale, 180
I. Du Royaume de Golconde, ibid.
II. De la Côte de Coromandel, 181
1. Le Royaume de Carnate, ou de Bisnagar, ibid.
2. Des Etats situés à l'extrémité Méridionale, 183
ART. III. De la Presqu'Isle au-delà du Gange, ou Orientale, 184

§. I. De la Partie Septentrionale de la Presqu'Isle au delà du Gange, 184
§. II. De la Partie du milieu, 187
§. III. De la Partie Méridionale, ibid.
1. Le Royaume de Siam, ibid.
2. De la Presqu'Isle de Malaca, 189
§. IV. De la Partie Orientale, ibid.
1. Du Royaume de Tonquin, ibid.
2. Du Royaume de la Cochinchine, 192
3. Du Royaume de Camboge, 196
CHAP. V. De la Chine, ib.
§. I. Des Provinces Septentrionales de la Chine, 205
§. II. Des Provinces Méridionales, 209
§. III. De la Corée, 215
§. IV. Des Isles de Lieou-Kieou, ibid.
CHAP. VI. De la Grande Tartarie, 217
ART. I. De la Tartarie Chinoise, 220
§. I. Du Pays des Mantcheous, ou Nyuches, ib.
§. II. Du Pays des Mongous, ou Mugales Noirs, 223
§. III. Du Pays des Kalkas, ou Mugales jaunes, 224
ART. II. De la Tartarie indépendante, 226
§. I. Des Eluths, ou Calmoucks, 227
§. II. Du Tibet, 230
§. III. Du Turkestan, 233
§. IV. Du Pays des Usbecks, 235
§. V. Du Dagestan, de la

Circaſſie, & des Pays qu'habitent les petits Peuples libres du Caucaſe, 238
Art. III. *De la Tartarie Ruſſienne, ou Ruſſie Aſiatique,* 241
§. I. *Le Gouvernement de Caſan,* 242
§. II. *Le Gouvernement d'Orenbourg,* 244
§. III. *Le Gouvernement d'Aſtracan,* 245
§. IV. *De la Sibérie,* 246
I. *Du Gouvernement de Tobolsk,* 248
1. *La Province de Tobolsk,* ibid.
2. *La Province d'Ieniſeiſk,* 251
II. *Du Gouvernement & de la Province d'Irkutsk,* (où eſt le Kamtſchatka,) 252
Chap. VII. *Des Iſles de l'Aſie,* 256
Art. I. *Des Iſles voiſines du Kamtſchatka,* ibid.
Art. II. *Des Iſles du Japon,* 259
1. *De l'Iſle de Niphon,* 263
2. *De l'Iſle de Kiuſiu, ou Cikoko & Bongo,* 264
3. *De l'Iſle de Sikokf, ou Tonſa,* 265

Art. III. *Des Iſles des Larrons, ou Mariannes,* 266
Art. IV. *Des Iſles Philippines, ou Manilles,* 267
I. *De l'Iſle de Manille, ou Luçon,* 268
II. *De l'Iſle de Mindanao,* 269
III. *De l'Iſle de Cébu,* 270
IV. *De l'Iſle de Samar, ou Tendaye,* 271
V. *De l'Iſle de S. Jean,* ib.
VI. *De l'Iſle Parago,* ib.
VII. *Des Nouvelles Philippines,* ibid.
Art. V. *Des Iſles Moluques,* ibid.
I. *De l'Iſle de Célébes, ou Macaſſar,* 272
II. *De l'Iſle d'Amboyne,* 273
III. *De l'Iſle de Banda,* ibid.
Art. VI. *Des Iſles de la Sonde,* ibid.
I. *L'Iſle de Bornéo,* 275
II. *L'Iſle de Sumatra,* 276
III. *L'Iſle de Java,* 277
Art. VII. *De l'Iſle de Ceylan, & de quelques autres moins conſidérables du Golfe de Bengale,* 279
Art. VIII. *Des Iſles Maldives,* 282

QUATRIEME PARTIE.

De l'Afrique, 283.

Chap. I. *De l'Egypte,* 290
§. I. *La Haute Egypte,* 293
§. II. *L'Egypte du milieu,* 294

§ III. *La baſſe Egypte,* 292
Chap. II. *De la Barbarie,* 298
Art. I. *De la Barbarie propre,* 299

§. I. *Du Pays de Derne, ou de Barca*, 300
§. II. *De la République, ou Royaume de Tripoli*, 301
§ III. *De la République, ou Royaume de Tunis*, 302
§. IV. *De la République ou Royaume d'Alger*, 303
§. V. *Des Etats du Roi de Maroc*, 306
Art. II. *Du Bilédulgérid*, 308
Chap. III. *Du Saara, ou Désert de Barbarie*, 312
Chap. IV. *De la Guinée*, 315
§. I. *De la Guinée Septentrionale*, 316
§. II. *De la Guinée méridionale*, 318
1. *De la Malaguette*, ibid.
2. *De la Guinée propre*, ibid.
3. *Du Royaume de Benin*, 320
Chap. V. *De la Nigritie*, 321
Chap. VI. *De la Nubie*, 324
Chap. VII. *De l'Abyssinie*, 325
1. *Le Royaume de Tigré*, 327
2. *Le Royaume de Dambéa* 328
3. *La Province ou Royaume de Bagemder*, ibid.
4. *La Province de Gojam*, ibid.
5. *De la Côte d'Abech*, 329
Chap. VIII. *Du Congo*, ib.
I. *Le Royaume de Loango*, 330
II. *Le Royaume de Congo*, 331
III. *Le Royaume d'Angole*, 332
IV. *Le Royaume de Benguéle*, 333
Chap. IX. *De la Cafrerie pure*, ibid.
I. *De la partie Septentrionale*, 334
II. *De la partie Méridionale*, ibid.
III. *De la partie Orientale*, 337
Chap. X. *De la Cafrerie mélangée*, 339
§. I. *Du Zanguébar*, ibid.
1. *Le Royaume de Mosambique*, 340
2. *Le Royaume de Moruca*, 341
3. *Le Royaume de Mongale*, ibid.
4. *Le Royaume de Quiloa*, ibid.
5. *Le Royaume de Monbaze*, ibid.
6. *Le Royaume de Melinde*, 342
§. II. *De la Côte d'Ajan*, ib.
1. *La République de Brava*, 343
2. *Le Royaume de Magadoxo*, ibid.
3. *Le Royaume d'Adel*, ib.
Chap. XI. *Des Isles de l'Afrique*, 344
Art. I. *Des Isles vis-à-vis de la Côte Orientale d'Afrique*, 345
§. I. *De l'Isle de Madagascar*, ibid.
§. II. *Des Isles de Bourbon & Maurice, ou de France*, 346
§. III. *Des Isles de Comore*, 348
§. IV. *De l'Isle de Socotora*, 349
Art. II. *Des Isles vis-à-vis*

DES CHAPITRES

la Côte Occidentale d'Afrique, 349
§. I. Des Isles Canaries, 350
§. II. Des Isles Madère, & Porto-Santo, 351
§. III. Des Isles du Cap Verd, 353
§ IV. De l'Isle de S. Thomas, & des Isles voisines, 355
§. V. De l'Isle de Sainte-Hélène, 357

CINQUIEME PARTIE.

De l'Amérique, 358.

CHAP. I. De l'Amérique Septentrionale, 364
ART. I. Du Canada, 365
De la Louisiane, 367
ART. II. Des anciennes Possessions Angloises, 370
ART. III. De la Floride, 376
ART. IV. Du Mexique, ou Nouvelle Espagne, 378
§. I. L'Audience de Mexico, 380
§. II. L'Audience de Guadalajara, ou Nouvelle Galice, 385
La Californie, 386
§. III. L'Audience de Guatimala, 387
ART. V. Du Nouveau Mexique, 390
ART. VI. Des nouvelles Découvertes à l'Ouest & au Nord-Ouest du Canada, & des Pays aux environs de la Baye de Baffin, 391
§. I. De la Mer de l'Ouest, 392
§. II. Des Découvertes des Russiens en Amérique, 394
§. III. Des Découvertes de l'Amiral de Fonte, Espagnol, 396
§. IV. Des Pays aux environs de la Baye de Baffin, 400
§ V. Du Groenland, ibid.
ART. VII. Des Isles de l'Amérique Septentrionale, 404
§. I. Des Isles situées dans le Golfe de Saint-Laurent, 405
I. L'Isle de Terre-Neuve, ibid.
II. L'Isle Royale, ou du Cap Breton, 406
III. L'Isle de S. Jean, 407
IV. Anticosti, ibid.
§. II. Des Isles Lucayes & des Bermudes, 408
§. III. Des Isles Antilles, 409
I. Les grandes Antilles, ibid.
II. Les petites Antilles, 413
1. Les Isles de Barlovento, 414
2. Les Isles de Soto-vento, 418
§. IV. Des Isles Açores ou Terceres, ibid.
CHAP. II. De l'Amérique Méridionale, 419
ART. I. De la Terre-Ferme, ou Castille d'or, 420

1. La Province de Véragua, 421
2. La Province de Panama, ibid.
3. La Province de Carthagène, 422
4. La Province de Sainte-Marthe, ibid.
5. La Province de Rio de la Hacha, ibid.
6. La Province de Vénézuéla, 423
7. La Nouvelle Andalousie, ibid.
8. Le Nouveau Royaume de Grenade, ibid.
9. Le Popayan, ibid.
Art. II. Du Pérou, 424
§. I. L'Audience de Quito, 429
§. II. L'Audience de Los-Reyes, ou de Lima, 432
§. III. L'Audience de Los-Charcas, 433
Art. III. Du Chili, 434
I. Le Chili propre, 436
II. L'Impériale, ibid.
III. Le Cuyo, ibid.
Art. IV. Du Pays des Amazones, 437
Art. V. Du Brésil, 446
§. I. Capitaineries de la Côte Septentrionale, 449
§. II Capitaineries de la Côte Orientale, 450
Art. VI. De la Guyane, 452
Art. VII. Du Paraguay, 456
Art. VIII. De la Terre Magellanique, 459
Isles de l'Amérique Méridionale, 461
Chap. III. Des Terres Polaires, & des Terres Australes, 462
Art. I. Des Terres Polaires Arctiques, ibid.
§. I. Du Spitzberg, 463
§. II. De la Nouvelle Zemle, ibid.
§. III. De la Bolsschaia-Zemla, 464
Art. II. Des Terres Polaires Antarctiques, 465
§. I. De la Terre de la Circoncision, & de celle de Gonneville, ibid.
§. II. De la Terre de Feu, & de la Nouvelle Zélande, 466
Art. III. Des Terres Australes, 467
§. I. De la Nouvelle Guinée, 468
§. II. De la Nouvelle Hollande, ibid.
§. III. Des Isles de Salomon, 469

GÉOGRAPHIE SACRÉE.

Premiere Partie. Géographie des Patriarches, ou des premiers Ages du Monde, avec l'indication des principaux endroits des mêmes Pays où il est arrivé quelque événement célébre pendant la Captivité, & même au commencement de la Prédication de l'Evangile par les Apôtres, 471
I. Dans l'Arménie, 472
II. Dans la Médie, 473
III. Dans l'Asie mineure, ibid.

DES CHAPITRES.

IV. Dans le Pays de Chanaan, appellé depuis Judée, 475
V. Dans la Phénicie, 476
VI. Dans le Pays d'Aram, ou de Syrie, 477
VII. Dans la Mésopotamie, 478
VIII. Dans l'Assyrie, ibid.
IX. Dans la Babylonie, 479
X. Dans le Pays d'Elam, ou la Perse, ibid.
XI. Dans l'Egypte, 480
XII. Dans l'Arabie, 481
Autres Pays éloignés dont il est parlé dans l'Ecriture Sainte, 483
SECONDE PARTIE. Description de la Judée ou Terre-Sainte, 484
CHAPITRE I. Division de la Judée en douze Tribus, 487
§. I. Des Tribus au-delà du Jourdain, 489
§. II. Des six Tribus & demie en-deçà du Jourdain, & au milieu, 492
§. III. Des trois Tribus vers la Méditerranée, ou la grande Mer, 501
CHAP. II. Du Pays des Philistins, & des autres Peuples voisins de la Judée, 504
CHAP. III. Division de la Judée depuis le Retour de la Captivité, & particulièrement sous Hérode le Grand & ses enfans, 508
CHAP. IV. Division de la Palestine, sous les Romains, 511
CHAP. V. Division de la Terre-Sainte, sous le Christianisme, & du temps des Croisades, ibid.
CHAP. VI. Division de la Judée, ou Terre-Sainte, sous les Turcs, 512

GÉOGRAPHIE ECCLÉSIASTIQUE.

CHAPITRE PRELIMINAIRE. De l'origine du Gouvernement Ecclésiastique ; & de la distinction des Eglises Latine & Grecque, 515
CHAP. I. Des Archevêchés & Evêchés de l'Eglise Latine, particulièrement en Europe. 517
ART. I. Archevêchés & Evêchés du midi de l'Europe, 518
§. I. Archevêchés & Evêchés d'Espagne, ibid.
§. II. Archevêchés & Evêchés de Portugal, 522
§. III. Archevêchés & Evêchés d'Italie, 523
1. Archevêchés & Evêchés de la haute Italie, 524
2. Archevêchés & Evêchés de l'Italie moyenne, 525
3. Archevêchés & Evêchés de la basse Italie, 528
4. Archevêchés & Evêchés des Isles de l'Italie, 532
ART. II. Des Archevêchés & Evêchés situés dans le milieu de l'Europe, 534
§. I. Archevêchés & Evêchés de France, ibid.

TABLE DES CHAPITRES.

§. II. *Archevêchés & Evêchés d'Allemagne, & des Pays-Bas,* 539
§. III. *Archevêchés & Evêchés de Pologne,* 542
Art. III. *Archevêchés & Evêchés situés dans la partie Orientale de l'Europe,* 544
Art. IV. *Archevêchés & Evêchés du Nord de l'Europe,* 549
§. I. *Archevêchés & Evêchés des Isles Britanniques,* ibid.
§. II. *Archevêchés & Evêchés de Danemarck & de Norwége,* 554
§. III. *Archevêchés & Evêchés de Suéde,* 555
Chap. II. *Des Archevêchés & Evêchés de l'Eglise Latine, en Asie, & des Orientaux qui lui sont unis,* 556
Archevêché de Goa, 557
Archevêché d'Angamale, sur la Côte de Malabar, ibid.
Archevêché de Manille, 558
De l'Eglise des Maronites, ibid.
Arméniens Catholiques, 560
Chaldéens ci-devant Nestoriens, ibid.
Syriens, ci-devant Jacobites, 561
Chap. III. *Des Evêchés de l'Eglise Latine en Afrique,* ibid.
Chap. IV. *Des Archevêchés & Evêchés de l'Amérique,* 562
Sommaire, ou Table Géographique des Archevêchés & Evêchés de l'Eglise Latine, 564
Chap. V. *Des Patriarchats de l'Eglise Grecque, & des autres Eglises Schismatiques,* 566
Art. I. *Du Patriarchat de Constantinople,* 567
Art. II. *Du Patriarchat d'Antioche,* 570
Art. III. *Du Patriarchat de Jérusalem,* 572
Art. IV. *Du Patriarchat d'Alexandrie,* 573
Art. V. *Des Eglises qui ne sont ni du Rit Grec, ni du Rit Latin,* 574
I. *Eglise de Russie,* 575
II. *Des Géorgiens & des Mingréliens,* 577
1. *Des Géorgiens,* 578
2. *Des Mingréliens,* ibid.
III. *Des Syriens Jacobites,* 579
IV. *Des Arméniens de Perse,* 581
V. *Des Arméniens de Turquie,* 583
VI. *Des Nestoriens, ou Chaldéens,* 584
VII. *Des Cophtes,* 585
VIII. *Des Abyssins,* 586
Addition, pour la p. 351: *Ordonnance du Roi Louis XIII, qui fixe le Premier Méridien,* 588

Fin de la Table des Chapitres du Tome II.

GEOGRAPHIE

GÉOGRAPHIE MODERNE.

SUITE DE LA SECONDE PARTIE,

Qui contient les Etats de l'Europe, situés au Nord & à l'Orient.

SECTION DIXIÈME.

Des Isles Britanniques.

LES *Isles Britanniques* consistent en deux grandes Isles, la *Grande-Bretagne* (a) & l'*Irlande*, & plusieurs petites : elles composent les Royaumes d'Angleterre, d'Ecosse & d'Irlande. Les deux premiers, qui sont aujourd'hui réunis, s'appellent la *Grande-Bretagne* ; & le dernier garde le nom d'*Irlande*.

CHAPITRE PREMIER.

De l'Angleterre.

CE Pays est entre le cinquantième & le cinquante-sixième dégré de latitude, & entre le douzième

---

(a) Les Anciens la nommoient *Albion* & *Bretagne.*

Tome II. A

& le dix-neuvième de longitude. Quoiqu'il soit au Nord, l'air y est assez tempéré ; on n'y ressent ni de grandes chaleurs, ni de grands froids. Les brouillards y règnent quelquefois des mois entiers. Il n'y a ni vignes, ni oliviers : les fruits n'y sont pas si bons qu'en France & dans les Pays méridionaux d'Europe ; mais en récompense la laine des bestiaux y est très-fine, parceque les troupeaux passent les jours & les nuits presque toute l'année dans les pâturages qui y sont excellens, sans craindre les loups, dont le Pays est tout-à-fait exempt, depuis l'an 966, qu'ils furent exterminés par les soins du Roi Edgar. Mais de peur qu'il n'en vienne du côté de l'Ecosse, on a mis des gardes sur les frontières de ce Pays. On n'y voit point non plus d'ours ni de sangliers. Le terroir est très-fertile en bled, & on y trouve des mines d'étain fin & de plomb. Le commerce y est d'autant plus florissant, que la Noblesse peut s'y appliquer sans déroger. Les principales marchandises qu'on tire de ce Royaume sont l'étain, le plomb, le charbon de terre, le beurre, le fromage, les cuirs ; & les étoffes qui s'y frabriquent, & qui se transportent en Allemagne, en Pologne, en Turquie, en Russie, & jusques dans la Perse. Les chevaux en sont très-estimés, & le gibier y abonde.

L'Angleterre tire son nom des Angles, Peuples du Holstein, qui, unis avec les Saxons, s'en emparèrent dans le Ve. Siècle. Les Bretons les avoient appellés à leur secours, pour se défendre des Pictes, Peuples sauvages du Nord de l'Isle, qui profitant de la retraite des soldats Romains dont on avoit besoin ailleurs, désoloient la Bretagne Romaine (*a*). Les Saxons, assistés des Angles, ayant vaincu ces Barbares, forcèrent ensuite les Bretons à se retirer

---

(*a*) La *Bretagne Romaine* comprenoit l'Angleterre & l'Ecosse méridionale.

dans la Principauté de Galles; une partie se réfugia dans la Province de France, appellée depuis *Bretagne*, de leur nom. Les Angles & les Saxons devenus ainsi les maîtres dans l'Isle, y fondèrent sept Royaumes (*a*), qui furent réunis au commencement du IXe. Siècle, sous un seul Roi nommé Egbert, descendu des Angles. Edmond II, le dernier de la race d'Egbert, ayant été détrôné par Canut, Roi de Danemarck, ce Prince monta sur le trône d'Angleterre en 1017. Edouard *le Confesseur* étant mort en 1066, Guillaume, Duc de Normandie, surnommé *le Conquérant*, qu'il avoit choisi pour son successeur, se mit en possession de ce Royaume. Il a passé dans deux familles issues par les femmes de ce même Guillaume; sçavoir, dans celle d'Etienne de Blois, Comte de Boulogne, qui succéda en 1135, à Henri I, du chef de sa mère Alix, fille de Guillaume le Conquérant; ensuite dans celle de Henri II, par les droits que Mahaut sa mère y avoit, comme fille de Henri I, troisième fils du Guillaume dont on vient de parler. La Couronne passa après cela dans les familles de Lancastre & d'Yorck, qui étoient deux branches cadettes d'Edouard III, descendu de Henri II, & qui se firent à ce sujet de cruelles guerres; mais leurs divisions s'éteignirent par le mariage de Henri VII, de la Maison de Lancastre, avec l'héritière de la Maison d'Yorck, Elisabeth, fille d'Edouard IV.

Henri VIII ayant fait schisme avec l'Eglise Romaine, laissa un fils nommé Edouard VI, qui introduisit dans ses Etats la Prétendue Réformation. Marie sa sœur, qui lui succéda, rétablit la Religion Catholique; mais Elisabeth, sœur de Marie, retourna à la Religion Prétendue Réformée. Après

---

(*a*) C'est ce qu'on appelle l'*Heptarchie*.

sa mort, Jacques Stuart, Roi d'Ecosse, VI du nom, devint Roi d'Angleterre, & laissa en mourant un fils nommé Charles I, qui fut décapité en 1649, par les intrigues d'Olivier Cromwel.

En 1660, les Anglois rappellèrent le fils de Charles I, qui prit le nom de Charles II. Ce Prince mourut sans enfans, & laissa le trône à son frère Jacques II, après l'avoir possédé vingt-cinq ans. Celui-ci ayant été chassé d'Angleterre, en 1688, pour son attachement à la Religion Catholique, vit sa Couronne passer à Guillaume III, Prince d'Orange, de la Maison de Nassaw, qui avoit épousé Marie, fille aînée du Roi Jacques. Après la mort de la Reine Anne, deuxième fille du Roi Jacques II, la Couronne a été transférée en 1714, dans la Maison du Duc de Brunswick, Electeur d'Hanovre. Le Roi George III, qui est monté en 1760 sur le Trône, est de cette famille, & appartient par les femmes à la Maison de Stuart, descendant d'une sœur de Charles I.

Le Gouvernement est tout à la fois Monarchique, Aristocratique, Démocratique. Il est Monarchique, étant gouverné par un Roi dont la Couronne passe même aux filles. Son Aristocratie consiste en l'autorité du Parlement, sans le consentement duquel le Roi ne peut faire aucunes Loix ni aucunes Impositions. Le Parlement est composé de deux Chambres: la première qu'on appelle la *Chambre Haute*, ou des Pairs; parceque les Princes du sang, les Ducs, Comtes, Barons, Archevêques & Evêques y ont entrée, ainsi que les seize Pairs choisis d'Ecosse, le Parlement d'Ecosse étant aujourd'hui réuni à celui d'Angleterre. Ils sont en tout au nombre de 200; sçavoir, 184 pour l'Angleterre, & 16 pour l'Ecosse. La seconde Chambre se nomme *Basse*, ou des *Communes*, parcequ'elle est formée des Députés des Villes ou Bourgs royaux. Comme ces Députés, qui font au nombre de 558, dont 24 de la Principauté de Galles, & 45 d'Ecoſſe, ſont tirés d'entre le Peuple, & qu'ils ont part au Gouvernement par l'autorité qu'ils ont dans le Parlement, on peut dire que la Démocratie a lieu en Angleterre. Ces Chambres délibèrent ſéparement. Quand elles ſont d'accord, la Loi paſſe, pourvu que le Roi y donne ſon conſentement. Le Roi peut convoquer, caſſer ou proroger le Parlement: il a droit encore de diſpoſer de toutes les Charges Eccléſiaſtiques, civiles & militaires. Il jouit de deux millions de livres ſterlings de revenu, c'eſt-à-dire, d'environ 24 millions de notre monnoie.

On conçoit que les Rois d'Angleterre viennent facilement à bout de faire paſſer dans le Parlement les Réglemens qu'ils ſouhaitent; ils ne le font pas par autorité; mais comme ils y ont grand nombre de créatures, l'eſpérance d'obtenir des charges ou de l'argent, fait prendre les intérêts du Roi.

Les Anglois ſont braves, adroits, ingénieux, courageux, beaux & bien faits pour la plûpart: la Nobleſſe y eſt en général fort polie, mais le Peuple eſt très-groſſier, mépriſant toutes les autres Nations. Leur Cavalerie n'eſt pas fort eſtimée; mais leur Infanterie eſt une des meilleures de l'Europe.

La Religion de l'Etat eſt la Calviniſte: elle eſt partagée en deux branches: l'*Epiſcopale* & la *Presbytérienne*. L'Epiſcopale eſt ainſi nommée, parcequ'elle a conſervé les Evêques qui la gouvernent ſous l'autorité du Roi, qui en eſt le chef. Elle eſt dominante, & s'appelle la Religion Anglicane. La Presbytérienne eſt celle qui dépend des Miniſtres & des Anciens. Il y a encore pluſieurs Religions en Angleterre, & un grand nombre de Sectes y ſont tolérées. L'impiété & l'irréligion y font tous les jours de nouveaux progrès. La ſeule Egliſe

Catholique n'a pas le libre exercice de sa Religion.

Il y a dans ce Royaume deux fameuses Universités, *Oxford* & *Cambridge*, dans les Comtés de même nom.

Les principales Rivières sont ; à l'Orient, la Tamise & l'Humber ; & à l'Occident, la Saverne.

La *Tamise* est formée de la réunion de deux Rivières. La première est l'*Yse*, qui sort du Comté de Glocester, & passe à Oxford ; l'autre est la *Tame*, qui prend sa source dans le Comté d'Harfort à l'Ouest, s'unit à l'*Yse* quelques lieues au-dessous d'Oxford, & ne forme plus avec cette Rivière qu'un même Fleuve, qui prend le nom de *Tamise*, passe à Londres & se décharge dans la Mer, à l'Orient.

L'*Humber* peut être regardé comme un bras de Mer, dans lequel se déchargent un grand nombre de Rivières. La principale est le *Trent*, qui prend sa source dans le Comté de Stafford, traverse celui de Nottingham, & se jette dans l'Humber, à l'Occident de Barton.

La *Saverne* prend sa source dans les Montagnes du Comté de Montgomery, passe à Shrowesburi, à Worcester, à Glocester, & au-dessous de cette Ville se jette dans la Mer, à l'Occident.

Les deux principaux Golfes de ce Royaume sont celui de *Boston*, à l'Orient, *le Canal de S. Georges*, à l'Occident.

Ce Royaume se divise en Angleterre à l'Orient, & en Principauté de Galles, à l'Occident. On y compte cinquante-deux Comtés, que l'on nomme *Shires*, c'est-à-dire *partages* ou *divisions*, en langage du Pays. Il y en a quarante en Angleterre, six vers le Nord, dix-huit au milieu, six à l'Orient, dix au Midi : les douze autres sont à l'Occident dans la Principauté de Galles. Les fils aînés des Rois d'Angleterre portent le titre de Princes de Galles.

§. I. Des six Comtés du Nord.

1. *Northumberland.* Ce Comté portoit autrefois le titre de Royaume, & il étoit fort étendu : il a douze Villes (*a*) à marché, envoye huit Députés au Parlement, & renferme aujourd'hui :

Neucastle, sur la Tine, *Capitale, Duché, Port, Place forte.* C'est une grande Ville, peuplée & fort marchande.

On voit près de cette Ville les ruines d'une grande muraille qui s'étendoit d'une Mer à l'autre, & qui avoit été bâtie par les Romains, sous Adrien, pour mettre le Pays à couvert des incursions des Pictes & autres Peuples sauvages du Nord de l'Ecosse, que les Romains n'avoient pu soumettre.

Barwick, à l'extremité Septentrionale, & à l'embouchure de la Twede. La situation de cette Ville sur la Mer, la rend très-commerçante.

2. *Cumberland*, à l'Occident, Duché. Il a quatorze Villes à marché, & envoye six Députés au Parlement.

Carlisle, *Capitale, Evêché*, sur l'Eden. Cette Ville est considérable & forte. Le Roi Henri VIII y a fait bâtir une Citadelle.

3. *Westmorland.* Ce Comté renferme huit Villes à marché, & envoye quatre Députés au Parlement.

Kendalle, *Capitale*, sur le Ken. C'est une Ville riche & peuplée, où il se fait un grand commerce de draperies, d'étoffes de laines, de bas & de chapeaux.

4. *Durham*, à l'Orient. Il renferme neuf Villes à marché, & envoye quatre Députés au Parlement.

(*a*) Ce que nous disons ici du Comté de Northumberland, qu'il contient douze Villes à marché, ne doit pas s'entendre de manière que tous les lieux de ce Comté où il y a marché soient des Villes proprement dites. Ce ne sont pour la plûpart que des Bourgs. Il en est de même des Comtés suivans.

DURHAM, sur la Were, *Evêché* suffragant d'Yorck. C'est le plus riche Evêché du Royaume.

5. *Yorck*, à l'Orient. Ce Comté contient cinquante-huit Villes à marché, & envoye trente Députés au Parlement.

YORCK, anciennement EBORACUM *ou* BRIGANTIUM, *Capitale*, *Archevêché*, sur l'Youre. C'est la seconde Ville du Royaume en grandeur & en beauté : elle est riche & peuplée. Sa Cathédrale est une des plus belles de l'Europe. On y compte jusqu'à 28 Eglises ou Chapelles. Cette Ville étoit en si haute estime parmi les Romains, que l'Empereur Sévère y avoit un Palais où il mourut. Son Archevêque couronne la Rèine, & est son Chapelain perpétuel. Il prétendoit à la Primatie ; mais la Reine Elisabeth décida en faveur de l'Archevêque de Cantorberi, à condition qu'il garderoit le célibat. Yorck est un titre de Duché, affecté à un Prince de la famille Royale. Son Maire porte le titre de *Lord*, ainsi que celui de Londres. Ce sont les seuls Maires d'Angleterre qui aient cet honneur.

HULL, *ou* KINGSTON, *Port*, sur l'Humber. Cette Ville est fort commerçante.

HALIFAX, au Sud-Ouest d'Yorck, près le *Calder*, qui se jette dans l'Humber. Cette Ville est connue par sa Manufacture de laines.

RICHMOND, sur la Swale, au Nord-Ouest d'Yorck, est la principale Ville d'un territoire de son nom, où il y a des mines de plomb, de cuivre & de charbon de terre.

6. *Lancastre*, à l'Occident. Ce Comté a vingt-sept Villes à marché, & envoye quatorze Députés au Parlement.

LANCASTRE, sur le Lan, *Capitale*. Elle a donné son nom à l'illustre Maison de Lancastre, de laquelle sont sortis quatre Rois d'Angleterre.

PRESTON, au Sud de Lancastre, sur la Rible.

Cette Ville est grande & belle, mais n'est guères peuplée. Le Prétendant y fut défait en 1715.

LEVERPOLE, au Sud-Ouest. Cette Ville a un Port formé par la Rivière de Mersey.

WIGON, au Nord-Ouest de Leverpole, sur la Rivière de Dugless.

MANCHESTER, à l'Orient de Leverpole, *Duché*, sur le Speldein. Cette Ville est riche, belle, peuplée, & a des Manufactures de laine & de coton.

§. II. *Des dix-huit Comtés du milieu.*

Ces Comtés comprennent l'ancien Royaume de Mercie. On peut les diviser en deux classes: la première en renferme huit vers les Provinces du Nord : la seconde dix, entre la Principauté de Galles, & les Provinces de l'Est.

I. *Les huit Comtés vers les Provinces du Nord.*

1. *Chester.* Cette Province abonde en pâturages ; & on y fait les meilleurs fromages d'Angleterre. Elle a douze Villes à marché, & envoye quatre Députés au Parlement.

CHESTER, *Evéché*, *Port*, sur la Dée. C'est une grande Ville, riche & marchande.

2. *Darby.* Ce Comté a onze Villes à marché, & envoye quatre Députés au Parlement.

DARBY, *Capitale*, sur la Rivière de Darwe. Cette Ville est riche, commerçante & peuplée. C'est la patrie de Jean Flamstéed, célèbre Astronome, auteur d'*Ephémérides*, & d'autres ouvrages.

3. *Notthingham.* Il a huit Villes à marché, & envoye huit Députés au Parlement.

NOTTHINGHAM, au confluent du Leun & de la Trent, *Capitale*. C'est une belle Ville qui a un vieux Château : elle a donné naissance au fameux Thomas Cramer, Archevêque de Cantorberi, qui cassa le mariage de Henri VIII avec Catherine d'Aragon, & autorisa le schisme de ce Roi avec l'Eglise Romaine.

4. *Lincoln*. Ce Comté a trente Villes à marché, & envoye douze Députés au Parlement. Il a donné naissance au célèbre Isaac Newton, l'un des plus grands hommes d'Angleterre, mort en 1727.

Lincoln, *Capitale*, sur la Witham, *Evêché* suffragant de Cantorberi : elle étoit la Capitale du Royaume de Mercie. Sa Cathédrale est très-belle.

5. *Shrop*, à l'Occident, près la Principauté de Galles. Il a seize Villes à marché, & envoye douze Députés au Parlement.

Shrowesbury, *Capitale*, grande & belle Ville bien peuplée & marchande : elle est située dans une presqu'Isle formée par la Saverne.

6. *Stafford*. Ce Comté renferme dix-neuf Villes à marché, & envoye dix Députés au Parlement. Il a donné naissance à Jean Lighfoot, l'un des plus sçavans hommes dans la connaissance de l'Hébreu, du Talmud & des Rabbins.

Stafford, ancienne & jolie Ville située entre la Saw & la Trent.

Lichefeild, *Evêché*.

7. *Leicester*. Ce Comté a onze Villes à marché, & envoye quatre Députés au Parlement.

Leicester, *Capitale*, Ville renommée pour la finesse de ses laines, dont elle fait un grand débit.

8. *Rutland*. Il a deux Villes ou Bourgs à marché, & envoye deux Députés au Parlement.

Ouckam, qui n'est qu'un bon Bourg, est le principal lieu de ce Comté.

II. *Les dix Comtés entre la Principauté de Galles & les Provinces de l'Est.*

1. *Hereford*. Ce Comté a huit Villes à marché, & envoye huit Députés au Parlement.

Hereford, *Capitale*, *Evêché*, sur la Wie. Le terroir de cette Ville est très-fertile.

2. *Worcester*. Il a douze Villes à marché, & envoye neuf Députés au Parlement.

Worcester, *Capitale*, *Evêché*, sur la Saverne.

3. *Warvich*. Il a quatorze Villes à marché, & envoye six Députés au Parlement. Il a donné naissance à Guillaume Shakespear, le plus célèbre Poëte tragique de l'Angleterre, & à la mémoire duquel on a érigé un superbe monument dans l'Abbaye de Westminster: il est mort en 1516.

Warvich. C'est une Ville bien bâtie & propre, située sur une colline près l'Avon.

Coventri, au Nord de Warvich. L'Evêque de Lichefeild y réside.

4. *Northampton*. Ce Comté a quinze Villes à marché, & envoye neuf Députés au Parlement.

Northampton, *Capitale*, belle Ville sur le Nen. On y fait un assez grand commerce de cuirs. C'est la patrie de Samuel Parker, sçavant Evêque d'Oxford.

Peterboroug, *Evêché* suffragant de Cantorberi, sur la même rivière.

5. *Huntington*, à l'Orient. Il a treize Villes à marché, & envoye neuf Députés au Parlement.

Huntington, *Capitale*, sur l'Ouse.

6. *Monmouth*, à l'Occident. Il a sept Villes à marché, & envoye trois Députés au Parlement.

Monmouth, *Duché*, situé au confluent des rivières de Wie & de Monnow. C'est la patrie de Henri V.

Neuport, près l'embouchure de la Saverne.

7. *Glocester*. Ce Comté a vingt-sept Villes à marché, & envoye huit Députés au Parlement.

Glocester, anciennement Clavum, *Evêché*, sur la Saverne, *Duché*. Cette Ville est grande & bien peuplée.

BARKLEY, au Sud-Ouest de Glocester.

8. *Oxford*. Il a douze Villes à marché, & envoye neuf Députés au Parlement.

OXFORD, autrefois OXONIUM, *Capitále*, au confluent du Cherwel & de l'Yse, laquelle s'unissant à la Tame, forme la Tamise, *Evêché*, *Université* très-célèbre qui a huit Collèges bien rentés, & sept autres sans revenus. Cette Ville a un jardin de plantes, une très-belle Imprimerie, & une Bibliothèque publique, qui passe pour une des plus belles de l'Europe, pour le grand nombre de ses livres & de ses manuscrits rares. Oxford envoye quatre Députés au Parlement, deux de la part de l'Université, & deux de la part de la Ville.

9. *Buckingham*. Le nom de ce Comté est fort connu pour ses laines qui sont fort estimées. Le pain & le bœuf y sont excellens. Il a quinze Villes à marché, & envoye quatorze Députés au Parlement.

BUCKINGHAM, sur l'Ouse.

10. *Bedford*. Ce Comté a neuf Villes à marché, & envoye quatre Députés au Parlement.

BEDFORD, *Capitale*, *Duché*, sur l'Ouse. Cette Ville est assez belle.

§. III. *Des six Comtés de l'Orient*.

Ces six Comtés s'appellent *Provinces de l'Est*: les trois premiers formoient l'ancien Royaume d'Eastangle, & les trois autres celui d'Essex, c'est-à-dire, des Saxons Orientaux.

2. *Norfolck*. Ce Comté a trente-trois Villes à marché, & envoye douze Députés au Parlement.

NORWICH, *Evêché*, au confluent du Wender & de la Yare. Cette Ville est la quatrième d'Angleterre pour sa beauté, sa grandeur & ses richesses. Elle est renommée pour sa manufacture d'étoffes. C'est la patrie de Matthieu Parker, Archevêque de Cantorbéri, auteur d'un *Traité sur l'antiquité de l'Eglise Britannique*, & de Samuel Clarke, qui a réfuté Hobbes & Spinosa, fameux Déistes.

YARMOUTH, *Port*, à l'Orient. On y pêche beaucoup de harengs.

LINN, *Port*, à l'embouchure de l'Ouse.

2. *Suffolck.* Il a vingt-une Villes à marché, & envoye seize Députés au Parlement.

IPSWICH, *Capitale*, grande Ville, belle & peuplée, avec un Port commode. Le Cardinal Wolsey, Ministre de Henri VIII. y est né.

ORFORD, *Comté.* Cette petite Ville a un Havre.

GLARE, à l'Occident; petite Ville avec le titre de Comté.

3. *Cambridge.* Il a sept Villes à marché, & envoye six Députés au Parlement.

CAMBRIDGE, sur la Rivière de Cam, *Université*, *Capitale*, *Duché.* Son Université est très-florissante, & a seize Collèges. Elle envoye un Député au Parlement, & la Ville un autre.

ELY, *Evêché*, sur l'Ouse.

4. *Harford.* Ce Comté a dix-huit Villes à marché, & envoye six Députés au Parlement.

HARFORD, *Capitale*, sur la Rivière de Lea. Elle est ancienne; mais elle n'est plus si considérable qu'autrefois.

SAINT-ALBANS.

5. *Essex.* Il a vingt-sept Villes à marché, & envoye huit Députés au Parlement.

COLCHESTER, anciennement COLONIA, sur la Colne, *Evêché* suffragant de Cantorberi. Cette Ville est très-ancienne, & célèbre pour ses huîtres excellentes.

MALDON, au Sud-Ouest de Colchester.

HARWICH, *Port*, à l'embouchure de la Stoure. Il part de cette Ville deux fois la semaine des Paquebots pour la Hollande.

6. *Midlefex.* Il a fept Villes à marché, & envoye huit Députés au Parlement.

Londres, autrefois Londinium & Augusta Trinobantum, *Evêché, Capitale* de toute l'Angleterre, fur la Tamife. C'eft une Ville des plus grandes, des plus belles, des plus riches & des plus marchandes de l'Europe. Les Rois d'Angleterre demeuroient autrefois dans le Palais appellé *Vith-Hal*, qui a été brûlé en 1698, & dont il n'eft prefque refté qu'une falle fuperbe, convertie aujourd'hui en Chapelle. Ils réfident maintenant dans un autre Palais nommé Saint-James, qui a un très-beau Parc. L'Eglife Cathédrale de S. Paul eft très-belle. Le couronnement des Rois & des Reines fe fait dans l'Eglife de *Weftminfter*: ce nom fignifie *Monaftère fitué à l'Occident*. C'étoit en effet une célèbre Abbaye, autrefois éloignée de Londres de près de mille pas; à préfent elle fe trouve renfermée dans fon enceinte. Cette Abbaye a fes franchifes & fa police particulière; le Parlement s'y affemble dans le Palais qui appartenoit à fon Abbé; elle eft encore le lieu de la fépulture des Rois. On y a achevé en 1750 un magnifique pont, large de 58 pieds & long de 1223 d'un quai à l'autre. Il a treize larges arcades, & deux petites. La Tour de Londres eft affez connue. C'eft une Forterefle d'un mille de tour, ainfi nommée à caufe d'une grande tour quarrée qui eft au milieu. On y fabrique la monnoie, & elle a un Arfenal où il y a de quoi armer foixante mille hommes. On y garde les ornemens qui fervent au couronnement des Rois, & on y renferme les Prifonniers d'Etat. La Bourfe où s'affemblent les Marchands, eft une des plus belles de l'Europe. La Douane eft un bâtiment magnifique, deftiné à recevoir les droits d'entrée & de fortie de toutes les marchandifes. La pyramide érigée en mémoire de l'incendie de Londres arrivé en 1666, qui dura trois jours entiers, & confuma une grande partie de la Ville, & un grand nombre de beaux édifices, eſt une colonne ronde de 200 pieds de hauteur, & de 15 pieds de diametre. C'eſt un morceau d'Architecture des plus hardis. Les grands Vaiſſeaux remontent juſques dans la Ville par la Tamiſe, ſur laquelle il y a un pont magnifique, compoſé de dix-neuf arcades de pierres. Il a huit cens pieds de long, trente de large, & ſoixante de haut, avec un pont-levis preſqu'au milieu. De chaque côté on voit un rang de maiſons, avec des boutiques bien fournies. Il a été bâti aſſez long-temps avant celui de Weſtminſter. On compte huit cens mille ames dans Londres. On y a fondé une Société Royale des Sciences, & des Ecoles publiques où l'on enſeigne *gratis* toutes ſortes de métiers aux pauvres. Cette Ville paſſe pour être plus longue que Paris, mais elle eſt moins large. La plupart des rues ſont larges & droites : elles ont une eſpèce de trotoir ou banquette des deux côtés le long des maiſons pour les gens de pied ; les voitures paſſent dans le milieu. Mais avec tous ces avantages, on y eſt expoſé à un brouillard épais, excité continuellement par la fumée du charbon de terre qu'on y brule faute de bois. Ce brouillard eſt très-nuiſible ; non-ſeulement il ſalit le linge & tous les meubles, mais de plus, il cauſe une maladie qu'on appelle *Pthyſie* ou *Conſomption*. Les étrangers n'y trouvent d'autre remède que d'abandonner promptement le pays. C'eſt la patrie du célèbre Thomas Morus, Chancelier d'Angleterre, qui fut décapité, parcequ'il ne voulut jamais reconnoître Henri VIII pour chef de l'Egliſe Anglicane ; de François Bacon, auſſi Chancelier d'Angleterre, célèbre Juriſconſulte, Poëte & Hiſtorien ; du fameux Poëte Milton, & de pluſieurs autres hommes illuſtres.

HANPTONCOURT, Château royal à quatre lieues de Londres, au Sud-Ouest, sur la Tamise.

KENSINGTON * est un autre Château royal, à une lieue & demie de Londres. L'air y est très-bon.

§. IV. *Des dix Comtés du Midi.*

Ces dix Comtés, d'Orient en Occident, sont partagés en deux classes; il y en a trois vers l'Orient, qu'on appelle *Provinces du Sud*. Les sept autres, vers l'Occident, se nomment *Provinces de l'Ouest.*

I. *Provinces du Sud.*

1. *Kent.* Ce Comté portoit autrefois le titre de Royaume. Il a trente-une Villes à marché, & envoye dix Députés aux Parlement.

CANTORBERI, autrefois DUROVERNUM, ou DUROBERNIUM, *Archevêché*, sur la petite Rivière de Stoure. Cette Ville est très-ancienne. Son Eglise Métropolitaine est belle & la plus grande du Royaume: elle étoit extrêmement riche; mais Henri VIII en fit enlever toutes les richesses, lorsqu'il s'empara des biens de l'Archevêché, qui montoient à trois cens cinquante mille livres. L'Archevêque de Cantorbéri est Primat & premier Pair du Royaume; il couronne les Rois, dont il est le premier Chapelain. Il a droit de convoquer le Synode national du Royaume. Il possède une belle maison près de Londres, nommée *Lambeth*. Cantorbéri est la patrie de Guillaume Sommer, habile Antiquaire, & auteur d'un Dictionnaire Saxon, &c.

DOUVRES, autrefois DUBRIS PORTUS, *Port*, sur le Pas de Calais. C'est le passage le plus ordinaire d'Angleterre en France. Cette Ville est une des cinq dont les Députés au Parlement sont appellés les Barons des cinq Ports.

ROCHESTER, autrefois DUROBREVIS ou DUROBRUS, *Evêché*, à l'Occident de Cantorbéri, sur la Rivière de Medway.

Entre Douvres & l'Isle de *Tanet* est la rade des Dunes.

2. *Sussex*. Il a dix-sept Villes à marché, & envoye vingt-deux Députés au Parlement. Ce Comté formoit, avec celui de Surrey, le *Royaume de Sussex*, c'est-à-dire, des *Saxons Méridionaux*.

CHICHESTER, *Evêché*. Cette Ville qui est un Comté, est renommée pour ses excellentes écrévisses.

ARONDELL, près de Chichester, *Comté*. Cette Ville est très-ancienne, & célèbre par les marbres que les Comtes d'Arondell y ont fait transporter de Grèce; ils font aujourd'hui partie des marbres d'Oxford. Plusieurs de ces marbres, qui ont été tirés de l'Isle de Paros, marquent les époques depuis Cécrops, fondateur d'Athènes, jusqu'au Magistrat Diognète, c'est-à-dire, l'espace de 1318 ans, & ils commencent 1582 ans avant Jesus-Christ.

LEWES, à l'Orient d'Arondell. C'est une Ville où l'on tient ordinairement les Assises.

HASTING. Cette Ville, une des cinq Ports, est ancienne.

WINCHELSEY, près de la Rye, étoit autrefois une Ville considérable; mais elle est déchue depuis que la Mer s'en est retirée.

LA RYE, à l'embouchure de la Rivière de même nom, est un des cinq Ports. On y pêche d'excellens harengs.

3. *Surrey*. Ce Comté faisoit partie du Royaume de Sussex. Il a onze Villes à marché, & envoye quatorze Députés au Parlement.

GUILFORD, *Capitale*, belle Ville sur le Wey: elle envoye deux Députés au Parlement. C'est la patrie de Robert Abbot, Evêque de Salisbury, qui a écrit contre Bellarmin & Suarès sur la puissance des Rois; & de Georges Abbot, Archevêque de

Cantorbéri, auteur de quelques ouvrages théologiques.

II. *Provinces de l'Ouest.*

1. *Hant*, ou *Southampton*. Ce Comté est abondant en bled, en bois, en fer & en miel. Il a sept Villes à marché.

WINCHESTER, autrefois VENTA, *Evêché, Capitale*. C'est une Ville grande & ancienne, qui a un beau Collège & un Château antique : elle envoye deux Députés au Parlement. Son Evêque est un des plus riches d'Angleterre.

PORTSMOUTH, *Duché*, Ville forte, située dans l'Isle de *Portsey*. Elle envoye deux Députés au Parlement.

Près de cette Ville est la rade de *Sainte-Hélène*, & celle de *Spitéad*.

SOUTHAMPTON, *Port*, au fond du Golfe d'Hampton. Cette Ville porte le titre de Duché.

2. *Barck*, au Nord du Comté de Southampton. Il a onze Villes à marché, & envoye neuf Députés au Parlement.

READING, *Capitale*, au confluent du Kennet & de la Tamise.

WINDSOR, sur la Tamise, Bourg fameux par son vieux Château richement meublé, où se tient le Chapitre de l'Ordre de la Jarretière.

3. *Wilh*. Ce Comté envoye trente-quatre Députés au Parlement. Il n'y en a aucun dans toute l'Angleterre qui en nomme un si grand nombre, excepté celui de Cornouaille qui en envoye quarante-quatre. Il est remarquable par ses vastes campagnes, qui nourrissent beaucoup de troupeaux de brebis, & il contient vingt-une Villes à marché.

SALISBURY, anciennement SORBIODURUM ou SARRIODURUM, *Evêché*. Cette Ville est fort riche

& fort peuplée. Sa Cathédrale est remarquable par son clocher, le plus élevé d'Angleterre, par ses douze portes & ses trois cens soixante-cinq fenêtres.

WILTON, autrefois ELLANDUNUM, à l'Occident de Salisburi.

MALMESBURY, au Nord-Ouest de Salisburi. C'est la patrie de Thomas Hobbes, qui dès l'âge de onze à douze ans, fit une tragédie latine traduite de la Médée d'Euripide, & dont les Ecrits Philosophiques sont infectés de son système du matérialisme.

4. *Sommerset*. Il a trente-cinq Villes à marché, & envoye dix-huit Députés au Parlement. Jean Locke, fameux Philosophe, mort en 1704, est né à *Wrington*, bourg de ce Comté, à sept ou huit milles de Bristol, au Midi.

BRISTOL, *Evêché*, aujourd'hui *Capitale*, vers l'embouchure de la Saverne. C'est la troisième Ville de l'Angleterre, & la plus marchande après Londres. Elle est propre & bien bâtie, mais ses rues sont très-étroites. La marée y fait remonter les gros vaisseaux. On y admire son Eglise de Sainte-Marie. Le beurre des environs de cette Ville est fort estimé.

BATH, *Evêché*, sur l'Avon. Cette Ville est célèbre par ses eaux chaudes & sa manufacture de draps.

WELS, anciennement THEODORUNUM. Cette Ville qui est jolie, a le même Evêque que Bath. Son nom signifie *Source* ; elle a en effet beaucoup de sources d'eaux vives ; c'est près de cette Ville que sont les mines de plomb.

5. *Dorset*. Ce Comté a vingt-deux Villes à marché, & envoye vingt Députés au Parlement.

DORCHESTER, anciennement DURNIUM, *Evêché*, *Capitale*, sur la Frome. Il s'y fait un grand commerce de serges fines.

WEYMOUTH, * *Port*, à l'embouchure de la rivière de Wey. Cette Ville eft fort marchande.

6. *Devon*. Ce Comté a trente-huit Villes à marché, & envoye vingt-six Députés au Parlement.

EXCESTER, autrefois ISCA, *ou* ISACA, *Capitale*, fur la rivière d'Ex. C'eft une grande & belle Ville, très-riche & fort marchande : elle a un ancien Château, qui fervoit autrefois de Palais aux Rois Saxons. On y fabrique les plus beaux draps & les meilleures ferges d'Angleterre.

PLIMOUTH, *Port*, à l'embouchure du Plim. C'eft un des meilleurs Ports & des plus fréquentés d'Angleterre : il eft défendu par trois Forts & une Citadelle.

DARMOUTH, *Port*, Ville fort marchande.

8. *Cornouaille*. Comté fameux par le bel étain qu'il fournit. Il envoye quarante-quatre Députés au Parlement, & a vingt-fept Villes à marché.

LAUSTUN, *Capitale*, au Nord, jolie Ville près du Tamer.

BODMAN dans le milieu. Cette Ville étoit autrefois Epifcopale : elle porte le titre de Comté.

LESWITHIEL, fur le Fowey.

FALMOUTH. C'eft un bon Port défendu par deux Châteaux, près duquel eft le *Cap Lezard*. Elle s'appelloit autrefois VOLUBA.

§. V. *Des douze Comtés de la Principauté de Galles.*

La Principauté de Galles fut unie à l'Angleterre au XIIIe. Siècle par Edouard I. Elle envoye vingt-quatre Députés au Parlement d'Angleterre, & renferme cinquante-huit Bourgs à marché. Les Gallois ne font pas Saxons, ni defcendus des *Anglois* : ils font un refte des anciens Bretons, dont ils ont confervé la Langue, que l'on croit être la même que celle des Gaulois, premiers habitans du Pays appellé aujourd'hui la France.

Les douze Comtés de l'Occident, ou de la Principauté de Galles, font :

1. *Anglefey*, Ifle. Le détroit de Menay la fépare du refte de la Province.

BEAUMARIS, *Capitale*, *Port*, fur le détroit. Edouard I y a fait bâtir un bon Château.

2. *Carnarvan.*

CARNARVAN, *Capitale*, Ville médiocre, fur le détroit de Menay.

BANGOR, *Evêché*, au Nord-Eft de Carnarvan, fur le Menay.

3. *Denbigh.*

DENBIGH, *Capitale* ; belle Ville, mais fituée dans un lieu très-mal-fain. Son commerce confifte en cuirs & en gants.

4. *Flint.*

FLINT, *Capitale* ; Ville médiocre qui a un ancien Château, bâti par Henri II.

SAINT-ASAPH, *Evêché*, fur la Cluyd.

5. *Merionet.*

HARLEGH, *Capitale*, fur le bord de la mer.

6. *Montgomeri.* Ce Comté fournit des chevaux très-eftimés.

MONTGOMERI, *Capitale*, jolie Ville près la Saverne.

7. *Cardigan*, à l'Occident.

CARDIGAN, fur le bord de la mer.

8. *Radnor.* Ce Comté eft le plus ftérile de la Principauté de Galles.

RADNOR, *Capitale.*

9. *Breknok.* Ce Comté eft abondant en bled, en bétail & en poiffon.

BREKNOK, *Capitale*, ancienne Ville où il fe fait un grand commerce de laines.

10. *Penbrock.* Ce Comté eft très-fertile.

PENBROCK, *Capitale*, *Port*, fitué au fond du

Havre de Milford, eſt défendu par deux Châteaux. C'eſt la patrie de Henri VII.

Saint-Davids, *Evêché*, Ville autrefois conſidérable.

11. *Carmarden.*

Carmarden, anciennement Maridunum, *Capitale*, Ville médiocre, ſur la rivière de Towy.

12. *Glamorgan.* Ce Comté eſt ſi fertile vers ſa partie Méridionale, qu'on l'appelle le Jardin du Pays de Galles.

Cardiff, *Capitale*, *Port*. Le Taff qui ſe décharge près de cette Ville, y forme un Port qui la rend aſſez marchande.

Landaff, *Evêché*, ſur la même Rivière.

§. VI. *Des Iſles qui dépendent de l'Angleterre.*

L'Iſle de *Man*, au Nord-Oueſt : elle appartenoit ci-devant au Comte de Darby, qui l'a vendue, il y a quelques années, au Roi. Elle a un Evêque, qui n'a pas ſéance au Parlement.

Dowglas, *Port*, en eſt la Capitale.

Rushin. C'eſt dans cette Ville que réſide l'Evêque de l'Iſle.

On a parlé plus haut de l'Iſle d'*Angleſey*, qui eſt renfermée dans la Principauté de Galles.

Les *Sorlingues.* Ces Iſles ſont à l'Occident du Comté de Cornouaille : elles ſont en très-grand nombre, mais fort petites : on y trouve beaucoup d'étain. Les principales ſont, *Sainte-Marie*, *Saint-Martin*, *Sainte-Hélène*, *Sainte-Marthe*, *Sainte-Agnès.*

L'Iſle de *Wight*, au Midi.

Yarmouth *, *Port*, Bourg fort beau & bien fortifié. Il a donné naiſſance à Robert Hoock, célèbre Mathématicien, qui a perfectionné les Microſcopes, & a inventé les montres de poche.

NEUPORT, *Capitale, Baronie.* C'eſt un Bourg grand & bien peuplé, avec un Havre défendu par un Château.

Vis-à-vis de Dorceſter, au Midi, eſt l'Iſle & le Château de *Portland*.

Les Iſles de *Greneſey* & de *Jerſey*, au Sud de l'Iſle de Portland, ſur la côte de Normandie. Elles faiſoient autrefois partie du Duché de Normandie, & elles ſont reſtées aux Anglois, les Rois de France ne s'étant ſaiſis que du continent. Chacune de ces Iſles a ſon Gouverneur nommé par le Roi d'Angleterre, auſſi-bien que ſon Bailli pour l'adminiſtration de la Juſtice, & douze Jurats choiſis par le Peuple. Il y a appel au Conſeil d'Etat, quand il s'agit d'une ſomme au-delà de 300 livres. Les Habitans parlent François, mais ſont fort attachés au gouvernement Anglois. *Greneſey* a cela de particulier, qu'on n'y voit aucunes bêtes vénimeuſes. L'air y eſt très-ſain, & le terroir fertile en bleds & en fruits, ſur-tout en pommes dont on fait beaucoup de cidre.

SAINT-PIERRE *, *Capitale* de Greneſey.
CHATEAU-CORNET, *Fort* dans la même Iſle.
SAINT-HELIER *, *Capitale* de Jerſey.

CHAPITRE II.

De l'Ecoſſe.

L'ÉCOSSE peut avoir ſoixante lieues de large d'Occident en Orient, & ſoixante-dix de long du Midi au Nord. Sa longitude eſt depuis le onzième dégré juſqu'au ſeizième, & ſa latitude Septentrionale depuis le cinquante-cinquième dégré juſqu'au cinquante-neuvième environ.

L'air de ce Royaume eſt ſemblable à celui d'Angleterre, mais plus froid. Le terroir y est moins fertile, & rempli de montagnes. Il ne laisse pas de produire du seigle & de l'avoine, & même du froment en quelques Provinces Méridionales. La contrée la plus peuplée & la plus marchande, est vers l'Orient. L'Angleterre & les Pays étrangers tirent de ce Pays, du fer, du sel, de la laine, du plomb, des cuirs & du poisson salé. Il y a une grande quantité de loups furieux & d'une grandeur extraordinaire, avec d'autres bêtes sauvages. On y nourrit beaucoup de brebis & de bœufs. Il s'y trouve plusieurs sortes de cristaux, & en particulier du cristal de roche fort clair, & différentes pierres précieuses. La pêche y est très-abondante, sur-tout en saumons, harengs, & huîtres qui renferment des perles, dont quelques-unes sont très-belles.

Plusieurs Auteurs prétendent que les Ecossois ont eu des Rois long-temps avant que les Francs s'établissent dans les Gaules; mais il paroît plus certain que le Royaume d'Ecosse n'a commencé qu'en 422. Après une longue suite de Rois, la Couronne passa en 1370, dans la Maison des Stuarts, dont le nom vient de *Stewart*, c'est-à-dire, *grand Sénéchal*, dignité qui fut donnée à un des premiers Seigneurs de cette Maison. Ce Royaume fut en quelque sorte uni à l'Angleterre en 1603. Jacques VI, Roi d'Ecosse, ayant succédé cette année à la Reine Elisabeth, comme son plus proche parent, prit le nom de *Roi de la Grande-Bretagne*, pour éviter de donner la préférence à l'Ecosse sur l'Angleterre. Les Stuarts de la ligne masculine ont été exclus de l'espérance de remonter sur le Trône, par l'Acte du Parlement d'Angleterre, fait en 1701, sous Guillaume III. Cet Acte confirmé sous la Reine Anne, porte que la succession sera dévolue à la Princesse Sophie, Electrice d'Hanovre, & à ses descendans de la Religion Protestante. Cette Princesse étant morte avant la Reine Anne, son fils Georges-Louis, Electeur d'Hanovre, a été appellé en 1714, à la Couronne des Isles Britanniques. L'union entière de l'Ecosse à l'Angleterre, ne s'est faite qu'en 1707.

Le Gouvernement n'est plus en Ecosse le même qu'autrefois. Elle avoit un Parlement qui étoit composé de cent cinquante Membres des Communes, sçavoir, quatre-vingt-quatre Députés des Provinces, & soixante-six des Communautés, outre les Nobles ou Pairs du Royaume, dont le nombre n'étoit point fixe, le Roi en pouvant créer de nouveaux quand il vouloit ; mais depuis 1707, l'Ecosse n'a plus de Parlement. Elle a néanmoins droit d'envoyer des Députés au Parlement, nommé maintenant le *Parlement de la Grande-Bretagne*, depuis que les Parlemens d'Angleterre & d'Ecosse ont été unis & incorporés. Elle nomme soixante-un Députés ; sçavoir seize pour la Chambre Haute, & quarante-cinq pour la Basse, dont trente sont Députés des Provinces d'Ecosse, & quinze des Communautés. Les seize Députés de la Chambre Haute sont choisis entre les Pairs d'Ecosse. Elle est gouvernée par un Commissaire général, que le Roi y envoye, qui a la même autorité qu'un Viceroi.

Les Ecossois sont robustes, guerriers & fidèles. Ceux qui habitent vers le Nord dans les montagnes, sont presque sauvages. Ceux qui demeurent vers le Midi, sont honnêtes, civils, ingénieux.

La Religion Calviniste Presbytérienne est la dominante dans le Pays, qui diffère en cela de l'Angleterre, où la Religion Episcopale domine. Les Episcopaux sont tolérés en Ecosse, comme les Presbytériens le sont en Angleterre. Il s'y trouve encore plusieurs autres Religions : la seule Catholique est défendue. Mais les Montagnards qui habitent le Nord de ce Royaume, professent encore la Religion Catholique.

Les Rivières les plus confidérables, font:

Le *Tay*, qui fort du Lac de ce nom, dans la Province de Braidalbain, traverfe l'Ecoffe d'Occident en Orient, & fe jette dans la mer.

Le *Forth* a fa fource dans la Province de Mentheith, & coule de l'Oueft à l'Eft. Il paffe à Sterling; & au-deffous de cette Ville il s'élargit beaucoup entre les Provinces de Fife & de Lothian, puis fe jette dans la Mer vers le Golfe de Forth.

La *Spey* prend fa fource dans un Lac de fon nom de la Province de Muray, & fe jette dans la Mer au Nord.

La *Clyd* traverfe le Clydfdail, où l'on trouve fa fource au Midi, paffe à Glaskow, & fe jette dans la mer à l'Occident.

La *Nyth* ou *Nyd* a fa fource dans les montagnes du Kyle, coule du Nord au Sud, traverfe le Nydifdail, & fe jette dans la mer au Midi.

Le Tay divife l'Ecoffe en *Septentrionale* & *Méridionale*, qui toutes deux enfemble renferment trente-cinq Provinces, treize dans la première, & vingt-deux dans la feconde. On peut encore la divifer en *Ecoffe Angloife*, qui comprend la partie Orientale & Méridionale, & *Ecoffe Irlandoife* qui occupe le refte. En effet, on parle Anglois dans l'une, & Irlandois dans l'autre.

§. I. *Provinces de l'Ecoffe Septentrionale.*

Nous donnerons fes treize Provinces felon leur ordre, du Nord au Sud.

1. *Catneff*, ou *Caitneff*. Cette Province eft affez fertile en bled, en pâturages & en bétail.

WICH, *Port, Capitale*, à l'Orient.

THURSO, *Port*, au Nord.

2. *Stratnavern.*

TUNG, au Nord, *Chef-lieu* de cette Province, qui n'a que des Villages.

3. *Southerland.*

DORNOCH, *Capitale*, *Port.* L'Evêque de Caitneff y réfidoit.

4. *Roff.* Cette Province eft la plus grande de celles qui forment l'Ecoffe Septentrionale : fon étendue eft d'une mer à l'autre : elle eft remplie de montagnes, & abonde en bois, en pâturages & en bétail.

CHANRIE, *Evêché*, *Capitale*, fur le Golfe de Murray, dans la Prefqu'Ifle d'Ardméanach.

CROMARTIE, *Port.*

5. *Lochabir* ou *Lochaber.* Cette Province eft abondante en pâturages & en poiffons.

INNERLOTHE, *Capitale*, fituée entre deux Lacs : on l'appelle auffi *le Fort Guillaume.*

MEGARY *, Place affez bonne, avec un bon Port.

KILMAROY, *Port*, près de la mer, à l'Occident.

6. *Braidalbain* ou *Albanie.* C'étoit le titre des fils de la Maifon d'Ecoffe, qui portoient le nom de Ducs d'Albanie. Ce Pays eft la demeure des Sauvages d'Ecoffe, refte des anciens *Scots.*

KILLINEN *, Bourg, fur le Lac de Tay, eft le feul lieu remarquable de cette Province.

7. *Athol.* Cette Province eft prefque toute remplie de Lacs.

BLAR, Château fur le Garry.

8. *Murray*, au Nord-Eft de la Province d'Athol. Cette Province eft très-fertile.

ELGIN, *Capitale.* L'Evêque de Murray y réfidoit.

INVERNESS, *Place forte*, fur la rivière de Neff, à fon embouchure : cette rivière fort du Lac de Neff. C'eft près de cette Ville qu'eft le Château de *Culloden*, fameux par la bataille donnée le 16 Avril 1746, entre les troupes du Roi d'Angleterre & le Prince Edouard Stuart, prétendant à ce Royaume. Ce Prince fut vaincu & expofé aux dangers les plus grands. Il paffa à la hâte la rivière de Neff, & fe vit ensuite obligé d'errer dans les affreux déserts des environs, sans provisions, souvent de coucher à l'air, & toujours sur le point d'être pris par ses ennemis. Il se sauva enfin déguisé en fille dans le Lochabir, où il évita heureusement d'être découvert par ceux qui le cherchoient de tous côtés, & qui le virent sans le reconnoître. Quelque temps après il profita des vaisseaux de deux Armateurs de Saint-Malo, que le Roi de France avoit fait équiper à ses dépens, pour favoriser sa fuite, & il arriva le 29 de Septembre de la même année à Roscof, près Saint-Malo, après avoir évité plusieurs vaisseaux Anglois.

NARNE, *Port*, sur le Golfe de Murray.

9. *Buchan.* Cette Province comprend le Vicomté de Banf.

FRASERBURG, *Capitale*, *Port*.

BANF, Ville maritime sur le Golfe de Murray, à l'embouchure du Dowern.

10. *Marr.* Cette Province qui porte le titre de Comté, est abondante en bled, légumes, bétail & poissons.

OLD-ABERDEN, à l'embouchure de la Done, *Université* ; Ville ancienne, qui n'est plus si considérable qu'elle l'étoit autrefois.

NEW-ABERDEN, *Capitale*, *Port*, sur la Dée. Cette Ville est grande, belle & la plus marchande de l'Ecosse, à cause de son Port qui est très-bon. Il y a trois Hôpitaux, & un Collège ou Académie, orné d'une belle Bibliothèque, & gouverné par un Principal, avec quatre Professeurs en Théologie, un en Philosophie, un autre en Mathématiques, & un dernier en Médecine. On y pêche beaucoup de saumons. Elle a une fontaine d'eaux minérales, & un fort beau port.

11. *Mernis.*

DUNNOTIR, *Château*, où réside le Chef de la famille de Keith, qui portoit ci-devant le titre de Grand Maréchal héréditaire d'Ecosse.

12. *Angus.*

BRECHIN, sur la rivière de South-Esk, ou Esk Méridionale : il y avoit ci-devant un Evêque.

MONTROSS, *Port*, sur la même rivière. Cette Ville est belle & marchande.

DUNDÉE, *Port*, *Place forte*, sur le Tay, Ville commerçante & belle. C'est la patrie d'Hector Boëtius, qui a écrit une Histoire d'Ecosse.

13. *Perth.*

PERTH, *Capitale*, *Place forte*, sur le Tay : autrefois on y couronnoit les Rois.

DUNKELD, sur le Tay, au Nord-Ouest de Perth : il y avoit autrefois un Evêque.

§. II. *Provinces de l'Ecosse Méridionale.*

Ses vingt-deux Provinces du Septentrion au Midi, sont :

1. *Stathern.* Cette Province est le long du Tay.

ABERNETHY, anciennement VICTORIA, *Capitale*. Cette Ville, autrefois la résidence des Rois Pictes, est aujourd'hui peu considérable.

2. *Fife.* Elle est située entre le Tay & le Golfe de Forth.

SAINT-ANDRÉ, *Capitale*, *Université*, grande Ville à une lieue de la mer, ci-devant Archevêché. Sa Cathédrale est un bâtiment gothique très-beau & plus grand que S. Pierre de Rome, ayant sept pieds de longueur & deux de largeur de plus. Outre cette Eglise, qui est aujourd'hui presqu'abandonnée, il y en a une autre qu'on nomme *la Nouvelle*, qui est située auprès du nouveau Collège fondé en 1730, avec des Professeurs pour enseigner l'Histoire Ecclésiastique & Profane.

3. *Meintheith*. Cette Province est au Midi de Stathern.

Dumblain, *Capitale*, sur la Rivière de Forht, ci-devant Evêché.

4. *Sterling*. Cette Province est la plus fertile du Royaume ; elle est sur la rive droite de la Rivière de Forth.

Sterling, *Capitale*, qui a un beau & fort Château sur le haut d'un rocher.

Près Sterling, entre le Golfe de Forth & celui de Clyd, sont les ruines du mur de l'Empereur Sévère. Ce mur traversoit toute l'Ecosse.

5. *Lothian*. Elle est située au Midi du Golfe de Forth.

Edimbourg, autrefois Castrum-Alatum, *Capitale* de toute l'Ecosse, *Université*, ci-devant Evêché. Les Rois y faisoient leur séjour : le Siège souverain de la Justice y est fixé. Cette Ville est bien peuplée, & a un Château très-fort par sa situation, ce qui la rend presque imprenable. On y conserve les archives & les joyaux de la Couronne. Sa Cathédrale est vaste & belle. On montre dans une salle près de la Bibliothèque, une corne de plusieurs pouces de long, qui fut coupée à une femme âgée de cinquante ans, & qui vécut douze ans après cette opération. Edimbourg est la patrie d'Alexandre Alès, Théologien Protestant, Auteur d'un Traité sur les Pseaumes & de plusieurs autres ouvrages.

Lith, *Port* le plus fréquenté de l'Ecosse, sur le Golfe de Forth, près d'Edimbourg.

Dunbar, *Port* célèbre par la pêche abondante qu'on y fait de harengs & de saumons.

6. *Marche*, au Sud-Est de Lothian.

Coldingham, célèbre par l'Abbaye qu'Edgar, Roi d'Ecosse, y fit bâtir vers l'an 1100.

Duns. Cette Ville mérite d'être remarquée pour

avoir donné naiffance au fameux Scot, appellé le Docteur fubtil: mort en 1308.

7. *Twedail.* *Dail* fignifie *Vallée*, & *Twedail* veut dire Vallée arrofée par la Twede. Le nom de plufieurs autres Provinces d'Ecoffe finit par ce mot, *Dail*, joint à celui des Rivières qui les arrofent.

PEBLIS, *Capitale*, fur la Twede. On y remarque trois Eglifes, trois Portes, trois Rues & trois Ponts.

SELKIRK, fur la même Rivière.

8. *Tifédail.*

JEDBURG, *Capitale*, fur la Jed, petite rivière qui fe jette dans la Tife.

9. *Lidifdail*, au Midi de la précédente. Elle avoit autrefois un Château remarquable nommé l'*Hermitage*, qui eft démoli & qui a donné fon nom à un bourg voifin.

10. *Eskedail.* Cette Province eft arrofée par la rivière d'Esk.

REBURNE *, *Capitale.*

11. *Annandail.*

ANNAN, *Capitale*, au Midi, fur la rivière de ce nom, qui fe jette dans le Golfe de Solway.

12. *Nidifdail.*

DUMFREIS, au Midi, *Capitale*, fur la Nyth. Cette Ville eft agréable & marchande, & a un fort beau Pont de pierres de neuf arches.

13. *Gallovay.* Cette Province eft entrecoupée de plufieurs petits Lacs; on en tire des chevaux fort eftimés, & de fort bonnes laines.

WITHERN, *Port*, ci-devant Evêché.

WIGTOUN, *Comté*, *Port*.

14. *Carrick.* Cette Province eft au Nord de la précédente.

BARGENY, Bourg qui a un Château.

15. *Kifle*, au Nord-eſt de la Province de Carrick.

AYR, *Capitale*, *Port*, à l'embouchure de la rivière de Kyle.

16. *Clyſdail*. Cette Province tire ſon nom de la Clyd qui l'arroſe.

GLASCOW, autrefois PETRA AD GLOTTAM, ſur la Clyd, *Univerſité*, ci-devant Archevêché. C'eſt la ſeconde Ville d'Ecoſſe pour ſa grandeur, & ſon commerce; elle a un Port magnifique. Sa Cathédrale eſt un chef-d'œuvre d'architecture. Cette Ville eſt ſituée dans un lieu très-agréable, que l'on appelle le *Paradis de l'Ecoſſe*.

HAMILTON, *Duché*, près la Clyd : cette Ville a un très-beau Château.

DOUGLAS, *Duché*: c'eſt une jolie Ville.

17. *Cuningham*. Cette Province, qui eſt ſur le Golfe de Clyd, comprend auſſi la Baronnie de *Reinfrew*.

IRVIN, *Capitale*, *Port*. Cette Ville eſt aſſez peuplée & commerçante.

REINFREW, ſur la Clyd. C'eſt une jolie Ville.

18. *Lennox*. Cette Province s'étend le long de la Clyd.

DUMBRITTON, *Capitale*, au confluent du Leven & de la Clyd. C'eſt une belle & forte Ville, célèbre par la pêche des ſaumons.

19. *Argile*. Cette Province, qui a le titre de Duché, eſt entrecoupée par des Golfes & des Lacs : elle comprend le Pays de *Knapdail*.

INNEREYRA, ſur le Lac de Finn, *Capitale*.

KILMORE *ou* LISMORE, * *Capitale* du Knapdail. C'eſt une jolie Ville qui jouit d'un air excellent. Il y avoit ci-devant un Evêque.

20. *Lorn*, à l'Occident du Comté d'Argile.

DUNSTAFAG, *Capitale*, *Port*.

21. *Cantyr*, au Sud-est de Knapdail. Cette Province est une Presqu'Isle.

DUNAWORTY *. C'est le principal Village.

22. *Arran, Isle,* entre Cantyr & la Province de Kyle.

BROWICH, Château appartenant au Duc d'Hamilton, qui porte le titre de Comte d'Arran.

ARRAN *ou* ARREN, Château.

Entre cette Isle & la Province d'Argile est l'Isle de *Buth* ou *Bot*, où est le Duché de Rothesay, dont le fils aîné du Roi d'Ecosse portoit autrefois le nom.

§. III. *Des Isles d'Ecosse.*

Outre les deux Isles dont nous venons de parler, on en trouve plusieurs autres aux environs de l'Ecosse, dont les plus considérables sont :

I. Les *Isles de l'Ouest* ou *Westernes*, à l'Occident ; on les nomme aussi *Hébrides*. Elles sont fertiles en seigle, en orge, en avoine, en lin & en chanvre. Le bétail y est petit, mais d'une chair excellente. La mer, les lacs & les rivières fournissent quantité de bons poissons. Les principales Isles sont, *Lewis* & *Eust* : la première est partagée en deux Presqu'Isles ; l'une s'appelle *Harray*, l'autre *Lewis*.

SOVARDEL, dans Lewis.

FORBI *. C'est la meilleure Place de l'Isle de Lewis : on y pêche beaucoup de harengs & de saumons.

L'Isle d'*Eust* est au Midi de celle de Lewis.

TALEBOURG, &

GILL, sur la côte Occidentale, sont les seuls lieux remarquables de cette Isle.

Entre ces deux Isles & l'Ecosse, il y en a quatre autres assez considérables ; sçavoir, *Schie*, *Mula*, *Jura*, & *Yla* ou *Yle*.

L'Isle de *Schie* est la plus Septentrionale. C'est

dans cette Isle que le fils du Prétendant aborda en 1745.

DUNDONALD *, *Château* fort.

Mula est une bonne Isle, dont l'abord est facile de tous côtés. Cette Isle & la suivante appartiennent au Duc d'Argile, qui en est Seigneur.

ARROIS, *Château* fort.

L'Isle de *Jura* est remplie de montagnes & couverte de bois.

BROECTAL * en est le principal lieu.

Celle d'*Yla* est au Midi.

DOWNOWAIG, *Capitale*. C'est une Ville maritime & marchande.

II. Les *Orcades*, nommées en Anglois *Orkney*, sont au Septentrion. L'air y est extrêmement froid, parcequ'elles sont au cinquante-neuvième dégré de latitude Septentrionale : on n'y trouve point d'arbres, mais il y croît de l'orge. Les Habitans sont pauvres, mènent un vie dure & frugale, & vivent fort long-temps sans être sujets aux maladies. Ces Isles sont en assez grand nombre. Elles ont eu autrefois des Rois; mais les Ecossois s'en emparèrent. Elles passèrent ensuite aux Danois & aux Norwégiens, & puis aux Rois d'Ecosse. Ces Isles ont plusieurs fois été données en fief à des Seigneurs particuliers. Mais par l'union des Royaumes d'Angleterre & d'Ecosse, le Gouvernement en a été donné au Comte de Morton, avec le revenu, à condition qu'il payeroit tous les ans cinq cens livres sterling à à l'Etat. Georges Hamilton, oncle du Duc de ce nom, portoit le titre de Comte d'Orkney.

La principale de ces Isles se nomme *Mainland*.

KIRKWAL, *Capitale*, autrefois Evêché.

III. Les Isles de *Schetland* sont plus au Nord, elles sont en fort grand nombre. Le terroir ressemble beaucoup à celui des Orcades. Les mœurs des Habitans ne diffèrent guères de celles de Norwégiens, dont ils descendent ; ils sont doux, vivent très-long-temps, & sans avoir presque jamais de maladie.

La plus grande de ces Isles se nomme aussi *Mainland*. Elle n'a ni Villes, ni Bourgs considérables.

CHAPITRE III.

De l'Irlande.

LES Habitans du Pays l'appellent *Erinland*, terme qui en Irlandois signifie *Terre située à l'Ouest*; Son nom latin *Hibernia* vient du mot phénicien *Abernaé*, qui veut dire dernière Habitation. C'est une Isle de l'Océan Occidental, située au couchant de l'Angleterre, entre le cinquante-unième & le cinquante-sixième dégrés de latitude Septentrionale, & entre le septième & le douzième dégrés de longitude. Sa longueur du Nord au Sud-Est est d'environ deux cent milles d'Irlande, & sa largeur de l'Est à l'Ouest de cent vingt milles.

Les Irlandois s'appelloient autrefois *Scots* & *Milésiens*. Les descendans de Milésius, qui tiroit son origine des Scythes, selon les Historiens d'Irlande, fondèrent dans cette Isle une Monarchie, plus de 1500 ans avant Jesus-Christ. Quoi qu'il en soit de l'antiquité fabuleuse de cette Monarchie, il est certain que ce Pays dans la suite a été gouverné par plusieurs Rois, qui régnoient chacun dans une Province : ce qui a duré jusqu'à la fin du XIIe siècle. L'Irlande fut convertie à la Religion chrétienne dans le Ve siècle par le ministère de S. Patrice. Le grand nombre de Saints qu'elle a produits, & dont plusieurs sont reconnus en France, en Allemagne, en Italie, & ailleurs, lui a mérité le titre d'*Isle des Saints*. Elle a fourni les premiers Professeurs à plufieurs Univerfités de l'Europe, & les Etrangers y alloient prendre des leçons. Au commencement du IXe fiècle, les Danois, les Norwégiens & autres Peuples du Nord la ravagèrent, pillèrent les Eglifes, détruifirent les Ecoles publiques. Cette défolation dura pendant près de deux fiècles; mais ces Barbares furent enfin totalement défaits près de Dublin, par Bryen Boirive, alors Roi d'Irlande; après quoi on travailla à rendre à la Religion fon ancienne fplendeur. En 1172, Henri II, Roi d'Angleterre, profita de quelques divifions arrivées entre les Irlandois; & après la mort de Dermot, l'un des Rois d'Irlande, à qui il avoit aidé à recouvrer fon Royaume, ufurpé par Rotheric, autre Roi de ce Pays, il vint à bout de foumettre lui-même l'Irlande. Il nomma fon fils Jean fouverain du Pays. Ce Prince fut reconnu en cette qualité, & fe contenta de prendre le titre de Seigneur d'Irlande. Henri VIII fut le premier qui en prit la qualité de Roi. Les Irlandois ont toujours fupporté avec peine le joug de la domination des Rois d'Angleterre, dont ils ont eu beaucoup à fouffrir, principalement à l'occafion de la Réformation fous la Reine Elifabeth, & fous l'ufurpation de Cromwel, qui gratifia fes troupes des biens des anciens Propriétaires.

Le climat de ce Pays eft fort tempéré; mais humide, ce qui vient des pluies fréquentes, des lacs & des marais dont il eft entrecoupé. Ses forêts font pleines de cerfs, de fangliers, de martres, & d'autres animaux; on trouve auffi dans ce Pays des oifeaux de proie. On y recueille du bled, du miel, du fafran, mais point de vin : les herbes de pâturages y font excellentes; le gibier & le poiffon y font fort communs, fur-tout le faumon; on n'y trouve aucun animal venimeux. Cette Ifle fournit des cuirs, des fuifs, des laines, du beurre, du fromage, du fafran, du poiffon, du bœuf falé, &

différentes sortes d'étoffes de laine. Cependant le commerce n'y est pas fort considérable, les Irlandois étant obligés de vendre quelques-unes de leurs marchandises aux seuls Anglois.

L'Irlande a son Parlement particulier, composé des Seigneurs, & des Députés des Comtés & des Villes. Le Vice-Roi, que le Roi d'Angleterre y envoye, & que l'on appelle en Angleterre, le *Lord Lieutenant d'Irlande*, a une telle autorité, qu'il peut, selon l'Auteur de l'*Etat présent de la Grande-Bretagne*, faire la guerre & la paix, distribuer toutes les charges & tous les emplois, à la réserve d'un petit nombre, pardonner toutes sortes de crimes, excepté ceux de lèze-Majesté, & faire des Chevaliers. Il convoque & dissout le Parlement, suivant le bon plaisir du Roi. En un mot, il n'y a pas de Vice-Roi en Europe qui approche tant que celui d'Irlande de la Majesté royale, par rapport à son pouvoir & à ses revenus. Il a pour Conseil le Lord Chancelier, & le Trésorier du Royaume, avec quelques Comtes, Evêques, Barons & Juges, qui sont membres du Conseil privé, formé à peu près sur le plan de celui d'Angleterre. Les dégrés de la noblesse sont comme en Angleterre, des Ducs, des Marquis, des Comtes, des Vicomtes, des Barons, des Chevaliers & des Ecuyers.

Les Irlandois, en général, sont bien faits, robustes, belliqueux, spirituels, hospitaliers, mais vindicatifs. Leur attachement à la Religion, & leur fidélité pour leur Prince légitime, sont inviolables : on en a vu un grand nombre à la fin du siècle dernier, quitter leur patrie, mépriser les avantages que le Prince d'Orange leur proposoit, pour suivre la fortune de leur Roi détrôné, & l'accompagner en France où ils ont servi avec distinction. Il en reste encore une Brigade d'Infanterie, & un Régiment de Cavalerie, qui servent le Roi avec la même fidélité qu'ils auroient pour leur Prince naturel. La Noblesse aime fort la Musique & la chasse ; les femmes y sont grandes, bien faites & très-fécondes. Elles ont des enfans assez ordinairement jusqu'à cinquante ans.

La Religion dominante est la Calviniste épiscopale, cependant il y a beaucoup de Catholiques. Mais la persécution les oblige de se cacher & de fuir en France, en Italie & dans les Pays-Bas. Ceux qui restent en Irlande sont gouvernés par des Evêques & des Prêtres Catholiques. Il y a aussi des Religieux. Les uns & les autres sont obligés de porter un habit laïc.

Les principales rivières sont le *Shannon*, qui prend sa source dans le Comté de Letrim, dans la Connacie, au Nord-Est, & coule du Nord au Midi, en traversant les Lacs de Rée & de Derghart. Au-dessus de Limmerick, qu'il arrose, la chute de ses eaux, qui tombent de fort haut, interrompt sa navigation ; puis après avoir formé un dernier Lac, semé d'Isles, il se jette dans la Mer à l'Occident.

Le *Barow*. Il prend sa source dans une montagne de la Lagénie, passe à Carlow, à Leghlin, & se jette avec la Shure dans le Golfe de Waterford, au Sud.

Le *Blackwater*, c'est-à-dire, l'*Eau noire*, a ses sources dans le Comté de Kerri, dans la Momonie, au Sud-Ouest, traverse celui de Corke, passe à Lismore, & se décharge dans l'Océan au Sud, par une large embouchure qu'on nomme *Havre d'Youghill*.

La *Boyne*. Elle a aussi sa source dans la Lagénie, sur les confins du Kinscownty, passe à Trim, & se jette dans la Mer d'Irlande à l'Orient, au-dessous de Droghéda.

Le *Banne* sort du Lac de Neaught dans l'Ultonie, coule du Sud au Nord, & se jette dans la Mer au-dessous de Colrane.

Les Lacs les plus considérables sont l'*Earne* & le *Neaught* vers le Nord.

L'Irlande est divisée en quatre parties ; sçavoir, l'*Ulster* ou l'*Ultonie*, au Nord ; le *Leinster* ou la *Lagénie*, à l'Orient ; le *Mounster* ou la *Momonie*, au Midi, & le *Connaugt* ou la *Connacie*, à l'Occident. Ces quatre parties forment ensemble trente-deux Comtés.

§. I. *L'Ultonie* ou *l'Ulster*.

Cette partie de l'Irlande renferme dix Comtés d'Occident en Orient. Elle a dix Villes à marché, quatorze de commerce, & trente-quatre Villes ou Bourgs, qui envoyent leurs Députés au Parlement d'Irlande.

1. Le Comté de *Donagal* ou *Tyrconel*.

DONAGAL ou DUNGAL, *Capitale, Port*. Cette Ville est sur le Golfe de même nom.

Dans le Lac de *Redgles*, à deux lieues de cette Ville, est une Isle, où se trouve une petite cave très-obscure taillée dans le roc, de la hauteur d'un homme un peu grand, & pouvant contenir cinq ou six personnes. On racontoit autrefois que ceux qui y entroient, y souffroient beaucoup, & y voyoient des choses surprenantes. C'est ce qui l'a fait nommer communément *le Purgatoire de Saint Patrice*.

2. *Fermanagh*, au Sud de Donagal.

ENISKILLING, gros Bourg dans une Isle située au milieu du Lac Earne.

3. *Tyrone*. Ce Comté est au milieu de l'Ultonie : il est spacieux, mais entrecoupé de Montagnes & de Déserts.

DUNGANON, *Capitale.*
GLOGHER, *Evêché.*
AGHER.

4. *Londonderry,* ou *Colrane,* au Nord du Comté de Tyrone.

LONDONDERRY, *Capitale, Evêché, Place forte.*

COLRANE, sur la Rivière de Banne.

5. *Antrim.*

ANTRIM, Ville peu considérable, près du Lac de Neaugh.

CARIKFERGUS, à l'Orient de cette Ville, *Capile, Port :* elle est riche, peuplée & munie d'un bon Château.

6. *Downe.*

DOWNE, *Capitale, Evêché,* jolie Ville.

DEOMORE, *Evêché,* Ville assez peuplée.

7. *Armagh,* à l'Occident de Downe.

ARMAGH, *Capitale, Archevêché, Place forte.* Cette Ville autrefois célèbre, avoit une Université fameuse : aujourd'hui ce n'est plus qu'un Bourg. Sa Cathédrale est la seule chose remarquable. Au milieu du dernier siècle, Armagh a eu pour Archevêque le savant Usserius, qui a débrouillé le cahos de la Chronologie. Elle a donné naissance à S. Malachie, qui en a été Archevêque, & qui est mort à Clairvaux, entre les mains de S. Bernard, en 1148.

CHARLEMONT *, *Place forte.*

8. *Louth,* au Sud-Est d'Armagh.

LOUTH, *Capitale,* Ville médiocre.

DUNDALKE, Ville forte, *Port.*

DROGHEDA, *Port,* à l'embouchure de la Boyne. Elle est forte & peuplée.

9. *Monaghon.*

MONAGHON, *Capitale.*

10. *Cavan.*

CAVAN, *Capitale.*

KILMORE, *Evêché.*

§. II. *La Lagénie* ou *le Leinster*.

Cette partie, vers l'Orient, renferme onze Comtés. Elle a seize Villes à marché, quarante-sept de commerce, & autant de Villes ou Bourgs qui envoyent des Députés au Parlement.

1. *Longford.*
LONGFORD, *Capitale.*
ARDAGH, *Evêché.*
2. *West-Meath*, au Sud-Est de Longford.
MULLINGAR, *Capitale.*
3. *East Meath.*
TRIM, *Capitale*, Bourg sur la Boyne.
ARDBRAC * est le siège de l'Evêque de ces deux Comtés.
NAVAN, sur la Boyne, Ville bien peuplée.
SLAINE, petite Ville sur la Boyne.
4. *Dublin*, à l'Orient.
DUBLIN, anciennement EBLANA-PORTUS, *Archevêché*, *Capitale* de l'Irlande, sur la Liff, près de la Mer. C'est la seule *Université* du Royaume, fondée au commencement du XIVe siècle, & rétablie par la Reine Elisabeth, si cependant on peut appeller ainsi un Collège pour les Etudians fondé par cette Reine en 1591. Cette Ville est très-grande, en y comprenant ses fauxbourgs qui sont fort vastes. Ses Places sont très-belles & ses Maisons bien bâties. Elle a plusieurs Hôpitaux, dont le plus beau est l'Hôpital Royal des Soldats Invalides. Le Vice-Roi y réside, & le Parlement s'y assemble. Son Port contribue à la rendre marchande ; mais les grands vaisseaux n'y peuvent entrer. Dublin a donné naissance au célèbre Usserius, savant Chronologiste ; à Guillaume Molyneux, instituteur d'une Société de Savans dans cette Ville, semblable à la Société Royale de Londres, & à Henri Dodwel, Professeur d'Histoire à Oxford.

5. *Wiclow.*

Wiclow, *Capitale*, *Port*, sur le bord de la Mer.

6. *Kildare,* dans le milieu.

Kildare, *Evêché, Capitale*, Ville considérable, dont le premier Comte du Royaume porte le nom.

7. *Kings-Cownty*, c'est-à-dire, *Comté du Roi*, à l'Occident.

Kings-Town *ou* Philipstown, *Capitale*, petite Ville ainsi nommée par Philippe II, Roi d'Espagne, époux de Marie, Reine d'Angleterre.

8. *Queenescownty*, c'est-à-dire, *Comté de la Reine*.

Queenestown *ou* Maribur, *Capitale*.

9. *Kilkenny,* au Midi du précédent.

Kilkenny, sur la Nure, *Capitale, Evêché*. Cette Ville est grande, fort riche & peuplée : c'est une des plus commerçantes d'Irlande.

10. *Katerlagh* ou *Carlow*.

Carlow, *Capitale*, sur le Barow.

Leglhin, sur la même rivière.

11. *Wexford.*

Wexford, *Capitale*, *Port*. Cette Ville est belle & forte, & c'est où la première colonie des Anglois s'est établie.

Fernes, *Evêché*.

Les Comtés de Louth dans l'Ultonie, de Méath, de Dublin & de Kildare dans la Lagénie, sont appellés la *Province des Anglois*; parcequ'il s'y en est établi un grand nombre; il y en a cependant ailleurs dans l'Irlande.

§. III. *La Momonie* ou *le Mounster.*

Cette partie est vers le Midi. C'est une des plus fertiles & des plus agréables du Royaume, & qui a les meilleurs Ports : elle renferme six Comtés, & a sept Villes à marché, & vingt-cinq Bourgs qui envoyent des Députés au Parlement.

1. *Waterford.*

WATERFORD, *Capitale*, *Evêché*, *Place forte*, *Port*, sur la Shure. Cette Ville est grande, peuplée, & fort commerçante.

LISMORE, *Evêché* uni à Waterford, petite Ville sur le Blakwater.

2. *Tipperari*, au Nord-Ouest du précédent.

CASHEL, *Capitale*, *Archevêché*.

EMLY, au Sud-Ouest de Cashel.

3. *Corke*, au Midi de la Momonie.

CORKE, *Evêché*, *Capitale*, *Port*. Cette Ville est très-commerçante, belle, riche & peuplée.

KINSALE, *Port* au Sud de Corke, Ville peuplée & marchande.

4. *Kerry*, à l'Occident du Comté de Corke.

ARDART, *Capitale*, *Evêché*, près du Golfe de Shannon.

TRALI, au Sud-Est d'Ardart, sur la Baie de Trali. C'est la meilleure Ville de tout le Comté.

5. *Clare*. On le nomme aussi *Comté de Thomond*. Il dépendoit ci-devant de la Connacie.

CLARE, *Capitale*, *Evêché*, sur le bord d'un Lac formé par le Shannon, avec un Château fort.

KILLALOU, *Evêché*, sur le Shannon.

6. *Limmerick*. Ce Comté est fertile & bien peuplé.

LIMMERICK, sur le Shannon, *Capitale*, *Evêché*, *Place forte*. Cette Ville est grande, bien peuplée & très-marchande.

§. IV. *La Connacie ou le Connaugt*.

Cette partie est vers l'Occident, & a sept Villes à marché, huit de commerce, douze Villes ou Bourgs qui envoyent des Députés au Parlement. Elle contient cinq Comtés du Midi au Septentrion.

1. *Gallovay*.

GALLOVAY, *Capitale*, *Port*. Cette Ville est bien fortifiée, riche, marchande & peuplée.

ATHENREY. Cette Ville n'est pas peuplée.

TOAM. Ce lieu autrefois considérable, n'est plus qu'un Bourg, qui est néanmoins *Archevêché*, & porte le titre de Vicomté.

KILMACOUGH, *Evêché*, au Midi d'Athenrey. Cet Evêché est uni à *Clonefort*, près le Shannon.

2. *Roscommon.*

ROSCOMMON, *Capitale.*

ELPHEN, *Evêché.*

ATHLONE, sur le Shannon. Cette rivière la divise en deux parties, qui sont unies par un fort beau pont.

3. *Mayo.*

MOY *ou* MAYO, *Capitale*, au Nord. C'est un Bourg avec un Château.

4. *Slego.*

SLEGO, *Capitale*, *Port*. Cette petite Ville fait un grand commerce de laines.

5. *Letrim.*

LETRIM, *Capitale*, près le Shannon.

ACHONRY, *Evêché*, sur le bord oriental du Lac d'*Allyn*, d'où sort le Shannon.

SECTION XI.

Des Etats du Roi de Danemarck.

ILS consistent principalement dans le *Danemarck*, au Midi, la *Norwège*, au Nord, & l'*Islande*, à l'Occident. Le Danemarck, la Norwège & la Suède forment ce qu'on appelle la *Scandinavie* ou les *Couronnes du Nord*.

CHAPITRE PREMIER.

Du Danemarck.

LA longitude du Danemarck est depuis le vingt-cinquième dégré vingt-cinq minutes, jusqu'au trentième trente minutes : sa latitude depuis le cinquante-quatrième jusqu'au cinquante-septième trente minutes. Ses bornes sont au Midi l'Allemagne, à l'Occident & au Nord l'Océan, & à l'Orient la Mer Baltique.

Ce Royaume, qui n'est pas considérable, est fort peuplé. L'air y est très-froid : son terroir est néanmoins assez fertile ; mais il n'y vient point de vin, comme dans le reste du Nord. On y nourrit quantité de chevaux & de bœufs, dont on emmene tous les ans un grand nombre en Allemagne & en Hollande. La chasse & la pêche y sont très-abondantes. Ce Pays, quoiqu'entouré de Mers, n'est pas marécageux. On y trouve des mines de fer & de cuivre.

On croit que le Danemarck est le Pays des anciens Cimbres, dont une nombreuse Colonie, jointe aux Teutons, se rendit si redoutable aux Romains, & fut défaite par Marius 100. ans avant Jesus-Christ. Ceux qui restèrent dans le Pays furent dans la suite appellés *Jutes*, d'où est venu le nom de *Jutland*. Après avoir été long-temps gouvernés par des Rois qui étoient élus par la Nation, les Etats furent obligés en 1660 de rendre ce Royaume héréditaire, même aux filles. La Noblesse perdit beaucoup de ses privilèges par cet établissement. Christian VII, qui est sur le Trône depuis 1766, descend des Comtes d'Oldembourg, ancienne Maison d'Allemagne : il est le treizième Roi de cette Maison depuis Christiern, élu Roi de Danemarck en 1448,

& de Norwège en 1450. Une partie considérable des revenus du Roi consiste dans le tribut que les marchandises payent au Détroit du Sund, qui est l'entrée de la Mer Baltique. Les Danois seuls & les Russiens en sont exempts.

Les Danois sont fort soumis à leur Prince : d'ailleurs ils ont assez de ressemblance avec les Allemands pour le caractère. La Noblesse est magnifique, mais se soucie peu des titres de Comte, de Marquis & autres semblables.

La Religion Luthérienne est celle de l'Etat; la Calviniste est permise, & la Catholique entièrement défendue.

Il n'y a point de rivières considérables en Danemarck.

Ce Royaume se divise en *Terre ferme* & en *Isles*.

§. I. *La Terre ferme.*

La Terre ferme est une Presqu'isle qu'on nomme le *Jutland* : c'est l'ancienne *Cherfonèfe Cimbrique*.

On divise cette Presqu'isle en *Nord-Jutland*, & *Sud-Jutland*. Le Sud-Jutland, qui est au Midi, & qui porte le nom de *Duché de Sleswick*, étoit partagé entre le Roi de Danemarck & le Duc de Holstein : le premier le possède en entier depuis 1720. La famille de Holstein-Gottorp sort d'une branche cadette de celle de Danemarck : elle descend de Frédéric I, Roi de Danemarck, & Duc de Holstein, qui mourut en 1533. Il étoit fils puîné de Christien I, Comte d'Oldembourg, élu Roi de Danemarck en 1448.

1. *Le Nord-Jutland.*

Ses principales Villes sont :

ALBOURG, *Evêché*, Ville située sur un petit bras de Mer; elle est nommée *Albourg*, à cause de la quantité d'anguilles qu'on y prend.

WIBOURG, *Capitale*, fur le Lac Water, *Evêché*. Elle eſt le Siège du Conſeil ſouverain. Sa Cathédrale qui avoit été brûlée en 1726, a été rétablie plus belle qu'auparavant.

ARRHUSEN, à l'Orient, *Evêché*, *Port*, à l'embouchure de la rivière de Gude. C'eſt la patrie d'Olaüs Vormius, Médecin du Roi Chriſtiern V, & Auteur de pluſieurs Ouvrages eſtimés ſur l'Hiſtoire de Danemarck. Ses fils ſe ſont diſtingués, & ſont parvenus aux premières charges du Royaume.

WARDEN, à l'Occident, à l'embouchure de la rivière de même nom.

RYPEN, *Evêché*, *Port*, à l'Occident; c'eſt la plus grande Ville du Jutland. C'eſt de ſon Port qu'on embarque les bœufs pour la Hollande. Cette Ville a un Château fort & deux Collèges, dans l'un deſquels il y a une Bibliothèque publique. Les corps de pluſieurs Rois de Danemarck repoſent dans la Cathédrale. Son terroir eſt abondant en pâturages; on y nourrit quantité de bœufs, qui ſont les meilleurs du Royaume.

2. *Le Sud-Jutland.*

On le nomme auſſi *Duché de Sleſwick*. C'eſt un Pays très-fertile en grains, & abondant en pâturages. Il appartenoit ci-devant en partie au Duc de Holſtein-Gottorp; mais le Roi de Danemarck en eſt entièrement maître depuis 1720.

HADERSLEBEN, petite Ville, près de la Mer Baltique. Elle a une bonne Citadelle.

APPENRADE, *Port*. Cette petite Ville a une Citadelle, & appartenoit au Duc de Holſtein.

TONDEREN *ou* TONDERN, à l'Occident. Cette Ville, qui eſt ſur la rivière de Widaw, a une bonne Fortereſſe; elle étoit auſſi au Duc de Holſtein.

FLENSBOURG, jolie Ville, avec un bon Port & une Citadelle.

Près de Flensbourg est une contrée qu'on appelle *Anglen*, d'où on prétend que sont sortis les Anglois : on y voit aussi la *petite Frise*. Les Habitans parlent la langue des Frisons, ce qui marque l'origine de ces Peuples.

Husum, *Port*. Cette Ville, qui est située sur le Golfe d'Hever, est belle & marchande : elle a un bon Château : elle étoit au Duc de Holstein.

Sleswick, sur le Golfe de Slie, *Capitale* du Duché de Slefwick. C'est une Ville considérable & marchande, ci-devant au Duc de Holstein.

Tonning, *Place forte*, *Port*, ci-devant au Duc de Holstein.

Gottorp, Château où résidoit le Duc de Holstein, à qui on a donné le nom de *Gottorp*, du lieu de sa résidence. Il y avoit dans ce Château une riche Bibliothèque, & un Cabinet de curiosités, dont on a transporté la plus grande partie à Coppenhague.

Frederic-Stad, près de Tonning, Ville nouvelle, bâtie par Frédéric III. Elle est très-forte, & sur la rivière d'Eyder.

Ekelenfort.* Cette Ville est belle, & a un bon Port qui la rend commerçante : elle étoit au Duc de Holstein.

§. II. *Des Isles de Danemarck, à l'entrée de la Mer Baltique.*

Ces Isles sont en assez grand nombre : les plus considérables sont celles de *Séeland* & de *Fionie*.

L'Isle de *Séeland* est fort peuplée. Elle a beaucoup de Lacs & de Bois, abonde en bestiaux, & est fertile en seigle.

Coppenhague, *Capitale* de tout le Danemarck, *Archevêché*, *Université*, *Place forte*. Cette Ville n'est pas fort grande, ni belle, mais riche & marchande : elle a été beaucoup endommagée par un incendie qui la consuma presqu'entièrement

tièrement en 1728. Elle est divisée en deux parties, dont la principale est dans l'Isle de Séeland, & l'autre dans celle d'Amack, qui en est si proche, qu'elles se communiquent par un pont levis. L'Arsenal, la Monnoie & la Bourse sont dans la dernière. Son Port est un des meilleurs & des plus sûrs de l'Europe. L'autorité de son Archevêque s'étend dans tout le Royaume. Le Roi réside à Coppenhague, où il a deux Palais. C'est la patrie de Thomas Bangius, docte Critique, & de Nicolas Sténon. Ce dernier, après s'être distingué dans l'Anatomie, s'est consacré tout entier à la défense de la Religion Catholique qu'il avoit embrassée. Sacré Evêque de Titiopolis & Coadjuteur de Munster, il convertit en Allemagne beaucoup de Protestans par son zèle éclairé, & par sa vie vraiment apostolique. Il est mort en odeur de sainteté à la fin du dernier siècle.

Koge, *Port.*

Roschild, *Evêché*, à l'Ouest de Coppenhague. C'étoit autrefois la résidence des Rois, dont plusieurs y ont leurs tombeaux; elle est célèbre par la Paix conclue en 1658, entre la Suède & le Danemarck.

Elseneur, *Port,* sur le Détroit du Sund, au Nord de Coppenhague. Cette Ville a donné naissance à Isaac Pontanus, sçavant Historien, mort en 1640.

Cronenbourg. C'est un Château bâti en 1577, par Frédéric II, pour garder le passage du *Sund*, dont la largeur n'est que d'une petite lieue en cet endroit. Ce Détroit n'a de profondeur que vers l'Isle de Séeland : il faut que les vaisseaux passent à la portée du Canon de Cronenbourg, & payent le Péage. Charles Gustave, Roi de Suède, l'avoit pris en 1658 ; mais il fut rendu aux Danois.

L'Isle de *Fionie* est entre le Jutland & l'Isle de

Tome II. C

Séeland : c'eſt l'appanage du fils aîné du Roi. Elle eſt abondante en pâturages, en grains, en fruits & ſur-tout en pommes, dont on fait de bon cidre. On tranſporte de cette Iſle une grande quantité de cochons, & de chevaux fort eſtimés ; il s'y trouve auſſi beaucoup de beſtiaux & de gibier.

ODENSÉE, *Capitale*, *Evêché*, autrefois ſuffragant de Lunden (en Suède).

NIBOURG *, belle & forte Ville, *Port*. Les moindres vaiſſeaux qui paſſent par le Détroit du grand *Belt*, payent le péage à Nibourg.

SCHWINBOURG *, petite Ville.

ASSENS, Ville marchande qui a un bon Port.

Au Midi de l'Iſle de Séeland, on en trouve pluſieurs petites. Les plus remarquables ſont :

Laland.

NAXOW, *Capitale*, petite Ville aſſez bien fortifiée.

Falſter.

NIKOPING, *Capitale*, *Port*. Cette petite Ville a un Château pour ſa défenſe.

Bornholm, vers l'Orient. Elle n'a que des Bourgs & des Châteaux.

CHAPITRE II.

De la Norwège.

LA longitude de ce Royaume, qui s'étend le long de la Suède à l'Occident & au Nord, eſt pour ſa partie Méridionale, depuis le vingt-troiſième dégré juſqu'au trentième ; & pour ſa partie Septentrionale, depuis le trentième juſqu'au cinquantième : ſa latitude eſt depuis le cinquante-ſeptième dégré quarante-trois minutes, juſqu'au ſoixante-onzième trente minutes.

De la Norwège.

Ce Pays tire son nom de sa situation au Nord de l'Europe : *Nord-weg* signifie le chemin du Nord. L'air y est très-froid. Les hautes montagnes couvertes de forêts dont il est plein, & son terroir rempli de cailloux & de sable, le rendent fort stérile. Son commerce consiste en fourrures, suifs, poix, résines, goudrons, mâts & autres bois propres à la construction des vaisseaux, & en poisson salé qu'on en transporte, particulièrement des espèces de morues sèches que les Habitans appellent *Stockvis* ou *Stocfisch*, qui signifie *Poisson-bâton*.

La Norwège avoit depuis long-temps ses Rois particuliers, lorsqu'en 1359, Marguerite, fille de Waldemar III, Roi de Danemarck, ayant épousé Aquin, Roi de Norwège, cette Couronne fut unie à celle de Danemarck : elle l'a toujours été depuis. Il y avoit ci-devant un Viceroi, que le Roi de Danemarck y envoyoit, & qui resídoit à Christiania, Capitale du Royaume; mais depuis 1739, il a été remplacé par quatre Tribunaux supérieurs, pour les quatre Gouvernemens, dont le principal établi à Christiania, juge les appellations des trois autres.

Les Norwégiens sont fort grossiers, mais bons & robustes : leur Religion est la Luthérienne, comme celle des Danois.

La Rivière la plus considérable est le *Glamer*, vers le Midi.

On divise la Norwège en quatre Gouvernemens, du Midi au Nord. Ce sont ceux d'*Aggerhus*, de *Berghen*, de *Dronthem* & de *Wardhus*.

1. Le Gouvernement d'*Aggerhus*.

CHRISTIANIA, autrefois ANSLO ou OBSLO, *Capitale*, *Evêché*, *Port*. Elle est le Siège du Conseil-souverain : son Port est assez commode & assez fréquenté. Son nom de *Christiania* lui vient du Roi Christian ou Christiern IV, qui l'a fait rebâtir.

AGGERHUS, ancien Château qui a donné son

C 2

nom à ce Gouvernement, près Anſlo, ſur la mer de Danemark.

FRIDERICKS-HALL, *Place forte*, vers l'embouchure du Glamer. Charles XII, Roi de Suède, fut tué en 1718, pendant qu'il aſſiégeoit cette Ville.

2. Le Gouvernement de *Berghen*.

BERGHEN, *Capitale, Evêché, Port*. C'eſt une ancienne Ville, autrefois *Anſéatique*, & la plus grande de la Norwège : elle a un Château très-fort. En 1756, trois mille maiſons, c'eſt-à-dire, environ le tiers de la Ville, ont été conſumées par un incendie. L'Egliſe neuve & la Douane ont été les édifices qu'on a regretté le plus, mais on les a rebâtis. Le Port de Berghen eſt un des plus beaux & des plus fréquentés de l'Europe. Cette Ville a ſeule le droit de diſtribuer à toute la Norwège le bled qu'on y apporte des Pays étrangers, parceque le Pays n'en produit preſque point.

Berghen a perdu il y a peu d'années un Evêque fameux, Erich Pontoppidan, qui a donné une excellente *Hiſtoire Naturelle de la Norwège*, dont la Traduction ſe trouve à la fin du Tome IV des *Voyageurs modernes*.

STAVANGER, *Evêché, Port*, au Sud de Berghen.

3. Le Gouvernement de *Dronthem*.

DRONTHEM, *Archevêché*, ſitué ſur un Golfe qui forme un bon Port, eſt la ſeule Ville de ce Gouvernement.

4. Le Gouvernement de *Wardhus*, eſt le plus au Nord & le long de la Mer Glaciale : il contient le *Finmarck*, ou la *Laponie Norwégienne* ou *Danoiſe*. C'eſt un Pays de montagnes, ſtérile, & peu habité, à cauſe du froid extrême qui y règne. On y trouve des ours & des lièvres blancs, des renards noirs, & d'autres animaux dont les peaux ſont fort eſtimées. Les Rivières abondent en poiſſons, & ſervent de retraite à quantité de loutres & de caſtors.

DE L'ISLANDE. 53

WARDHUS, à l'extrémité Orientale, Château bâti dans une Isle, pour faire payer les droits à ceux qui viennent d'Archangel de Russie.

WARANGER, au Sud-Ouest de Wardhus.

Le long de la côte de Norwège, on trouve un grand nombre de petites Isles, parmi lesquelles est celle de *Loffouren*, fameuse à cause du Gouffre de *Maelstrom*, qui en est proche. On dit que les vaisseaux s'y perdent comme dans un abîme. Cette Isle est située au-delà du Cercle Polaire.

CHAPITRE III.

De l'Islande, & de quelques autres Isles de l'Océan, qui dépendoient autrefois de la Norwège.

L'ISLANDE est située entre le soixante-quatrième & le soixante-septième dégré de latitude Septentrionale. Le premier Méridien passe par le milieu de cette Isle.

L'air y est très-froid, & le terroir fort stérile : il n'y vient que des bouleaux & des génévriers. La partie Méridionale de l'Isle est un peu moins stérile : elle a d'assez bons pâturages.

Les Islandois sont petits, mais forts & robustes, grands amateurs de la chasse & de la pêche ; ils se nourrissent de poisson sec. Ils le mangent crud, & ne font que le battre un peu. Ils sont paresseux, opiniâtres malgré leur extrême ignorance, passionnés pour la danse & le jeu d'échecs, dans lequel ils ont été de tout temps très-habiles. Ils habitent sous terre, dans des espèces de tanières, & vivent très-long-temps, sans avoir jamais recours aux médicamens ni aux Médecins. Leur principal trafic consiste en beurre, suif, soufre, cuirs, poissons secs, & principalement en merluches qui y abondent.

Des Armateurs Norwégiens découvrirent cette Isle dans le IXe. Siècle, & la nommèrent *Islande*, qui veut dire *Pays de glaces*. Les Rois de Norwège s'en rendirent maîtres dans le XIIIe. Siècle. Les Habitans professent la Religion Luthérienne. Le Roi de Danemarck en tire à peine de quoi entretenir le Gouverneur, qui porte le titre de *Grand-Bailli*, & un autre Officier chargé du recouvrement des revenus Royaux. Le Gouverneur est juge suprême du civil & du criminel. Il y a de plus trois Baillis particuliers, & sous eux vingt-quatre Juges inférieurs. On y voit plusieurs montagnes, mais la plus haute & la plus remarquable est le mont *Hecla*, vers le Midi, qui a beaucoup de mines de soufre : il est couvert de neige, & jette des flammes par ses ouvertures. Les Islandois croyent qu'une partie des damnés est jettée dans les feux du mont Hecla pour y brûler, & que l'autre est condamnée à geler éternellement dans les glaces qui sont auprès de leur Isle. Il se trouve près du mont Hecla deux fontaines, dont l'une est extrêmement froide, & l'autre toujours bouillante.

SKALHOLT, *Capitale*, vers le Midi, *Evêché*.

BESESTEDE, à l'Occident de Skalholt, petite Forteresse où réside le Gouverneur de l'Isle.

HOLA, au Nord, *Evêché*, *Port*.

GILS, au Nord-Ouest ; petit Bourg au fond d'un Golfe de même nom.

Les Isles de *Fero*, qui sont entre l'Islande & les Isles de Schetland, appartiennent aussi au Roi de Danemarck : elles sont sous le Gouvernement de l'Islande. On en compte ordinairement douze : les principales sont, *Stromo*, *Ostro*, *Sando*. Le terroir ne produit que de l'avoine & quelques pâturages. Le principal commerce de leurs Habitans consiste en poissons secs. Ces Isles n'ont que des Villages & des Hameaux.

Autres Possessions des Danois.

Le Roi de Danemarck possède en Allemagne les Comtés d'*Oldembourg*, & de *Delmenhorst*, & le Duché de *Holstein* en grande partie ; quelques Places en Afrique & en Asie ; sçavoir, *Christiansbourg*, dans la Guinée, & *Trangobar* sur la côte de Coromandel, dans l'Inde ; enfin, deux petites Isles en Amérique, qui sont *Sainte-Croix* & *Saint-Thomas*.

SECTION XII.

De la Suède.

LA Suède s'étend depuis le vingt-huitième dégré vingt minutes de longitude, jusqu'au quarante-neuvième ; & depuis le cinquante-cinquième vingt minutes de latitude, jusqu'au soixante-neuvième trente minutes. Elle est bornée au Nord par la Laponie Norwégienne, à l'Orient par la Russie, au Midi par le Golfe de Finlande & la Mer Baltique, & à l'Occident par la Norwège.

L'hiver y dure neuf mois ; l'été, quoiqu'assez court, n'est pas moins incommode par ses grandes chaleurs, qui viennent tout-à-coup succéder au froid. L'air néanmoins y est si sain, que plusieurs y vivent jusqu'à cent ans & plus. Le terroir en est assez fertile, mais les montagnes, les lacs & les forêts en occupent plus de la moitié. Les troupeaux y sont abondans, mais de petite espèce. On y trouve beaucoup de renards, d'élans, d'hermines, & plusieurs autres animaux, dont les peaux fournissent de très-belles fourrures. Les aigles, les faucons & autres oiseaux de proie y sont fort communs. Le plus grand commerce de la Suède consiste en cuivre, le meilleur de l'univers, en fer, en mâts de vaisseaux, en poix, résine & en fourrures. Le sel & le vin y manquent, & il y vient peu de bled.

Le Royaume de Suède a été électif jusqu'à Gustave I, qui fut élu en 1523 ; mais sous son règne les Suédois l'ont rendu héréditaire, même aux filles. La postérité masculine de ce Prince le posséda jusqu'à Gustave Aldolphe tué dans une bataille en 1632. La Reine Christine sa fille unique, céda volontairement ses Etats en 1654, à Charles Gustave, Duc de Deux-Ponts, son cousin. A la mort de Charles XII, petit fils de Charles Gustave, ce Royaume passa à Ulrique-Eléonore, sœur de Charles XII, & femme du Landgrave de Hesse-Cassel. Cette Princesse ayant cédé la Couronne à son mari, il a été élu à condition de renoncer à tout droit héréditaire sur le Royaume. Adolphe Frédéric, Duc de Holstein-Eutin, a été déclaré Prince successeur en 1743, & est monté sur le Trône en 1751. Gustave son fils lui a succédé en 1772.

Cet Etat est actuellement un mélange de Monarchie & d'Aristocratie, le Senat & les Etats généraux y ayant une grande autorité. Ces Etats sont composés des Députés de la Noblesse, du Clergé, des Marchands, des Paysans. La Noblesse y envoye les aînés des familles ; le Clergé, deux Prêtres de chaque Communauté : les Villes, deux Marchands ; & chaque Territoire deux Paysans. Ces Etats s'assemblent ordinairement de quatre ans en quatre ans. Le Chef de la Noblesse est le Maréchal de la Diète nommé par le Roi. L'Archevêque d'Upsal premier Métropolitain du Royaume, est à la tête du Clergé. Les Bourgeois sont présidés ordinairement par le Bourguemestre de Stockholm ; les Paysans se choisissent un Président. Les quatre Ordres délibèrent à part sur les points proposés ; & conférent ensuite ensemble sur la résolution qu'ils doivent prendre. Dès qu'ils ont formé le résultat, ils le communiquent au Roi, qui le fait publier par tout le Royaume, & congédie les Députés le plutôt qu'il peut, de peur qu'ils ne censurent l'administration publique, & ne proposent de la réformer. Les choses s'y passent ordinairement à la satisfaction du Prince, qui prend des mesures pour obtenir ce qu'il demande. Le Sénat, qui est un corps toujours subsistant, représente les Etats. Son autorité étoit bien diminuée, depuis les règnes de Charles XI & de Charles XII. Mais on voit par les Actes de la Diète de 1755 & 1756, que le Sénat a recouvré pleinement font autorité. Cette Diète a ordonné que les choses feroient décidées à la pluralité des voix des Sénateurs, & que le Roi feroit obligé de s'y conformer. Elle a ordonné que les enfans du Roi feroient instruits suivant un modèle d'instruction qu'elle a proposé, qui tend à leur inspirer les vertus propres à l'homme, à leur donner de l'éloignement du fafte & de la domination. Il a encore été arrêté dans cette Diète de 1756, que le Sénat auroit un Timbre pour suppléer à la signature du Roi, en cas qu'il refusât de consentir au vœu du Sénat. Les choses paroissant devoir être portées plus loin, le nouveau Roi, Gustave III, au mois d'Août dernier (1772) a trouvé le moyen de rétablir l'autorité Royale, & le Gouvernement Suédois, dans la forme observée avant l'an 1680. Outre les Sénateurs, il y a cinq grands Officiers de la Couronne, qui font Régens nés du Royaume pendant la minorité des Rois. Ce font le grand Justicier, le grand Connétable, & le grand Amiral, le grand Chancelier, & le grand Tréforier. La Justice est administrée en Suède par quatre Parlemens, qui connoissent des affaires civiles & criminelles en dernier ressort. Chaque Parlement est composé d'un Président, qui est Séna-

Tome II. * C 5

teur, & de douze Conseillers, dont six sont Gentilshommes & six Docteurs, excepté celui de Stockolm, qui comme le premier a quatre Sénateurs, au lieu que les autres n'en ont qu'un. Il y a peu d'Hôpitaux dans ce Royaume ; ce qui est surprenant, vu l'inclination des Suédois à secourir les misérables.

La Religion Luthérienne est la seule permise en Suède ; on y trouve néanmoins des Calvinistes & quelques Catholiques.

Les Suédois sont bien faits, forts & supportent les plus grandes fatigues. La Noblesse aime les voyages, & s'applique aux Belles-Lettres.

Cet Etat se divise en cinq principales parties : au milieu la *Suède propre*, à l'Occident de la Mer Baltique ; la *Gothie*, au Sud ; la *Laponie Suédoise*, au Nord ; la *Bothnie*, qui occupe des deux côtés les bords du Golfe auquel elle donne son nom ; & la *Finlande*, à l'Orient du Golfe de Bothnie.

§. I. *De la Suède propre, ou Suéonie.*

Elle comprend deux Provinces ; la *Suède propre*, au Midi, & le *Nordland* ou les *Nordelles*, au Nord.

1. *La Suède propre.*

Elle se divise en cinq petites Provinces ; sçavoir, l'*Uplande*, la *Sudermanie*, la *Néricie*, la *Westmanie*, & le *Wermeland*.

1. *L'Uplande.*

STOCKHOLM, *Capitale* de toute la Suède, *Port*, à l'embouchure du Lac *Meser*, dans la Mer Baltique. C'est une grande Ville, riche, bien peuplée, qui est bâtie sur Pilotis dans plusieurs Isles. Elle a deux grands Fauxbourgs en terre-ferme. Ses maisons n'étoient autrefois que de bois ; mais aujourd'hui la plûpart, au moins celles de la Ville, sont de briques & couvertes de cuivre. Il y a plusieurs beaux édifices, tels que le Palais de la Noblesse & celui du grand Chancelier. Cette Ville est très-marchande, forte par sa situation, & défendue par une bonne Citadelle, où il y a plus de quatre cens pièces de canon. On y remarque une Tour, au haut de laquelle il y a trois couronnes de cuivre doré, qui repréfentent l'union des Royaumes de Suède, de Danemarck & de Norwège, faite sous la Reine Marguerite en 1395. Son Port, qui est très-grand & très-sûr, peut contenir mille vaisseaux; mais il est loin de la Mer, & son entrée est dangereuse, à cause des écueils & des bancs de sable qu'on y rencontre. Stockholm a une Académie des Sciences, érigée en 1739.

Upsal, *Archevêché*, *Université*, au Nord, étoit autrefois la Capitale de la Suède. Son Archevêque est Primat du Royaume, & a droit de sacrer les Rois; c'est dans cette Ville qu'ils sont couronnés. La Cathédrale est magnifique, & couverte de cuivre: on y voit les tombeaux de plusieurs Rois. La Ville est défendue par un fort Château bâti sur une colline escarpée. L'Université d'Upsal est la plus célèbre de la Suède. Elle est composée d'un Chancelier, qui est toujours grand Ministre de l'Etat; d'un Vice-Chancelier, qui est Archevêque, d'un Recteur tiré d'entre les Professeurs, qui sont au nombre d'environ vingt. On y compte près de sept ou huit cens étudians. Le Roi en entretient cinquante. Dans chaque Diocèse, il y a un Collège pour faire étudier les enfans, jusqu'à ce qu'ils puissent aller aux Universités, qui sont, outre Upsal, *Abo* & *Lunden*. L'Université d'Upsal possède un manuscrit fort curieux. C'est une traduction des Evangiles en langue gothique, faite il y a près de douze Siècles par Ulphila, Evêque des Goths.

2. La *Sudermanie*.

Nicoping, *Capitale*, *Port*.

Strengnés, *Evêché*, sur le Lac Meler.

Trosa, petite Ville maritime.

3. La *Néricie*.
OREBRO, *Capitale*.
4. La *Weſtmanie*.
WESTERAS ou AROSEN *, *Evêché, Capitale*, près du Lac Meler.
ARBOGA, au Sud-Oueſt de Weſteras.
5. Le *Wermeland*.
CARSLSTAD, ſur le Lac Wener, *Capitale*, eſt une Ville bâtie par Charles IX, dans le dernier Siècle. On y pêche beaucoup de ſaumons.

2. Le Nordland.

Il renferme ſix Provinces :
1. La *Dalécarlie*, arroſée par la Rivière de Dala. Cette Province a beaucoup de mines de fer & de cuivre. Elle n'a que des Bourgs & des Villages.
HEDEMORA, ſur la Dala, eſt le Bourg le plus remarquable.
FAHLUN ou COPERBERG, au Nord d'Hédémora, autre Bourg qui tire ſon ſecond nom de ſes abondantes mines de cuivre. Les fumées noires & épaiſſes que produiſent les forges des environs, ſont ſi conſidérables, que lorſque le vent d'Oueſt ſouffle, & les ramène ſur Fahlun, on eſt ſouvent obligé d'y avoir des lumières en plein Midi.
2. La *Geſtricie*, petit Pays, à l'Orient, ſur le Golfe de Bothnie, eſt auſſi conſidérable par ſes mines de fer & de cuivre.
GEFLE ou GEVAL, *Capitale, Port*.
3. L'*Helſingie*.
HUDWIKSVAL, *Capitale*, ſur le Golfe de Bothnie.
4. La *Médelpadie*.
INDAL, près la Rivière de même nom.
SUNDSWAL, vers le Golfe de Bothnie, *Capitale*.
5. La *Jemptie*.
RESUNDT *.

6. Le *Harndall*, au Nord-Oueſt.
Undersaker *.

§. II. *De la Gothie.*

La Gothie, ou le Gothland, ſe diviſe en trois Provinces ; ſçavoir, le *Veſtrogothland* *, ou la *Gothie Occidentale* ; l'*Oſtrogothland* *, ou la *Gothie Orientale* ; le *Sudgothland* *, ou la *Gothie Méridionale.* Quelques-uns prétendent que les Goths, Oſtrogoths & Viſigoths viennent de ce Pays, mais tous les Auteurs n'en conviennent pas.

On joint à la Gothie, le *Territoire de Bahus.*

1. *Le Veſtrogothland.*

Il a deux Provinces : le *Veſtrogothland* propre *, & la *Dalie.* On trouve dans le premier deux grands Lacs, le *Wener* & le *Water.* On rapporte trois choſes aſſez ſingulières de ce dernier : 1.° Qu'il eſt ſi profond, qu'en quelques endroits il a trois cens braſſes, quoique la Mer Baltique n'en ait que cinquante dans ſa plus grande profondeur : 2.° Que ſes glaces ſe briſent quelquefois ſi ſubitement, qu'il devient navigable en une demi-heure de temps : 3.° Que la veille des tempêtes, ce Lac fait entendre un bruit horrible & continuel, ſemblable à celui du tonnerre.

1. Le *Veſtrogothland* propre.

Gothebourg, *Port*, *Place forte*, *Capitale*, ſur le *Categat*, à l'embouchure du *Gothelba.* C'eſt une grande Ville, riche & peuplée, avec un beau Collège. On y a établi depuis 1732, une Compagnie des Indes Orientales. C'eſt la patrie de Jean Anderſon, Bourguemeſtre en chef de Hambourg, de l'Académie Impériale, & Auteur de pluſieurs excellens Ouvrages, entr'autres d'une *Hiſtoire Naturelle de l'Iſlande, du Groenland, & des autres Pays du Nord.*

SCARA, *Evêché*, au Midi du Lac Wener.

2. La *Dalie*.

DALEBORG *, *Capitale*, sur le Lac Wener.

WENERSBOURG, *Place forte*, sur le même Lac.

2. L'*Ostrogothland*.

Il a deux Provinces, l'*Ostrogothland* propre *, & le *Smaland*.

1. L'*Ostrogothland* propre.

NORKOPING, *Capitale*, Ville forte, bien bâtie & marchande, sur un Golfe de la Mer Baltique.

LINDKOPING, *Evêché*, au Sud-Ouest.

STEGEBORG, *Port*, sur la Mer Baltique.

2. Le *Smaland*.

CALMAR, *Port*, sur la Mer Baltique. C'est une des meilleures & des plus fortes Villes de Suède : elle est partagée en vieille Ville & Ville nouvelle. La vieille Ville est fameuse par la Constitution de la Reine Marguerite, en 1395, pour l'union des trois Royaumes du Nord. Cette Constitution fut abrogée quelque temps après la mort de cette Reine. Le Royaume de Suède, après avoir été uni & séparé plusieurs fois de ceux de Danemarck & de Norwège, fut enfin séparé pour toujours de ces deux derniers, sous Gustave I, élu en 1523.

WEXIO, *Evêché*, petite Ville fort peuplée.

3. Le *Sudgothland*.

Il a trois Provinces, le *Halland* *, le *Sconen* & le *Bleking* *.

1. Le *Halland*.

HALMSTAD, *Capitale*, sur le Catégat.

WARBERG *, Ville marchande, avec un bon Port & un Château qui en défend l'entrée.

2. Le *Schonen* ou la *Skanie*. Ce Pays situé au Midi de la Suède, est le plus agréable & le meilleur de ce Royaume : il appartenoit autrefois au Roi de

Danemarck. Frédéric III fut forcé de le céder à la Suède en 1658, par le Traité de Roschild.

Lunden, *Evêché*, *Université*, Ville autrefois célèbre. Elle avoit ci-devant un Archevêque, de qui dépendoient les sept Evêques de Danemarck, lorsque le Schonen n'étoit pas à la Suède. Lunden a souffert beaucoup des guerres : elle doit le peu de splendeur qu'elle conserve, à son Université, qui fut fondée en 1668 par Charles XI.

Christianstat, au Nord-Est de Lunden. Le Roi Christian IV. la fit bâtir en 1614. Elle a une Eglise magnifique & de beaux Ponts. Son *Port* est à quatre lieues de la Ville.

Landscron *, *Port*, *Place forte*, sur le Sund.

3. Le *Blcking*.

Christianopel, *Port*, *Place forte*, Ville bâtie par Christian IV, Roi de Danemarck.

Carlscron, sur la Mer Baltique, Ville forte & peuplée, construite en 1679, par Charles XI, Roi de Suède. Elle a un Port défendu par deux tours. C'est dans cette Ville que sont les Arsenaux de la Marine.

Le Territoire de Bohus ou Bahus.

Ce Pays est à l'Occident de la Dalie & du Westrogothland. C'étoit autrefois un des Gouvernemens de la Norwège : les Danois ont été obligés de le céder à la Suède en 1658.

Bahus *ou* Bohus, *Capitale*, Ville forte, défendue par un bon Château. Elle est située sur la Rivière de Gothelba, qui sort du Lac Wener.

Maelstrand *, Ville forte, bâtie sur un rocher & dans une Isle. Les Danois la prirent en 1678, mais ils la rendirent à la Suède l'année suivante, par le Traité de Fontainebleau.

§. III. *La Laponie.*

Elle est située depuis le soixante-cinquième jusqu'au-delà du soixante-dixième dégré de latitude septentrionale ; c'est-à-dire, dans la Zone froide ; ce qui rend le Pays peu habité & stérile, à l'exception de quelques pâturages assez bons qu'il produit, en certains endroits. Sa situation au-delà du Cercle Polaire, est cause qu'il y a un jour continuel de plusieurs mois, & une nuit de la même durée. Le froid y est excessif, & quelquefois les chaleurs y sont grandes, ce qui vient de la longue durée du soleil sur l'horison. On y trouve une quantité prodigieuse de bêtes sauvages, de poissons & de gibier. La Providence y a fait naître un animal semblable au cerf, quoique plus petit ; on le nomme *Renne* ; il est infatigable à la course, très-aisé à nourrir, & d'une docilité admirable. Les Lapons s'en servent pour leurs voyages ; ils en mangent la chair, & se couvrent de sa peau.

Les Lapons sont de fort petite taille ; ils n'ont pour l'ordinaire que quatre pieds & demi de haut ; ils sont extrêmement laids, sauvages, grossiers, colères, paresseux. La plupart sont Chrétiens ; mais ou Luthériens, ou Schismatiques Grecs, suivant la Religion des Maîtres à qui ils obéissent. Leurs occupations ordinaires sont la chasse & la pêche. Ils réduisent en poudre des poissons secs, & en font une espèce de pâte, qui leur tient lieu de pain. Ils aiment passionnément l'eau-de-vie & le tabac : ils vivent très-long-temps, & meurent souvent plus de vieillesse que de maladie. L'attachement qu'ils ont à leur Pays est tel, qu'on en a vu mourir de chagrin, parcequ'ils avoient perdu l'espérance d'y retourner.

On ne connoît guères de lieux dans la Laponie auxquels on puisse donner le nom de Ville. Les Lapons changent souvent de demeure ; ce qui ne leur est pas difficile, leurs maisons étant faites de bois & couvertes de peaux. Le Roi de Suède a défendu aux Lapons Suédois de transporter ainsi leurs demeures.

On divise la Laponie en trois parties : la *Laponie Norwégienne*, la *Suédoise* & la *Russienne*. Nous avons parlé de la Norwégienne dans l'Article du Danemarck. Nous traiterons de la troisième à l'Article de la Russie : nous nous contenterons de décrire ici la seconde.

La Laponie Suédoise.

Elle se divise en six *Marcks* ou Préfectures, qui portent le nom de quelque Rivière considérable qui y passe : les voici, du Midi au Septentrion.

1. *Asele-Lap-Marck*. Elle est située au Nord de l'Angermanie.

ASELE, Bourg qui se trouve au milieu de cette Préfecture, la plus petite de toutes.

2. *Uméa-Lap-Marck*, c'est-à-dire, Préfecture des Lapons, qui habitent aux environs de la Rivière d'*Uméa*, & ainsi des suivantes.

3. *Pithéa-Lap-Marck*.

4. *Luléa-Lap-Marck*. On trouve dans ces deux Préfectures des mines d'argent & de plomb.

5. *Torno-Lap-Marck*. Cette Préfecture a des mines de fer, & deux mines de cuivre découvertes en 1654 & 1655.

6. *Kimi-Lap-Marck*.

§. IV. *La Bothnie*.

On appelle *Bothnie*, toutes les côtes baignées au Nord, à l'Occident & à l'Orient, par la partie la plus Septentrionale de la Mer Baltique, laquelle forme le Golfe qu'on nomme *Golfe de Bothnie*. Comme il s'avance droit au Nord, il partage naturellement la Bothnie en deux parties ; la *Westro-Bothnie*, ou *Bothnie Occidentale*; & l'*Ostro-Bothnie*, ou *Bothnie Orientale*.

1. La Bothnie Occidentale.

Elle comprend l'*Angermanie*, au Midi, & la *Weſtro-Bothnie*, au Nord.

1. L'*Angermanie*.

HERNOSAND, *Capitale*, petite Ville ſur la Mer.

2. La *Weſtro-Bothnie*.

TORNO, *Capitale, Port*, à l'embouchure de la Rivière de même nom, au fond du Golfe de Bothnie. C'eſt près de cette Ville que quelques-uns de Meſſieurs de l'Académie des Sciences de Paris, nommés par le Roi, ont fait en 1736, leurs obſervations pour déterminer la figure de la Terre. Il en réſulte, auſſi-bien que de celles d'autres Académiciens envoyés vers l'Equateur dans le même deſſein, & dans le même temps, que la Terre n'eſt pas parfaitement ronde, mais un peu applatie vers les Pôles.

Le long du Golfe, on trouve du Nord du Midi, les quatre Bourgs ſuivans.

CALIX, LULEA, PITHEA, UMEA.

Ces Bourgs ſont à l'embouchure des Rivières de même nom, qui viennent de la Laponie.

2. La Bothnie Orientale.

Elle ſe partage en deux parties; l'*Oſtro-Bothnie*, le long de la Mer, & la *Cajanie*, à l'Orient.

1. L'*Oſtro-Bothnie*.

KIMI, à l'Orient de Torno, près l'embouchure d'une Rivière de même nom.

ULABOURG, au Midi de Kimi, ſur le Golfe.

BRAHESTAD, WASA & CHRISTIANESTAD, ſe trouvent auſſi ſur le Golfe, du Nord au Midi.

2. La *Cajanie*, à l'Orient.

CAJANEBORG, *Capitale, Place forte*, ſur le Lac d'Ula.

§. V. *La Finlande*.

Ce Pays ſitué au Midi de la Bothnie, entre le

Golfe de Bothnie & celui de Finlande, eſt ſtérile, entrecoupé de marais, de lacs, de bois & de déſerts; auſſi n'eſt-il peuplé que vers les côtes. Ses Habitans ſont robuſtes, laborieux & endurcis à toutes les injures de l'air. Ils ont une langue particulière. Les Ruſſiens ſe ſont emparés de la Finlande en différens temps; mais ils l'ont rendue en grande partie au Roi de Suède.

Elle comprend cinq Provinces; la *Finlande* propre au Sud-Oueſt; le *Nyland*, au Sud; la *Tavaſtie*, dans le milieu; enfin, à l'Orient le *Savolax* & la *Carélie*, que la Suède partage avec la Ruſſie.

1. La *Finlande* propre eſt ſituée au Sud-Oueſt, entre les deux Golfes. Le terroir eſt aſſez fertile en grains. On y trouve quelques mines de fer & de cuivre.

ABO, *Evêché, Capitale, Univerſité, Port*. C'eſt une grande Ville, à l'embouchure d'une Rivière nommée *Aurajoki*. Son Univerſité a été fondée par la Reine Chriſtine en 1640.

BIORNEBORG ou BIORNO, petite Ville, au Midi, ſur le Golfe de Bothnie.

2. Le *Nyland*.

RASEBOURG, *Capitale, Fort*, ſur le Golfe de Finlande.

HELSINGFORS, *Port*, ſur le même Golfe.

BORGO, au Nord-Oueſt.

3. La *Tavaſtie* eſt entrecoupée de Lacs, dont le plus grand ſe nomme *Pajane*.

TAVASTHUS, *Capitale*. C'eſt une Place aſſez forte, bâtie dans des marais.

4. Le *Savolax*. Ce Pays eſt plein de marais, de lacs, de bois & de déſerts. On n'y trouve que de méchans villages. Le lieu le plus remarquable de cette Province étoit *Nyſlot*, mais il a été cédé à la Ruſſie.

5. La *Carélie* eſt partagée entre le Roi de Suède & l'Empire de Ruſſie. Le premier poſſède la partie

Occidentale, & le second la partie Orientale. La Paix faite en 1744, entre la Russie & la Suède, a fixé les limites de la Carélie à la Rivière de *Kimmen*, qui tombe au milieu du Golfe de Finlande.

Kimmenegard est le lieu principal de la Carélie Suédoise.

Il y a plusieurs Isles qui dépendent de la Suède: les plus remarquables sont celles d'*Aland*, de *Gothland* & de *Oeland*. Elles sont dans la Mer Baltique: la première entre la Finlande & la Suède propre, les deux autres près de l'Ostrogothland.

L'Isle d'*Aland* n'a que des Villages, & le Château de *Kastelhom* *.

Visby est la Capitale de l'Isle de *Gothland*. C'étoit une Ville autrefois très-riche & très-commerçante, que la Mer a beaucoup endommagée.

L'Isle d'*Oeland* est longue & étroite, mais très-fertile; elle est séparée de la Terre-ferme par le Détroit de Calmar.

Borckolm *, *Capitale*, petite Ville qui a un bon Château pour sa défense.

Ottenby *, Ville médiocre, qui a un Château fort.

Autres Possessions de la Suède.

Le Roi de Suède possède encore en Allemagne, la Ville de *Vismar*, en Basse Saxe; & dans la Haute, la Principauté de *Rugen*, avec la *Poméranie Occidentale* ou *Citérieure* qui en est voisine. Il avoit ci-devant le Territoire de *Stetin*, qui étoit la Capitale de cette partie de la Poméranie, aussi-bien que les Villes & Souverainetés de *Ferden* & de *Brême*, qui sont aussi en Allemagne. Enfin la Suède n'a plus l'*Ingrie* & la *Livonie*, Provinces voisines de la Finlande, qu'elle a possédées pendant environ cent ans, & que la Russie lui a enlevées entre 1702 & 1710.

SECTION XIII.

De la Grande Ruſſie.

LA Ruſſie, qui faiſoit anciennement partie de la Sarmatie, eſt le plus grand de tous les Etats de l'Europe : nous lui donnions ci-devant le nom de *Moſcovie*, parceque ſes Souverains réſidoient à *Moſcou*. On marquera ci-après ſon étendue & ſes bornes. Il ſuffit d'obſerver ici, qu'elle ſe diviſe en *Européenne* & *Aſiatique*. L'air eſt extrêmement froid, dans les parties Septentrionales ; & l'on y voit des neiges & des glaces les trois quarts de l'année. Cependant les chaleurs de l'été y ſont quelquefois extraordinaires durant ſix ſemaines. Les plaines ſont entrecoupées de Marais, de Lacs & de vaſtes Forêts vers le Nord. Cette partie de la Ruſſie ne produit que de l'orge ; mais il y vient quantité de racines bonnes à manger, des groſeillers, des fraiſiers & des framboiſiers ſauvages. Celle qui s'étend depuis le 60. juſqu'au 57 dégré, eſt plus tempérée & plus peuplée. Elle a des chèvres, des moutons, des chevaux & d'aſſez bon bled. Vers la Pologne le Pays eſt plus peuplé & plus fertile : il s'y trouve du bled en abondance, & on y fait la récolte deux mois après avoir ſemé. La Ruſſie ne produit pas de vin, excepté en Aſie, vers Aſtracan, & aux environs du Don : ce vin eſt auſſi bon que les meilleurs d'Allemagne, ſelon les Auteurs bien inſtruits. Si ce Pays eſt peu fertile en vins, il produit en récompenſe beaucoup de lin. On y trouve une très-grande quantité de miel, même dans les forêts ; des bêtes fauves & du gibier. Les Lacs fourniſſent beaucoup de poiſſons. Les ours, les élans, les rennes, les renards, les hermines même & les martres zibelines y sont communes. Les marchandises qu'on tire de ce Pays, outre les peaux des animaux dont nous venons de parler, sont des cuirs de bœufs ou de vaches, appellés communément *Cuirs de Roussi*; des mâts pour les vaisseaux, qu'on préfère à ceux de Norwège; du lin, du chanvre, du talc, du suif, du goudron, de la cire, du miel, de la poix, de la résine, du savon & du poisson salé.

La Russie fut autrefois divisée en plusieurs Seigneuries, qui réunies dans la suite, ont formé ce grand Empire tel que nous le voyons maintenant. Volodimir, qui demeuroit à Kiow & qu'on regarde comme le premier Grand Duc de cette Nation, épousa en 987 Anne, sœur de Constantin & de Basile Porphyrogénete, Empereur des Grecs. Vers 1330, Daniel Alexandrowitz transporta le Siège de ses Etats à Moscow, & depuis ce temps la Nation fut appellée par les Etrangers, *Moscovite*. Basile, fils de Basilide, Duc de Russie, est le premier, dit-on, qui ait pris le titre de *Czar* (a) vers l'an 1490, après avoir secoué le joug des Tartares, auxquels les Russes avoient été assujétis pendant plus de trois cens ans. Comme ils sont naturellement ennemis de tous les Etrangers, ils chassèrent en 1613 Ladislas, Prince de Pologne, qu'ils avoient fait Grand-Duc de Russie, & ils élurent un Russien, nommé Michel Fédérowitz. Alexis son fils laissa trois enfans; Théodore, l'aîné, lui succéda, & mourut sans postérité : les deux autres, Jean & Pierre, régnèrent conjointement, jusqu'à ce que Jean étant mort en 1696, Pierre resta seul sur le Trône. C'est le fameux Czar connu sous le nom de *Pierre le Grand*, qui est mort au commencement de 1725. Le Chef de ce grand Etat porte, depuis 1721, le titre d'*Empereur de toutes les Russies*. Il a un pouvoir absolu & des-

---

(a) Le mot *Czar*, en Langue Sclavonne, signifie Roi.

potique sur ses sujets. Les filles peuvent succéder à la Couronne. L'Impératrice Elisabeth, fille de Pierre le Grand, est morte le 5 Janvier 1762, après avoir régné paisiblement pendant vingt ans. Pierre III, Duc de Holstein-Gottorp, qu'elle s'étoit désigné pour successeur, dès 1743, lui a succédé. Mais ce Prince a régné peu de temps, ayant été détrôné le 9 Juillet suivant, & renfermé à Pétershof, où il n'a survécu que quelques jours à sa disgrace. Sophie-Auguste d'Anhalt-Zerbst, sa femme, est montée à sa place sur le trône, & a été couronnée le 3 Octobre suivant, sous le nom de *Catherine-Alexiewna* II. *Paul Petrowitz*, son fils, a été déclaré successeur à l'Empire, en même-temps que la Princesse sa mère a été reconnue Impératrice de toutes les Russies.

Le Souverain de Russie jouit d'un grand revenu. Outre les taxes imposées sur le peuple, qui montent à plus de quinze millions de notre monnoie, il tire de grandes sommes des Cabarets qu'il tient par toute l'étendue de son Empire, aussi-bien que de la vente du tabac, des salines qui lui appartiennent toutes en propre, & des marchandises qui viennent de la Chine & de la Sibérie. Ces dernières consistent principalement en pelleteries fort estimées, comme martres zibelines, hermines & autres fourrures.

Les Russes sont de moyenne taille, forts & robustes : il sont assez bons soldats quand ils sont bien formés. Ils ne manquent point d'esprit ; mais ils sont paresseux, & aiment avec passion le vin & l'eau-de-vie. Leur humeur est fort servile ; & ils s'imaginent que leur Prince en sait plus que tous les autres ensemble.

Ce qui a contribué à tenir les Russes dans une dépendance si absolue, a été la défense de voyager sous peine de mort, & l'ignorance crasse dans laquelle ils ont toujours vécu : n'y ayant eu dans cet Etat pendant fort long-temps, ni Collèges, ni Universités ; mais seulement des Ecoles pour apprendre à lire & à écrire. Les choses ont bien changé de face sous l'Empereur Pierre le Grand : il a établi des Collèges & des Académies pour les Sciences & les Arts. Il a eu sur-tout à cœur de mettre la Marine sur un bon pied. C'est pour cela qu'il a fait des voyages dans presque tous les Etats de l'Europe.

Ce Prince a encore fait d'autres changemens très-importans dans l'Etat. Il a défendu d'entrer dans les Couvens avant l'âge de 50 ans. Les Russes, par fainéantise, s'y jettoient en foule dès leur jeunesse. Il a aboli les grandes barbes & les longues robes : il a ordonné que ses sujets ne s'appelleroient plus ses esclaves. Les Russes commençoient leur année au premier de Septembre, & se servoient de l'Ere des Grecs de Constantinople, de qui ils ont reçu la foi, & qui comptent par les années du Monde, croyant que Jesus-Christ est venu l'an 5508, selon une supputation tirée des Septante.

La Religion des Russes est la Chrétienne. Ces Peuples prétendent que la Foi leur a été annoncée par l'Apôtre S. André; & ils comptent à ce sujet plusieurs fables ridicules; mais selon M. Fleury, (*Histoire Ecclésiastique*, Tome XI, Liv. 52,) ce ne fut qu'au IXe siècle, sous l'Empereur Basile, (en 871,) que la foi fut prêchée aux Russes par un Archevêque que le Patriarche Ignace y envoya. Plusieurs de cette Nation furent baptisés alors. Cependant on ne met la conversion entière de ce Peuple que dans le siècle suivant, sous Volodimir. Ce Prince ayant épousé Anne, sœur des Empereurs Grecs Constantin & Basile, embrassa le Christianisme par les exhortations de sa femme, & reçut le Baptême en 987. Nicolas Chrisoberge, Patriarche de Constantinople, lui envoya un Archevêque, qui sacra un Métropolitain pour la Ville de Kiovie, ou Kiow, où résidoit Volodimir, & plusieurs Evêques pour

pour les Villes voisines. Comme les Russes dépendoient du Patriarche de Constantinople, ils ont suivi son schisme, mais assez tard, comme il paroît par leur Histoire. Ils commencèrent à avoir un Patriarche en 1588. Il résidoit à Moscow; & ayant été élu par le Clergé, il étoit confirmé par le Patriarche de Constantinople. Mais ensuite, quoiqu'il fût toujours dans la communion de ce Patriarche, il ne dépendit plus de lui, & il fut choisi par les Evêques, & confirmé par le Czar. Comme il n'étoit pas moins absolu pour le spirituel que son Souverain pour le temporel, Pierre le Grand a supprimé cette dignité. Maintenant les affaires Ecclésiastiques se traitent en Russie, & se jugent en dernier ressort, dans un Synode perpétuel, composé de plusieurs Archevêques & Evêques. Les Russes souffrent plus volontiers les Protestans que les Catholiques, qui ont néanmoins plusieurs Eglises en Russie, une entr'autres à Moscow, une autre à Saint-Pétersbourg, &c. Ils sont fort dévots aux Images des Saints, & sur-tout à celle de S. Nicolas, qu'ils regardent comme leur Patron. Chaque particulier place l'image du Saint auquel il a dévotion à l'endroit où il se met ordinairement à l'Eglise, & a seul le droit de lui adresser ses prières.

L'Office divin se fait en Sclavon, qui étoit autrefois la langue vulgaire du Pays: celle qui y est en usage à-présent, en est un idiome. La Messe est, comme chez les Grecs, celle qu'on nomme de S. Basile ou de S. Chrysostôme. On n'en dit qu'une dans chaque Eglise, sur les neuf heures du matin. Leur Breviaire consiste en une espèce de Vêpres, de Matines & d'Office de Midi. Il se chante comme parmi nous à l'Eglise, ou se dit en particulier. Leurs ornemens, leurs cérémonies, leur discipline, & même leur créance sont semblables à celles de l'Eglise Grecque. On y prêche rarement; & on y regarde les Sermons comme des sources d'hérésies; mais on lit les Homélies des Pères, traduites en langue du Pays, & les Vies des Saints.

Les principales Rivières de la Russie sont:

Le *Wolga* (anciennement *Rha* & *Atel*), qui prend sa source dans la Province de Weliki-Louki ou de Rzeva; traverse la Russie d'Europe d'Occident en Orient, passe à Twer, à Uglitz, à Iéroslaw, reçoit l'Oka près Niznei-Novogorod, arrose la Province de Kasan qui est de la Russie d'Asie, reçoit le *Kama* au-dessous de cette Ville, coule de-là vers le Midi, reçoit le *Samara*, & se jette dans la Mer Caspienne, au-dessous d'Astracan, après un cours de plus de cinq cens lieues.

Le *Dnieper* & la *Duna*, dont nous avons parlé à l'Article de la Pologne, Tom. I. *pag.* 640 & 653.

Le *Don*, autrefois *Tanaïs*, qui prend sa source à 25 lieues au Sud de Moscow, près du Lac *Iwan*: coule en faisant un grand circuit du Nord au Sud, & va se jetter dans la Mer d'Azof, autrefois les *Palus Méotides*. Cette Mer communique à la Mer Noire, par le Détroit de Caffa, appellé anciennement le Bosphore Cimmérien.

La *Dwina*. Cette Rivière se forme du concours des Rivières de *Sukona* & de *Ioug*, qui s'unissent à Oustioug; d'où elle tire son nom de *Dwina*, qui signifie Double ou les deux. Elle coule ensuite vers le Nord-Ouest, & se jette dans la Mer Blanche à Archangel.

Le Czar Pierre le Grand a fait faire en Russie trois grands Canaux. Le premier, & le plus grand, commence vis-à-vis la Forteresse de Sleutelbourg, à l'entrée de la Rivière de *Néva*, & s'étend de-là à l'Orient jusqu'à la Rivière de *Wolchova*, près de la Ville de Nova-Ladoga. Il a de long cent werstes, qui font vingt lieues de France.

Le second Canal commence à la Rivière de

Twerfa, qui tombe dans le Volga près de Twer. Il joint la *Twerfa* avec l'*Emfta* ou le *Mfta*, qui se décharge dans le Lac Ilmen, d'où sort la Wolchova, qui communique avec l'autre Canal. Par le moyen de ces deux Canaux on peut voyager aujourd'hui par eau, depuis Petersbourg jusqu'à la Mer Caspienne; mais le voyage est de deux ans, parcequ'on va contre le courant de l'eau, & qu'on est obligé d'attendre dans le second Canal que les Rivières soient enflées, & puissent fournir assez d'eau pour les écluses.

Le troisième Canal commence près la source du Volga, aux environs de la Ville de Rzéva. Il s'étend jusqu'à la Rivière de Mosca, & forme une communication entre Pétersbourg & Moscow. On ne fait plus usage de ce Canal.

Les plus grands Lacs qu'on trouve en Russie sont ceux de *Ladoga*, d'*Onega*, de *Czucko* ou *Peipus*, d'*Ilmen*, & celui de *Biéla-Ozero*, c'est-à-dire, *Lac Blanc*, qui n'est pas bien loin des deux premiers.

Le Wolga peut servir à diviser la Russie Européenne en deux parties : la *Septentrionale*, & la *Méridionale*, qui renferment chacune six Gouvernemens. Nous tirons cette division qui est facile, du nouvel *Atlas Russien* ; & nous y rapporterons, par rapport à l'Histoire, les noms des anciennes Provinces qui étoient autrefois la plûpart autant de Duchés particuliers, qui prenoient le nom de leur Capitale, comme le portent encore aujourd'hui les Gouverneurs de ce vaste Etat. Mais avant que de les décrire, nous croyons devoir donner une idée de toute l'étendue du vaste Empire de Russie. Il confine du côté de l'Europe à la Suède, à la Pologne, à la Turquie d'Europe & à la petite Tartarie; du côté de l'Asie, il est borné par la Circassie, située entre la Mer Noire & la Mer Caspienne, par la Tartarie indépendante & par la Tartarie Chinoise,

D 2

Il est au Nord borné par la Mer Glaciale, & par le Nord-Est de l'Asie, à portée de l'Amérique, où les Russes ont fait de nouvelles Découvertes à l'Ouest du Canada. La Russie Asiatique est plus étendue que l'Européenne, mais elle n'est pas aussi peuplée. Les Russes envoient sans cesse des Colonies de l'Europe, pour former de nouvelles habitations dans l'Asie Septentrionale.

Tout cet Empire est aujourd'hui partagé en seize Gouvernemens. On en trouve

Six dans la partie Septentrionale : ce sont ceux de *Saint-Pétersbourg*, de *Wibourg*, de *Revel*, de *Riga*, de la *grande Novogorod*, & d'*Archangel*.

Six dans la partie Méridionale : les Gouvernemens de *Moscow*, de *Smolensco*, de *Kiow*, de *Bielgorod*, de *Woronez*, & de *Niznei-Novogorod*.

Quatre en Asie : les Gouvernemens de *Kasan*, d'*Orenbourg*, d'*Astracan*, & de *Tobolsk* ou *Sibérie*. Nous ne parlerons de ceux-ci qu'en traitant de l'Asie, & de la grande Tartarie, où ils sont compris.

CHAPITRE PREMIER.

Des six Gouvernemens de la partie Septentrionale de la Russie Européenne.

Les quatre premiers Gouvernemens dont nous allons parler, ne sont pas fort étendus ; mais ils sont très-importans pour la Russie. Ce sont des Pays frontières de la Suède & de la Pologne, à qui ils ont appartenu autrefois.

§. I. *Le Gouvernement de Saint-Pétersbourg.*

Il contient trois Provinces, l'*Ingrie* ou *Ingermanie*, le *Wirland* ou l'*Estonie Orientale*, la *Carélie Orientale*.

1. *L'Ingrie.* Elle est entre le Golfe de Finlande, la Livonie & le Lac Ladoga. Ce Pays est très-fertile en bled, & abonde en poisson & en gibier ; l'on y fait tous les ans une chasse considérable d'élans, lorsqu'ils passent de la Russie dans la Carélie, & lorsqu'ils s'en retournent en Russie. Le Roi de Suède ayant conquis cette Province sur les Russes, en 1617, elle lui étoit demeurée par le Traité conclu l'année suivante à Stockholm ; mais les Russes l'ont reprise en 1702, & elle leur a été assurée par divers Traités.

SAINT-PÉTERSBOURG, *Archevêché*, est sa *Capitale*, ainsi que de tout l'Empire, aussi-bien que *Moscow*. Le Czar Pierre le Grand commença à la faire bâtir en 1703 ; & il lui donna le nom de *Saint-Petersbourg*, en l'honneur de l'Apôtre S. Pierre. Cette Ville est dans plusieurs Isles, à l'embouchure de la *Néva*, Rivière qui sort du Lac Ladoga, & se décharge dans le Golfe de Finlande. Elle est grande, belle & fort peuplée. Les Empereurs de Russie y résident ordinairement, & ils y ont des Palais magnifiques. Elle a une Citadelle, une Académie Impériale, & un Hôtel de Cadets. Les Arts & les Sciences y sont en vigueur. Sa situation la rend très-commerçante. Mais elle est fort sujette aux inondations. Le plus bel ornement de cette Ville sont les Quais des Isles de l'Amirauté & Basile : il s'y trouve aussi un grand nombre de beaux édifices. On y compte plus de deux cens mille habitans, parmi lesquels il y a beaucoup d'étrangers qui ont liberté de conscience. Les Catholiques, les Luthériens & les Calvinistes y ont des Eglises. Ce sont les Récollets qui desservent celle des Catholiques. On observe dans cette Ville une exacte police. Les Négocians y ont une Bourse semblable à celle d'Amsterdam. La Cathédrale de S. Pierre, où est le tombeau de l'Empereur Pierre le Grand, se trouve dans la Citadelle située dans l'Isle de Saint-Pétersbourg. Elle a quatre rangs de colonnes, & un clocher d'une grande hauteur. Pierre le Grand a fait faire un grand chemin de plus de deux cens lieues, en ligne droite, qui va de Pétersbourg, à Moscow.

CRONSLOT, *Fort* qui défend le Port de Pétersbourg. Il est bâti environ douze lieues en avant dans le Golfe de Finlande.

Dans l'Isle de *Cronstat* qui est voisine, on a bâti une jolie petite Ville.

KOPORE, ou COPORIO, à l'Occident, assez près du Golfe de Finlande.

2. Le *Wirland* ou *Estonie Orientale*.

NARVA, Ville forte, quoique petite, sur la Rivière de même nom, qui se jette du Lac Peipus dans le Golfe de Finlande. C'étoit autrefois un Evêché. On y fait un grand commerce de bois propre à la construction des vaisseaux.

3. La *Carélie Orientale* appartenoit ci-devant à la Suède. Elle est au Nord de l'Ingrie.

KEXHOLM, dans une Isle du Lac Ladoga: elle donne son nom au Pays qui l'environne.

SLEUTELBOURG, appellée par les Russiens ORESKA, & autrefois NOTEBOURG par les Suédois. Elle est située à l'Orient de Pétersbourg, dans une Isle à l'entrée du Lac Ladoga.

§. II. *Le Gouvernement de Wibourg.*

Ce Gouvernement ne renferme que la Carélie Occidentale, qui étoit nommée *Carélie Finoise*, lorsqu'elle appartenoit à la Suède.

WIBOURG ou WIBORG, *Port*, Ville forte & très-marchande, sur le Golfe de Finlande. Il y avoit un Evêque, lorsqu'elle étoit sous la domination des Suédois.

NISLOT, petite Ville forte, dans une Presqu'Isle

du Lac *Lapwefi*. C'étoit ci-devant le chef-lieu du Savolax, Province de Suède.

WILMANSTRAND, autre Ville forte, au Sud de ce même Lac.

FREDERICHCSHAMN, Ville que les Suédois avoient fait extrêmement fortifier, pour l'opposer à Wibourg.

§. III. *Le Gouvernement de Revel.*

Il est fort peu étendu, & ne comprend que l'*Estonie Occidentale*, Pays qui, avec le *Wirland*, forme la partie Septentrionale de la *Livonie*.

REVEL, *Port*, Ville grande & forte, anciennement *Anséatique*, sur le Golfe de Finlande ; elle est fort marchande. Autrefois elle avoit un Evêque Catholique.

HAPSAL, au Nord-Ouest, sur la même Mer, avoit aussi autrefois un Evêque.

§. IV. *Le Gouvernement de Riga.*

Il comprend la plus grande partie de la *Livonie*; sur-tout la Méridionale qu'on appelle *Lettonie*. Cette Province, que nous considérerons d'abord dans son entier, est très-fertile en grains. Les Chevaliers Allemands qu'on a nommés *Porte-glaives*, en firent la conquête au milieu du XIIIe. Siècle, & ils se réunirent dans la suite à ceux de l'Ordre Teutonique, dont ils se séparèrent au commencement du XVIe. Siècle. Gothar Ketler, leur dernier Grand-Maître, céda la Livonie à la Pologne en 1561, & retint en propriété & en fief la Courlande, dont il fut ainsi le premier Duc, comme on a l'a dit à la fin du Tome I. Les Suédois s'étant rendus maîtres, en 1617, de toute la Livonie, c'est-à-dire, de l'Estonie & de la Lettonie, la possession leur en fut confirmée en 1660, par le Traité d'Oliva. Mais elle leur fut enlevée en 1710, par les Russiens, à qui elle a été entièrement abandonnée par les Traités de 1721 & 1742. Il en est cependant resté à la Pologne une petite contrée, au Sud-est, où est *Dunebourg*, comme nous l'avons observé ci-devant.

RIGA, *Capitale*, près de l'embouchure de la Dina ou Duna. Cette Ville est belle, grande, forte, bien peuplée & très-commerçante. Il y avoit autrefois un Archevêque Catholique.

DINAMOND ou DUNEMUND, forteresse qui défend le Port de Riga, à quatre lieues au-dessous, & sur le Golfe de Finlande.

WENDEN *, sur l'Aa, au Nord-Est de Riga: les Grands-Maîtres des Chevaliers y faisoient leur résidence.

PERNAU, petite Ville bien fortifiée avec un bon *Port*, sur la Mer Baltique. Il y avoit anciennement un Evêque Catholique.

DERPT ou DORPT, à l'Orient, peu éloigné du Lac Peipus. C'étoit une Ville très-forte, que les Russes ont ruinée en 1704. Elle a été rétablie depuis, & il y a une Université.

Ces trois Villes étoient autrefois de l'Estonie.

Les Isles d'*Oesel* & de *Dagha*, dans la Mer Baltique, dépendent de ce Gouvernement: elles sont très-fertiles.

ARENSBOURG, *Capitale* de l'Isle d'Oesel.

DAGHERST, *Capitale* de l'Isle de Dagho.

§. V. *Le Gouvernement de Novogorod.*

Il contient sept Provinces assez considérables, sçavoir, *Novogorod*, *Plescow*, *Weliki-Louki*, *Twer*, *Biélozero*, *Olonec*, & *Kargapol*.

1. La Province de *Novogorod* a eu autrefois des Ducs très-puissans, & s'est ensuite gouvernée pendant un temps en forme de République.

NOVOGOROD-WELIKI, ou *Novogorod la grande*, ainsi nommée pour la distinguer d'une autre dont nous parlerons dans la fuite. Elle eſt près du Lac Ilmen, & ſur la Wolchova qui ſe jette dans le Lac Ladoga. C'eſt une grande Ville fort ancienne, défendue par des foſſés profonds. Elle eſt le ſiège d'un Archevêque qui porte le nom de *Prototrône*, & elle a, dit-on, cent quatre-vingts Couvens. C'eſt un entrepôt ordinaire des marchandiſes qui viennent du Levant, & de celles que l'on tire d'Occident : on y fait ſur-tout grand commerce de cuirs.

2. La Province de *Pleſcow* a eu autrefois des Princes qui étoient élus par les Peuples.

PLESCOW ou PLESCOVE, *Evêché*, ſur le Welika, près du Lac Peipus au Midi. C'eſt une Ville aſſez peuplée, & qui a un Château fortifié, bâti ſur un rocher.

3. La Province de *Weliki-Louki*, au Sud-Eſt de la précédente. Elle s'appelloit ci-devant la Province de *Rzeva* ou *Reskow*. Le Wolga & la Dina prennent leur ſource ſur ſes frontières, vers l'Orient.

WELIKI-LOUKI, ſur le Lowat, qui ſe jette dans le Lac Ilmen.

RZEVA ou RESCOW, à l'Occident, Ville autrefois conſidérable, aujourd'hui entiérement ruinée. Il y a un autre *Rzeva* à l'Orient, que Volodimir a fait bâtir; mais elle eſt de la Province de *Twer*.

TOROPEC, Ville paſſable.

4. La Province de *Twer*, autrefois Duché.

TWER, *Evêché*, ſur le Wolga.

RZEVA-WOLODIMERSKOI *, ſur la même Rivière.

5. La Province de *Biélozero* : c'étoit autrefois un Duché, que l'on croit avoir été le plus ancien de la Ruſſie.

BIÉLOZERO, près du Lac du même nom. Comme cette Ville paſſoit autrefois pour imprenable, les Czars y dépoſoient ordinairement leurs tréſors.

6. La Province d'*Olonec* comprend tout ce qui

environne le Lac Onéga, & les Territoires voisins de la Laponie & du Nord-Est de Finlande.

OLONEC, petite Ville à l'Est du Lac Ladoga. Il y a dans ses environs des forges & une bonne fonderie de canons.

7. La Province de *Kargapol* s'étend jusqu'à la Mer Blanche, autour de la Rivière d'Onéga.

KARGAPOL, près d'un Lac, d'où sort la Rivière d'Onéga, qui se jette dans la Mer Blanche.

§. VI. *Le Gouvernement d'Archangel.*

Nous divisons ce Gouvernement en deux parties, *l'Occidentale* & *l'Orientale*. Nous mettons cette dernière en Europe, comme la première, fondés sur les autorités de Pline, de Pomponius-Méla & de Solin, qui assurent que l'Europe est séparée de l'Asie, par une grande chaîne de montagnes, qui est une borne naturelle, & en cela préférable aux bornes arbitraires que plusieurs Géographes ont données à l'Europe; sans parler des autres raisons qui nous déterminent, & qu'il seroit trop long d'exposer ici (*a*). Nous évitons d'ailleurs par-là de placer une partie du Gouvernement d'Archangel en Europe & l'autre en Asie, & ainsi d'être obligés de décrire chaque partie séparément.

La partie Occidentale du Gouvernement d'Archangel contient cinq Provinces; sçavoir, le Pays de la *Dwina* & de la *Vaga*, & ceux de *Kolskoi*, *Ustioug*, *Vologda* & *Galicz*.

1. Le Pays de la *Dwina* & de la *Vaga*.

ARCHANGEL, *Evêché*, *Port*, à l'embouchure de la Dwina. Cette Ville n'est bâtie que de bois; mais toutes les choses nécessaires à la vie s'y trouvent en

---

(*a*) On peut les voir dans la *Descr. de l'Empire Russien*, traduit de Strahlenberg, *Paris*, Desaint, *in*-12. sur-tout *tom*. I. pag. 333 & 334.

abondance. Elle trafique avec les Anglois & les Hollandois, qui y vont chercher des pelleteries & autres marchandises; mais il y a cet inconvénient, qu'il faut traverser la Mer Glaciale pour y aller. Son commerce est bien diminué depuis l'établissement de Saint-Pétersbourg. Avant ce temps c'étoit la Ville la plus marchande de toute la Russie. Elle a essuyé en 1754, un incendie considérable, qui a consumé trois Eglises, plus de 600 maisons & 40 magasins.

CHOLMOGORI ou CHOLMOGOROD, à l'Orient d'Archangel, sur la Dwina. Elle étoit autrefois Capitale d'un Royaume puissant, que les Grands-Ducs de Russie ont soumis il y a environ deux cens ans.

KEWROL *, Ville assez considérable, vers l'Orient, sur la *Pinéga* qui se jette dans la Dwina.

SZENKURSK, sur la *Vaga*, qui tombe aussi dans la même Rivière.

De la Province de Dwina dépend encore la partie Méridionale de la *Laponie* Russienne, de l'autre côté de la Mer Blanche qui est vis-à-vis. On y remarque le Village de *Kemi*.

2. Le Pays de *Kolskoi*, ou la Laponie Russienne Septentrionale.

KOLSKOI ou KOLA, petite Ville située sur une Rivière de même nom : les Anglois & les Hollandois en tirent des pelleteries.

3. La Province d'*Ustioug* est fort étendue, & comprend une partie des Peuples appellés *Ziranni*.

USTIUG, ou OUSTIOUG, *Evéché*, Ville considérable à l'embouchure du Ioug dans la Sukona : & c'est à cette réunion que commence la Dwina.

SOLWYCZEGOCKAIA, à l'embouchure de la Wyczegda ou Vitsodga dans la Dwina : il s'y fait un grand commerce de sel.

IARENSK, Ville assez marchande, sur la Wyczegda.

D 6

4. La Province de *Wologda*. Elle est marécageuse & pleine de forêts : on y fait commerce de suif très-estimé.

Wologda, *Evêché*. Cette Ville est riche & commerçante, étant comme l'entrepôt des marchandises entre Archangel & Moscow.

Totma, au Nord-Est, sur la Sukona : elle étoit ci-devant de la Province d'Ustioug.

5. La petite Province de *Galicz*, étoit ci-devant une Principauté.

Galicz, près d'un Lac, à l'Orient de Wologda.

La partie Orientale du Gouvernement d'Archangel contient deux Provinces, *Mezzen* & *Petzora*, qui sont peu habitées, étant voisines de la Mer Glaciale & sous le Cercle Polaire. Une partie des *Samogèdes* y demeure, & s'étend de-là dans la Sibérie. C'est un Peuple très-misérable, assez semblable aux Lapons, dont nous avons parlé en décrivant la Suède : on trouve aussi chez eux des rennes.

1. La Province de *Mezzen*, appellée ci-devant la *Jugorie*, où il y a quantité de bois.

Mezzen, *Capitale*, au Nord-Est d'Archangel : c'est une Ville assez considérable.

Au Nord-Ouest de cette Province sont deux Isles, dont la principale se nomme *Kandenoff*. Elle a de grands bois, & est près des terres, à l'entrée de la Mer Blanche.

2. La Province de *Petzora*, ainsi appellée d'une grande Rivière qui la traverse du Sud au Nord, où elle se jette dans la Mer Glaciale : elle est pleine de Montagnes.

Pustozerskoi *, vers l'embouchure du Petzora. C'est une espèce de Village entouré de palissades. On nomme le Pays voisin *Boranday*. Cette Province contient encore une partie de la *Ziranie*, Pays de bois habité par des Peuples qui portent ce nom.

GRANDE RUSSIE. 85

CHAPITRE II.

Des six Gouvernemens de la Partie Méridionale de la Russie Européenne.

IL convient de commencer par celui qui porte le nom de la plus ancienne des deux Capitales de l'Empire.

§. I. *Le Gouvernement de Moscow.*

Il contient onze petites Provinces fort peuplées, qui étoient autrefois pour la plûpart autant de Duchés particuliers.

1. La Province de *Moscow.*

Moscow, *Archevêché, Capitale* de la Russie, & l'une des deux Villes Impériales. Elle est située sur la *Moska*, qui se jette dans le Volga. On lui donne environ six lieues de tour; mais elle n'est pas peuplée à proportion de son étendue. Une bonne partie de son enceinte est occupée par des places publiques, des jardins, & même des prairies. Les rues sont sales, n'étant pas pavées. La plûpart des maisons y sont de bois, & les incendies y sont fréquens. Elle est divisée en quatre quartiers, qui sont comme autant de Villes fermées de murailles. Il y a un grand Fauxbourg où logent les soldats Allemands, & où on a bâti de fort belles maisons. Dans le premier quartier, nommé le *Cremel*, est un grand Palais bâti de bonnes pierres & flanqué de grosses tours. On y voit aussi celui que possédoit le Patriarche, près de l'Eglise Patriarchale. La grosse cloche de cette Eglise passe pour la plus grosse qu'il y ait au monde. Elle a 64 pieds de circonférence extérieure, & deux pieds d'épaisseur. On dit qu'elle pese 320000. Cette fameuse cloche est tombée en 1701, dans le temps d'un incendie. Entre un grand nombre d'autres Eglises (car on y en compte près de quinze cens), on remarque celle de Saint Michel, où sont les tombeaux des anciens Grands-Ducs. Les Luthériens & les Calvinistes ont deux Eglises à Moscow, mais les Catholiques & les Juifs n'y sont que tolérés. Cette Ville est fort marchande. Cependant elle est bien déchue, depuis que Saint-Pétersbourg est devenue la demeure ordinaire des Souverains de Russie. Il y a trois Collèges, & une Apothicairerie très-célèbre. On y a fondé une *Université*, en 1755.

COLOMNA, *Evêché*, au Sud-Est de Moscow.

2. La Province d'*Uglicz*, au Nord-Ouest.

UGLICZ, sur le Volga, Ville aujourd'hui assez considérable & marchande. Il y a un fort Château, où l'on renferme les prisonniers d'Etat.

3. La Province de *Ieroslaw*, au Nord. C'étoit autrefois un Duché, apanage des Princes cadets : elle est fertile, sur-tout en pâturages.

IEROSLAW, sur le Volga, grande Ville & marchande : mais la diminution du commerce à Archangel lui a fait tort.

4. La Province de *Kostroma*.

KOSTROMA, *Evêché*, au Nord-Est, Ville considérable sur le Volga.

4. La Province de *Péreslaw-Zaleskoi*. Elle s'appelloit autrefois le Duché de *Rostow*, & étoit l'apanage du second fils des Czars.

PÉRESLAW-ZALESKOI, près d'un Lac.

ROSTOW, *Archevêché* & Ville ancienne.

6. La Province de *Yurew-Polskoi*.

YUREW-POLSKOI*, Ville aujourd'hui assez considérable, à l'Orient de Péreslaw, sur le chemin de Susdal.

7. La Province de *Susdal*, autrefois Duché : c'est un Pays plat, où il y a quantité de bois.

GRANDE RUSSIE.

SUSDAL, *Evêché*, & Ville bien peuplée, sur la Klesma.

8. La Province de *Wolodimer*, autrefois Duché : elle est fertile en grains.

WOLODIMER, *Evêché*, sur la Klesma : elle a été autrefois quelque temps la résidence des Grands-Ducs de Russie ; mais elle est bien déchue depuis qu'ils se sont transportés à Moscow.

9. La Province de *Péreslaw-Riazanskoi*, qui comprend une partie de l'ancien Duché de *Rezan*, & dont le terroir est fertile.

PERESLAW-RIAZANSKOI, Ville considérable sur l'Oka.

REZAN, *Evêché*, ruiné depuis long-temps par les petits Tartares, n'est plus qu'un Village.

10. La Province de *Tula*, au Sud de Moscow. Elle faisoit partie de l'ancien Duché de Rezan.

TULA, sur l'Upa. On y fabrique un grand nombre de fusils & de pistolets, que l'on envoye à l'Amirauté de Saint-Pétersbourg. Pour garantir leur Pays des incursions des petits Tartares, les Russes avoient autrefois tiré de cette Ville une ligne fortifiée, qui alloit aboutir près de Simbirsk sur le Volga ; mais ils ont bâti depuis des Villes fortes plus loin ; & dont nous parlerons dans un moment.

11. La Province de *Kaluga*, qu'on appelloit autrefois la Principauté de *Worotinsk*.

KALUGA ou CALOUGA, au Sud-Ouest de Moscow, Ville assez considérable & marchande, sur l'Oka.

§. II. *Le Gouvernement de Smolensk.*

Il contient l'ancien Duché de *Smolensko*, qui a été pendant un temps *Palatinat* ou Province de Pologne ; & l'ancienne petite Principauté de *Biéla*.

SMOLENSK, *Evêché*, Ville forte sur le Dniéper. Les Polonois ont été forcés de la céder à la Russie en 1664.

BIELA', au Nord-d'Eſt de la précédente, petite Ville peu conſidérable, ſituée dans un pays de bois.

§. III. *Le Gouvernement de Kiow, ou de la petite Ruſſie.*

Il a été comme le précédent, le ſujet de longues & ſanglantes guerres entre les Ruſſes & les Polonois. Il contient une partie de l'*Ukraine*, c'eſt-à-dire, de la Frontière de la Ruſſie & de la Pologne, & c'eſt où habitent les *Coſaques*.

KIOW, *Archevêché métropolitain*, ſur le Dniéper. C'eſt une Ville bien peuplée, qui a été la réſidence des premiers Princes de Ruſſie. Les Polonois l'ont enſuite poſſédée pendant long-temps : enfin les Ruſſes la leur ont priſe en 1687, & l'ont fortifiée dans le goût moderne.

CZERNIGOW, *Evêché*, ſur la *Deſna*, qui ſe jette dans le Dniéper, petite Ville bien fortifiée.

PULTAWA, au Sud-Eſt de Kiow. C'eſt un lieu célèbre par deux grandes batailles qui s'y ſont données, l'une en 1399, entre les troupes de Tamerlan & celles de Vitold, Grand-Duc de Lithuanie, qui y fut défait : l'autre en 1709, où Charles XII, Roi de Suède, fut vaincu par le Czar Pierre le Grand.

De ce Gouvernement dépend la partie Occidentale de ce qui ſe nommoit autrefois le Duché de *Sévérie*.

§. IV. *Le Gouvernement de Bielgorod.*

Il contient une partie de ce qu'on appelloit ci-devant la *Sévérie*, le *Worotinsk* & l'*Ukraine* mitoyenne, que l'on voit encore dans certaines Cartes nommées le *Palatinat* de Bielgorod, parceque les Polonois en étoient autrefois maîtres. Ce Pays eſt très-fertile.

Il ſe diviſe maintenant en quatre Provinces, dont

les trois premières prennent le nom de leurs Capitales, *Bielgorod*, *Siewsk*, & *Orel*. La quatrième, nommée la *Nouvelle Servie*, a été formée depuis quelques années, de la partie méridionale du Gouvernement de Kiow, & des campagnes désertes entre la Pologne & la petite Tartarie.

BIELGOROD, *Evêché*, près de la source du Donec ou petit Don. C'est une Ville forte, où l'on entretient une garnison considérable, sur-tout contre les petits Tartares.

SIEWSK ou SEFSK, Ville considérable, au Nord-Ouest de la précédente, dans l'ancienne Sévérie.

OREL, au Nord-Ouest, sur l'Oka.

ARCHANGELGOROD, dans la Nouvelle Servie.

§. V. *Le Gouvernement de Woronez.*

Il est divisé aujourd'hui en cinq Provinces, qui prennent le nom de leurs Capitales, & il renferme aussi une partie de l'*Ukraine*.

WORONEZ, *Evêché*, près de l'embouchure d'une Rivière de même nom dans le Don. C'est une Ville nouvelle, bâtie par Pierre le Grand.

BACHMUT, Ville forte & nouvelle, bâtie contre les Tartares, au Midi du Donec.

ELEC *, vers le Nord.

TAMBOW ou TAMBOF, vers l'Orient, *Evêché*.

SZATSK *, au Nord-Est.

§. VI. *Du Gouvernement de Niznei-Novogorod.*

Nous renfermons ce Gouvernement dans la Russie Européenne, parceque la Rivière de Sura qui le sépare à l'Orient du Pays de Casan, étoit regardée dès les anciens temps par les Russes, comme la borne qui les séparoit des Tartares.

Il contient trois Provinces qui prennent aussi le nom de leurs Capitales.

NIZNEI-NOVOGOROD, ou *Novogorod la basse*,

Evêché. C'est une Ville assez marchande, bâtie sur une hauteur, & dont le terroir est fertile.

ARSAMAS, au Sud de Niznei-Novogorod.

ALATYR, vers l'Orient.

Dans ce Gouvernement sont une partie des *Morduas*, Peuples Tartares qui habitent de grandes forêts, & qui sont aussi répandus dans le Gouvernement de Kasan.

SECTION XIV.

De la Turquie d'Europe.

CETTE partie de l'Empire Turc est entre le trente-quatrième dégré & le quarante-huitième de latitude, & entre le trente-sixième & le cinquante-huitième de longitude. Elle est bornée à l'Occident par le Golfe de Venise ; au Midi par la Méditerranée ; à l'Orient par la Mer Noire, celle d'Azof & le Don ; au Nord par la Hongrie, la Transylvanie & la grande Russie.

L'Empire des Turcs est un des plus grands de l'Univers, s'étendant en Europe, en Asie & en Afrique. Les Turcs tirent leur origine des Scythes, & ils demeuroient autrefois dans la Grande Tartarie, en Asie : une branche de cette Nation établit au XIIIe siècle un petit Royaume dans la Natolie ou Asie mineure, dont la Capitale fut *Cogny* ou *Icone*. Au commencement du XIVe siècle, Othoman ou Osman, Chef des Princes Turcs d'aujourd'hui, s'empara de la plus grande partie de la Natolie, & établit sa résidence à *Burse*, qu'il rendit la Capitale de son Royaume. Ses successeurs firent de grandes conquêtes sur les Grecs, & renversèrent enfin leur Empire l'an 1453, en se rendant maîtres de Constantinople. Ce fut le Sultan Mahomet II, qui l'enleva à Conſtantin Paléologue XV, dernier Empereur des Romains Grecs.

On appelle *Sultan*, *Grand Turc*, *Grand Seigneur*, le Chef de l'Empire des Turcs. On lui donne auſſi le titre de *Hauteſſe*. Son Gouvernement eſt deſpotique & abſolu. Il diſpoſe de ſes ſujets, comme d'autant d'eſclaves. Leurs biens lui appartiennent, de manière qu'ils n'héritent qu'avec ſon agrément. Sa volonté leur tient lieu de loi. Comme ces Peuples ſont néanmoins portés à la révolte, les Sultans, quelque abſolue que ſoit leur autorité, ſe trouvent aſſez ſouvent expoſés à être détrônés par leurs Soldats, ſur-tout par ceux qu'on nomme *Janiſſaires*. Les Turcs ſuivent la Religion dont le faux Prophète Mahomet fut l'auteur, en Arabie, vers l'an 622. Ils ſont de la Secte d'Omar, & regardent comme hérétiques les Perſans, qui ſont de celle d'Ali, quoique Mahométans comme eux. Les Turcs obſervent la Circonciſion, ſuivant l'uſage des Arabes; c'eſt-à-dire, qu'ils ne circonciſent leurs enfans, que lorſqu'ils ſont déja grands. Les prières fréquentes que les Turcs font cinq fois le jour, ſur-tout le Vendredi, qui eſt chez eux le jour le plus ſolemnel de la ſemaine; les pélerinages, les aumônes, l'abſtinence du vin, & particulièrement leur jeûne du *Ramadan*, qui dure un mois entier, ſont des pratiques imitées de la Religion Chrétienne. Le jeûne du Ramadan s'obſerve dans le neuvième mois de l'année. C'eſt comme notre Carême. Il peut arriver dans toutes les ſaiſons: l'année des Turcs étant Lunaire, & par conſéquent moindre de 11 jours que la nôtre, ſon commencement n'eſt pas fixe. On ne peut obſerver ce jeûne plus rigoureuſement que font les Turcs. Ils ne le rompent qu'au ſoir, & s'abſtiennent pendant ce temps d'eau-de-vie & de tabac, dont ils uſent ordinairement. On punit de mort, ou au moins de la baſtonade, ceux qui violent ce précepte. Après ce jeûne, vient leur grand *Béiram*, qui eſt comme notre fête de Pâques. Ils le célèbrent par des réjouiſſances publiques.

Les Turcs font beaucoup d'aumônes, & leurs Hôpitaux ſont d'une ſtructure magnifique. Ils ſont obligés d'aller une fois en leur vie à la Mecque, Ville d'Arabie, où Mahomet eſt né. Le *Mufti* (a) en diſpenſe les gens de qualité, à condition d'y envoyer une perſonne à leur place, & de faire quelques aumônes. Il n'y a guères que le petit peuple qui y aille. On en voit quelquefois des troupes de cinquante mille. Le Grand-Seigneur donne à ces Caravanes un Chef, pour empêcher les déſordres qui pourroient arriver.

Outre le grand *Mufti*, qui eſt le Chef de la Religion Mahométane, & l'Interprète de l'*Alcoran*, (qui eſt la loi des Mahométans,) il y a d'autres *Muftis* qui ont ſous eux des *Imans*. Ceux-ci ſont comme les Curés dans nos Paroiſſes, & les *Muftis* tiennent lieu d'Evêques chez les Turcs. Il n'y a point d'appel des Muftis au grand Mufti. Ce qui rend le grand Mufti ſi puiſſant, c'eſt ſa réſidence à la Cour du Grand-Seigneur. Dans les *Moſquées*, qui ſont les temples des Mahométans, il y a pluſieurs Miniſtres. Les *Hodgiats* qui liſent la Loi, font l'office de Docteurs & de Prédicateurs; les *Muézins*, ſont ceux qui du haut des tours des Moſquées appellent le peuple à la Prière. Outre ces Miniſtres, il y a chez les Turcs des *Dervis*: ce ſont des eſpèces de Religieux qui renoncent au monde, pour mener une vie auſtère & retirée. Ils peuvent

---

(a) Le Mufti eſt le Grand Prêtre de leur Religion. Il a une ſi grande autorité, que les Turcs n'oſent contrevenir à ſes déciſions. Les Sultans même quelquefois n'ont pas été à l'abri de ſes jugemens.

néanmoins se marier; & malgré leur extérieur mortifié, ils s'abandonnent souvent aux vices les plus grossiers. Les Turcs laissent à leurs sujets liberté de conscience. La Turquie Européenne sur-tout, est pleine de Chrétiens Grecs, de Juifs, de Protestans & même de Catholiques.

Le nom de *Pacha* ou *Bacha* se donne à tous les Grands de *la Porte*, c'est-à-dire, de la Cour de Constantinople, qui sont dans les grands emplois. On en distingue de plusieurs classes. La première comprend les grands Officiers. Le *Grand-Visir*, qui est le Lieutenant-Général de l'Empire & des Armées, est le premier de cette classe; il garde le sceau du Grand-Seigneur, & préside à tous les *Divans* ou Conseils. Le second est le *Caimacan* ou Lieutenant du Grand-Visir: il est Gouverneur de Constantinople, & fait toutes les fonctions du Grand-Visir à son défaut. Le troisième est le Bacha de la Mer, ou *Capitan-Pacha*: il est Amiral de la Flotte Othomane. Le quatrième est l'*Aga* ou Colonel-Général des *Janissaires*. Ces *Janissaires* sont en grand nombre, & forment la meilleure Milice des Turcs pour l'Infanterie, comme les *Spahis* pour la Cavalerie. Les Janissaires, qui demeurent à Constantinople, sont exempts d'impôts & ont de grands privilèges. Les *Spahis* vivent comme des Seigneurs, dans les fiefs qu'ils reçoivent du Sultan à proportion de leurs services.

La seconde classe des *Pachas* sont les *Beglerbeys* ou Gouverneurs généraux des Provinces: ils ont sous eux des *Sangiacs-Beys*, qui sont Gouverneurs de Provinces particulières, & Chefs d'une Milice fort brave, qu'on appelle *Sangiacs*.

Le principal étendard, chez les Turcs, est une ou plusieurs Queues de cheval teintes en rouge, attachées à une pique, surmontée de quelque tissu de crin & d'une grosse boule de cuivre doré. Les Beys font porter une de ces Queues ; les Pachas, deux jointes enfemble ; les Grands Beglerbeys, trois ; le Grand-Vifir, cinq, & le Grand-Seigneur, fept, lorfqu'il eft en campagne. On diftingue quelquefois les Pachas par le nombre de Queues dont leur étendard eft compofé, & on les appelle, *Pachas à trois Queues, à deux Queues,* &c.

On diftingue deux fortes de Turcs : les Turcs originaires, & les étrangers qui embraffent leur religion. On nomme *Renégats* les Chrétiens que la mifère, l'ambition ou l'avarice portent à apoftafier. Les autres font des efclaves achetés dans leur enfance & élevés dans le Mahométifme : ce font pour la plûpart des Tartares, entre lefquels on choifit ceux qui ont du génie, pour les inftruire dans les fciences, & ils parviennent quelquefois aux premières charges de l'Etat ; les autres font dreffés aux exercices militaires, & forment enfuite les Milices célèbres des *Janiffaires* & des *Spahis*.

Les Turcs en général font de belle taille, graves, fobres : ils ont peu de goût pour les Sciences & les Arts. Achmet III a néanmoins permis à Conftantinople deux Imprimeries, l'une pour le Turc & l'Arabe, & l'autre pour les Ouvrages Grecs & Latins. Elles ne fubfiftent plus. Leur loi leur permet d'avoir jufqu'à quatre femmes, & autant de concubines qu'ils en peuvent nourrir ; mais elle leur défend les jeux de hafard & le vin. Ils font un très-fréquent ufage du bain. Les Turcs d'Europe font robuftes : ils ont de la fincérité, & font très-polis entr'eux, mais fiers & durs à l'égard des Chrétiens.

Il y a deux Religions dominantes dans la Turquie d'Europe ; la Chrétienne & la Mahométane. Les Chrétiens y font en plus grand nombre, mais divifés en plufieurs Sectes. La plus grande partie fuit la Communion Grecque. On y trouve encore beaucoup de Juifs, parcequ'ils ont une liberté entière de professer leur Religion. Les Turcs ne souffrent pas qu'on instruise personne d'entr'eux de la vraie Religion. On s'exposeroit à la mort, si on avoit rendu Chrétien un Mahométan.

L'air de la Turquie d'Europe est différent, suivant la différente situation de ses Provinces. En général, il est tempéré. Par-tout les terres sont très-fertiles; mais la paresse des Turcs, & l'oppression dans laquelle gémissent les Chrétiens, empêchent que les uns & les autres ne profitent de cet avantage.

Les Rivières les plus remarquables de la Turquie d'Europe sont le *Danube*, qui prend sa source en Allemagne, où nous en avons parlé, Tom. I. *pag.* 529.

Le *Mariza* en Romanie : il passe à Andrinople & se jette dans l'Archipel.

La Turquie d'Europe se divise en *Septentrionale*, & *Méridionale*, qui est la *Grèce*.

CHAPITRE PREMIER.

De la Turquie Septentrionale d'Europe.

LA Turquie Septentrionale renferme dix Provinces : deux vers la Mer Noire, autrefois nommée Pont-Euxin (*a*), sçavoir la *petite Tartarie* & la *Bessa-*

(*a*) Le nom de *Pont-Euxin* vient d'un mot grec qui signifie *Hôte bienveillant* ; ce qui a été dit ou par antiphrase, les Tauriens qui habitoient les côtes de cette Mer, immolant leurs hôtes ; ou dans son vrai sens, selon Strabon, parceque les Ioniens qui allèrent s'établir le long de cette Mer, firent prendre aux habitans des mœurs plus humaines. Le nom de *Mer Noire*, ou, comme les Turcs l'appellent, *Caradinisi*, ce qui signifie la même chose, vient, dit le P. Briet, de ce qu'elle est toujours couverte de nuages, & que les tempêtes y causent souvent des naufrages.

rabie, au Nord de cette Mer ; deux vers la Tranſylvanie, la *Moldavie* & la *Valaquie* : deux ſur le Golfe de Veniſe, la *Croatie* & la *Dalmatie* : trois vers le Danube, d'Occident en Orient, la *Boſnie*, la *Servie*, la *Bulgarie* : une bornée à l'Orient par la Mer Noire, c'eſt la *Romanie*, qui eſt ſituée au Midi de la Bulgarie.

§. I. *La petite Tartarie.*

La *petite Tartarie* eſt ainſi nommée pour la diſtinguer de la Grande Tartarie, qui eſt en Aſie, & d'où ſont venus au XIIIe ſiècle les petits Tartares, peuple cruel & accoutumé à piller ſes voiſins.

Leur Religion eſt la Mahométane. Ils mangent peu de pain, mais beaucoup de viande, ſur-tout de cheval.

La partie de la Tartarie la plus ſeptentrionale, eſt habitée par les Tartares *Nogais*, qui ſont diviſés en *Hordes*, c'eſt-à-dire, aſſemblées de familles : ils obéiſſent à leurs *Murſes* ou chefs des Tribus : ils tranſportent leurs cabanes ſur des chariots, quand ils veulent changer de lieu.

La partie méridionale de la petite Tartarie eſt une Preſqu'Iſle, qu'on nomme *la Crimée*. Elle eſt gouvernée par un Prince qu'on appelle *Kan des petits Tartares* : il eſt allié du Grand-Seigneur, qui a droit de le dépoſer & d'en nommer un autre, pourvu qu'il ſoit de la famille des Kans. Les Turcs les regardent comme devant ſuccéder à leurs Sultans, en cas que la Race Othomane vienne à manquer.

Une partie de la *Circaſſie*, voiſine de la Crimée, mais qui dépend de l'Aſie, eſt ſous la domination du Prince des petits Tartares.

La *Crimée*, appellée autrefois *Cherſonèſe Taurique*, contient :

BACHASERAI, *Capitale*, & le ſéjour du *Kan* des petits Tartares. Les Ruſſes, pour ſe venger des incurſions

cursions que ce Prince avoit faites sur leurs terres, brulèrent une partie de cette Ville en 1736, & ruinèrent son Palais, qui étoit bâti magnifiquement & dans le goût Chinois.

OR ou PRECOP, anciennement TAPHRÆ, dans l'Isthme de ce nom. C'étoit une Ville forte que les Russes ont ruinée en 1738. Elle a été rétablie depuis, & les Russes l'ont reprise dans cette guerre qu'ils font actuellement aux Turcs.

CAFFA, autrefois THEODOSIA, *Port*, au Sud-Est, sur la Mer Noire. Cette Ville appartient aux Turcs : elle est assez grande, belle, bien peuplée & marchande. Le Détroit de Caffa s'appelloit autrefois le *Bosphore Cimmérien*.

BALUCLAWA ou IAMBOL *, *Port*, sur la côte méridionale. On y construit les Vaisseaux du Grand-Seigneur.

CRIM ou CRIMENDA *, au Midi. Cette Ville qui a donné son nom à la *Crimée*, est bien déchue de ce qu'elle étoit autrefois.

Les environs de l'embouchure du Don, autrefois *Tanaïs*, appartiennent aux Turcs. Ils y avoient la forteresse d'Azof. Les Russes qui la leur avoient prise, ont été obligés de la raser en 1739, par la Paix de Belgrade,

§. II. *La Bessarabie.*

Elle est partagée entre les Tartares d'*Oczakow*, & ceux de *Budziac*. Les premiers habitent aux environs du Dniéper : les autres occupent le reste de la Province ; c'en est la plus grande partie. Ils sont assez peu soumis aux Turcs, qui sont maîtres des Villes.

OCZACOW, à l'embouchure du Dniéper, *Capitale* des Tartares du même nom. C'est une Ville forte sur la Mer Noire. Les Turcs y tiennent garnison avec un Commandant.

BIALOGROD ou AKERMAN, sur la Mer Noire, à l'embouchure du Niester, *Capitale* du Pays habité par les Tartares de Budziac. C'est une Ville forte, riche & marchande.

BENDER, sur le Niester, résidence du Pacha de la Province. Cette Ville est connue par le séjour que Charles XII, Roi de Suède, y fit depuis qu'il se fut retiré chez les Turcs, après avoir perdu la bataille de Pultawa, en 1709.

§. III. *La Moldavie.*

Cette Province & la Valaquie sont tributaires du Turc. Elles ont des Princes particuliers que le Grand-Seigneur choisit à son gré. On les nomme *Waivodes*, c'est-à-dire, *Princes des troupes*. Les titres de *Despote* & de *Hospodar*, qui, l'un en Grec & l'autre en Sclavon, signifient *Seigneur*, sont plus agréables à ces Princes.

Les Habitans de ces Pays sont Chrétiens Grecs, & reconnoissent le Patriarche de Constantinople. Il y a aussi environ quatre mille Catholiques, gouvernés par un Evêque nommé par le Pape, à la recommandation du Roi de Pologne. Il réside à *Backow*, Ville située vers la Transylvanie. Il a sous lui dix-neuf Paroisses desservies par douze Prêtres Catholiques, & quelques Religieux. Cet Evêque est suffragant de l'Archevêque de Colocza en Hongrie, & on le choisit alternativement parmi les Dominicains & les Jésuites.

La *Moldavie*, appellée par les Turcs *Cara-Bogdan*, produit d'excellens vins; elle fournit aussi de bons chevaux. Elle est arrosée par deux Rivières qui se jettent dans le Danube : ce sont le *Sereth* & le *Pruth.*

JASSI, *Capitale*, grande Ville, près le Pruth, est la résidence du *Waivode* ou *Hospodar* de Moldavie.

CHOCZIN, sur le Niester, Ville remarquable par deux victoires que les Polonois y ont remportées sur les Turcs, en 1621 & 1683. Les Turcs l'ont fortifiée depuis, parcequ'elle est sur la frontière de Pologne. Cependant les Russes l'ont prise en 1739 & 1771.

SOCZOVA *, sur le Sereth, jolie Ville & peuplée.

§. IV. *La Valaquie.*

Le terroir de ce Pays est très-fertile, mais mal cultivé. On en tire des chevaux très-estimés. Les Valaques sont Schismatiques Grecs, & dépendent du Patriarche de Constantinople. Il y a aussi beaucoup de Latins Catholiques dispersés dans le Pays, & gouvernés par un Vicaire de l'Archevêque Latin de *Sophie*, (en Bulgarie.) Les Frères Mineurs Observantins de Bulgarie y ont une Mission. Les Rivières principales de la Valaquie sont l'*Alt* & le *Jalonitz* ou *Launitza*: elles se jettent toutes deux dans le Danube.

TERGOVISCK, *Capitale*, sur le Jalonitz. Elle est grande & peuplée, mais sale & mal bâtie.

BUKOREST, grande & forte Ville, résidence du *Waivode* ou *Hospodar*. On y voit un Couvent de Moines Grecs, qui y ont une Imprimerie.

§. V. *La Croatie.*

Elle est à l'Occident, le long du Golfe de Venise. C'étoit un Royaume, que des Peuples Sclavons avoient fondé au VIIe. Siècle. On la divise maintenant en *Croatie Autrichienne* & *Croatie Turque*. Ce Pays est fertile, sur-tout en vin & en huile.

1. La *Croatie Autrichienne* est la plus grande.

CARLSTAD, *Capitale*, vers la Carniole. C'est une Ville forte, où réside le Gouverneur du Pays: elle a été bâtie par Charles, Archiduc d'Autriche, dont elle porte le nom.

SISSECK, *Place forte.*

SEGNA, *Evêché*, sur la côte qu'on appelle *Morlaquie*, à cause de ses Habitans. Les *Morlaques*, qui sont des fugitifs d'Albanie, sont robustes, guerriers & infatigables. Quelques-uns sont soumis aux Vénitiens, à qui appartient la partie voisine de Dalmatie.

2. La *Croatie Turque.*

WIHITS ou BIHACZ, *Place forte, Capitale.*

§. VI. *La Dalmatie.*

C'étoit un Royaume que les Sclavons avoient fondé au VIIe. Siècle. Elle est maintenant partagée entre les Vénitiens, les Turcs & la République de Raguse.

1. La *Dalmatie Vénitienne.*

ZARA, autrefois JADERA, *Capitale, Archevêché.* C'est une grande & forte Ville, qui a un Port. Elle jouissoit des droits de Colonie Romaine; & selon une ancienne inscription, Auguste qui en est qualifié le père, en a bâti les tours & les murailles. On y fait d'excellentes liqueurs avec le suc de diverses herbes.

NONA *, *Evêché, Place forte,* sur le Golfe de Venise, au Nord de la précédente.

SEBENICO, *Evêché,* sur le Golfe de Venise. C'est une belle Ville, avec un Port défendu par deux bons Châteaux.

SPALATRO, *Archevêché, Place forte,* ancienne Ville assez jolie, avec un bon *Port.* Son nom paroît venir du mot Latin *Palatium*; ce n'étoit anciennement que le Palais de Dioclétien, dont les murs forment aujourd'hui ceux de la Ville. Au milieu de ce Palais étoit un Temple octogone au-dehors, & rond en-dedans, bâti de belles pierres de taille, dont on a fait une Eglise qu'on appelle le *Dôme.*

TURQUIE D'EUROPE.

SALONA *, près de Spalatro, ancienne Ville, connue pour avoir été la patrie de Dioclétien, & le lieu de sa retraite après qu'il eut abdiqué l'Empire. Elle a été considérable; mais on n'y voit plus aujourd'hui qu'un amas de masures, une Eglise & quelques moulins.

CATARO, *Ville forte*, à l'Orient de Raguse.

2. La *Dalmatie Turque*.

MOSTAR, *Capitale*, grande Ville assez forte, où réside le Pacha. Quelques Auteurs l'appellent *Herzegovina*, qui est le nom d'un petit Pays voisin.

NARENTA, *Evêché*, ancienne Ville sur le Golfe de Venise, entre Raguse & Spalatro.

REDINE *.

TREBIGNO *, *Evêché*, près de Raguse, dont elle dépendoit autrefois. Elle est habitée en partie par des Turcs, & en partie par des Grecs: il y a aussi quelques Catholiques.

ANTIVARI, au Sud-Est de Raguse, *Archevêché*. Cette Place assez forte, est située sur une montagne auprès de laquelle est le *Port*. Elle est nommée *Antivari*, parcequ'elle est à l'opposite de Bari, Ville d'Italie, dans la Pouille, au Royaume de Naples. Les Vénitiens, à qui elle a appartenu, ont tenté en vain en 1648, de l'enlever aux Turcs qui l'avoient conquise sur eux.

3. La *Dalmatie Ragusienne* est fort peu étendue.

RAGUSE, *Archevêché*, *Port*, *Capitale* de la République de même nom. Elle est très-marchande, grande & bien bâtie. L'ancienne *Epidaurus* n'en étoit pas éloignée : c'est ce qui fait que l'on dit communément qu'elle a succédé à cette Ville. Son Gouvernement est Aristocratique & assez semblable à celui de Venise. Elle a un Sénat composé de soixante Sénateurs, & un Doge qu'on change tous les mois, pour l'empêcher de rien entreprendre contre la liberté publique. Raguse paye tribut au Grand-Seigneur qu'elle craint, aux Vénitiens qu'elle hait, à l'Empereur & au Pape pour se les ménager.

Stagno, *Evêché.*

Les Isles de *Méléda* * & d'*Agosta* * appartiennent à la République de Raguse. Elles sont situées dans le Golfe de Venise, à l'Occident de Raguse. La plus remarquable est celle de *Méléda*. Elle a dix lieues de long, & abonde en poissons, vins, oranges & citrons. Elle a une fameuse Abbaye de Bénédictins. Quelques Auteurs prétendent que c'est dans cette Isle que S. Paul aborda, après son naufrage; mais le sentiment de ceux qui croyent que ce fut dans l'Isle de Malte, au Midi de la Sicile, est plus autorisé.

Les autres Isles de la côte de Dalmatie appartiennent aux Vénitiens.

§. VII. *La Bosnie.*

La Bosnie tire son nom de la Rivière de *Bosna*, la plus grande de celles qui l'arrosent. Elle a eu autrefois des Rois. C'est un Pays assez ingrat & presque inculte: il y a des mines d'argent, & beaucoup de gibier.

Bagnaluc, *Capitale*, grande & forte Ville, où le Beglerbey fait sa résidence.

Jaicza, *Place forte*, sur les confins de la Croatie.

Bosna-Serai, *Evêché*, grande Ville & marchande; les Impériaux la brûlerent en 1697. C'est la résidence de l'Evêque Latin de Bosnie, suffragant de l'Archevêque de Colocza, en Hongrie. Il est nommé par la Cour de Hongrie, & reçoit de la Chambre du Domaine de ce Royaume cent ducats tous les ans. Il a environ mille Catholiques sous sa jurisdiction.

Orbach *, Ville assez considérable.

Cornich ou Yvornick, Ville forte, prise par les Impériaux en 1717. La paix de Passarowitz, qui se fit l'année suivante, procura aux Chrétiens une partie de la Bosnie & la moitié de la Servie qu'ils ont perdue en 1739.

§. VIII. *La Servie.*

Ce Pays n'est guère peuplé, & le terroir, quoique naturellement fertile, rapporte peu, parcequ'il n'est pas cultivé. C'étoit autrefois un Royaume assez puissant. Outre les Chrétiens Rasciens, anciens habitans de la Servie, & qui sont en grand nombre, sous un Archevêque Grec qui prend le titre de *Patriarche des Rasciens*, & dont plusieurs Evêques dépendent, il y a dans cette Province douze ou treize cens Catholiques Latins répandus dans divers Villages, & divisés en huit Paroisses, sous l'autorité d'un Archevêque nommé par le Pape.

Les principales Rivières de la Servie sont, la *Morave*, qui la traverse du Sud au Nord, & le *Drin*, qui la sépare de la Bosnie à l'Occident : elles se jettent l'une dans la Save, & l'autre dans le Danube.

Belgrade, *Capitale.* C'étoit une Place très-forte, dont les fortifications ont été détruites par le Traité de Paix, fait en 1739, entre l'Empereur & le Grand-Seigneur. Elle est située sur le Danube, à l'endroit où il reçoit la Save, & est très-commerçante.

Semendrie, sur le Danube, appellée par les Hongrois *Zenderew* ou *Zenderow*, c'est-à-dire, *Ville de S. André*. Cette Ville étoit autrefois plus considérable qu'elle ne l'est à présent. Elle est la résidence d'un Sangiac.

Passarowitz *, sur la Morave. C'est une petite Ville, illustre par le Traité de Paix, fait en 1718, entre les Impériaux & les Turcs.

E 4

Nissa, sur la Niſſava, *Place forte*, priſe par les Chrétiens en 1689 & en 1717.

Jenibasar, Ville de grand commerce.

Uscopia, au Midi, réſidence de l'Archevêque Latin de Servie.

§. IX. *La Bulgarie.*

Elle eſt à l'Occident de la Mer Noire. Son nom lui vient des *Bulgares*, peuples ſortis de l'Aſie, qui y fondèrent un Royaume dans le VIIIe. Siècle. Ils ſont Schiſmatiques Grecs, & dépendent du Patriarche de Conſtantinople.

Sophie, *Capitale*, ſur la Rivière de Bojana. Cette Ville eſt près des ruines de *Sardique*, qui a été célèbre par le Concile qui s'y tint en 347, pour juger la cauſe de S. Athanaſe contre les Ariens. Elle eſt grande, bien peuplée, dans une vaſte plaine, mais dans un air mal-ſain. Il y a un Archevêque Latin & un Archevêque Grec. C'eſt la réſidence du Pacha de la Romanie ou Roumélie, le plus puiſſant des Pachas de l'Europe.

Vidin, *Ville forte*, ſur le Danube.

Nicopoli, ſur le Danube. C'eſt une Ville conſidérable, & célèbre par la ſanglante bataille que Bajazet, Empereur des Turcs, gagna en 1396, ſur Sigiſmond Roi de Hongrie. Beaucoup de Nobles François, qui étoient venus au ſecours des Chrétiens, y périrent. De ſçavans Grecs, prévoyant que cette défaite feroit ſuivie de la ruine de l'Empire de Conſtantinople, ſe retirèrent alors en foule dans l'Italie. Leur arrivée fit renaître l'étude de la Langue Grecque, & renouvella les Sciences en Occident. Il y a dans Nicopoli un Evêque Latin ſuffragant de l'Archevêque de Sophie.

Varna, jolie Ville ſur la Mer Noire, fameuſe par la bataille qu'Amurat y gagna, en 1444, ſur Ladiſlas, Roi de Hongrie, qui périt dans l'action.

MANGALIA, aussi sur la Mer Noire, au Nord-Est de Varna. On la nomme encore TOMIS-WARA. Cette Ville est ancienne, & connue par l'exil d'Ovide. C'étoit l'unique Evêché pour la Nation des Scythes soumise aux Romains.

SILISTRIE, près du Danube. C'est une grande Ville, forte & défendue par un bon Château.

§. X. *La Romanie.*

C'est une grande & belle Province, appellée autrefois *Thrace*. Son nom moderne de *Romanie* vient de l'affectation des derniers Grecs à s'appeller *Romains*. Les Turcs lui donnent le nom de *Rumélie* ou *Roumélie*. Le terroir y seroit fertile, s'il étoit cultivé ; le Pays n'est pas bien peuplé, & l'air est mal-sain, sur-tout vers la Mer Noire.

CONSTANTINOPLE, *Capitale* de la Romanie & de tout l'Empire Othoman. Les Turcs la nomment STAMBOL. Elle est appellée CONSTANTINOPLE, du nom de Constantin, premier Empereur Chrétien, qui la fit bâtir en 326, à la place de l'ancienne *Bysance*. Cette Ville est située d'une manière avantageuse pour le commerce, sur le Détroit qui porte son nom, qu'on appelloit autrefois le *Bosphore de Thrace*, & qui joint la Mer de Marmora avec la Mer Noire. C'est une des plus grandes Villes de l'Europe : son Port passe pour le plus sûr & le plus beau de l'Univers. Elle fut prise par Mahomet II, en 1453. On voit à peine des vestiges de son ancienne beauté : ses rues sont étroites, ses maisons sont basses & mal bâties ; mais ses Palais & ses Mosquées sont magnifiques, sur-tout celle qui étoit autrefois l'Eglise de Sainte Sophie. Le Sérail, qui est le Palais du Grand-Seigneur, est un beau Bâtiment. Constantinople a éprouvé souvent des tremblemens de terre. Celui qui y arriva le 3 & le 14 Septembre 1754, y causa un terrible ravage. La Mosquée de Sainte Sophie s'est fendue depuis le rez de chauffée jusqu'au comble. Le Sérail a beaucoup souffert; deux Pavillons situés à l'extrémité des Jardins ont été renversés. La terre s'est entr'ouverte, & des maisons entières ont été englouties. L'Amphithéâtre de Constantin, le vieux Château & le Fauxbourg de Blaquerne ont été détruits. Constantinople est sujette aux incendies & à la peste, parceque les Turcs négligent les moyens de s'en garantir. Elle est le Siège du Patriarche de l'Eglise Grecque, & la résidence du Mufti ou Grand-Prêtre des Turcs. Cette Ville est peuplée de divers Habitans, Turcs, Grecs, Juifs; mais les Chrétiens Francs, ou Européens, n'ont pas permission d'y habiter: ils demeurent à *Pera* ou à *Galata* qui en sont les Fauxbourgs. Le premier est situé sur une hauteur, l'air y est pur, la vue belle & les maisons commodes. Les Ambassadeurs de différens Etats de l'Europe y ont leurs Palais. Les magasins des Marchands sont à *Galata*, qui est plus près du Port & de la Douane. Il y a dans ces deux Fauxbourgs plusieurs Eglises desservies par des Religieux de différens Ordres, Jésuites, Cordeliers, Capucins. Ces derniers qui desservent la Chapelle de l'Ambassadeur de France, sont comme les Curés de la Nation, & les Maîtres des *Enfans de Langue*, que le Roi y entretient. La Nation Françoise est la plus nombreuse à Constantinople, & y fait le plus grand commerce. La police y est si bien observée, que quoique ses habitans soient au nombre d'environ huit cens mille, on y entend peu parler d'assassinats & de vols. Il s'est tenu autrefois trois Conciles généraux dans cette Ville; 1.° le second Concile général, en 381, contre les Macédoniens, héretiques qui nioient la divinité du S. Esprit; 2.° le cinquième général, en 553, au sujet des *trois Chapitres*; c'est-à-dire, de plusieurs écrits de Théodore de Mopsueste, de Théodoret & d'Ibas; 3.º le sixième général, tenu en 680, contre les Monothélites, qui n'admettoient qu'une seule volonté en J. C.

ANDRINOPLE, sur la Rivière de Mariza. C'est une Ville fort agréable: l'air y est beaucoup plus pur qu'à Constantinople, & les Sultans y vont assez souvent. Andrinople a un Archevêque Grec, suffragant de Constantinople.

PHILIPPOPOLI, sur la même Rivière. C'est une grande Ville bien peuplée, mais sans défenses.

TRAJANOPOLI, sur la rive gauche du Mariza, au Sud, ancienne Ville mal peuplée, & le siège d'un Archevêque Grec.

GALLIPOLI, Ville grande & riche, située sur le Détroit de même nom : elle est la résidence du Pacha de la Mer, ou Amiral des Turcs, & d'un Evêque, suffragant d'Héraclée, sous le Patriarche de Constantinople.

Le Détroit de *Gallipoli*, nommé autrefois l'*Hellespont*, fait la communication de l'Archipel avec la Mer de Marmora. L'entrée en est défendue par deux Châteaux, appellés *les Dardanelles*. L'un est en Europe, & se nomme *Château de Rumélie*; l'autre est en Asie, & s'appelle *Château de Natolie*. Le premier se nommoit anciennement *Sestos*, & le second *Abidos*.

ARTICLE II.

De la Turquie Méridionale d'Europe.

CETTE partie de la Turquie que l'on nomme *Grèce*, étoit autrefois très-célèbre. C'est aujourd'hui un Pays mal peuplé, presque inculte, fort pauvre. Il appartient aux Turcs, à peu de chose près que les Vénitiens y possèdent.

La Grèce ressemble à une grande Presqu'Isle, étant environnée par la Mer de trois côtés. A l'Occident elle est bornée par le Golfe de Venise, & la Mer Ionienne ou Mer de Grèce ; au Midi par la Méditerranée ; à l'Orient par l'Archipel & la Romanie ; au Nord par la Servie & la Bulgarie.

On divise la Grèce en *Terre-ferme* & en *Isles*.

§. I. *De la Terre-ferme de Grèce.*

Elle renferme quatre Pays, sçavoir, la *Macédoine* ou le *Coménolitari*, au Nord ; l'*Albanie*, à l'Occident ; la *Livadie* & la *Morée*, au Midi.

1. *La Macédoine*, ou *le Coménolitari*.

Cette partie de la Grèce est fort célèbre dans l'Histoire ancienne : elle parvint à un si haut point de grandeur, par l'habileté de Philippe & la valeur d'Alexandre le Grand son fils, que d'un Etat médiocre, elle devint une puissante Monarchie, qui envahit l'Empire des Perses ; mais elle ne subsista pas long-temps. La Macédoine est peu considérable aujourd'hui : les Turcs l'appellent *Coménolitari*, & le divisent en trois parties ; l'*Iamboli*, à l'Orient ; la *Veria*, à l'Occident ; & la *Janna*, au Midi.

1. L'*Iamboli*.

SALONIQUE, autrefois THESSALONIQUE, *Port*, Capitale du Coménolitari, est située au fond du Golfe de son nom. C'est une Ville fort peuplée, très-ancienne, grande & marchande. Les Juifs y font presque tout le commerce, qui consiste principalement en soie : ils y sont en très-grand nombre, & y ont des Synagogues. Les Grecs y ont un Archevêque & plusieurs Eglises. Il s'y trouve aussi des Mosquées pour les Turcs. S. Paul a écrit deux Epîtres aux premiers Chrétiens de cette Ville.

PHILIPPI[*], au Nord-Est, assez jolie Ville. Saint

Paul a écrit aux Fidèles de cette Ville une Epître. Ce fut dans les plaines voisines qu'Octavien, depuis nommé *Auguste*, & Marc-Antoine défirent, 42 ans avant J. C. Brutus & Cassius, les défenseurs de la liberté de Rome.

Contessa * ou Stremona, à l'Orient de Salonique, petite Ville à l'embouchure de la Rivière de Marmara, qui y forme un petit Golfe.

Libanova *, anciennement Stagire, au Sud de Contessa. C'est la patrie d'Aristote.

Monte-Santo, on le Mont-Athos, sur le Golfe de même nom. Il est célèbre par le grand nombre de Monastères Grecs qui s'y trouvent. Les Moines qui sont au nombre de cinq ou six mille, cultivent la terre, & vivent de leur travail. Leurs Monastères ressemblent plus à des Forteresses qu'à des Maisons Religieuses ; ils sont fermés de bons murs flanqués de tours, & munis d'artillerie, à cause des incursions des pirates. La plûpart ont des Bibliothèques de manuscrits. Ils payent douze mille écus de tribut au Grand-Seigneur.

2. La *Veria*.

Jenizza, au Sud-Ouest de Salonique. Elle étoit la Capitale du Royaume de Macédoine, & se nommoit Pella. Philippe & Alexandre le Grand, son fils, y sont nés.

Ocrida ou Giustandil, au Nord-Ouest, grande Ville, bien fortifiée. On croit que l'Empereur Justinien étoit né dans cette Ville : il l'érigea en Métropole, & la nomma *première Justinienne*.

3. La *Janna*, qui répond à l'ancienne *Thessalie*. C'est dans cette Province que se trouvent les Montagnes si célèbres chez les Poëtes, *Olympe*, *Ossa*, *Pelion*, au Nord, & le *Pinde* au Midi : elle renferme aussi la Vallée délicieuse de *Tempé*. Les chevaux de Thessalie étoient autrefois très-estimés : on

en tire aujourd'hui d'excellens vins & de bons fruits.

JANNA ou JANNINA, qui donne le nom à cette contrée, est une grande Ville peuplée, bâtie au milieu d'un Lac.

LARISSA, *Archevêché*, sur la Rivière de *Pénée*. Cette Ville ancienne & peuplée, fut la patrie d'Achille, le Héros d'Homère. Philippe, Roi de Macédoine, père d'Alexandre le Grand, y fixa pendant quelque temps sa résidence.

FARSA, autrefois PHARSALE, au Midi de Larissa, est célèbre par la victoire que César remporta sur Pompée, 48 ans avant J. C.

2. *L'Albanie.*

Cette Province, que les Turcs nomment *Arnaut*, est située le long du Golfe de Venise, dans une étendue de plus de cent lieues du Nord au Sud. Sa largeur n'est guère que de trente lieues. On la divise en *haute* & *basse*.

1. La *haute Albanie*, au Nord.

SCUTARI, *Capitale*, *Evêché*. C'est une grande Ville bien peuplée, sur le Lac Zenta. Il y a un Pacha.

CROIA*, au Sud de Scutari. Cette Ville étoit forte autrefois, & la Capitale d'un petit Royaume que la valeur de Scanderberg a rendu illustre: ce Héros Chrétien mourut en 1467. A Croia est un Evêque suffragant de Durazzo.

DURAZZO, *Port*, sur le Golfe de Venise. Il y a en cette Ville un Archevêque Grec.

LA VALONA, *Port*, ci-devant *Place forte*; mais dans les dernières guerres ses fortifications ont été ruinées.

2. La *basse Albanie* répond à l'ancien Royaume d'*Epire*, célèbre par son Roi Pyrrhus, l'un des plus terribles adversaires des Romains.

DELVINO *, *Capitale*, où demeure un Pacha.

CHIMERA *, petite Ville, avec un très-bon Port.

Les Villes suivantes appartiennent aux Vénitiens.

BUTRINTO *, Ville maritime qui a un Port peu fréquenté.

LARTA *, Ville marchande sur le Golfe de ce nom, appellé autrefois Golfe d'*Ambracie*. Elle est la résidence d'un Archevêque Grec, qui prend le titre d'*Archevêque de Lépante & de Larta*.

LA PREVEZA, sur le Golfe de Larta: c'est une Ville ancienne & assez forte. Près de cet endroit étoit le Port d'*Actium*, célèbre par la victoire qu'Octavien, depuis nommé *Auguste*, remporta sur Marc-Antoine, 31 ans avant J. C.

3. *La Livadie*.

Elle s'étend d'une Mer à l'autre, & occupe toute la largeur de la Grèce. Elle communique à la Janna par un défilé appellé autrefois les *Thermopyles*, aujourd'hui *Bocca-di-Lupo*, & célèbre par la vigoureuse résistance que trois cens Lacédémoniens y firent contre l'armée formidable de Xerxès, Roi de Perse, 480 ans avant J. C.

C'étoit dans ce Pays, appellé du temps des Romains *Achaïe*, qu'habitoient les Locres, les Etoliens, les Phocéens, les Doriens, les Thébains & les Athéniens. Ses Montagnes les plus célèbres sont, le *Parnasse* * & l'*Hélicon* *, si connu dans les Poëtes, par le prétendu séjour des Muses.

LIVADIA *, au milieu du Pays, est une grande Ville, qui a donné à la Province son nom moderne. On y fait un trafic considérable de laines, de bled & de ris. Elle a un Evêque suffragant d'Athènes.

ATINA ou SETINES par corruption, sur le Golfe d'Engia, autrefois ATHENES, *Capitale*, *Archevêché*. Cette Ville qui a été la Capitale d'une célèbre République, & qui a produit une multitude de sçavans hommes & de grands Capitaines, conserve à peine aujourd'hui quelques vestiges de son ancienne splendeur. On y voit cependant encore l'ancien Temple de Minerve, l'un des plus beaux édifices de l'Univers. Il subsistoit dans son entier, & servoit de Mosquée aux Turcs; mais il fut détruit en grande partie en 1687, par une bombe. La Citadelle est vaste & bâtie sur un roc escarpé de tous côtés, excepté au couchant par où on entre. Il y a encore dans cette Ville d'autres Temples, outre celui de Minerve, & un grand nombre d'antiquités curieuses. Atina a 14 à 15000 habitans, dont la plûpart sont Chrétiens Grecs.

THIVA, & par corruption STIVES*, anciennement THEBES, au Nord-Ouest d'Athènes. C'étoit la Capitale de la République des Thébains, qui a produit Pindare & Epaminondas. Cette Ville est peu de chose à présent, quoiqu'elle soit le Siège d'un Evêque Grec.

LÉPANTE, autrefois NAUPACTUS, *Ville très-forte,* à l'entrée du Golfe de même nom. Elle fut prise par Bajazet II, sur les Vénitiens, en 1498. Son Château fut rasé en exécution de la Paix de Carlowitz. Elle est fameuse par la victoire que la Flotte chrétienne commandée par D. Juan d'Autriche, gagna sur les Turcs en 1571.

4. *La Morée.*

C'est une Presqu'Isle, qui tient à la Livadie par l'Isthme de Corinthe. Elle tire son nom moderne de l'abondance de ses mûriers: anciennement elle s'appelloit *Péloponnése.* Les Vénitiens, qui s'en étoient emparés en 1686 & 1687, l'ont perdue en 1715.

CORANTO ou CORINTHE, autrefois Capitale d'une fameuse République, qui a produit beaucoup de grands hommes & d'excellens Peintres & Sculpteurs. Cette Ville fut détruite par le Conful Mummius, 143 ans avant J. C. la même année que Carthage, & rétablie par Jules-Céfar. S. Paul y a prêché l'Evangile, & a écrit deux Epîtres aux Fidèles de cette Ville. Elle est à préfent plus femblable à un Village qu'à une Ville ; mais munie d'une Citadelle nommée autrefois *Acrocorinthe*, qui contient des Mofquées, cinq ou fix Eglifes de Grecs, & quantité de maifons. Elle a un Archevêque du Rit Grec. Les Vénitiens y avoient fait ériger, fur la fin du dernier fiècle, un Archevêque pour les Latins, dont la jurifdiction s'étendoit fur toute la Morée.

PATRAS, *Archevêché, Place forte,* fur le Golfe de fon nom.

MODON, au Sud-Ouest, Ville riche, peuplée & marchande. Elle a un bon *Port* défendu par un Château. Le Sangiac de la Morée y réfide : ainfi elle peut paffer pour la *Capitale*.

CORON, ancienne & forte Ville, à l'Orient de Modon, fur un Golfe qui porte fon nom.

MISITRA, autrefois LACÉDÉMONE & SPARTE, eft une ancienne Ville, qui étoit Capitale d'une fameufe République fertile en grands Hommes. Elle est encore à préfent confidérable. C'eft le Siège d'un Archevêque fuffragant de Conftantinople. Son Château paffe pour imprenable. Les Chrétiens y ont une magnifique Eglife, & les Turcs une Mofquée fuperbe ; auprès de laquelle on voit un très-bel Hôpital, où les malades de toutes fortes de Religions font reçus.

Dans les montagnes aux environs de cette Ville, font les *Mainotes* ou *Magnotes*, que l'on regarde comme les defcendans des Lacédémoniens & autres Grecs jaloux de leur liberté. Ils fe gouvernent en forme de République ; & pour fe conferver dans une efpèce d'indépendance, ils paient un tribut particulier aux Turcs. Ils font souvent le métier de corsaires, & se volent les uns aux autres.

Leontari *, anciennement *Mégalopolis*, dans ce qu'on appelloit l'Arcadie, au Nord de Misitra. Elle n'est remarquable que pour avoir été la patrie du fameux Philopémen, Général des Achéens, & de Polybe célèbre Historien, qui avoit écrit en quarante livres ce qui s'étoit passé chez les Romains de plus considérable, depuis la première Guerre Punique, jusqu'à la fin de celle de Macédoine, pendant l'espace d'environ 53 ans, & dont il ne nous reste que cinq livres entiers, qui sont les cinq premiers.

Napoli de Malvasie, anciennement Epidaurus, *Port*, Ville forte, bâtie dans une Isle de même nom, sur la côte Orientale de la Morée. Elle a été célèbre par son Temple d'Esculape, que les Payens regardoient comme le Dieu de la Médecine. Son terroir produit des vins excellens, que nous appellons *Vins de Malvoisie*.

Napoli de Romanie, autrefois Nauplia *, *Place forte*, *Port*, au fond du Golfe de son nom. Il y a un Archevêque Grec suffragant de Constantinople.

Argo *, autrefois Capitale d'un petit Royaume de même nom, qui a été très-célèbre.

§. II. *Des Isles de la Grèce.*

Entre les Isles de la Grèce, les unes sont à l'Occident, dans la Mer appellée par quelques Géographes *Mer Ionienne*, & par les Navigateurs, *Mer de Grèce* : cette Mer s'étend depuis l'entrée du Golfe de Venise, jusqu'à l'extrémité de la Grèce. Les autres Isles se trouvent au Midi & à l'Orient, dans l'*Archipel*, nommé anciennement *Mer Egée*.

I. *Des Isles de la Mer Ionienne, ou Mer de Grèce.*

Les Isles les plus remarquables de cette Mer sont, *Corfou, Sainte-Maure, Céphalonie* & *Zanthe*, auxquelles nous ajouterons *Cerigo*, quoiqu'elle soit au Midi, parcequ'elle a suivi le sort des précédentes. Ces Isles sont fertiles en olives, en miel, en fruits & en vins excellens. Elles appartiennent aux Vénitiens.

1. L'Isle de *Corfou* est l'ancienne *Corcyre*, patrie des Phéaques & d'Alcinoüs, si célébrés dans Homère: elle est située vis-à-vis de l'Albanie ou l'Epire, & elle a environ quarante lieues de circuit.

CORFOU, *Capitale, Archevêché, Port*. C'est une grande & très-forte Ville, dont le Siège Archiépiscopal est toujours rempli par un Noble Vénitien. Elle a donné la naissance à Pierre Arcudius, Auteur du Livre de *la Concorde de l'Eglise d'Orient & d'Occident dans l'administration des Sacremens,* & de plusieurs autres Ouvrages.

2. L'Isle de *Sainte-Maure*, appellée autrefois *Leucas*, n'a que seize lieues de circuit. Les Vénitiens l'ont conquise sur les Turcs en 1684.

SAINTE-MAURE, *Capitale*, est une Place assez forte. Les Turcs l'ont prise en 1715; mais après en avoir détruit les fortifications, ils l'ont abandonnée ensuite de la levée du Siège de Corfou. Les Vénitiens l'ont fortifiée de nouveau.

3. L'Isle de *Céphalonie* a près de cinquante lieues de circuit. Elle est fertile en olives, en vins & en raisins muscats excellens. Selon Jacob Spon, elle s'appelloit du temps d'Homère *Samos*, & elle étoit la plus grande des Etats d'Ulysse, qui comprenoient aussi deux petites Isles à l'Orient de Céphalonie, sçavoir, *Thiaki*, autrefois *Dulichium*, & *Iataco*, anciennement *Ithaque*, dont Ulysse est appellé Roi.

CEPHALONIE, *Capitale,* Ville forte, qui a un bon Port.

4. *Zanthe.* Cette Isle a environ six lieues de long sur quatre de large : elle est très-agréable & très-fertile. On y recueille des raisins appellés de Corinthe, parceque le plant vient de cette Ville.

ZANTHE, *Capitale, Evêché, Port, Place forte.* Son Evêque est suffragant de Corfou, & le Pape lui donne le titre d'Evêque de Zanthe ; mais le Sénat de Venise, dans ses Provisions, le nomme Evêque de Céphalonie, parceque c'est de cette Ville qu'il fut ordonné Evêque dans les premiers temps.

5. *Cérigo,* autrefois *Cythère,* au Midi de la Morée, dont elle dépendoit ci-devant. Elle est restée aux Vénitiens, qui y envoyent un Provéditeur. Il y a quantité de lièvres, de cailles & de tourterelles.

II. *Des Isles de l'Archipel.*

Elles sont en bien plus grand nombre que celles de la Mer Ionienne. On peut les partager en deux classes : la première comprend les deux grandes Isles de *Candie* & de *Négrepont;* la deuxième comprend un nombre considérable de petites Isles, qu'on divise en deux ordres, les *Cyclades* & les *Sporades.*

Des deux grandes Isles de l'Archipel.

1. L'Isle de *Candie,* au Midi, est très-grande, & beaucoup plus longue que large : elle se nommoit autrefois *Crète.* L'air y est bon & les eaux excellentes. Elle est très-fertile en vins fort estimés, en fruits exquis & en cannes à sucre. Il s'y fait de très-beau sel, & on en tire des grains, des huiles, de la soie, de la laine & du miel délicieux. S. Paul y prêcha la Foi, & y établit son Disciple Tite pour Evêque. Ses anciens Habitans, selon le témoignage

du même Apôtre, étoient sujets au mensonge, à la débauche & à la paresse; aujourd'hui ils n'ont pas une si mauvaise réputation. On ne voit parmi eux ni mendians, ni voleurs de grands chemins, ni assassins. Ils sont robustes, de belle taille, aiment beaucoup à tirer de l'arc, & y sont fort adroits. Les Vénitiens ont possédé cette Isle à titre de Royaume depuis 1204 jusqu'en 1669, que les Turcs s'en emparèrent après une longue & sanglante guerre. Il resta cependant aux Vénitiens, sur la côte septentrionale, trois petites Places dans des Islettes, qu'ils achevèrent de perdre en 1715.

CANDIE, *Capitale, Place forte, Port.* C'est une Ville médiocrement grande, bien bâtie, & très-forte. Le Gouverneur de l'Isle, ou Pacha, y fait sa résidence. Cette Ville a un Archevêque Grec. Il s'y trouve des Juifs, des Arméniens, & quelques familles Françoises, avec un Consul. C'est la patrie de Paul Béni, Professeur de Belles-Lettres à Padoue, & un des plus sçavans hommes du XVIIe siècle.

LA CANÉE, *Port.* Cette Ville est forte, la seconde Place de l'Isle, & la résidence d'un Evêque Grec. On croit que c'est l'ancienne *Cydonie*, où le Roi Minos faisoit, dit-on, sa résidence.

RÉTIMO, entre la Canée & Candie, Ville Episcopale, bien peuplée; elle a un Port défendu par une Citadelle. Les fruits & les denrées y sont meilleurs que dans le reste de l'Isle. Les eaux dont les habitans se servent sortent à gros bouillons du fond d'un puits dans une vallée étroite, à un quart de lieue de la Ville. On a bâti auprès une Mosquée, dans la Cour de laquelle un Turc a fondé un Hôtellerie pour loger & nourrir gratuitement les Voyageurs qui arrivent après que les portes de la Ville sont fermées, ou qui ont dessein de partir avant qu'on les ouvre. Au Sud-Est on voit le Mont Ida, où étoit le fameux *Labyrinthe* de Crète.

SITIA, à l'Orient de Candie, petite Ville assez forte. Aux environs étoit le Mont *Dyctée*, où les anciens Poëtes ont dit que Jupiter avoit été élevé.

2. L'Isle de *Négrepont*, vers le Nord, & près de la Livadie, s'appelloit autrefois *Eubée*. C'est la plus grande des Isles de la Grèce, après Candie. Elle est longue & étroite, & a plus de cent vingt lieues de circuit. Elle est extrêmement fertile, sur-tout en coton. Mahomet II la prit sur les Vénitiens en 1469.

NÉGREPONT, autrefois CHALCIS, *Capitale*. Cette Ville est grande, marchande, bien fortifiée & très-peuplée. Elle a communication avec la Terre-ferme par un Pont de pierres, joint à un Pont-levis, qu'on lève pour laisser passer les vaisseaux. Son Port est bon: les Turcs & les Juifs habitent seuls la Ville. On y tient tous les Dimanches un marché considérable, où se rendent les Paysans de l'Isle & des environs, en si grand nombre, que les denrées s'y vendent presque pour rien. Les Chrétiens ne peuvent demeurer que dans les Fauxbourgs, qui sont plus grands que la Ville.

Le Détroit qui sépare l'Isle de Négrepont de la Livadie, s'appelle *Euripe*. Il est célèbre par l'irrégularité de son flux & reflux, qui se fait sentir depuis le 9 de chaque mois jusqu'au 13, & depuis le 21 jusqu'au 26. Ce flux & reflux se fait douze, treize & quatorze fois par jour, depuis le 9 jusqu'au 12 inclusivement.

Des Isles Cyclades.

Ces Isles sont appellées ainsi d'un mot grec, qui signifie *Cercle*, parcequ'elles sont rangées presque en forme de cercle. Elles sont au Nord de Candie. Les principales sont du Nord au Sud, *Andro*, *Tine*, *Naxie*, *Paros* & *Milo*.

1. *Andro*, a environ trente lieues de circuit: elle produit beaucoup de soie & d'excellens fruits.

ANDRO, *Capitale*, Ville médiocre, dont les habitans sont Grecs pour la plûpart. Ils ont un Evêque & plusieurs Monastères. Il y a aussi un Evêque Latin.

2. *Tine*, qui est aux Vénitiens, est fertile en soie & en vins. Elle n'a qu'un fort Château de même nom, & vingt-quatre Villages. Il y a un Evêque Latin.

3. *Naxie*, la plus grande, la plus agréable & la plus fertile des Cyclades. Elle produit de très-bon vin, si estimé des anciens, qu'ils le comparoient au nectar. Les Naxiotes aiment les plaisirs, la bonne chère, sur-tout le vin. Quoique soumis au Grand-Seigneur, ils forment une espèce de République. Ils eurent depuis environ 1210 jusqu'en 1556, des Souverains, nobles Vénitiens, qui portoient le nom de Ducs de Naxie & de l'Archipel.

NAXIE, *Capitale*, jolie Ville, qui a un Château, mais n'est pas fort peuplée. Ses habitans sont presque tous Chrétiens Grecs. La Ville a deux Archevêques, un pour les Grecs & un pour les Latins.

4. *Paros*. Cette Isle a près de quatre lieues de long sur trois de large. Elle est renommée pour ses beaux marbres, & l'on y a trouvé des Antiquités précieuses. Ses habitans ont grand soin de la cultiver, & elle abonde en troupeaux. Les Grecs de Paros sont si estimés pour leur discernement & leur bon sens, que les Grecs des Isles voisines les prennent souvent pour arbitres de leurs différends.

PAROS, *Capitale*. Cette Ville est bien déchue de son ancienne splendeur : elle a un Evêque Grec. Les François, les Anglois & les Hollandois y ont un Consul.

5. *Milo* a environ vingt lieues de tour : elle est fertile en vins & en fruits excellens, & abonde en bestiaux, sur-tout en chèvres. On y trouve des mines de fer & de soufre.

Milo, *Capitale*, Ville considérable. Elle a un très-bon *Port*, qui sert de retraite à tous les bâtimens qui vont au Levant ou qui en reviennent. Presque tous ses habitans sont Grecs. Elle a cependant deux Evêques, un Grec & un Latin.

Des Isles Sporades.

Les Grecs les ont ainsi appellées, parcequ'elles sont dispersées. Plusieurs de ces Isles sont attribuées à l'Asie, & ce sont celles qui sont voisines des côtes de la Natolie; les autres appartiennent à la Grèce. Elles sont cependant toutes situées également dans l'Archipel ou Mer Blanche.

Entre celles qui appartiennent à la Grèce, les plus remarquables sont:

1. *Stalimène*, autrefois *Lemnos*, au Sud-Est du Mont Athos. Elle a environ dix lieues dans sa plus grande longueur, & six dans sa plus grande largeur. Son terroir est fertile, sur-tout en grains & en vins. On en tire une espèce de terre fort estimée des Médecins. L'Isle a soixante-quinze Villages, habités en grande partie par des Grecs fort laborieux.

Stalimène, *Capitale*, petite Ville assez bien bâtie, sur une colline, au haut de laquelle est un Château près la Mer.

2. *Sciro*, au Nord-Est de Négrepont. Cette Isle a six lieues de long, sur trois de large. Son terroir est sec & aride, mais fertile en fort bons vins.

Sciro, *Capitale*, petite Ville qui a un assez bon Port.

3. *Coulouri**, autrefois *Salamine*, est située dans le Golfe d'Engia, près d'Athènes. Cette Isle a environ vingt-cinq lieues de tour. Elle est célèbre par le combat naval où les Grecs remportèrent une victoire complette sur Xercès, Roi de Perse, 480 ans avant Jesus-Christ, sous la conduite de Thémistocles.

4. *Santorin*,

4. *Santorin*, autrefois *Thera*, au Nord de Candie. Elle est remarquable par les petites Isles qui l'environnent, & qui sont sorties de la Mer après des tremblemens : la dernière parut en 1573.

Analyse de l'Europe,

Par rapport aux Rivières & aux Montagnes.

Avant de passer à l'Asie, nous croyons que ce sera une chose utile de rappeller les principales Rivières, & les chaînes de Montagnes que nous avons remarquées en Europe. Ce sont autant de Divisions naturelles auxquelles se rapportent les Divisions Politiques.

Il y a trente-deux Rivières principales ; quatre dans les Isles Britanniques ; le *Shannon* en Irlande, le *Tay* en Ecosse, la *Tamise* & la *Saverne* en Angleterre. Ces quatre Rivières se jettent dans l'Océan ; deux à l'Orient & deux à l'Occident.

A l'égard des vingt-huit autres, elles se déchargent dans différentes Mers. Voici leurs noms en commençant par le Nord.

Une se jette dans la Mer Blanche de Russie, c'est la *Dwina*.

Cinq se jettent dans la Mer Baltique : le *Torna*, dans la Laponie Suédoise : la *Duna*, à Riga : le *Nyémen*, au Nord-Est de Konigsberg : la *Vistule*, à Dantzick : l'*Oder*, au Nord de la Poméranie.

Quatre se jettent dans la Mer d'Allemagne, au Nord-Ouest : l'*Elbe*, le *Weser*, le *Rhin*, & la *Meuse*.

Une dans la Manche ; c'est la *Seine*.

Les sept suivantes tombent dans l'Océan, cinq à l'Occident : la *Loire*, la *Garonne*, le *Minho*, le

Tome II. F

Douro, le *Tage*; deux au Sud-Ouest; la *Guadiana*, la *Guadalquivir*.

Cinq se jettent dans la Méditerranée; l'*Ebre*, le *Rhône*, l'*Arno*, le *Tibre*; & le *Pô*, dans le Golfe de Venise.

Trois dans la Mer Noire; le *Danube*, qui est le plus grand Fleuve de l'Europe, le *Niester*, le *Dnieper* ou *Nieper*.

Le *Don*, qui sépare l'Europe de l'Asie, se perd dans la Mer d'Azof, ou de Zabache.

Enfin, la dernière est le *Wolga*, qui prend sa source dans la Russie Européenne, mais dont le plus grand cours est en Asie, où il se jette dans la Mer Caspienne.

On compte en Europe six longues chaînes de Montagnes: les *Ophrines*, qui séparent la Norwège de la Suède; les *Pyrénées*, entre l'Espagne & la France; les *Alpes*, qui séparent l'Italie de la France, de l'Allemagne & de la Suisse; l'*Apennin*, qui traverse toute l'Italie dans sa longueur; les Monts *Crapacs*, qui séparent la Pologne de la Hongrie; les Monts *Costegnas* *, qui partagent la Turquie d'Europe en septentrionale & méridionale.

Il y a trois principaux Volcans, ou Montagnes qui jettent du feu; le Mont *Vesuve*, près de Naples; le Mont *Gibel* ou *Ethna*, en Sicile; & le Mont *Hecla*, en Islande.

TROISIÈME PARTIE.

De l'Asie.

LA longitude de l'Asie est entre le quarante-cinquième dégré, & le deux cens sixième, selon les Cartes des Russiens, qui depuis trente ou quarante ans en ont découvert les terres les plus avancées au Nord-Est, & voisines de l'Amérique. Sa latitude septentrionale, depuis le premier dégré jusque par-delà le soixante quinzième : la méridionale, depuis l'Equateur, jusqu'au dixième dégré.

Elle est bornée au Nord par la Mer Glaciale ; à l'Orient par l'Océan Oriental, qui fait partie de la Mer du Sud, & par un Détroit qui la sépare de l'Amérique ; au Midi, par la Mer des Indes ; à l'Occident, par l'Europe & l'Afrique.

La vraie origine du nom d'Asie vient, suivant Bochart, des Phéniciens, qui parcourant la Mer Méditerranée, appellèrent Asie la Presqu'Isle que nous nommons aujourd'hui Natolie, du mot *Etsie*, qui dans leur langue signifie *au milieu*, parcequ'en naviguant de Tyr vers l'Europe, ils trouvoient ce Pays entr'eux & elle. Les Grecs ont ensuite donné le nom d'Asie à tout le Continent joint à cette Presqu'Isle, & l'ont appellé la *Grande Asie* ou *Supérieure*, pour la distinguer de l'autre appellée l'*Asie Mineure*.

L'Asie est la plus étendue & la plus remarquable des trois Parties de notre Continent. Le genre humain y a pris naissance ; & c'est de-là qu'il s'est répandu dans les autres Parties de la Terre, qui ont reçu d'elle dans la suite les Sciences & les Arts. Elle a été le siège des plus anciennes Monarchies, sçavoir, des Assyriens, des Mèdes, des Perses & des Grecs. Enfin, l'Asie a été le berceau de la vraie Religion, & les Mystères de notre salut y ont été opérés.

On conçoit par la grande étendue de l'Asie, que l'air y doit être fort différent. Vers le Nord il est extrêmement froid; dans le milieu, il est tempéré; mais sous la Zone Torride, il est très-chaud.

Le terroir y est abondant en bleds, en vins, en ris, en fruits excellens. On y trouve des drogues, des aromates & des épiceries. La rhubarbe la plus estimée vient de Tartarie. L'Asie produit aussi quantité d'or, d'argent, de pierreries & de perles. On en tire beaucoup de soye & de cotton, des toiles peintes & de la porcelaine très-fine.

Outre les animaux que nous avons en Europe, l'Asie en produit plusieurs autres qui nous sont inconnus, comme les lions, les léopards, les tigres, les rhinoceros, &c. Entre les animaux utiles à l'homme qu'on y trouve, ceux dont on tire un plus grand service, qui sont le chameau & l'éléphant.

Le Chameau est de deux espèces: la plus petite s'appelle *Dromadaire*; on s'en sert pour les voyages qui demandent de la célérité: l'espèce plus grande retient le nom de *Chameau*. Cet animal a les jambes très-hautes, une bosse sur le dos, & le col très-long. Il est extrêmement docile. On l'accoutume à plier les genoux & à se baisser pour recevoir sa charge, qui monte d'ordinaire à mille livres pesant. D'ailleurs il coute peu à nourrir: il peut passer dix à douze jours sans boire ni manger, ce qui est très-commode pour traverser les vastes déserts, fréquens dans cette partie du Monde.

L'Eléphant est le plus gros & le plus fort des animaux. Au-dessous de la mâchoire supérieure, il a une trompe qui s'allonge & se racourcit à son gré, & dont il se sert comme d'une main, soit pour manger, soit pour se défendre. Il coûte à la vérité beaucoup à nourrir ; mais outre sa docilité, sa force est très-grande, & il peut porter les plus lourds fardeaux. On se sert de cet animal pour passer les montagnes. Il a le pied sûr, & ne fait jamais de faux pas. Malgré la pesanteur de son corps, il atteint un homme qui court, & nâge mieux qu'aucun autre animal. Ses jambes sont très-courtes : quelques Anciens ont cru qu'elles n'avoient point de jointures, mais on sait par expérience, qu'il se couche & se lève avec la même facilité que les autres animaux. Il est sensible aux manières douces qu'on employe à son égard : & lorsqu'on le punit, il fait paroître autant de honte & de ressentiment que les hommes. Les éléphans vivent quelquefois cent ou cent vingt ans, & croissent jusqu'à trente. Ils sont fort communs dans les Indes, où l'on en trouve qui ont quinze pieds de haut. Ceux de l'Isle de Ceylan sont les plus petits, mais les plus estimés.

Les principaux Souverains de l'Asie sont : le Grand-Seigneur, ou l'Empereur des Turcs ; l'Empereur de Russie ; le Roi de Perse ; le Grand-Mogol ; l'Empereur de la Chine ; l'Empereur du Japon.

Les Asiatiques ont toujours passé pour mols & efféminés, si l'on en excepte les Tartares. Ils sont fort passionnés pour les femmes, mais très-éloignés de l'ivrognerie. Ils ont l'esprit pénétrant, l'imagination vive, l'élocution noble, quoique trop empoulée. Ils sont si portés à l'esclavage, qu'on ne trouve chez eux aucune République.

Les Religions dominantes sont, la Mahométane & la Payenne. La Religion Chrétienne y est répandue en bien des endroits, & domine dans les Pays où les Européens se sont établis.

Entre les Lacs d'Asie, on en trouve un si grand, qu'on lui donne le nom de *Mer*. C'est la *Mer Caspienne*. Il a huit cens lieues de tour. Vers le milieu il est profond de cinquante à soixante brasses ; sa côte Occidentale n'a que vingt-quatre pieds de profondeur, & la côte Orientale, au contraire, est très-profonde ; ce qui, selon le Père Briet, est la cause de sa différente couleur. Il abonde en poissons exquis, & de toutes espèces. On le nomme aussi, Mer de *Sala* & de *Bacu*. Son eau est salée dans le milieu, mais douce aux extrémités ; ce qui vient apparemment du nombre de Rivières qui s'y déchargent. Comme il ne regorge pas, malgré cette abondance d'eaux qu'il reçoit continuellement, on soupçonne qu'il a une communication souterreine avec l'Océan ou la Mer Noire. Deux preuves assez fortes semblent devoir faire préférer le sentiment de ceux qui pensent qu'il communique avec l'Océan. 1.º Dans le Golfe de *Ghilan*, Province Septentrionale de Perse, il y a deux Gouffres, où les eaux de la Mer Caspienne se précipitent. 2.º Ceux qui habitent les bords du Golfe Persique y remarquent tous les ans une grande quantité de feuilles de saule en automne. Or comme il ne croît point de saule vers le Golfe de Perse, & qu'au contraire il y en a beaucoup vers le Ghilan & sur les bords de la Mer Caspienne, c'est une preuve de la communication de cette Mer avec l'Océan, les feuilles étant entraînées par quelques conduits souterreins dans le Golfe Persique.

Les Fleuves les plus considérables de l'Asie sont : l'*Oby*, dans la Tartarie Russienne. Il prend sa source au Midi de ce Pays, l'arrose du Sud au Nord, reçois l'Irtis & le Tobol, & se jette dans l'Océan, près du Détroit de Vaigats & de la Nouvelle Zemble.

Le *Jénisea*, qui prend sa source au Midi de la même contrée, près du Lac de Kabulan, & se jette dans l'Océan Septentrional.

Le *Léna*, aussi dans la Tartarie Russienne. Il coule de même du Midi au Septentrion ; & ce sont toutes ces grandes Rivières qui produisent les Glaces de la Mer Glaciale, car les eaux de la Mer ne gèlent point.

La Rivière d'*Amur* ou *Saghalien*, au Sud-Est du même Pays. Elle coule d'Occident en Orient, à travers de la Tartarie Chinoise, & se jette dans le Golfe d'Amur, qu'on appelle aussi Mer de *Kamtschatka*.

Le *Hoang*, ou la Rivière Jaune.

Le *Kiang*, ou la Rivière Bleue.

Ces deux Fleuves arrosent la Chine. Nous décrirons leur cours à l'Article de cet Empire.

Le *Gange*, dans l'Inde : il la partage en Inde Occidentale, ou en-de-çà du Gange ; & en Inde Orientale, ou au-delà du Gange. Il prend sa source dans le grand Thibet, au Nord-Est des Etats du Mogol, qu'il traverse du Nord au Sud-Est, & il se jette dans le Golfe de Bengale par plusieurs embouchures.

L'*Inde* ou *Sinde* a donné son nom à la contrée de l'Inde. Il prend sa source, au Nord-Ouest de l'Empire du Mogol, & se jette par plusieurs embouchures dans l'Océan, à l'extrémité de cet Etat, au Sud-Ouest.

Le *Tygre* prend sa source en Arménie, il entre ensuite sous terre, & au Nord de Diarbekir, il sort d'une caverne avec grand bruit, & coule à l'Orient du Diarbeck ou de la Mésopotamie.

L'*Euphrate* a sa source dans les Montagnes d'Arménie, près d'Erzerum, & coule à l'Occident du Diarbeck. Il s'unit au Tygre à *Corna* ou *Gorna*, au-dessus de *Bassora* ou *Basra*, & se jette dans le Golfe Persique au-dessous de cette Ville.

Les plus grandes chaînes de Montagnes de l'Asie sont le Mont *Taurus*, qui traverse toute la Natolie & la Perse. Son nom vient probablement du mot Chaldéen, *Tour*, qui signifie Montagne.

Les Monts de *Pierre* & ceux de *Noss*, sont au Nord

de l'Asie. Les premiers, qu'on appelloit autrefois *Imaüs*, s'étendent du Midi au Nord, & se joignent aux *Noss*, qui vont au Nord-Est.

On divise ordinairement l'Asie en six ou sept parties principales ; la *Turquie d'Asie*, l'*Arabie*, la *Perse*, l'*Inde*, qui renferme l'Empire du Grand-Mogol, & les deux Presqu'Isles en-deçà & au-delà du Gange ; la *Chine*, la *Tartarie*. La septième partie consiste en un grand nombre d'*Isles*, partagées en différens corps, répandus au Midi & à l'Orient.

De ces principales parties de l'Asie, la Turquie & la Perse sont à l'Occident ; l'Arabie & l'Inde au Midi ; la Chine à l'Orient, & la Tartarie au Nord.

CHAPITRE PREMIER.

De la Turquie d'Asie.

LES Pays que les Turcs possèdent en Asie étoient autrefois très-fertiles, riches & fort peuplés. Les Arts & les Sciences y fleurissoient ; on y voyoit plusieurs Villes considérables. Il y a eu aussi des Eglises célèbres par les grands Hommes qui les ont gouvernées. Mais maintenant ces Pays sont presque déserts, incultes & livrés à la barbarie & à l'ignorance. On peut apporter plusieurs raisons de cet étrange changement : la dureté du Gouvernement des Turcs qui en sont les maîtres : les tremblemens de terre qui y sont assez fréquens : la peste qui y afflige souvent les Habitans.

Les Européens donnent le nom d'*Echelles* (a), aux Villes qui sont sur les côtes de la Méditerranée, & dans lesquelles ils ont des Consuls.

(a) Ce mot vient d'*Escala*, vieux terme de Marine qui signifie Port de Mer.

Les Marchandises qu'on transporte de ce Pays sont des cuirs, des maroquins, des tapis & des étoffes de soye.

Les Peuples de la Turquie d'Asie sont sensuels & fainéans : la plûpart suivent la Religion Mahométane. Il y a cependant beaucoup de Juifs, & encore plus de Chrétiens Grecs.

La *Turquie d'Asie* renferme quatre grandes Régions; la *Natolie*, la *Syrie*, le *Diarbeck* & la *Turcomanie*; chacune desquelles est partagée en plusieurs Gouvernemens, sous-divisés en Sangiacats (*a*). Nous y joindrons la *Géorgie*, qui est au Nord, entre la Mer Noire & la Mer Caspienne, quoique les Turcs n'en possèdent qu'une partie.

ARTICLE I.

De la Natolie.

LA *Natolie* ou *Anatolie*, autrefois appellée l'*Asie Mineure*, est une grande Presqu'Isle, entourée de différentes Mers. Au Nord elle a la Mer Noire; à l'Occident la Mer de Marmora & l'Archipel; au

---

(*a*) Les bornes de cet Ouvrage ne nous permettant pas d'entrer dans un détail qui n'appartient qu'à des Traités plus étendus, nous nous contenterons d'indiquer les Gouvernemens, avec les Villes les plus remarquables. Ceux qui voudroient connoître en particulier le détail des différens Sangiacats qui les partagent, & les lieux considérables qui y sont compris, doivent consulter la dernière édition de la *Méthode pour étudier la Géographie*, par l'Abbé *Lenglet du Fresnoy*, Paris, 1768, augmentée, en 10 Vol. in-12, chez Tillard, Quai des Augustins. On y donne sur la Turquie d'Asie, l'Extrait d'une Géographie Turque, imprimée à Constantinople, & dont la Bibliothèque du Roi possède une traduction Françoise, encore manuscrite. Avant cet Ouvrage nous ne connoissions point l'état présent de la Turquie d'Asie.

Midi la partie de la Mer Méditerranée appellée Mer du Levant. L'Euphrate, qui la borne à l'Orient, la sépare de la Turcomanie. Le nom de *Natolie* vient du Grec, & signifie le *Levant* ou l'*Orient*.

Les Turcs ont partagé la Natolie en sept Gouvernemens : ce sont ceux d'*Anadoli* ou de *Kutaieh* ; de *Sivas* ; de *Trebisonde* ; de *Caramanie* ou de *Konieh* ; de *Marasch*, d'*Adana* & de l'Isle de *Chypre*. Mais les côtes de l'Occident de la Natolie ne sont comprises dans aucun de ces Gouvernemens : elles dépendent du Capitan-Pacha, ou Pacha de la Mer, qui a aussi sous lui les Isles de l'Archipel.

§. I. *Les Côtes dépendantes du Capitan-Pacha.*

Elles sont partagées en trois Sangiacats, qui sont, du Nord au Sud, ceux de *Kodgéah-ili*, de *Biga* & de *Soglah*. Les Villes principales, sont :

Is-Nikmid *, l'ancienne *Nicomédie* de Bithynie, où mourut l'Empereur Constantin. C'est une Ville bien peuplée. Elle a un bon *Port*, sur un Golfe qui porte son nom.

Is-Nik *, au Sud, est l'ancienne Nicée, célèbre par la tenue du premier Concile général, en 325, contre Arius, & d'un autre en 787, contre les Iconoclastes. Son terroir est fertile en fruits, & en vins excellens. C'est la patrie de Dion Cassius, célèbre Ecrivain de l'Histoire Romaine.

Kadi-Keui *, Bourg vis-à-vis Constantinople, remplace aujourd'hui la Ville de Chalcédoine, où s'est tenu le quatrième Concile général, contre Eutychès, en 451.

Ismir ou Smyrne, *Port*, au Midi, dans le Sangiacat de *Soglah*. La bonté de son Port y attire des marchands de toutes les Nations : aussi passe-t-elle pour la Ville la plus commerçante du Levant. Elle est peuplée de Turcs, de Grecs, de Juifs, & de Marchands Européens, François, Anglois &

Hollandois, qui y ont leurs Confuls & leurs Comptoirs. On y compte quinze Mosquées, sept Synagogues, trois Eglises Latines, deux Grecques & une Arménienne. Le terroir où Smyrne est située, fournit en abondance tout ce qui est nécessaire aux besoins de la vie. Son principal commerce consiste en soye, en camelots de poil de chèvre, en toiles de cotton, en tapis & en maroquin. Le droit de Douane est de trois, quatre, cinq & huit pour cent, suivant les Nations qui y sont diversement taxées. Les Anglois y sont les plus favorisés.

§. II. *Le Gouvernement d'Anadoli ou de Kutaïeh.*

Ce Gouvernement est le plus considérable de toute la Presqu'Isle : il en renferme plus de la moitié du côté de l'Occident.

KUTAIEH ou CHIOUTAYÉ, qui donne le nom à ce Gouvernement, est située presqu'au milieu, sur le Pursak, qui se jette dans le Sakari. C'est une Ville considérable, la résidence du Pacha de la Province. Elle a une forteresse, sur la Montagne, au pied de laquelle elle est bâtie. Plusieurs Mosquées, Collèges, Caravanseras & Bains l'embellissent, aussi-bien que les Jardins, les Vignes, les Ruisseaux & les Promenades qui sont dans ses environs.

ESKI-HISSAR *, sur la même Rivière, au Nord. On y voit les ruines de l'ancienne Laodicée de Phrygie.

BEROUSSAH ou BURSA, au Nord, étoit Capitale de l'Empire des Turcs, avant qu'ils eussent pris Constantinople. Elle est encore regardée comme l'une des trois *Villes Impériales* : les deux autres sont Constantinople & Andrinople. La Ville de Bursa est grande & belle. Il s'y trouve un nombre prodigieux de fontaines. Elle est le siège d'un Archevêque Grec. On y fait un grand commerce de soye. C'est

F 6

l'ancienne *Pruse*, qui étoit la Capitale du Royaume de *Bithynie*.

Ephese *, au Sud de Smyrne, sur la côte. Cette Ville autrefois si fameuse par son Temple de Diane, l'une de sept merveilles du monde, & par le Concile général qui s'y est tenu contre Nestorius, en 431, n'est aujourd'hui qu'un Village, où l'on voit encore par-tout de tristes restes de son ancienne splendeur. Les Turcs le nomment *Aiasalouc*.

Ankarah ou Angora, à l'Orient d'Eski-Hissar, est l'ancienne Ancyre, la principale de ce qu'on appelloit la *Galatie*, habitée par une Colonie de Gaulois, à qui S. Paul a prêché l'Evangile, & a écrit une Epître. Il y a un Archevêque Grec. Angora est une assez belle Ville, qui a deux Forteresses. On y fait commerce de poil de chèvre, & de très-beaux camelots. Les environs ont de fort beaux Jardins. C'est près de cette Ville que Pompée défit le fameux Mithridate, Roi de Pont. Tamerlan y gagna aussi une grande bataille contre Bajazet, Sultan des Turcs, qui y fut fait prisonnier.

§. III. *Le Gouvernement de Sivas.*

Il occupe la partie Septentrionale de la Natolie Orientale, vers la Mer Noire; c'est ce que les anciens nommoient le *Pont*, & la *Cappadoce* Septentrionale. Les Ecrivains Orientaux lui donnent souvent le nom de *Pays de Roum*, parceque ce fut, avec l'Arménie, le premier, dont les Mahométans firent la conquête sur les Romains de Constantinople.

Sivas *, au Midi, aujourd'hui *Capitale*, & résidence du Pacha, & d'un Archevêque Grec. Elle est d'ailleurs peu considérable : elle se nommoit autrefois *Sébaste*.

Tocat, au Nord-Ouest, grande Ville, marchande, peuplée & forte, qui a un Archevêque Grec,

Elle est célèbre pour ses excellens vins, & son maroquin bleu.

Amasie, au Nord-Ouest, Ville riche & bien peuplée : elle a servi plusieurs fois d'apanage aux fils aînés des Sultans. C'étoit ci-devant la résidence du Pacha : il y a un Archevêque Grec. Le célèbre Géographe Strabon étoit d'Amasie.

§. IV. *Le Gouvernement de Trébisonde.*

Il a beaucoup de montagnes ; mais la partie située vers la Mer Noire, est assez fertile.

Trébisonde ou Terabesoun, *Port*, sur la Mer Noire, est l'ancienne Trapezus, bâtie par les Grecs. Elle a été la Capitale d'un Empire fondé par une branche des Comnènes de Constantinople, qui en furent dépouillés en 1462, par Mahomet II. Cette Ville est encore assez considérable : elle est la résidence d'un Archevêque Grec. On y voit de beaux édifices. C'est la patrie du sçavant Cardinal Bessarion, si zélé pour la réunion des Grecs avec l'Eglise Latine.

Kerasoun * ou Grubrehsin, sur la Mer Noire, à l'Ouest de Trébisonde. Cette petite Ville est l'ancienne Cerasus, d'où Lucullus apporta les cerises en Occident.

§. V. *Le Gouvernement de Caramanie, ou de Konieh.*

Cette Province est au milieu des terres, bornée au Nord & à l'Occident, par le Gouvernement d'Anadoli, & à l'Orient par celui de Sivas. Elle a pris son nom de la famille de Caraman, la plus puissante des sept Princes Turcs, entre lesquels la Natolie fut partagée, au commencement du XIVe. Siècle.

Konieh, que nous appellons Cogni, est l'ancienne Iconium, Capitale de la Lycaonie. Au temps des Croisades, elle étoit la résidence des Princes Turcs Seljoucides de Roum. C'est encore une assez bonne Ville, avec une Forteresse où demeure le Pacha de la Province. Il y a de très-beaux jardins.

Beisheri*, Bourg, au Sud-Ouest, avec un Château, dans le Pays qu'on nommoit autrefois l'*Isaurie*.

Kaisarieh, à l'Orient de Konieh, Ville fortifiée, au pied du Mont Ardgeh. C'est l'ancienne *Césarée* de Cappadoce, dont le grand S. Basile étoit Archevêque. On y fait un commerce considérable de maroquins jaunes.

§. VI. *Le Gouvernement de Marasch, ou l'Aladulie.*

Ce Gouvernement répond en partie à ce que les anciens appelloient la *petite Arménie*. Dans le XVe Siècle il étoit possédé par un Prince particulier, de qui il a tiré le nom d'*Aladulie*, & celui de *Dulkadir*, que les Turcs lui donnent encore quelquefois.

Marasch*, Ville assez grande, qui a plusieurs Mosquées, Collèges & Couvens de Derviches. Le Pacha demeure dans le Château, qui est sur une éminence.

Sis*, à l'Ouest, Ville ruinée, autrefois la Capitale des Rois Chrétiens de la petite Arménie, & le titre de leur Patriarche.

Malatiah, au Nord-Est de Marasch, vers l'Euphrate. Cette Ville appellée anciennement Melitene, est située dans une belle plaine. C'est un grand passage de Constantinople en Perse. Il y a un Archevêque Grec.

Semisat*, petite Ville sur l'Euphrate, est l'ancienne Samosate, Capitale du Royaume de Comagène, fondé par une branche des Antiochus, Rois de Syrie. C'est la patrie de Lucien, le plus bel esprit de son temps, & de l'Hérésiarque Paul de Samosate.

AINTAB *, à trois journées au Nord d'Alep en Syrie, est une assez belle Ville, Capitale d'un Sangiacat, qui a été détaché du Pays de Sham ou de Syrie, & attribué au Gouvernement de Marasch.

§. VII. *Le Gouvernement d'Adana.*

Il a fort peu d'étendue, & renferme une partie de ce que les Anciens appelloient la *Cilicie.*

ADANA, Ville à quatre milles de la Méditerranée.

AINZERBEH ou ANAZARB *, ancienne Ville située sur le Dgeihan.

MESSIS ou MASISSAH, sur la même Rivière, qui la sépare en deux parties, jointes par un Pont. C'est l'ancienne *Mopsueste.*

AIAS *, Port très-fréquenté.

PAIAS *, *Port*, *Place forte*, sur la route de Syrie, près du passage connu dans l'Antiquité sous le nom de *Pas d'Issus*: il est célèbre par une grande victoire qu'Alexandre remporta dans son voisinage sur les Perses.

TARSOUS *, à l'Occident d'Adana, ancienne Ville, remarquable pour avoir donné naissance à l'Apôtre S. Paul.

§. VIII. *Le Gouvernement de l'Isle de Cypre.*

Ce Gouvernement renferme le *Pays d'Itchiil*, & l'Isle de Cypre, qui est vis-à-vis, & qui n'en est séparée que par un trajet de quinze lieues.

1. *Le Pays d'Itchiil.*

Ce Pays, situé à l'Ouest du Gouvernement d'Adana, répond à ce que les anciens appelloient *Cilicie Trachée*, *Apre* ou *Montagneuse.* Les Turcs l'ont nommé Itchiil, qui signifie *Pays intérieur*, parcequ'il formoit autrefois la partie la plus avancée de la Caramanie.

SELEFKEH *, gros Bourg, bien peuplé, à deux

milles de la Mer. C'est l'ancienne *Seleucia Trachæa*.

ALANIEH *, près de la Mer, à l'Ouest.

AVABAZARI *, gros Bourg au Nord-Est. Il y a d'assez beaux édifices, & le Sangiac d'Alanieh y fait sa résidence.

SATALIE, *Port*.

2. *L'Isle de Cypre.*

Les Turcs firent en 1570, la conquête de cette Isle sur les Vénétiens, à qui elle avoit été donnée par Catherine Cornaro, Vénitienne, veuve de Jacques, bâtard de Jean III, & dernier Roi de Cypre, descendu de Guy de Luzignan.

L'air de cette Isle est mal-sain ; mais le terroir très-fertile : il fourniroit abondamment toutes les choses nécessaires à la vie, s'il étoit bien cultivé. Les vins & les fruits y sont excellens. L'Isle n'a qu'une seule source d'eau vive sur le bord de la Mer.

NICOSIE, *Place forte*, assez grande & assez peuplée. C'est le Siège d'un Archevêque Grec, & la résidence du Pacha.

FAMAGOUSTE, *Port & Place forte*, à l'Orient. Mustapha, Général des Turcs, au désespoir d'avoir perdu quatre-vingt mille hommes devant cette Place, fit écorcher vif, contre sa parole, Marc-Antoine Bragadin, qui l'avoit vaillamment défendue pendant onze mois, en 1570.

PORTO-COSTANZA *, anciennement SALAMINE, près Famagouste. Cette Ville si célèbre autrefois, & dont S. Epiphane a été Evêque, n'a plus rien de son ancienne splendeur. C'est la patrie du Poëte Euripide, & de Sozomène, Ecrivain Ecclésiastique.

ARTICLE II.

La Syrie ou le Sham.

LA Syrie, que les Orientaux nomment ordinairement le *Sham*, comprend tout ce qui est depuis la Natolie au Nord, l'Euphrate & l'Arabie à l'Orient, la Mer Méditerranée à l'Occident, jusqu'à l'Egypte & l'Arabie Pétrée, qui sont au Midi. Elle renferme les Pays connus autrefois sous les noms de *Syrie*, *Phénicie* & *Palestine*. Les Turcs l'ont divisée en six Pachaliks ou Gouvernemens : ce sont ceux d'*Alep*, de *Tripoli*, de *Seyde*, de *Damas*, de *Jérusalem* & d'*Adgeloun*.

§. I. *Le Gouvernement d'Alep.*

ALEP, au milieu des terres, sur la Rivière de Koéic. C'est l'ancienne BERHŒA. Cette Ville est grande, très-peuplée, & l'une des plus marchandes du Levant. Son terroir produit du cotton, des melons d'eau, d'excellentes pistaches, de bons abricots, des pommes & du raisin. Elle a beaucoup de Mosquées & de Bains publics, & un Fort sur une colline qui domine la Ville. Son trafic consiste principalement en étoffes de soye, en camelots de poil de chèvre, en noix de galle & en savon, outre les marchandises qui lui viennent de Perse & des Indes. Les François, les Italiens, les Anglois & les Hollandois y ont chacun un Consul de leur Nation. Elle est habitée, outre les Turcs, par des Chrétiens Grecs, Arméniens, Jacobites. Chacune de ces Eglises y a un Evêque de sa communion, & le libre exercice de sa Religion.

ANTAKIÉ *, sur l'Oronte, est l'ancienne ANTIOCHE. Cette Ville autrefois très-fameuse, est encore aujourd'hui assez grande & belle. Elle est située au pied d'une haute montagne, sur le sommet de laquelle il y a un Fort.

ALEXANDRETTE ou ESKANDEROUN, *Port*, au Nord. On y élève des pigeons, qu'on dresse à porter des lettres jusqu'à Alep, qui en est à 30 lieues. C'est le Port de cette Ville.

MEMBIG & KILIS *, au Nord-Est, deux petites Villes, dont les Sangiacats sont un apanage de la Sultane Validé, ou Sultane Mère.

§. II. *Le Gouvernement de Tripoli.*

Il s'étend au Midi de celui d'Alep, depuis la Mer Méditerranée jusqu'à l'Euphrate.

TRIPOLI, que les Turcs appellent TARABOLOS, à une demi-lieue de la Mer, est une ancienne Ville, célèbre dans l'Histoire des Croisades. Son terroir est abondant en cannes à sucre, figues, olives, grenades, &c. On y fait aussi du savon très-estimé.

LADIKIEH *, au Nord, Ville commerçante, dont le *Port* passe pour le meilleur du Pays de la Syrie. C'est l'ancienne *Laodicée* de Syrie.

KANOBIN *, au Sud-Est de Tripoli, est le chef-lieu des Maronites, anciens Chrétiens, qui possèdent un grand nombre de Villages dans le Mont-Liban. Ils sont sous la domination des *Druses*, qui habitent les Montagnes du Liban. L'Ecriture-Sainte parle souvent des Cèdres du Liban. On prétend qu'il y en a encore plusieurs, aussi anciens que la terre qui les porte, dont la hauteur & la grosseur sont prodigieuses.

HEMS *, à l'Orient, autrefois très-peuplée, est presque toute en ruines. C'est l'ancienne *Emèse*.

TADMOR *, plus à l'Orient, dans un terroir fertile, entouré de déserts, est l'ancienne *Palmyre*, si célèbre par la Reine Zénobie. On y voit encore les plus magnifiques ruines de grands édifices & de palais.

§. III. *Le Gouvernement de Seyde.*

Il répond à-peu-près à l'ancienne Phénicie.

SEYDE, autrefois SIDON, *Port*, sur la Méditerranée. Les François, & d'autres Nations de l'Europe y ont des Consuls pour le commerce, qui y est considérable en soyes, cotton, &c.

BEIROUT *, autrefois BERYTUS, au Nord, sur la côte, dans un terroir beau & fertile. Les Nestoriens y ont une Eglise.

SUR *, au Midi de Seyde. C'est l'ancienne TYR, si célèbre dans l'Antiquité, mais aujourd'hui toute en ruines.

ACRE, plus au Midi, *Port*, autrefois PTOLÉMAÏDE. Cette Ville a eu un Evêque Latin suffragant de Tyr, & a été très-célèbre du temps des Croisades. Elle fut le siège des Rois de Jérusalem, depuis la prise de cette Ville en 1187 par Saladin, jusqu'en 1291, où Acre même fut reprise par les Infidèles. Son Port, qui est assez bon, est à l'entrée d'un petit Golfe, vis-à-vis du Mont *Carmel,* si fameux par le Prophète Elie qui y a demeuré. Acre a un Evêque Grec.

L'Etat de la Nation des *Druses* est enclavé dans le Gouvernement de Seyde, & s'étend aussi dans une partie de celui de Tripoli. Cette Nation prétend descendre, pour la plus grande partie, des François qui se refugièrent dans les Montagnes du Liban, lorsque les Européens perdirent les conquêtes qu'ils avoient faites dans la Terre-Sainte. Les Druses ne sont ni Chrétiens ni Mahometans: ils forment une secte particulière, qui paroît avoir le Mahométisme en horreur.

DEIR-EL-KAMAR *, à sept lieues de Seyde & de Beirout, est la Capitale du Pays des Druses, & la résidence de leur Emir.

§. IV. *Le Gouvernement de Damas.*

DAMAS, située dans une plaine très-fertile au pied du Mont Liban, vers l'Orient : c'est la résidence d'un Pacha. Elle a de très-beaux jardins, de belles fontaines, & beaucoup de Manufactures. C'est une des plus anciennes Villes. Elle étoit autrefois Capitale d'un Royaume de même nom, dont il est beaucoup parlé dans l'Ancien Testament. Depuis l'an 661 de Jesus-Christ, elle a été la résidence des Califes Ommiades, ou de la seconde race des Empereurs Arabes. Il s'y fait un grand commerce de soye, de sabres, de vins & de fruits, surtout de prunes. Les Juifs font presque tout ce commerce. Damas a un Archevêque Grec.

BAALBEK *, au Nord-Ouest de Damas, dans la Vallée de Bekah ou Bukah, qui s'étend au Midi, entre le Liban & l'Anti-Liban. On y trouve de belles Antiquités.

BOSRA *, au Midi de Damas, Ville ancienne, Capitale du Pays de *Havran*, qui est fertile en excellens bleds. Les hommes y sont d'une taille haute, & les femmes très-belles.

ADRÉAT * ou AZRA, Bourg considérable, au Sud-Ouest, dans un Pays nommé *Bitinia*, qui est l'ancienne *Bathanée* ou *Pays de Basan*.

§. V. *Le Gouvernement de Jérusalem.*

Il renferme les parties Méridionale & Occidentale de la Palestine ou Terre-Sainte, Pays autrefois très-célèbre & très-fertile, mais qui n'est presque plus qu'un désert, exposé aux incursions des Arabes (a).

JÉRUSALEM, autrefois Capitale de la Judée, n'est considérable aujourd'hui que par les lieux

---

(a) Nous donnons, à la suite de ce Volume, une *Géographie Sacrée*, qui renferme tout ce qu'on ne doit pas ignorer de la Géographie de l'Ancien & du Nouveau Testament. Ceux

saints que les Chrétiens de différentes communions vont visiter. Les Grecs & les Latins se sont disputé long-temps la possession du Saint Sépulchre. Mais enfin les Latins, appuyés de la protection des Rois de France, en sont devenus maîtres. Les Religieux de S. François y ont un hospice habité par des Cordeliers Italiens, Espagnols & François. Ils exercent volontiers l'hospitalité envers les Pélerins : leur Gardien, ou Supérieur, y rend la justice au nom du Roi de France, & le Pape lui a donné le droit de faire des Chevaliers du S. Sépulchre. Les Grecs ont un Patriarche à Jérusalem.

Eriha * ou Jericho, au Nord-Ouest. Son terroir, arrosé par des eaux de source, est abondant en figues, en dates & en cannes à sucre.

Bethléem *, Village à six milles, ou deux lieues, au Midi de Jérusalem, illustre par la naissance de Notre Seigneur Jesus-Christ.

Hébron *, plus au Midi, à six lieues de Jérusalem, est une petite Ville, qui a un fort Château, avec une Garnison. On y voit le sépulchre d'Abraham, d'Isaac & de Jacob, également visité par les Chrétiens & les Mahométans.

Jaffa, *Port*, à l'Occident, anciennement Joppé. C'étoit autrefois un Evêché suffragant de Jérusalem ; aujourd'hui Jaffa n'est qu'un monceau de ruines ; c'est le lieu où abordent les Pélerins qui vont visiter la Terre-Sainte.

Gaza, *Port*, plus au Midi. Cette Ville, autrefois très-illustre, comme il paroît par ses ruines

---

qui voudroient acquérir des connoissances plus étendues de la Géographie & de la Chronologie de l'Histoire Sainte, peuvent consulter un Ouvrage intitulé : *Géographie Sacrée & Historique de l'Ancien & du Nouveau Testament*, à laquelle on a joint une Chronologie & des principes & observations pour l'intelligence de l'Histoire Sainte, Paris, Durand, 1747. in-12, 3 Volumes.

toutes couvertes de colonnes de marbre, est aujourd'hui fort petite. Elle a un Château de figure ronde, avec quatre tours, & est gouvernée par un Pacha héréditaire. Elle étoit anciennement partagée en vieille Ville nommée *Gaza*, & nouvelle appellée *Majuma*. C'est à cette dernière que Constantin donna le droit de Cité, & le nom de *Constantia*. Majume étoit comme le Port de l'ancienne Ville, & avoit un Evêque, Gaza étant toute idolâtre. Les Grecs y ont un Archevêque honoraire.

NAPLOUSE *, que les Turcs nomment NABOLOS, dans les Terres au Nord de Jérusalem, est l'ancienne SICHEM. Hérode lui donna le nom de *Neapolis*, c'est-à-dire, *nouvelle ville*, après l'avoir fait rebâtir. C'est encore aujourd'hui la résidence du grand Sacrificateur des Samaritains, qui demeurent dans cette Ville & aux environs, mais en petit nombre.

SEBASTE *, à deux lieues au Nord, est l'ancienne SAMARIE, Capitale du Royaume d'Israël.

§. VI. *Le Gouvernement d'Adgeloun.*

Il renferme le Pays à l'Orient du Jourdain & de la Mer Morte.

ADGELOUN ou ADGLOUN *, Château à quelque distance du Jourdain & du Lac de Tibériade, est le lieu de la résidence du Pacha. Son territoire a de beaux Jardins.

AMMAN *, au Sud-Est, autrefois la Capitale des Ammonites, montre beaucoup de ruines d'anciens édifices.

MAAB * ou MÉEB, appellée aussi EL-RABA, au Midi, n'est plus qu'un Village. C'étoit autrefois la Ville de MOAB, Capitale des Moabites.

KARAK *, Forteresse sur un lieu élevé, à peu de distance de la Mer Morte & à son Orient. Du temps des Croisades, on la nommoit MONT-ROYAL.

ARTICLE III.
De la Turcomanie.

CE Pays étoit autrefois appellé *l'Arménie Majeure*. Plusieurs Auteurs pensent que le Paradis Terrestre étoit situé dans cette Contrée, où se trouvent les sources du Tygre & de l'Euphrate, les principaux des quatre Fleuves dont Moyse a parlé. C'est aussi en ce Pays que le Mont *Ararat*, où l'Arche de Noé s'arrêta après le Déluge.

La partie Occidentale de la *Turcomanie* appartient au Turc, & l'Orientale au Persan. Les Turcomans ne s'appliquent guères qu'à nourrir des chevaux, des chèvres & des moutons. Ils habitent sous des tentes, & changent souvent de demeure pour trouver des pâturages. Les anciens Arméniens, dont il est resté un grand nombre dans le Pays, sont Chrétiens, & passent pour très-habiles commerçans.

La *Turcomanie Occidentale* est partagée en trois Gouvernemens : ce sont ceux de *Van*, au Midi, d'*Erzerum*, au Nord, & de *Kars*, à l'Orient.

VAN, Ville très-forte, située sur le bord oriental d'un grand Lac, qui porte le même nom.

BETLIS, à l'Occident du même Lac, est une Ville très-forte, dont les Orientaux attribuent la fondation à Alexandre le Grand.

ERZBRUM ou ARZROUM, près la source de l'Euphrate, est une grande Ville bâtie dans une belle plaine, très-fertile en toutes sortes de grains. Le Pays est si froid, que la moisson ne se fait qu'en Septembre. Le bois y est rare, & le vin très-mauvais. Mais les collines voisines fournissent des sources de très-bonne eau. Elle a un Château dont les murs comme ceux de la Ville, font de boue féchée au foleil. Il eft prefqu'ovale, & fi vafte, qu'il renferme plus de huit cens maifons. Il eft, du côté du Nord, fortifié d'un précipice affreux qui en empêche l'abord. Ce que cette Ville a de plus beau eft le Palais du Gouverneur, qui eft dans la Forterefle. Le Meidan, ou la grande Place, eft quarré, a quatre cens pas de diamètre, & eft planté de beaux arbres. On y voit auffi des bafars ou marchés, des bains & des caravanferas qui ont leurs beautés.

KARS, fur la Rivière de même nom, Ville forte, marchande & riche.

Dans la *Turcomanie Orientale* ou Perfane, qu'on appelle l'*Iran*, eft:

ERIVAN, *Capitale*, près de l'Araxe. C'eft une grande Ville, qui a un Archevêque Arménien.

A deux lieues de cette Ville eft le Monaftère d'*Ecmiafin*, où réfide le Patriarche des Arméniens de Perfe. Les Arméniens font en grand nombre & fort confidérés en Turquie & en Perfe, à caufe du commerce. Suivant les anciennes conventions faites avec les Califes & les autres Princes Mahométans, ils ne peuvent être faits efclaves: privilège qui les met au-deffus des autres Nations.

ARTICLE IV.

Du Diarbeck.

CETTE Province comprend l'ancienne *Affyrie*, & l'ancienne *Méfopotamie*. On la divife en trois; le *Diarbeck* propre, ou ancienne Méfopotamie, à l'Occident; l'*Yrac-Arabi*, autrefois la Chaldée ou Babylonie, au Midi; le *Curdiftan*, autrefois l'Affyrie propre, à l'Orient.

S. I.

§. I. *Du Diarbeck propre.*

Il est partagé en trois Gouvernemens, sçavoir, de *Diarbekir*, qui occupe la partie Septentrionale; de *Mosul*, à l'Orient, le long du Tygre; & d'*Ourfa*, à l'Occident, le long de l'Euphrate.

DIARBEKIR, Ville riche, très-peuplée & marchande, sur le Tygre. Son commerce principal consiste en maroquins & en toiles de cotton. Elle est la résidence du Pacha, qui a sous lui dix-neuf Sangiacs. Il y a dans cette Ville plus de vingt mille Chrétiens Grecs, Syriens, Arméniens, Nestoriens, qui y ont chacun un Evêque. Les Nestoriens ou Chaldéens réunis à l'Eglise Romaine, y ont un Patriarche.

NESBIN, sur l'Hermas, est l'ancienne NISIBE.

SINJAR *, sur la même Rivière, plus au Midi. Cette Ville a un Palais & des bains magnifiques, bâtis par les Princes qui y ont régné autrefois.

MOSUL, sur le Tygre, vis-à-vis l'ancienne *Ninive*. C'est une Ville fort marchande, résidence du Pacha, qui a sous lui six Sangiacs. Les Nestoriens y ont leur Patriarche.

OURFA ou URFA, autrefois EDESSE, au Sud-Ouest de Diarbekir, grande Ville fortifiée. Sa Citadelle est située sur une éminence, d'où sortent plusieurs sources abondantes. On y fait le plus beau maroquin jaune. C'est la patrie de S. Ephrem, nommé le Docteur & le Prophète des Syriens.

ANAH, au Midi, dans une Isle de l'Euphrate. Ses Habitans ont la réputation d'être gens de beaucoup d'esprit. Dans les environs sont des plantations de muriers, remplies de cabanes, où on élève beaucoup de vers à soye. C'est aussi le seul endroit de ces cantons où il y ait des oliviers.

§. II. *De l'Yrac-Arabi.*

Ce Pays est ainsi nommé, parcequ'il est habité

par beaucoup d'Arabes, & pour le diſtinguer de l'*Yrac-Agemi*, Province de Perſe, & qui en eſt voiſine. Il eſt partagé en deux Gouvernemens; celui de *Bagdad*, au Nord, & celui de *Baſrah*, au Midi. Le premier eſt beaucoup plus conſidérable que l'autre.

BAGDAD, Ville forte & marchande, ſituée ſur la rive Orientale du Tygre, vis-à-vis de l'ancienne SELEUCIE, qui étoit ſur la rive Occidentale. Elle a été bâtie par Almanſor, ſecond Calife des Abbaſſides, ou le vingt-deuxième Empereur des Arabes, l'an de Jeſus-Chriſt 763. Il l'appella d'abord *Dar-al-Salam*, qui ſignifie *Ville de paix*; mais le peuple lui avoit donné le nom qu'elle porte encore aujourd'hui : *Bagdad* veut dire *Jardin de Dad*. Un Moine Chrétien ainſi appellé avoit en effet dans cet endroit une cellule & un jardin. Les Turcs prirent cette Ville ſur les Perſans en 1638. Elle renferme des Chrétiens Jacobites, Neſtoriens & Arméniens, & des Juifs. C'eſt un fameux pélérinage pour les Perſans, qui croyent que leur Prophète Ali y a demeuré. On croit communément que *Bagdad* a été élevé ſur les débris de l'ancienne Babylone. Ce dernier nom donné à Séleucie, vis-à-vis de laquelle *Bagdad* a été bâtie, a pu favoriſer ce ſentiment. Mais les Auteurs qui l'ont ſuivi, n'ont pas fait attention que *Babylone* étoit ſur l'Euphrate, & que *Bagdad* eſt ſur le Tygre.

SAMARAH *, à dix ou douze lieues au Nord de Bagdad. Elle a été bâtie l'an de Jeſus-Chriſt 834, par Motaſſen qui y fixa ſon ſéjour, & la rendit ainſi la Capitale de l'Empire des Arabes. Elle ne conſerva cet honneur que juſqu'au Califat de Montamed, qui remit le ſiège de l'Empire à Bagdad.

HELLA, au Sud-Oueſt de Bagdad, ſur l'Euphrate. C'eſt auprès de ce lieu qu'étoit la fameuſe Ville de *Babylone*. Selon Texeira, on n'en trouve plus aujourd'hui que quelques traces, & il n'y a pas dans tout ce Pays-là de lieu moins fréquenté que le terrein qu'elle occupoit autrefois. Benjamin de Tudelle, qui vivoit au XIIe siècle, rapporte dans son Itinéraire, qu'on n'y voyoit que quelques ruines, & qu'on n'ofoit en approcher, à caufe des ferpens & des fcorpions dont elles étoient pleines; ce qui eft parfaitement conforme à ce qu'en écrit Rouwolf, Voyageur Allemand, qui paffa par-là en 1574. Ces témoignages démontrent le parfait accompliffement de la Prophétie d'Ifaïe fur la deftruction de la magnifique Ville de Babylone: *Ifaïe*, ch. 13.

BASSORA ou BASHA, au-deffous du confluent du Tygre & de l'Euphrate. Ses premiers fondemens furent jettés l'an 14 de l'Hégire, 635 de Jefus-Chrift, fous le Calife Omar. Ses murs, faits de terre, forment une grande enceinte, qui renferme beaucoup de jardins & de terres labourables. Les maifons y font bâties de briques cuites au foleil. L'eau y eft fort bonne, l'air très-fain, & la chaleur extrême. Son terroir abonde en toute forte de grains, en raifins & en fruits: le mouton y eft excellent. Il s'y fait un grand commerce. Son Port, qui eft très-beau, eft défendu par un fort Château. Cette Ville eft la réfidence d'un Pacha.

§. III. *Du Curdiftan ou Pays des Curdes.*

On le nommoit autrefois *Corduenne*, d'où eft venu le nom de *Curdes*. Ces peuples font répandus dans la partie Occidentale de la Perfe, dans le Diarbeck & l'Yrac: ils ont plufieurs Princes appellés *Beys* ou *Emirs*. Les uns reconnoiffent le Grand-Seigneur, d'autres le Perfan; quelques-uns font indépendans.

KERKOUK, *Capitale* du Curdiftan Turc. Elle eft fituée au Sud-Eft vers les montagnes. C'eft une Ville confidérable, où réfide le Pacha, qui a fous lui trente-deux Sangiacs. Les Persans l'ont prise en 1734 & 1743, mais elle est revenue ensuite aux Turcs.

BETLIS, au Nord, Ville assez considérable.

ERBIL, petite Ville ancienne, la même qu'AR-BELA, dans les plaines de laquelle Alexandre gagna sur Darius une dernière bataille, qui lui acquit l'Empire de la Perse, 331 ans avant Jesus-Christ.

ARTICLE V.

De la Géorgie.

ELLE est partagée entre le Turc & le Persan. Sa partie Occidentale comprend trois Provinces vers la Mer Noire : ce sont la *Mingrélie*, l'*Imirette* & le *Guriel* ou *Guria*, qui répondent à l'ancienne *Colchide*. Elles sont gouvernées par des Princes particuliers, sous la protection du Grand-Seigneur, à qui ils payent tribut. Sa partie Orientale, qui dépend du Roi de Perse, a deux Provinces ; le *Carduel* *, au Midi, & le *Caket*, au Nord. C'est ce qu'on appelloit autrefois l'*Ibérie* Asiatique.

La Géorgie est un Pays très-fertile. Ses habitans sont spirituels, mais ignorans & sensuels : ils font presque tous profession du Christianisme, mais avec d'étranges abus. Les femmes Georgiennes passent pour les plus belles de l'Univers. On parloit anciennement de la beauté des hommes de ce Pays.

SAVATOPOLI ou ISGAOUR *, *Capitale* de la Mingrélie, sur la Mer Noire. C'est une Ville assez mal bâtie. Près de cette Ville est un lieu nommé *Péjuvitas*, où est l'Eglise Cathédrale du Patriarche ou Catholique des Mingréliens. Les Théatins ont une Mission & un Couvent dans un Village de ce Pays.

CURIEL, *Capitale* du Pays de même nom,

AKALZIKÉ, Forteresse où les Turcs ont garnison, dans le Pays de Guriel. Elle est sur le Rione ou Phase, Rivière autrefois célèbre.

IMIRETTE, *Capitale* du Pays de même nom, est une Ville mal bâtie, mais bien peuplée.

COTATIS *, sur le Phase, Ville forte dans le Pays d'Imirette. Les Turcs y ont un Pacha.

TEFLIS, *Capitale* du Carduel ou Géorgie Persane, où réside le Roi, qui est souvent dans une entière dépendance de la Cour de Perse. C'est la Ville la plus considérable de toute la Géorgie. Elle n'est pas grande; mais elle est belle, riche par son commerce de soyes, bien peuplée & forte. Elle a des bains d'eaux chaudes très-salutaires. C'est la résidence du Patriarche des Géorgiens. Les Capucins y ont une Mission & une Habitation.

ARTICLE VI.

Des Isles de la Turquie d'Asie.

CE sont toutes les Isles de l'Asie situées dans la Méditerranée au voisinage de la Natolie. Les plus remarquables sont celles de *Cypre* & de *Rhodes*. Nous avons parlé de la première, en décrivant la Natolie, dont elle fait un des Gouvernemens.

De l'Isle de Rhodes.

Cette Isle n'est pas bien fertile en grains; mais il y a de belles prairies, & on y recueille beaucoup de fruits, de cire & de miel. On y fait commerce de savon, de beaux tapis & de camelots. L'air y est serein, & le soleil y paroît tous les jours.

Les Chevaliers de S. Jean de Jérusalem, depuis nommés *Chevaliers de Rhodes*, & aujourd'hui

Chevaliers de Malte, la pritent en 1309 fur les Sarafins. Soliman II, Empereur des Turcs, la reprit fur eux en 1522.

RHODES, *Capitale*, Ville très-forte. Elle a un bon *Port* dont l'entrée eft ferrée par deux rochers, fur lefquels on a bâti deux tours pour en défendre le paffage. Les Turcs y entretiennent une bonne garnifon. Les Grecs y ont un Archevêque. Au XIIe. Siècle les Latins en avoient établi un de leur communion ; mais depuis l'expulfion des Chevaliers de S. Jean de Jérufalem, il n'y réfide plus. Rhodes étoit fameufe autrefois par le Coloffe ou Statue gigantefque d'Apollon. Cette Statue, haute de foixante-dix coudées, étoit placée à l'entrée du Port. Ses pieds étoient pofés fur les deux rochers, de forte qu'un vaiffeau pouvoit paffer entre les jambes de la Statue. Elle avoit coûté trois mille talens, c'eft-à-dire, environ 900000 livres. Mais ayant été renverfée par un tremblement de terre, au bout de cinquante-cinq ans qu'elle fut placée, elle demeura 900 ans en cet état. Les Sarafins s'étant emparés de Rhodes l'an 655 de Jefus-Chrift, mirent en pièces le Coloffe, dont la matière étoit de bronze, & en tirèrent la charge de 900 chameaux.

Des autres Ifles.

Elles font du nombre de celles qu'on nomme *Sporades*, & font fituées le long de la côte Occidentale de la Natolie. Les principales de ces Ifles, du Nord au Sud, font ; *Métélin, Schio, Samo, Co* & *Pathmos*, à l'Oueft des deux dernières.

1. *Métélin*, autrefois *Lesbos*, peut avoir quarante-cinq lieues de circuit. Elle eft très-fertile en vins fort eftimés, & en fruits, fur-tout en figues, qui font les meilleures des Ifles de l'Archipel. On y trouve de très-beaux marbres. Elle a été poffédée

par les *Catélufi*, Génois, depuis 1355 jufqu'en 1442, que Mahomet II la leur enleva.

MÉTELIN, *Capitale*. Cette Ville autrefois plus confidérable, a donné fon nom à l'Ifle. Sa principale défenfe confifte dans un Château qui paffe pour imprenable : il eft toujours bien pourvu de munitions. C'eft la patrie du fameux Corfaire Barberouffe, vaincu & chaffé de Tunis par Charles-Quint.

2. *Schio* a environ quatre-vingt-dix milles, ou trente lieues de circuit. Ses côtes font très-fertiles; mais l'intérieur eft ftérile & pierreux. On en tire de beaux marbres de la Montagne de Pelène, d'excellent vin mufcat, quantité de thérébenthine, efpèce de réfine qui coule du thérébinthe, & d'excellent maftic, qui eft une forte de gomme qui fort du lentifque. Le Grand-Seigneur le fait tranfporter à Conftantinople. Les femmes du ferrail en mâchent prefque toute la journée, pour fe rendre les dents blanches & l'haleine plus douce. On fait dans cette Ifle un grand trafic de cotton. Les femmes y ont plus de politeffe que dans les autres Ifles du Levant, & leur propreté les diftingue des Grecques des autres Ifles. L'Ifle de Schio a environ 100000 Habitans, dont 80000 font Chrétiens, Grecs & Latins, & le refte Turcs & Juifs. Elle a appartenu à des Seigneurs Génois de la Maifon de *Juftiniani*, jufqu'en 1566, que les Turcs s'en emparèrent. L'exercice public de la Religion Catholique étoit le plus beau privilège que les Rois de France euffent fait conferver aux Schiotes; mais ils en ont été privés à la fin du dernier Siècle, fous prétexte de rebellion. Il y refte néanmoins un certain nombre de Prêtres, & de Religieux de divers Ordres, & même un Evêque Latin, à qui le Pape donne tous les ans deux cens écus. L'Ifle de Schio a donné la naiffance à l'Hiftorien Théopompe, au

Sophiste Théocrite, & à Léon Allatius, Garde de la Bibliothèque du Vatican & Auteur de plusieurs sçavans Ouvrages, mort en 1669.

SCHIO, *Capitale*. Cette Ville a environ 40000 Habitans & deux Evêques, l'un Grec & l'autre Latin. Les maisons de Schio sont bâties de pierres, & les rues pavées de cailloux.

3. *Samo*. Cette Isle est fertile en tout. Ses Habitans sont la plûpart Chrétiens Grecs. C'est la patrie du célèbre Philosophe Pythagore.

CORA * est la résidence de leur Evêque.

4. *Co* ou *Stanchio*, au Sud-Est de Samo.

CO ou STANCHIO, *Capitale*, petite Ville assez bien bâtie, dans laquelle les Grecs ont un Archevêque honoraire. C'est la patrie d'Apelles, célèbre Peintre, & d'Hippocrate l'oracle de la Médecine.

5. *Pathmos*, entre Samo & Co. Cette Isle a environ dix lieues de tour, & n'est habitée que par des Grecs. On y trouve quantité de perdrix, de lapins, de cailles & de tourterelles; mais il y croît peu de froment & d'orge. Elle est célèbre par l'exil de l'Apôtre S. Jean, qui y fut relégué par l'Empereur Domitien, & y reçut les révélations de l'Apocalypse.

CHAPITRE II.

De l'Arabie.

L'ARABIE est une grande Presqu'Isle, située entre le cinquante-unième & le soixante-dix-septième dégré de longitude, & entre le douzième & le trente-quatrième dégré de latitude Septentrionale. Elle est bornée à l'Occident par la *Mer Rouge*, qu'on appelle aussi *Mer de la Mecque*, & par l'Isthme de Suez, qui la sépare de l'Afrique; au Midi par la

DE L'ARABIE.

Mer des Indes ; à l'Orient, par le Golfe Persique & l'Yrac-Arabi ; & au Nord, par la Syrie & le Diarbeck, dont elle est séparée par l'Euphrate.

Ce Pays étant en partie dans la Zone Torride, l'air n'y peut être que fort chaud. On y trouve beaucoup de sables, de déserts & de montagnes, mais peu de rivières. Il y pleut d'ailleurs très-rarement. Toutes ces choses contribuent à rendre le terroir stérile. Il est un peu meilleur sur les côtes, où son grand commerce consiste en perles, en dates, en canelle, en baume, en encens, en drogues, en corail & en café excellent.

L'Arabie dépend de plusieurs Souverains. Les principaux sont, le Grand-Seigneur, les Chérifs de la Mecque & de Médine, & le Roi d'Yémen. Les peuples en sont fort basanés, & presque tous voleurs, sur-tout ceux qu'on appelle *Béduins* & *Bénégèbres*. Ces Arabes vagabonds sont si fiers de leur prétendue noblesse, qu'ils ne veulent s'allier que dans leur nation. Ceux qui demeurent dans les Villes s'appliquent au négoce & aux sciences, & réussissent sur-tout dans la Médecine & l'Astronomie. Ils sont tous Mahométans.

L'Arabie se divise en trois parties, qu'on trouve du Nord au Sud ; sçavoir, *l'Arabie Pétrée*, *l'Arabie Deserte*, & *l'Arabie Heureuse*.

§. I. *De l'Arabie Pétrée.*

C'est un Pays extrêmement désert, où les Israélites errèrent pendant quarante ans après leur sortie d'Egypte. On y trouve les Montagnes d'*Horeb*, & de *Sinaï*, aujourd'hui de *Sainte-Catherine*, l'une & l'autre fort célèbres dans l'Ecriture sainte.

ERAC, ou CRAC*, au Sud de la Mer Morte, *Capitale*, autrefois PETRA, qui a donné à cette partie de l'Arabie le nom de *Pétrée*.

TOR, *Port*, sur la Mer Rouge. Cette Ville est à

G j

présent le grand abord des Pélerins Turcs, qui vont à la Mecque ou à Médine. Thevenot rapporte que tout auprès on voit un Couvent de Grecs, dont le jardin, qui est à quelque distance, est l'*Elim*, dont parle l'Ecriture, où étoient douze fontaines, & soixante-douze palmiers. Ces fontaines subsistent encore : elles sont près les unes des autres, & la plûpart dans l'enclos du jardin. C'est là où étoit le fameux Monastère de *Rayte*, connu par S. Jean Climaque.

§. II. *De l'Arabie Déserte.*

C'est un Pays presqu'entièrement stérile & peu habité. Elle est partagée entre le Turc qui possède la partie Septentrionale, & les Chérifs de la Mecque & de Médine. Ces derniers descendent de Mahomet par Fatime sa fille, & pour cela ils ne payent aucun tribut aux Turcs.

MÉDINE, *Capitale* des Etats du Chérif de ce nom. C'est le lieu où est le tombeau de Mahomet, dans une Mosquée magnifique ; ceux d'Abubecre & d'Omar y sont aussi. Celui de Mahomet est dans une petite Tour, ornée de lames d'argent & tapissée d'un drap d'or : il est soutenu par des colonnes de marbre noir très-déliées, & environné d'une balustrade d'argent, chargée de quantité de lampes. Cette Ville est assez grande & très-fréquentée par les Mahométans, qui y vont au retour de la Mecque. Sa situation dans une plaine abondante en palmiers, la rend très-agréable. Mahomet commença à y établir l'Empire des Arabes ou Sarasins, l'an 622 de Jesus-Christ. Les *Califes* ou ses *Successeurs* & *Vicaires* immédiats, demeurèrent en Arabie ; mais les *Ommiades* établirent leur siège à Damas en Syrie ; & les *Abbassides* qui leur succédèrent, le transportèrent à Bagdad en 763, comme nous l'avons dit.

YAMBO, *Port* de Médine, sur la Mer Rouge : il y a garnison Turque.

LA MECQUE, *Capitale* des Etats du Chérif de la Mecque. Le Chérif de cet Etat est fort respecté des Princes Mahométans : ils lui font de grands présens, pour l'engager à envoyer des troupes contre les voleurs Arabes qui détroussent les caravanes de Pélerins qui vont à la Mecque. Cette Ville est assez grande, bien bâtie, & célèbre par la naissance de Mahomet. Elle a la plus fameuse Mosquée, & la plus fréquentée des Mahométans. Ils croyent qu'elle a été bâtie par Adam, & qu'Abraham & Ismaël leur père y ont adoré Dieu ; c'est pour cela que Mahomet a ordonné à ses Disciples de la visiter au moins une fois en leur vie.

JODDA, sur la Mer Rouge, est le Port de la Mecque : les Turcs y ont garnison & un Pacha. On en transporte les marchandises, & sur-tout le café, à l'Isthme de Suez, & ensuite en Egypte.

§. III. *De l'Arabie Heureuse.*

Elle est ainsi nommée, parcequ'elle est plus fertile que les deux autres ; mais les habitans, qui sont fort paresseux, ne la cultivent pas. On y trouve beaucoup de myrrhe, d'encens & d'autres parfums.

Les Arabes appellent cette contrée en leur langue *Yémen*. Elle renferme deux Royaumes ; sçavoir, celui d'Yémen au Sud-Ouest, & celui de Fartach au Midi, & plusieurs petits Etats le long du Golfe Persique.

I. *Du Royaume d'Yémen.*

Il comprend la meilleure partie de l'Arabie Heureuse, & s'étend vers la Mer Rouge & l'Océan.

MOAB, *Capitale* : elle est d'une médiocre grandeur, & ceinte de murailles de terre. Il y a d'assez belles maisons de plaisance aux environs.

COMPHIDA, *Port*, sur la Mer Rouge, au Sud-Est de la Mecque : les Turcs y ont garnison.

MOCA, *Port*, près du Détroit de Babelmandel, par lequel la Mer Rouge communique avec la Mer des Indes. C'est de cette Ville, qui est grande & fort marchande, que l'on transporte le café (*a*) le plus estimé.

ADEN, *Port*, près du même Détroit. Cette Ville est grande & marchande.

II. *Du Royaume de Fartach, ou Caresen.*

FARTACH, *Capitale*, sur la Mer d'Arabie. Cette Ville est vis-à-vis de l'Isle de *Socotora*, qui appartient au Roi de Fartach.

III. *Des autres Etats de l'Arabie Heureuse.*

A l'Orient, sur les côtes, on trouve plusieurs petits Etats; sçavoir, du Sud au Nord :

1. *Le Royaume de Mascate.*

Il est vers le Détroit d'Ormus : ce Pays passe pour le plus fertile de l'Arabie. Les Portugais ont fait en vain tous leurs efforts pour s'y établir.

MASCATE, *Port*. Elle dépend d'un Prince qui prend le titre de Calife.

VODANA, résidence d'un Emir.

2. *Les Pays de Bahrein & d'Elcatif.*

Ils sont l'un & l'autre sur le Golfe de Perse ou de Bassora. Le Pays de *Bahrein* est au Roi de Perse. On donne aussi le nom de *Bahrein* à une Isle qui se trouve dans le Golfe, vis-à-vis Elcatif. Cette Isle est fameuse pour la pêche des perles qui y sont plus grosses & plus rondes qu'en aucun lieu du monde. Le Roi de Perse, à qui cette Isle appartient, en tire un gros revenu.

(*a*) Le Café est la graine d'un fruit rouge qui vient sur un petit arbre, principalement dans l'Arabie Heureuse.

Le Pays d'*Elcatif* appartient aujourd'hui aux Turcs.

ELCATIF, sur le Golfe Persique. Cette Ville a un bon *Port*, assez fréquenté.

ALAHSA, petite Ville où est un Emir, qui a le titre de Pacha héréditaire.

CHAPITRE III.

De la Perse.

LA Perse est située entre le vingt-cinquième & le quarante-quatrième dégré de latitude Septentrionale. Sa longitude est depuis le soixantième dégré jusqu'au quatre-vingt-septième. Elle est bornée à l'Occident, par le Curdistan & l'Yrac-Arabi, qui sont de la Turquie Asiatique; au Nord, par la Géorgie & la Circassie, la Mer Caspienne & le Pays des Usbecs: à l'Orient par les Etats du Mogol; & au Midi par le Golfe Persique & la Mer des Indes.

L'air de la Perse en général est sain. Au Nord, vers la Mer Caspienne, il est humide & tempéré; au Midi, il est extrêmement chaud. Le terroir y est généralement sec. Le défaut de Rivières considérables contribue à cette grande sécheresse; mais l'industrie des habitans supplée à ce défaut, & le rend fertile en bien des endroits. On y recueille d'excellens fruits, du vin, du ris, & toute sorte de grains, excepté le seigle & l'avoine. Les melons y sont d'une grosseur extraordinaire & d'une bonté parfaite. On n'y trouve point de forêts; les montagnes y sont pleines de gibier, & les vallées fournissent d'excellens pâturages. Il y a dans les montagnes des mines d'or, d'argent, de fer & de sel minéral.

Le principal commerce de la Perse consiste en soye crue & travaillée; mais il est aujourd'hui moins

confidérable qu'il ne l'étoit. Quand les Perses possédoient seuls ce fil précieux, ils le vendoient au poids
de l'or. Chez les Romains, les habits de soye furent
long-temps réservés aux femmes, & Héliogabale est
le premier homme qui en ait porté. Lampride son
Historien le remarque comme une infamie. Enfin,
vers le milieu du Ve. Siècle, sous l'Empire de Justinien I, deux Moines emportèrent des Indes à Constantinople, des œufs de vers à soie. On réussit à les
élever. Depuis, ces insectes se répandirent dans
l'Europe. Jusqu'alors on croyoit communément que
c'étoit un arbre qui produisoit la soye.

Outre la soye, on tire encore de Perse de beaux
tapis, des toiles de cotton, & des perles qu'on pêche
près de l'Isle de *Bahrein*, dans le Golfe Persique.
Il y a, dit-on, dans le *Kerman*, près de *Lar*, une
roche qui distille une gomme précieuse nommée
Mumie : cette gomme est si efficace pour les fractu-
res, qu'en vingt-quatre heures elle les guérit, pourvu qu'on s'en frotte d'abord.

Les Persans doivent l'établissement des Verreries
chez eux à un Italien, qui pour cinquante écus leur
enseigna la manière de faire le verre. La première
Manufacture en fut établie à Schiras, Capitale du
Farsistan : elle a conservé depuis la réputation de
faire le plus beau verre; mais il est bien inférieur à
celui d'Europe. Celui de Perse en général est pail-
leux, plein de vessies & de bubes, & très-grisâtre.
On le fait avec le Deremné, espèce de bruyere. Les
Persans ont l'art de le recoudre quand il est cassé, ce
qu'ils font aussi à la porcelaine.

Cyrus ayant vaincu les Babyloniens, fonda, 536
ans avant Jesus-Christ, une puissante Monarchie,
à laquelle la Perse donna son nom. Elle occupoit
une grande partie de l'Asie. Alexandre le Grand éleva une nouvelle Monarchie sur les ruines de celle de
Perse, 200 ans environ après sa fondation par Cy-

rus, 331 avant Jesus-Christ. Il n'en jouit pas long-temps, & elle fut partagée après sa mort entre ses Généraux. Séleucus, l'un des plus puissans d'entr'eux, en eut la meilleure partie. La Perse fut comprise dans son partage; mais ses descendans en furent dépouillés par Arsacès, qui fonda l'Empire des Parthes, l'an 250 avant Jesus-Christ. Cet Empire ayant duré près de 475 ans sous les Arsacides, fut renversé par un Persan, que les Grecs ont appellé Artaxercès: ce fut environ l'an 226 de Jesus-Christ.

Cette nouvelle Monarchie des Perses, après avoir subsisté plus de quatre Siècles, fut détruite par les Arabes ou Sarasins, l'an 651; & Isdegerd fut le dernier des Rois de Perse. Les Califes, c'est-à-dire, les Successeurs de Mahomet, étendirent leur domination dans toute la Perse, & au-delà. Mais leur autorité s'affoiblit insensiblement, & donna lieu à l'établissement de plusieurs Monarchies qui se succédèrent les unes aux autres, & dont la plus puissante a été celle des Turcs Seljoucides qui possédoient, outre la Perse, plusieurs Pays voisins. Genghizkan, Conquérant Tartare ou Mogol, s'empara du Korasan & de la plus grande partie de la Perse, & son petit-fils Holakou détruisit le Califat l'an 1258. Les successeurs d'Holakou ont dominé en Perse pendant quelque temps, & jusqu'à la conquête qu'en fit Tamerlan, autre Prince Mogol ou Tartare. Ussum-Cassan, Turcoman, chassa de la Perse les Tartares vers le milieu du XV°. Siècle. Sa Maison a été remplacée par les Princes *Saphériens*, connus sous le nom de *Sofis*, entre lesquels s'est distingué le grand Schah-Abbas, vers le commencement du Siècle suivant. La révolte des Agwans, habitans du Candahar, a renversé du Trône cette Maison des Sofis; & le dernier nommé Schah-Thamas a été détrôné en 1736, par un usurpateur connu sous le nom de Thamas-Koulican, & qui a pris celui de Schah-Nadir. Mais après un règne d'environ douze ans, il a été assassiné, en 1747; & la Perse depuis ce temps a été déchirée par des guerres civiles.

Le Gouvernement de cet Etat est Monarchique & despotique.

Les Persans sont grands, bien faits, & ont le teint un peu basané, ils sont polis, affables; d'un esprit très-délié, & ils réussissent dans les Sciences & les Arts qu'ils cultivent avec soin. Ils aiment la bonne chère, le vin, le luxe & le faste. Ils font grand usage du tabac, du thé & de l'opium: ils ont horreur du blasphême, & ne prononcent le nom de Dieu qu'avec un grand respect. Ils sont bons connoisseurs en tout, & il est difficile de les tromper: d'ailleurs ils sont fort courageux, intrépides & bons soldats. Leur Cavalerie vaut mieux que leur Infanterie: & en cela ils ressemblent aux Parthes, qui ont été autrefois maîtres de la Perse. Le nom même de Persans ou de Perses, vient du mot *Pheress*, qui veut dire Cavalier. Ils ont plusieurs femmes, & dotent toutes les filles qu'ils épousent. Ils sont Mahométans de la Secte d'Ali, gendre de Mahomet, & ont quantité de cérémonies. Leur habit est une longue robe, avec une ceinture dont ils font plusieurs tours: ils attachent à cette ceinture tout ce qu'ils portent sur eux, mouchoir, sabre, couteau, bourse, &c. parce qu'ils ne connoissent pas l'usage des poches. Leur culote & leurs bas tombent l'un sur l'autre, sans être serrés ensemble. Ils préfèrent la couleur verte à toute autre: les Turcs se trouvent insultés de cet usage, parcequ'ils regardent la couleur verte comme sacrée, & s'imaginent qu'il n'y a que les descendans de Mahomet qui aient droit de la porter.

Il n'y a point d'hôtelleries publiques en Perse; mais on a remédié à cet inconvénient en bâtissant des *Caravanseras* magnifiques. Ce sont de grands bâtimens publics, où les voyageurs peuvent se retirer pour loger & y passer la nuit. Il y en a de distance en distance ; ce qui est très-nécessaire en ce Pays, où l'on rencontre souvent des plaines incultes & des déserts. On a bâti aussi dans les Villes des *Basars* : ce sont des bâtimens où les Marchands demeurent. Ils sont ordinairement magnifiques, & forment une des plus grandes beautés des Villes, dont les édifices, pour l'ordinaire, sont fort simples.

La Perse contient treize Provinces, sans compter la *Turcomanie Orientale* ou l'*Iran*, & la *Géorgie Orientale*, dont nous avons déja parlé. De ces treize, il y en a une au Nord-Ouest, qui est l'*Aderbijan* : trois au Nord & sur la Mer Caspienne ; sçavoir, le *Chirvan*, le *Ghilan*, le *Masanderan* ou *Tabristan* : deux au Nord-Est, mais au Midi du pays des Tartares Usbecs, le *Khorasan* & le *Candahar* : trois dans le milieu, d'Occident en Orient, l'*Yrac-Agemi*, le *Segestan* & le *Sablestan* : quatre au Midi, le long du Golfe Persique & de la Mer des Indes ; le *Khusistan*, le *Farsistan*, le *Kerman* & le *Mecran*.

1. L'*Aderbijan* est ce qu'on appelloit anciennement la *Médie Atropatène*, ou la petite Médie.

Tauris, *Capitale*. C'est la seconde Ville de Perse. Elle est grande, belle, riche, bien peuplée & très-marchande. On y compte 300000 hommes, & il s'y voit plusieurs belles Mosquées. Cette Ville est remplie d'un grand nombre d'ouvriers qui travaillent en or, en soye, en cotton & en peaux de chagrin (*a*). Son commerce s'étend en Turquie, en Tartarie & en Russie. La grande Place de cette Ville est la plus vaste de l'Univers : on y a plusieurs fois rangé en bataille une armée de 30000 hommes.

(*a*) Le chagrin est la peau du cheval ou du mulet préparée, sur laquelle on a semé & pressé de la graine de moutarde, pour y former ce beau grain qui le fait estimer.

ARDEBIL, à l'Orient de Tauris. C'est une Ville assez considérable, & distinguée par la sépulture des premiers Sofis, qui tiroient de-là leur origine.

2. Le *Chirvan*. Les Russiens s'emparèrent de cette Province en 1722, pendant les troubles que les Agwans excitèrent en Perse ; mais ils la rendirent en 1732. On l'appelloit anciennement l'*Albanie*.

CHAMAKI, *Capitale*, Ville située dans un vallon entre deux montagnes. On y fait beaucoup d'étoffes de soye & de cotton.

DERBENT, *Port*, sur la Mer Caspienne : c'est une des clefs du Royaume de Perse, & une Ville fort riche par son commerce. Elle est située dans un défilé.

BACU, sur la même Mer, Ville forte & marchande.

3. Le *Ghilan*, dont les Russiens ont été aussi maîtres. Les habitants de cette Province parlent un jargon qui est un mélange de l'Arabe & du Persan.

RECHT, *Capitale*, à deux lieues de la Mer Caspienne. Elle est remarquable par le Traité de Paix qui y fut conclu en 1732, entre les Persans & les Russiens.

4. Le *Masanderan* ou *Tabristan*, Province très-fertile en vins, en fruits & en soye. On l'appelloit anciennement *Hyrcanie*. Ses habitans ont les sourcils joints & beaucoup de cheveux. Ils parlent fort vîte. Leur nourriture ordinaire est le ris & le poisson, avec l'ail qu'ils aiment beaucoup.

FERABAD, *Capitale*, près de la Mer Caspienne, est une très-grande Ville, où l'on voit un magnifique Palais royal. Il y a beaucoup de Chrétiens Grecs, qu'on y a attirés pour cultiver les terres.

5. Le *Khorasan*, qu'on nommoit anciennement la *Margiane* & l'*Arie*. Ce Pays abonde en grains & en soye.

HERI ou HERAT, vers le Midi, grande Ville fort

peuplée. Elle a été bâtie par Huſſein-Mitza, qui y fonda quelques Collèges pour la jeuneſſe. On y voit pluſieurs belles & longues allées d'arbres, ſur leſquelles on dit que Schah-Abbas I du nom prit le deſſein de la magnifique allée qu'il fit planter entre Iſpaham & Julfa. C'eſt la patrie de Mirkond, illuſtre Hiſtorien Perſan.

Tous ou Meched, vers le Nord. C'eſt une grande Ville, fameuſe par les pélérinages qu'y font les Perſans, au magnifique Tombeau de l'Iman Riza, l'un des douze Imans ſucceſſeurs d'Ali, gendre de Mahomet.

6. Le *Candahar*, qui comprend en partie le Pays nommé autrefois *Paropamiſe*. Les Perſans l'ont conquis ſur le Grand-Mogol en 1650. Il y a dans ſa partie Orientale un Peuple qu'on nomme les *Agwans*, dont la révolte a donné occaſion à la grande révolution de Perſe qui a mis fin, en 1736, à la famille des Sofis.

Candahar, *Capitale*, Ville très-forte & aſſez marchande.

Gazna, célèbre pour avoir été le ſiège des Sultans Gaznévides & Gaurides, qui finirent en 1210. Ils étoient maîtres d'une partie de la Perſe & des Indes.

7. L'*Yrac-Agémi* contient la plus grande partie de ce qu'on appelloit anciennement la *Grande Médie*. C'eſt une Province aſſez fertile, mais qui a dans ſa partie Orientale des déſerts pleins de ſel.

Ispaham, *Capitale* de toute la Perſe. Elle a plus de ſept lieues de tour, en y comprenant les Fauxbourgs. Quoiqu'elle ne ſoit pas pavée, les rues ſont néanmoins propres, à cauſe la de ſécherèſſe de l'air. Les toîts des maiſons ſont bâtis en forme de terraſſe : on y couche l'été, à cauſe de la grande chaleur du Pays. Iſpaham eſt remplie de très-belles Moſquées, auſſi-bien que de Caravanſéras, c'eſt-à-dire d'hôtelleries publiques très-spacieuses: il s'y trouve aussi grand nombre de Cafés, & de fort beaux Basars. On fait monter le nombre de ses habitans à un million ou environ. La Ville est située le long du fleuve *Zenderouh*, sur lequel on a bâti de très-beaux ponts. Elle a une bonne Forteresse, où l'on entretient une forte garnison. Entre les places publiques dont cette Ville est remplie, la plus remarquable est le Meidan, ou grand Marché. Le Palais du Roi y fait face d'un côté: il est bâti de briques cuites au feu, très-élevé & fort vaste. Ispaham est une Ville fort marchande: les Européens & les Asiatiques y font un grand commerce. On y trouve rassemblées les plus belles marchandises de l'Asie & de l'Europe. On y transporte de la soye crue, des étoffes d'or, de soye & de cotton, les plus belles de toute l'Asie, & des tapis très-bien travaillés. Les Capucins François y ont un Couvent, aussi-bien que les Augustins Espagnols, & les Carmes Italiens.

JULFA *. Cette Ville qui est comme un Fauxbourg d'Ispaham, vers le Midi, est habitée par des Arméniens que le Roi Schah-Abbas y attira, à cause de leur habileté dans le commerce. Ils ont un Juge de police de leur nation, & vingt Paroisses.

YESD, à l'Orient d'Ispaham. C'est une Ville considérable par ses manufactures d'étoffes. Elle est située dans un terroir très-fertile.

AMADAN, au Nord-Ouest, grande Ville environnée de jardins. C'est l'ancienne *Ecbatane*, Capitale des Mèdes. Les premiers Rois de Perse y passoient ordinairement l'été.

CASBIN ou KAZVIN, au Nord d'Ispaham, grande Ville, riche & peuplée. On estime ses amandes, ses pistaches, ses raisins & ses melons. Tous les environs sont des champs, des pâturages & des pays de chasse. Ses habitans sont gais, & ont un talent merveilleux pour raconter.

8. Le *Ségeſtan.* C'eſt un Pays étendu, mais dont une grande partie eſt déſerte & inculte. On l'appelloit autrefois la *Drangiane.*

Zarang, *Capitale*, près la Rivière d'*Inomed* ou *Hindmend*, qui entre dans un grand Lac de trente lieues de long, & fort poiſſonneux: on le nomme *Zare* ou *Dare.*

9. Le *Sableſtan*: il faiſoit partie de l'ancienne *Arie.* On y trouve quantité de montagnes, qui le ſéparent de l'Indoſtan.

Bost, *Capitale*, ſur l'Inomed. Cette Ville eſt grande, belle & bien fortifiée.

10. Le *Khuſiſtan* ou *Chuſiſtan*, anciennement la *Suſiane.* L'air de cette Province eſt fort chaud; ce qui fait que les fruits & les grains y viennent fort bien, ſur-tout les cannes à ſucre; mais le climat eſt mal-ſain. Les habitans parlent l'Arabe, le Perſan & la langue des Khous, anciens Peuples de ce Pays.

Suster ou Tostar, *Capitale*, connue autrefois ſous le nom de Suse. Elle eſt fort peuplée & fort riche.

11. Le *Farſiſtan.* C'eſt la Province la plus fertile de tout le Royaume. On l'appelloit anciennement la *Perſide.*

Schiras ou Chiras, *Capitale*, ſur le *Bendemir.* C'eſt une grande Ville ſituée dans un terroir ſi délicieux, que Mahomet n'y voulut, dit-on, jamais entrer, de peur de s'y corrompre. On y recueille d'excellent vin.

A quelques lieues de Schiras, vers le Nord, on voit les ruines de l'ancienne *Perſepolis.* Les débris qui en reſtent font voir la magnificence du Palais de Darius. On y trouve encore un nombre conſidérable de colonnes entières, & de bas-reliefs dont les figures ſont finies pour la beauté & l'élégance.

Lar, Ville ſituée ſur un rocher, près du Golfe

Persique. Elle est petite & sans murailles. Son terroir, quoique sablonneux, est assez fertile.

12. Le *Kerman*, anciennement la *Caramanie*. L'air est bon dans une grande partie de cette Province, aussi-bien que l'eau. On y trouve des champs & des pâturages, des arbres fruitiers de différentes espèces, sur-tout des datiers & des figuiers.

KERMAN, *Capitale*, grande Ville & commerçante.

BANDER-ABBASSI ou GOMRON, sur le Golfe Persique : elle est très-riche & très-marchande. Les François, les Anglois & les Hollandois y ont des comptoirs. Cette Ville n'est devenue considérable que depuis la ruine de la Ville d'ORMUS, qui étoit dans une Isle voisine de même nom.

Les Portugais s'étoient rendus maîtres d'Ormus en 1508, sur un petit Roi, dont la famille l'avoit possédée pendant plusieurs Siècles. Les Persans aidés par les Anglois, la leur enlevèrent en 1622, & ils rasèrent entièrement la Ville d'Ormus, où l'on comptoit 40000 habitans. Comme l'Isle d'Ormus est à l'entrée du Golfe Persique, ils y ont depuis bâti une Forteresse. La chaleur y est quelquefois si excessive, que pour se rafraîchir on se met dans l'eau jusqu'au col pendant plusieurs heures.

C'est dans cette Province de Kerman qu'on trouve un grand nombre de *Parsis*, qui sont les restes des anciens Perses : les Mahométans les appellent *Gaures*, c'est-à-dire, *Infidèles*. Ils adorent Dieu sous le symbole du feu, qui marque, disent-ils, sa pureté, & leur vie est assez régulière.

13. Le *Mécran*. Cette Province qu'on appelloit anciennement la *Gédrosie*, est fort étendue, mais déserte dans sa plus grande partie.

GUIE *, *Capitale*, grande Ville située entre des montagnes qui la bornent au Nord & au Sud.

TIX ou MÉCRAN, *Port*, au Sud de cette Province.

CHAPITRE IV.

De l'Inde.

Cette vaste contrée a reçu son nom du fleuve *Indus*, qui y prend sa source, & en arrose la partie occidentale. L'*Inde* se divise en trois parties; l'Empire du Grand-Mogol, ou l'*Indostan*; la Presqu'Isle de l'Inde en-deçà du Gange, qu'on appelle *Presqu'Isle Occidentale*; & Presqu'Isle au-delà du Gange, nommée *Presqu'Isle Orientale*.

Lorsqu'on parle du commerce des Indes, on y comprend souvent, quoiqu'improprement, celui de la Chine & des Isles. On l'appelle le commerce des *Indes Orientales*, pour le distinguer de celui des *Indes Occidentales* ou de l'*Amérique*, lequel est assez semblable. Depuis quelques années il s'est introduit une autre façon de parler, qu'il est bon d'expliquer ici. On appelle les premières les *grandes Indes*, & l'Amérique les *petites Indes*. Cette expression nous vient des Hollandois, qui n'ont pas de grandes possessions en Amérique, qui dans le vrai est plus grande.

L'Inde proprement dite est située en partie dans la Zone tempérée, & en partie dans la Zone torride : d'où il est aisé de conclure que l'air y est fort différent. Vers le Nord, il est assez tempéré : vers le Midi au contraire il est très-chaud ; mais les pluies qui y règnent pendant trois mois entiers, en rendent les chaleurs plus supportables, & contribuent à fertiliser la terre, qui produit abondamment du ris, du millet, du cotton (*a*), des figues,

---

(*a*) C'est la boure du dedans d'un fruit gros comme une noix, que produit le cottonier.

des grénades, des oranges, des citrons & des noix de cocos, qui croissent sur une espèce de palmier, dont nous parlerons dans la suite: de l'Areka (*a*), du Béthel (*b*), des Mangues dont le goût est délicieux, & surpasse, selon Dellon, celui de tous nos fruits; des savoniers qui portent un fruit semblable à de petites boules, lesquelles frottées entre le mains, se convertissent en un savon très-blanc, fort utile pour laver la soye; & quantité d'autres fruits excellens inconnus en Europe. Il y a dans ce Pays des mines d'or & d'argent, diverses sortes de pierres précieuses, & du salpêtre. On y pêche des perles dans la Mer & dans les Rivières. Le Pays nourrit diverses sortes d'animaux domestiques & sauvages, des Lions, des Tigres, des Léopards, des Rhinoceros, des Eléphans & des Chameaux: les Singes y sont en grand nombre, & ravagent les campagnes. On y voit aussi diverses sortes d'oiseaux rares & curieux, comme des Perroquets rouges & verds, & des Perruches.

Le commerce consiste principalement en soye, en cotton, dont on fait de très-belles toiles peintes, en indigo (*c*), en salpêtre, en épiceries, mais sur-tout en pierreries & en perles.

Les Portugais commencèrent à s'établir aux Indes sur la fin du XV°. Siècle. Ils s'y étoient rendus fort

---

(*a*) L'Areka est un fruit de la grosseur d'une petite noix, couverte d'une peau verte & sans coquille. On le mâche avec le Béthel.

(*b*) Le Béthel est la feuille d'un arbrisseau rampant, dont la figure ressemble aux feuilles du lierre & du poivre, & d'un goût aromatique. En le mêlant avec l'Areka & un peu de chaux éteinte, il laisse un odeur agréable à la bouche, fortifie l'estomac & préserve, dit-on, de la gravelle & de la pierre. On en fait un grand usage aux Indes.

(*c*) L'indigo est une herbe qui étant trempée & ensuite séchée & réduite en pâte, sert à faire le plus beau bleu.

puissans;

puissans; mais les Hollandois les ont beaucoup affoiblis, & les ont chassés de plusieurs places.

On peut partager les Indiens en deux classes: les Indiens originaires du Pays, & les Mogols, Tartares d'origine, qui en possèdent une grande partie. Les Indiens sont fort basanés: les Mogols ont le teint plus clair. Les Indiens originaires sont idolâtres, & ils croyent à la Métempsycose. Dans les lieux qui dépendent des Européens, on suit la Religion de ceux qui en sont les maîtres. La dominante est le Mahométisme: c'est celle du Grand-Mogol, qui est de la Secte d'Omar, comme les Turcs. Les Payens brûlent les corps des morts: en plusieurs endroits les femmes étoient obligées de se brûler avec leurs maris; mais le Grand-Mogol & les autres Princes ont défendu cette coutume comme barbare, ce qui fait qu'elle est à présent plus rare. On trouve dans les Indes un grand nombre de *Faquirs*: les uns sont Mahométans, & les autres Idolâtres. Ces Faquirs sont de certains dévots errans, qui pratiquent des austérités incroyables. Quelques-uns passent plusieurs années sans se coucher, mais s'appuyent seulement sur une corde suspendue: d'autres s'enferment dans une fosse neuf ou dix jours de suite, sans boire ni manger. On en voit tenir si long-temps les bras élevés au Ciel, qu'ils ne peuvent plus les abaisser quand ils veulent: d'autres enfin se mettent du feu sur la tête, & se laissent brûler jusqu'aux os. Ces Faquirs vont en troupes, suivis d'un grand nombre de disciples. L'excès de leur fanatisme les porte assez souvent à se faire un mérite de tuer les Chrétiens: alors ils n'épargnent personne, & tuent tous ceux qu'ils rencontrent; ce qui fait qu'on ne leur donne pas de quartier. Ceux qui s'en défont, bien loin d'être repris par les Gouverneurs, en sont au contraire approuvés. Quand quelque Faquir a été ainsi tué, ses disciples l'honorent comme un Martyr.

Tome II.   H

Les Indiens en général sont bien faits & robustes, mais ils n'aiment pas le travail : ils sont peu propres pour la guerre, fort passionnés pour les femmes ; d'ailleurs civils & honnêtes aux étrangers, & assez ingénieux. Ils sont divisés en trois ordres principaux, sçavoir, les *Bramines* ou *Brames*, qui sont les Docteurs & les Prêtres Idolâtres ; les *Resbutes* ou gens de guerre, qui se prétendent descendus des anciens Rois ; les *Banians*, ou Marchands. L'année des Indiens est lunaire. Leurs monnoies les plus remarquables sont les *Roupies* d'or & d'argent. Celles d'argent valent environ quarante-cinq sols de notre monnoie, selon M. Otter ; celles d'or en valent quatorze d'argent, c'est plus de trente livres de France.

Il y a plusieurs langues dans les Indes ; la Turque, la Persienne, l'Indienne pour les naturels du pays ; l'Arabe, qui est la langue des Sçavans, parceque l'Alcoran est écrit dans cette langue ; enfin la langue des Bramines, qui n'est connue que des Docteurs Indiens.

ARTICLE I.

De l'Indostan, ou Empire du Mogol.

CET Empire a la Perse à l'Occident ; au Midi, la Presqu'Isle Occidentale ; à l'Orient, la Presqu'Isle Orientale ; & au Nord plusieurs Etats de la Tartarie indépendante.

L'Indostan est un vaste Pays, qui a au moins cinq cens lieues de long. Il est très-fertile en toutes sortes de grains. Les soyes, les cottons & tout ce qui vient des Indes s'y trouve. Les habitans sont de deux sortes. Les anciens, qui sont Indiens ; & les nouveaux, qui sont les maîtres, se nomment Mogols. Ces peuples sont plus humains à l'égard des étrangers,

& moins ennemis des Chrétiens que les Turcs. Leur habillement est à peu-près le même : ils peuvent avoir, comme eux, plusieurs femmes : ils sont très-magnifiques & consument tout leur bien dans le luxe. Le fameux Genghiskan, Prince Tartare ou Mogol, qui mourut en 1227, & dont les conquêtes ont surpassé celles d'Alexandre & des Romains, s'empara d'une partie des Indes au XIIIe. Siècle. Environ deux cens ans après, Tamerlan, aussi Mogol, y fit encore des conquêtes considérables ; & ses descendans chassés de Perse, en 1498, se refugièrent aux Indes, dont ils avoient conservé une partie, & leur valeur y jetta, vers l'an 1520, les fondemens de ce puissant Empire. Le Grand-Mogol étoit le plus riche Prince de l'Univers, sur-tout en diamans & en pierreries ; mais en 1739 Thamas-Koulican usurpateur de la Perse, lui a enlevé presque toutes ses richesses. On prétend que le revenu du Grand-Mogol monte à plus de trois cens quatre-vingt-sept millions de roupies, chacune desquelles vaut, environ 45 sols de France.

Le Gouvernement est despotique. Le Grand-Mogol est maître de la vie & des biens de ses Sujets ; il leur ôte souvent une terre cultivée par leurs soins, pour leur en donner une plus mauvaise, ou en friche. Il entretient sur pied une armée de 700000 hommes, tant de cavalerie que d'infanterie. Les Provinces sont gouvernées par des *Omras*, à qui le Roi donne de grandes terres, pour les mettre en état de se soutenir & de payer chacun un corps de troupes. Leurs revenus sont si considérables, que ces Gouverneurs sont comme autant de petits Rois ; mais ils sont obligés de faire de grands présens au Mogol ; & outre cela d'aller lui faire la cour, & le garder dans son Palais. Tout leur bien d'ailleurs revient au Prince après leur mort.

Il n'y a pas de Loi fixe pour la succession au Trône ;

ce qui fait que les enfans du Mogol font quelquefois mourir leur père même, pour s'assurer la Couronne, & qu'ils ne cherchent qu'à se supplanter les uns les autres.

L'Empire du Mogol contenoit ci-devant trente-sept Provinces, qui étoient anciennement autant de Royaumes; mais depuis le commencement de ce Siècle, il est divisé en dix-neuf Gouvernemens, qui sont dans cet ordre: deux au Nord; *Cachemire* & *Ayoud*: deux à l'Orient du Gange, *Siba* & *Patna*, où est compris *Jesuat*: six au Midi, d'Orient en Occident; *Bengale*, qui contient *Udesse*, &, selon plusieurs Auteurs, *Orixa*; *Candich*, *Balagate*, *Talinga*, *Baglana*, *Guzurat*; trois à l'Occident, *Tata* ou *Sinde*, *Moultan* & *Caboul*; six au milieu, entre l'Inde & le Gange, *Pengab* ou *Lahor*, *Deli*, *Agra*, *Asmer*, *Malva* & *Haïabas*.

On peut joindre à ces dix-neuf Provinces les Royaumes de *Visapour*, de *Golconde*, de *Carnate*, & autres Etats voisins, qui sont tributaires du Grand-Mogol; mais comme ils sont renfermés dans la Presqu'isle Occidentale, nous en renvoyons la description à cet Article. Il faut néanmoins observer, que le Mogol n'est pas si absolument maître de tous ces Pays, qu'il ne s'y trouve beaucoup de petits Princes nommés *Rajas*, qui sont des restes des anciens Rois de cette vaste contrée. Il y a de ces Rajas, qui reconnoissent le Mogol: d'autres lui font quelquefois la guerre, & en sont indépendans, sur-tout ceux qui sont sur les frontières de Tartarie & le long des Monts Ima & Négracut.

Comme les Capitales de presque toutes ces Provinces ou Royaumes portent le nom des Provinces où elles sont situées, que d'ailleurs on en sçait peu de chose, nous nous contenterons de mettre ici les noms des Villes les plus connues de ces Provinces.

Dans les Provinces du Nord;

CACHEMIRE, vers les sources de l'Inde. C'est une Ville assez grande & fort jolie, dans le Pays le plus agréable du Mogol. Ses habitans passent pour les plus spirituels, les plus industrieux & les plus laborieux de tous les peuples de l'Inde.

Dans les Provinces du milieu :

LAHOR, sur le *Ravi*. C'est une belle & grande Ville, ornée de plusieurs superbes édifices, entr'autres, d'un Palais royal où les Mogols résidoient autrefois.

DELY, sur le *Geméne* ou *Gemna*. Cette Ville, qui est regardée par plusieurs Auteurs, comme la Capitale de l'Indostan, parcequ'elle l'étoit autrefois, & que le Grand-Mogol y réside encore souvent pendant l'été, est partagée en vieille Ville, qui n'est plus que comme un Fauxbourg, & en nouvelle Ville nommée *Gehan-Abad*, du nom d'un Empereur qui l'a fait bâtir au commencement du XVIIe. Siècle. Elle est très-grande & bien fortifiée. Le Palais royal, qui est superbe, est d'environ une demi-lieue. Thamas-Koulican étant entré en 1739 dans cette Ville, après avoir défait & pris le Grand-Mogol, en enleva des richesses prodigieuses.

AGRA, *Capitale*, sur la même Rivière, vers le Midi. C'est une très-grande Ville, bien bâtie & bien peuplée, qui passe pour la plus considérable de l'Orient, étant deux fois aussi grande qu'Ispaham. Le magnifique Palais du Grand-Mogol, & ceux des Seigneurs de sa Cour, en occupent une partie considérable le long du Geméne. Depuis Agra jusqu'à Dely on voit une allée d'arbres qui a, selon Terri, quatre cens milles d'Angleterre de longueur.

Dans les Provinces du Midi : 1.° à l'Orient, vers l'embouchure du Gange :

DACA, sur la branche Orientale de ce fleuve, dans la Province de Bengale : c'est une Ville forte & marchande. Les Anglois & les Hollandois y font un commerce considérable.

Ougly, sur la branche Occidentale du Gange. C'est une Ville riche & commerçante. Les Hollandois y ont un Bureau considérable.

Chandernagor *, Ville très-marchande, près d'Ougly, au Midi. La Compagnie Françoise y a un comptoir qui lui facilite le commerce du Mogol, dont elle tire des velours, des brocards, des camelots, de l'indigo, du salpêtre, du musc & de la rhubarbe, qu'on apporte du Boutan & de la Tartarie.

Jagrenat dans la Province d'Orixa, au Sud-Ouest de celle de Bengale. C'est le lieu de la résidence du Grand-Prêtre des Bramines. On y voit un grande Pagode ou Temple d'Idoles, très-fréquentée par les Indiens idolâtres.

2°. Vers l'Occident:

Amadabad, *Capitale* de la Province de *Guzurate*. C'est une grande Ville peuplée & commerçante, située dans un canton fertile & charmant; elle a des murs d'une beauté singulière, flanqués de grosses Tours, & une Place que l'on nomme le *Marché du Roi*, longue de 1600 pieds, & large de 800, bordée de deux rangs de palmiers. On y voit aussi un Hôpital pour les oiseaux & autres bêtes malades, que les Payens pansent avec soin.

Cambaye, grande & belle Ville, située près du Golfe qui porte son nom: on y fait un commerce considérable. La plûpart des Habitans sont *Banians*, ou Marchands idolâtres.

Surate, sur le *Tapti*, vers l'entrée du Golfe de Cambaye. C'est la Ville la plus marchande de toute l'Asie: elle est grande & bien peuplée. On y trouve ce qu'il y a de plus rare dans l'Orient. Son principal commerce consiste en étoffes de soye, de cotton & d'or; en drogues, épiceries, perles & diamans. On y voit des marchands de toutes les Nations: les François, les Anglois, les Hollandois &

les Portugais, y font un grand commerce. Ce qu'il y a de désavantageux dans ce commerce, c'est que les Indiens faisant peu d'usage des marchandises d'Europe, excepté du fer qu'on y porte en plus grande quantité, il faut payer presque tout en argent comptant, ou en lingots d'argent.

Dans les Provinces de l'Occident, qui avoient été cédées à la Perse en 1739, mais que le Mogol a reprises:

CABUL, Ville forte, & où le commerce est florissant, sur-tout en chevaux & en moutons. C'est le grand passage de l'Indostan en Perse & en Tartarie. Les Persans s'en emparèrent en 1738.

TATA, vers l'embouchure de l'Inde, sur la branche Occidentale de ce Fleuve. Le grand commerce des Portugais en cette Ville l'a rendu célèbre. Les marchands Indiens s'y pourvoyent de quantité de curiosités qu'on y trouve, par un effet de l'habileté des Habitans en toutes sortes d'arts.

ARTICLE II.

De la Presqu'Isle en-deçà du Gange, ou Occidentale.

CETTE Presqu'Isle est située entre le septième dégré de latitude septentrionale & le vingtième : sa largeur est fort inégale, parcequ'elle va toujours en diminuant, & finit en pointe au Cap *Comorin* : elle s'étend dans sa plus grande largeur depuis le quatre-vingt-dixième dégré de longitude jusqu'au cent cinquième.

Elle est toute entière dans la Zone Torride, ainsi l'air y est beaucoup plus chaud que dans l'Indostan, & les Habitans plus basanés, mais elle ressemble beaucoup à ce Pays pour la qualité du terroir, ses productions, les mœurs & la religion des Indiens qui y demeurent. Il y a beaucoup des Chrétiens Nestoriens.

Cette Presqu'Isle est partagée en plusieurs Etats, dont les plus puissans sont le Royaume de *Visapour*, à l'Occident ; ceux de *Golconde* & de *Carnate* à l'Orient.

Les peuples de l'Europe qui commercent dans les Indes, les François, les Portugais, les Anglois, les Hollandois, les Danois, y ont des Places sur les côtes. Comme ces côtes nous sont bien plus connues que l'intérieur du pays, & qu'elles nous intéressent particulièrement, nous diviserons la Presqu'Isle en deçà du Gange en deux parties principales : 1.° la Côte Occidentale, qui comprend le Royaume de *Visapour*, & les côtes de *Canara* & de *Malabar*. 2.° La Côte Orientale & les Etats voisins, qui sont les Royaumes de *Golconde*, de *Carnate*, de *Gingi*, de *Tanjaor* & de *Maduré*.

§. I. *De la Côte Occidentale.*

Cette Côte se divise en trois parties ; sçavoir, le Royaume de *Visapour*, dont la côte de *Concan* fait partie ; la côte de *Canara*, & la côte de *Malabar*.

1. *Du Royaume de Visapour.*

Ses Places les plus remarquables, du Nord au Sud, le long de la Côte, sont :

DAMAN, partagée en deux, par la Rivière de même nom. Le nouveau *Daman* est une très-belle Ville, forte & défendue par une garnison Portugaise. Le vieux *Daman* est mal bâti. Le Port, qui est entre les deux, est défendu par un Fort.

BACAIM. Cette Ville appartient aussi aux Portugais : elle est belle & assez grande ; mais la peste y fait souvent de grands ravages.

BOMBAIN. Cette Place que les Portugais ont cédée aux Anglois, est située dans une Isle de même nom. Elle a une Forteresse & un Gouverneur. Son terroir produit quantité de cocos. Les Catholiques y ont le libre exercice de leur Religion.

CHAUL. Les Portugais sont maîtres de cette Ville, qui a un Port défendu par une Citadelle.

VINGRELA, appartient aux Hollandois.

GOA, *Archevêché*, *Port*, située sur la Rivière de *Mandoa*, dans une Isle de neuf lieues. C'est une Ville fort riche, fort marchande, & la plus considérable que les Portugais aient dans les Indes Orientales. Alphonse d'Albuquerque la prit en 1510, pour le Roi de Portugal, qui y a un Viceroi. Quoique le Port de Goa soit le plus beau de l'Asie, son commerce est cependant diminué depuis que les Hollandois ont plusieurs Places dans cette Presqu'Isle, & que Surate est fort fréquentée. Les montagnes qui resserrent Goa du côté de la terre y causent des chaleurs extrêmes, ce qui fait qu'elle n'est pas bien peuplée. Le Viceroi & l'Inquisiteur y ont chacun un Palais magnifique. On y voit un Hôpital très-bien bâti & très-riche. La grande rue, qu'on nomme *la rue droite*, a plus de quinze cens pas de long, & est bordée de boutiques de lapidaires, d'orfèvres, & de maisons de banquiers & des plus riches négocians. Au milieu de cette rue est une belle Place ornée de plusieurs magnifiques Bâtimens, comme le Tribunal de l'Inquisition, la Maison de Ville, & le Palais de l'Archevêque, qui est accompagné d'une superbe Eglise de Cordeliers, & du plus beau Couvent qu'ils aient dans l'Univers. Cette rue est terminée par une belle Eglise, nommée *Notre-Dame de Miséricorde*, & par un fameux Couvent d'Orphelines. Ses habitans sont de nations & de religions différentes.

VISAPOUR, sur la Rivière de Mandoa, *Capitale* du Royaume de Visapour. Cette Ville est grande, riche & bien bâtie. Le Roi y réside dans un Palais très-spacieux. Les plus riches Marchands ont leurs Magasins dans les Fauxbourgs qui environnent la Ville.

RAOLCONDE, au Sud-Est, célèbre par sa mine de diamans très-fins, & les plus estimés de l'Asie.

Dans les montagnes, au Midi de la Ville de Visapour, est un peuple guerrier indépendant, qui fait souvent de grands ravages dans la Presqu'Isle : on le nomme *Marattes* : leur Capitale est SATARA*.

2. *De la Côte de Canara.*

Ce Pays est abondant en bétail, en poivre, en fruits & sur-tout en ris. Il est séparé, à l'Orient, du Royaume de Carnate par une chaîne de montagnes nommées les Montagnes de *Gate*. Le Roi & la plus grande partie de ses sujets sont Payens, les autres sont Mahométans.

ONOR, *Port*, *Place forte*, dont on tire du poivre fort pesant, & du ris noir que l'on préfère au blanc. Elle appartient aux Hollandois.

BARCELOR, *Port*, aux Hollandois.

MANGALOR, *Port*.

3. *De la Côte de Malabar.*

Les Gentils qui sont les originaires du Pays, forment le gros de la Nation. On les divise en plusieurs Tribus. La première est celle des *Princes*. Les *Nambouris*, ou Grands-Prêtres, forment la seconde : les *Bramines*, la troisième. Les *Naires*, qui sont les Nobles du Pays, composent la quatrième. Les *Tives* sont la cinquième. Pour les Mahométans du Malabar, ils sont moins noirs que les naturels du Pays : aussi se prétendent-ils issus d'Arabes. Ils sont plus riches, s'adonnant au commerce, & même à la piraterie.

La Côte de Malabar est fertile en épiceries, en

cotton, en cocos & en noix d'Inde. L'arbre qui produit le cocos est une espèce de palmier, qui suffit à presque tous les besoins de la vie. Le bois en est bon à bâtir, & à construire des vaisseaux : la feuille sert à couvrir les maisons, à faire des voiles & du papier : le fruit en est bon à manger : on fait des étoffes de la pellicule, qui est sous la grosse écorce ; au sommet, on trouve entre les feuilles, une sorte de cœur ou gros germe, qui approche du chou-fleur pour la figure & le goût, mais qui est plus agréable & plus rassasiant : lorsqu'il est cueilli, l'arbre meurt aussitôt. Entre ce chou & les feuilles qui tiennent lieu de branches à cet arbre, il sort un gros bourgeon fort tendre. Si on en coupe l'extrémité, il en découle une liqueur semblable au vin, dont on fait de l'eau-de-vie. Ce vin qui est très-doux, devient en vingt-quatre heures un vinaigre très-fort. On tire du fruit du cocos une espèce de bourre, qui sert à faire de cordages. La coque ou l'écorce est employée à faire des vases, & la moëlle produit de l'huile bonne à manger & à brûler : on en fait aussi une espèce de lait comme avec les amandes.

La Côte de Malabar est partagée en trois principaux Royaumes; sçavoir, celui de *Cananor*, celui de *Calicut* & celui de *Cochin*.

CANANOR, autrefois *Capitale* du premier, appartient aux Hollandois. C'est une grande Ville bien fortifiée, où il se fait un grand commerce de poivre, qui croît dans les environs : il y croît aussi quantité de bois d'ébène.

CALICUT, *Port*, est la *Capitale* du Royaume de ce nom, dont le Prince prend le nom de *Samorin*, qui veut dire *Empereur*, dans la langue du Pays. Cette Ville est grande, sans murs, mal bâtie ; mais elle a l'avantage d'être la résidence du Roi.

MAHÉ*, près & au Nord de Calicut. Cette Place

appartient à la Compagnie Françoise, qui en tire beaucoup de poivre.

Cochin, *Capitale* du Royaume de ce nom, *Port*. Cette Ville est bien fortifiée : le Roi est vassal & allié des Hollandois, qui y tiennent ordinairement une bonne garnison, depuis qu'ils l'ont prise sur les Portugais. C'étoit ci-devant un *Evêché*.

Cranganor, *Capitale* du Royaume de *Cranganor*, dont le Roi est vassal de celui de Calicut. Les Hollandois ont un Fort près cette Ville, qui étoit la résidence de l'Archevêque d'Angamale, que le Roi de Portugal nomme encore, aussi-bien que ceux de Cochin, Meliapur ou Saint-Thomé, & Malaca, mais pour l'honneur & le titre seulement.

§. II. *De la Côte Orientale.*

Nous diviserons cette Côte en deux grandes patties, du Nord au Sud, 1.° le Royaume de *Golconde*: 2.° la Côte de *Coromandel*, & les Etats voisins; sçavoir, le Royaume de *Carnate*, ou de *Bisnagar*, & les Royaumes ou Principautés qui sont à l'extrémité Méridionale de la Presqu'Isle en-deça le Gange.

I. *Du Royaume de Golconde.*

Ce Royaume, outre sa fertilité naturelle, qui lui est commune avec les autres Etats de la Presqu'Isle Occidentale, est le plus riche Pays du monde en pierreries, dont il y a une mine à *Coulour*. La plus grande partie de celles de Raolconde, qui est dans son voisinage, est apportée dans ce Royaume. On en tire aussi beaucoup de sel & de toiles peintes. Il est maintenant tributaire du Grand-Mogol.

Golconde, *Capitale*. Cette Ville est fort belle, & une des plus grandes des Indes. Elle est partagée en trois Villes, dont l'une s'appelle *Bagnagar*, où

Ederabad; la seconde, *Golconde,* & la dernière, *Erengabad,* qui est comme le Fauxbourg de Bagnagar, & n'est habitée que par des Marchands, & par le menu peuple, au lieu que Bagnagar est toute remplie de beaux Palais.

MASULIPATAN, sur la côte, à l'embouchure de la *Crisna.* C'est une Ville fort peuplée, & célèbre pour ses toiles peintes, les plus estimées de toutes celles des Indes. Il s'y fait un grand commerce, & toutes les Nations de l'Europe y ont des comptoirs.

COULOUR *, au Sud-Est de Golconde, Ville remarquable pour sa mine de diamans, qui sont beaucoup plus gros que ceux de Raolconde, mais d'une moindre qualité.

II. *De la Côte de Coromandel.*

Cette Côte est ainsi appellée à cause du ris qu'elle produit en abondance; mais ses principales richesses sont les diamans, & les perles qu'on pêche aux environs du Cap Comorin. Ce sont les plus belles qu'il y ait au monde.

Nous comprenons sous le nom de Côte de Coromandel, les Royaumes de Bisnagar ou Carnate, & les Etats de plusieurs Princes, qui prennent la qualité de *Naïques.*

Les différens peuples de l'Europe, qui négocient dans les Indes, ont plusieurs Places dans les Etats de ces Souverains: elles sont toutes sur la Côte; nous les marquerons en parlant de chacun de ces Royaumes en particulier.

1. *Le Royaume de Carnate ou de Bisnagar.*

Ce Royaume est très-étendu : il est extrêmement riche en or, en argent & en pierreries.

BISNAGAR, *ou* CHANDEGRY *, au Sud-Ouest de Golconde, *Capitale.* C'est une grande Ville, bâtie sur une montagne, forte, bien peuplée, & ornée d'un magnifique Palais royal.

PALIACATE, sur la Côte, aux Hollandois : ils y ont un Président pour le commerce, & un Fort nommé *le Fort de Gueldres*.

MADRAS, aux Anglois. C'est une grande Ville avec un Fort appellé *le Fort Saint-Georges*. On y compte 100000 Habitans, dont les trois quarts sont des naturels du Pays, les autres des Juifs & des Arméniens qui y font commerce. Les Anglois, quoique les maîtres de cette Ville, y sont en petit nombre. Il en est de même des Villes de Pondicheri & de Negapatan, dont nous parlerons bientôt, & qui appartiennent, l'une aux François, & l'autre aux Hollandois. Les Catholiques qui demeurent à Madras sont sous la conduite des Capucins. Cette Ville est fort commerçante, & située dans un terroir très-fertile.

MELIAPUR, *ou* SAINT-THOMÉ, près de la précédente. Les Portugais en étoient ci-devant les maîtres, & y avoient établi un Evêché. Ce sont proprement deux Villes contigues l'une à l'autre. Meliapur appartient maintenant au Roi de Carnate : il y a beaucoup de Chrétiens.

2. *Des Etats situés à l'extrémité Méridionale.*

On en remarque quatre, qui sont *Gingi, Tanjaor, Maduré, & Maissur* : ce dernier qui est très-peu connu, est au milieu des terres.

1. GINGI, *Capitale* de l'Etat de ce nom, est une grande & forte Ville, dans laquelle il y a deux Palais. Le Prince loge tantôt dans l'un, & tantôt dans l'autre.

PONDICHERI, sur la Côte, aux François. C'étoit une grande, belle & forte Ville ; mais les Anglois l'ayant prise dans la dernière guerre, en 1761, l'ont entiérement detruite. Comme ils en ont rendu la place à la Paix de 1763, les François ont recommencé à y bâtir. C'est le chef-lieu de leur commerce aux Indes.

2. TANJAOR, *Capitale* du Royaume de même nom, est située sur un bras du Fleuve *Caveri*. Elle est la résidence du Prince ou Naïque de Tanjaor.

TRANGOBAR, aux Danois. On fait dans cette Ville un commerce assez considérable de mousselines, & sur-tout de ces étoffes de cotton nommées communément *Indiennes* & *Perses*. La nouvelle Compagnie Royale Danoise, confirmée par Christiern VI, en 1732, est à la tête de ce commerce. Des Missionnaires Luthériens qui y sont établis, ont traduit & fait imprimer la Bible en Langue Indienne. La Ville est environnée d'une muraille forte, & tous les bastions sont garnis de canons. Elle a trois Eglises, l'une pour les Danois, l'autre pour les Malabares convertis; & la troisième est aux Catholiques. Les Mahométans y ont aussi une Mosquée, & les Idolâtres, cinq grandes Pagodes. Les Habitans se divisent en Européens, en Maures & en Malabares; ces derniers sont le plus grand nombre.

KARIKAL*, *Port*, aux François, au Sud de Trangobar. On y compte cinq Mosquées, quatorze Pagodes, & plus de 5000 Habitans, avec une Forteresse nommée *Kârcangeri*.

NEGAPATAN, *Port* & *Place forte*, qui appartient aux Hollandois.

3. MADURÉ, *Capitale* du Royaume de même nom. C'est une grande, belle & forte Ville. Elle a un beau Palais, où les Rois résidoient autrefois.

TUTUCURIN, sur la Côte, aux Hollandois. On y fait un grand commerce de perles, qui se pêchent aux environs.

4. MAISSUR, au Nord de Maduré.

Article III.

De la Presqu'Isle au-delà du Gange, ou Orientale.

La Presqu'Isle au-delà du Gange est beaucoup plus longue que celle qui est en-deça de ce même Fleuve. Elle est située entre le second & le vingt-septième dégré de latitude Septentrionale, ce qui fait une longueur d'environ six cens cinquante lieues : elle s'étend d'Occident en Orient, depuis le cent-dixième dégré de longitude, jusqu'au cent-vingt-sixième ; c'est-à-dire, l'espace de quatre cens quatre vingt-dix lieues environ, dans sa plus grande largeur ; mais vers le Midi elle est fort étroite.

On peut la diviser en quatre parties principales : 1.° La partie Septentrionale, qui comprend du Nord au Sud, les Royaumes d'*Asem*, de *Tipra*, d'*Aracan*, d'*Ava* & de *Pégu*. Ces Royaumes appartiennent au Roi d'Ava, & font partie de ses Etats, excepté le Royaume d'Aracan. 2.° La partie du milieu, qui comprend le Royaume de *Laos* : 3.° La partie Méridionale, qui renferme le Royaume de *Siam*, & la Presqu'Isle de *Malaca*, qui appartient au Roi de Siam : 4.° La partie Orientale, qui contient les Royaumes de *Tonquin*, de la *Cochinchine*, & de *Camboye* ou *Camboge*. Tous ces Etats sont Idolâtres, & leurs Prêtres se nomment *Talapoins* ou *Bonzes*. On y trouve néanmoins un certain nombre de Chrétiens, convertis par les Missionnaires Européens.

§. I. De la Partie Septentrionale de la Presqu'Isle au-delà du Gange.

Cette partie de la Presqu'Isle renferme les cinq Royaumes dont nous venons de donner les noms.

1. Les Royaumes d'*Asem* & de *Tipra* sont peu connus. Le premier est absolument au Nord, sur les frontières du Royaume de Tibet ou de Boutan, qui fait partie de la grande Tartarie.

CHAMDARA est la principale Ville de ce Royaume.

2. MARCABAN*, *Capitale* de Tipra.

3. Le Royaume d'*Aracan* est très-fertile & très-peuplé. Les arbres y sont toujours verds. On y recueille quantité de ris & beaucoup de fruits excellens. Il s'y trouve aussi beaucoup d'éléphans & de buffles, dont on fait le même usage que nous faisons des chevaux qui y sont fort rares.

ARACAN, situé sur la Rivière de même nom, est la *Capitale* de ce Royaume. C'est une grande Ville : les maisons en sont fort basses. Elle a plusieurs grandes Places qui servent de marchés ; & un Palais royal très-vaste, & plus riche que bien bâti. En effet, on y voit des richesses incroyables en or & en pierreries, sur-tout dans sa grande Salle qui est toute revêtue d'or. Aracan a un si grand nombre de Pagodes, qu'on les fait monter à six cens.

4. Le Royaume d'*Ava* est traversé par une grande Rivière nommée *Menankiou*. L'air y est doux. Le Pays abonde en bled, en fruits & en épiceries. On y voit beaucoup de bêtes domestiques & sauvages. Les plus estimées de ces dernières sont les Martres-Zibelines, & les Civettes (*a*). On y trouve aussi quantité de turquoises, de saphirs, d'émeraudes, de rubis, qui passent pour les plus beaux de toute l'Asie ; des Bézoards (*b*) & du Ben-

―――――――――――――――――――

(*a*) La *Civette* est un petit animal de la taille d'un chat, ou d'une grosse fouine, dont on tire un parfum qui porte son nom.

(*b*) Le *Bézoard* est une pierre médicinale, qui est un excellent contrepoison : elle se trouve dans la fiente d'un animal qu'on nomme *Pazan*, espèce de bouc ou de chevreuil. Dans la Perse & dans les Indes on en trouve ordinairement dans

join (*a*); sans parler des mines d'or, d'argent, de cuivre & de plomb.

AVA, *Capitale*, sur la Rivière de même nom, est une grande Ville très-peuplée. Ses rues sont tirées au cordeau, & plantées d'arbres des deux côtés. Les maisons n'y sont bâties que de bois: le Palais du Roi est magnifique, mais sans régularité.

BACA, au Sud-Ouest d'Ava.

5. Le Royaume de *Pégou* ou *Pégu*, est arrosé par les deux Rivières de *Ménankiou* & *Pégu*, qui se jettent toutes deux dans la Mer (ou le Golfe de Bengale,) par une même embouchure.

Ses principales richesses sont le ris, la porcelaine, le musc, la lacque (*b*), l'or, l'argent & les pierreries.

PEGU, *Capitale*, grande Ville, située sur la Rivière de même nom. La plûpart des maisons n'y sont bâties que de canes ou roseaux. Il s'y fait un grand commerce, particulièrement de rubis qu'on tire, selon Sheldon, d'une montagne entre Sirian & Pégu. Si on en croit le même Auteur, les Péguans sont de tous les Indiens les plus corrompus

---

l'estomac de certaines chèvres. Celui des singes de Perse est si fort, que deux de ses grains font autant d'effet que la dose ordinaire de celui des chèvres. Le Bézoard Occidental ou du Pérou est tout différent de l'Oriental, & vient de certains animaux particuliers à ce pays-là.

(*a*) Le *Benjoin* est une sorte de résine excellente, dont il y a de trois sortes. La première est tachetée de plusieurs marques blanches: la seconde est noire & fort odoriférante: la troisième est aussi noire, mais de moindre odeur.

(*b*) La *Lacque* est une espèce de résine dure, rouge, transparente, dont on fait la cire d'Espagne. Elle se fait aux Indes par le concours d'une infinité de petits moucherons, qui s'amassent sur de petits bâtons gluans, disposés exprès pour les attirer, & qu'on ratisse ensuite. Les arbres du Pégu, de Siam, &c. produisent une *Gomme-Lacque*. On fait la fine Lacque de l'extrait ou de la lie de la Cochenille.

dans leurs mœurs, fort mal propres, d'une couleur basanée, mais d'une assez belle taille.

§. II. *De la partie du milieu.*

Cette partie contient le Royaume de *Laos*, qui est très-peu connu. Il est long & étroit, resserré entre les Royaumes de Siam & du Tonquin. La Rivière de *Mecon* la traverse dans toute sa longueur, & se jette dans la Mer des Indes, à l'Orient du Golfe de Siam, après avoir parcouru les Royaumes de Tiem & de Camboge.

Ce Pays est plein de forêts. Il abonde en ris, en fruits & en poissons. Les Habitans sont bien faits, robustes, doux, sincères, mais superstitieux & débauchés : ils ont le teint olivâtre. Leur principale occupation est l'agriculture & la pêche. Leur Roi est indépendant, & gouverne despotiquement : son principal revenu consiste dans l'ivoire, son Royaume ayant beaucoup d'éléphans. Leur Religion est une espèce d'idolâtrie apportée de la Chine.

LENG, sur le Mecon, est la *Capitale* de tout le Royaume.

§. III. *De la partie Méridionale.*

Cette partie comprend le *Royaume de Siam*, & la *Presqu'Isle de Malaca*, qui appartient à ce Prince.

1. *Du Royaume de Siam.*

Ce Royaume, que les Habitans appellent en leur langage *Meuang-Tai*, c'est-à-dire, *Pays des Libres*, & à qui les Portugais ont donné le nom de Siam, est borné au Nord par celui de Laos ; au Sud, par le Golfe de Siam ; au Sud-Ouest, par la Presqu'Isle de Malaca ; à l'Orient, par les Royaumes de Camboge & de Laos. Il a environ deux cens vingt lieues de long du Nord au Sud, & cent dans sa plus grande largeur. Ce Pays est très-fertile en ris, en fruits & en cotton. Il s'y trouve nombre d'animaux tous différens de ceux d'Europe. Les Habitans ressemblent assez aux Chinois : ils sont spirituels, sobres, mais paresseux. Leur Religion est l'Idolâtrie : ils admettent la Métempsycose. Le Roi est despote, & ses sujets le regardent comme un Dieu. Il envoya des Ambassadeurs à Louis XIV, dont il en reçut aussi en 1685.

SIAM OU JUTHIA, en est la *Capitale.* C'étoit une grande & belle Ville, avant l'irruption des *Bramas,* barbares venus du Nord, il y a peu d'années. Elle est bâtie dans une Isle formée par le *Menan,* qui se jette à quelques lieues de-là dans le Golfe-de Siam. Cette Rivière est pleine de grands Crocodiles, qui dévorent les hommes, quand ils sont seuls & sans armes. Il s'y trouvoit grand nombre de Pagodes. On admiroit entre autres celle du Palais, à laquelle on n'arrivoit qu'après avoir traversé huit ou neuf cours. Elle étoit couverte de *Câlin,* espèce de métal fort blanc. La forme de l'édifice ressembloit assez à celle de nos Eglises. Il étoit soutenu par de gros piliers dorés, aussi-bien que les murailles, les lambris & toutes les figures. L'Idole qui étoit au fond du Temple avoit 45 pieds de haut sur sept de large, & étoit dorée avec tant d'art, qu'elle paroissoit être d'or. Près de cette Pagode, on en voyoit une autre dont le bâtiment étoit bien plus superbe, construit en forme de croix, & surmonté de cinq Dômes solides & dorés; mais les Idoles étoient bien moins riches. Les appartemens du Palais du Roi & de la Reine renfermoient des richesses considérables. On nourrissoit dans les Ecuries du Roi une grande quantité d'éléphans : celui qu'on nommoit le Royal, ou le blanc, étoit servi dans de la vaisselle d'or. On comptoit six cens mille hommes dans la Ville de Siam. Il s'y faisoit un grand commerce ; & les marchands y abordoient de toutes parts.

Louvo, au Nord-Eſt de Siam. Cette Ville étoit grande & peuplée, depuis que le Roi de Siam avoit commencé à y faire un long ſéjour ſur la fin du dernier ſiècle.

Mergui. La Compagnie Françoiſe y avoit un Comptoir, qui la mettoit en état de faire trafic des rubis, & de toutes les pierreries de Pegu & d'Ava, auſſi-bien que de l'étain, des bois de charpente & des écailles de tortues.

2. De la Preſqu'Iſle de Malaca.

Cette Preſqu'Iſle eſt extrêmement longue & fort étroite. Les anciens l'ont connue ſous le nom de *Cherſonéſe d'or*. Elle eſt maintenant occupée par divers petits Rois vaſſaux de celui de Siam.

Malaca en eſt la principale Ville. Elle a une Forterreſſe, & un très-bon Port ſur le Détroit qui porte ſon nom, vis-à-vis de l'Iſle Sumatra. C'eſt une des plus marchandes de l'Aſie. Les Hollandois l'ont priſe en 1640, ſur les Portugais, qui y avoient établi un Evêché ſuffragant de Goa. Ils font payer l'ancrage à tous les vaiſſeaux qui paſſent par le Détroit de Malaca. Les Anglois ſeuls en ſont exempts.

§. IV. De la partie Orientale.

Cette partie comprend les Royaumes de *Tonquin*, de la *Cochinchine* & de *Camboge*.

1. Du Royaume de Tonquin.

Ce Royaume eſt borné à l'Occident par celui de Laos; au Nord & à l'Orient, par la Chine; au Midi, par la Cochinchine, & par le Golfe du même nom. Il eſt arroſé par pluſieurs Rivières, dont la principale eſt celle de *Chale*, qui ſortant de l'Younan, Province de la Chine, au Nord du Tonquin, traverſe tout ce Royaume, & ſe jette dans le Golfe de la Cochinchine.

L'air y est sain & agréable, particulièrement dans les temps secs. On distingue dans ce Royaume, comme dans tous ceux qui sont entre les deux Tropiques, deux saisons, l'une sèche & l'autre pluvieuse. La première commence au mois de Mai, & dure jusqu'à la fin d'Août. La chaleur est alors excessive, sur-tout quand le soleil se dégage des nuages; l'on y sent peu de vents. Depuis le mois de Septembre jusqu'en Janvier, l'air est assez tempéré. Les mois suivans sont sujets quelquefois à des brouillards épais & à des pluies froides. Le mois d'Avril est absolument tempéré.

Le terroir du Tonquin est très-fertile, particulièrement en ris & en fruits excellens. Les oranges, & sur-tout les ananas, y croissent dans une abondance extraordinaire. Ce Royaume abonde aussi en animaux & oiseaux sauvages & domestiques. On n'y voit ni moutons, ni ânes, ni lions; mais les forêts sont pleines de tigres, de cerfs & de singes, & les campagnes de bœufs, de vaches & de pourceaux: il y a aussi un très-grand nombre de poules, de canards & de tourterelles. Les Rivières, les Etangs & la Mer fournissent une quantité prodigieuse de poissons. Vers les côtes de la Cochinchine, on trouve beaucoup de tortues, dont la chair est délicieuse.

Les Habitans de ce Royaume sont en général bien faits & d'une taille médiocre. Ils ont le teint basané, les cheveux noirs, longs & épais: ils se noircissent les dents, & regardent les dents blanches comme une difformité. Le pays est si peuplé, que quelque laborieux que soient les Tonquinois, on voit néanmoins parmi eux beaucoup de pauvres réduits à vendre leurs enfans, & se vendre eux-mêmes pour se procurer le nécessaire.

Les Tonquinois sont actifs, adroits, ingénieux, amateurs des sciences, civils & honnêtes aux étrangers, sur-tout envers les Négocians. Les Grands sont fiers & hautains, & les soldats insolens. Le petit peuple est fort adonné au larcin, quoiqu'on le punisse sévèrement. La poligamie y est permise. Leur Religion est assez semblable à celle des Chinois, qui reçoivent un tribut de ce Royaume. On ne peut rien voir de plus magnifique que l'enterrement de ses Rois : celui des particuliers est aussi à proportion fort pompeux, & accompagné de feux d'artifice. Ils mettent sur le tombeau des morts quantité de viandes & de confitures, s'imaginant que les défunts s'en servent. Leurs Prêtres ont soin de les entretenir dans cette erreur, & font si bien leurs affaires, que le matin il ne se trouve plus rien sur la tombe.

Les Tonquinois ont deux Rois, chacun souverain dans ce qui est de son ressort. L'un appellé *Boua*, n'est proprement qu'une Idole de Roi, qui n'a que les honneurs & l'apparence de la royauté, avec le privilège de demeurer dans l'ancien Palais royal. Le *Choua*, qui est l'autre Roi, a sous sa puissance toutes les forces de l'Etat, les gens de guerre, les principaux Officiers de la Couronne, & les revenus du Royaume.

Kecho est la *Capitale* de la Province de ce nom, & de tout le Royaume : elle est située sur le Chale. Cette Ville est grande, & très-peuplée : on y compte vingt mille maisons, mais toutes basses, & bâties de boue. On y voit trois Palais bâtis de bois, dont deux servent de logement au *Choua* ; le troisième, qui est le plus vaste & le plus beau, est la demeure du *Boua*. Les Anglois & les Hollandois ont un Comptoir dans cette Ville.

Hean * est la *Capitale* de la Province du Sud : elle est située à vingt lieues au-dessous de Kecho, près de l'endroit où le Chale se partage en deux branches. C'est une Ville assez considérable, & la résidence d'un Mandarin. Les François y ont un

Comptoir, avec une belle Maison pour l'Evêque Missionnaire.

2. *Du Royaume de la Cochinchine.*

Ce Royaume est sous la Zone Torride, entre le dixième & le vingtième dégré de latitude Septentrionale. Il est borné à l'Orient par le Golfe de la Cochinchine ; à l'Occident, par une longue chaîne de montagnes qui le sépare du Royaume de Laos, & par le Royaume de Camboge ; au Nord, par le Tonquin ; & au Midi, par la Mer des Indes. Ce n'est proprement qu'une langue de terre qui a deux cens cinquante lieues de longueur, & si étroite qu'elle n'en a pas vingt dans sa plus grande largeur.

La Cochinchine étoit encore vers la fin du XVIe siècle, une dépendance du Tonquin ; mais à présent elle fait un Royaume séparé. Un Prince royal, mécontent d'être relégué dans les Provinces méridionales du Tonquin, dont il avoit été établi Gouverneur, se révolta contre le Généralissime des Armées de ce Royaume, qui étoit son ennemi, & à qui il étoit obligé de rendre compte de son Gouvernement. Il se maintint dans sa révolte, appuyé d'un puissant parti, qui le soutint si bien, que toutes les forces du Généralissime Tonquinois ne furent pas capables de le faire rentrer dans la dépendance du Roi de Tonquin. Ses Successeurs s'étendirent peu-à-peu, & formèrent une Monarchie indépendante & absolue.

La Religion dominante du Pays est la Payenne, & la même que celle des Chinois, dont ce Royaume étoit autrefois tributaire. Il s'y trouve un grand nombre de Temples magnifiques. Les Chrétiens y ont aussi un assez bon nombre d'Eglises fort médiocres : quelques-unes néanmoins sont assez belles. Ils assistent au Service divin avec une piété exemplaire.

plaire. Leurs femmes y sont très-modestes; elles ont une dévotion solide & sans hypocrisie. Les Payennes même sont dignes de louanges en plusieurs choses.

En général les Cochinchinoises sont peu favorisées du côté de la figure & de la taille. C'est une beauté parmi elles d'avoir les dents noires & des ongles fort longs; mais leur voix est très-agréable & presque semblable à une douce musique; elles ont beaucoup d'éloquence naturelle, un grand amour du travail, une industrie merveilleuse, & une extrême insinuation. Elles font presque tout ce que les hommes font en Europe; elles labourent la terre, elles pêchent, elles font le commerce en gros & en détail; mais elles ne se mêlent jamais du Gouvernement, ni de la guerre : ces occupations regardent uniquement les hommes, qui trouvent dans leurs femmes un soin & une attention parfaite pour ce qui concerne le ménage.

Les Cochinchinois sont doux, francs, d'une aimable simplicité en tout. Les gens de condition y reçoivent une assez bonne éducation : ils sont très-civils, affables envers les étrangers, fort graves devant le peuple; d'une grande droiture dans l'administration de la Justice, qui se rend avec beaucoup de promptitude, & sans frais. Un des meilleurs moyens qu'un Juge & un homme d'Armée puisse employer pour avancer dans son état, c'est la fidélité à s'acquitter de son devoir. Le Roi rabaisse au contraire ceux qui sont négligens ou infidèles dans l'administration de la Justice.

Le Royaume de la Cochinchine est partagé en douze petites Provinces : trois au Nord : sçavoir, *Dingoé* *, *Quanbing*, *Dinh-cat* *, sept dans le milieu, *Hué* *, *Cham* *, *Quanglia* *, *Quinin* *, *Phuyn* *, *Maru* *, *Natlang* : deux au Midi : ce sont le Royaume de *Ciampa* & le *Dounay* *.

Les Provinces du Nord sont très-fertiles en ris, en

Tome II. I

légumes, en mûres, en figues, en bananes, en oranges, en dates & autres fruits; on y trouve aussi beaucoup de poivriers. Les Chrétiens y sont en très-grand nombre.

Hué est appellée ainsi du nom de la Capitale de tout le Royaume, où le Roi réside, ce qui fait qu'on lui donne aussi le nom de *Province de la Cour*. Cette Province est non seulement la plus riche; mais l'air y est sain, & les eaux assez bonnes, ce qui est rare dans la plûpart des autres Provinces. Elle fournit aussi toutes les commodités de la vie.

La Province de *Cham*, qui confine à celle de Hué, est grande & riche. Elle a des montagnes qui fournissent de l'or, le bois d'aigle, & le Calamba, sorte de bois odoriférant, dont nous parlerons à l'Article de la Chine. Elles produisent aussi le thé du Pays, les vulnéraires, l'aloès & d'autres herbes salutaires.

Le Port de FAIFO, où les Chinois abordent, & font un commerce florissant en ris, en sucre, en soye, en ébène, en bois odoriférans, & en or, rend encore cette Province très-considérable.

Les autres Provinces du milieu sont petites. La Province de *Natlang* est remarquable, non-seulement par la bonté de son air & de ses vivres; mais encore par la quantité de nids de certains oiseaux qu'on y trouve, & qui sont fort recherchés. On néglige les oiseaux; mais leurs nids font une partie du commerce de cette Province avec la Chine, où les Marchands Chinois les vendent aux grands Seigneurs de ce Royaume, qui les aiment extrêmement. Ils sont à-peu-près semblables aux nids d'hirondelles, excepté qu'ils ne sont pas pétris de boue, comme ces derniers, mais de l'écume de la Mer. Ils sont d'un goût délicieux. On les fait bouillir, & ils fournissent un très-bon potage, qui est en même temps un excellent cordial.

Le Royaume de *Ciampa*, au Midi, est rempli de bois & de déserts. On y trouve des tigres & des éléphans sauvages, qui rendent ces lieux peu sûrs & peu gracieux. L'air y est très-mauvais pendant cinq ou six mois de l'année : les chaleurs y sont très-grandes, les eaux pernicieuses, & les vivres, excepté le poisson, assez rares. Le terrein est sablonneux & ingrat ; mais en récompense ce petit Royaume est rempli d'un grand nombre de Chrétiens très-fervens. Messieurs du Séminaire des Missions Etrangères de Paris y ont fait, & continuent d'y faire une ample moisson spirituelle.

La Province de *Dounay* est la plus considérable. Elle s'étend le long de la Mer ; son étendue & sa situation approchent beaucoup de celles de la République de Gênes. Elle abonde en toutes sortes de fruits, de denrées & de marchandises. Elle a un Port où les Chinois font un grand commerce.

Hué ou Kehué *, dans la Province de ce nom, est proprement la seule Ville de la Cochinchine ; quoiqu'elle ait de bons Bourgs, qui pourroient passer pour Villes, eu égard au nombre de leurs Habitans. Hué n'est qu'un amas de bâtimens divisé par quartiers, qui forment en quelque façon autant de Hameaux ou Villages. Elle est située dans une belle plaine, partagée du Levant au Couchant par un grand Fleuve, dont les bords sont ornés de beaux Palais. On y voit aussi de riches Boutiques & de belles Places. Le Palais du Roi est au Nord du Fleuve, dans une Isle d'une lieue de longueur. Les principaux Mandarins, ou Seigneurs de la Cour, habitent aussi dans cette Isle, que l'on nomme l'Isle du Roi. Le Palais du Roi n'a qu'un étage : il est tout boisé, & soutenu par des colonnes d'ébène égales, d'une propreté naturelle & achevée.

On trouve dans ce Royaume, aussi-bien que dans ceux de Siam & de Camboge, un peuple sauvage, qu'on nomme *Kemois*. Ils vivent dans les bois & dans les montagnes, fans aucune dépendance.

3. *Du Royaume de Camboge.*

Le Roi de *Camboge* est tributaire de celui de Siam.

CAMBOGE ou LEVECK, *Capitale*, fur la Rivière de Mecon. C'est une grande Ville où l'on trouve des Japonois, des Portugais, des Cochinchinois & des Malais. Le Roi y fait fa réfidence.

CHAPITRE V.

De la Chine.

LA Chine est fituée entre le vingtième & le quarante-deuxième dégré de latitude Septentrionale, & entre le cent dix-huitième, & le cent quarante-cinquième dégré de longitude, en y comprenant le Royaume de Corée. Ainfi fa latitude est de vingt-deux dégrés, & fa longitude de vingt-fept ; ce qui fait plus de cinq cens lieues de longueur & de largeur, en prenant fa plus grande largeur & fa plus grande longueur. Ses bornes font : au Nord, la Tartarie Chinoife ; à l'Occident, le Royaume de Tibet ou de Boutan, & le Grand-Défert ; au Midi, le Royaume de Tonquin, & l'Océan, qui la borne auffi à l'Orient.

Les Chinois lettrés appellent cet Empire, *Chunque*, terme qui fignifie *Royaume du milieu* ; & cela dans l'idée où ils font que la Terre est quarrée, & que leur Pays est placé au milieu. Ils fe fervent auffi du mot *Tyen-Hya*, qui fignifie *Royaume contenant tout ce qui est fous le Ciel*. Les Peuples de Siam & de la Cochinchine l'appellent *Sin*, d'où les Portugais ont formé le nom de *Chine*, que nous avons emprunté d'eux.

Comme ce Pays est fort étendu, l'air n'y est pas le même par-tout. Au Nord il est froid, à cause du grand nombre de montagnes qui sont toujours couvertes de neiges; à l'Orient & à l'Occident, il est assez tempéré; au Midi, il est chaud. Le terroir y est très-fertile en bled & autres grains, en vins, en maïs, en cotton, & en toutes sortes d'excellens fruits: il y a de bons pâturages, ce qui fait qu'on y nourrit beaucoup de bestiaux. On pêche dans la Mer & dans les Rivières une grande quantité de poissons. Il y a plusieurs mines d'argent, de rubis, de topases, de pierres d'aimant, de vif-argent, de cuivre, d'étain & de fer. Il y a un arbre merveilleux, qu'on nomme *Aloé de la Chine*, bien différent de l'Aloé ordinaire. Cet arbre est de la hauteur & de la figure d'un olivier: il renferme sous son écorce trois sortes de bois; le premier, noir, compact & pesant, s'appelle *bois d'aigle*; il est rare: le second, qu'on nomme *Calembouc*, est léger comme du bois pourri: le troisième est vers le cœur, & s'appelle *bois de Calamba*: il est aussi cher aux Indes que l'or même. Son odeur est exquise: c'est un excellent cordial dans l'épuisement ou la paralysie. On se sert des feuilles de cet arbre pour couvrir les maisons: on leur donne aussi la forme de plats ou d'assiettes: les fibres des feuilles forment une espèce de chanvre, dont on fait de la filasse: les pointes qu'on trouve sur ses branches servent à faire des clous, des dards & des alènes. En arrachant les boutons de l'arbre, il en coule une liqueur vineuse & sucrée, qui se change quelque temps après en excellent vinaigre: le bois des branches est bon à manger: il a le goût de citron confit. La Chine produit aussi du thé excellent, qui est la feuille d'un arbrisseau. Mais l'arbre le plus singulier de la Chine est celui qu'on appelle l'*Arbre de suif*: il est de la hauteur de nos cerifiers; sa tête est bien arrondie: ses feuilles, de la figure d'un cœur, sont d'un rouge vif & éclatant. Ses fruits sont d'une chair dont la couleur, l'odeur & la consistance ressemblent à celles du suif; aussi les Chinois en font-ils leurs chandelles, comme nous en faisons avec le suif. On fait à la Chine le plus beau vernis (*a*), & de très-belle porcelaine. On y recueille du sel, du sucre, du musc, de l'ambre gris, & toutes sortes d'épiceries. Un des plus grands revenus de ce Pays, outre les marchandises dont nous venons de parler, se tire de la soye, du lin, du cotton, & des riches étoffes qui s'y fabriquent.

C'est le Pays du monde le plus peuplé. Le nombre des Habitans monte environ à deux cens millions: ce que l'on peut sçavoir aisément, parceque chaque père de famille est obligé de mettre à sa porte un tableau contenant le nombre des personnes de sa maison. On compte dans cet Etat cent cinquante grandes Villes, treize cens qui ne diffèrent des premières que par le pouvoir & la jurisdiction des Gouverneurs; & outre cela un grand nombre de Villes de guerre. Entre ces Villes il y en a deux plus grandes que Paris. Enfin, il y a un nombre prodigieux de Villages fort peuplés & fort grands.

Les Chinois sont de petite taille, forts & robustes: ils ont le visage large, les yeux petits, le nez camus, le teint basané, au moins les Paysans & ceux qui sont exposés au soleil, la démarche droite & fière; ils sont spirituels, industrieux, civils, magnifiques, mais fort prévenus en faveur de leur nation, qu'ils préfèrent à toutes les autres; lents à se résoudre, & grands formalistes. Quelques éloges qu'on ait fait de leur zèle pour la justice & les

---

(*a*) Le vernis est la sève extravasée d'un bel arbre de 12 ou 13 pieds de haut, auquel on fait des incisions.

bonnes mœurs, on peut dire avec vérité que leur supériorité, en fait de morale pratique, est fondée non sur leur droiture & leur bonté, mais sur leur attention extrême à réprimer toutes les marques extérieures de passion & de violence, & sur une égalité d'humeur affectée. Ils aiment les Arts & les Sciences, sans égaler néanmoins la dextérité & le génie des Européens. Ils sont proprement d'habiles imitateurs, mais d'une manière servile. On le voit sur-tout dans les ouvrages qui demandent beaucoup de justesse & d'exactitude, comme les horloges, les montres, les armes à feu. Ils sont encore moins capables d'atteindre à la perfection dans les Arts d'un ordre plus relevé, comme la Peinture & la Sculpture. Quoiqu'ils aient beaucoup de Peintures dont ils font grand cas, ils réussissent rarement dans le dessin & le coloris pour les figures humaines. S'ils peignent plus heureusement les fleurs & les oiseaux, ils le doivent moins à leur habileté qu'à l'éclat des couleurs qu'ils employent. En général leur pinceau ne distribue pas avec assez d'intelligence les jours & les ombres, il y a souvent quelque chose de roide & de mesquin qui déplaît. Tous ces défauts dans leurs Arts peuvent être fort bien attribués au caractère particulier de leur génie, qui manque absolument de feu & d'élévation. A l'égard des Sciences, leur attachement à représenter les mots par des caractères arbitraires, au lieu de se servir de lettres, comme les autres peuples, ce qui est infiniment plus simple & plus sûr, prouve combien en ce point ils sont inférieurs aux Européens.

On convient communément qu'ils ont eu avant nous l'usage de l'Artillerie, de l'Imprimerie & de la Boussole. Leur manière d'imprimer est fort différente de la nôtre. Ils taillent sur des planches de bois très-dur des caractères de la forme de ceux du Manuscrit qu'il s'agit d'imprimer, puis en tirent le nombre d'exemplaires qu'ils veulent, qui repréſentent parfaitement le manuſcrit original. Cependant ils n'ignorent pas notre manière d'imprimer. Ils ont des caractères mobiles en bois, qui leur ſervent à imprimer quelques petits livres, ce qu'ils font avec beaucoup de netteté & de correction. Leur manière d'écrire eſt très-ſingulière. Ils n'écrivent pas comme nous de gauche à droite, ni de droite à gauche, comme les autres Aſiatiques, mais du haut en bas en ligne droite. Leur Ecriture eſt compoſée, non des lettres, qui, par différentes combinaiſons, forment des mots, mais de certains caractères qui expriment des mots entiers : on dit qu'il y en a plus de 80000. Elle a une autre difficulté, qui conſiſte en ce que les mots exprimés par ces caractères ſignifient différentes choſes, ſuivant la différence des accens. Les Chinois excellent en beaucoup de choſes, dans la Médecine, dans la manière de faire des feux d'artifice, & ſurtout dans la politique; mais ils ne ſont guères propres pour les armes. Leur Marine eſt ſi foible, qu'un Forban ou un Corſaire peut l'inſulter impunément. La conſtruction de leurs vaiſſeaux y contribue beaucoup, ſans parler de leur poltronerie qui eſt extrême. La Nobleſſe s'acquiert chez eux par la ſcience; & on n'a égard à la naiſſance que dans la famille Royale. Les hommes ſont obligés de conſigner la dot de la fille qu'ils veulent épouſer. La beauté des femmes conſiſte à avoir de petits pieds : c'eſt pourquoi on les leur ſerre ſi fort, qu'elles en ſont preſque eſtropiées. Elles ſortent fort peu de leur maiſon, où elles ne voyent que leurs enfans, & ſont extrêmement modeſtes, enſorte qu'elles n'ont pas même les mains découvertes. Elles gardent ordinairement le veuvage, quand même elles n'auroient pas eu d'enfans de leurs maris. La Poligamie eſt permiſe parmi les Chinois. Les enfans témoignent un grand respect pour leurs pères & mères : ils en portent le deuil pendant trois ans : ils ajoutent au deuil plusieurs pratiques rigoureuses, comme de coucher sur la terre pendant cent jours, de s'abstenir de leurs femmes pendant trois ans, &c.

La Monarchie des Chinois, selon leurs Histoires, est une des plus anciennes qui soit au monde (*a*). Depuis *Fohi*, qu'ils regardent comme le Fondateur de cet Empire, ils ont eu deux cent trente-sept Empereurs de vingt-deux familles différentes. Celui qui est maintenant sur le Trône, descend des Tartares *Mantcheous*, ou *Niuches*, qui s'emparèrent de cet Etat en 1645, sous la conduite de leur Roi Zunchi. Il devint maître de tout ce vaste Empire en sept ans.

Le Gouvernement est despotique à la Chine, & on y observe une police admirable. Il y a à Pekin six principales Cours Souveraines. La première est le Conseil d'Etat : il nomme les Magistrats & les Juges de Provinces. La seconde est le Bureau des finances, pour recevoir les deniers royaux. La troisième connoît de tout ce qui concerne la Religion : elle règle aussi ce qui regarde les Ambassades, les réjouissances publiques, & les mariages. La quatrième a l'intendance de la Guerre, des Emplois, & de tout ce qui en dépend. La cinquième a le soin des Bâtimens publics, Ponts & Chaussées, Vaisseaux, &c. comme des Pensions des Princes du Sang. La dernière connoît des affaires criminelles. Dans chaque Capitale des Provinces il y a des Cours semblables à celles-ci, qui ressortissent à celles de

---

(*a*) Depuis quelques années M. Deguignes, de notre Academie des Inscriptions & Belles-Lettres, a découvert que leurs anciens Rois étoient ceux d'Egypte ; & il croit qu'il est venu de ce Pays une Colonie à la Chine, vers l'an 1200, avant l'Ere Chrétienne.

Pekin. On appelle *Mandarins*, les Officiers de ces Tribunaux. Ils sont divisés en neuf ordres, tous Docteurs, & en si grand nombre, qu'il y en a, dit-on, 13000. On ne les fait jamais servir dans la Province où ils sont nés : ils ne sont que trois ans dans chaque Charge ; & après avoir subi un nouvel examen, ils sont avancés, reculés, ou cassés, selon l'état auquel on les trouve. Ces Magistrats sont obligés de tenir eux-mêmes un état exact des fautes qu'ils ont commises dans l'exercice de leurs fonctions, & de l'envoyer en Cour de temps en temps. Quelque grande que soit leur autorité, ils ne peuvent néanmoins faire exécuter un homme à mort. Toutes leurs Sentences doivent être présentées à l'Empereur, qui les confirme, les adoucit ou les casse selon son bon plaisir. Outre tous ces Magistrats, l'Empereur en envoye encore deux autres, choisis ordinairement parmi les Grands de sa Cour. L'un est comme un Viceroi, qui préside sur tous les Mandarins : son Office est de trois ans. L'autre fait la fonction de Commissaire & Visiteur général : il est commis pour examiner, non-seulement la conduite des Mandarins, mais même celle du Viceroi : son Office ne dure qu'un an.

On soutient que de temps immémorial les Chinois n'ont reconnu qu'un seul Dieu : cependant, ils doivent être regardés comme idolâtres, parcequ'au moins leur Religion est mêlée d'idolâtrie. Elle est divisée en deux Sectes principales. La première considère les premiers Rois & leurs Philosophes comme des espèces de divinités. Ceux de cette Secte qu'on nomme *Lettrés*, parcequ'elle est composée de Sçavans, adorent le Ciel, & offrent des sacrifices au Philosophe *Confucius*, qui vivoit environ 500 ans avant Jesus-Christ. Ils rendent aussi une sorte de culte aux morts, dont ils honorent les tableaux, en leur offrant de l'encens & des fruits. L'Empereur est de cette Secte. La seconde est celle de *Fo*, ou *Xaca*, qui a été apportée des Indes à la Chine environ mille ans après la réformation de Confucius. Elle consiste dans une idolâtrie grossière, mêlée d'Athéisme. Les Prêtres de cette Secte s'appellent *Bonzes* : ils sont Sorciers & Astrologues, & ils croyent à la Métempsycose. On trouve aussi à la Chine des Mahométans ; & il y a des Juifs qui y sont venus 200 ans avant Jesus-Christ.

La Religion Catholique avoit fait de très-grands progrès dans cet Empire : on y comptoit plus de 120000 Chrétiens ; mais depuis un certain temps l'Empereur a chassé tous les Missionnaires de ses Etats. Plusieurs néanmoins y sont rentrés depuis, & y exercent leur Ministère, mais avec bien moins de liberté qu'autrefois.

Au Nord de la Chine est cette fameuse muraille qui a plus de cinq cens lieues de long. Elle a été construite pour prévenir les incursions des Tartares ; mais elle n'a pu les empêcher d'y entrer & de s'en emparer, soit au XIIIe. Siècle sous les fils de Genghizkan, soit au XVIIe. sous Xunchi, comme nous l'avons rapporté plus haut. Ce que cette muraille a de plus merveilleux, c'est qu'elle est bâtie non-seulement dans les plaines ; mais aussi sur les montagnes & les rochers, où l'on peut à peine grimper. Elle est fortifiée de tours de distance en distance, presque toute bâtie de briques, & si solide qu'elle subsiste encore depuis environ deux mille ans.

La Chine est arrosée par deux Rivières considérables. La première est le *Hoang*, ou la *Rivière Jaune* : elle prend sa source dans le grand Désert au Pays des *Sifans* *, à l'Occident de la Chine, remonte au Nord, puis descend du Nord au Midi, coule ensuite à l'Orient, & se jette dans la Mer.

La seconde est le *Kiang* ou la *Rivière bleue*.

Elle prend sa source aussi au Midi des Sifans, & au Nord-Est du Tibet, traverse le milieu de la Chine, d'Occident en Orient; & se décharge ainsi dans la Mer, ou le Golfe de Nankin. Elle est très-poissonneuse.

La Chine a nombre de Canaux; mais le plus célèbre est celui que l'on appelle le Canal Royal ou Impérial. Il a environ six cens lieues, & communique de Pékin à Canton, mais avec interruption d'une journée de marche, pour traverser une montagne entre la Province de *Quangtong*, ou *Canton*, & le *Kiangsi*. Ce fut le petit-fils de Genghizkan qui fit faire ce Canal à la fin du XIIIe. Siècle.

Le Fleuve Kiang divise la Chine en deux grandes parties; l'une Septentrionale, qu'on nommoit autrefois *Cathai* ou *Kitay*, & qui renfermoit la partie voisine de la Tartarie: l'autre Méridionale, qui s'appelloit *Mangi*. La première contient six Provinces; sçavoir, d'Occident en Orient, le *Chensi*, le *Chansi*, le *Petcheli*, le *Changtong* ou *Canton*; à l'Occident, le *Setchuen* ou *Souchouen*; au milieu, le *Honan*.

Nous ne parlerons point ici de la Province de *Léaotong*, qui est au Nord-Est du Petcheli: elle appartient à la *Tartarie Chinoise*, dont il sera question au Chapitre suivant.

La partie Méridionale de la Chine contient neuf Provinces; à l'Orient, le *Kiangnan* ou *Nankin*; au milieu, le *Houquan*, le *Kiangsi*; au Sud-Est, le *Tchekian* ou *Chékian*; le *Fokien*; au Sud, le *Quangtong* ou *Canton*, le *Quangsi*; au Sud-Ouest, le *Kocitcheou* ou *Queicheou*, & l'*Iunnan* ou *Younan* (a).

(a) La première façon d'écrire ces noms, est celle des Cartes de chaque Province, levées avec tout le soin possible par ordre de l'Empereur de la Chine, & publiées en France dans le grand Ouvrage du Père du Halde sur cet Empire. C'est celle que nous suivons dans la description que nous donnons de la Chine.

On joint à la Chine le Royaume de *Corée* qui en dépend : il est au Nord-Est. Nous y ajouterons les Isles de *Lieou-Kieou*, dont le Roi est tributaire de la Chine. Elles sont à l'Est de l'Isle Formose.

§. I. *Des Provinces Septentrionales de la Chine.*

1. Le *Chensi*, à l'Occident. C'est la plus grande Province de la Chine, & où les Empereurs ont demeuré pendant plusieurs Siècles. Le terrein est en partie uni, & en partie montagneux. Les montagnes nourrissent beaucoup de bétail, sur-tout de mulets ; & les plaines produisent toutes sortes de bons fruits, & d'excellent bled.

SINGAN, *Capitale*, grande & belle Ville, sur la Rivière de Hoei ou Guei. Elle est située dans une grande plaine, & ses murs forment un quarré régulier. Ils ont quatre lieues de tour, & sont très-hauts & fort larges. Quelques-unes des portes de cette Ville sont magnifiques, & d'une hauteur extraordinaire. On y voit le Palais qui servoit de demeure aux anciens Monarques. La garnison Tartare, commandée par un Général de cette nation, & destinée à défendre le Nord de la Chine, demeure dans une partie de la Ville séparée de l'autre par un mur. Les habitans de la Province dont Singan est la Capitale, sont plus robustes, plus braves, & même d'une plus haute taille que les autres Chinois, ce qui rend leur milice redoutable.

On trouva en 1625, près de cette Ville, en creusant les fondemens d'une maison, une table de marbre avec une inscription en caractères Chinois, avec des mots syriaques, & une Croix gravée au haut de cette table. Plusieurs Sçavans se sont appliqués à chercher l'intelligence des mots & des figures gravées sur ce monument. L'écriture contient soixante-deux lignes en caractères Chinois, distingués en vingt-neuf colonnes. Elles renferment un discours sur les principaux articles de la Foi, comme le Mystère de la Trinité, l'Incarnation de Jesus-Christ, sa Vie, sa Mort, sa Résurrection. Il est fait aussi mention de plusieurs points de la Discipline Ecclésiastique, du Purgatoire, de la Messe, &c. On y trouve les noms des Rois ou Empereurs qui favorisèrent la prédication du Christianisme, qui fut faite l'an 636 de Jesus-Christ par des Missionnaires Nestoriens venus de Perse & de Syrie. La date chinoise de l'érection de cette pierre, répond à l'an 782. Ceux qui seront curieux de voir tout ce qui y est gravé, & d'apprendre diverses particularités intéressantes sur l'établissement du Christianisme dans les parties Orientales de l'Asie, pourront lire les *Mémoires du P. le Comte, Jésuite, tom. 2. Lettre troisième*, & la Dissertation historique que M. l'Abbé Renaudot a faite à ce sujet, *pag. 228 & suiv.* de ses *Anciennes Relations des Indes & de la Chine*.

NGNINHIA, ou NIMHIA, au Nord, près de la grande muraille & du Hoang. C'est aujourd'hui une forteresse. Autrefois Nimhia étoit la Capitale de l'Empire d'Hya ou de Tangut, qui possédoit une partie du Chensi, & qui s'étendoit dans la Tartarie: il fut détruit en 1226, par le fameux Genghizkan.

2. Le *Chansi* est un Pays de montagnes : il est néanmoins fertile ; sur-tout en bled & en raisins que l'on sèche, & dont on fait un grand débit. On y trouve du marbre, du jaspe de diverses couleurs, & une pierre bleue dont on se sert pour colorer les porcelaines.

TAIYVAN, ou TAYVEN, *Capitale*. On y fabrique de riches étoffes & des tapis. C'est une ancienne Ville qui a trois lieues de tour ; fort peuplée & ceinte de bons murs.

3. Le *Petcheli*, au Nord-Est, est peu fertile, & assez froid. Il manque de bois. Entre les Montagnes dont il est rempli, il s'en trouve deux qui

fournissent beaucoup de charbon de terre. Le terrein est nitreux, & la poussière en est très-incommode.

Pekin est la *Capitale* de cette Province, & de tout l'Empire : on l'appelloit au XIIIe. Siècle *Cambalu*, qui signifie la demeure du Prince : son nom de Pékin veut dire *Cour du Nord*. C'est une très-grande Ville, qui est partagée en deux ; l'ancienne où les Tartares habitent seuls depuis qu'ils se sont emparés de cet Empire, & la nouvelle Ville, bâtie depuis cette invasion. Cette seconde Ville fait avec l'ancienne une figure irrégulière. Elles sont aussi grandes l'une que l'autre, & font ensemble près de sept lieues de tour. Pékin comprend deux millions d'Habitans. Le Palais des Empereurs a plus d'une lieue de tour, mais les bâtimens n'en sont pas réguliers. Les rues de Pékin sont fort sales ; d'ailleurs elles sont droites & bordées de boutiques de Marchands, où se trouvent toutes sortes de marchandises. Les maisons sont mal bâties. Outre le Palais de l'Empereur, il y en a encore plusieurs autres qui sont fort beaux. Pékin a sept Temples, entre lesquels on remarque ceux du Ciel & de la Terre. Le premier a sept salles aussi magnifiques que celles du Palais, & est très-vaste. C'est dans ce Temple que tous les ans au Solstice d'hiver, l'Empereur fait un sacrifice au Ciel. Il est couronné dans celui de la Terre. Le jour de son couronnement il pratique une cérémonie singulière. Il laboure lui-même une petite portion d'un champ renfermé dans l'enclos de ce Temple, pour inspirer à ses sujets l'amour de l'agriculture. Sa résidence ordinaire est à *Chamchuniven*, Maison de plaisance à trois lieues de Pékin.

4. Le *Changtong*, à l'Orient. Son terroir est fertile en bleds & en fruits. C'est dans cette Province qu'est né le Philosophe Confucius. Elle est toute

entrecoupée de Canaux : le plus remarquable est le Canal Impérial ou Royal qui la traverse toute entière, ainsi que le Petcheli, ce qui rend cette dernière Province abondante en tout, quoique stérile par elle-même.

Tsinan, *Capitale*, au Sud-Est de Pékin. On y fait un verre très-beau; mais si fragile qu'il se casse quand il est exposé à un air trop vif. Cette Ville est grande, très-peuplée, & fameuse par ses soyes qui sont blanches, & ne se trouvent aussi belles que dans ce Pays.

5. Le *Setchuen*, ou *Souchouen*. Cette Province, qui avoit étoit désolée par les guerres des Tartares, s'est bien remise; elle produit du vin, du bled, des fruits & de la soye en abondance. On y trouve des mines de mercure & d'étain.

Tchingtou, *Capitale*, située dans une Isle que forment plusieurs Rivières, est grande & fort marchande. On y voit un petit oiseau d'une beauté surprenante. Il a le bec rouge & le plumage agréablement varié de différentes couleurs. Il ne vit pas plus long-temps que la fleur dont il tire, dit-on, son origine & le nom qu'il porte, de *Tunghoasung*. On diroit en le voyant que c'est une fleur animée.

6. Le *Honan*. L'air y est tempéré, & le terroir très-fertile. Le ris & le bled y croissent en grande abondance. On y trouve aussi d'excellens fruits. Les Chinois l'appellent le Jardin de l'Empire.

Caifong, située sur le Fleuve Honan. Cette Ville, autrefois riche & puissante, a été presqu'entièrement submergée en 1642, l'Empereur ayant ordonné de percer une digue pour faire périr un Prince qui s'étoit soulevé contre lui. Il y eut 300000 Chinois noyés dans cette occasion. On a rebâti depuis ce temps une nouvelle Ville près de l'ancienne.

§. II. *Des Provinces Méridionales.*

1. Le *Kiangnan*, ou *Nankin*, eſt très-fertile en bled, en ſoye & en cotton. Les Habitans ſont fort civils, & propres aux Sciences les plus abſtraites.

NANKIN eſt ſa Capitale. Cette Ville, dont le nom ſignifie *Cour du Sud*, eſt ſituée ſur le Kiang, ou la Rivière Bleue, vers ſon embouchure dans le Golfe de Nankin. C'eſt la plus grande Ville du monde. On lui donne douze lieues de tour, ſans compter ſes vaſtes Fauxbourgs. Elle eſt bien déchue de ſon premier état, depuis que les Empereurs n'y font plus leur réſidence. Le Palais où ils demeuroient autrefois étoit magnifique, & ne cédoit en rien à celui de Pékin: mais il a été brûlé en 1645, lorſque les Tartares s'emparèrent de la Chine. On n'y voit aujourd'hui aucun édifice public conſidérable, excepté ſes portes qui ſont d'une beauté extraordinaire, & quelques Temples; tels que celui qui contient la fameuſe Tour de Porcelaine, qui a neuf étages, & d'une telle hauteur, qu'il faut monter huit cens quatre-vingt-quatre dégrés pour arriver au ſommet, où eſt, ſelon les Chinois, une pomme de pin d'or maſſif. Chaque étage eſt orné d'une galerie remplie d'idoles & de peintures. Les ouvertures ſont fort bien ménagées pour la lumière. Tous les dehors ſont revêtus de différens vernis rouges, verds & jaunes. Les matériaux de ce bel édifice ſont ſi bien liés, qu'il paroît d'une ſeule pièce. Aux coins de chaque galerie pendent quantité de petites cloches, qui rendent un ſon fort agréable quand elles ſont agitées par le vent. Les habitans de cette Ville ſont diſtingués de tous les Chinois par leur goût pour les Sciences. Les Bibliothèques y ſont en plus grand nombre que par-tout ailleurs; les Libraires mieux fournis, & les impreſſions plus belles. On y fabrique des ſatins unis & à fleurs, qui passent pour les meilleurs de la Chine. Nankin l'emporte sur Pékin pour le commerce, que sa situation & la commodité de son Port facilitent beaucoup. Cette Ville a une garnison de quarante mille hommes. Les Médecins de la Chine y ont leur principale Académie. La fertilité de son terroir & la multitude de Canaux dont elle est arrosée, relèvent encore son mérite.

2. Le *Houquang* est au centre de l'Empire, & est traversé par le Kiang. Le bled y croît avec tant d'abondance, qu'on appelle cette contrée le grenier de la Chine. Il y a des mines de fer, d'étain & d'autres métaux, & l'on trouve de l'or dans le sable de ses Rivières.

Voutchan, *Capitale*, grande & belle Ville, sur le Kiang.

3. Le *Kiangsi*. Cette Province est célèbre par sa belle porcelaine qui se porte même au Japon. Il y a des mines d'or, d'argent & de plomb. Ses Habitans sont méprisés par les autres Chinois, parcequ'ils vivent avec beaucoup d'épargne.

Nantchang, *Capitale*, est une Ville renommée par le grand nombre de Lettrés qui y demeurent : elle est d'ailleurs très-marchande.

4. Le *Tchekiang* est une Province très-peuplée, & si agréable qu'on l'appelle le Paradis de la Chine. Sa beauté vient particulièrement des Canaux dont elle est entrecoupée. Il y a une quantité prodigieuse de mûriers & de vers à soye. On prétend que ces petits animaux ont été transportés de la Chine, qui est leur Pays originaire, dans les Indes & la Perse, ensuite chez les Grecs & les Romains, parmi lesquels la soye fut d'abord estimée au poids de l'or. Les étoffes de soye sont fort anciennes à la Chine, & les manufactures étoient encouragées par les Impératrices, comme l'agriculture l'étoit par les Empereurs.

HANGTCHEOU, *Capitale*, à l'embouchure du Cienton. Quoique ses maisons ne soient que d'un étage, comme dans toutes les Villes de la Chine, elle est si peuplée qu'elle a un million d'Habitans. Les rues ne sont pas larges; mais elles sont ornées de quantité d'arcs de triomphe, ce qui est commun à plusieurs Villes de ce Pays. On y voit quatre grandes Tours à sept étages. Son Port est gardé par sept milles Tartares commandés par un Général de leur nation, & trois mille Chinois qui obéissent au Viceroi. Près de cette Ville est le Lac de Sihu, qui a deux lieues de tour, & dont l'eau est très-bonne & extrêmement claire. Au milieu de ce Lac sont deux petites Isles, où l'on a bâti un temple & des maisons de plaisance.

5. Le *Fokien* est un Pays de montagnes, qui contiennent des mines de fer & d'étain. Il est fort abondant en ris & en fruits excellens, sur-tout en oranges, qui ont le goût & l'odeur du raisin muscat.

FOUTCHEOU, sa *Capitale*, est une très-grande Ville, florissante par son commerce avec les Européens, les Japonois & les Indiens.

Vis-à-vis la Province de Fokien, on trouve l'Isle *Taiouan* ou *Formose*. Cette Isle, qui est précisément sous le Tropique du Cancer, dépend maintenant des Chinois, qui en ont chassé les Hollandois en 1661: ceux-ci s'en étoient emparés sur les Portugais. Une chaîne de montagnes la divise en deux parties, l'une Orientale, & l'autre Occidentale. La première est habitée par les Naturels du Pays, que les Chinois regardent comme sauvages. La partie Occidentale est habitée par les Chinois depuis l'expulsion des Hollandois. Cette Isle est fertile en tout ce qui est nécessaire à la vie. En 1721, les anciens Habitans tâchèrent de secouer le joug des Chinois, à la sollicitation des Hollandois; mais on les obligea à rentrer dans leur devoir.

TAIOUAN, *Capitale*, *Port*. Cette Ville est défendue par une bonne Forteresse, à laquelle les Hollandois qui l'ont bâtie, avoient donné le nom de *Fort de Zélande*. Il a un Gouverneur Chinois avec dix mille hommes de garnison. Le commerce y est florissant, & il y a peu de Villes de la Chine qui la surpassent en richesses, & par rapport au nombre des Habitans.

6. Le *Quangtong*, ou *Canton*, est très-fertile & fort commerçant. On y trouve des mines d'or, des pierres précieuses, de l'ivoire, & du bois odoriférant dont on fait toutes sortes d'ouvrages.

QUANGTCHEOU, que les Européens appellent CANTON, *Capitale*. Elle est située au fond du Golfe de *Ta*. Elle a un bon Port, & est très-peuplée & très-commerçante. C'est le siège du Viceroi. On y voit au bout de chaque rue une barrière, que l'on ferme le soir comme les portes de la Ville.

Cet usage est commun à la Chine. Chacun est obligé de se tenir chez soi dans le temps des ténèbres, & la paix règne pendant la nuit dans les plus grandes Villes. La Rivière qui arrose Canton, & qu'on nomme *Ta*, est couverte des deux côtés d'une infinité de barques qui forment comme une Ville flottante : chaque barque contient une famille dans différens appartemens, qui ressemblent à ceux des maisons.

Sous le Gouvernement de Canton sont plusieurs Isles, dont les principales sont, *Hainan*, *Sancian*, & *Macao*.

L'Isle de *Hainan* a soixante lieues environ de circuit. Elle est fertile & fort peuplée, tant de Chinois qui occupent les côtes, que de Sauvages qui demeurent dans l'intérieur du Pays, & qui sont libres & indépendans. On trouve dans la partie habitée par les Sauvages, des montagnes où il y a des mines d'or & d'argent, dont ils ne profitent pas : ils se bornent à ramasser l'or qui est dans le sable des Rivières, & ils l'échangent avec les Chinois, pour du sel & des habits.

Kiuncheou, *Capitale,* grande Ville, marchande & bien peuplée.

L'Isle de *Sancian,* ou *Sachan,* que les Chinois appellent *Changtcheuchan,* est fameuse par la mort de S. François Xavier, qui y aborda en 1552, en allant prêcher l'Evangile aux Chinois : son corps fut transporté ensuite à Goa.

L'Isle de *Macao.*

Macao, *Capitale.* C'est une belle Ville & fort commerçante, dont les Portugais sont maîtres, mais sous la souveraineté de l'Empereur de la Chine, qui en reçoit tous les droits d'entrée & de sortie. Ils ont obtenu la liberté de s'y établir, comme une récompense des services qu'ils ont rendus aux Chinois contre un Pirate qui avoit assiégé Canton.

7. Le *Quansi.* Cette Province a des mines d'argent & de cuivre, & même d'or, que l'Empereur s'est réservées : il y croît de la canelle qui a une odeur plus forte & plus suave que celle de Ceylan. Elle est fertile en bled, & produit le bois de Sapao, propre à la teinture.

Queiling, *Capitale,* sur le Ta. Son nom signifie *Forêt de fleurs de Quei,* parceque cette fleur, de couleur jaune, & d'une odeur fort agréable, y croît en abondance, sur un fort gros arbre qui en est couvert en Automne. Cette Ville est assez dans le goût de nos anciennes fortifications, mais elle n'approche pas des autres Capitales des Provinces. On y fait la plus belle encre de la Chine.

8. Le *Koeitcheou,* ou *Queicheou,* est grand, mais n'est guères peuplé. On y trouve des mines de cuivre, d'étain & de mercure. Il produit aussi les meilleurs chevaux de toute la Chine, & un nombre presqu'infini d'oiseaux sauvages d'un goût excellent.

On n'y connoît pas la foye ; mais on fait des étoffes d'une efpèce de chanvre.

Koeichang, ou Queyan, *Capitale*. Son territoire eft plus uni que tout le refte de la Province, auffi eft-il plus habité.

9. Le *Yunnan*, ou *Younan*. L'air y eft fort tempéré, & le terroir très-fertile. Les montagnes y ont des mines d'or, d'argent, de cuivre, d'étain, de pierreries, & fur-tout de rubis. On y trouve des chevaux, petits à la vérité, mais vigoureux, & des cerfs qui ne font pas plus gros que nos chiens ordinaires. Les Habitans, quoique forts & robuftes, font doux & affables, & ont une grande difpofition pour les Sciences. La Nation qui dominoit dans cette Province, fe nommoit *Lo-Lo* ; elle étoit gouvernée par divers Souverains. Après de longues guerres entreprifes pour la foumettre, les Chinois prirent le parti de conférer aux Seigneurs *Lo-Los* tous les honneurs des Mandarins de la Chine, avec le droit de fucceffion pour leurs defcendans, à condition qu'ils reconnoîtroient l'autorité du Gouverneur Chinois de la Province, qu'ils recevroient de l'Empereur l'inveftiture de leurs terres, & qu'ils ne feroient aucun acte d'autorité fans fon confentement. Les Lo-Los ne le cèdent pas du côté de la taille aux Chinois, & font plus endurcis à la fatigue. Ils ont un langage différent, & leur écriture, comme leur Religion, reffemble à celles des Bonzes du Pégu & d'Ava ; auffi ces Bonzes ont-ils bâti, fur-tout vers le Nord de l'Yunnan, de vaftes Temples, qui font affez différens de ceux des Chinois. Les Seigneurs Lo-Los s'attribuent une autorité abfolue fur leurs Sujets, qui leur font très-foumis.

Yunnan, *Capitale*. C'eft une belle Ville, où il fe fait un grand commerce, fur-tout en étoffes de foye. On y fabrique les plus beaux tapis de la Chine.

§. III. *De la Corée.*

Au Nord-Est de la Chine est une grande Presqu'-Isle que les Européens nomment *Corée*, d'après les Japonois ses voisins: ses Habitans l'appellent *Kaoli* ou *Chautsien*. Elle est jointe du côté du Nord à la Tartarie Chinoise, ayant à l'Occident le Léaotong, que l'on regardoit ci-devant comme Province de la Chine. La Corée est gouvernée par un Roi tributaire & dépendant de cet Empire, depuis plusieurs Siècles. Elle produit tout ce qui est nécessaire à la vie, mais sur-tout du ris & du bled. On y trouve des mines d'or & d'argent dans les montagnes, & l'on pêche des perles dans le Détroit qui la sépare des Isles du Japon. Les Coréens paroissent originaires de la Chine: ils en ont la langue, la manière d'écrire, & le même Gouvernement. Ils sont Idolâtres, & suivent la doctrine de Xaca, qui est celle des Bonzes de la Chine & du Japon.

Le Royaume de Corée est divisé en huit Provinces, qui contiennent trois cens soixante Villes, grandes & petites, sans les Forts & les Forteresses.

KINGKITAO, *Capitale*, environ au milieu. C'est une grande Ville où le Roi réside. Les Chinois l'appelloient autrefois PINGJANG, & les Japonois la nomment SIOR. Ces derniers ont été pendant quelque temps maîtres de la Corée, sur la fin du XVe. Siècle.

§. IV. *Des Isles de Lieou-Kieou.*

A l'Est & au Nord-Est de l'Isle Formose, sont les Isles de *Lieou-Kieou*, dont le Roi est tributaire de la Chine. Ces Isles sont une nouvelle découverte Orientale, dont nous sommes redevables au Père Gaubil Jésuite. On en peut voir la description plus détaillée dans la Lettre qu'il a écrite le 3 Novembre 1752, au P. Berthier son Confrère, rapportée par M. Buache, dans ſes *Conſidérations*, &c. Nous en tirerons ce qui nous a paru de plus important. Kœmpfer, à la vérité, en avoit parlé le premier, ſous le nom d'Iſles de *Liquejo*, mais d'une manière obſcure. Les Iſles dont nous donnons la deſcription (*a*) forment depuis l'Iſle de *Kiuſiu*, la plus méridionale des grandes Iſles du Japon, une eſpèce de chaîne, qui aboutit à l'Iſle Formoſe. Il y en a en tout trente-ſix, ſans compter celles qui relevent du Japon. Au Sud de Kiuſiu ſont ſept petites Iſles, & une grande appellée *Tanaxuma* : elles dépendent de l'Empire du Japon. Au Sud de ces ſept Iſles, on en rencontre huit autres qui appartiennent au Roi de *Lieou-Kieou*. On les nomme *Oufou-Chima*, c'eſt-à-dire, *Iſles d'Oufou*. La principale s'appelle *Oufou* dans le Pays, & *Tatao* chez les Chinois, c'eſt-à-dire, *Grande Iſle*. Ces Iſles ſont fertiles & peuplées, à l'exception de *Kikiai*, qui a de beaux & grands cèdres, ainſi qu'Oufou. Au Sud-Oueſt de ces Iſles, eſt la grande Iſle de *Lieou-Kieou*. Sa longueur du Sud au Nord, eſt de ſoixante-deux lieues environ, étant ſituée entre le vingt-cinquième dégré trente minutes de latitude Septentrionale & le vingt-huitième : on n'eſt pas ſi ſûr de ſa largeur. Le Roi demeure dans la partie Méridionale, en un Palais appellé *Cheule*, près de la Ville Royale qu'on nomme *Kieu-Tching*. A l'Oueſt de cette grande Iſle, il y en a dix autres bien peuplées & abondantes, ſi on en excepte *Lung-hoang-Chan*, c'eſt-à-dire, l'*Iſle du ſoufre*, parcequ'on y en recueille beaucoup. A l'Eſt de Formoſe on en voit encore dix-ſept, qui dépendent du Roi de Lieou-Kieou. On trouve dans la grande Iſle un nombre conſidérable de Villes,

---

(*a*) Pour avoir une idée nette de ces Iſles, il faut conſulter la Carte que M. Buache a donnée avec ſes *Conſidérations*, en 1755; réduite d'après les manuſcrites dreſſées par le P. Gaubil.

de Bourgs & de Villages. Elle étoit partagée il y a environ 400 ans en trois Etats, ce qui l'a fait nommer dans quelques Cartes, l'*Isle des trois Rois*. Cette Isle est très-peuplée, & abondante en tout ce qui est nécessaire à la vie. Ses Habitans sont fort polis, & ont pour Prêtres, des Bonzes, la plûpart élevés au Japon. Les Livres de Religion, de Morale & de Sciences, sont en caractères Chinois; mais dans l'usage ordinaire, on se sert des Japonois. Leur langue est différente de celle des Chinois, quoique composée de beaucoup de mots de l'une & de l'autre Nation.

CHAPITRE VI.
De la Grande Tartarie.

Sous le nom de Grande Tartarie, nous comprenons, à l'exemple de plusieurs Géographes, cette vaste Région de l'Asie, qui s'étend au Nord, depuis les Etats des Turcs, la Perse, l'Indostan & la Chine jusqu'à la Mer Glaciale. Elle n'est bien connue dans son entier que depuis quelques années. Sa latitude Septentrionale est depuis le vingt-quatrième dégré jusqu'au-delà du soixante-quinzième : sa longitude depuis le soixante-deuxième jusqu'au deux cens sixième, en y comprenant les découvertes du Nord-Est de la Sibérie, faites sous le règne de Pierre le Grand & de ses successeurs.

La Grande Tartarie occupe ainsi la moitié de l'Asie. La terre y est inculte en beaucoup d'endroits : ce n'est que vers le Midi qu'elle produit du ris, du bled, des fruits, des pâturages, & la meilleure rhubarbe. Vers le Septentrion il y a beaucoup de bois, où l'on trouve des ours blancs, & quantité de renards noirs, d'hermines, & de martres-zibelines, dont les fourrures font très-eftimées, & qui font le principal commerce du Pays.

Les Tartares ont paffé jufqu'à préfent pour brutaux, cruels, fainéans & adonnés au brigandage; mais ce caractère ne convient qu'à ceux qui font voifins de la Perfe. Ceux qui font au Sud-Eft de la Tartarie vivent tranquillement du produit de leurs troupeaux, fans faire de mal à perfonne, à moins qu'on ne les attaque. Les premiers font Mahométans, de la fecte d'Omar : les autres font Payens. Ils ont tous confervé les ufages des anciens Scythes, dont ils defcendent : ils s'habillent de peaux de bêtes, habitent fous des tentes ou dans des chariots qu'ils tranfportent de lieu en lieu, & fe nourriffent la plûpart de lait de cavale. Ceux qui font vers le Nord font fauvages, & ils ne paroiffent pas être fâchés d'avoir été affujettis aux Ruffiens, dont ils tirent les commodités de la vie : plufieurs d'entr'eux ont embraffé la Religion Schifmatique Grecque. Vers le Midi il y a quelques autres Chrétiens convertis par nos Miffionnaires.

Depuis cinq ou fix cens ans nous nous fommes accoutumés à donner à ces Peuples, le nom général de *Tartares*: les Anciens les appelloient *Scythes*, parcequ'ils font fort habiles à tirer de l'arc. Mais ceux d'entre eux qui font les plus policés, & qui ont des Hiftoires, prétendent que leur nom général eft celui de *Turcs*, & ils difent qu'aucune autre Nation que la leur n'a droit de porter ce nom; c'eft pourquoi ils n'appellent le Grand-Seigneur que *Sultan de Roum* ou *Prince du Pays des Romains*. Ces mêmes Peuples fe font fait connoître autrefois à nous fous le nom de *Huns*, *Avares*, & *Hongrois*: les Grecs de Conftantinople leur donnoient le nom général de Turcs. Celui de Tartares ou plutôt *Ta-*

tars (a), n'étoit originairement que le nom d'une de leurs anciennes Tribus ou *Hordes*, dont ils conservent exactement les distinctions, quoiqu'ils prennent souvent le nom de leurs Princes. Cette Tribu étant très-puissante, lorsque les Nestoriens vinrent prêcher le Christianisme dans la partie Méridionale de ce Pays au XIe. Siècle, les Peuples de l'Occident s'accoutumèrent peu-à-peu à donner le nom de *Tartares* à tous ceux à qui, comme on vient de le dire, les Grecs donnoient le nom de Turcs. Deux Siècles après, la Tribu des Mongols ou Mogols étant devenue la plus puissante sous Genghizkan, & par la réunion des autres Tartares, ayant porté la terreur de ses armes chez tous ses voisins, jusqu'en Europe, on donna à ces Mongols le nom général de Tartares. Il est bon de remarquer encore que tous les *Kans* ou Princes qui règnent en Tartarie, depuis la Chine jusqu'à la Mer Caspienne, descendent de Genghizkan: les anciens Rois d'Astracan, de Casan, & de Sibir ou Tobolsk, en descendoient aussi: le Kan des Petits Tartares d'Europe est encore de la même famille. On en a des histoires suivies.

La Grande Tartarie se divise en trois parties, dont les deux premières sont au Midi; sçavoir, la *Tartarie Chinoise*, qui a des Gouverneurs envoyés par l'Empereur de la Chine, ou des Princes qui en dépendent; la *Tartarie indépendante*, gouvernée par divers Kans, & partagée aujourd'hui par la Mer Caspienne en deux parties fort inégales: la *Tartarie Russienne*, qui est aussi grande que les deux autres, & qui occupe tout le Nord.

(*a*) Les Chinois qui n'ont point d'*r*, les appellent *Tatse* dans leurs Histoires.

ARTICLE I.

De la Tartarie Chinoise.

ELLE est à l'Orient de la Tartarie indépendante, & la grande Muraille de la Chine la sépare de cet Empire. On la divise en partie Orientale, & partie Occidentale. La première est appellée le Pays des *Mantcheous* ou *Nyuches*, y compris le *Léaoton*, & l'autre celui des *Mongous* ou *Mongols*, dont il y a de deux sortes : les *Mongous* ou *Mugales Noirs*, qui sont tributaires de la Chine, & les *Mongols-Kalkas*, ou *Mugales Jaunes*, qui sont seulement sous sa dépendance & sa protection. Les *Mongous Noirs* & *Jaunes* sont séparés les uns des autres par le grand Désert que les Chinois nomment *Chamo*, & les Tartares *Coby*, qui a plus de trois cens lieues de long, & qui se joint à quelques autres qui vont jusqu'à l'Indostan. Ce Désert n'est pas absolument continu : il y a par intervalles quelques pâturages; & même des Villes.

§. I. *Du Pays des Mantcheous, ou Nyuches.*

Cette contrée est assez fertile dans sa partie Méridionale. On pêche des perles vers le Nord, dans le grand Fleuve que les Russiens appellent l'*Amur*, les Tartares *Saghalien*, & les Chinois *Helongkian* : il y en a aussi dans les Rivières qui se jettent à l'Est dans l'Océan, vis-à-vis la Terre de *Yeço* ou *Jesso*, que l'on sait être aujourd'hui séparée du Continent, mais très-peu éloignée.

Les *Mantcheous*, qui sont idolâtres, étoient autrefois appellés *Nyuches* par les Chinois. Les Russiens les nomment *Bogdois*. Ils étoient très-puissans sous le nom de *Kins*, & ils possédoient la Chine septentrionale, appellée *Kithay* ou *Cathay*, lorsque Genghizkan, Prince des Mogols, établit son Empire, qui s'accrut sous son petit-fils par la conquête de toute la Chine, en 1280. Nous avons dit ci-dessus que ces Mogols, ou Tartares Occidentaux, furent chassés en 1368, par les Chinois, qui recommencèrent à avoir des Empereurs de leur Nation. Au milieu du XVIIe. Siècle, les Mantcheous ou Tartares Orientaux, étant de nouveau rentrés dans la Chine, la conquirent toute entière. Ils ont en même temps conservé leur Pays, & y ont fait construire des Villes & des Forteresses. Ils sont Payens, quoiqu'ils n'ayent ni Temples ni idoles : ils adorent le Ciel, ou, comme ils disent, l'Empereur du Ciel, & ils lui offrent des sacrifices : ils rendent aussi à leurs Ancêtres un culte mêlé de superstitions. Depuis qu'ils sont à la Chine, quelques-uns d'entr'eux adorent des idoles.

Le Pays des Mantcheous est divisé en trois grands Gouvernemens Chinois, qui prennent leurs noms de leurs Villes Capitales.

1. Celui de *Chinyang*, qui comprend l'ancien *Léaoton*, est tout environné par une bonne palissade. C'étoit ci-devant une Province de la Chine : elle est fertile en ris, en bled, en fruits & en légumes. On y recueille la fameuse plante de *Genseng*, dont la racine est fort précieuse, & qui passe pour un remède universel. Ses habitans sont bons guerriers.

CHINYANG, appellée MUGDEN par les Tartares, *Capitale*. C'est aujourd'hui une Ville considérable. On y voit le magnifique Mausolée de Xunchi, conquérant de la Chine, & le chef de la famille qui y règne.

2. Le Gouvernement de *Kirin-oula*. Il est fort étendu au Nord-Est, où il y a quantité de bois & de Déserts des deux côtés du Fleuve Saghalien ou Amur. On y recueille beaucoup de plantes médicinales, &

on y pêche des perles. Dans sa partie Orientale demeurent les Tartares *Yupi*, qui s'appellent ainsi, parcequ'ils s'habillent avec des peaux de poisson : ils n'ont que des Villages, & ressemblent aux Sauvages du Canada. La partie Méridionale, qui est assez peuplée, est l'ancienne demeure des *Mantcheous*, & il y a bien des Villes nouvellement bâties.

Kirin, *Capitale*, sur le *Songari*, ou *Singal*, Rivière qui se jette dans le Saghalien.

3. Le Gouvernement de *Ttitcicar*. Il est à l'Ouest du précédent, & n'est guères peuplé qu'au Midi. On tire du Nord de ce Gouvernement, des fourrures qui passent pour les plus belles du monde : c'est en quoi consiste le tribut de cette Province. Les Russiens, aux établissemens de qui elle confine, l'appellent la *Daourie*, peut-être à cause des Tartares *Tagouri*, qui en occupent une grande partie. On y en trouve encore d'une autre espèce, nommés *Solons*, qui sont descendans des *Kins*, lesquels furent chassés de la Chine par les Mogols. C'est dans cette Province que l'on exile les criminels Chinois qui ne méritent pas la mort. Les Rivières d'*Argun* & de *Kerbetchi*, qui se jettent dans le Saghalien ou l'Amur, presque vis-à-vis l'une de l'autre, servent de bornes à l'Empire de la Chine & à celui de Russie. Ces limites furent réglées par le Traité de paix qui se fit en 1689, à Nerzinsk, Ville Russienne, qui est au voisinage, & que les Chinois appellent *Niptchou*. Deux Missionnaires Jésuites furent du nombre des Plénipotentiaires envoyés par l'Empereur de la Chine, & les Russiens convinrent d'abandonner *Yacsa*, qu'ils nommoient *Albasinsk*. Les Chinois ont ensuite détruit cette Forteresse qui étoit sur l'Amur.

Ttitcicar *, au Midi, sur le *Nonnosi*, qui se jette dans le Songari. C'est une Ville nouvellement bâtie, où il y a une forte garnison impériale, & où réside un Général d'armée Chinois.

§. II. *Du Pays des Mongous, ou Mugales Noirs.*

Ces Peuples, avec les Kalkas leurs voisins, sont les descendans des anciens Mogols, qui au XIIIe. Siècle rassemblèrent dans ces Pays toutes les richesses de l'Asie Méridionale, & d'une partie de l'Europe. Ils y cultivèrent alors les Sciences & les Arts, & y bâtirent de grandes Villes. Mais les malheurs qui arrivèrent ensuite à leur postérité, les ont fait retourner à leur ancienne manière de vivre, qui tient de celle des Scythes. Les Mongous habitent aujourd'hui un Pays de 300 lieues de long, & d'environ 100 de large. Ils demeurent sous des tentes faites de peaux : c'est pourquoi les Chinois les appellent *Tsao-tatses*, c'est-à-dire, les *puans Tartares*. Il y a dans cette Contrée, au Nord de Pékin, des mines d'étain, & des forêts où l'Empereur de la Chine va quelquefois prendre le plaisir de la chasse : il y a fait bâtir plusieurs maisons de plaisance. Les Mongous sont idolâtres, & croyent à la Métempsycose. Le Grand-Prêtre, qui est un *Kutuktu*, ou Vicaire du Grand-Lama du Tibet, demeure dans le Pays d'*Ortous*, au Nord-Est du Chensi. Ils ont eu jusqu'au commencement du XVIIe. Siècle un Grand Kan, qui descendoit du fameux Genghizkan, & de qui dépendoient les autres Mongols au-delà du Désert de Chamo, & même les Eluths leurs voisins. Mais comme alors ce Grand Kan se conduisoit fort mal, ses Sujets sécouèrent le joug ; & une partie des Mongous se donna aux Mantcheous, qui devinrent par-là plus en état de faire la conquête de la Chine.

Ils sont divisés en quarante-neuf Etendards ou Districts, partagés selon les quatre portes de la grande Muraille, par lesquels on va chez eux. Leurs Princes, que l'on dit être au nombre de vingt-deux, sont obligés de paroître à Pékin, lorsqu'on les y cite, & on y appelle de leurs sentences : l'Empereur de la Chine est aujourd'hui leur Grand Kan. On voit dans leur Pays les ruines de plusieurs Villes, que leurs ancêtres avoient bâties dans le temps de leur prospérité, afin de ne pas paroître inférieurs aux Nations qu'ils avoient vaincues.

Le Pays de *Tangut*, situé au Nord de celui d'Ortous, & qui est marqué dans plusieurs Cartes, comme faisant partie des Mongous, n'a rapport qu'à l'ancienne histoire de ce Pays. Autrefois les Chinois appelloient *Tanyu* les Princes des Tartares Occidentaux; & les Historiens Persans qui ont fait l'histoire de Genghizkan, désignent sous le nom de Tangut l'Empire d'*Hya*, qui étoit dans ce Pays, selon les Chinois, avant les conquêtes de ce Prince. On peut voir ce que nous en avons dit ci-dessous, en parlant du Chensi qui est à son Midi.

Il faut joindre au Pays des Mongous celui des Tartares de *Kokonor*, qui sont à l'Ouest du Chensi : ils prennent leur nom d'un grand Lac, autour duquel ils demeurent. C'est une espèce d'*Eluths*, ou de *Calmoucks*, qui dépendent de la Chine depuis 1720. Ils étoient auparavant soumis au Grand Lama du Tibet, ils ont huit petits Princes, à qui les Empereurs de la Chine ont donné des titres honorifiques. Leur principal revenu consiste dans une poudre d'or, que l'on trouve dans une petite rivière. C'est dans ce Pays que sont les sources du Hoang. Aux environs demeurent les Tartares *Sifans*, qui ont été très-puissans autrefois : on peut les regarder comme les premiers Rois ou Empereurs du Tangut, auxquels ceux d'Hya ont succédé, vers l'an 1000 de Jesus-Christ.

§. III. *Du Pays des Kalkas, ou Mugales Jaunes.*

Ce Peuple, qui est un démembrement des Mogols, mais qui est bien plus nombreux, a pris son nom de *Kalkas*, d'une petite Rivière, près de laquelle ses Princes demeuroient autrefois, & qui se jette au Nord-Est du grand Désert & des Mongous, dans le Lac *Coulon*, ou *Kulun* & *Dalaï*, d'où sort d'un autre côté la Rivière d'Argun. Ce Lac est sur les confins de la Tartarie Russienne, qui borne les Kalkas du côté du Nord. Ils ont à l'Orient les Mantcheous & une partie des Mongous; à l'Occident, les Eluths ou Kalmoucks; & au Midi, le grand Désert, à l'entrée duquel, du côté des Mongous, se voit une inscription Chinoise, qui marque que les Mongols ont été poursuivis jusque-là, lorsqu'ils furent chassés de la Chine en 1368.

Les Kalkas occupent une étendue de pays d'environ trois cens lieues de long, sur cent cinquante de large, mais fort montagneux. Ils habitent sous des tentes ou dans des chariots, & nourrissent de grands troupeaux de chevaux, de chameaux, de vaches & de brebis. Ces dernières ont une queue si longue & si grosse, qu'elle pese environ douze livres: elle est garnie d'une graisse fort ragoutante, & cependant les os ne sont pas plus gros que le sont ceux de nos brebis. Ces Peuples sont idolâtres, & ont chez eux un Lama, qui n'étoit ci-devant que *Kutuktu*, ou Vicaire du Grand Lama du Tibet, mais qui s'est rendu indépendant à la fin du Siècle dernier: il demeure près des sources du *Selinga* Rivière qui se jette au Nord dans le Lac *Baikal*, sur les terres des Russiens. Les Kalkas se sont soumis à la Chine en 1691, parcequ'ils étoient fort pressés par le Contaisch des Eluths ou Calmoucks, avec qui ils étoient en guerre. Ils ne payent point de tribut à la Chine, & leur premier Prince y est fort considéré, dans la crainte qu'ils ne s'unissent aux autres Tartares Occidentaux, pour essayer de chasser les Orientaux de la Chine. Les Kalkas sont partagés en treize Etendards.

C'est dans ce Pays que sont les sources de l'Amur, qui coule à l'Est, & celles du Jenisca & de l'Oby, qui coulent vers le Nord, & traversent toute la Sibérie. L'Amur, dont nous avons rapporté les autres noms, s'appelle vers ses sources l'*Onon*, & ensuite le *Schilda* *. Au Sud-Ouest, & près du grand Désert, est un Lac nommé *Courahan-Oulen* *, près duquel l'on croit qu'étoit *Karacum* ou *Karacoram* *, Capitale des Etats de Genghizkan. Assez près est une longue chaîne de montagnes, nommée *Ulagola* *, qui sépare les Kalkas des Eluths, & où étoit la sépulture des anciens grands Kans des Mogols, que l'on enterroit avec ce qu'ils avoient de plus précieux.

URGA *, sur le *Kerlon*, rivière qui coule de l'Orient à l'Occident, dans le Lac Coulon ou Kulyn. Ce n'est pas tant une Ville, qu'un très-grand Camp où le *Vang*, ou premier Prince des Kalkas, habite pendant l'été : l'hiver il se retire au Nord, près des montagnes, pour être plus à l'abri des vents.

ARTICLE II.

De la Tartarie Indépendante.

CETTE partie de la Tartarie, qui s'étend plus Midi que la précédente, & fort loin vers l'Occident, est bornée au Nord par la Russie Asiatique, ou Tartarie Russienne ; au Midi, par les Indes & la Perse ; à l'Occident, par la Mer Noire. La Tartarie indépendante est ainsi divisée en deux parties fort inégales. L'Orientale est très-grande en comparaison de l'autre, & contient, d'Orient en Occident, les Etats du *Contaisch*, ou Grand Kan des *Eluths* ou *Calmoucks* ; le *Tibet*, le *Turkestan*, & le Pays des *Usbecks*. La partie Occidentale est entre la Mer Caspienne, la Mer Noire, & celle d'Azof

Elle comprend le *Dageſtan*, la *Circaſſie*, dont une partie appartient au Kan de la petite Tartarie, & divers petits *Peuples libres*, qui habitent les environs du mont *Caucaſe* ou d'*Elbours*.

§. I. *Des Eluths ou Calmoucks.*

Les Eluths font originairement des Mogols, qui vers la fin du dernier Siècle, ſe ſont aſſujétis pluſieurs Pays à l'Occident & au Midi ; mais les Ruſſes les ont reſſerrés du côté du Nord, & depuis dix ans les Chinois ont ravagé leur Pays. On peut regarder leur Etat comme le reſte de l'Empire de Genghizkan, dont leur Prince deſcend : auſſi prend-il le nom de *Contaiſch*, qui ſignifie la même choſe que *Grand-Kan*. On les appelle ordinairement *Calmoucks*, nom qui leur a été donné par les Ruſſiens qui ſont leurs voiſins au Nord, & par les *Uſbecks* qui les bornent à l'Occident. Ils ont au Midi l'Indoſtan & une partie de la Chine, à l'Orient les Mongous & les Kalkas, dont ils ſont ſéparés par le grand Déſert, & par une longue chaîne de montagnes nommée *Altaï* *, & qui eſt une partie de l'*Imaüs* des Anciens. Auſſi Ptolemée, relativement à ces montagnes, partage en deux parties la Scythie, que nous appellons aujourd'hui la Tartarie ; mais il n'avoit que peu de connoiſſance de ces vaſtes pays.

Les Etats des Eluths, qui s'étendent du Nord-Oueſt au Sud-Eſt, ont environ ſix cens lieues de long ſur quatre cens de large. Quoiqu'il y ait des Villes dans cette Contrée, ces Tartares demeurent ſous des tentes, & ils ne s'appliquent point à l'agriculture, malgré la beauté du climat, & la fertilité du Pays très-abondant en pâturages. Ils ſont idolâtres ; & le Chef de leur Religion eſt un *Kutuktu*, ou Vicaire du Grand Lama du Tibet.

Au commencement de ce Siècle, une branche de Calmoucks, que l'on nomme les *Torgauts*, & que l'on diftingue auffi par le nom d'*Ajuka* leur Chef, fe retira pour quelque mécontentement au Nord-Oueft fur les terres des Ruffiens. Ceux-ci leur ont permis d'habiter dans les Pays d'Aftracan, & les employent dans leurs armées. C'eft pourquoi l'on a vu fur le Rhin en 1734 des Calmoucks dans l'armée de l'Empereur, à qui la Ruffie avoit envoyé des troupes auxiliaires.

Ces Peuples font très-courageux, & plus guerriers que les autres Mongols, avec qui ils ont affez fouvent des démêlés, que l'Empereur de la Chine a foin d'entretenir, pour affoiblir leurs forces par ces divifions. Ce Prince a eu deux guerres avec les Eluths en 1696 & en 1720, pour fecourir contre eux les Kalkas, & il a réduit la Nation des Eluths à une fi grande extrémité, qu'ils ont eu affez de peine à fe remettre. Depuis ce temps il leur a encore fait une guerre encore plus cruelle, qui a détruit une grande partie de cette Nation, en 1761 (*a*).

Les Etats du Contaifch ou Grand Kan des Eluths, ou Calmoucks, fe divifent en trois parties ; fçavoir, l'ancien Pays des Eluths, ou la *Calmaquie*, au Nord ; la petite *Bukarie*, qui faifoit ci-devant partie du Turkeftan, à l'Oueft ; les Pays de *Turfan*, & d'*Hami* ou *Camul*, à l'Eft, vers la Tartarie Chinoife ; fans compter le *Tibet*, au Midi. Il y a encore une partie du Turkeftan d'aujourd'hui qui eft fous quelque dépendance des Eluths : nous en parlerons dans le Paragraphe fuivant.

1. L'ancien Pays des *Eluths*, ou la *Calmaquie*, s'appelloit encore *Géte* au XVᵉ fiécle, du temps de Tamerlan, & c'eft le Pays des anciens Maffagètes. Il

---

(*a*) Tout ce que nous fçavons de cette guerre des Chinois, contre les Eluths, fe peut voir dans le Voyage de l'Abbé Chappe en Sibérie ; où fe trouve auffi un détail curieux fur la Religion de ces Tartares.

a de belles plaines, au milieu des montagnes dont il est assez rempli. On y remarque deux Lacs ; entr'autres, le Lac *Saissan**, au Nord-Est, près duquel demeure le *Kutuktu*, ou Pontife des Eluths, Vicaire du Grand Lama. La Rivière d'*Irtisz* prend sa source aux environs, traverse le Lac, puis coule au Nord-Ouest pendant plus de soixante lieues, servant en cet endroit de limites aux Russiens & aux Eluths : elle coule ensuite au Nord dans la Sibérie, passe à Tobolsk, & se jette enfin dans l'Oby. L'autre Lac est celui de *Palkati**. Il est à l'Occident, & reçoit entre autres Rivières l'*Ili**, qui prend sa source vers la Ville de Cialis.

HARCAS*, *ou* URGA, sur l'Ili, au milieu de son cours. Ce n'est qu'un grand camp où réside ordinairement le Contaisch. Il peut être regardé pour cette raison comme la Capitale de ses Etats.

CIALIS, Ville assez marchande, au Sud-Est, dans un Pays très-fertile, qui faisoit ci-devant un Etat particulier.

2. La *petite Bukarie* * est ainsi appellée pour la distinguer de la grande qui est voisine, au Sud-Ouest, & qui fait partie du Pays des Usbecks. Elle dépendoit autrefois du Turkestan, & elle a été partagée ensuite en divers petits Etats ou Royaumes, qui prenoient leur nom de leurs Villes, comme celui de *Cachgar*, &c. Enfin ce Pays a été conquis par les Eluths en 1683. Ses anciens Habitans n'ont rien de commun avec les Tartares leurs maîtres : ils habitent dans des Villes & des Villages, & cultivent les terres qui sont assez fertiles, quoiqu'il y ait quelques déserts. Les Bukares font un grand commerce de tous côtés, en Perse, aux Indes, à la Chine, en Russie. Ils sont la plupart Mahométans ; mais toute Religion est tolérée chez eux. Ce Pays produit les plus belles plantes aromatiques. On

trouve dans les montagnes au Nord-Est, du soufre, du plomb, du sel amoniac, & de l'argent.

Yarken, *Capitale*, sur la Rivière de même nom, qui se jette à l'Orient dans le Lac *Lop**, près du grand Désert de Chamo. C'est une Ville bien peuplée. Le Contaisch y demeure, lorsque ses affaires l'appellent dans la petite Bukarie.

Cachgar, *ou* Hasicar, Ville autrefois considérable, au Nord-Ouest de la précédente, selon les Cartes données par le Père du Halde. On l'a appellée autrefois *Ourdoukent*, c'est-à-dire, la *Ville Royale*.

Choten, *ou* Cotan, au Midi : c'étoit ci-devant la Capitale d'un petit Etat ou Royaume de Tartares.

3. Le Pays de *Turfan*, & celui d'*Hami* ou *Camul*, sont voisins, vers l'Orient, & ont le Lac Lop au Midi. Le premier contient plusieurs Villes & un grand nombre de Villages : le second n'a que la Ville qui lui donne son nom. L'Empereur de la Chine s'est emparé de ce Pays en 1720 ; mais en 1726 ils revinrent aux Eluths. Il y a apparence que la dernière révolution aura remis ces Pays sous la domination Chinoise.

Turfan : c'est une Ville assez considérable, fort fréquentée par les Marchands qui vont à la Chine ou qui en reviennent.

Hami *ou* Camul. C'est la seule Ville du Pays de même nom, sur la route de la Chine, & près du grand Désert. Elle est habitée depuis plusieurs siécles par des Mahométans, que les Chinois appellent *Wheyhus*.

§. II. *Du Tibet.*

Ce Pays qui est assez considérable, est vers le Midi, presque tout entier au-delà du grand Désert :

il avoit autrefois un Prince souverain. Mais il y a environ cent cinquante ans que le Grand-Lama, ou Souverain Pontife des Tartares Idolâtres, souleva contre lui les Mongous & les Kalkas, parcequ'il le soupçonnoit de vouloir embrasser le Christianisme, & qu'il n'en étoit pas traité avec assez de respect. Le Prince fut donc privé de ses Etats ; & les Mongous unis aux Eluths les donnèrent au Grand-Lama, qui établit pour les gouverner un *Tipa*, ou Souverain Ministre. En 1716, le Contaïsch des Eluths s'empara de ce Pays. Les Chinois s'en sont rendus maîtres quatre ans après ; mais les Eluths y ont fait de nouveau reconnoître leur autorité vers 1725. Leur dernière guerre avec les Chinois n'aura pas manqué de la leur faire perdre : ce n'est cependant qu'une conjecture.

Ce Pays est appellé par les Chinois *Tsanli*, à cause de la grande Rivière de *Tsanpou*, qui le traverse d'Occident en Orient, selon les nouvelles Cartes Chinoises. Elle paroît prendre sa source auprès de celles du Gange, & l'on croit qu'elle coule ensuite vers le Midi, à travers le Royaume d'Ava, où elle s'appelle *Menankiou*, & se décharge dans le Golfe de Bengale. Le Kiang prend aussi sa source au Nord-Est de ce Pays, qui a beaucoup de Rivières, dans le sable desquelles on trouve quantité d'or. Les Indiens donnent à ce Pays le nom général de *Boutan*. C'est là que naît particulièrement l'animal qui produit le Musc : sa figure & sa couleur représentent une biche, & il demeure dans les bois où l'on va le chasser. Il a sous le ventre une vessie ; on la coupe & on sépare le sang caillé, pour le faire sécher au soleil : il acquiert alors une odeur très-forte, & une couleur rougeâtre. On l'enveloppe ensuite dans la vessie même pour le transporter, & c'est ce qu'on appelle le Musc. On trouve aussi au Tibet quantité de civettes, & la rhubarbe qui y croît, est très-estimée. Les Tibétiens vivent de la culture de leurs terres, qui sont assez fertiles. Ils habitent dans des Villages & de petites Villes. Ils n'en ont point de considérable, ou qui soit en état de défense.

Le Tibet est un grand Pays que M. Delisle a commencé à faire paroître sur nos Cartes, & qu'on ne connoissoit point avant lui. Il se divise, selon les plus nouvelles relations, en quatre parties ; sçavoir, le petit *Tibet*, ou le *Baltistan*, à l'Ouest ; le grand *Tibet*, ou le *Boutan*, au milieu ; le *Lassa* ou *Barantola*, au Midi ; le *Sifan* ou *Tufan**, à l'Est. Tous ces Pays ont leurs Princes ; & celui du petit Tibet, qui est dans les montagnes, est tributaire du Grand-Mogol.

ESKERDOU *ou* TIBET, est la *Capitale* de ce petit Pays.

LATAK *ou* LADAK, *Capitale* du grand Tibet, qui est gouverné par un Prince nommé le *Chiampo*. Cette Ville est sur la branche septentrionale du Gange, vers ses sources.

CHAPARENGUE, Ville fort marchande au Midi, sur le Tsanpou : elle est du grand Tibet, & la plus considérable de toutes ces contrées.

TONKER, *ou* LASSA, *Capitale* du Barantola, ou Lassa.

Près de cette Ville est le Mont *Poutala*, où demeure le *Dalaï Lama*, ou Grand-Lama, qui est le Souverain Pontife Idolâtre des Mongols & Calmoucks. Le peuple le croit immortel, ceux qui sont auprès de sa personne ayant soin, lorsqu'il meurt, de lui en substituer un autre qui lui ressemble, ou d'assurer que son ame anime un autre corps, suivant la doctrine de la Métempsycose à laquelle tous ces Idolâtres sont attachés. Le Grand-Lama est tout occupé du culte qu'il rend à l'Idole *Fô*, & de celui qu'on lui rend à lui-même, comme à un Fô vivant ;

car il est regardé comme une Divinité par tous les peuples de la Tartarie & du Nord des Indes. Il est visité par une multitude de pélerins, qui viennent à lui avec de grands présens, pour l'adorer & le consulter comme un Oracle. Son appartement est magnifiquement meublé, & l'or y brille de toutes parts. On assure que le feu du Ciel tomba en 1727 sur le grand Temple de ces Idolâtres, & qu'il le réduisit en cendres.

La Religion des Lamas, qui est fort répandue à l'extrémité de l'Orient, est un mêlange d'idolâtrie & de superstitions : mais comme ils ont plusieurs cérémonies & coutumes qui ressemblent à celles des Chrétiens, quelques Sçavans ont conjecturé qu'elles viennent en partie des semences du Christianisme jettées autrefois par les Nestoriens en Tartarie. Les Lamas emploient l'eau bénite, chantent dans le service divin, & prient pour les morts : leur habillement est celui que nos Peintres donnent aux Apôtres, & ils portent des mîtres comme nos Evêques.

§. III. *Du Turkestan*.

Ce nom signifie le Pays des Turcs, & il est aujourd'hui fort resserré, en comparaison de ce qu'il comprenoit autrefois. Les Histoires de l'Empire Grec de Constantinople, & celles de la Chine, nous apprennent que les Turcs formoient au VIe siècle un Empire qui s'étendoit depuis la Mer Noire jusqu'à la Chine. Mais leurs divisions & les guerres qui survinrent entr'eux, donnèrent lieu à la plupart des Peuples qu'ils avoient soumis, de secouer leur joug. Cependant ils conservèrent un Etat assez considérable dans le Pays dont il est maintenant question, & dans la petite Bukarie (*a*); mais Genghizkan leur imposa le joug au XIIIe siècle.

(*a*) C'est-à-dire, au Pays de Cachgar, où M. Delisle a placé le Turkestan.

Le Turkestan est aujourd'hui borné à l'Occident par la Mer Caspienne & le Jemba, au Nord par une partie de la Tartarie Russienne, à l'Orient par les Eluths ou Calmoucks, au Midi par les Usbecks. Il est traversé par le *Sir*, rivière qui s'appelloit anciennement le *Jaxarte*, & qui se jette dans le grand Lac nommé *Arall*. Ce Lac s'augmente tous les jours, depuis que les Usbecks y ont détourné le fleuve Gihon, qui se jettoit ci-devant dans la Mer Caspienne.

On divise le Turkestan*, ainsi désigné, en quatre parties qui sont habitées par quatre Peuples principaux; sçavoir, du Midi au Nord-Ouest:

1. Les Tartares *Poruttes**, qui sont sous quelque dépendance des Eluths leurs voisins, près de Cachgar. C'est une partie des Usbecks que les Eluths appellent de ce nom.

2. Les *Kasats**, ou les Tartares de la Horde ou Tribu de *Kasatchia*, dont une partie s'est soumise aux Eluths, à qui ils ressemblent beaucoup; mais ils ne sont pas si tranquilles qu'eux. Ils sont Mahométans, & en partie errans & pillards, allant quelquefois jusqu'en Sibérie: c'est pourquoi ils ne cultivent de leurs terres, qui sont fertiles, que ce qu'il leur faut précisément pour vivre. Leurs Chevaux sont les meilleurs coureurs de toutes ces contrées, & n'ont besoin que de très-peu de chose pour leur nourriture.

TACHKUND, *Capitale*, sur le Sir : le Kan des Kasats y réside l'hiver.

OTRAR*, plus au Nord, sur la même rivière. C'étoit autrefois une Ville considérable, & l'ancienne Capitale du Turkestan. Tamerlan y mourut en 1405, comme il se préparoit à joindre la Chine à ses vastes Etats.

3. Les *Mankats*, ou *Karakalpacs** : ce dernier nom leur a été donné par les Russiens, à cause de

leurs bonnets. Ces Tartares font affez fouvent des courfes en Sibérie, avec les Kafats leurs fidèles amis & leurs parens. Ils font Mahométans: mais ils n'ont, comme les précédens, ni Alcoran, ni *Moulhas* ou Docteurs, ni Mofquées; ainfi la Religion de ces Peuples fe réduit à fort peu de chofe.

TURKESTAN, *ou* TIOURCOUSTAN, *Capitale*, fur le Sir: c'eft la réfidence du Kan pendant l'hyver.

4. Les *Turkmens Blancs*, qui habitent entre la Mer Cafpienne & le Lac Arall: ils font auffi Mahométans, & ils campent de lieu en lieu.

§. IV. *Du Pays des Ufbecks.*

C'eft la partie de la Tartarie la plus voifine de la Perfe: elle répond à ce qu'on appelloit anciennement la *Sogdiane* & la *Bactriane*. Les Califes, ou Succeffeurs de Mahomet, l'ont poffédée, & ils l'appelloient *Marawalnahr*, c'eft-à-dire, le *Pays au-delà du fleuve* (Gihon): ce qui eft la même chofe que la *Tranfoxane* des Anciens, qui comprenoit les deux Provinces dont on vient de parler; car le Gihon fe nommoit autrefois *Oxus*. Il s'eft élevé dans ce Pays diverfes Souverainetés, dont la plus célèbre eft celle des Khowarefmiens, qui étoient très-puiffans en Perfe, & qui furent détruits par Genghizkan en 1224. Ce fut un effain de ces Peuples qui fit tant de mal aux Chrétiens Croifés de la Terre-Sainte, & qui eft connu dans nos Hiftoires fous le nom de *Corafmins*. Ce Pays fut, avec une partie du Turkeftan, le partage de Zagathaï, l'un des fils de Genghizkan: c'eft ce qui fait qu'il a porté fon nom pendant environ trois cens ans. Tamerlan, qui étoit auffi Mongol ou Mogol, quoiqu'il ne fût pas de la famille de ce Prince, commença à y régner en 1369. Les Princes *Ufbecks*, defcendans d'un autre fils de Genghizkan, qui s'étoit établi au Nord-Eft de la Mer Cafpienne, s'emparèrent de ce Pays en 1498, & lui donnèrent leur nom, en obligeant les fils de Tamerlan de se refugier aux Indes, où ils ont fondé alors, comme nous l'avons dit, l'Empire du Mogol.

Le Pays des Usbecks est traversé par le *Gihon*, qui se déchargeoit autrefois dans la Mer Caspienne; mais les Usbecks incommodés par les Pirates de cette Mer, ont fermé son embouchure, & ont partagé ses eaux par des canaux qui arrosent leurs terres. Elles sont très-fertiles en certains endroits, où elles rapportent du bled & d'excellens fruits; mais ces Peuples, au lieu de cultiver tranquillement leurs terres, les meilleures de toute la Tartarie, ne sont occupés qu'à faire des courses sur leurs voisins, qu'ils pillent autant qu'ils peuvent. Ils passent néanmoins pour les plus civilisés & les plus sçavans des Tartares Mahométans: ils sont de la Secte d'Omar. Au milieu d'eux demeurent les *Sarts* & les *Bukares*, qui sont les plus anciens habitans du Pays, & qui ne ressemblent en rien aux Usbecks. Ceux-ci les appellent *Tajiks*, c'est-à-dire, *marchands* & *hommes du commun*: ils donnent aussi le même sobriquet aux Persans. Les Usbecks sont bons guerriers, & leurs femmes, qui sont aussi courageuses, les accompagnent souvent dans leurs expéditions. Cela rend vraisemblable ce que l'ancienne Histoire fabuleuse des Amazones rapporte: aussi étoient-elles de la Nation de Sauromates, espèce de Scythes ou de Tartares.

On divise le Pays des Usbecks en deux parties. La première s'appelle la grande Bukarie *, à l'Orient & au Midi; & la seconde le *Karasm*, ou *Carizem*, que l'on appelle aussi le Royaume de *Corcang*, à l'Occident vers la Mer Caspienne.

1. La *Grande Bukarie* se partage en trois Provinces ou Etats assez considérables, & qui prennent leurs noms de leurs Capitales; sçavoir, *Samarcand*, *Balck*, & *Bokara*.

SAMARCAND, entre le Gihon & le Sir. C'est une Ville ancienne, qui a été autrefois très-grande, & la Capitale de l'Empire de Tamerlan. Elle est encore aujourd'hui confidérable & fort peuplée : on y voit beaucoup des maisons bâties de pierres. Il y a une Académie des Sciences, qui est une des plus fameuses de tous les Etats Mahométans : on y vient étudier de tous côtés. C'est dans cette Ville que se fait le plus beau papier de soye de tout l'Orient. Son terroir produit des poires, des pommes, des raisins, & sur-tout des melons, si exquis & en si grande quantité, qu'on en fournit les Etats du Grand-Mogol, & une partie de la Perse.

BALCK, au Midi de Samarcand, près du Gihon. C'est une ancienne Ville appellée autrefois *Bactra* : elle fut prise en 1221, par Genghizkan, qui y fit un grand butin & abattit ses murailles & son Château. C'est une Ville grande, belle, très-marchande, & bien peuplée. La plûpart des maisons sont de pierres ou de briques, & le Château du Kan est presque tout de marbre, dont il y a des carrières au voisinage. Le Pays est très-fertile & bien cultivé : on y recueille sur-tout beaucoup de soye, dont on fait de petites étoffes fort jolies.

BOKARA, près du Gihon, au Nord-Ouest de Balck. Il s'y faisoit autrefois un grand commerce ; mais il est bien diminué aujourd'hui, parceque les marchands étrangers sont exposés à des avanies extraordinaires. Le terroir de Bokara fournit des fruits secs excellens, au Mogol & à la Perse. Cette Ville se rendit en 1220, au fameux Genghizkan, qui l'abandonna au pillage & la fit brûler. Cette rigueur fut d'autant plus sensible aux Habitans, que leur Ville avoit fleuri par les Sciences & les Arts, & qu'elle avoit formé des hommes très-célèbres. Bokara fut rebâtie peu de temps après la mort de Genghizkan, par les ordres d'Octaikan, son Successeur à l'Empire des Mogols. Avicenne, profond dès l'âge de seize ans dans la connoissance de la Philosophie, de l'Astronomie & de la Médecine, est né à *Afsnana*, Bourg de ce pays.

2. Le *Karasm*, ou Royaume de *Corcang*. Il est possédé par une branche d'Usbecks, moins civilisés que les autres. Les Russiens leur ont donné le nom de Tartares de *Chiwa*, parceque ces Usbecks appellent de ce nom le camp où leur Prince demeure la plus grande partie de l'année, sur les bords du Gihon.

CORCANG, ou URGENS, *Capitale*, vers le Nord, près de l'ancien lit du Gihon. C'est une Ville assez ancienne, & qui est devenue fort peu de chose, par la négligence des Tartares. Le Kan de Karasm y fait sa résidence pendant l'hiver.

Sur les bords de la Mer Caspienne demeurent les *Turkmens Noirs*, qui dépendent du Kan de Karasm.

§. V. *Du Dagestan, de la Circassie, & des Pays qu'habitent les petits Peuples libres du Caucase.*

Tous ces Pays auxquels on donne souvent le nom général de *Circassie*, sont à l'Occident de la Mer Caspienne. Ils ont au Midi la Mer Noire & le Mont Caucase, par lequel ils sont séparés de la Perse, de la Georgie & de la Mingrélie; à l'Occident, le Détroit de Caffa & la Mer d'Azof, qui les séparent de la petite Tartarie; au Nord, le Don & le Royaume ou la Province d'Astracan, qui appartient aujourd'hui aux Russiens. On les divise en trois parties; sçavoir, le *Dagestan*, au Sud-Est; la *Circassie*, au Nord & à l'Ouest: enfin les Pays qu'habitent divers petits Peuples libres du Caucase, au Midi.

1. Le *Dagestan* est possédé par une espèce de Tartares très-sauvages, fort laids & grands voleurs: ils sont Mahométans, mais sans instruction. Ils habitent sur les bords de la Mer Caspienne, près de la

Province de Perse nommée le *Chirvan*. Ils ont plusieurs Princes, dont le premier s'appelle *Chefcal*: son élection se fait par le sort. Lorsqu'il est mort, tous les Princes de la Nation s'assemblent, & après s'être arrangés en cercle, on jette au milieu d'eux une pomme d'or: celui qu'elle touche est reconnu Kan. Leur Pays, quoique situé dans les montagnes, d'où il a pris son nom, est très-fertile, sur-tout en fruits; & c'est une loi chez eux qu'on ne peut se marier avant que d'avoir planté cent arbres fruitiers. Les Russiens les assujétirent en 1722; mais ils ont entièrement recouvré leur liberté en 1739.

Tarcou, *Capitale*, sur la Mer Caspienne: les Russiens l'avoient fortifiée.

2. La *Circassie* est habitée par plusieurs sortes de Tartares; sçavoir, les *Petits Nogais*, qui sont aussi répandus dans la petite Tartarie; les *Kubans*, qui prennent leur nom d'une rivière qui se jette dans la Mer d'Azof & dans la Mer Noire; les *Cabardiniens*, les *Petigoriens*, &c. La partie Occidentale de ce Pays est soumise au Kan de Crimée, dont les Kubans dépendoient autrefois. Les Russiens s'étoient emparés de la partie Orientale; mais ils l'ont abandonnée en faisant la paix avec les Persans en 1739. Cette partie est stérile & pleine de marais formés par les débordemens du Wolga & de la Mer Caspienne. Dans tout le reste il y a d'assez bons pâturages, où les Circasses demeurent pendant l'été, à la manière des autres Tartares: ils s'appliquent d'ailleurs à l'agriculture. Ils font un grand commerce de chevaux, qui ne sont point beaux, à la vérité, mais très-estimés à cause de leur vigueur extraordinaire. Il y a dans ce Pays de mines d'argent, mais on n'y travaille point. Ce qu'il y a de plus singulier, c'est que les hommes sont fort laids, & les femmes parfaitement belles. Les Circasses sont Mahométans; mais ils n'ont ni Alcoran ni Mosquées. Quel-

ques-uns pratiquent des cérémonies qui approchent fort de l'Idolâtrie. La Religion Grecque a fait du progrès dans ce pays depuis quelques années.

TERKI, *Capitale*, à un quart de lieue de la Mer Caspienne : le plus puissant Prince du pays y réside. Les Russiens l'avoient fortifiée, lorsqu'ils en étoient maîtres.

CABARDA, *ou* CABARTA, au Nord-Ouest : elle passoit ci-devant pour la Capitale de la Circassie.

BESINI, que l'on appelle quelquefois *Pétigor*, parcequ'elle est voisine des Pétigoriens, environ au milieu de la Circassie. Les Turcs y mettent un Bey, lorsqu'ils sont en guerre avec les Russiens.

TAMAN, Ville forte, sur le Détroit de Caffa.

LADDA *, Forteresse, sur la Mer d'Azof.

Ces deux Places sont aux Turcs, qui appellent la *Circassie* le *Pays de Ladda*.

Nous avons parlé d'AZOF, en décrivant la petite Tartarie. Plusieurs Auteurs mettent cette Ville dans la Circassie, sur les frontières de laquelle on la trouve.

3. Les environs du *Mont Caucase* sont habités par plusieurs petits *Peuples libres* ; sçavoir, d'Occident en Orient, les *Lesgis* *, voisins du Dagestan ; les *Taules* *, les *Awares* *, les *Circasses Noirs*, ou Montagnards, les *Alanes* *, les *Abcasses*, ou *Abasa*, & les *Ziques* *. Ces Peuples ont la plûpart quelque reste de Christianisme. Les derniers sur-tout sont de grands voleurs, qui fournissent les Turcs d'Esclaves.

ARTICLE III.

Article III.

De la Tartarie Russienne, ou Russie Asiatique.

CETTE partie de la Tartarie est aussi grande que les deux autres prises ensemble; mais comme elle s'étend au-delà du Cercle Polaire, & est fort exposée aux vents du Nord, elle est vers le Septentrion stérile en grande partie, & couverte de bois. Les pays plus au Midi seroient fertiles, s'ils étoient cultivés comme ceux que la Russie possède depuis environ deux Siècles. Car ce fut en 1552 & 1554 environ, que le Czar Jean Wasilovitz s'empara des Royaumes Tartares de Casan & d'Astracan : les Russiens étoient déja maîtres des Pays situés plus au Nord, entre la Russie d'Europe, & cette longue chaîne de hautes montagnes qui va jusqu'au Détroit des *Vaigats*, & que (*a*) l'on appelle *Kamenoi-Poyas**. Vers la fin du XVIe. Siècle, la famille des Anicaniens, riches marchands de la Province d'Oustioug, fit connoître la Sibérie Septentrionale, ou la *Samojessie*, & donna lieu à Boris, qui gouvernoit la Russie en qualité de Régent, d'envoyer des Russiens à la découverte de ce Pays. Les Peuples se soumirent volontiers à eux, & s'engagèrent à leur payer un tribut des précieuses peaux que l'on y trouve. Cependant une bande de Cosaques, que les Russiens avoient poursuivis à cause de leurs brigandages, entrèrent dans le même Pays vers le Midi, & s'emparèrent d'un Royaume de Tartares, dont la Capitale étoit *Sibir*, qu'on a depuis nommée *Tobolsk*. Le chef de ces Cosaques, craignant de ne pouvoir s'y

___
(*a*) Les Anciens les nommoient les Monts *Riphées* & *Hyperboréens*.

soutenir, & voulant faire sa paix avec les Russiens, leur donna avis de cette conquête, leur offrant de la leur remettre, pourvu qu'on lui accordât sa grace. La Cour de Moscow y consentit volontiers, & c'est ainsi qu'elle a établi sa domination, sans guerre, dans la Sibérie, en l'année 1595. Les troubles qui agitèrent ensuite la Russie, ne permirent pas de pousser les découvertes dans ce vaste Pays : elles furent enfin reprises, & l'on y a fait plusieurs établissemens dans le XVIIe. Siècle, & dans celui-ci, sur-tout sous Pierre le Grand & ses successeurs.

On connoît maintenant tout le Nord de l'Asie, & sa proximité avec les terres de l'Amérique, comme on le peut voir dans la *Carte des nouvelles découvertes*, publiée sur les Mémoires de M. Delisle, (*a*) Professeur Royal en Mathématiques, & frère du célèbre Géographe : il a été 20 ans en Russie, où Pierre le Grand l'avoit fait venir pour établir à S. Pétersbourg une Ecole d'Astronomie, & un Observatoire.

Nous avons dit que des seize Gouvernemens de l'Empire de Russie, il y en avoit quatre en Asie, dans la grande Tartarie. Ce sont, les Gouvernemens de *Casan*, d'*Orenbourg*, d'*Astracan*, & de *Tobolsk*, ou de *Sibérie*. Ce dernier, à l'Occident, est borné par cette longue chaîne de Montagnes nommées Kamenoi-Poyas, & s'étend à l'Orient jusqu'au haut de la Mer du Sud, ou de l'Océan Oriental. Il a été divisé en deux parties.

§. I. *Le Gouvernement de Casan.*

Sa partie Méridionale formoit ci-devant le Royaume de Casan, gouverné par un Kan des Tartares. C'étoit un démembrement du grand Etat de Capchac, fondé par un des fils de Genghizkan, & qui s'étendoit au Nord de la Mer Caspienne & de

───────────────
(*a*) Cela se voit aujourd'hui sur les Mappemondes.

la Mer Noire : les petits Tartares d'Europe en viennent. Tamerlan fit beaucoup de mal à la plûpart de ces Tartares de Capchac, qui se rétablirent cependant après sa mort. Les Russiens qui leur avoient été assujétis pendant près de trois cens ans, s'emparèrent en 1552, du Royaume de Casan, sur les Tartares qu'on appelle aujourd'hui d'*Ufa*, ou *Ufimski*; lesquels demeurent encore dans les même pays.

On divise ce Gouvernement en plusieurs Provinves, qui prennent le nom de leurs Capitales. Les plus considérables sont :

Solkamskaia, *ou* Solkansko, sur le *Kama*, Rivière considérable qui va se jetter dans le Wolga à quelques lieues de Casan. La Province dont cette Ville est la Capitale, se nommoit ci-devant *Permie*, à cause des *Permes* qui y habitent, & qui ont été autrefois fort étendus vers le Nord, & puissans par leur commerce. On fait dans cette Province, qui est fort peuplée, une si grande quantité de sel, que 20000 ouvriers sont continuellement occupés à y travailler.

Czerdin, au Nord-Ouest de Solkamskaia, nommée autrefois *la Grande Permie*.

Chlinow, ou Glinof, *Evêché*, sur la Rivière de *Viatka*, qui donnoit autrefois le nom à sa Province : les anciens Peuples se nomment *Votiackes*. On y fait un grand commerce de cire, de miel, & de beurre.

Casan, *Evêché*, sur la rive gauche du Wolga. C'est une grande Ville, riche & bien peuplée. Il y a beaucoup d'Eglises, & une forte Citadelle bâtie de pierres, où les Tartares ont défense d'entrer sous peine de la vie. Les habitans de Casan sont riches, & ils font un grand commerce avec les Turcs du côté de la Mer Noire. La Province est fertile en fruits, en légumes & en bleds qu'on transporte jusqu'à S. Péterfbourg. On en tire aussi des pelleteries & des bois propres à la construction des vaisseaux. La partie Méridionale de cette Province s'appelloit ci-devant la *Bolgarie* ; & c'est d'où l'on croit que sont venus les Bulgares, qui se sont établis, à la fin du VIIe. Siècle, sur les côtes Occidentales de la Mer Noire, dans le Pays qui porte encore aujourd'hui leur nom.

SVIAJESK *, sur la rive droite du Wolga, vis-à-vis Casan. C'est une Ville assez considérable, quoiqu'elle ne soit pas ancienne. Sa Province s'étend des deux côtés du Wolga, à l'Ouest de celle de Casan ; elle est habitée par d'anciens Peuples Payens nommés *Czéremisses*, que l'on distingue en *Nagornois*, ou des Montagnes ; & *Lugovois*, ou des Plaines.

SIMBIRSK, au Midi de Casan.

PENZA, ou PINSK, au Sud-Ouest de Sviajesk. Sa Province comprend une partie des *Morduas* ou *Mordwins*, Peuple Idolâtre qui habite les forêts.

§. II. *Le Gouvernement d'Orenbourg.*

Cette Province, où il y a de grands déserts, est principalement habitée par deux sortes de Tartares, qui sont parens. On les appelle les *Baskirs* & les *Ufimski* : ils possédoient autrefois le Royaume de Casan. Ce sont la plûpart des espèces de Mahométans, sans instruction, qui ressemblent en beaucoup de choses à des Payens : il y en a qui ont nouvellement embrassé la Religion Grecque. La *Baskirie* s'appelloit autrefois *Pascatir*, & c'est de-là que les Hongrois sont venus en Europe vers la fin du IXe. Siècle.

ORENBOURG, sur le Jaick, est une Ville bâtie depuis trente ans, qui s'est accrue des calamités des Persans, dont un grand nombre, depuis leurs guerres civiles, s'y sont réfugiés & y ont apporté toutes leurs fortunes. Les Indiens, les Bukares, & d'autres Peuples y viennent trafiquer ; de sorte que cette

Ville est aujourd'hui un des entrepôts de l'Asie pour le commerce.

UFA, Ville fortifiée, sur la Rivière de même nom, au Nord.

§. III. *Le Gouvernement d'Astracan.*

Ce Pays étoit la demeure des Huns & des Avares, avant qu'ils passassent en Europe au IVe. & au VIe. Siècle, avec une multitude d'autres Tribus Turques & Tartares. Il fut habité ensuite par les Capchacs ou Comans. Un des fils de Genghizkan y établit ce grand Royaume dont nous avons déja parlé, & qui fut appellé *de Capchac*, du nom de ses Habitans. Celui d'Astracan en fut un démembrement. L'on y voit les ruines de nombre de Villes que Tamerlan détruisit en ces quartiers, à la fin du XIVe. Siècle. Les Russiens s'en emparèrent en 1554, sur les Tartares *Nogais*, ou *Nagaia*, qui y demeurent encore. Le terroir est fertile en toute sorte de fruits, sur-tout en melons excellens. Pierre le Grand y a fait planter des vignes, dont le plant vient des environs du Rhin & de la Moselle. La partie Méridionale est fort sablonneuse, & l'on y trouve grand nombre de sources d'eau salée. La chaleur suffit pour faire le sel, qui est beau & transparent comme du crystal. Il est en si grande abondance, qu'on paye seulement deux liards d'impôt pour quarante livres. Les Russiens en font un grand commerce, aussi-bien que des esturgeons qu'ils pêchent en abondance dans le Wolga, & qu'ils salent. C'est avec les œufs de ces poissons qu'ils font le Caviar, qui se transporte de tous côtés & dont les Peuples du Nord mangent avec délices : on l'étend sur le pain comme du beurre.

La partie du Gouvernement d'Astracan qui est vers le *Jaïk*, Rivière qui se jette dans la Mer Caspienne au Nord-Est, a de bons pâturages : c'étoit-là que demeuroient autrefois les Usbecks, avant qu'ils allassent s'établir au voisinage de la Perse. Au même endroit demeure aujourd'hui une branche de *Casaks*, ou *Cosaques*, qui prend son surnom du Jaïk. On croit que les Cosaques, qui s'étendent à l'Occident jusqu'au Dniéper, sont les restes des anciens Habitans du Capchac: ils traitent les Tartares de frères, & ils leur ressemblent beaucoup. Outre les Tartares Nogais, qui sont Mahométans, & qui demeurent aux environs d'Astracan, il y a encore depuis environ cinquante ans, des Tartares *Calmoucks*, surnommés *Torgauts*, à qui les Russiens ont permis de s'y établir: ils y vinrent sous la conduite d'un Kan nommé *Ajuka*, & c'est pour cela qu'on les appelle souvent de ce nom: ils sont idolâtres, & ils servent dans les armées Russiennes, étant fort courageux.

ASTRACAN, *Archevêché*, dans l'Isle de *Dolgoi*, formée par le Wolga, près de son embouchure dans la Mer Caspienne. C'est une grande Ville fort peuplée, où il se fait un commerce considérable. Il y vient des marchands Turcs, Arméniens, Persans, Tartares & Indiens, qui y échangent des épices & des pierres précieuses pour des fourrures.

§. IV. *De la Sibérie.*

Ce Pays est très-grand. Les bois & les montagnes dont il est rempli, le rendent du côté du Nord, presqu'inculte & inhabité: vers le Midi au contraire il est bien cultivé & peuplé. Il s'étend depuis le soixante-quinzième dégré de longitude, jusqu'au deux cens sixième vers le Nord-Est, & au voisinage de l'Amérique. Sa latitude Septentrionale est depuis environ le cinquantième dégré, jusqu'au-delà du soixante-dixième. On y trouve trois sortes d'Habitans. Les plus anciens, qui demeurent principalement dans la partie Orientale, vers le Nord, sont des Sauvages, qui ressemblent fort à ceux de l'Amérique, dont on sait maintenant qu'ils ne sont séparés que par un Détroit parsemé de plusieurs Isles. C'est celui que nous avons appellé *Détroit du Nord*, ou *d'Anian*. La seconde sorte d'Habitans de la Sibérie sont diverses espèces de Tartares, la plûpart idolâtres. Ceux qui demeurent dans la partie du Sud-Ouest, aux environs de Tobolsk, sont Mahométans, descendent des Kans de *Tura* & de *Sibir*, à qui on a donné le nom de *Rois de Sibérie*, & qui étoient un démembrement des Usbecks & du grand Etat de Capchac, fondé par un des fils de Genghizkan au XIIIe. Siècle. On prétend qu'il y a encore en Sibérie plus de 80000 familles de Tartares Mahométans, qui ont le libre exercice de leur religion. Enfin la troisième espèce des Habitans de ce vaste Pays sont les Russiens, Chrétiens Grecs, qui s'y sont établis depuis environ cent cinquante ans : ils y ont bâti le long des Rivières plus de trente Villes & plus de deux mille Bourgades ou Villages, à la manière de Russie, c'est-à-dire, de bois. On y exile les criminels qui n'ont pas mérité la mort. Il y a des mines de fer, de cuivre, & même d'argent. La Sibérie nourrit beaucoup de bêtes fauves. Vers la Mer Glaciale, elles deviennent blanches pendant l'hyver; aussi-bien qu'une partie des oiseaux. Leurs plus belles peaux sont réservées à la Cour de Russie, & il n'est permis aux particuliers de faire le commerce que des moindres.

La Sibérie est arrosée par de grandes Rivières, qui coulent presque toutes du Midi au Nord, & se jettent dans la Mer Glaciale : nous avons déja eu occasion d'en parler plusieurs fois. La partie Méridionale est très-fertile, quoique le froid y soit fort pénétrant. On en transporte des grains pour le peu de Villes qui sont vers le Nord ; faute de ce secours les Habitans sont réduits à vivre comme les Peuples sauvages, de gibier & de poisson. De côté & d'autre, dans les quartiers du Nord, sont des *Simovies*, ou Hyvernemens, c'est-à-dire, des maisonnettes de bois, où l'hyver, des Commis viennent pour recevoir les impôts qui se payent en pelleteries. On voyage dans ce Pays en traîneaux tirés par des chiens, ou par des rennes, dont il y a des *Iams* ou Postes réglées.

Ce vaste Pays qui ne faisoit ci-devant qu'un Gouvernement, est maintenant divisé en deux : 1.° celui de *Tobolsk*, qui contient deux Provinces ; sçavoir, celle de *Tobolsk* & celle d'*Iéniseisk*. 2°. Le Gouvernement d'*Irkutsk*, de laquelle dépend la Presqu'Isle de *Kamtschatka*, qui est au Sud-Est, entre la Mer ou Golfe d'Amur & l'Océan. Comme cette Presqu'Isle est nouvellement découverte, on ne la voit point sur les Cartes de M. Guillaume Delisle, si ce n'est sur celles qui ont été revues par M. Buache son gendre. Les Russiens ont fait au *Kamtschatka* des établissemens considérables depuis environ trente ans.

I. *Du Gouvernement de Tobolsk.*

Il est partagé, comme nous venons de le dire, en deux Provinces, qui s'étendent chacune du Sud au Nord, & qui prennent le nom de leurs Capitales.

1. *La Province de Tobolsk,*

Est celle où les Russiens se sont établis d'abord. Il y a peu de Villes dans la partie Septentrionale, à cause de la proximité de la Mer Glaciale, & des vents froids du Nord qui s'y font extrêmement sentir. Il y demeure cependant de pauvres *Samojèdes*, & des *Ostiackes*, ou *Condisches*; qui sont d'ailleurs répandus par toute cette Province. L'*Oby*, qui la traverse du Sud-Est au Nord-Ouest, abonde en excellens poissons. On trouve sur ses rives de belles pierres

TARTARIE RUSSIENNE.

fines, & entr'autres des pierres transparentes rouges & blanches, en tout semblables aux agathes, dont les Russiens font beaucoup de cas. La partie Méridionale est bien peuplée & très-cultivée. L'on y trouve des Déserts, ou *Steps*, qui la séparent des Calmoucks & des Karakalpacs, ce qui n'empêche pas ces derniers d'y faire de fréquentes incursions.

TOBOLSK, *Capitale*, & *Archevêché*, sur une Montagne, à l'embouchure du *Tobol* dans l'*Irtiz*, qui se décharge dans l'Oby environ cinquante lieues plus bas. Cette Ville se nommoit *Sibir*, lorsque les Tartares Mahométans y avoient un Roi, ou plutôt un Kan : ils l'appelloient de ce nom, parceque c'étoit l'Etat le plus au Nord qu'ils possédassent. Les Russiens ont augmenté considérablement cette Ville, qui est grande, peuplée, & fort riche par le commerce qu'elle fait jusqu'à la Chine & aux Indes. Elle est à 550 lieues à l'Orient de S. Pétersbourg, Capitale de tout l'Empire Russien. L'Archevêque de Tobolsk a fait, il y a quelques années, des Missions chez les Ostiackes. Il leur a fait brûler leurs idoles, & en a baptisé un grand nombre.

TIUMEN, ou TUMEN, au Sud-Ouest de la précédente. On l'appelloit *Onzigidin*, du temps des Tartares, & c'étoit, avec Sibir, les deux seules Villes qui fussent en Sibérie avant les Russiens : c'est aujourd'hui une grande Ville fortifiée, sur la *Tura*, qui se jette dans le Tobol. Son territoire est le mieux cultivé de toute la Sibérie. A quelque distance l'on prend des renards, dont les peaux sont si estimées, qu'on les envoie toutes à la Cour de Russie.

VERSCHOTURE, à l'Ouest, près des frontières du Gouvernement de Casan : c'est une petite Ville fortifiée, dont le terroir ne peut rien produire à cause des vents froids. C'est où est le Bureau de la Douane, & il faut passer par-là pour entrer dans la Russie Européenne. Dans le voisinage de Verschoture est une montagne où l'on trouve de la pierre d'Asbeste, dont les anciens faisoient le *Sindon*, c'est-à-dire, une toile qui ne se consume point au feu: ce fut un Paysan Russien qui trouva cette sorte de pierre en 1720 (*a*). Au Midi de Verschoture sont deux riches mines de cuivre & de fer, près d'*Ecaterinbourg* ✶. Dans cette Contrée demeurent les *Wogulitzes*, anciens Peuples Payens dont plusieurs ont embrassé la Religion Grecque des Russes.

BERESOW & SURGUT sont deux Villes vers le Nord, & sur l'Oby: la première, plus au Nord & sur la rive gauche de l'Oby, la seconde plus au Sud, & sur la rive droite de ce fleuve. On prend aux environs quantité de zibelines & de renards noirs.

Du côté du Midi, les Russes ont bâti plusieurs Forteresses sur l'Irtiz en le remontant, & resserrant les Eluths ou Calmoucks (*b*). Sur leurs frontières sont un grand nombre de tombeaux des ancêtres de ces Peuples. Les Russes alloient autrefois piller ces tombeaux, parceque c'étoit l'usage des Eluths d'enterrer les morts avec tout ce qu'ils avoient d'or & d'argent, &c. mais les Calmoucks

---

(*a*) Pour préparer l'Asbeste afin d'en faire de la Toile, on la casse par petits morceaux, en frappant toujours contre le fil de la pierre: on continue de la concasser & de la frotter avec les mains jusqu'à ce qu'il s'en forme une espèce de laine qu'on file ensuite pour la donner aux Tisserands. En Sibérie, on laisse amollir la pierre pendant quelque temps dans l'eau chaude: on la travaille ensuite avec les mains; on unit les filamens de l'Asbeste avec un fil de lin bien fin, en tournant le fuseau auquel il est attaché. Quand la toile est faite, on la jette au feu, qui consume le fil de lin, sans toucher à celui de l'Asbeste. Cette toile est bien plus fine que celle que filent les Paysans des Pyrénées, où l'on trouve aussi de l'Asbeste, mais en petite quantité.

(*b*) Le *Kirgise* & le Royaume d'*Altin*, marqués en cet endroit sur l'ancienne Carte d'Asie de M. Delisle, ont pris leur nom de deux Hordes ou Tribus de ces Tartares.

ayant fait à ce sujet de petites guerres, le Gouverneur de Tobolsk a défendu sous de grandes peines de remuer davantage les cendres de ces tombeaux. Dans les Déserts voisins, les Russes ont trouvé, il y a 40 ou 50 ans, trois Villes assez belles, & bâties en briques, mais abandonnées par les habitans, sans doute lors de ces grandes guerres que les Kalmoucks eurent avec les Kalkas. Les Russiens y découvrirent en 1722, dans une espèce de vieux Château, des livres d'une forme singulière, & dont les feuillets étoient composés d'une écorce d'arbres, enduite d'un double vernis de deux couleurs. L'Académie des Belles-Lettres de Paris, à qui Pierre le Grand eut recours, après avoir consulté tous les Sçavans du Nord, jugea que c'étoient des Lettres sacrées écrites en langue du Tibet. (*Histoire de cette Académie par M. de Boze, Tom. V. p. 4. & Mémoires, Tom. XXX. pag. 796*).

2. *La Province d'Iéniseisk, qui est la seconde du Gouvernement de Tobolsk,*

S'étend, comme la précédente, depuis le Pays des Eluths, ou Calmoucks, jusqu'à la Mer Glaciale, & elle est traversée du Sud au Nord par la grande Rivière de *Jenisea*, qui en reçoit entr'autres, trois assez considérables, nommées toutes *Tungusca*, & seulement distinguées par les termes de *haute*, *moyenne* & *basse*, selon leur situation. Il y a des *Samojèdes* vers les bords de la Mer Glaciale. Les autres anciens habitans du Pays s'appellent *Tungouses* : c'est une Nation assez considérable, qui est aussi répandue dans la Province d'*Irkutsk*. Il en est de la Province d'Iéniseisk comme de la précédente : la partie Méridionale rapporte tout ce qui est nécessaire à la vie, & a un bon nombre de Villes Russiennes & de Villages.

L 6

IENISEISK, *Capitale*, sur le *Jénisea*; assez grande Ville, bien peuplée.

KRASNOIARSK, au Sud, sur la même Rivière.

TOMSK, à l'Ouest, sur la Rivière de Tom, qui tombe un peu plus au Nord dans l'Oby. Sa contrée est très-fertile.

MANGASEIA, appellée ci-devant *Turugansko*, vers le Nord, sur le Jenisea, dans une Isle, près de l'embouchure de la basse Tungusca, qui est la plus considérable des trois Rivières de ce nom: les Russiens qui y demeurent, tirent leurs grains des établissemens du Midi.

II. *Du Gouvernement & de la Province d'Irkutsk.*

Cette Province est presque aussi grande que les deux autres ensemble; mais elle n'est pas encore aussi peuplée de Russes, si ce n'est dans quelques parties Méridionales, vers le Lac *Baikal*, aussi-bien que dans la Presqu'Isle de Kamtschatka, au Sud-Est, & au-delà du Golfe ou Mer d'Amur. On peut donc diviser en deux parties cette Province, qui n'est connue dans son entier que depuis quelques années.

1. La partie Septentrionale, depuis environ le soixantième dégré de latitude, jusqu'au-delà du soixante-dixième, est habitée par les *Iakutes*, Peuples sauvages qui demeurent des deux côtés de la grande Rivière de Lena ou Len. Ils sont assez semblables aux *Tungouses*, leurs voisins à l'Ouest & au Sud; mais plus ingénieux, & plus adroits. Les *Iukagres* les bornent à l'Orient: ils sont peu différens des Samojédes, mais moins stupides & moins laids. Au Nord-Est sont les *Tzalatzkes* & les *Tzutshes*, près du Détroit qui sépare l'Asie de l'Amérique; & plus au Midi, les *Koreikes* & les *Olutorskes*. Les premiers sont les Peuples les plus féroces de tout le Nord de l'Asie. Selon M. Gmelin, qui a parcouru la Sibérie pendant près de dix ans,

c'est depuis la Rivière de *Jenisea* que le Pays paroît tout différent de l'Europe. On y trouve d'autres plantes, des eaux claires & saines, de bons poissons, & des hommes d'un autre genre. Il y a des montagnes & des vallées très-agréables; mais depuis la Rivière de *Lena* jusqu'au Promontoire de Glace ou *Tzalaginskoi*, au Nord-Est : le Pays est tout hérissé de montagnes & de rochers, & il y fait un froid extrême.

IAKUTSK ou YAKOUSTK, sur la Lena, à trente lieues environ au-dessus de l'embouchure de l'*Aldan* dans cette grande Rivière.

ANADIRSK, *Ostrog*, ou Village fortifié, au Nord des Olutorskes, sur l'*Anadir*, la seule Rivière considérable, qui se jette dans le Canal du Détroit du Nord.

2. La partie Méridionale peut se subdiviser en trois. Celle qui est à l'Ouest, & au milieu de laquelle se trouve le Lac *Baïkal*, est très-habitée & cultivée par des Colonies Russiennes, qui y ont bâti plusieurs Villes & plusieurs Villages, d'où ils entretiennent commerce avec la Chine. Les anciens habitans sont des *Tungouses*, qui vont nuds pendant l'hyver comme les Américains, n'ayant qu'un petit morceau de cuir autour des reins. Plusieurs se nourrissent des oignons de lys jaunes qui sont fort communs en ces quartiers : & ils en font de la farine & du pain. La partie du milieu est fort couverte de bois, & l'on y trouve les plus belles pelleteries : elle n'est encore habitée que par des Tungouses, dont une partie dépend des Chinois; les Russiens y ont seulement bâti quelques Villages au fond du Golfe d'Amur; qu'ils appellent aussi Mer de Kamtschatka parcequ'ils la traversent pour y aller. Enfin, la partie qui est à l'Orient comprend la Presqu'Isle de *Kamtschatka*, que les premières Cartes Russien-

nes repréfentoient mal, comme fort étendue vers le Sud, & prefque voifine du Japon. Cette Prefqu'Ifle du Kamtfchatka eft principalement habitée par les Peuples appellés *Kamtchadales*, qui s'habillent de peaux de chiens, n'y ayant point dans ce Pays d'autres animaux domeftiques. Les Ruffes, qui y ont bâti depuis trente ou quarante ans plufieurs Villes & Villages, fe louent beaucoup de fa fertilité. On y voit des caftors d'une grandeur extraordinaire; des mines fort riches; des eaux minérales excellentes, & deux Volcans affez confidérables. Les *Kuriles*, qui habitent la partie Méridionale du Kamtfchatka, paroiffent être une Colonie de Japonois; ils font en tout différens des autres Peuples fauvages dont nous venons de parler.

IRKUTSK, Ville *Capitale* de toute la Province, fur l'*Angara*, & près du Lac Baïkal; avec un *Evêché* indépendant. Il s'y fait un grand commerce, à caufe du paffage des Caravannes qui vont à la Chine, & qui en reviennent. Dans cette Contrée habitent une Nation de Tartares Payens appellés *Burattes*; c'eft pourquoi l'on appelloit autrefois ce Pays *Bratfkie*.

SELINGINSK, au Sud-Eft, fur la Rivière de Selinga, qui fe décharge dans le Lac Baïkal. Les Ruffiens la bâtirent en 1728, pour favorifer leur commerce, & fervir d'entrepôt à leurs marchandifes. C'eft maintenant de Sélinginsk que les Caravannes partent pour la Chine : les Chinois la nomment *Tfouchou-paifchang*.

NERTSINSK, que les Chinois nomment *Niptchou*, à l'Eft, & fur la Rivière de Schilka ou Amur. Elle eft fituée dans une Contrée fertile. La Paix qui y a été conclue avec les Chinois en 1689, l'a rendue célèbre. C'étoit autrefois de cette Ville que partoient les Caravannes pour la Chine. Les Ruffiens y entretiennent une forte garnison, avec une bonne artillerie. Dans son voisinage sont des riches mines d'argent, à *Argun*.

Okhota, ou Okhotsk, *Port & Ostrog*, ou Village fortifié, sur le Golfe d'Amur, ou la Mer de Kamtschatka, au Nord-Ouest. Les Russiens y ont bâti des vaisseaux, & vont aujourd'hui de-là par mer à la Presqu'Isle de Kamtschatka, au lieu qu'on faisoit d'abord un grand circuit par terre vers le Nord pour y arriver, selon la route qu'on avoit tenue en 1701, lors de la découverte de ce Pays par Atlassow.

† Bolschaia-Reka, *Port*, à l'Occident de la Presqu'Isle, où l'on aborde en venant d'Okhota.

Kamtschatka, *Port*, à l'Orient, presque au milieu de cette Presqu'Isle, & à l'embouchure d'une Rivière de même nom, qui se jette dans le Canal du Détroit. C'est de-là que les Russiens sont partis pour aller reconnoître en 1728 & 1731, les terres du Nord-Est de la Sibérie; & en 1739, les Isles qui sont jusqu'au Japon.

Avatcha, ou *S. Pierre & S. Paul*, autre *Port* du même Pays, plus au Midi. Les Russiens partirent de ce lieu en 1741, pour aller découvrir les terres de l'Amérique qui se joignent au Nord-Ouest de la Nouvelle France. M. Delisle de la Croyere, frère du Géographe & du Professeur Royal, étoit de ce voyage, & il mourut en rentrant dans ce Port, au mois de Septembre 1741.

CHAPITRE VII.

Des Isles de l'Asie.

Comme nous avons parlé au Chapitre de la Turquie Asiatique, des Isles qui sont dans la Méditerranée, & qui dépendent du Grand-Seigneur, nous décrirons ici seulement celles que l'on trouve dans l'Océan, à commencer par les plus voisines de la Tartarie. Elles composent sept principaux corps d'Isles, auxquels nous joindrons l'Isle de Ceylan. On en trouve six du Nord au Sud; sçavoir, les Isles qui sont près du *Kamtschatka*, les Isles du *Japon*, les Isles *Mariannes* ou des *Larrons*, les *Philippines* ou *Manilles*, les *Moluques*, les Isles *de la Sonde* : le septième corps d'Isles, sçavoir, les *Maldives*, est au Sud-Ouest de la Presqu'Isle Occidentale de l'Inde ; & au Sud-Est on trouve l'Isle de *Ceylan*.

ARTICLE I.
Des Isles voisines du Kamtschatka.

Elles sont ou dans le Canal qui conduit au *Détroit* du Nord, ou à l'entrée & au-dedans du Golfe d'Amur ou du Kamtschatka, au Nord & Nord-Est des Isles du Japon.

1. A l'Orient du Kamtschatka sont des Isles nouvellement découvertes, & appellées *Aleyut* [*] : les Russiens y viennent chercher de très-belles peaux, & il y a les plus gros castors que l'on connoisse. L'Isle de *Bering* est la plus remarquable : elle a tiré son nom d'un Capitaine que les Russiens avoient lorsqu'ils allèrent découvrir l'Amérique, & qui y mourut en 1741.

2. Les Isles qui sont au Sud-Ouest du Kamtschatka, au nombre de trente-quatre, selon les Russes; elles n'ont rien de remarquable. On les appelle les Isles *Kuriles*.

3. L'Isle de *Saghalien*, ou d'*Amur*, vers l'embouchure de la Rivière de même nom, & dans le Golfe du Kamtschatka. Elle est grande & couverte de bois. Les Russes y étant abordés en 1728, & y ayant établi une pêche de perles, les Chinois s'y opposèrent, prétendant que cette Isle dépendoit de la Tartarie Chinoise; mais les Russes ont continué d'y venir pêcher. On y prend aussi quantité de martres zibelines.

4. L'Isle de *Jeso*, *Yeso* ou *Iedso*, qu'on a cru pendant long-temps n'être qu'une partie de la grande Tartarie. Elle n'en doit pas être éloignée, puisqu'on entend les cris des bêtes fauves d'un bord à l'autre: le Détroit qui l'en sépare s'appelle le *Détroit de Tessoy*. Les côtes de Jeso ont été en partie reconnues en 1643 par les Hollandois, qui cherchoient le passage du Nord au-dessus du Japon. Les Japonois appellent la partie Septentrionale de la Tartarie qui joint le Kamtschatka, *Oku-Jeso*, le haut Jeso, qu'ils distinguent du *Jeso-Gasima*, ou de l'Isle de Jeso, qui est séparée d'eux par le Détroit de *Sungar*. On confondoit, il y a encore peu de temps, l'Isle avec la partie Méridionale du Kamtschatka, que l'on croyoit plus étendu qu'il n'est, à cause de la route qu'on a tenue pour la découvrir, comme nous l'avons déja dit; mais selon les dernières navigations des Russes, il en est séparé par plusieurs autres Isles moins considérables: ce sont celles dont nous venons de parler au N.º 2. Le *Jeso-Gasima* est fort peuplé, & il y a des plaines qui seroient fertiles, si les habitans se donnoient la peine de les cultiver; mais ils vivent principalement de pêche & de chasse, quoiqu'ils aient quelque bétail. Ils demeurent sous

des cabanes construites de planches clouées ensemble. On dit qu'il y a des mines d'argent, de cuivre & de fer. La partie Méridionale de cette Isle dépend du Prince de Matsumai, qui y a bâti des forteresses.

Matsumai, appellée *Matmanska* par les Russes, est une Isle qui reçoit son nom de sa Ville Capitale, & qui est voisine de Jeso, au Midi. On croyoit autrefois que Matsumai étoit une Ville de la Terre même de Jeso. Elle est dans le Détroit de Sungar, & apartient au Japon, selon les plus nouvelles Relations & les Cartes Japonoises de Kæmpfer & du P. Charlevoix. Le Gouverneur est obligé de venir tous les ans au Japon, & d'apporter à l'Empereur son tribut en fourrures, en plumes d'oiseaux rares, & en argent.

5. L'Isle *des Etats* est séparée de la partie la plus Orientale de Jeso, par le *Détroit du Pic*; & de la *Terre de la Compagnie*, par le *Détroit d'Uriez*. Elle fut découverte & ainsi nommée par les Hollandois en 1643.

6. La *Terre de la Compagnie* est plus à l'Est. Les Hollandois en ayant reconnu la côte, dans la même navigation, lui donnèrent ce nom, pour l'approprier à leur Compagnie des Indes Orientales, qui les avoit envoyés à la découverte de ces Mers. Les Russes nous ont fait connoître que c'étoit une Isle.

7. La *Terre de Gama* est encore plus à l'Est: elle porte le nom d'un Capitaine Espagnol, qui la vit en allant de la Chine au Mexique. Quelques Cartes la confondant avec le Jeso, ont étendu prodigieusement sa côte Méridionale, croyant qu'elle alloit jusque vers la Californie, au Nord de la Mer du Sud. Mais on voit par les navigations des Russes, que ce doit être une Isle qui est éloignée de la Californie de plus de soixante dégrés.

Article II.

Des Isles du Japon.

CES Isles sont situées entre le cent quarante-sixième & le cent cinquante-neuvième dégré de longitude, & entre le trente-unième & le quarante-unième dégré de latitude Septentrionale. Elles furent découvertes vers l'an 1540, par les Portugais. Jettés par une tempette sur ces Isles ; ils apprirent qu'il y avoit beaucoup d'or & d'argent : ils y retournèrent ensuite pour tâcher de s'y établir, & d'y faire commerce.

L'air y est sain & assez tempéré, plus froid néanmoins que chaud. Le terroir est en général peu fertile ; mais l'industrie des Habitans y supplée, & l'on y recueille du bled, de l'orge, du millet, du ris & du thé.

Le Japon produit un grand nombre d'arbres, de fleurs, & de plantes singulières. Les plus remarquables sont ; 1.º le *Kadsi* ou *arbre à papier*, ainsi nommé, parceque de son écorce on fait du papier : on en fait aussi des cordes, du drap, des étoffes & de la méche ; 2.º l'*Urusi*, qui produit un jus blanchâtre dont on se sert pour vernir tous les meubles, les plats & les assiettes ; 3.º le *Kus* ou arbre du camphre, qui se fait par une simple décoction des racines & du bois de cet arbre : mais il est bien inférieur à celui de Bornéo. On trouve au Japon plusieurs sortes de figuiers, de noyers, deux espèces de chênes fort différens des nôtres, & dont les glands, au moins ceux de la première espèce, se mangent bouillis. Les orangers & les citroniers y croissent merveilleusement, de même que les pêchers, les abricotiers & les pruniers ; mais les mûres, les framboises & les fraises n'y valent rien. Les bois de charpente font principalement les sapins & les ciprès, dont on fait de très-beaux ouvrages. Pour les fleurs, il n'y a point de région qui en produise d'aussi variées. Elles n'ont pas à la vérité, une odeur aussi agréable que celles des autres Pays; mais elles les surpassent infiniment par l'éclat de leurs couleurs. Il en est de même des fruits : leur goût n'est pas si délicieux que celui des fruits des autres contrées de l'Orient. Quant aux plantes, il y en a une infinité dont les racines, les feuilles, les fleurs ou les fruits servent de nourriture aux Habitans; ou dont ils font des teintures, comme de la plante nommé *Sen* ; ou de l'huile, comme de celle qu'on appelle *Dsin*.

On tire du Japon de belles porcelaines, de la soye & des peaux de bouc. Outre les mines d'or, d'argent, de fer, de cuivre & d'étain très-estimé, on y trouve des agathes & des perles rouges, dont on ne fait pas moins de cas que des blanches.

On y voit aussi, comme en Europe, des bœufs, des vaches & des chevaux ; mais il s'y trouve peu de brebis & de chévres.

Dans les déserts on rencontre des ours, des daims, des renards, des chiens sauvages, des lièvres & des sangliers. Le Japon a aussi des faisans, des canards & des poules. Les singes sont rares, mais d'une docilité admirable. Les côtes abondent en toutes sortes de plantes marines, de poissons, d'écrevisses & de coquillages, dont les Habitans font leur principale nourriture. On y pêche aussi des espèces de baleines, qui diffèrent beaucoup des nôtres en figure & en grosseur. On en mange la chair, & on en tire beaucoup d'huile.

Les Isles du Japon ont plusieurs Volcans. Les tremblemens de terre y sont si fréquens, qu'on n'en est pas plus alarmé que nous ne le sommes du tonnerre.

Isles du Japon.

Les Japonois sont communément de taille médiocre, un peu basanés, robustes, adroits, rusés, patiens dans les travaux, & magnifiques : ils ont beaucoup de mépris pour les Etrangers, aiment les Sciences & les Arts, & s'y appliquent avec succès, ayant du génie & la mémoire heureuse : ils vivent avec beaucoup de frugalité. Ils sont Idolâtres, & haïssent toutes les Nations qui ne sont pas de leur religion. Leurs usages & leurs goûts sont fort opposés aux nôtres. Le noir est une couleur de réjouissance chez eux : le blanc au contraire est leur couleur de deuil. Ils saluent du pied en le tirant un peu de leur mule. Ils préfèrent les dents noires aux blanches. Ils boivent toujours chaud, & trouvent détestables nos ragoûts & nos odeurs. Il n'y a point de Nation plus avide de gloire, plus sensible au mépris, & plus portée à la vengeance. Leurs armes sont le sabre, le poignard, la pique & le mousquet.

Les Hollandois sont aujourd'hui les seuls peuples de l'Europe qui commercent avec les Japonois. Quand leurs vaisseaux sont arrivés à *Nangasaki*, où il leur est seulement permis de venir, on les décharge de leurs marchandises, & même de leurs voiles, canons & munitions, pendant que les Hollandois sont enfermés dans un quartier de la Ville. Les Japonois rechargent ensuite leurs vaisseaux, quand ils jugent à propos, d'or, d'argent ou de marchandises, selon leur bon plaisir ; le tout néanmoins avec bonne foi.

Saint François Xavier prêcha l'Evangile au Japon en 1549, avec tant de succès, que trois Princes ou Gouverneurs de ces Isles envoyèrent des Ambassadeurs au Pape. La Religion Chrétienne y fit un tel progrès depuis ce temps-là, qu'en 1629, on y comptoit plus de 400000 Chrétiens. Ce nombre prodigieux ayant donné de l'ombrage à l'Empereur du Japon, il excita, en 1637, une persécution furieuse,

Les suites en furent très-funestes ; il ne reste plus dans ce Pays l'ombre même de Christianisme, & les Empereurs ont défendu aux Chrétiens d'y aborder. Les Hollandois sont les seuls qui y commercent, comme nous l'avons dit, parcequ'ils ont assuré qu'ils n'étoient pas de la religion des Portugais. On attribue l'extinction du Christianisme dans cet Empire aux calomnies du Président de leur comptoir, qui, pour mieux établir le négoce de leur Nation, réussit malheureusement dans le projet qu'il avoit formé d'en exclure toutes les autres, en rendant leur religion odieuse.

Ces Isles sont sous la domination d'un Empereur fort riche & fort puissant. Il entretient ordinairement cent mille hommes d'Infanterie, & vingt mille de Cavalerie. Les Princes & les Seigneurs sont obligés de lui fournir outre cela des troupes, dont le nombre monte à trois cens huit mille fantassins, & à trente-huit mille Cavaliers, & de les entretenir à leurs dépens. Son revenu va jusqu'à huit cens millions environ. Le Gouvernement est absolu & despotique. Outre cet Empereur, qui est pour le Gouvernement civil, il y en a un qui est chef de la Religion, dont il est regardé comme l'oracle : il jouit d'un grand revenu ; mais depuis 1587, il n'a plus l'autorité souveraine, qu'il réunissoit avec la spirituelle, depuis la fondation de cet Empire, 660 ans avant Jesus-Christ. On le nomme *Dairo*. L'autre Empereur s'appelle le *Kubo*.

Cet Empire est composé d'un grand nombre d'Isles, dont il y en a trois principales. La première, & la plus grande, est l'Isle de *Niphon*. Les deux autres sont l'Isle de *Kiusiu*, ou *Cikoko* & *Bongo*, & celle de *Sikokf*, ou de *Tonsa*. Leur premier nom est le Japonois, & le second est celui que leur donne M. Delisle, d'après les étrangers. Toutes ces Isles forment soixante-huit Provinces.

De l'Isle de Niphon.

Ses principales Villes sont :

YEDO, aujourd'hui la *Capitale* du Japon, depuis que les Empereurs véritables en ont fait leur séjour ordinaire. Elle est grande, bien peuplée ; mais les maisons en sont petites & basses, & ne sont bâties que de bois, ce qui rend les incendies très-fréquens. Il y a cependant de très-beaux Palais. Le plus magnifique est celui de l'Empereur. On lui donne quatre lieues de tour. Il est composé de deux clôtures, qu'on peut nommer deux châteaux extérieurs. Le troisième, qui fait le centre, & qui est proprement la demeure du Monarque, est flanqué de deux autres châteaux plus petits, mais forts, avec de grands Jardins derrière l'appartement Impérial. Chacun de ces Châteaux est entouré de fossés & de murs. Le trésor de l'Empereur est gardé dans un appartement dont les toits sont de cuivre, & les portes de fer, pour le garantir du feu. Yédo est située sur la Rivière de *Tonkaw*, qui se décharge dans son Port par cinq embouchures. On a construit sur cette Rivière un Pont magnifique ; & c'est de ce Pont qu'on mesure la distance de tous les lieux du Japon.

MEACO. C'est une grande Ville, peuplée & marchande, qui étoit autrefois la Capitale de l'Empire. On la regarde comme le magasin général des Manufactures du Japon. On y trouve effectivement toutes sortes de marchandises, d'étoffes d'or & d'argent, & d'ouvrages en or & en d'autres métaux, sur-tout en acier, comme des lames de la meilleur trempe, & autres armes. On y trouve aussi différentes espèces de bijouterie, les plus riches habits, & une infinité de curiosités. C'est le centre du commerce du Japon. On y voit un Château de pierres de taille, où habite le *Kubo*, quand il va visiter le *Daïro*, qui demeure à Méaco, dans un Château bien fortifié.

OSACCA, grande & belle Ville, avec un bon Port sur la Mer, au Sud-Est de Méaco. Elle passe pour la troisième de cette Isle. C'est aussi une des plus peuplées & des plus commerçantes. Les Japonois l'appellent le *Théâtre des plaisirs & des divertissemens*. On y annonce toutes les heures de la nuit par le son de différens instrumens de musique. Chaque heure est désignée par un instrument particulier. Les Habitans de ces Isles divisent le jour en six heures ou portions égales, & la nuit de même.

Au Nord de l'Isle de Niphon, on trouve la Province d'*Osiu*, ou d'*Ochio*, qui est toute remplie de montagnes, & qui a au Nord l'Isle de *Matsumai*, qui dépend du Japon, dont nous avons parlé en décrivant l'Isle de Jeso.

De l'Isle de Kiusiu, ou Cikoko & Bongo.

Elle est au Sud-Ouest de Niphon. Les Japonois l'appellent *Kiusiu*, qui signifie l'Isle des neuf, parcequ'elle a ce nombre de Provinces. Ils l'appellent aussi quelquefois *Saikokf*, c'est-à-dire, le Pays de l'Ouest : c'est de-là que les étrangers l'ont nommée *Cikoko*. L'une de ses principales Provinces est celle de *Bongo*, qui lui a fait donner son nom. Elle est encore appellée en quelques Cartes *Ximo*, parceque les Portugais abordoient en ce lieu.

NANGASAKI, *Port*, dans la Province de Fitsen, à l'Occident : c'est aujourd'hui la Ville la plus célèbre & la plus remarquable par le commerce qu'elle fait avec les Chinois & les Hollandois, qui y ont leur quartier séparé. Au centre de la Ville est la prison publique, appellée en Japonois *Gokuja*, c'est-à-dire, l'*Enfer*. On y renferme les criminels, & ceux qui sont soupçonnés d'être Chrétiens. Kæmpfer rapporte que pendant qu'il étoit dans cette Ville, en 1688 cinquante ans après l'extinction du Christianisme au Japon, on comptoit encore dans cette
prison

prison cinquante Chrétiens, hommes, femmes & enfans, & que de temps en temps on y en amenoit quelques autres. Ces Chrétiens, quoique peu instruits, étoient tellement attachés à leur Religion, qu'ils étoient disposés à mourir plutôt misérablement dans leur prison, qu'à racheter leur liberté par l'abjuration à laquelle on les sollicitoit souvent. On leur permettoit quelquefois de sortir de leurs donjons pour se baigner ou pour se promener; ils passoient le reste du temps à quelques travaux des mains. Les Japonois de Nangasaki sont si prévenus contre le Christianisme, qu'ils font tous les ans une rigoureuse perquisition des Chrétiens, & font faire tous les Habitans un acte solemnel d'abjuration de la Religion Chrétienne, en leur faisant fouler aux pieds le Crucifix.

Fucheo, ou Funai*, à l'Orient, est la Capitale du Royaume, ou Province de Bongo : il n'y a point de Ville de ce dernier nom. Son Roi rendit autrefois tout son Royaume Chrétien, & fut un des trois Princes du Japon qui envoyèrent, en 1582, des Ambassadeurs au Pape Grégoire XIII.

De l'Isle de Sikokf, ou Tonsa.

Cette Isle est entre les deux autres, & les Japonois l'appellent Sikokf, parcequ'elle est divisée en quatre Provinces.

Tosa, ou Tonsa, au Midi, est une des principales Villes, & la Capitale d'une Province à qui elle donne son nom. Ses Habitans s'habillent différemment des autres Japonois.

Tome II.   M

ARTICLE III.

Des Isles des Larrons, ou Mariannes.

CES Isles, que l'on trouve au Sud-Est du Japon, ont d'abord été appellées les Isles *des Larrons*, par Magellan, qui les découvrit l'an 1520, parceque les Habitans lui volèrent quelques instrumens de fer. La langue des Insulaires est la même que celle des *Tagales*, qu'on parle aux Philippines; & plusieurs de leurs usages, semblables à ceux des Japonois, font croire que c'est une Nation composée de Philippinois & de Japonois. Ils sont, comme ces derniers, très-vindicatifs; & leurs Nobles ne sont pas moins fiers ni moins hautains. Leur inconstance est extrême, aussi-bien que leur amour pour la danse, la course & la lutte. Ils vivent très-long-temps, & sont fort gras, quoiqu'ils ne se nourrissent que de racines & de fruits. L'air de ces Isles est sain & pur, & la chaleur n'y est pas excessive, quoiqu'elles soient dans la Zone Torride; mais elles sont remplies de cousins & d'autres sortes de moucherons, & de tiques, qui y tourmentent beaucoup les animaux, & même les hommes. Il y a aussi des scorpions & des mille-pieds. La plus grande incommodité, pour les Vaisseaux qui y relâchent, c'est qu'elles sont sans Ports ni bonnes Rades. La Mer où se trouvent ces Isles se nomme l'*Archipel de Saint-Lazare*, & il fait partie de la Mer du Sud.

Les Espagnols, qui les possèdent, les ont appellées *Mariannes*, de leur Reine Marie-Anne d'Autriche, qui y envoya des Missionnaires en 1660. Elles sont petites & peu considérables, fort peuplées autrefois; mais aujourd'hui presque inhabitées, excepté *Rota*, où l'on a laissé deux ou trois cens Indiens pour cultiver du ris. Les autres Isles sont fertiles en différens fruits excellens, & abondent en bœufs, cochons sauvages & volailles. On les divise en Isles de *Gani*, ou du Nord, & en Isles du Sud. *Guan* est la principale de ces Isles. Elle peut avoir, selon les Espagnols, trente lieues de tour, & environ quatre mille habitans. Il y a un Gouverneur, & une garnison de cent cinquante hommes.

Saint-Ignatio de Agand, *Capitale*. Cette Ville, dont les maisons sont bâties de pierres & de bonne charpente, chose rare en ces cantons, est la résidence du Gouverneur pour les Espagnols. Elle a deux petits Forts, garnis chacun de cinq pièces de canon, & une batterie aussi de cinq pièces, placée sur une éminence voisine de la Mer. Le Gallion de Manille y aborde à son retour du Mexique, & y prend des rafraîchissemens. Les Indiens, qui y sont en plus grand nombre que les Espagnols, sont bien faits, résolus, & à en juger par quelques-uns de leurs usages, fort ingénieux. Leurs *Pros*, les seuls Vaisseaux dont ils se servent, sont d'une invention qui feroit honneur aux peuples les plus civilisés. La structure en est très-simple; mais ils vont d'une vîtesse extraordinaire : ils sont construits de la manière la plus conforme à la nature des vents qui règnent dans leurs Mers.

Article IV.

Des Isles Philippines, ou Manilles.

On les a appellées *Philippines*, du nom de Philippe II, Roi d'Espagne, sous le règne duquel les Espagnols s'y sont fixés en 1564. Ils y trouvèrent, à leur arrivée, trois Peuples différens; les *Malais*, qui se disoient eux-mêmes venus de Bornéo & de Malaca, habitoient les Côtes; & c'est d'eux que sont

M 2

sortis les *Tagales*, qui sont les naturels de Manille & des environs : les *Bisayas* ou *Pintados*, que l'on trouve dans Samar, Panay, & plusieurs autres Isles, sont venus vraisemblablement de l'Isle de Célèbes, ayant, comme les Habitans de cette Isle l'usage de se peindre le corps. La troisième sorte de peuples, qui passent pour les premiers Habitans de ces Isles, sont les *Noirs*, qui vivent dans les rochers & les bois, dont l'Isle de Manille est pleine. Ils ne ressemblent en rien aux autres Habitans, sont très-sauvages, cruels, & grands ennemis des Espagnols.

La situation des Isles Philippines est entre le cent trente-deuxième & le cent quarante-cinquième dégré de longitude, & entre le sixième & le dix-neuvième dégré de latitude Septentrionale. Elles sont en si grand nombre, qu'on en compte jusqu'à douze cens. Magellan les découvrit en 1520, & eut le malheur d'y être tué. Le terroir est fertile, & il y a des mines d'or & d'argent : on y pêche aussi des perles. On trouve dans la Mer qui les environne une sorte de poisson, ou de monstre marin fort singulier. Il est de la grosseur d'un veau, & ressemble assez aux Sirènes, si célèbres dans les Poëtes. On l'appelle *Poisson-femme*, parcequ'il a la tête, le col & la poitrine à-peu-près semblables à ces parties de la femme. Les Isles Manilles ont plusieurs Volcans, & éprouvent de fréquens tremblemens de terre & de terribles ouragans.

Les plus considérables sont celles de *Manille*, ou *Luçon*, au Nord; *Mindanao*, au Midi; *Cebu*, entre les deux; *Samar*, au Nord de Mindanao; *Saint-Jean*, à son Orient; & *Parago*, à l'Occident. Les *Nouvelles Philippines* sont à l'Est.

I. De l'Isle de Manille, ou Luçon.

C'est la plus grande de toutes les Isles Philippines; elle est fertile en bled, en ris, en fruits, &

elle abonde en beſtiaux & en bons chevaux. L'air y eſt ſain, & ſes eaux ſont très-bonnes. Elle a une Baye, ou petit Golfe, de près de dix lieues de diamètre.

MANILLE, *Capitale*. Cette Ville qui a été bâtie par les Eſpagnols, eſt médiocrement grande, aſſez belle & bien peuplée. Elle eſt le ſiège d'un Archevêque, & le ſéjour d'un Viceroi que le Roi d'Eſpagne y envoie. Elle a auſſi un Conſeil Souverain, établi pour toutes les Colonies fondées dans ces Iſles, & deux Collèges. Manille a un bon Port nommé *Cabite*, ou *Cavite*, à deux lieues vers le Sud: il eſt aſſez fréquenté, mais l'entrée en eſt difficile, à cauſe des rochers & des écueils que l'on trouve à l'ouverture du Golfe. Cette Ville fait un grand commerce avec la Chine & les autres Pays des Indes Orientales. Il conſiſte principalement en marchandiſes propres pour le Pérou & le Mexique, comme les épiceries, les ſoyeries de la Chine, & ſur-tout les bas de ſoye, dont on tranſporte une grande quantité; les étoffes des Indes, les mouſſelines, les toiles peintes, & autres. Toutes ces marchandiſes ſont tranſportées par le moyen d'un vaiſſeau, & quelquefois de deux, qui partent tous les ans pour Acapulco, Ville du Mexique. Ces vaiſſeaux ſont entretenus par le Roi d'Eſpagne. Le profit de ce commerce eſt pour les Couvens de Manille. Leur charge pour le retour conſiſte en quantité de cochenille, en confitures, mercerie, & ſur-tout en argent.

NOUVELLE SÉGOVIE, *Evêché* & *Port*, ſur la côte Septentrionale, à l'embouchure de la Rivière de *Cayan*.

NOUVELLE CACÉRES, *Evêché* & *Port*, à l'Orient de Manille.

II. *De l'Iſle de Mindanao.*

C'eſt la plus Méridionale de toutes les Iſles Philippines. Elle est habitée par différens Peuples, dont les uns sont libres & indépendans, & demeurent dans les montagnes, & les autres obéissent à un Roi ou Sultan, qui réside à Mindanao. Ce Prince, aussi-bien que ses Sujets, sont Mahométans.

Cette Isle est pleine de montagnes, où l'on trouve beaucoup d'or. Les vallées sont arrosées d'un grand nombre de ruisseaux, dont l'eau est très-bonne. Le terroir en général y est gras & fertile : il produit des melons d'eau, des platanes, dont le fruit est excellent & d'un grand usage, des bananes, des oranges, des noix muscades, des clous de gérofle, & quantité d'autres fruits rares.

Les Espagnols avoient des établissemens dans cette Isle ; mais les ayant abandonnés, pour secourir Manille, le Sultan de Mindanao profita de cette occasion pour ruiner leurs Forts : depuis ce temps l'entrée de l'Isle leur a été absolument interdite.

MINDANAO, ou TABOUC, *Capitale*, située sur la côte Méridionale, est une Ville fortifiée : les maisons en sont basses, & élevées sur des pieux. Le Palais du Sultan ou Roi du Pays, qui y fait sa résidence, n'est pas bâti autrement ; tout ce qui le distingue des autres maisons, c'est sa grandeur & son élévation. Mindanao a un bon Port, assez fréquenté : les Habitans commercent volontiers avec les Etrangers, à qui ils donnent l'or, & les autres productions de leur Pays, en échange de leurs marchandises.

III. *De l'Isle de Cébu.*

Cette Isle, quoique petite, est bien peuplée, & défendue par plusieurs Forts.

NOM DE JESUS *, *Capitale & Evêché*, est une Ville assez bien fortifiée. Son Evêque est suffragant de Manille, aussi-bien que ceux de Cacères, & de la Nouvelle Ségovie. Elle a un Couvent d'Augustins.

IV. De l'Isle de Samar, ou Tendaye.

C'est la première des Isles Philippines que Magellan découvrit. Elle est située au Nord de Mindanao, & passe pour la plus agréable de toutes ces Isles.

Guigan en est la Ville la plus considérable.

V. De l'Isle de Saint-Jean.

C'est la plus Orientale des Philippines. Elle a son Roi particulier, qui ne dépend pas des Espagnols.

VI. De l'Isle Parago.

Elle est la plus Occidentale, la moins fertile & la moins habitée. Ses Habitans ne sont point soumis aux Espagnols.

VII. Des Nouvelles Philippines.

Ces Isles, que l'on nomme aussi les Isles de *Palaos*, se rencontrent à l'Orient des Philippines. Elles n'ont été découvertes que sur la fin du dernier Siècle, & sont très-peu connues. Il ne paroît pas qu'elles soient considérables, mais elles sont en très-grand nombre.

ARTICLE V.

Des Isles Moluques.

ON comprend sous le nom général d'Isles *Moluques*, toutes les Isles qu'on trouve au Midi des Philippines; elles sont dans la Zone Torride, & s'étendent depuis le cent trente-deuxième dégré de longitude, jusqu'au cent cinquantième.

Elles furent découvertes en 1520, par Magellan, & en partie soumises aux Espagnols : elles passèrent ensuite aux Portugais, qui en ont été chassés par les Insulaires, appuyés des Hollandois, qui s'y sont rendus puissans vers l'an 1610. Ils y font tout le commerce.

Ces Isles font célèbres par le clou de gérofle, la muscade, & les autres épiceries qu'on en tire. Leurs Habitans font fort noirs.

On divise les Moluques en grandes & petites. Les grandes font : *Célèbes* ou *Macassar*, *Gilolo*, *Ceram*, *Timor*, &c. Entre les petites, on en compte cinq, qu'on appelle *Moluques propres*, qui font situées entre l'Isle de Célèbes, & celle de Gilolo ; ce font du Nord au Sud : *Ternate*, *Tidor*, *Motir*, *Machian* & *Bachian*. Il y en a encore plusieurs autres, dont les plus remarquables font celles d'*Amboyne* & de *Banda*. La plûpart de ces Isles ont des Rois particuliers ; mais plusieurs dépendent des Hollandois. Nous ne parlerons que de celles de *Célèbes* ou *Macassar*, d'*Amboyne* & de *Banda*, qui font les plus renommées.

I. *De l'Isle de Célèbes, ou Macassar.*

C'est la plus grande des Isles Moluques. Le terroir y produit abondamment tout ce qu'on peut desirer pour les besoins, & même pour les délices de la vie. Les fruits y font excellens. Les forêts y font pleines de bois rares, comme le Calambouc, le bois de Sandal, &c. On y trouve des carrières de très-belles pierres ; ce qui est rare dans les Indes. Elle abonde en bœufs, en vaches, en chevaux, en bufles, en cerfs & en sangliers. Il n'y a pas de tigres, de lions, d'éléphans, ni de rhinocéros ; mais les singes y font si forts, si méchans & si nombreux, qu'on en seroit très-tourmenté, si la Providence n'y avoit fait naître une espèce de serpens qui leur donne continuellement la chasse.

Cette Isle contient plusieurs Royaumes, dont le principal est celui de Macassar, qui en occupe près de la moitié.

MACASSAR, Ville la plus considérable de l'Isle, est assez forte & a un bon Port; mais elle est mal bâtie. Les Hollandois y ont construit une Forteresse pour assurer leur commerce. Le Roi de Macassar est Mahométan, ainsi que ses Sujets. Ils étoient autrefois Payens. On dit que s'étant dégoûtés de l'Idolâtrie, le Roi résolut avec son Conseil d'embrasser une autre Religion. Ils envoyèrent en même temps des Ambassadeurs au Gouverneur Portugais de Malaca, & au Roi d'Achem dans l'Isle de Sumatra, qui étoit Mahométan, déterminés à suivre la Religion de ceux dont les Missionnaires viendroient les premiers. Les Mahométans qui étoient les moins occupés, étant arrivés avant les autres, les Macassars embrassèrent leur Religion, à laquelle ils sont très-superstitieusement attachés. Ces Peuples sont grands, robustes, très-laborieux, & les plus courageux de tous les Indiens : ils témoignent une cruauté inouie, quand on les oblige à prendre les armes pour se défendre : ils ont d'ailleurs une grande disposition pour les Sciences & les Arts, & une mémoire très-heureuse.

JOMPANDAM *, au Sud de Macassar, *Port*. Les Hollandois qui en sont les maîtres, y ont construit un Fort, & ils ont fait de cet établissement un entrepôt très-avantageux pour le commerce avec les Pays voisins.

Nous ne parlons point de la Ville de *Célèbes*, qui ne se trouve ni sur les Cartes les plus nouvelles & les plus exactes, ni sur les Tables Hollandoises de longitude & de latitude, où elle ne seroit pas oubliée, s'il étoit vrai qu'elle fût un Port dont tout un Royaume portât le nom.

II. *De l'Isle d'Amboyne.*

Cette petite Isle est à l'Orient de celle de Célèbes. Elle produit quantité de clous de gérofle : on appelle ainsi le bouton à fleur d'un arbre aromatique, à cause de sa ressemblance avec un clou. On trouve aux environs de cette Isle du corail. Les Hollandois y ont fait bâtir une forte Citadelle, & c'est leur meilleur établissement après Batavia, dans l'Isle Java.

III. *De l'Isle de Banda.*

Cette Isle n'a que trois lieues de long sur une de large. Elle est très-fertile en noix muscades, & en macis, qui est la fine écorce de la muscade.

On donne aussi le nom d'*Isle de Banda* à plusieurs petites Isles voisines. Les Hollandois y ont plusieurs Forts. L'air de ces Isles est mal-sain, & elles sont sujettes à de grands tremblemens de terre.

ARTICLE VI.

Des Isles de la Sonde.

CES Isles sont ainsi appellées du *Détroit de la Sonde*, qui est entre Sumatra & Java : elles sont situées en-deçà & au-delà de l'Equateur, à l'Occident des Moluques, & s'étendent entre le cent douzième & le cent trente-quatrième dégré de longitude.

L'air de ces Isles est chaud ; mais moins qu'il ne devroit être naturellement, étant sous la *Ligne*, ou l'*Equateur*. Les longues pluyes & les vents en tempèrent la chaleur : il est d'ailleurs mal-sain pour les étrangers. Les Habitans naturels sont noirs ; les autres qu'on nomme *Malais* sont étrangers ; ils ont repoussé les premiers dans l'intérieur des Isles. Les

Malais sont plus policés ; ils obéissent à des Sultans, & trafiquent volontiers avec les autres Nations.

Les principales de ces Isles sont celles de *Bornéo*, de *Sumatra* & de *Java*.

I. *L'Isle de Bornéo.*

Cette Isle, qui est très-grande, a des mines d'or & de diamans. Elle abonde en fruits, en ris, en sucre, en poivre, & produit le meilleur camphre (*a*) des Indes. On y trouve toutes sortes d'animaux fort différens de ceux d'Europe.

Quoique les Hollandois n'ayent plus de places sur les Côtes, ils ont le profit de tout le commerce de cette Isle, dont les Habitans viennent commercer eux-mêmes à Java. Ils y apportent de la casse, du poivre, de la cire & des drogues propres pour la teinture. Les grandes forêts qu'on y trouve fournissent des bois propres à bâtir des vaisseaux. Nous ne connoissons guères que les Côtes de cette Isle. L'intérieur du pays est habité par des Idolâtres nommés *Béajous*. Ces Peuples sont bien faits, robustes, très-superstitieux, fort unis entr'eux, & extrêmement opprimés par les *Malais* : chez eux l'adultère est puni de mort.

BORNÉO, au Nord, & *Capitale* du Royaume de ce nom. C'est une grande Ville bien peuplée, qui a un Port commode & assez fréquenté : les maisons sont bâties sur pilotis.

(*a*) Le *Camphre* est la gomme d'un arbre extrêmement haut, & dont les branches s'étendent beaucoup. Il y en a de plusieurs sortes. On en trouve une entre les veines du bois, & une autre qui sort par l'écorce rompue. Elle est rouge d'abord, & devient blanche, ou par la chaleur du soleil, ou à force de feu. Il y en a une brune obscure, qui est moins estimée. Le Camphre est très-subtil, d'une bonne odeur. On en fait d'artificiel.

SAMBAS, au Sud-Ouest de Bornéo. Il y a près de cette Ville une mine de diamans.

BENJARMASSEN, au Midi, sur la côte des Mahométans, Capitale du Royaume de même nom, & la résidence d'un Roi. Les Hollandois y avoient ci-devant un Comptoir.

Au Nord-Est, on trouve une grande Côte qu'on nomme la *Côte Déserte*.

Hermata, petit Royaume sur la Côte Occidentale.

II. *L'Isle de Sumatra.*

Cette Isle est séparée de la Presqu'Isle Orientale de l'Inde, par les *Détroits de Malaca* & de *Singapura*. Elle est très-fertile, & produit beaucoup d'épiceries. Le poivre qui en vient, est le meilleur des Indes, après celui de Cochin, sur la Côte de Malabar. On y trouve des mines d'or, d'argent & d'autres métaux. Il y croît un arbre singulier, qu'on appelle l'*Arbre triste* : il fleurit au coucher du soleil, & ses fleurs, qui sont d'une agréable odeur, tombent au commencement du jour. Tous les arbres fruitiers des Indes y viennent très-bien. La partie du Nord, qui est le Royaume d'*Achem*, a des pâturages excellens, qui nourrissent quantité de bufles, de bœufs & de cabris. Les chevaux y sont en grand nombre, & de petite taille. Ce Pays a une multitude prodigieuse de sangliers; mais moins grands & moins furieux que les nôtres. Les cerfs & les daims au contraire surpassent ceux d'Europe en grandeur. Le gibier y est commun, à l'exception des lièvres & des chevreuils. On y voit beaucoup d'éléphans sauvages dans les montagnes, des tigres, des rhinocéros, des singes, &c. des couleuvres & de fort gros lézards. Les Rivières sont assez poissonneuses, mais remplies de crocodiles. L'abondance des poules & des canards y est extraordinaire.

L'Isle de Sumatra est divisée en plusieurs Royaumes, dont le plus considérable est celui d'*Achem*, qui occupe la moitié de l'Isle. Les Hollandois y possèdent quatre ou cinq Forteresses, & ont plus de pouvoir que les Rois, dont ils sont presque les maîtres.

Achem, à l'extrémité Septentrionale, *Capitale* du Royaume de ce nom. Cette Ville est peuplée, & les maisons sont bâties sur pilotis. Les Anglois, les Hollandois, les Danois, les Portugais & les Chinois y font un grand commerce. Ils y apportent du ris, qui fait la nourriture ordinaire des Habitans : ceux-ci leur donnent en échange de l'or qui se tire de leur Pays même. Le peuple d'Achem est Mahométan, aussi-bien que le Roi, qui réside dans un Palais bien bâti & fortifié, au milieu de la Ville.

Andragiri, dans le milieu de l'Isle. C'est la *Capitale* d'un Royaume de même nom. Elle appartient aux Hollandois, qui y ont bâti un Fort pour s'en assurer la possession.

Manincabo, &

Indapour, *Capitales*, chacune d'un Royaume de même nom.

Jambi, au Sud-Est d'Andragiri. Cette Ville, qui est la *Capitale* du Royaume de ce nom, est assez grande & marchande : elle a un bon Port. Les Hollandois y ont un Comptoir.

Palimban, *Capitale* d'un Royaume de même nom : elle est fortifiée, & commerçante. Les Hollandois y ont un Comptoir.

III. *L'Isle de Java.*

Elle est séparée de celle de Sumatra par le Détroit de la Sonde. On y recueille du ris, du sucre, du benjoin, du poivre très-estimé, du gingembre, & des fruits excellens. On y trouve aussi des mines d'or, d'argent & de cuivre, de rubis, de diamans

& de très-belles émeraudes. Entre les singularités de cette Isle, on remarque certains serpens d'une longueur & d'une grosseur extraordinaire. On en prit un, il y a quelques années, qui avoit plus de vingt pieds de long, & qui étoit gros à proportion. On y voit un Volcan qui jette des flammes avec beaucoup de violence. La Religion des Habitans naturels est la Mahométane, qui leur a été apportée par un Arabe, dont le tombeau est en grande vénération parmi eux. Les Hollandois possèdent une bonne partie de cette Isle: le reste dépend de l'Empereur de *Materan*, qu'on appelle aussi Empereur de *Java*.

Les principales Villes qu'on y remarque, sont:

BATAVIA. Les Hollandois l'ont bâtie en 1619, à la place de la Ville de *Jacatra*. C'est une grande Ville, belle, propre, riche, bien peuplée & très-forte. Elle est environnée de fossés larges & profonds. Elle a quatre portes, huit grandes rues droites, ou de traverse, bien bâties & bien entretenues, plusieurs Hôpitaux, dont le plus magnifique est l'Hôpital Général, & quelques Marchés, un Collège, des Magasins pour les Vaisseaux, &c. Le luxe des femmes, sur-tout des Hollandoises, y est prodigieux. Il s'y fait un grand commerce, & des Marchands de toutes les Nations viennent s'y réunir. Les Chinois sur-tout y trafiquent beaucoup, & contribuent le plus à la richesse de cette Ville: ils y sont en si grand nombre, qu'ayant excité en 1741, un soulevement, les Hollandois eurent beaucoup de peine à le calmer. Batavia est le siège du Conseil Souverain des Indes pour les Hollandois. Ce Conseil est composé d'un Général qui a l'autorité de Viceroi, d'un Directeur, de six Conseillers ordinaires, & de quelques autres extraordinaires, dont le nombre dépend de la Compagnie des Indes Orientales, qui réside en Hollande. Ce même Conseil a sous lui six Gouverneurs généraux ; sçavoir, ceux de Paliacate, sur la côte de Coromandel, d'Amboyne, de Banda, de Ternate, dans les petites Moluques; de Malaca, & de Ceylan.

La Compagnie Hollandoise des Indes Orientales envoye tous les ans à Batavia plus de vingt Vaisseaux chargés de marchandises d'Europe propres pour les Indes ; & ils en rapportent de l'or, de l'argent, des diamans, des perles, du cuivre, du thé, des porcelaines, des épiceries, des soyes, du cotton, & quantité d'autres marchandises de toute l'Asie. Batavia a un très-bon Port, & une Forteresse qui passe pour imprenable : les Hollandois y entretiennent toujours une forte garnison. C'est la patrie de Guillaume Homberg, célèbre Chymiste, de l'Académie des Sciences de Paris.

BANTAM, à l'Occident de Batavia, *Place forte, Port*. C'est une belle Ville, très-commerçante, *Capitale* d'un Royaume de même nom. Elle est gouvernée par un Roi Mahométan assujéti aux Hollandois, qui y font le principal commerce.

MATERAN, Capitale du Royaume de ce nom, sur la Côte Méridionale. C'est une grande Ville, fortifiée par les montagnes qui l'environnent, très-peuplée, & ornée d'un vaste Palais, gardé par des femmes armées, au nombre de dix mille.

ARTICLE VII.

De l'Isle de Ceylan, & de quelques autres moins considérables du Golfe de Bengale.

L'ISLE de Ceylan est au Sud-Est de la Presqu'Isle en-deçà du Gange. Elle en est séparée par un Détroit de douze à quinze lieues, qui s'appelle le *Détroit de Manar*. Elle s'étend depuis le sixième dégré de latitude Septentrionale, jufqu'au dixième. Elle a quatre-vingt-dix lieues de longueur du Nord au Sud, cinquante dans fa plus grande largeur, & deux cens cinquante de circuit. Les Sçavans conviennent affez généralement que cette Ifle eft l'ancienne *Taprobane*, dont le Roi envoya une Ambaffade à l'Empereur Augufte. L'Ifle de Ceylan eft très-fertile, & l'air y eft plus pur & plus fain qu'en aucun endroit des Indes : les Habitans, que l'on appelle *Cingales* ou *Chingalais*, font des Noirs, mais mieux faits & plus fpirituels que ceux d'Afrique. Sa plus haute montagne a été nommée par les Arabes & les Portugais *Pic d'Adam*, & les naturels l'appellent *Hamalel*. Sa figure eft celle d'un pain de fucre, & on voit au fommet une pierre plate, qui porte l'empreinte d'un pied humain plus grand deux fois que fa mefure naturelle. La variété de l'air eft fingulière dans l'Ifle de Ceylan. On jouit d'un temps fec dans la partie Orientale, tandis que les pluyes tombent dans la partie Occidentale. Cette Ifle produit d'excellens fruits, beaucoup d'épiceries, & fur-tout quantité de canelle, la meilleure qui foit au monde. Les arbres dont on la tire font en fi grand nombre, qu'il y en a des forêts entières, dont on fent l'odeur de 40 lieues en mer. Elle a auffi quantité de fimples admirables, de belles fleurs fauvages, une entr'autres nommée *Sindriemal*, qui fert, dit-on, d'horloge, s'ouvrant à quatre heures du foir & se fermant le matin, pour s'ouvrir de nouveau à quatre heures après midi. On y trouve toutes fortes de pierres précieufes, & on y pêche des perles. Cette Ifle a des éléphans qui font les plus eftimés de toutes les Indes, quoiqu'ils foient moins grands que les autres. On y trouve auffi des finges d'une efpèce fingulière, qu'on appelle *Hommes fauvages* : ils ont prefque la figure & la taille humaine : ils font robuftes, agiles, hardis, & fe défendent contre des hommes armés. On les prend avec des lacets, & on les dreſſe à marcher ſur les pieds de derrière, & à ſe ſervir de ceux de devant pour rincer les verres, & rendre d'autres ſervices. Les Hollandois chaſsèrent les Portugais de Ceylan vers l'an 1650, & ſe rendirent maîtres des Villes & des Ports que les Portugais occupoient le long des côtes. L'intérieur du Pays eſt peu connu. Il appartient au Roi de *Candy*, qui étoit autrefois maître de toute l'Iſle.

Les principales Villes de l'Iſle de Ceylan, ſous la domination des Hollandois, ſont :

JAFANAPATAN, au Nord, *Place forte*. Le Commandant a l'intendance de la pêche des perles, que l'on fait près de cette Ville, & autour de l'Iſle de *Manar*.

NEGOMBO, *Port*, à l'Occident. Cette Ville eſt aſſez forte, & très-marchande.

COLOMBO, *Place forte*. Le Gouverneur de l'Iſle nommé par les Hollandois, réſide dans cette Ville.

PONTOGALE, au Sud-Oueſt, *Place forte, Port*.

BATECALO, *Port*, à l'Orient.

TRINQUILIMALE, *Port*, au Nord de la côte Orientale. Cette Ville eſt la Capitale d'un petit Pays qui avoit autrefois ſon Roi particulier : on y trouve la meilleure canelle.

Dans le milieu de l'Iſle eſt :

CANDY, *Capitale* du Royaume de même nom, poſſédé par les Naturels de l'Iſle. C'eſt une Ville aſſez grande & bien peuplée : elle a eu beaucoup à ſouffrir des Portugais, dans le temps qu'ils étoient maîtres des Côtes de Ceylan. Il y a quelques années que le Roi de Candy réſolut des chaſſer les Hollandois, & les embarraſſa beaucoup ; parceque croyant n'avoir rien à craindre, ils avoient diminué leurs garniſons.

Vers le Nord-Oueſt, on trouve la petite Iſle de

Manar, renommée pour la pêche des perles, qui se fait de la manière suivante. Des plongeurs accoutumés à aller au fond de la Mer, ramassent dans des paniers, autour des bancs de sables & des rochers, les huîtres qui renferment les perles. On appelle *Nacre de perle*, le nœud de la coquille où on les trouve. On en fait toutes sortes d'ouvrages. Les plus belles perles se pêchent dans l'Isle de Bahrein, près de l'Arabie, & dans le Golfe Persique, ou au Cap de Comorin, & près de l'Isle de Ceylan : on les appelle Perles Orientales ; car on en trouve aussi dans les Indes Occidentales, ou l'Amérique, mais elles sont moins belles. L'avantage des perles, c'est qu'elles reçoivent de la nature le poli & le brillant que les pierres précieuses empruntent de l'art.

A l'Orient de Ceylan, dans le Golfe de Bengale, on trouve les Isles des *Andamans*, dont les Habitans sont cruels & antropophages.

Au Midi de ces Isles, sont celles de *Nicobar*, dont les Habitans sont plus humains.

Article VIII.

Des Isles Maldives.

CES Isles sont distribuées comme par petits pelotons, & se trouvent à l'Ouest ou au Sud-Ouest de la Presqu'Isle en-deçà du Gange. Elles sont étendues en longueur au-delà & en-deçà de l'Equateur, depuis environ le quatrième dégré de latitude Méridionale jusqu'au huitième de latitude Septentrionale. Les Portugais les découvrirent en 1507 : mais ils les négligèrent comme peu fertiles, & d'ailleurs de difficile accès. Elles ne rapportent ni bled, ni ris ; mais seulement des oranges, des citrons, des grenades & des cocos. On y trouve du corail, de l'ambre-gris, & les plus belles écailles de tortues des Indes. On se sert, dans ces Isles, au lieu de monnoie, de petites coquilles, qu'on appelle *Cori*.

L'air y est mal-sain, sur-tout pour les étrangers. Ces Isles sont très-petites, mais en fort grand nombre. Leurs Habitans les font monter jusqu'à douze mille ; mais il y en a beaucoup qui ne sont que des rochers. Elles sont divisées en treize principales parties, qu'on appelle *Attolons*. Chacun de ces Attolons est environné d'un grand banc de pierre presque rond. La plupart de ces Isles sont désertes, & ne produisent que des arbres, & de l'herbe. On y trouve quantité d'écrevisses de mer & de pengoins. Il n'y a d'eau douce que dans les Isles habitées : non qu'il n'y ait aucune Rivière ; mais on y creuse des puits, & l'eau se présente en abondance à trois ou quatre pieds de profondeur, même sur les bords de la Mer, & dans les lieux qu'elle inonde. Les Isles Maldives sont séparées par douze grands Détroits remplis de crocodiles. Elles dépendent d'un Roi Mahométan, qui réside à *Male*, la principale de ces Isles, qui n'a cependant qu'une lieue de tour. C'est cette Isle qui a donné le nom à toutes les autres : *Dive* signifie en Arabe une Isle.

QUATRIÈME PARTIE.

De l'Afrique.

CETTE partie du Monde s'étend depuis le premier dégré de longitude jusqu'au soixante-dixième : comme elle est coupée par l'Equateur en parties presque égales, sa latitude méridionale est depuis le premier dégré jusqu'au trente-cinquième, & sa latitude septentrionale depuis le premier dégré jusqu'au trente-septième.

C'est une très-grande Presqu'Isle, qui n'est jointe au Continent de l'Asie que par l'Isthme de *Suès*. Elle est séparée de l'Europe par le Détroit de Gibraltar.

Le nom d'*Afrique* vient, selon Josephe, d'*Afer*, petit-fils d'Abraham, & fils de Madian, ou, selon d'autres, d'un mot Hébreu, qui signifie *Poussière*, nom qui exprime assez bien la qualité de son terroir sec & sablonneux. Le sçavant Bochart prétend que ce nom, qui n'a d'abord été donné qu'à la Côte Septentrionale, est relatif à sa fertilité, sur-tout en bleds, qui la rendoit autrefois si recommandable, qu'on a regardé long-temps l'Afrique comme le Grenier de Rome; & c'est ce qu'il prouve par une multitude de témoignages.

Cette Partie de la Terre est moins peuplée, & moins tempérée que l'Europe & l'Asie; mais elle est beaucoup plus grande que la première, & moindre que la seconde. Sa situation dans la Zone Torride, fait que les chaleurs y sont excessives. L'ardeur des rayons du soleil est beaucoup augmentée par les sables dont cette Région est pleine. L'Afrique a de vastes forêts, mais les Côtes en sont assez fertiles. On y trouve quelques mines d'or & d'argent. Elle produit des fruits excellens. On y nourrit, particulièrement en Barbarie, des bestiaux d'une grosseur extraordinaire, & dont la chair est excellente. On en tire des drogues admirables, sur-tout la casse & le séné. La casse qui croît en Egypte & en Nubie, est un arbre dont le fruit vient dans des gousses, qui renferment des espèces d'amandes & une moëlle ou pulpe, qui servent en médecine. Le séné est un arbrisseau qui vient particulièrement en Abyssinie, de la hauteur d'une coudée, & dont les feuilles sont longues, pointues, épaisses & un peu grasses: il en naît de petites follicules ou gousses recourbées comme une faucille, très-plates; on s'en sert aussi beaucoup en médecine. Outre les animaux domestiques & sauvages qu'on voit en Europe, l'Afrique en a beaucoup que nous n'avons pas, comme lions, léopards, tigres, panthères, rhinocéros, éléphans, caméléons, autruches, chameaux, singes, taureaux & ânes sauvages. On trouve dans quelques Rivières des hippopotames & des crocodiles. L'Afrique produit aussi des serpens d'une grandeur & d'une grosseur prodigieuse.

En traitant de l'Asie, nous avons donné une description abrégée de plusieurs de ses animaux: plusieurs autres sont assez connus; ainsi il suffira de parler ici du caméléon & du crocodile, qui sont les plus singuliers de l'Afrique.

Le Caméléon ressemble au lézard, excepté qu'il a la tête un peu plus large & un peu plus grosse: elle est sans col, comme aux poissons. Son museau est long, & fait en pointe obtuse; il a le dos aigu, la peau plissée & hérissée comme une scie. Sa queue est plate. Sa langue est longue de dix lignes, de chair blanche; elle est ronde & applatie par le bout qui est creux & ouvert, semblable en quelque façon à la trompe d'un éléphant. Il la darde contre les mouches, qui s'y trouvent prises comme sur de la glue. La qualité particulière du caméléon, est de changer de couleur. Celle qui lui est ordinaire, & qu'il a, lorsqu'il est à l'ombre & en repos, est d'un gris bleuâtre. Il y en a aussi de jaunes & de verds. Quand il est exposé au soleil, le gris se change en un brun tirant sur le minime, & ses parties moins éclairées se changent en diverses couleurs, qui forment des taches de la grandeur de la moitié du doigt: quelques-unes sont de couleur isabelle. Quand on le manie, il paroît quelquefois tacheté de taches brunes, qui tirent sur le verd. Si on l'enveloppe dans un linge, après y avoir été deux ou trois minutes, on l'en tire tout blanchâtre. Mademoiselle de Scuderi, qui en a gardé deux pendant dix mois, espace de temps qu'ils passèrent sans prendre aucune nourriture, remarqua que cet animal ne prenoit pas la couleur des choses sur lesquelles on le mettoit; mais que cette couleur se mêloit avec les autres, qui par leurs fréquens changemens faisoient un effet agréable.

Les Crocodiles sont des espèces de grands lézards amphibies, qui se nourrissent dans les joncs sur le bord des grandes Rivières. Leur corps est couvert d'écailles sur le dos, mais la peau du ventre est assez tendre. Leur gueule est grande, & armée de plusieurs rangs de dents aigues, qui entrent l'une dans l'autre: ils dévorent souvent les hommes. La Providence a fait naître, particulièrement en Egypte où il y en a beaucoup, un petit animal nommé *Ichneumon*, qui est l'ennemi déclaré du Crocodile. On dit que le voyant endormi la gueule ouverte, il s'y élance, pénètre jusqu'à ses entrailles, les ronge, & sort ensuite par une ouverture qu'il se fait en lui perçant le ventre.

On n'a eu connoissance que fort tard de la plus grande partie de l'Afrique; mais quoique nous connoissions encore très-peu l'intérieur de cette vaste Région, nous sçavons cependant qu'elle est habitée, & qu'elle renferme des Pays très-fertiles.

Plusieurs Sçavans croyent que sous Salomon, les Hébreux & les Syriens firent le tour de l'Afrique: qu'après être partis par la Mer Rouge, ils arrivèrent à *Ophir*, ou *Sophira*, à présent *Sophala*, qui abonde encore en sable d'or; qu'ils doublèrent le Cap de Bonne-Espérance, que les Portugais ont découvert de nouveau dans le XVe siècle; qu'ils passèrent ensuite au Royaume de Benin & à la Côte des Dents, où ils prirent des paons, des singes, de l'ivoire;

enfin qu'ils vinrent à Tharsis en Andalousie, qui abondoit en or. Ce qui est attesté par les Historiens, c'est qu'environ quatre cens ans après, c'est-à-dire, six cens ans avant Jésus-Christ, Nécao, Roi d'Egypte, fit faire le tour de l'Afrique par des Phéniciens ; & la même Navigation a été depuis répétée, comme on le voit dans l'Histoire Naturelle de Pline l'Ancien. Mais tout cela fut ensuite oublié, & on ne connut plus l'Afrique Méridionale jusqu'aux Navigations des Portugais, qui découvrirent à la fin du XVe siècle, le Cap qu'ils nommèrent de *Bonne-Espérance*, dans l'idée qu'ils avoient conçue avec fondement, que la découverte de ce Cap leur faciliteroit le moyen de parvenir bientôt aux Indes Orientales, & d'y faire aisément par Mer le commerce qu'on étoit obligé de faire par terre.

En général les Africains sont robustes, grossiers, peu aguerris, adonnés au larcin, peu sincères, lâches & paresseux. Ils n'ont presque aucune connoissance des Sciences & des Arts. Les Arabes qui se sont établis en Afrique au VIIe siècle, & qui habitent le long des Côtes de la Méditerranée, sont plus propres à la guerre, & se servent d'armes à feu : ils sont pour la plûpart Pirates, & ne sont pas noirs comme les Africains naturels.

Les principales Rivières d'Afrique sont : le *Nil*, le *Niger*, le *Sénégal*, le *Zaïre*, le *Coanza* & le *Zambèze* ou *Cuama*.

Le *Nil* coule du Midi au Nord, & se jette dans la Mer Méditerranée, après avoir traversé l'Egypte. On a cru, au commencement du siècle dernier, avoir découvert sa source dans le *Gojam*, Province d'Abyssinie. Mais M. d'Anville observe dans la nouvelle Carte d'Afrique qu'il a publiée en 1751, que les Géographes anciens & les plus célèbres des Orientaux reculent les sources du Nil vers le milieu de l'Afrique, & font sortir ce Fleuve des Montagnes de la Lune, vers le cinquième dégré de latitude septentrionale. Il ajoute que cet autre Fleuve qui se joint dans la Nubie au-dessous de la Ville de *Sennar*, à celui qui vient d'Abyssinie, est plus gros; & il en conclut qu'on n'est pas en droit de rejetter entièrement ce que Ptolémée, El-Edrisi & Abulfeda rapportent de l'origine du Nil, jusqu'à ce que d'autres connoissances nous soient acquises. Le Nil rend fécondes par ses débordemens, les terres qu'il arrose, & sur-tout l'Egypte, où il se partage en plusieurs branches.

Le *Niger* & le *Sénégal* sont mieux connus à présent, qu'ils ne l'étoient ci-devant. M. Sanson & M. Delisle, dans ses premières Cartes, faisoient couler le Niger de l'Est à l'Ouest, & traverser toute la Nigritie par un cours de plus de huit cens lieues, après lequel il se jettoit dans la Mer Atlantique, à l'endroit où est l'embouchure du *Sénégal*, qui dans ce cas est le même que le *Niger*. Mais, selon les nouvelles Relations, suivies dans les dernières Cartes de M. Delisle & dans celles de M. d'Anville, ce sont deux Rivières qui prennent leurs sources environ au milieu de la Nigritie. Le *Niger*, qui s'appelle *Guien* ou *Isa*, coule vers l'Orient dans le Royaume de Tombut, & va se rendre dans un ou deux Lacs, aux environs de Bornou. Le *Sénégal*, sortant du Lac *Mabéria*, coule à l'Occident, & va tomber dans l'Océan, après un cours de plus de quatre cens lieues. On ne le connoît bien que depuis son embouchure jusqu'au Rocher qui est au-delà du Royaume de *Galam* : c'est environ la moitié de son cours, & on ne peut le remonter plus haut, à cause des rochers & des cataractes ou cascades.

Plusieurs Auteurs croyent que la Rivière de *Gambie* ou *Gambre*, est une branche du Sénégal, mais il n'y a pas d'apparence, & cette idée n'est venue

venue que des Relations mal entendues des Sauvages, qui vont d'une Rivière dans l'autre moyennant quelque portage.

Le *Zaïre* arrose le Congo septentrional, & se décharge dans la Mer, à l'Occident. Sa source n'est pas connue, & c'est sans fondement qu'on le faisoit ci-devant sortir, comme plusieurs autres, d'un Lac *Zambre*, qu'on disoit être au milieu de l'Afrique. Il reçoit une autre Rivière considérable, nommé le *Coango*.

Le *Coanza*, coule au travers du Congo méridional, & l'on ignore également son origine.

Le *Zambéze* ou *Cuama*, arrose les Etats du Monomopata, & se jette à l'Orient dans le Golfe de Sofala : sa source est encore inconnue.

Il y a trois fameux Caps en Afrique : à l'Occident, le *Cap Verd* ; au Midi, le *Cap de Bonne-Espérance* ; à l'Orient, le *Cap de Guardafui*.

On y remarque aussi deux Chaînes principales de Montagnes : la première au Nord. On l'appelle le Mont *Atlas* ; elle traverse toute la Barbarie, d'Occident en Orient. La seconde est située près le Tropique du Cancer, & se nomme le Mont *Amédéde* : elle sépare la Nigritie du Saara, ou Désert de Barbarie.

L'Afrique peut se diviser en trois parties générales : 1°. la partie Septentrionale, qui contient l'Egypte, à l'Orient ; la *Barbarie*, à l'Occident, & le *Saara* ou *Désert*, à son Midi : 2°. la partie du milieu, qui renferme d'Occident en Orient, la *Guinée*, la *Nigritie*, la *Nubie*, & l'*Abyssinie* : 3°. la partie Méridionale, qui comprend à l'Occident, le *Congo* ; au milieu, la *Cafrerie pure*, qui s'étend jusqu'au Cap de Bonne-Espérance ; & à l'Orient, la *Cafrerie mélangée*, qui renferme les Côtes de *Zanguebar* & d'*Ajan*. Nous parlerons des Isles dans un Article particulier.

Tome II. N

CHAPITRE PREMIER.
De l'Egypte.

LES Turcs & les Arabes la nomment *Mifir*, nom qui vient de celui de *Mefraïm*, fils de Cham, & que les Hébreux lui donnent dans l'Ecriture fainte. Ce Pays, qui eſt au Nord-Eſt de l'Afrique, eſt borné au Nord par la Méditerranée; à l'Orient, par l'Arabie Pétrée & la Mer Rouge; au Midi, par la Nubie; & à l'Occident, par la Barbarie. Il eſt traverſé du Midi au Nord, par une longue Chaîne de montagnes, qui reſſerrent des deux côtés le lit du Nil, ſur-tout dans la haute Egypte.

Le *Nil*, dont nous avons déja parlé, eſt la ſeule Rivière remarquable qui s'y trouve.

L'Egypte eſt un pays très-fertile, quoique ſablonneux: ſa fertilité vient des eaux du Nil, qui en y ſéjournant, laiſſent un limon qui engraiſſe la terre. Le débordement du Nil arrive vers le milieu de Juin, & dure juſqu'au mois de Septembre. L'année eſt très-bonne, quand le débordement va juſqu'à vingt-quatre pieds: on fait alors de grandes réjouiſſances. Quand il n'eſt que de ſeize pieds, il y a diſette; & en ce cas les Egyptiens ne payent point de tribut. Quand l'inondation paſſe la meſure de vingt-quatre pieds, elle eſt nuiſible, parceque les eaux reſtant trop long-temps, ne laiſſent plus le temps néceſſaire pour ſemer & pour moiſſonner. Il y a au Caire, Capitale de l'Egypte, un puits nommé *Mekias*, dont chaque face eſt de dix-ſept pieds, & la circonférence de ſoixante-huit. Au milieu de ce puits eſt une colonne dont la hauteur depuis la baſe juſqu'à la poutre poſée au-deſſus du chapiteau, eſt de trente-quatre pieds trois pouces. On y lit ſur l'épaiſſeur de cette poutre, que le Mekias fut conſtruit l'an de l'Hégire 247, c'eſt-à-dire, 861 de Jeſus-Chriſt. Les eaux du Nil y ſont conduites par quatre voûtes bâties les unes ſur les autres, qui ont chacune leur entrée dans le puits. Quand l'eau eſt arrivée à une certaine hauteur, on coupe la chauſſée qui empêche les eaux du Nil d'entrer dans un canal qui traverſe tout le nouveau Caire; ce canal a ſept pieds de profondeur, & n'eſt plein que dans le temps de l'inondation. Les Auteurs ſont partagés ſur la cauſe du débordement de ce Fleuve. L'opinion la plus vraiſemblable, eſt celle qui l'attribue aux pluyes abondantes qui tombent quelque temps auparavant dans l'Abyſſinie, & dans les Pays voiſins de la Ligne. Il y a des endroits (ſur-tout à l'entrée de la haute Egypte,) où ce Fleuve ſe précipite du haut des rochers avec un bruit effroyable; c'eſt ce qu'on appelle les *Cataractes*. Il tombe d'un de ces endroits, de près de 200 pieds de haut. Le limon que laiſſe ce Fleuve corrompt l'air, & le rend mal-ſain: les Peuples néanmoins y vivent long-temps; les animaux y ſont très-féconds; les femmes ont ordinairement deux enfans à la fois, & quelquefois plus: on attribue cette fécondité aux eaux du Nil.

L'Egypte eſt ſi fertile en bled, qu'on l'appelloit le *Grenier de l'Empire Romain*. Elle en fournit une grande quantité aux Turcs, qui ſont maîtres de ce Pays. Outre le bled, on en tire du ris, des dates, des olives, du ſéné, de la caſſe, & un baume excellent. On y recueille auſſi d'excellens fruits. Elle produit des cannes à ſucre, & de très-beau lin. Les riches productions de l'Arabie y ſont apportées par les Galères du Grand-Seigneur. C'eſt en Egypte que ſe faiſoit autrefois le commerce des marchandiſes des Indes par la Mer Rouge; mais depuis la découverte du Cap de Bonne-Eſpérance, ce commerce eſt extrêmement diminué.

Les Egyptiens autrefois si célèbres par leur sage politique, leur amour pour les Sciences & les Arts, dont ils ont inventé même quelques-uns des plus utiles, comme la Géométrie, sont bien dégénérés de leur gloire ancienne. Ce qui a produit ce changement, ce sont les différentes révolutions que cet Etat a souffertes, & sur-tout l'ignorance & la barbarie introduites d'abord par les Sarrasins, qui s'en sont emparés dans le VIIe. Siècle, & ensuite par les Turcs, qui l'ont conquise en 1517, sur les Sultans, ou Soudans *Mamlucs* successeurs des descendans de Saladin, qui fit tant de mal aux Chrétiens du temps des Croisades.

Aujourd'hui les Egyptiens quoique spirituels & industrieux, sont fainéans, fourbes, avares & fort adonnés au larcin. Ils ont une manière de faire éclore des poulets, sans faire couver les œufs. Ils mettent ces œufs dans des fours, auxquels ils donnent un dégré de chaleur, qui a tant de rapport à la chaleur naturelle des poules, que les poulets qui en viennent, sont aussi forts que ceux qui sont couvés à l'ordinaire. Ce procédé chez eux est ancien, puisque Pline & Diodore en parlent; mais il paroît qu'on faisoit autrefois éclore les œufs dans du fumier, comme M. de Réaumur l'a fait à Paris. La plûpart des Egyptiens sont Mahométans; on y trouve aussi des Chrétiens Latins, & des Schismatiques Cophtes & Grecs. Les Cophtes sont les descendans des anciens Egyptiens, & ils sont de la Secte des Jacobites ou Eutychéens. Ils ont un Patriarche, qui réside au Caire, & qui prend le nom de Patriarche d'Alexandrie. Les Grecs y en ont aussi un sous le même titre, mais ils sont en plus petit nombre. Il se trouve aussi dans ce Pays beaucoup de Juifs, surtout dans les Villes. Les Chrétiens Latins n'y viennent que pour le commerce, & ils n'y résident pas toujours.

On divise l'Egypte en deux parties; la haute, au Midi: celle du milieu: la basse, au Nord.

§. I. *La Haute Egypte.*

Cette partie de l'Egypte étoit appellée anciennement *Thébaïde*. Aujourd'hui on la nomme *Saïde*; qui signifie en Arabe, *Pays haut*. Ses principales Villes sont toutes sur le Nil, le reste du Pays n'étant guère peuplé. C'est dans ce Désert qu'ont habité tant de Saints Solitaires, pendant les premiers Siècles de l'Eglise.

Girgé, *Capitale*, & résidence d'un Sangiac, grande Ville, fort peuplée. Son principal commerce consiste en bled, en toiles & en laines.

Siout, ou Asiot, que quelques Auteurs ont mal appellée *Saïd*. C'est un lieu considérable, au Nord de la Ville précédente, & d'où l'on part pour aller en Nubie & en Abyssinie. On y travaille les toiles les mieux façonnées de toute l'Egypte.

Kené, ou Kous, anciennement *Coptos*, au Sud-Est de Girgé: ses Habitans font un assez grand commerce. A quelques lieues de cette Ville, au Midi, sont les ruines de l'ancienne & magnifique Ville de *Thèbes* d'Egypte, qui avoit cent portes. On y voit encore des Temples & des Palais presqu'entiers, avec des colonnes & des statues en très-grand nombre, d'une grosseur & d'une grandeur prodigieuse, qui semblent n'avoir subsisté que pour effacer la gloire des plus grands ouvrages.

Asna, plus au Midi. C'est une jolie Ville: ses Habitans sont riches en bestiaux, en bled, & en argent, & font un grand commerce dans le Royaume de Nubie. On y voit de fort beaux bâtimens, & des tombeaux magnifiques, avec des Inscriptions égiptiennes & latines.

Souene ou Assuan, autrefois *Syène*. Cette Ville est presque sous le Tropique du Cancer. Juvénal y fut exilé, & y mourut: c'est le fruit qu'il retira de ses Satyres. A l'Est de cette Ville étoient des carrières de ce beau marbre, que nous appellons *Granit*, & que les anciens Egyptiens employoient pour leurs obélisques.

IBRIM, près des grandes Cataractes du Nil. C'est la dernière Place que possèdent les Turcs en Egypte; ou plutôt elle appartient à cette partie de la Nubie qui lui a été unie.

Les Turcs sont encore maîtres de plusieurs Places sur la *Côte d'Abech*, qui est plus au Midi, sur les bords de la Mer Rouge: nous en parlerons en traitant de l'Abyssinie.

§. II. *L'Egypte du Milieu.*

Les Turcs l'appellent *Vostani*.

LE CAIRE, sur le Nil, Capitale de cette Province, & de toute l'Egypte. Elle fut bâtie l'an 971 de Jesus-Christ, par le Calife Moez, Fatimite, qui la nomma *Al Caira*, c'est-à-dire *la Victorieuse*. C'est une grande Ville, qui, sans compter ses Fauxbourgs, est pour le moins aussi grande que Paris, mais moins peuplée. Elle est composée de trois parties, séparées l'une de l'autre de près d'un quart de lieue; sçavoir, le *vieux Caire*, le *nouveau Caire*, & le *Fauxbourg de Boulac*, qui est sur le bord du Nil, & où est le Port. Les maisons y sont basses & mal bâties; il y en a néanmoins de construites en pierres de taille fort polies, mais dont la magnificence est au-dedans, & du côté des cours. Les rues en sont sales & sans pavé. On trouve dans cette Ville nombre de jardins & de lacs, où entre l'eau du canal, dans le temps du débordement du Nil. Le plus grand, qui a cinq cens pas de diamètre, est au centre du nouveau Caire, & est bordé de belles maisons. Rien n'est plus beau que de voir un terrein qui pendant huit mois de l'année est un vaste bassin rempli d'eau, devenu pendant les quatre autres un jardin très-riant. Quand ce baſſin eſt inondé, il eſt couvert de barques, & preſque tous les ſoirs on'y tire un feu d'artifice, & on y donne des concerts. On compte au Caire ſept cens vingt Moſquées à minarets, & quatre cens trente qui n'en ont pas. Le Château où réſide le Pacha eſt ſitué ſur une montagne hors de la Ville, preſque vis-à-vis le vieux Caire. Il eſt bâti ſur un roc qui lui ſert de fondement, & entouré de murailles très-hautes & très-épaiſſes. On y monte par un eſcalier taillé dans le roc, en pente douce, de manière que les chevaux & les chameaux y montent facilement tout chargés. C'eſt Saladin qui l'a fait conſtruire ſur les ruines du Château de l'ancienne Babylone d'Egypte. On voit encore l'ancien aqueduc, par le moyen duquel on fait monter l'eau du Nil au Château; il eſt bâti de pierres de taille, & a 320 arcades. On y voit un magnifique ſalon, dont les inſcriptions prouvent que c'eſt un ouvrage de Saladin. Ce Château a été autrefois magnifique; mais il eſt maintenant fort négligé. Ce qu'il y a de plus beau, eſt un puits taillé dans le roc vif, & très-profond. Il eſt partagé comme en deux puits, entre leſquels eſt une place où deſcendent par un eſcalier, dont la pente eſt preſque imperceptible, des bœufs employés pour faire monter l'eau du premier puits, qui eſt le plus profond. Cette eau ſe rend par un canal dans le réſervoir, qui fait le fond du ſecond puits, au haut duquel elle eſt portée par le moyen d'une roue que des bœufs font tourner continuellement, & où tient une corde à laquelle ſont attachés pluſieurs ſeaux. Il y a dans le Caire deux ſortes de Religieux Italiens, de l'Ordre de S. François: les uns dépendent du Gardien des Franciſcains de Jéruſalem, & ſont les Curés nés de tous les Francs qui ſont en Egypte; & les autres ont un Supérieur nommé par la Propagande, ainsi que les autres Religieux, & y font les fonctions de Missionnaires, de même que les Jésuites & les Capucins qui y ont des hospices. Les Juifs ont aussi plusieurs Synagogues dans cette Ville.

Le Caire est bien peuplé, & fort marchand, quoique son commerce, par la Mer Rouge & la Méditerranée, soit bien tombé depuis qu'on s'est ouvert un passage aux Indes, en doublant le Cap de Bonne-Espérance. Il y a plusieurs Manufactures, une entr'autres, de tapis de Turquie. En 1754, cette Ville a souffert un tremblement de terre, qui en a renversé ou abîmé plus des trois quarts. Environ 7000 hommes ont été ensevelis sous les ruines de leurs maisons.

Vis-à-vis du Caire, & de l'autre côté du Nil, étoit autrefois la Ville de *Memphis*, ancienne Capitale de l'Egypte. On voit du même côté, à trois ou quatre lieues du Caire, les fameuses Pyramides, qu'on mettoit au rang des sept merveilles du monde : elles servoient de sépulture aux Rois d'Egypte. La plus grande des trois, les plus célèbres dans l'antiquité, est bâtie comme les autres, sur le roc qui lui sert de fondement. Elle est de figure carrée par sa base, dont chaque côté, suivant M. de Chazelle, a 110 toises, ou 660 pieds, construite en dehors en forme de dégrés. Sa hauteur perpendiculaire est de 77 toises environ, c'est-à-dire, près de 462 pieds. Le haut de la Pyramide, qui d'en bas semble une pointe, est une plate forme capable de contenir trente personnes.

Dans la même Contrée est le Lac de Kern, appellé anciennement de *Caron*. Ce Lac a communication avec le Nil par un Canal. Près de ce Lac étoient le fameux Labyrinthe & les sépultures des anciens Egyptiens : ce qui a donné occasion aux Poëtes Grecs de parler de la barque de Caron qui transportoit les morts dans les Enfers.

A l'Est du nouveau Caire, on voit les ruines de l'ancienne Ville d'Héliopolis, où étoit un Temple consacré au Soleil. C'est dans cette Ville qu'Onias, fils du Pontife Onias III, avoit obtenu de Ptolémée Philometor la permission de bâtir un Temple sur le modèle de celui de Jérusalem, qu'on appella *Onion*, & que Vespasien fit fermer.

Fioum, au Sud-Est du Lac Kern, & sur un canal qui se rend dans le Nil. C'est une Ville assez considérable & fort peuplée, dont le terroir est le plus fertile de l'Egypte, en toutes sortes de fruits.

Le Suez, *Port*, à l'extrémité de la Mer Rouge, au Sud-Est du Caire : le Grand-Seigneur y entretient des Galères. Cette petite Ville est fameuse par le nom qu'elle donne à l'*Isthme* ou langue de terre qui joint l'Afrique à l'Asie, & qui a environ cinquante lieues. C'est vers le Suez que les Hébreux passèrent la Mer Rouge, à deux ou trois lieues au-dessous de la pointe Septentrionale de cette Mer, à l'endroit de *Kolsum* ou *Clysma*, comme Eusebe le marque expressément.

§. III. *La basse Egypte.*

Elle est nommée par les Turcs, *Bahri*.

Alexandrie, ou Scanderik, *Port*, sur la Méditerranée, au Nord-Ouest du Caire. Cette Ville, fondée par Alexandre le Grand, 332 ans avant Jesus-Christ, n'est plus qu'une ombre de ce qu'elle étoit autrefois. Il s'y fait néanmoins quelque commerce, sur-tout de la part des Marseillois, & des Vénitiens, sous le pavillon de France. Les François y font le plus grand commerce, & y ont un Consul fort considéré, aussi-bien que les Anglois. Il y a dans cette Ville de riches Marchands Juifs, qui s'abonnent avec le chef de la Douane pour le Grand-Seigneur, & trouvent par-là moyen de se mettre au niveau des Européens, connus en ce Pays sous le nom de *Francs*, auxquels on remet tant pour cent sur les marchandises : ils payent ainsi beaucoup moins que ceux qui sont assujétis à la taxe, entre lesquels sont les Juifs. Alexandrie est la patrie du célèbre Euclide, Auteur d'Elémens de Géométrie en quinze Livres; d'Origène, l'un des plus grands génies & des plus sçavans hommes de l'Eglise des premiers Siècles; de Didyme, fameux par son sçavoir universel, quoiqu'aveugle dès l'âge de cinq ans; & de plusieurs autres hommes illustres.

ALBERTON, *Port*, à l'Occident d'Alexandrie, Ville assez commerçante. Quelques Auteurs la renferment dans le Pays de Derne ou de Barca, qui en est voisin.

ROSETE, ou RASSIT, *Port*, à l'Orient d'Alexandrie, & au bord du bras Occidental du Nil. C'est une Ville fort marchande, & la patrie du Poëte Claudien.

DAMIETE, ou DAMIAT, sur le bord du bras Oriental du Nil, grande Ville, célèbre dans l'Histoire des Croisades. Saint Louis la prit en 1249; mais il fut ensuite obligé de la rendre pour sa rançon.

CHAPITRE II.

De la Barbarie.

CE Pays a tiré son nom des Arabes, à qui la Langue des Africains paroissoit un jargon inintelligible, lorsqu'ils vinrent s'y établir dans le VIIe. Siècle. Car le mot de *Barbar* marque dans la langue Arabe, le son que forme une personne qui parle entre ses dents. La Barbarie s'étend depuis l'Egypte jusqu'au-delà du Détroit de Gibraltar, le long de la Mer Méditerranée, & un peu sur l'Océan. Elle se divise en deux grandes parties, séparées l'une de l'autre par le Mont

Atlas. La première qui eſt la *Barbarie* propre, eſt au Nord, & comprend, de l'Orient à l'Occident, cinq Pays; ſçavoir, le Pays de *Derne* ou de *Barca*, les Royaumes ou Républiques de *Tripoli*, de *Tunis* & d'*Alger*, qui ſont ſous la protection des Turcs, & le Royaume de *Maroc*, de qui dépend celui de Fez. La ſeconde partie, qui eſt au Midi de la précédente & du Mont Atlas, s'appelle le *Bilédulgerid:* elle comprend pluſieurs Etats, dont quelques-uns dépendent des Royaumes que nous venons de nommer.

ARTICLE I.

De la Barbarie propre.

ELLE contient tout ce que les Anciens connoiſſoient ſous le nom de Lybie extérieure ou de Cyrénaïque, d'Afrique propre, de Numidie, & de Mauritanie. C'eſt le meilleur Pays de l'Afrique, & le plus peuplé: la terre y eſt fertile en maïs, en bled, en bons vins & en fruits, comme citrons, oranges, figues, amandes, olives, dates & melons. Le commerce de ce Pays conſiſte dans la vente de ces fruits, dans celle de chevaux fort eſtimés, qu'on appelle *Barbes*; & des peaux de maroquin. L'air y eſt aſſez chaud, & il le ſeroit davantage, s'il n'étoit tempéré par les vents de la Méditerranée.

Les Peuples de la Barbarie ſont ignorans, ſans goût pour les Sciences & les Arts, avares, cruels, défians, ſoupçonneux & vindicatifs. Ils ont peu d'intelligence pour le commerce, quoiqu'ils trafiquent beaucoup. Ceux qui habitent le long des Côtes ſe ſervent de piques & d'armes à feu; mais ceux qui demeurent dans le milieu du Pays, ne combattent qu'avec des lances dont ils se servent fort bien.

Ce Pays, qui a produit plusieurs des plus grands hommes de l'Eglise, tels que S. Cyprien, S. Augustin, & dans lequel on comptoit plus de quatre cens Evêchés, a été tellement ravagé d'abord par les Vandales, hérétiques Ariens, & ensuite par les Sarasins, que le Christianisme y a été aboli. A présent la Religion dominante est la Mahométane : on y trouve néanmoins beaucoup de Juifs, & quelques Chrétiens; mais ces derniers sont dans l'oppression.

La plus grande partie des Habitans de Tripoli, de Tunis, & d'Alger, ne vivent que de pirateries. Ils ont beaucoup d'esclaves Chrétiens qu'ils traitent avec la dernière cruauté, particulièrement à Alger, où les Religieux Mathurins & de la Mercy les vont racheter de temps en temps. Ces trois Républiques, à qui l'on donne souvent le nom de Royaumes, parcequ'elles ont été long-temps gouvernées par des Rois, sont sous la protection du Grand-Seigneur, qui y envoye un Pacha dans chacune : ce n'est presque plus qu'un titre d'honneur, car il n'y a guère d'autorité; & ces Républiques ne payent plus de tribut aux Turcs, comme autrefois. Elles sont gouvernées par un Dey & un Conseil: les Conseillers, ainsi que le Dey, sont électifs.

§. I. *Du Pays de Derne, ou de Barca.*

Ce Pays, qui est voisin de l'Egypte, à l'Occident, est appellé par quelques Géographes le *Royaume de Barca*, parceque c'étoit autrefois un Royaume. On le renferme souvent dans celui de Tripoli, quoiqu'il ne soit pas de cette République. Il appartient aux Turcs, & il est gouverné par un Sangiac, qui dépend du Pacha qui réside à Tripoli. Le climat y est fort inégal : le long des Côtes le terroir est fertile & assez peuplé; mais l'intérieur du Pays

De la Barbarie.

eſt preſque ſtérile & peu habité. M. de la Martinière pretend qu'il n'y a jamais eu de Ville de Barca, & que ce n'eſt que l'ancien nom du Pays: cependant M. d'Anville dans ſa Carte d'Afrique, marque *Barca* comme un petit lieu près de *Tolometa*. Ce Pays étoit autrefois appellé *Lybie* propre, ou *extérieure*, & il comprenoit la *Cyrenaïque*, & la *Marmarique*.

Derne, *Capitale*, près de la Mer, & à l'Orient du Cap *Razat*. Cette Ville eſt bien fortifiée & peuplée: c'eſt la réſidence du Sangiac.

Tolometa, autrefois Ptolemaïde, près du Golfe de la *Sydre*, nommée anciennement Syrtis.

Grene, ou Curen, entre les deux Villes précédentes, eſt l'ancienne *Cyrène*, célèbre par ſes Rois qui tiroient leur origine de la Grèce.

§. II. *De la République, ou Royaume de Tripoli.*

Ce Pays s'étend du Sud-Eſt au Nord-Oueſt, le long de la Mer Méditerranée. Il eſt voiſin d'un grand Golfe, nommé le *Golfe de la Sydre*, qui eſt fort dangereux pour les vaiſſeaux, à cauſe de ſon peu de profondeur, & de ſes rochers & bancs de ſable. Le terroir de ce Pays eſt fort ſtérile & ſablonneux. On recueille néanmoins le long des Côtes, des citrons, des limons, des oranges, du ſafran, qui paſſe pour le meilleur qu'il y ait, & une plante nommée *Lotus*, dont les habitans font une très-bonne boiſſon. Son fruit eſt noirâtre, & reſſemble pour la figure & la groſſeur aux ceriſes. Les anciens en faiſoient tant de cas, que les Poëtes lui attribuent la vertu de faire oublier par une eſpèce d'enchantement toutes les douceurs qu'on peut trouver par-tout ailleurs, & même dans ſa patrie.

Tripoli, *Capitale*, *Port*. C'eſt une Ville ancienne, forte, commerçante, & peuplée de Turcs, de Maures & de Juifs. Il y a auſſi des Chrétiens d'Europe, qui y commercent sous la protection des Consuls de France & d'Angleterre. Les Franciscains y ont une belle Eglise, une Maison fort commode, & un Hôpital où l'on peut mettre deux cens lits pour les esclaves Chrétiens ; ce qui est un grand avantage, sur-tout à cause de la peste, qui est fréquente. Cette Ville a été bombardée en 1685 & 1728, par les François, à cause de ses pirateries.

LEBDA, autrefois LEPTIS, au Sud-Est de Tripoli. C'est la patrie de l'Empereur Sévère, Prince courageux, spirituel, & amateur des Gens de Lettres.

ZOARA, au Nord-Ouest. Ce sont deux Villes marchandes.

ZERBI ou GERBE, petite Isle au Nord de Zoara, fameuse par le combat naval qui s'y donna en 1560, entre les Espagnols & les Turcs.

§. III. *De la République ou Royaume de Tunis.*

Cet Etat comprend les pays nommés par les anciens, l'*Afrique propre* & la *Bizacène*. Son climat & son terroir sont assez semblables à ceux de Tripoli, excepté qu'il produit en quelques cantons beaucoup de bled.

TUNIS, *Capitale*, *Port*. C'est une grande Ville, riche & bien fortifiée. S. Louis mourut de la peste en 1270, en l'assiégeant. Elle fut prise par Charles-Quint en 1535 ; & ce Prince se réserva le Fort de *la Goulette*, qui est à l'entrée du Port de Tunis ; mais les Turcs s'en rendirent maîtres en 1574. Il se fait à Tunis un grand commerce, & cette Ville est très-peuplée, quoiqu'il n'y ait pas d'autre eau douce que celle des citernes, & de quelques puits ou fontaines qui sont aux environs.

On voit à trois lieues de Tunis les ruines de *Carthage*, si fameuse autrefois, & qui a été la rivale de Rome. Elle fut détruite par Scipion Emilien, 146 ans avant Jesus-Christ, & rétablie par Jules-César ;

mais les Sarrafins l'ayant prife en 698, ils la rasèrent entièrement.

Porto-Farina *, *Port*, au Nord de Tunis : c'est l'ancienne *Utique*, célèbre par la mort de Caton le jeune, qui en a pris son surnom.

Sousa, au Sud-Est de Tunis, sur la Côte. C'est une Ville marchande, avec un très-bon Port & une Forteresse pour sa défense.

Cairoan, grande Ville, bâtie autrefois par les Sarrafins ; aujourd'hui elle n'est guère peuplée.

Cafsa, au Sud-Ouest de Cairoan ; les murs de la Forteresse sont un ancien ouvrage des Romains ; son terroir est très-fertile en fruits.

A l'Orient de la Ville de Tunis, sont les petites Isles de *Lampedouse*, de *Linose* & de *Pantalarie*, qui en dépendoient autrefois. Les deux premières appartiennent maintenant aux Chevaliers de Malthe, & la troisième au Duc de Requesens, sous la protection & l'hommage de l'Espagne. Au Nord-Ouest est l'Isle de *Tabarca*, qui est possédée par les Lomellini, nobles Génois.

Du Royaume de Tunis dépend le *Gérid* propre, qui renferme le Royaume de *Tocorte*. Il est situé au Midi, au-delà du Mont Atlas.

§. IV. *De la République ou Royaume d'Alger.*

Cet Etat étoit autrefois connu sous le nom de *Numidie*, & de *Mauritanie Césarienne*. Ses anciens Rois *Syphax*, *Massinissa*, *Jugurtha*, & *Juba*, sont très-célèbres dans l'Histoire Romaine. Le nom de *Numidie* vient du Grec, & exprime que les Peuples qui l'habitoient n'avoient pas autrefois de demeure fixe. Pour le nom de *Maures* que l'on donne encore aux Habitans d'Alger, & à ceux de Maroc & de Fez, il vient du mot Phénicien *Mouerim*, qui signifie les Occidentaux : ces pays en effet sont à l'Occident de l'Afrique septentrionale, où les Phéniciens ont fait des établissemens 1500 ans avant Jesus-Christ.

Le Gouvernement d'Alger dépend d'un Divan ou Conseil d'Etat, qui est composé de plus de huit cens personnes ; car chaque Officier de la Milice y a séance. Les affaires se décident à la pluralité des voix. Ainsi c'est une Aristocratie militaire, & le *Dey*, qui en est le Chef, a peu d'autorité. Il est revêtu depuis 1710, de la qualité de Pacha du Grand-Seigneur, qui se regarde toujours comme Souverain d'Alger, quoiqu'il n'y exerce aucune autorité.

Cet Etat, sans compter la Ville d'Alger, est aujourd'hui divisé en trois Gouvernemens, sous l'autorité de trois *Beys* qui commandent les armées, sçavoir ; le Bey du *Levant*, ou de l'Orient, qui réside à Constantine ; le Bey du *Ponent*, ou de l'Occident, qui demeure à Tremecen, depuis que les Espagnols ont pris Oran ; & le Bey du *Midi*, qui habite sous des tentes, parcequ'il n'y a point de Ville dans son Gouvernement.

ALGER, *Capitale*, *Port*, *Ville forte* sur la Mer Méditerranée, anciennement CESARÉE de Mauritanie. C'est une grande & belle Ville, bien peuplée & la plus riche d'Afrique : elle a un très-beau Port, & de beaux Palais. Elle est bâtie sur la pente d'une montagne, en forme d'amphithéâtre. Les toîts des maisons sont en plate-forme, couverts de terre, & servent de jardins : les rues sont très-étroites. Ses Habitans sont les plus grands Corsaires de la Barbarie, & il y a beaucoup de Renégats. Alger a été bombardée deux fois, en 1682 & 1683, par les Flottes du Roi de France, à cause de ses pirateries : depuis ce temps les Algériens n'ont osé attaquer les vaisseaux François. On compte autour d'Alger environ dix-huit mille jardins, qui ont été faits par des esclaves. C'est la patrie de l'Empereur Macrin.

CONSTANTINE, à l'Orient d'Alger, *Ville forte* ;

c'eſt la *Capitale* de la Province du Levant. Cette Ville s'appelloit autrefois, Cirthe. Elle eſt dans une ſituation avantageuſe, à trente lieues de la Mer. De très-beaux ouvrages des Romains, dont on y voit les reſtes, montrent quelle a été autrefois ſa magnificence.

Bone, autrefois *Hyppone*, Ville maritime, Port, au Nord-Eſt de Conſtantine. Charles-Quint la prit en 1555. Elle eſt célèbre dans l'Antiquité, moins par ſa grandeur & ſes richeſſes, que par Saint Auguſtin ſon Evêque, dont le nom eſt ſi reſpecté dans l'Egliſe. Cette Ville eſt ſituée dans un terroir très-fertile en bled, en fruits exquis, & en pâturages. Elle eſt dominée par un petit Fort, qui a une garniſon de 300 ſoldats Turcs, ſous les ordres d'un Aga qui commande dans la Place.

Le Baſtion de France *, près de Bone. C'eſt un Fort conſidérable, où les François ont une bonne garniſon. Ce poſte eſt important pour favoriſer le commerce en Barbarie : on pêche dans ſes environs beaucoup de corail.

Bugie, à l'Orient d'Alger, Ville maritime ; aſſez forte, bien peuplée & ſituée ſur le penchant d'une montagne, avec une Baye aſſez commode. Elle étoit ci-devant Capitale d'un petit Royaume.

Tremecen, ou Tlemsen, au Sud-Oueſt d'Alger, grande Ville, forte, peuplée & bien bâtie, qui étoit autrefois Capitale d'un Royaume aſſez conſidérable.

Oran, & Marsalquivir, ou la Marca. Ce ſont deux *Villes fortes* avec de bons *Ports*, qui appartiennent aux Eſpagnols. Les Algériens leur avoient enlevé la première en 1708 : mais le Comte de Montemart l'a repriſe en 1732.

Alger étend ſa domination au-delà du Mont Atlas, dans le Pays de *Zab* & de *Tegorarin*, qui ſont du Bilédulgérid.

§. V. *Des Etats du Roi de Maroc.*

Ces Etats connus anciennement sous le nom de *Mauritanie Tingitane*, renferment les Royaumes de *Fez* & de *Maroc*. Ils appartiennent au Roi de Maroc, Prince fort puissant, qui prend le titre d'Empereur d'Afrique. Ses prédécesseurs qui se nommoient *Scherifs*, c'est-à-dire, Descendans de Mahomet, ont fondé cet Empire il y a environ cent-cinquante ans. C'est le Pays le plus habité de toute la Barbarie: il est fertile en grains & en fruits.

Fez, *Capitale* de l'ancien Royaume de ce nom, belle Ville, riche, marchande & très-peuplée, sur la petite Rivière de Fez. Elle est composée de trois Villes réunies aujourd'hui, & qui ont été bâties en divers temps. Ces trois Villes sont, *Beleyde*, la plus ancienne, qui est située au Levant de la Rivière, & contient environ 400 feux. La deuxième, qui se nomme le *Vieux Fez*, est au couchant de la Rivière, & contient 80000 Habitans. Elle est ceinte de vieux murs garnis de tours, a sept portes, & est divisée en douze quartiers, dont chacun a un Commandant qui a soin de la police, & que les Habitans soient pourvus d'armes. Le *Nouveau Fez*, qui est la troisième Ville, est dans une plaine sur le bord de la Rivière, ceint d'un double mur, & garni de tours comme une forteresse. Il y a dans cette Ville une magnifique Mosquée, nommée *Carruven*, qui a, dit-on, un demi-mille de tour, trente portes d'une grandeur prodigieuse, trois cens citernes pour se laver avant la prière, & neuf cens lampes qui brulent toute la nuit. Fez a aussi une fameuse Académie Arabe, où l'on enseigne la Grammaire, la Poésie, l'Astrologie, la Jurisprudence, &c.

Miquenez ou Meknez, à l'Occident de Fez. C'est une Ville nouvelle, qui est très-peuplée, &

qui a un magnifique Palais, où le Roi de Maroc fait ordinairement sa résidence. Le Roi d'Espagne y a fait bâtir un Hôpital pour les esclaves. Cette Ville a été presque détruite par le tremblement de terre du 1 Novembre 1755, aussi-bien que Fez.

MELILLA, au Nord-Est de Fez. C'est une petite Ville sur la Mer Méditerranée, avec une Forteresse ; elle appartient aux Espagnols depuis 1496.

CEUTA, *Port*, sur le Détroit de Gibraltar. C'est une place très-forte, qui appartient aussi aux Espagnols, à qui elle fut cédée par les Portugais en 1668. Le Roi de Maroc a fait inutilement ses efforts pour la reprendre.

PIGNON DE VELEZ *, entre les deux Villes précédentes. C'est une Forteresse dans une Isle, qui est encore aux Espagnols.

TANGER. Les Anglois à qui cette Place appartenoit depuis 1662, l'ont ruinée, & les Maures s'en sont emparés. C'est l'ancienne *Tingis*, qui donnoit le nom à une partie de la Mauritanie, qu'on appelloit *Tingitane*.

TÉTOUAN, au Sud-Est de Tanger, ancienne Ville, située dans une belle plaine, & environnée de vergers. Elle est commandée par un Château ancien. On y voit un Palais où les Maures ont rassemblé tous les agrémens qu'ils sont capables de donner à leurs édifices. Cette Ville est fort commerçante ; & les Juifs qui y sont établis au nombre d'environ cinq mille, servent de Courtiers entre les Maures & les Chrétiens. Les Anglois tirent de Tétouan leurs provisionss pour Gibraltar, qui est vis-à-vis sur la Côte d'Espagne.

LARACHE, Ville maritime, sur l'Océan, située à l'embouchure de la Rivière de Larache : elle a un très-bon *Port* avec une Citadelle, que les Espagnols ont bâtie dans le temps qu'ils étoient maîtres de cette

Ville. Ils l'ont perdue en 1681, & les Maures la possèdent maintenant.

SALÉ, à l'Occident de Fez, ancienne & forte Ville, avec un bon *Port* sur l'Océan, & plusieurs Forts. La Rivière de Guerou la partage en deux. Cette Ville est fameuse par ses pirateries.

MAROC, *Capitale* du Royaume de ce nom. Elle n'est plus si considérable qu'elle étoit autrefois : on y voit encore une très-belle Forteresse, qui étoit le Palais des Rois de Maroc.

SAFFIÉ, au Nord-Ouest de Maroc, Ville belle & marchande, sur l'Océan : elle est défendue par un bon Château. Les Portugais qui en étoient maîtres, l'ont abandonnée en 1641. Le Roi de Maroc y entretient une bonne garnison. Les François y ont un Consul.

MAZAGAN, petite Ville sur l'Océan, plus au Nord : elle appartient aux Portugais.

Le Roi de Maroc possède aussi les Royaumes de *Sus*, de *Dras* ou *Dahra*, de *Tafilet*, &, selon quelques Auteurs, celui de *Sugulmesse* : mais comme ces Royaumes sont renfermés dans le Bilédulgérid, nous remettons à en parler dans l'Article suivant.

ARTICLE II.

Du Bilédulgérid.

Sous le nom de *Bilédulgérid* nous comprenons cette grande étendue de Pays située au Midi du Mont Atlas, dans toute la longueur de la Barbarie propre. Ses bornes sont à l'Occident, l'Océan ; au Midi, le Saara ou Désert ; & à l'Orient, l'Egypte & la Nubie. Il n'est pas peuplé à proportion de son étendue.

Le terroir y est presque stérile, à cause de sa grande sécheresse. Les autruches & les chameaux sont le principal revenu de ses Habitans.

Les Arabes sont assez puissans dans ce Pays : ils sont à la solde des Rois & Seigneurs, comme les Suisses en Europe : ils s'occupent à la chasse aux Autruches, qui sont les plus grands de tous les oiseaux. Il y en a qui sont aussi hauts qu'un homme à cheval. La tête & le bec de cet animal ressemblent à ceux du canard, son col à celui du cigne, excepté qu'il est plus long; son corps a quelque chose de celui du chameau, son dos est élevé. Il a les cuisses & les jambes d'un héron, proportion gardée, & le pied appuyé sur trois doigts armés d'une corne aigue pour mieux marcher. Sa stupidité est telle, que quand les chasseurs le poursuivent, il va cacher sa tête derrière un arbre; comme il ne voit plus le chasseur, il s'imagine qu'il n'a plus rien à craindre, quoique tout son grand corps soit à découvert. La chasse de l'autruche est assez utile aux Arabes; ils en mangent la chair, & en vendent la plume pour en faire des ornemens aux lits, & des plumets aux chapeaux.

Le Bilédulgérid contient, d'Occident en Orient, huit Pays; les Royaumes de *Sus*, de *Tafilet*, & de *Sugulmesse*; le *Tégorarin*, le *Zab*, le *Bilédulgérid* propre, le Royaume du *Faisan*, & le Pays d'*Ouguela* & de *Siouah*, qui fait partie du Désert de Barca.

1. Le Royaume de *Sus*. C'est une Province de l'Empire de Maroc : elle est à son Midi ; l'Océan la baigne à l'Occident. Les Habitans de ce Pays passent pour les meilleurs soldats de toute l'Afrique : ils supportent impatiemment la domination des Rois de Maroc, qui les ménagent, & ne leur imposent pas de tributs extraordinaires. Quoique Mahométans,

ils ont, dit-on, une grande vénération pour S. Auguſtin, qu'ils croyent enterré dans leur Pays.

Sus ou Tarudan, *Capitale*, Ville ancienne, grande, riche & bien fortifiée.

2. Le Royaume de *Tafilet* appartient auſſi au Roi de Maroc : il eſt au Sud-Eſt du Royaume de Maroc.

Tafilet, *Capitale*, ſur la Rivière de Tafilet; Ville marchande, défendue par un bon Château.

Kiteva*, grande Ville bien bâtie, & *Capitale* de la Province de *Dahra*, ou *Dras*, qui eſt une dépendance du Royaume de Tafilet.

3. Le Royaume de *Sugulmeſſe*, au Nord du précédent. Il dépendoit ci-devant du Roi de Maroc; aujourd'hui il eſt aux Arabes. Il y a des grains & des fruits, des mines de fer, de plomb & d'antimoine.

Sugulmesse, *Capitale* ſur le Ziz. Cette Ville eſt dans une plaine. On voit encore des veſtiges de ſes murailles, qui étoient hautes & belles.

4. Le *Tégorarin*, qui eſt vaſſal d'Alger. C'eſt un beau Pays, où l'on voit pluſieurs Châteaux, & plus de cent Villages aſſez peuplés. Les Habitans ſe nourriſſent de dates, de chair & de lait de chameau. C'eſt dans le Tégorarin que s'aſſemblent les Caravanes qui veulent traverſer le Saara ou Déſert, pour aller commercer en Nigritie.

5. Le *Zab*, qui appartient auſſi à Alger, eſt au Nord du Tégorarin. Il ſeroit aſſez fertile, s'il n'étoit ſujet à la diſette d'eau, & rempli d'une multitude de ſcorpions.

Pescara* eſt la Ville la plus remarquable de cette contrée. Elle eſt ſituée au pied du Mont Atlas. Ses Habitans ſont plus humains envers les étrangers, que les autres Africains du Bilédulgérid.

Mezab, Province dépendante du Zab, renferme quelques Châteaux & pluſieurs Villages.

LE BILÉDULGÉRID.

6. Le *Bilédulgérid propre*, ou *Gérid*. L'Abbé de Longuerue, & après lui M. d'Anville, l'appellent le *Pays des Sauterelles*.

TOUSERA, *Capitale*, est située dans un terroir fertile en dates, & dépend de Tunis.

Au Midi on trouve le Royaume de *Tocorte*, ou *Tecort*, qui est Vassal de Tunis; & celui de *Huerguela*, ou *Guargala*, qui n'est guère connu.

TOCORTE, ou TECORT, *Capitale* du Royaume de ce nom. Elle est située sur une montagne au pied de laquelle coule une petite Rivière.

Au Sud-Est de Tocorte, on trouve le Royaume de *Gadume*, qui a seize Bourgs fermés, & soixante Villages : il dépendoit ci-devant de Tripoli.

GADUME, *Capitale*. Ses Habitans sont riches en dates & en argent : ils trafiquent avec les Nègres.

7. Le Royaume du *Faisan*, ou de *Fezzen*, dépend de Tripoli, selon plusieurs Auteurs. Il y a plus de cent Villages. On y trouve beaucoup de dates & de séné.

A l'Orient du Royaume de Fezzen est le *Rassem*, ou le *Pays pétrifié*, qui est inhabité.

8. Le Pays d'*Ouguela* & de *Siouah* fait partie du Désert de Barca.

OUGUELA est à l'Occident.

SIOUAH à l'Orient, sur les confins de l'Egypte. Cette Ville se gouverne en forme de République, qui relève de Tripoli. C'est dans son voisinage qu'étoit anciennement le fameux Temple de Jupiter Hammon, ou de Cham, déifié par les Egyptiens.

CHAPITRE III.

Du Saara, ou Désert de Barbarie.

ON donne le nom de *Saara*, qui en Arabe signifie *Désert*, à toute cette étendue de Pays longue & plus ou moins étroite, qui se trouve entre le Bilédulgérid d'un côté, & de l'autre la Nigritie, & cette partie de la Guinée où se trouve l'embouchure du Sénégal. Cette Région est encore moins habitée que le Bilédulgérid, parceque le soleil dardant ses rayons sur les sables dont elle est pleine, y cause une chaleur insupportable. La sécheresse y est si grande, qu'on fait quelquefois cent lieues sans y trouver une goutte d'eau. Les vastes campagnes de sable mouvant, qui sont fréquentes dans ce Pays, lui ont fait donner par les Arabes le nom de *Mer de sable*. Il y a quantité de lions, de léopards, de tigres, d'autruches & de monstres.

Ce Pays est divisé en cinq Déserts, dont la plûpart portent le nom des Peuples qui habitent en certains cantons. Les Peuples de ces Déserts qui sont vers l'Occident, s'appelloient autrefois *Gétules*, & ceux qui sont à l'Orient, *Garamantes*. Du temps des Romains on regardoit les Garamantes & les Indiens comme les peuples les plus reculés de l'Univers.

Les cinq Déserts du *Saara* sont, d'Occident en Orient, ceux de *Zanhaga*, de *Zuenziga*, de *Targa*, de *Lemta*, & de *Berdoa*. Ces Peuples sont ou Africains naturels, qu'on nomme *Bérébères*, ou Arabes. La plûpart son Mahométans.

1. Le Désert de *Zanhaga* est baigné par l'Océan, à l'Occident. L'air y est extraordinairement sec, & presque tout s'y corrompt par la chaleur. Les Peuples qui sont près de la Mer, faisoient ci-devant

vant quelque commerce avec les Portugais, dont ils achetoient diverses denrées. Ce sont maintenant les François qui font commerce avec eux. On trouve deux Caps remarquables sur la Côte.

Le *Cap Bojador*, au Nord, ainsi nommé par Gilles Yagnez, Portugais, le premier qui le doubla par l'ordre de l'Infant Don Henri en 1433. Au Sud de ce Cap est la *Rivière d'Or* ou *d'Ouro*, qui a reçu ce nom, parcequ'on y racheta avec quantité d'or de Tibar, quelques Maures que les Portugais avoient pris; & ce fut le premier or de ce Pays que l'on vit en Portugal. En avançant vers le Sud, on rencontre le *Cap Blanc*, découvert en 1441 par Antoine de Gonzale, & un Gentilhomme Portugais nommé Tristan. A douze lieues de ce Cap, on trouve le Fort *Arguin*, qu'Alphonse, Roi de Portugal, fit bâtir dans une des Isles à qui on a donné le même nom, & qui furent découvertes par Tristan en 1443. Ce Fort fut pris par les Hollandois en 1638. Les François s'en étant rendus maîtres sur ceux-ci, il est resté à la France par la paix de Nimègue en 1678; mais les François l'ont depuis démoli. Ils ont eu aussi au Midi le Fort de *Portandic* ou *Penia*, où ils achetoient de la gomme que l'on recueille dans de grandes forêts du Pays de Zanhaga. Suivant les nouvelles Relations, que M. Delisle a employées dans la Carte du Sénégal, publiée après sa mort, il y a dans ces Contrées un Roi nommé *Alichandora*, qui dépend de celui de Maroc, dont il est parent, & qui se dit Roi de tout le Pays situé entre le Cap Blanc & le Sénégal.

2. Le Désert de *Zuenziga* est encore plus sec & plus stérile que le précédent: il ne laisse pas d'être peuplé en plusieurs endroits, particulièrement par des Arabes, redoutés de tous leurs voisins, sur-tout des Nègres, qu'ils prennent & vont vendre dans le Royaume de Maroc. Il y a dans la partie Occiden-

Tome II. O

tale de ce Défert, au Sud-Ouest de *Tagazel*, l'une de fes habitations, d'abondantes mines de fel foffile, dont fe chargent les Caravanes de Maroc & de Tombut : on le tire des roches de *Tegafa*.

3. Le Défert de *Targa*, eft moins aride que ceux que nous venons de nommer. Il y a quelques puits de bonne eau : on y trouve auffi quelques pâturages, & de la manne qu'on tranfporte à *Agadès*, Royaume voifin de Nigritie ; & en d'autres endroits. Les Habitans de ce Défert fe nomment *Touargues*, ou *Targa*, & ils donnent le nom à ce Défert, qu'on appelle auffi Défert de *Hayr*, à caufe d'une de fes habitations.

4. Le Défert de *Lemta*, eft une affreufe folitude, qui manque prefque de tout ce qui eft néceffaire à la vie. Les Peuples qui y demeurent font cruels & brutaux : ils volent les Marchands qui viennent de Conftantine pour trafiquer dans le Pays des Nègres. Les Habitans de ce Défert s'appellent *Lemtans* ou *Lemta* : ils ont donné leur nom au Pays. Une partie s'appelle le Défert d'*Ighidi*, ou d'*Igud**, l'une de fes habitations. C'eft de ce Pays que font fortis les Peuples nommés dans nos Hiftoires *Almoravides*, qui établirent une puiffante Monarchie à Maroc, & en Efpagne, à la fin du XIe. Siècle.

5. Le Défert de *Berdoa*. Ce Pays eft un peu meilleur que le précédent : on y trouve des dates aux environs des lieux qui font habités, & qui font fournis d'eau. Il s'y trouve trois petites Villes, & quelques Bourgades. Les Peuples qui en habitent la partie Occidentale font appellés *Berdoa* ; ceux qui font plus à l'Orient, fe nomment *Levata*.

CHAPITRE IV.
De la Guinée.

ON comprend maintenant sous le nom *Guinée* deux grandes Régions : l'une est au Nord, entre les Rivières de Sénégal & de Gambie ; on la renfermoit autrefois dans la Nigritie : l'autre est au Midi, près de l'Equateur. Les Portugais nomment le Congo, *Basse Guinée* ; mais nous en parlerons à part.

L'air est très-chaud en Guinée, & il est fort malsain : on n'y connoît que deux saisons, l'Eté & l'Hiver, ou la saison des pluyes. L'Eté commence au mois de Septembre, & dure jusqu'en Mars, où commence l'Hiver, qui dure aussi six mois. Pendant l'Eté les nuits sont très-fraîches, & tempèrent ainsi la grande chaleur. Le terroir est fertile, & produit abondamment du ris, du millet, de l'orge, du poivre, des cannes à sucre, & plusieurs sortes d'excellens fruits. Son commerce consiste principalement en poudre d'or, en cire, en ambre, en cotton, en cuirs, en dents d'éléphans, & en esclaves. On y trouve des mines d'or, & différentes espèces d'animaux & d'oiseaux, des perroquets, des paons, &c. Les moutons de ce Pays ont du poil au lieu de laine. Les Européens y font un grand commerce. Les François sont les premiers qui l'ont découvert. Dès l'an 1364, ils allèrent à *Rufisque* près du Cap Verd, & jusqu'à *Serrelione*. On a trouvé un Traité d'association entre les Négocians de Dieppe & ceux de Rouen, du mois de Septembre 1363, pour leur commerce dans ce Pays. Ces François, après avoir augmenté leurs établissemens au Sénégal, à Rufisque, & sur la Rivière de Gambie, en formèrent d'autres à Serrelione, & sur la Côte de *Malaguette*.

Ils y construisirent deux Villes ou Forts, dont l'un fut appelé *le petit Paris*, & l'autre *le petit Dieppe*. On prétend qu'ils bâtirent en 1382 ceux de *la Mine*, sur la Côte de Guinée, & d'*Acara*. Ces établissemens fournirent aux Dieppois le moyen de tirer de l'ivoire de la *Côte des Dents*: ils s'appliquèrent à le mettre en œuvre, & ils y ont si bien réussi, qu'ils ont la réputation depuis ce temps d'exceller dans les ouvrages d'ivoire. Les Portugais, & ensuite les Anglois & les Danois, se sont établis dans la Guinée: ils y ont quelques Forts. Les Hollandois y font presque tout le commerce: ils ont sur les Côtes quelques habitations avec de bons Forts, qui dépendent de leur Compagnie des Indes Occidentales. Les Portugais, qui y faisoient un grand commerce au commencement du XVe. Siècle, & y étoient les plus puissans, ont été contraints de se retirer dans l'intérieur du Pays, où ils ont fait alliance avec les Habitans naturels, dont ils sont fort estimés.

Les Peuples de la Guinée sont assez spirituels, adroits & robustes; mais orgueilleux, fourbes, vindicatifs, lâches, paresseux & grands voleurs. Ils sont fort noirs, vont presque nuds, & mangent de la chair crue. Ils sont presque tous Idolâtres, & dépendent de plusieurs Rois; il y en a cependant qui vivent en forme de République. Les Anciens les appelloient *Ethiopiens Occidentaux*. Tout le reste de l'Afrique, que nous décrirons dans les Chapitres suivans, portoit anciennement le nom général d'*Ethiopie*, qui signifie en Grec *le Pays des visages brûlés*, ou des *Hommes noirs*.

§. I. *De la Guinée Septentrionale.*

Cette portion de la Guinée est située entre les Rivières de Sénégal & de Gambie. Elle renferme plusieurs Royaumes ou Républiques, comme les Royaumes d'*Ouale* ou de *Brac*, des *Foules* ou de

LA GUINÉE.

Siratique, & celui de *Galam*, le long du Sénégal, d'Occident en Orient. Dans le premier, les François possèdent auprès du *Cap-Verd*, & au Sud-Ouest, l'Isle *Gorée*. Il y a dans le Pays de Galam, des mines d'or ; mais il y fait si chaud, que les Européens n'y peuvent vivre long-temps. Le commerce que les François font en Guinée consiste dans l'achat des Nègres, qu'ils transportent en Amérique, des cuirs, de la gomme, de la poudre d'or, & des dents d'éléphans. La Compagnie Françoise trouve à *Bourre*, vers la Côte de Malaguette & du Cap *Tagrin*, toutes sortes de rafraîchissemens à vil prix, comme sont de la volaille, de la grosse viande, des fruits, & des vins de palmier. Elle a encore au fond du Golfe de Guinée, un Fort dans le Royaume de *Juda*, par le moyen duquel elle trafique dans ce Royaume, & dans celui d'*Ardre* qui est tout proche. Cette Compagnie est la sixième que les François aient formée pour le commerce d'Afrique : elle fut érigée en 1717. On y a réuni tout le commerce des Indes Orientales & Occidentales, sous une seule direction. Elle est comme suspendue depuis 1769, & le Roi de France a permis ce Commerce étranger à tous ses Sujets.

Au Midi de la Rivière de Sénégal, sont celles de *Gambie*, de *Saint-Domingue*, & de *Riogrande*. Les Portugais faisoient autrefois beaucoup de commerce dans ces Contrées, & ils y ont encore la Colonie de *Cacho*, sur la Rivière de Saint-Domingue. Les Anglois ont le Fort *Saint-Jacques* *, à l'entrée de la Gambie, & l'Isle *Sénégal* ou de *Saint-Louis*, que les François leur ont cédée par le Traité de Paix de 1763, ainsi que le Fort *Saint-Joseph*. Les *Jaloffes*, ou *Guioloffes*, & les *Feloupes*, sont les principaux Peuples de ce Pays, qui est partagé en plusieurs petits Royaumes.

§. II. De la Guinée Méridionale.

Elle se divise en trois parties: la *Malaguette*, la *Guinée* propre, & le Royaume de *Benin*.

1. De la Malaguette.

C'est une Contrée où le poivre long croît en abondance. Elle tire son nom de ce poivre qui, en langue du Pays, s'appelle *Malaguette*. Elle a nombre de petits Royaumes, & l'on remarque dans celui de *Sanguin*, le Port du *petit Dieppe*, où les François s'établirent autrefois, après avoir découvert le Port du *grand Sestre*. Les Hollandois font aujourd'hui le commerce de cette Contrée.

Au Nord-Ouest est le Pays de *Serrelione*, ainsi nommé des Montagnes voisines, où il y a beaucoup de lions; & à l'extrémité Méridionale est le *Cap des Palmes*.

2. De la Guinée propre.

Elle renferme la *Côte des Dents*, à l'Occident; & la *Côte d'Or*, à l'Orient: elles sont ainsi appellées, à cause de l'ivoire & de la poudre d'or, que l'on y trouve. Personne n'ignore en effet que l'ivoire vient des dents d'éléphans que l'on met en œuvre.

La *Côte des Dents* est un des meilleurs Pays de la Guinée. Outre les légumes, comme les pois & les fèves, & les fruits tels que les oranges, citrons, noix de cocos, le cotton & l'indigo y croissent naturellement: les bœufs, les vaches, les chèvres & les porcs s'y donnent presque pour rien, aussi-bien que les daims & les chevreuils. La Côte abonde en poissons, entre lesquels il y en a de monstrueux, dont les plus remarquables sont le Taureau de mer, & le Marteau, nommé ainsi à cause de sa tête qui est plate & s'étend de deux côtés comme celle d'un marteau.

Au Nord de la *Côte d'Or* est le Royaume du grand *Acanis*, qui est le plus considérable & le plus riche de ce Pays.

La Mine, au Midi, *Place forte & Port*, aux Hollandois. La garnison est composée de cent Blancs, avec un nombre proportionné d'Officiers, & de cent Nègres libres, aux gages de la Compagnie. Le Château est un édifice quarré, & les murs sont si fermes, qu'on les croit à l'épreuve du canon ; il est environné de quatre grands bastions ; deux regardent la Mer, & sont extrêmement hauts ; les deux autres sont du côté d'une petite Rivière. Il y a dans l'intérieur de beaux Magasins & d'autres Bâtimens, qui laissent dans l'intervalle une grande Place d'armes. Enfin ce Château a aujourd'hui l'air d'un Palais, plutôt que d'une Maison de commerce. Il étoit fort éloigné de cette beauté, lorsqu'il appartenoit aux Portugais. C'est la Compagnie Hollandoise des Indes Occidentales qui l'a mis en l'état où il est ; & elle n'a pas sujet de regretter les dépenses qu'elle a faites pour cela. Il y a près de cet endroit des mines d'or qui lui ont fait donner son nom.

Le Fort Nassau *, *Port*, bâti par les Hollandois, à qui il appartient, ainsi que plusieurs autres qui sont sur les mêmes Côtes.

Cabo-Corse, *Port*, entre les deux précédens. Les Anglois y ont une Forteresse, la plus considérable de ce canton, après celle de la Mine. Ses murs sont fort hauts & fort épais, sur-tout du côté de la terre. Une partie est bâtie de pierres de roc, & l'autre de briques que les Anglois fabriquent près delà. Sous la plate-forme on a taillé dans le roc une grande voûte pour y enfermer les esclaves, au nombre de mille. Elle est éclairée par une grille de fer, qui est sur la surface de la voûte. Ce Château est défendu par un Fort qui le commande, & que pour cela les Anglois ont acheté des Danois. Il se nomme *Fort Royal*.

CHRISTIANBOURG, *Port*, aux Danois. Ils y ont un Fort, beau & spacieux, défendu par quatre batteries de vingt pièces de canon.

3. *Du Royaume de Benin.*

On appelle de ce nom général toute la partie de la Guinée qui est au Sud-Est, dont le principal Royaume est celui de *Benin*, où les Portugais & les Hollandois font un grand commerce. Ce Pays fournit beaucoup de cotton, de poivre & de miel.

Le Roi de Benin est le plus puissant Prince de la Guinée. Il peut mettre sur pied une armée de cent mille hommes. Il ne paroît en public qu'une fois l'année, & alors on tue quelques personnes pour lui faire honneur. Quand il meurt, les principaux de sa Cour, & un grand nombre de personnes du Peuple se tuent pour l'accompagner au tombeau. Les hommes n'osent s'habiller que lorsqu'ils ont reçu un habit de la main du Roi. Au reste, les Peuples de Benin sont plus honnêtes & plus policés que tous les autres Nègres : ils reconnoissent un Dieu, qu'ils croient inutile de servir, parcequ'il est bon ; aussi tous leurs sacrifices sont-ils offerts au Diable, pour appaiser sa malice.

BENIN, *Capitale*, sur la Rivière de même nom. C'est une des plus considérables Villes d'Afrique : elle a trente grandes rues fort droites & très-larges ; mais les maisons sont fort basses. Les Habitans sont d'une propreté extraordinaire : ils lavent & frottent leurs maisons si souvent, qu'elles sont brillantes comme des miroirs. Le Palais du Roi est très-vaste ; il est près de la Ville, & fermé de murailles. Il y a plusieurs appartemens pour les Ministres du Prince, & de belles & grandes galeries, soutenues par des pilliers de bois, enchâssés dans du cuivre, où sont gravées les victoires du Roi.

Ouvere, *Capitale* d'un Royaume qui dépend de Benin. Les Portugais y commercent beaucoup : il y a quelques Chrétiens convertis par des Missionnaires.

Juda & Ardre sont les *Capitales* de deux petits Royaumes, à l'Occident de Benin, où les François & les Anglois vont commercer, & ont quelques Forts. Ces Royaumes ont été conquis depuis quelques années par le Roi de *Dahomé*, dont le Pays est plus au Nord.

Les Habitans de cette partie de la Guinée, comme de la précédente, vendent aux Européens beaucoup d'esclaves, qu'ils vont enlever chez leurs voisins, & auxquels ils joignent quelquefois leurs femmes & leurs enfans. Les Anglois, les Hollandois, & les François même ne font pas difficulté de faire ce commerce, qui paroît contraire à l'humanité. On emmene ces Esclaves en Amérique pour cultiver la terre, & travailler aux mines & aux moulins à sucre. Plusieurs se font mourir pendant le trajet. Le meilleur moyen de les conserver, est, dit-on, de jouer autour d'eux de divers instrumens de musique.

CHAPITRE V.

De la Nigritie.

La Nigritie, ou le Pays des Nègres, est à l'Orient & au Nord de la Guinée. Il tire son nom de la couleur de ses Habitans, ou plus probablement, du Fleuve *Niger*, qui y coule d'Occident en Orient. Ce Fleuve croît & décroît dans le même temps & de la même manière que le Nil. L'air de la Nigritie est très-chaud, mais sain. Les Peuples qui y demeurent sont forts & vigoureux. Le terroir est très-sterile, si ce n'est en quelques endroits, & le long du Fleuve Niger, où il produit du ris, du millet, du lin, du cotton & des dates. Le meilleur commerce qu'on y fait consiste en cuirs, en ivoire, en gomme, en ambre-gris, en poudre d'or. Des Caravanes de Barbarie y viennent commercer; & les *Mandingues*, Peuples de Nigritie, vont trouver les Européens dans la Guinée septentrionale, où ils sont fort répandus.

Les Nègres sont humains & honnêtes envers les étrangers; mais brutaux, grossiers, impudiques & paresseux. Ceux qui demeurent dans les Villes sont Mahométans: ceux qui sont dans les Déserts n'ont ni foi ni religion.

Ce grand Pays est divisé en plusieurs Royaumes, dont les plus connus sont, d'Occident en Orient, ceux des *Mandingues*, de *Tombut*, d'*Agadès* & de *Bournou*.

1. Les *Mandingues*, ou *Sousos*, au Sud-Ouest, passent pour être doux, amateurs de l'hospitalité, laborieux, & propres aux Sciences & aux Arts. Ils sont zélés Mahométans.

BANBOUC, & SONGO, sont les principales habitations de ces Peuples.

2. Le Royaume de *Tombut* produit du bled, du ris & du cotton. On y trouve des mines d'or & de cuivre. Le Roi de Tombut est le plus riche & le plus puissant de tous ceux de la Nigritie. Il a un grand nombre de vassaux qui lui payent tribut.

TOMBUT, ou TANBOUCTOU & TOCRUR, *Capitale*, à quelque distance du Niger, qui se nomme aussi Guien. Cette Ville est grande & riche. Le Roi y réside dans un Palais magnifique, si on le compare avec les maisons des particuliers, qui ne sont que de bois & enduites de terre grasse, au lieu que le Palais est bâti de pierres de taille. Il y a aussi une Mosquée construite de même. Les Marchands de Barbarie & des autres Pays de l'Afrique y font un grand commerce.

CABRA, sur le Niger, grande Ville, bâtie dans le goût de Tombut, dont elle est le *Port*.

3. Le Royaume d'*Agadès* est au Nord-Est de celui de Tombut, dont on prétend qu'il est vassal & tributaire. Le terroir y est fertile & abondant en pâturages. On y recueille de la manne & du séné. Il s'y trouve aussi beaucoup de Fontaines de très-bonne eau, ce qui est rare en ces Pays.

AGADÈS, *Capitale*, grande Ville, qui a un Palais royal si bien fortifié, qu'il ressemble à une Citadelle. Il s'y trouve beaucoup de Marchands étrangers, à qui le Roi permet de trafiquer & de bâtir des maisons.

4. Le Royaume de *Bournou*, ou *Borno*, est à l'Orient de celui d'*Agadès*. Il abonde en troupeaux, en millet & en cotton. Le Roi est, dit-on, très-riche, sur-tout en or. Les Habitans sont sans religion, & fort corrompus. Les femmes y sont communes, aussi-bien que les enfans, que chacun adopte selon qu'ils lui ressemblent.

BOURNOU, appellé KARNÉ par M. d'Anville : on dit que c'est une Ville considérable. M. Délisle la place sur le Niger, vers le Lac de Bournou ; mais, selon M. d'Anville, elle est plus à l'Orient, sur la Rivière de la *Gazelle*, qui se rend dans la *Rivière Blanche*, qu'il croit être le véritable Nil.

A l'Orient du Royaume de Bournou, on trouve celui de *Goaga*, & au Midi de ces Pays, les Royaumes de *Courourfa* & de *Gorrham*, dont il n'y a rien à dire, parcequ'ils ne sont connus que de nom, & sur le rapport des Nègres.

CHAPITRE VI.

De la Nubie.

La *Nubie* eſt un grand Royaume, borné au Nord par l'Egypte ; à l'Orient en partie par la Mer Rouge, & en partie par la Côte d'Abech ; à l'Occident, par la Nigritie ; & au Midi par l'Abyſſinie. Le Nil la traverſe du Sud au Nord, ſi l'on croit que le Nil ſoit le Fleuve d'Abyſſinie ; ou du Sud-Oueſt au Nord, ſi c'eſt la *Rivière Blanche*, comme le prétend M. d'Anville, qui met les ſources de cette Rivière plus à l'Oueſt que M. Deliſle, & dans le milieu de l'Afrique, comme nous l'avons obſervé ci-devant, *pag.* 287. L'air en Nubie eſt très-chaud, & le terroir peu fertile, ſi ce n'eſt aux environs des Rivières, où il eſt fort peuplé : mais à l'Occident du Nil, il eſt preſque déſert, & plein de montagnes.

Ce Pays fournit de l'or, du muſc, de l'ivoire, du bois de ſandal, & beaucoup de cannes à ſucre ; mais les Nubiens ne ſçavent pas en faire uſage. On y trouve beaucoup de chevaux, & quantité de bêtes féroces.

La Nubie, avec l'Abyſſinie qui y confine, eſt ce que les Anciens appelloient l'Ethiopie Orientale, ou l'Ethiopie ſous l'Egypte. Entre le Nil & le *Takaze*, qui s'y décharge environ au milieu de la Nubie, eſt une grande Preſqu'Iſle, qu'on nommoit anciennement l'*Iſle Méroé*, qui a eu pluſieurs Reines fameuſes, nommées *Candace*.

La Nubie eſt aujourd'hui ſous la domination du Roi de *Fungi*, qui a conquis le Royaume de *Sennar* au Midi, lequel avoit ci-devant un Roi particulier tributaire de l'Empereur des Abyſſins. Le Roi de *Dongola*, au Nord-Oueſt, relève de ce Prince.

Les Nubiens ſont courageux, ſubtils, & aiment le commerce : ils trafiquent principalement avec

L'ABYSSINIE.

les Egyptiens : ils s'adonnent aussi beaucoup à l'agriculture. Leur Religion est un mêlange de Judaïsme & de Mahométisme; mais il paroît que la Religion Chrétienne étoit autrefois établie dans ce Pays. On y voit encore les masures d'un grand nombre d'Eglises, avec des images ou Statues de J. C., de la Sainte Vierge, & de plusieurs Saints.

SENNAR, *Capitale*, au Sud-Ouest, sur l'*Abawi*, ou le *Nil* d'Abyssinie. Cette Ville, qui est située sur une hauteur, dans un lieu fort agréable, est grande, fort peuplée, & très-commerçante. Le Palais du Roi est environné de hautes murailles de briques, & n'a rien de régulier : les appartemens en sont richement meublés, avec des grands tapis, à la manière des Princes de l'Asie.

DONGOLA, ou DUNGALA, sur le Nil, *Capitale* du Royaume qui porte son nom. C'est une Ville riche, bien peuplée & très-commerçante. Le Roi y réside dans un Palais très-vaste & fort beau.

CHAPITRE VII.

De l'Abyssinie.

CE Pays tire son nom d'un mot Egyptien, qui signifie *Mêlange de Peuples*. Il étoit autrefois plus étendu qu'il ne l'est aujourd'hui. La révolte de plusieurs Peuples, & les entreprises des Turcs l'ont fort diminué depuis environ deux cens ans. Il est borné présentement au Nord par la Nubie; à l'Orient, par la Côte d'Abech, qui en faisoit anciennement partie; au Midi, par le Pays des Galles; & à l'Occident, par la Nigritie. La terre y est fertile en plusieurs endroits. L'air en général y est fort chaud; mais il est tempéré pendant une partie de l'année par des pluyes prodigieuses qui durent plus de quatre mois, depuis le mois de Mai jusqu'en Septembre. Il n'en tombe point dans ce Pays pendant tout le reste de l'année : c'est le temps de l'été pour les Habitans. Les chaleurs y sont alors très-grandes, excepté sur les montagnes, dont ce Pays est tout hérissé.

On trouve en Abyssinie des mines d'or, d'argent, de cuivre, de fer, de plomb & de soufre ; mais les Habitans ne sçavent pas profiter de ces avantages, ou plûtôt ils ne veulent pas les mettre en usage, de peur que les Turcs ne soient tentés de s'emparer de leur Pays : ils se contentent de ramasser les paillettes d'or qui se trouvent dans plusieurs de leurs Rivières. Les campagnes qui sont arrosées par l'*Abawi*, ou le Nil d'Abyssinie, sont très-fertiles en ris, en orge, en maïs, & en cannes à sucre. On fait du pain avec une espèce de graine qui nous est inconnue, & que l'on appelle *Tef* en Abyssinie. On y trouve aussi en abondance du miel, de la cire, du cotton & du lin, du séné, & plusieurs plantes médicinales. Ce Pays nourrit toutes sortes d'animaux domestiques & sauvages. Il s'y trouve des serpens d'une grosseur extraordinaire, des crocodiles & des chevaux marins.

L'Empereur des Abyssins est appelé par ses sujets le *Négus*, nom qui lui convient mieux que celui de Prêtre-Jean, que les Portugais lui ont donné par erreur, croyant que c'étoit le Prince dont quelques anciennes Relations d'Asie parloient. L'autorité du Négus est absolue, & il dispose à sa volonté des biens de ses sujets. Il habite avec toute sa Cour, sous des tentes à la campagne. Son camp est comme la Capitale de son Royaume.

Les Abyssins sont noirs ou fort basanés, mais ils ne sont pas laids comme les Nègres : ils sont assez spirituels, adroits, sobres & robustes.

Au IVe. Siècle S. Athanase envoya Frumentius en

Abyssinie, pour y annoncer l'Evangile, après l'avoir sacré Evêque : de-là vient que les Abyssins ont toujours été soumis au Patriarche d'Alexandrie, dont ils ont suivi le schifme & l'héréfie; car ils font schifmatiques Grecs de la Secte des Cophtes ou Eutychéens. Le Patriarche des Cophtes d'Egypte leur donne un Evêque. Les Portugais ont fait tous leurs efforts pour les réunir à l'Eglife Romaine. Ils secoururent si à propos le Négus Onag-Atznaf-Saghed dans une occasion intéressante, qu'il engagea le Patriarche schifmatique, qui vivoit alors, de choisir pour son successeur le Portugais Jean Bermudes, à qui Nunnès Baretto, & André Oviédo, Jésuites, succédèrent vers la fin du XVIe Siècle. Mais le Patriarche Alphonse Mendès, aussi Jésuite, ayant fait interdire la Religion Alexandrine dans tout le Royaume, le Roi vit ses sujets se révolter contre lui, ce qui l'obligea de révoquer ce qu'il avoit fait, & même de chasser les Jésuites. Depuis ce temps il est défendu aux Missionnaires Catholiques d'entrer dans ce Pays.

L'Abyssinie contenoit ci-devant une trentaine de Royaumes ou Provinces; mais les *Galles*, qui font un peuple voisin, barbare & cruel, en ont enlevé plusieurs du côté de l'Orient, & du côté de l'Occident. Les Turcs se font établis aussi sur la Côte d'Abech, & les Abyssins n'ont plus rien sur la Mer Rouge.

Les principales des Provinces qui restent au Négus, & dont nous ne connoissons guères que le nom, font du Nord au Midi :

1. *Le Royaume de Tigré.*

AXUM en étoit autrefois la *Capitale*; mais elle est ruinée maintenant. On y voit encore les restes d'une grande & belle Eglise, où le Négus doit être couronné, suivant l'usage. Il y en a plusieurs autres, selon Ludolphe, entre lesquelles on en remarque dix magnifiques, taillées dans le roc, bien proportionnées dans toutes leurs parties, & qui ont des portes & des fenêtres placées d'une manière très-régulière. Les Abyssins étoient autrefois connus sous le nom d'*Axumites* ou *Auxumites*.

2. *Le Royaume de Dambéa.*

Il renferme un grand Lac, que l'on appelle *Bahr Dambéa*, ou Mer de Dambéa. Sa longueur est d'environ trente lieues, & sa largeur de douze. Ce Lac a plusieurs Isles, dans plusieurs desquelles il y a des Monastères. C'est dans ses environs que le grand Négus demeure ordinairement sous des tentes, dans un lieu nommé *Gontar* ou *Guender*.

3. *La Province de Bagemder.*

C'est un Pays plein de montagnes, & riche en mines d'or.

4. *La Province de Gojam.*

Elle est remarquable par les sources du Fleuve *Abawi*, ou *Père des eaux*, que plusieurs Auteurs croient être le Nil. Il fait de cette Province une Presqu'Isle, en l'entourant de tous côtés, excepté au Nord-Ouest.

Selon les meilleurs Auteurs, il n'y a point de Villes en Abyssinie ; mais on y trouve un grand nombre de Villages, sur-tout dans quelques Provinces, où ils sont si près les uns des autres, que la campagne en paroît toute couverte.

Les Galles, qui occupent aujourd'hui une partie de l'Abyssinie, lui étoient autrefois soumis. Ils sont divisés en deux ; & l'on appelle les uns *Bertuma-Galla*, ou Galles Orientaux ; ce sont les plus puissans ; & les autres *Boren-Galla*, ou Galles Occidentaux. Il y en a encore une autre sorte au

Midi de l'Abyssinie & vers la Côte d'Ajan : ceux-ci sont partagés en cinq Nations sous un Chef électif appellé *Lubo*.

La *Côte d'Abech*, qui est le long de la Mer Rouge, est stérile, très-chaude & pleine de forêts. Sa partie septentrionale appartient aux Turcs, & la méridionale au Roi de *Dancali*, qui est Mahométan.

Suaquem, *Port*, sur la Mer Rouge, au Nord. C'est une grande Ville, où réside un Pacha Turc.

Macua, & Arcoua ou Erkiko, sont deux Villes au milieu de la Côte d'Abech, qui appartiennent aussi aux Turcs.

Baylur, ou Vella *, *Port* du Royaume de Dancali, au fond d'un petit Golfe, près du Détroit de *Babelmandel*, qui sépare l'Afrique de l'Arabie.

CHAPITRE VIII.

Du Congo.

Entre l'Abyssinie, & le Congo, qui est à l'Occident, il y a un espace d'environ douze dégrés, que l'on dit être occupé par les Royaumes de *Gingiro* & de *Macoco*, que M. Delisle met dans la Cafrerie, dont nous parlerons dans le Chapitre suivant.

Le *Congo* prend son nom du plus grand des Royaumes qu'il contient, & qui dépendoient autrefois de lui : les Portugais ont appellé ce Pays, *Basse Guinée*. Les chaleurs y sont excessives, quand elles ne sont pas tempérées par les vents & les pluyes. On y recueille du millet, du maïs, & des fruits excellens. On y trouve aussi trois sortes de palmiers,

& quantité de cannes à sucre. Ce Pays a plusieurs mines de fer & de cuivre : il produit les mêmes animaux que la Guinée ; il y en a un néanmoins qui lui est particulier, qu'on appelle *Cojas-Morrou*. Il tient beaucoup de l'homme pour la figure & pour les manières. Quelques Auteurs croient que cet animal est le Satyre, dont les anciens ont tant parlé ; mais c'est une espèce de Singe semblable à ceux de l'Isle de Bornéo, que l'on appelle *Hommes de Bornéo*. Les Habitans du Congo sont noirs ; mais ils ne sont pas si difformes que les autres Nègres. On transporte de ce Pays quantité d'esclaves.

Il est divisé en plusieurs Royaumes ; dont les principaux sont, du Nord au Sud, ceux de *Loango*, de *Congo*, d'*Angola* & de *Benguela*.

I. *Le Royaume de Loango.*

Ce Royaume a environ cent lieues de long, sur soixante-quinze de large. Les Habitans sont idolâtres & très-superstitieux. Le Pays est gouverné par un Roi si respecté de ses sujets, qu'il n'est permis à personne de le voir quand il mange ou qu'il boit. Il a deux maisons pour satisfaire à ces deux besoins. Quand il a mangé, il passe à la maison du vin. Chaque fois qu'il boit, on en avertit le peuple par le son d'une clochette : alors il se prosterne à terre, & s'étant ensuite relevé, il témoigne sa joie & les vœux qu'il fait pour son Monarque, en battant des mains. Une autre coutume aussi singulière, est celle qui se pratique pour la culture des terres du Roi. Toutes les femmes de ses sujets sont obligées de comparoître devant son Palais, pour aller ensuite ensemencer ses terres, qui consistent en une grande plaine d'environ deux lieues de longueur, sur une de large : les femmes des sujets de chaque Noble, vassal du Roi, sont obligées d'en faire autant pour leur maître particulier : mais avec cette différence, que la récolte est commune entre le Seigneur & les Paysans. Toutes les autres terres sont en commun ; mais lorsque quelqu'un a commencé d'en défricher une, il n'est plus permis à un autre de s'en emparer.

LOANGO, *Capitale*. C'est une assez grande Ville où le Roi réside dans un Palais magnifique pour le Pays. Près du Palais on trouve une grande Place. Les maisons sont isolées, & bordées d'allées de palmiers & de bananiers.

Au Midi, & près l'embouchure du *Zaïre*, sont les deux petits Royaumes de *Cacongo* & d'*Angoy*.

II. *Le Royaume de Congo.*

Les Peuples de ce Royaume étoient autrefois idolâtres ; mais sous le règne de Jean II, Roi de Portugal, Diégo Cam étant abordé en ce Pays en 1484, quelques Portugais qu'il envoya dans l'intérieur du pays, se conduisirent avec tant de sagesse à la cour du Roi de Congo, qu'ils attirèrent ce Roi à la Religion chrétienne, avec les principaux de son Royaume.

Les *Jagas* & d'autres barbares, environ soixante ans après, ayant chassé Don Alvarès, Roi de Congo, de son Royaume, il implora le secours du Roi de Portugal. Don Sébastien qui régnoit alors, se rendit à ses prières, le rétablit dans son Royaume, & pour comble de générosité, refusa l'hommage qu'il vouloit lui rendre comme vassal. C'est par cette conduite pleine d'humanité, que les Portugais ont gagné la confiance de ce Peuple, & l'ont engagé à persévérer dans la Religion Chrétienne.

Ce Royaume est partagé en six Provinces ; ce sont, du Nord au Sud, *Sogno* & *Bamba* ; & du Nord-Est au Sud, *Pango*, *Sandi*, *Batta*, & *Pemba*.

SAINT-SALVADOR, *Evêché*, est la *Capitale* du Congo propre, & en particulier de la Province de Bamba. Le Roi de Congo y réside dans un Palais.

très-vaste. Cette Ville, qui est près de la Rivière de *Lelunde*, est située sur une hauteur : elle est habitée en partie par les naturels du Pays, & en partie par les Portugais, qui y ont un Bureau & y font presque tout le commerce. Il y a dix Eglises. Les Jésuites y avoient une Maison bâtie de pierres apportées d'Europe.

Les autres Villes portent le nom des Provinces dont elles sont Capitales.

III. *Le Royaume d'Angola.*

Le terroir de ce Pays, qui se nommoit autrefois *Dongo*, est très-fertile : il produit du poivre blanc, du millet, des fèves, des cannes à sucre, & beaucoup de fruits. Les Peuples sont très-adroits à tirer de l'arc, mais extrêmement paresseux. La plûpart sont Idolâtres, & ont plusieurs femmes, comme presque tous les autres Nègres. Les Portugais font un grand commerce d'Esclaves dans ce Pays, dont ils sont les maîtres. Il y a dans la partie Orientale, qui se nomme *Oarii* ou *Dongo*, un Roi qui leur est soumis.

Saint-Paul de Loanda, *Evêché*, *Capitale*, sur la Côte, vis-à-vis de l'Isle de *Loanda*. C'est une grande Ville, bien peuplée, avec un bon *Port*, & la résidence du Gouverneur pour le Roi de Portugal. Les Habitans ont à leur service un nombre prodigieux d'Esclaves. Les Jésuites, qui y faisoient les fonctions de Curés, & y instruisoient la jeunesse, en avoient jusqu'à douze mille. On y mange du pain fait avec la racine de manioc, & il faut aller chercher de l'eau douce assez loin dans les Rivières.

Mapungo, sur une montagne, près du *Coanza*; c'est où réside le Roi d'Oarii, ou de Dongo.

A l'Orient est le Pays de *Matanba*, où dans le Siècle dernier étoit une Reine guerrière, de la famille des Rois d'Angola.

IV. *Le Royaume de Benguela.*

Ce Pays qui est au Midi des précédens, étoit autrefois gouverné par un Roi ; & c'est pour cela que les Portugais, qui y ont quelques établissemens, lui conservent le nom de Royaume, quoique ce soit une dépendance du Gouvernement général d'Angola. On y voit les bêtes sauvages en une prodigieuse quantité : les éléphans, entre autres, y vont par centaines. Il y a d'ailleurs peu d'habitans, & ils sont fort exposés aux ravages des *Jagas*, leurs voisins du côté de l'Orient. On tire de ce Pays beaucoup de sel.

BENGUELA, ou SAINT-PHILIPPE, *Fort*, sur la côte, *Capitale*. Cette Ville a environ deux cens familles de Blancs, dont la plûpart sont des Portugais, qui y ont été relégués pour leurs crimes, & beaucoup plus de Noirs. On trouve aux environs de riches mines d'argent. Les Hollandois se sont emparés de cette Place il y a quelques années.

VIEUX BENGUELA, plus au Nord, & près du Royaume d'Angola.

CHAPITRE IX.

De la Cafrerie pure.

LE nom de *Cafrerie*, que l'on donne à toute cette partie de l'Afrique qui est entre le Congo, la Nigritie, l'Abyssinie & la Mer, lui a été d'abord imposé par les Arabes Mahométans, dans la langue desquels le mot *Cafre* signifie Infidèle, ou un homme qui ne connoît pas Dieu. Comme les Arabes se sont établis en grand nombre dans la partie Orientale, qui comprend les Côtes de *Zanguebar* & d'*Ajan*, il est naturel de l'appeller *Cafrerie mélangée*, & nous en parlerons dans le Chapitre suivant.

La Cafrerie pure est fort étendue. Elle peut se diviser en trois parties, la Septentrionale, qui contient tous les Pays qui sont au milieu de l'Afrique : la Méridionale, où est le *Cap de Bonne Espérance*, & l'Orientale, où sont les Etats du *Monomotapa*.

I. *De la partie Septentrionale.*

Elle comprend, du Nord au Sud, plusieurs Royaumes & Peuples, dont on ne connoît guères que le nom. Ce sont les Royaumes de *Mujac* & de *Biafara*, au voisinage & à l'Orient de celui de Benin : le Royaume de *Gingiro*, ou de *Gingirbomba*, près de l'Abyssinie ; on lui donne quinze Rois pour vassaux : le Royaume de *Macoco*, ou d'*Anzico*, au Nord-Est du Congo ; il a aussi nombre de vassaux ; & ses Peuples sont si barbares, qu'ils se nourrissent de chair humaine, dont on dit qu'ils tiennent des boucheries : le Royaume de *Monoëmugi*, ou de *Niméamaie*, où l'on prétend qu'il y a un Lac assez étroit, qui a plus de deux cens lieues de long : les *Jagas*, qui sont unis avec les *Mumbos* & les *Zimbas*, Peuples très-sauvages, qui désolent toute cette partie de l'Afrique jusques vers l'Abyssinie & la Côte de Zanguebar ; on croit que les *Galles* en viennent ; les *Borores*, dont le principal Royaume s'appelle *Maravi*, selon M. d'Anville : le Royaume d'*Abutua*, qu'on dit être fort abondant en or : enfin les terres du *Muzumbo-Acalunga*.

II. *De la partie Méridionale.*

Cette partie de la Cafrerie, qui est le Pays le plus Méridional de l'Afrique, confine du côté du Nord-Ouest au Congo, ou plutôt au Royaume de Benguela, & du côté du Nord-Est aux Etats du Monomotapa, s'étendant depuis le *Cap Nègre*, jusqu'à la Rivière de *Manica* ou du *Saint-Esprit*. Ce Pays est peu habité & presqu'inculte, quoique le terrein soit bon en quelques endroits ; on ne trouve en d'autres que des fables, des terres d'argile & des marais. Dans ceux dont le fond est bon, on recueille des bleds & des fruits. On y trouve aussi beaucoup de pâturages, où l'on nourrit des bestiaux : les brebis n'ont point de laine, mais du poil : il s'y trouve aussi beaucoup de bœufs. Les Habitans les échangent pour de l'eau-de-vie & du tabac. Les bois sont remplis de différentes espèces de bêtes sauvages. L'air y est plus froid que chaud, sur-tout vers le *Cap de Bonne Espérance* ; mais il est par-tout si sain, que les Habitans y vivent ordinairement plus de cent ans. Les Cafres sont noirs, comme les Peuples de la Guinée & du Congo, quoiqu'ils habitent dans la Zône Tempérée : ils sont d'ailleurs extrêmement laids, mal-propres & sauvages. Ceux qui ont quelque commerce avec les Hollandois & les Portugais, se civilisent peu-à-peu.

Ce Pays est habité par divers Peuples qui ont chacun leurs chefs. Les *Cimbebas* qui habitent au Nord-Ouest, ont un Roi appellé *Mataman*. On a donné le nom général de *Hottentots*, à ceux qui occupent la partie la plus Méridionale, parcequ'ils ont presque toujours ce mot à la bouche. Toute cette grande pointe de terre, en laquelle se termine l'Afrique, se nomme *Cap de Bonne Espérance*. Cependant elle se divise en trois têtes. La plus Occidentale se nomme simplement *le Cap de Bonne Espérance* : celle du milieu s'appelle *Cabo falso*, ou *Cap fourchu* ; la troisième qui est la plus Orientale, s'appelle le *Cap des Aiguilles*.

Les Hollandois ont au *Cap de Bonne Espérance*, un Fort & un Bourg, qui est l'entrepôt de tous les Vaisseaux qui vont aux Indes & qui en reviennent. Plus de cent cinquante Vaisseaux par an s'y fournissent de rafraîchissemens, mais sur-tout les Hollandois. Entre les avantages que cette Nation tire de ce Cap fameux, est celui de faire descendre leurs malades à terre. Ils y sont parfaitement soignés, dans un magnifique Hôpital, qui peut contenir six à sept cens malades, pourvu de Médecins & de Chirurgiens, aussi-bien qu'aucun Hôpital qui soit en Europe. On prend de nouveaux hommes à la place de ces malades. Les Hollandois ont aussi en ce lieu des Magasins remplis de toutes sortes d'agrès, avec tous les Officiers de Marine qui en dépendent, ce qui les met en état de maintenir leur commerce.

Près du Fort est le beau Jardin de la Compagnie Hollandoise des Indes. Il a 1411 pas de longueur, sur 235 de largeur. Un ruisseau d'eau vive qui descend de la montagne, l'arrose. On y voit des allées à perte de vûe, de citroniers, de grenadiers, d'orangers plantés en pleine terre, & à couvert du vent par de hautes & épaisses palissades d'une espèce de laurier toujours verd. Il est partagé par la disposition des allées, en plusieurs quarrés mediocres, dont les uns sont pleins d'arbres fruitiers, les autres de racines, de légumes, d'herbes & de fleurs. A l'entrée du Jardin on a bâti un grand corps de logis, où demeurent les esclaves de la Compagnie, au nombre de cinq cens, dont les uns sont employés à la culture du Jardin, & les autres à d'autres travaux.

Les Hollandois pour s'y établir, commencèrent par acheter, en 1650, d'un Chef du Pays, une lieue de terrein : ils y bâtirent un Fort de bois, où ils mirent douze pièces de canon. Mais en 1680, ils y ont bâti un Fort de pierres de taille, muni de plus de soixante pièces d'artillerie. Ils ont formé ensuite un Bourg auprès de ce Fort, & leur Colonie s'étant augmentée, ils se sont avancés dans le Pays jusqu'à plus de cinquante lieues. Ils y ont maintenant plusieurs établissemens, où ils ont planté des vignes qui produisent de bons vins, que l'on appelle en Europe *Vins du Cap*.

Toutes

Toutes les Nations de l'Europe qui abordent au Cap, font obligées de payer le droit d'ancrage, & d'autres péages.

III. *De la partie Orientale.*

Elle est entre le *Manica,* ou Rivière du *Saint-Esprit,* & celle de *Zambèze* ou *Cuama,* s'étendant depuis les montagnes de *Lupata,* ou l'*Epine du monde,* jusqu'à la Mer. Elle contient ce qui formoit ci-devant les *Etats du Monomotapa,* dont plusieurs Royaumes ont secoué le joug. C'est un Pays où il y a de riches mines d'or, & dont les Fleuves en entraînent beaucoup avec leurs eaux; & c'est pour cela que les Portugais ont appellé le *Monomotapa,* qui étoit autrefois un Prince très-puissant, l'*Empereur de l'or.* Le terroir est d'ailleurs très-fertile en ris, en fruits, & en cannes à sucre : on y trouve aussi des bestiaux & des éléphans. Les Habitans sont bien faits, robustes, forts noirs, plus guerriers & plus spirituels que leurs voisins.

Ce Pays selon les plus nouvelles Relations suivies par MM. Delisle & d'Anville, se divise en cinq Royaumes, qui sont du Nord au Sud, le Royaume de *Monomotapa* ou *Manomotapa* propre, celui de *Manica,* celui de *Sofala* ou du *Quitevé,* celui de *Sabia,* & celui d'*Inhambane.*

1. Le Royaume de *Monomotapa* propre est environné par le Zambèze ou Cuama excepté du côté du Midi. Son Prince est respecté comme une espèce de Divinité par ses sujets, qui ne lui parlent qu'à genoux. Les marques de sa dignité sont une petite houe qu'il porte à la ceinture, & deux petis dards qu'il tient à la main : ce sont des symboles. La houe est pour avertir ses Peuples qu'ils doivent s'appliquer à l'agriculture : un des dards signifie qu'il doit punir les méchans, & l'autre qu'il doit défendre ses sujets contre leurs ennemis. Il entretient un feu sacré,

qu'il envoye renouveller chaque année dans tous les États des Princes ses vassaux. En 1561, l'Empereur du Monomotapa fut baptisé avec toute sa Cour, par un Jésuite Portugais, qu'il fit mourir peu de temps après, à l'instigation de quelques Arabes.

ZIMBAOÉ*, résidence de cet Empereur, est peu éloigné du Zambèze, entre *Tete* & *Sena*, qui sont deux Forts aux Portugais : ils ont encore dans le milieu du Pays *Massapa*, près du mont *Fura*, où il y a d'abondantes mines d'or.

2. Le Royaume de *Manica*, qui est au Sud-Ouest du précédent, a un Roi nommé *Chacanga* : il y a aussi des mines d'or.

MANICA, ou MAGNICA, *Capitale*.

3. Le Royaume du *Quitevé*, ou de *Sofala*. Le premier nom est celui du Roi, & le second celui du Pays. Il est au Sud-Est du Monomotapa propre, avec lequel plusieurs Auteurs le confondent. L'or & l'ivoire y sont fort communs.

ZIMBAOÉ, sur la rivière de Sofala, vers le Nord-Ouest. M. d'Anville qui lui donne cette situation, prétend que c'est la résidence du Quitevé. Selon Daviti, le nom de Zimbaoé signifie dans le langage du Pays, *Cour* ; & l'on nomme ainsi les maisons où demeure l'Empereur dont le nom est Monomotapa. Les Princes qui ont secoué son joug, ont pu aussi appeller leur demeure Zimbaoé.

SOFALA, petite Ville sur le bord de la Mer, un peu au Nord de l'embouchure de la Rivière de Sofala. Lorsque les Portugais s'en emparèrent en 1586, il y avoit un petit Prince qu'ils rendirent leur vassal. Ils y ont bâti une Forteresse qui assure leur commerce avec les Cafres, qui leur apportent l'or de Manica, & de l'ivoire. Sofala a aussi le nom de *Sophira*, & plusieurs bons Auteurs croyent que c'est l'Ophir, où Salomon envoyoit sa flotte.

4. Le Royaume de *Sabia* est au Midi de So-

fala, & à l'Eſt de Manica. Le Roi s'appelle *Sedenda.*

MANBONE*, *Capitale*, près de la Mer.

5. Le Royaume d'*Inhambane*, eſt au Midi du précédent, & vers l'embouchure de la Rivière du Saint-Eſprit : le Roi ſe fit baptiſer avec toute ſa Cour, en 1560, par les Portugais, à qui il procura la connoiſſance du Monomotapa.

TONGE, *Capitale*, au Nord-Eſt.

INHAQUA, *Fort* aux Portugais, au Midi. C'eſt où commence leur Gouvernement de Mozambique, qui s'étend dans le Pays dont nous allons parler.

CHAPITRE X.

De la Cafrerie mêlangée.

CE Pays qui occupe preſque toute la Côte Orientale de l'Afrique, étoit en partie habité par des Arabes Mahométans, lorſque les Portugais y vinrent en 1498, après avoir doublé le Cap de Bonne Eſpérance. Ces Arabes faiſoient le commerce de l'or avec les Cafres, & celui des Indes.

On diviſe cette Côte en deux parties.

La première, qu'on appelle *Zanguebar,* eſt celle qui s'étend depuis le Golfe de *Sofala,* juſqu'à l'Equateur.

La ſeconde s'étend depuis l'Equateur juſqu'au *Cap Guardafui* : elle ſe nomme la Côte d'*Ajan.*

§. I. *Du Zanguebar.*

Il eſt rempli de marais : l'air y eſt mal-ſain ; & la terre en général peu fertile : il y a cependant des endroits où il vient du bled, du millet, des oranges, des citrons, &c. On y trouve des poules dont la chair eſt noire, mais bonne. La plus grande richesse de ce Pays consiste dans l'or & l'ivoire, dont les Peuples font un grand commerce. Les éléphans y sont si communs, que les Habitans se servent des dents de ces animaux pour palissader leurs jardins. Ces Peuples sont noirs pour la plûpart, & assez traitables: les uns sont Idolâtres, les autres Mahométans. Il n'y a de Chrétiens que les Portugais qui y ont des établissemens.

Ce Pays comprend plusieurs Royaumes, dont les principaux sont, du Sud au Nord, *Mosambique, Moruca, Mongale, Quiloa, Monbaze,* & *Melinde.*

1. Le Royaume de Mosambique.

C'est un petit Etat situé entre le Royaume de Mongale, celui de Moruca & les Isles d'*Angoche*. Le Roi de Mosambique, qui est absolu sur ses sujets, est lui-même soumis aux Portugais. Ce Prince & les principaux de son Etat sont Mahométans; le reste est Payen.

MOSAMBIQUE, *Capitale, Port,* dans l'Isle de ce nom. Les Portugais en sont maîtres. C'est une grande Ville bien fortifiée, par le moyen de laquelle ils tiennent sous leur dépendance presque tous les petits Rois voisins. Les Vaisseaux Portugais qui vont aux Indes Orientales, s'y arrêtent ordinairement pour s'y rafraîchir. Le Roi de Portugal y tient un Gouverneur, dont l'autorité ne dure que trois ans, & qui dépend du Viceroi de Goa, dans la Presqu'Isle Occidentale de l'Inde. Les Dominicains ont une maison à Mosambique. L'Isle dans laquelle cette Ville est bâtie, abonde en palmiers, orangers, citroniers, limoniers & figuiers des Indes. Elle manque d'eau douce, & il faut l'aller chercher dans le continent; mais elle a beaucoup de bœufs, de brebis qui ont la queue extrêmement grosse, de chèvres & de pourceaux, dont la chair est délicieuse.

DUD * est un petit endroit où le Roi fait ordinairement sa résidence.

2. *Le Royaume de Moruca.*

Le Moruca est le Prince le plus considérable de la Nation des *Macuas*, qui est fort répandue dans le Zanguebar, & jusques dans les Isles qui sont à l'embouchure du Manica, près de laquelle les Portugais ont le Fort de *Kilimané*. Le Moruca a sa résidence vis-à-vis de l'Isle de Mosambique.

3. *Le Royaume de Mongale.*

Ce Pays est abondant en or, & l'on dit que son Roi a un grand nombre de vassaux. La Religion y est sur le même pied que dans le Royaume de Mosambique.

MONGALE * *Capitale*, sur la Rivière de Moma.

4. *Le Royaume de Quiloa.*

Ce Royaume est vassal des Portugais, à qui le Roi, quoique fort absolu, & respecté de ses sujets, paye un tribut annuel de quinze cens marcs d'or : il est aussi Mahométan. C'étoit autrefois le plus puissant Prince de cette Côte; mais les *Zimbas*, unis aux *Jagas*, l'ont presque ruiné.

Le Vieux QUILOA *, *Capitale*, située dans le continent, au bord d'une Rivière. C'est une grande Ville bien peuplée, & la résidence ordinaire du Roi.

Le nouveau QUILOA, qui est dans l'Isle de ce nom, appartenoit aux Portugais, qui y avoient bâti une Forteresse; mais ils l'ont ensuite détruite, & ont abandonné l'Isle au Roi.

5. *Le Royaume de Monbaze.*

Ce Royaume est très-abondant en toutes les choses nécessaires à la vie. Les Portugais avoient converti au Christianisme une partie de ses Peuples;

mais depuis qu'ils ont été entièrement chassés du Pays, le Roi & les Grands sont retournés au Mahométisme : pour le menu peuple il est toujours resté Payen. Il peut y avoir eu quelque changement depuis 1729, que les Portugais se sont de nouveau emparés de ce Royaume.

MONBASE, *Capitale*, dans l'Isle de même nom, est une grande Ville, riche & peuplée, avec un excellent *Port*. François Alméida la prit en 1505, la brûla en partie, & l'abandonna. Les Portugais construisirent ensuite une Citadelle, dans laquelle ils se retranchèrent ; mais ils en furent chassés en 1631, par les Arabes. Ils s'y sont rétablis en 1729.

6. *Le Royaume de Mélinde.*

Cet Etat est gouverné par un Roi Mahométan fort respecté de ses sujets, sur lesquels il exerce un pouvoir absolu. Ce Prince est néanmoins dépendant en quelque sorte des Portugais. Les moutons y sont si grands & si gros, que leur queue seule pèse vingt-cinq à trente livres.

MELINDE, *Capitale*, *Port*. Cette Ville est commerçante, riche, belle & bien peuplée. Les Portugais y font un grand commerce, & ils y ont bâti une Forteresse pour leur sureté : ils y ont aussi dix-sept Eglises. L'ancrage est un peu éloigné de la Ville, parceque les écueils dont elle est enceinte vers la côte, en rendent l'accès difficile ; mais du côté de la terre ferme, elle est entourée de beaux jardins.

Au Nord de Mélinde on trouve trois Isles ; sçavoir, *Lamo*, *Ampazé*, & *Paté*. Elles ont de petits Rois tributaires des Portugais.

§. II. *De la Côte d'Ajan.*

Elle est au Nord du Zanguebar, selon notre façon de parler, car dans le vrai, pour ces peuples, le Midi est du côté de la ligne, & leur Nord ou côté du froid eſt vers le Pole Antarctique. On fait ſur la Côte d'Ajan un grand commerce d'ivoire, d'or & d'ambre gris. Les peuples ſont preſque tous Mahométans, comme dans le Zanguebar.

Les principaux Etats qu'on y trouve du Midi au Septentrion, ſont la République de *Brava*, le Royaume de *Magadoxo*, & celui d'*Adel*, qui eſt ſéparé du précédent par une longue Côte déſerte.

1. *La République de Brava.*

C'étoit autrefois un petit Royaume ; aujourd'hui c'eſt une République ariſtocratique, dont le premier Conſeil eſt compoſé de douze perſonnes. Elle paye chaque année aux Portugais un tribut de quatre cens livres peſant d'or. Le Pays eſt riche en or, en argent & en ambre gris. Les Habitans ſont Mahométans.

BRAVA, *Capitale*, grande Ville maritime & fort marchande. Les Portugais la prirent & la pillèrent en 1506. Elle s'eſt remiſe depuis.

2. *Le Royaume de Magadoxo.*

Il eſt ſitué le long d'une Rivière de même nom.

Le Roi & ſes ſujets ſont Arabes Mahométans : ils ſont redevables à leur valeur de n'avoir pas été ſubjugués par les Portugais ; mais leur Pays n'eſt pas fort étendu. Il eſt fertile en orge, en fruits & en excellens pâturages.

MAGADOXO, *Capitale*, *Port*, à l'embouchure de la Rivière de même nom. C'eſt une Ville aſſez bien fortifiée, & où ſont nombre de riches marchands Arabes & Indiens. Il s'y tient tous les ans une grande foire, où ſe rendent des Négocians de différens Pays, qui échangent des épices & des étoffes contre de l'or & de l'ivoire.

3. *Le Royaume d'Adel.*

Il s'étend juſqu'auprès du Détroit de Babelmandel, par où la Mer Rouge communique avec celle des Indes. Son terroir du côté de l'Abyssinie, dont ce Royaume dépendoit autrefois, est fertile en bled, en orge & en bons pâturages, où l'on nourrit beaucoup de bétail. Il y a des brebis dont la tête & le col sont noirs, & dont la queue pèse jusqu'à vingt-cinq livres. On y voit des vaches qui ont des cornes comme les cerfs, d'autres qui n'ont qu'une corne au front, & recourbée vers le dos. Il s'y fait un grand commerce en or, en ivoire, en encens & en diverses marchandises d'Arabie & des Indes. Ce Royaume a été formé par un Prince Mahométan, au commencement du XVIe. Siècle.

Auçagurele, *Capitale*. Cette Ville est bâtie sur une hauteur, près de la Rivière d'*Haouache*, qui vient d'Abyssinie, & qui périt dans les terres à force d'être saignée pour les rendre fertiles.

Zeila, *Port*, à l'embouchure d'une Rivière de même nom, sur la Mer d'Arabie. C'est une grande Ville, riche, peuplée & marchande.

Barbora, *Port*, sur la même Côte, Ville fort commerçante.

CHAPITRE XI.

Des Isles de l'Afrique.

Les Isles les plus considérables de l'Afrique sont situées, les unes dans la Mer des Indes, vis-à-vis de la Côte Orientale d'Afrique; les autres dans l'Océan Atlantique, vis-à-vis de la Côte Occidentale.

Article I.

Des Isles vis-à-vis de la Côte Orientale d'Afrique.

CES Isles sont, du Midi au Septentrion, celles de *Madagascar*, de *Bourbon*, de *Maurice* ou l'*Isle de France*, de *Comore* & de *Socotora*.

§. I. De l'Isle de Madagascar.

Madagascar a été appellée l'*Isle de Saint-Laurent* par les Portugais, qui la découvrirent en 1506, le jour de la fête de ce saint Martyr. Les François y firent quelques établissemens en 1665, dans sa partie Méridionale, & la nommèrent l'*Isle Dauphine*, en l'honneur de M. le Dauphin, fils de Louis XIV, & ayeul du Roi Louis XV. Elle est située entre le douzième & le vingt-cinquième dégré de latitude méridionale, & entre le soixante-deuxième & le soixante-dixième de longitude. C'est la plus grande Isle qu'on connoisse dans l'Univers. Elle a a environ deux cens cinquante lieues de long, sur cent vingt de large, & l'on croit qu'elle a huit cens lieues de tour. Elle est fertile en oranges, citrons, ananas, melons, légumes, ris, cotton & poivre blanc. Il y a quantité d'arbres rares, comme l'ébène, le brésil, le sandal, & des palmiers de plusieurs sortes. On trouve plusieurs espèces de pierres précieuses dans les Rivières, & elle a une grande quantité de bœufs & de vaches, presque tous les animaux que nous avons en Europe, & plusieurs qui nous sont absolument inconnus. Elle produit plusieurs sortes de miel, & en particulier une espèce douce comme le sucre : c'est un remède souverain pour les maladies de poitrine, & pour l'asthme.

Les Peuples de cette Isle sont distingués en noirs & en blancs : ces derniers sont descendus des Arabes, & conservent encore quelque chose de leur teint, qui cependant noircit insensiblement. Ils n'ont aucun Temple, ni autre divinité connue, qu'un insecte, qui est une espèce de grillon. Ils sont très-superstitieux, & fort adonnés à l'Astrologie. La circoncision est en usage chez eux, & ils ont un grand respect pour les tombeaux. Ils sont assez spirituels; mais perfides, vindicatifs & cruels.

Madagascar est gouvernée par plusieurs Souverains, qui se font presque toujours la guerre. Les François y avoient bâti en 1665 *le Fort Dauphin*, à la pointe méridionale de l'Isle: mais les Insulaires égorgèrent la garnison en 1673. Ceux qui restèrent de ce carnage se sauvèrent avec peine, à la faveur d'un vaisseau qui étoit à la voile.

Il y a plusieurs *Ports* dans cette Isle: celui de *Saint-Vincent*, à l'Occident: le *Port aux prunes*, à l'Orient.

Le milieu du Pays est plein de montagnes, d'où il sort plusieurs Fleuves qui se déchargent dans la Mer.

Cette Isle a trois Caps remarquables: l'un au Nord, nommé *Saint-Sébastien*; l'autre au Midi, *Saint-Romain*; le troisième à l'Occident, nommé le Cap *Saint-André*.

A l'Est de Madagascar est la petite Isle *Sainte-Marie*, où les François se sont établis; ce qui facilite leur commerce avec les Habitans de Madagascar.

§. II. *Des Isles de Bourbon, & de Maurice ou de France.*

1. L'Isle *Bourbon*, où les François s'établirent en 1657, est à l'Orient de Madagascar. Les Portugais l'avoient découverte en 1505, & lui avoient donné le nom de *Mascarin*. Cette Isle a environ quinze lieues de longueur, sur dix de large & qua-

rante de tour. L'air y est très-sain. Elle a beaucoup de troupeaux de bœufs & de moutons; les chèvres & les sangliers y sont communs. On y voit une espèce de chauve-souris grosses comme des poules, & dont la chair est très-délicate. Il n'y a aucun reptile venimeux; mais une quantité prodigieuse d'araignées de la grosseur d'un œuf & sans venin. Les principaux arbres de l'Isle Bourbon sont, les ébéniers, le benjoin & le cottonier, sans parler d'une multitude de grands arbres, dont on fait des mâts, de belles planches, & quantité d'ouvrages de menuiserie. Elle produit abondamment du bled, du ris, du poivre blanc, de l'aloès, du tabac, & du café, mais bien inférieur à celui d'Arabie. On y trouve quantité de tortues (a), aussi-bien que dans les Isles voisines. On ramasse sur les Côtes de l'ambre & du corail. Elle a un Conseil Supérieur, & un Gouverneur général qui en est le Chef.

2. L'Isle *Maurice*, appellée aujourd'hui l'*Isle de France*, a été découverte par les Portugais, & les Hollandois s'en étant emparés en 1598, ils l'appellèrent du nom du Prince Maurice d'Orange. Ils

---

(a) Les *Tortues* sont de deux sortes: celles de terre & celles de mer. On distingue trois espèces de Tortues de mer, les *Tortues franches*, le *Caret* & la *Caouane*. La chair des premières est très-bonne: on la fait bouillir ou rôtir, & on la met en ragoût comme celle du bœuf & du mouton. La graisse en est verte, & est supérieure aux meilleurs beurres de l'Europe. La Tortue franche est très-nourrissante, & d'ailleurs si facile à digérer, que l'on en mange tant qu'on veut sans en être incommodé. Cette espèce de Tortue pèse jusqu'à trois cens livres, & quelquefois plus. Le Caret n'est pas bon à manger, non que sa chair soit plus dure ou plus maigre que celle de la Tortue franche, mais parcequ'elle purge violemment: son écaille en récompense est fort belle & fort estimée, au lieu que celle des Tortues franches est mince & de nulle valeur. Il en est de même des *Caouanes*, dont la chair est d'ailleurs maigre, coriace & de mauvaise odeur.

l'ont abandonnée vers l'an 1712. Elle appartient maintenant aux François. Elle produit une si grande quantité de bois d'ébène, qu'elle en fournit à toute l'Europe. On y trouve beaucoup de cerfs, de boucs & de chèvres, des cochons, des taureaux, des vaches, des chevaux sauvages, & grand nombre de chiens; une multitude d'oiseaux de toutes sortes, quantité de chauves-souris très-grasses, & dont la tête est comme celle des singes. Il y a une abondance prodigieuse de poissons de rivière & de mer, beaucoup de tortues, de rayes extrêmement grosses; de vaches & de veaux marins de dix ou douze pieds de longueur, & gros à proportion.

L'Isle de France a un Conseil Supérieur, dont le Chef est le Gouverneur général de l'Isle; un Hôpital, construit par M. de la Bourdonnais, capable de contenir quatre ou cinq cens lits; un canal de trois cens soixante-six toises de longueur, qui conduit les eaux douces au Port & à l'Hôpital; des Arsenaux, des Fortifications, des Logemens pour les Officiers, des Bureaux, des Moulins bâtis par le même Gouverneur, qui a formé le premier des plantations de sucre, a établi la fabrique du cotton & de l'indigo, & a appris aux Habitans de l'Isle, non-seulement à radouber les vaisseaux, mais même à en construire de nouveaux. On peut dire qu'il l'a mise en état de devenir une autre Batavia, c'est-à-dire, l'entrepôt le plus commode & le plus sûr pour les vaisseaux de la Compagnie Françoise des Indes; il y a 30 ans.

§. III. *Des Isles de Comore.*

Les Isles de *Comore* sont situées au Nord-Ouest de Madagascar : elles ont de petits Princes Payens ou Mahométans, qui sont tributaires des Portugais. Ces Isles sont très-fertiles : elles produisent du ris, des oranges, des citrons, des bananes, du sucre, du coco, du gingembre ; & leurs Habitans font un grand commerce avec les Portugais à Mosambique. On voit dans ces Isles quantité d'animaux domestiques, semblables à ceux d'Europe. Celle d'*Anjouan* a un bon mouillage, & c'est pour cela que plusieurs Vaisseaux qui vont aux Indes, y relâchent assez souvent.

Au Nord-Est il y a une grande quantité d'Isles peu considérables, qui ont été découvertes par les Portugais. Il n'y a rien de remarquable.

§. IV. *De l'Isle de Socotora.*

L'Isle de *Socotora* est plus au Nord-Est & vis-à-vis le Cap Guardafui. Elle appartient au Roi de Fartach en Arabie, qui n'en est pas éloigné. Ses Habitans sont en partie Payens, en partie Mahométans : il y a eu autrefois des Chrétiens. Les Portugais en tirent de l'encens, & l'aloès.

TAMARIN, *Capitale*, sur la Côte Septentrionale. C'est une Ville assez bien bâtie, dont les Habitans vont trafiquer en Arabie, & même à Goa.

ARTICLE II.

Des Isles vis-à-vis la Côte Occidentale d'Afrique.

LES plus remarquables sont, du Nord au Sud, les *Canaries*, qui appartiennent aux Espagnols ; les Isles *Madère* & *Porto-Santo*, au Nord ; les *Isles du Cap-Verd*, à l'Ouest de la Guinée ; celle de *Saint-Thomas* & les Isles voisines, près de la Ligne, qui toutes appartiennent aux Portugais ; & l'Isle *Sainte-Hélène*, qui est aux Anglois. Nous avons parlé des Isles *Saint-Louis* & *Gorée*, qui sont aux environs du Cap Verd, & qui sont comme annexées au Sénégal.

§. I. Des Isles Canaries.

Ces Isles étoient nommées *Fortunées* par les Anciens. Les Auteurs qui attribuent ce nom aux Isles du Cap Verd, ne font pas attention que Ptolémée nomme expressément *Canarie* parmi les Isles Fortunées, aussi-bien que Pline, qui ajoute qu'elle étoit ainsi nommée, à cause de la multitude des grands chiens qui s'y trouvoient.

Les Canaries en général sont très-tempérées, & très-fertiles. On y trouve du bled, du vin excellent, des bestiaux, du miel, de la cire, du sucre, des fruits de toutes sortes, & du fer. Il y a beaucoup d'oiseaux ; & c'est des Canaries que viennent les sereins, qui sont si connus & si répandus aujourd'hui par tout le monde.

En particulier, *Lancerotte* est célèbre pour ses chevaux : la grande *Canarie*, *Palme* & *Ténériffe*, pour leurs vins : *Fortaventura* pour la quantité de ses oiseaux de mer, & *Gomere* pour ses daims.

Elles furent conquises au commencement du XV. siècle par Jean de Béthencourt, Gentilhomme Normand. C'est ce qui fit que quand les Espagnols s'en emparèrent, ils y trouvèrent établis le Quint & le Requint, & les autres Coutumes de la Normandie. Tous les Vaisseaux Espagnols qui vont aux Indes Occidentales, ont leur rendez-vous aux Canaries, tant en allant qu'en revenant.

Les principales sont :

Palme, qui est très-fertile, sur-tout en vins excellens. Il y a un Volcan qui se forma vers 1652, & dont l'éruption se fit sentir avec tremblement de terre jusqu'à Ténériffe.

PALME *, ou SAINTE-CROIX, *Capitale*.

Gomère, *Fortaventura* & *Lancerotte* n'ont de remarquable que leurs Capitales, qui se nomment aussi *Gomère*, *Fortaventura*, *Lancerotte*.

ISLES D'AFRIQUE.

Canarie & *Ténériffe* font les plus confidérables de ces Ifles.

Canarie eft très-fertile en vins, en fruits, & furtout en bled, qu'on y recueille deux fois l'année, en Février & en Mai.

CANARIE, *Capitale*; les Habitans l'appellent *Ciudad di Palmas*. C'eft une Ville affez belle, qui a un Port commode. Elle eft le fiège d'un Evêque fuffragant de Séville. On dit que les Anglois en tirent tous les ans feize mille tonneaux de vin.

L'Ifle de *Ténériffe* eft la plus grande & la plus riche de toutes. On y voit la fameufe Montagne du *Pic de Teyde*, une des plus hautes de la terre; on la découvre de quarante lieues en mer. Le fommet de cette Montagne eft toujours couvert de neiges, quoiqu'il n'en tombe pas ailleurs, & qu'il n'y gèle jamais.

LAGUNA*, *Capitale*, où réfident le Gouverneur des Canaries pour les Efpagnols, l'Evêque & toutes les perfonnes de diftinction. C'eft une belle Ville, fituée fur un Lac à trois lieues de la Mer.

Les Hollandois font paffer leur premier Méridien par cette Ifle: pour nous, nous le faifons paffer par l'Ifle *de Fer*, qui eft plus Occidentale, & qui n'a que cela de remarquable (*a*).

§. II. *Des Ifles Madère, & Porto-Santo.*

L'Ifle Madère, qui a environ trente-cinq lieues de circuit, eft au Nord des précédentes. Elle fut

---

(*a*) Ce premier Méridien François, fixé en 1634, à l'Ifle de Fer par une Déclaration de Louis XIII, eft aujourd'hui fuivi par les Sçavans de prefque toutes les Nations de l'Europe, à caufe des Obfervations fans nombre faites par la célèbre Académie des Sciences de Paris, qui y font relatives. Nous avons cru devoir mettre à la fin de ce Volume cette Déclaration qui eft devenue fort rare & qui en conféquence eft prefque inconnue.

découverte en 1420., par les Portugais. Ils la trouvèrent pleine de bois, comme le marque le nom de *Madère* qu'ils lui donnèrent, & ils y mirent le feu. L'embrasement fut si violent, qu'il dura sept ans, & rendit la terre extrêmement fertile. Le bled y vient en abondance, aussi-bien que les bananes, les oranges & les cannes à sucre. Elle produit d'excellent vin, & les grappes de raisin ont deux pieds de long. Il y a beaucoup de bétail & de gibier. L'air y est tempéré & sain. Les Habitans sont honnêtes, & plus traitables que ceux des Canaries.

FONCHAL, *Capitale*, résidence du Gouverneur Portugais, & d'un Evêque suffragant de Lisbonne. Cette Ville est grande & bien peuplée. Elle a trois Paroisses, deux Couvens, l'un d'hommes & l'autre de filles, avec un Collège. Ses Habitans sont un mélange de Portugais, de Nègres & de Mulâtres (a), qui ne font pas difficulté de s'allier par des mariages.

Au Nord-Est, & près de Madère, est la petite Isle de *Porto-Santo* ou *Port-Saint*: elle appartient aussi aux Portugais, qui la découvrirent en 1418, le jour de la Toussaint. Elle est quelquefois si couverte de brouillards, que les Vaisseaux passent auprès sans la voir. On y recueille assez de grains pour l'usage des Habitans, qui ont aussi des bestiaux. On y trouve de très-bon miel & de belle cire. Il y a des arbres d'où l'on tire une gomme qui sert à faire le sang de dragon, lequel est fort recherché des Marchands, & renommé parmi les Droguistes.

Au Nord-Ouest sont les Isles *Açores*, qui sont aussi aux Portugais; mais on les rapporte ordinairement à l'Amérique, où nous en parlerons.

(a) On appelle *Mulâtres*, ceux qui sont nés d'un Nègre & d'une Indienne, ou d'une Négresse & d'un Indien.

§. III. *Des Isles du Cap Verd.*

Ces Isles sont ainsi appellées, parcequ'elles sont vis-à-vis du *Cap Verd*, qui tire son nom de la verdure perpétuelle dont il est couvert. Elles sont appellées par les Portugais, *les Isles vertes*, soit par contraction, soit à cause de l'herbe verte dont elles sont environnées. C'est en effet une chose très-singulière que cette abondance d'herbes dont l'Océan est couvert dans cet endroit : ce qui est d'autant plus étonnant, que cette partie de la Mer est à plus de cent-cinquante lieues des Côtes de l'Afrique, & qu'elle n'a pas de fond. Cette herbe, que l'on appelle *Sargasse*, ressemble au cresson d'eau, & son fruit à la groseille : elle est si épaisse en plusieurs endroits, qu'elle présente comme un grand nombre d'Isles flottantes.

Les Isles du Cap Verd sont au nombre de dix, entre le quinzième & le dix-huitième dégré de latitude : leur longitude est entre le trois cens cinquante-deuxième, & le trois cens cinquante-cinquième dégré. Les Portugais les découvrirent en 1460. Voici leurs noms & leur situation. Les Isles de *Sal* ou de *Sel*, *Bonavista* ou *Bonneviste*, & *Mayo* ou de *May*, sont à l'Est, du Nord au Sud : *San-Jago*, *Fuego* ou *Fogo*, & *Brava*, au Sud, de l'Est à l'Ouest : *Saint-Nicolas*, *Saint-Vincent*, *Sainte-Lucie*, & *Saint-Antoine*, au Nord-Ouest sur la même ligne, du Sud-Est au Nord-Ouest. La situation de ces Isles est très-favorable pour le rafraîchissement des Vaisseaux, qui vont en Guinée & aux Indes Orientales.

L'air y est chaud & mal-sain. Le terroir de plusieurs de ces Isles est pierreux & stérile, sur-tout celui de Sal, de Bonavista & de Mayo. *Sal* a un grand nombre de chevaux sauvages : *Mayo*, outre les chevaux, a quantité de chèvres, & du sel en abondance. Les autres Isles sont beaucoup plus fertiles : elles produisent du ris, du maïs, des bananes, des limons, des citrons, des oranges, des grenades, des noix de cocos, des figues & des melons: on y trouve aussi du cotton & des cannes à sucre. Les chèvres y donnent souvent trois fois dans une année trois ou quatre chevreaux à la fois.

Il y a aussi quantité de poules, de faisans & de pigeons, qui s'y sont extrêmement multipliés après y avoir été apportés par les Portugais: les cailles, les ramiers & les poules d'Inde sont à grand marché, & les lapins en très-grande abondance. On y prend un si grand nombre de tortues, que plusieurs Vaisseaux s'en chargent tous les ans, & les salent pour les transporter en Amérique.

Le plus grand commerce de ces Isles consiste dans le sel, & les peaux de chèvres qu'on y prépare parfaitement bien.

La plus grande & la plus peuplée est *San-Jago*, ou *Saint-Jacques*, appellée ainsi à cause qu'elle fut découverte le premier de Mai, jour de la Fête de Saint Jacques.

Ribeira *, *Capitale*. Le Gouverneur pour le Roi de Portugal y réside: elle est aussi le siège d'un Evêque suffragant de Lisbonne.

Les autres Isles les plus remarquables du Cap Verd, sont :

L'Isle de *Bonne-viste*, ou *Bonne-vue*, au Nord-Est de la précédente. Elle présente la plus belle perspective, par ses Montagnes blanches qui se font appercevoir de fort loin; & c'est ce qui lui a fait donner le nom qu'elle porte.

L'Isle *Brava*, au Sud-Ouest de *San-Jago*, est inhabitée, parcequ'elle est fort mal-saine. Les chèvres y ont tous les mois une portée, ce qui produit une grande quantité de peaux. Elle rapporte de bons fruits, & a quelques fontaines de fort bonne eau, où les Vaisseaux qui passent en vont faire provision pour l'ordinaire.

Isles d'Afrique.

L'Isle de *Saint-Antoine*, qui est la plus Occidentale, vers le Nord, a deux Montagnes qui ne sont guères moins hautes que le Pic de Ténériffe.

§. IV. *De l'Isle de Saint-Thomas, & des Isles voisines.*

Elles sont situées près & au Sud-Est de la Guinée, vers le Congo. Les Portugais en sont aussi les maîtres. Ces Isles leur sont importantes, parcequ'elles leur procurent l'entrée des Royaumes de Benin & de Congo, où ils font un grand commerce.

Elles sont au nombre de quatre, sçavoir : *Saint-Thomas*, l'Isle *du Prince*, & celle de *Fernand-Po*, au Nord-Est, & *Annobon*, au Sud-Ouest de Saint-Thomas.

1. L'Isle de *Saint-Thomas* est située sous la Ligne. Elle fut découverte par les Portugais en 1405, le jour de S. Thomas. Elle produit une quantité prodigieuse de sucre. L'air qu'on y respire est très-mal-sain pour les Européens, qui y vivent à peine jusqu'à cinquante ans : il est plusieurs fois arrivé que la mort y a enlevé des garnisons entières que les Portugais y avoient envoyées. Ils y transportent tous les ans des esclaves Nègres du Congo pour leurs travaux, parcequ'ils sont plus propres à supporter l'intempérie de l'air.

Pavoacan, *Capitale.* Cette Ville a un *Port* & une *Forteresse* : elle est la résidence d'un Evêque suffragant de Lisbonne, & a un chapitre dans lequel on voit des Chanoines blancs, mulâtres & noirs, ce qui forme une bigarrure à laquelle ceux qui arrivent dans cette Isle ont de la peine à s'accoutumer. Toutes les maisons, excepté celles du Gouverneur, & de quatre ou cinq particuliers, sont de bois, à deux étages, & couvertes de planches. Les Habitans sont au nombre de 2000 blancs, hommes, femmes & enfans, Portugais, Espagnols, François & Italiens :

tout le monde y étant bien venu, en prêtant le serment de fidélité au Roi de Portugal, & vivant selon les loix du Pays.

2. L'Isle *du Prince*, au Nord-Est de la précédente, fut ainsi appellée en 1471, parcequ'on en donna les revenus au Prince Royal de Portugal. Le terroir en est assez fertile. On y compte deux cens maisons, & elle est habitée par quarante Portugais & trois mille esclaves.

3. L'Isle de *Fernand-Po*, encore plus au Nord-Est, & près des Côtes de Benin. Elle a environ quatre à cinq lieues de long sur deux de large. Le seul bon endroit pour mouiller, est la bande du Nord, où sont trois bayes, dont la meilleure est celle de Cumberlan. Cette Isle produit une grande quantité de toutes sortes de plantes, beaucoup de chèvres sauvages, de veaux & de lions marins. Ces derniers ont depuis douze jusqu'à vingt pieds de long, & depuis huit jusqu'à quinze de circonférence : ils sont si gras, qu'on en tire quelquefois cinq cens pintes d'huile ; leur chair est bonne à manger. On trouve aussi près de cette Isle beaucoup de morues, & différens poissons.

L'Isle *Annobon* est au Sud-Ouest de Saint-Thomas. Elle fut ainsi nommée par les Portugais, qui en firent la découverte le premier jour de l'an 1526. Elle n'a qu'environ six lieues de tour, & on y compte à peine cent maisons. On y trouve beaucoup de crocodiles.

Les Isles de *Saint-Matthieu* & de l'*Ascension* sont bien plus à l'Ouest que les précédentes. Il y a dans la première quelques Portugais, & les Vaisseaux qui passent par-là, s'y arrêtent quelques jours pour s'y rafraîchir. La seconde n'a aussi que peu d'habitans : les Portugais y séjournent ordinairement à leur retour des Indes Orientales.

§. V. *De l'Isle Sainte-Hélène.*

Elle est environ à quatre cens lieues de terre, au midi de l'Isle de Saint-Matthieu, également éloignée de la Guinée & du Cap de Bonne-Espérance : elle appartient aujourd'hui aux Anglois. Lorsque les Portugais la découvrirent en 1610, ils la trouvèrent inculte, n'ayant ni habitans ni bêtes. Un Marchand, après un long voyage sur Mer, y aborda : fatigué de ses courses, il voulut s'y fixer. Il y fit descendre des vaches, des brebis, des lièvres, des poulets & des pigeons, qui s'y sont tellement multipliés depuis, qu'il s'y en trouve une quantité prodigieuse. Il y sema des légumes, qui y vinrent en très-grande abondance, aussi-bien que les oranges & les autres arbres fruitiers qu'il y planta. L'air qu'on y respire est si sain, que dès qu'un matelot malade est mis à terre dans cette Isle, sa santé est rétablie en fort peu de jours. Cela ne fut pas plutôt connu, que tous les Vaisseaux qui faisoient route de ce côté-là, abordèrent à l'Isle Sainte-Hélène, pour rafraîchir leur équipage. Les Portugais charmés d'y voir arriver quantité de Vaisseaux, y firent construire un Fort & un Hôpital pour toutes les Nations Européennes ; mais ils ne permirent à aucun étranger de s'y établir. Les Hollandois tentèrent de s'en emparer sur les Portugais ; mais pendant que ces deux Nations se disputoient la possession de cette Isle, les Anglois s'en rendirent maîtres en 1673. Ils y ont construit un nouveau Fort, auquel ils ont donné le nom de *Saint-James* ; & ils laissent toujours aux autres nations la liberté d'aborder dans cette Isle. Elle est aujourd'hui aussi importante pour eux, que le Cap de Bonne-Espérance l'est pour les Hollandois, ou Sofala pour les Portugais.

CINQUIÈME PARTIE.
De l'Amérique.

L'AMÉRIQUE est un vaste Continent, qui, à l'Orient, est baigné par la Mer du Nord; & à l'Occident par la Mer du Sud, qu'on nomme aussi *Mer Pacifique* (*a*): au Nord, il est borné vers le soixante-cinquième dégré de latitude septentrionale, par un grand Pays dont on ne connoît pas les limites; au Midi, il a le Détroit de *Magellan* & la Terre de *Feu*.

Sa longitude est entre le deux cens cinquantième dégré, & le trois cens quarante-cinquième: sa latitude Septentrionale s'étend au-delà du soixante-cinquième dégré, & sa latitude Méridionale jusqu'au cinquante-cinquième dégré environ: ainsi elle a près de cent dégrés de largeur, mais d'une façon fort inégale, & plus de cent vingt de longueur.

L'Amérique a reçu son nom d'*Améric Vespuce*, Florentin. Cet avanturier s'étant mis en qualité de Marchand, ou de simple passager, sur une Flotte qui partit en 1499, & n'ayant guères vu que les Pays où Colomb avoit été avant lui, publia des Relations dans lesquelles il prétendoit avoir découvert la Terre ferme, & ravit ainsi à ce grand homme la gloire de donner son nom à l'Amérique. On l'appelle aussi *Nouveau Monde*, parcequ'elle n'a été découverte que depuis 270 ans. On lui donne encore, mais fort improprement, le nom d'*Indes*

(*a*) Cette Mer a été appellée *Pacifique* par Magellan, parcequ'il n'y essuya aucune tempête pendant l'espace de près de quatre mois qu'il y vogua. On la nomme improprement *Mer du Sud*, parcequ'on l'a découverte au Sud de l'Isthme de Panama: elle s'étend réellement vers les deux Poles.

Occidentales, pour la diſtinguer des *Indes Orientales*, qui ſont à l'Orient de l'Europe, au lieu que l'Amérique eſt à ſon Occident. Il paroît que la raiſon qui lui a fait donner le nom d'*Indes*, eſt que les Européens y vont chercher de l'or, de l'argent & d'autres choſes rares & précieuſes, ſemblables à celles que produiſent les véritables Indes. Nous avons déja dit qu'on a donné à ce Pays, depuis quelque temps, un nom encore plus impropre, ſçavoir, celui de *Petites Indes*.

C'eſt une queſtion difficile à décider, ſi l'Amérique a été connue des Anciens. Pluſieurs Sçavans ont cru que dans les temps les plus reculés de l'Antiquité, on a eu quelque idée d'une grande terre peu connue, au-delà de l'Océan Atlantique. Ces Sçavans rapportent là ce que Platon dit de *l'Iſle Atlantide*, qu'il repréſente comme plus grande que l'Aſie & l'Europe. Manilius (1 *Aſtronom.*) parle d'une Terre à l'Occident de l'Afrique & de l'Europe, ſéparée de notre Continent par la Mer, & où les peuples ſont Antipodes par rapport au Continent connu alors. Il ſemble qu'il ne pouvoit mieux déſigner l'Amérique. On lit auſſi dans Diodore de Sicile un fait remarquable, au ſujet de la queſtion que nous examinons. Cet Hiſtorien rapporte que des Pilotes Phéniciens furent jettés par la tempête dans une grande Iſle fertile vis-à-vis l'Afrique, où coulent de grands Fleuves; mais cette Iſle pourroit bien n'être que la principale des Iſles Canaries. Quoi qu'il en ſoit de cette queſtion, que nous n'entreprenons pas de réſoudre, on ne peut douter que la connoiſſance de l'Amérique, ſi elle a exiſté chez les Anciens, ne ſe fût entièrement perdue, puiſque le Pape Zacharie, au VIIIe ſiècle, condamna comme hérétique un nommé Vigile, pour avoir ſoutenu qu'il y avoit des Antipodes.

Ce ne fut que ſur la fin du XVe ſiècle, que *Chriſtophe Colomb*, Génois, cherchant une voie abrégée pour parvenir aux Indes, & encouragé par quelques expériences récentes, dont on peut lire le détail dans l'*Histoire générale des Voyages*, Tom. XII, crut l'avoir trouvé en faisant route, à l'aide de la boussole, au travers de l'Océan Occidental. Il proposa en vain son projet aux Génois ses compatriotes, au Roi d'Angleterre Henri VII, & à Jean II, Roi de Portugal : il ne fut écouté que de Ferdinand le Catholique, Roi d'Aragon, qui voulut bien, à la prière de la Reine Isabelle son épouse, risquer dix-sept mille ducats & trois petits vaisseaux pour cette entreprise, qui lui a rapporté & à ses successeurs des richesses immenses. Colomb partit, en 1492, de *Palos* en Andalousie, avec le titre d'Amiral & de Viceroi des Pays qu'il découvriroit. Après une navigation d'un peu plus de deux mois, il aborda heureusement à l'Isle de *Guanahani*, l'une des *Lucayes*, qu'il appella *Saint-Sauveur*, parceque Dieu lui avoit conservé la vie par cette découverte ; car son équipage, ennuyé de la navigation, avoit conjuré sa perte. Il découvrit ensuite plusieurs autres Isles, entr'autres, celles de *Cuba* & de *Saint-Domingue*. Un si heureux succès engagea le Pape Alexandre VI, en 1493, à accorder à Ferdinand toutes les Isles que l'on découvriroit vers l'Occident, à cent lieues au-delà des Isles Açores & du Cap-Verd : il marqua en cet endroit une ligne sur la Mappemonde. C'étoit pour distinguer les conquêtes des Espagnols, de celles des Portugais, que ce Pape marqua cette ligne : il avoit accordé à ces derniers tous les Pays découverts ou à découvrir vers l'Orient. Les Portugais mécontens de ce partage, après de vives disputes, convinrent avec les Espagnols, d'une autre ligne plus à l'Occident. C'est ce que l'on appelle *ligne de démarcation* selon, c'est-à-dire, relativement à la Bulle d'Alexandre VI. Cette ligne est fixée par M. Delisle au trois cent trentième dégré de longitude.

Il

Il est plus aisé de se décider sur un autre point, sçavoir d'où sont venus les Américains, & comment ils ont passé dans cette Terre. Ce passage en effet ne paroît plus difficile à concevoir, puisqu'il est certain aujourd'hui, par différens voyages des Russiens, que l'Amérique est très-voisine de l'Asie vers le Nord-Est. Ce qui confirme que l'Amérique a été peuplée par des hommes venus de cette partie de l'Asie, c'est qu'il y a une grande ressemblance entre la manière de vivre des Habitans de cette contrée, & celle des Américains; & que le maïs qui étoit le seul grain dont usoient ces Peuples, quand les Espagnols arrivèrent en ce Pays, est la principale production de cette portion de l'Asie dont nous venons de parler. Enfin le côté de l'Amérique qui regarde l'Asie étoit le plus peuplé, quand on en fit la découverte. A ces raisons l'on peut encore ajouter, que par ce moyen les bêtes féroces ont pu venir en Amérique; il n'y a que le grand froid du Nord-Est de l'Asie qui ait empêché les chevaux de passer en Amérique: car tous ceux qu'on y trouve maintenant viennent de ceux que les Espagnols y ont transportés.

L'Amérique étant située sous trois Zones différentes, la Torride & les deux Tempérées, la nature du climat y est aussi fort différente. Au milieu l'air y est très-chaud; aux extrémités Septentrionale & Méridionale, il est très-froid: dans le reste du Pays, il est tempéré, & à-peu-près semblable à celui de l'Europe, au moins dans la partie Septentrionale.

Le terroir n'y est pas non plus le même. En général il est fort fertile, & produit abondamment tout ce qui est nécessaire à la vie. On y recueille quantité d'excellens fruits inconnus en Europe. On y trouve aussi beaucoup d'espèces d'animaux terrestres & volatiles différens des nôtres. Mais ce qui a

Tome II. Q

sur-tout attiré les Européens dans cette Région, ce sont ces mines si riches d'or & d'argent.

Les Américains en général sont un peu basanés, agiles & robustes, assez ingénieux, comme il paroît en ce qu'on a trouvé parmi eux des Républiques & des Royaumes bien policés, & plusieurs inventions utiles ; mais ils sont la plûpart fourbes & vindicatifs. Ils sont idolâtres, excepté ceux qui suivent la Réligion des Nations auxquelles ils ont été obligés de se soumettre. Ces Idolâtres ont une connoissance confuse d'un Dieu qui a créé le monde, & d'un esprit malin qui les tourmente, à ce qu'ils disent : il y en a qui adorent le Soleil & la Lune. Ceux qui ont quelque commerce avec les Européens, se sont un peu humanisés : les autres sont sauvages & cruels ; plusieurs même sont antropophages. Les uns se parent des plumes de divers oiseaux, d'autres se couvrent de peaux de bêtes : il y en a qui se peignent le corps de différentes couleurs ; quelques-uns vont presque tout nuds. Leurs armes ordinaires sont l'arc, la flèche & une espèce de massue. Il s'en trouve cependant parmi eux qui ont appris des Européens à se servir d'armes à feu.

Il y a en Amérique plusieurs Langues : mais celles du Mexique & du Pérou sont les plus étendues.

On y distingue cinq sortes d'Habitans ; les Européens qui s'y sont établis ; les *Métis*, c'est-à-dire, ceux qui sont nés d'un Américain & d'une Européenne, ou d'une Américaine & d'un Européen ; les Naturels du pays, qu'on nomme *Indiens* ; les Nègres qu'on y transporte d'Afrique, & les Mulâtres.

L'Amérique a deux principaux Golfes : celui de *Saint-Laurent*, au Nord-Est, entre l'Isle de Terre-Neuve & l'Acadie, & celui du *Mexique*, dans lequel se jette la Rivière de Mississipi.

On y trouve aussi trois Caps célèbres, le *Cap Bre-*

ton, à l'entrée du Golfe Saint-Laurent, le *Cap de la Floride*, dans le Golfe du Mexique, & le *Cap de Saint-Augustin*, sur la Côte du Brésil.

On y compte quatre Rivières très-considérables, dont deux dans l'Amérique Méridionale ; sçavoir :

La Rivière des *Amazones*, qui prend sa source dans le Pérou, traverse toute l'Amérique Méridionale d'Occident en Orient, & se jette dans la Mer entre la Guyane & le Brésil. C'est la plus grande Rivière du Monde : on prétend qu'elle a près de douze cens lieues de cours.

La Rivière de la *Plata*, c'est-à dire, d'argent. Elle prend sa source au Pérou, près de la Ville de la Plata ; & après avoir reçu les Rivières de Paraguay & de Parana, elle se jette dans la Mer à Buénos-aires, au Sud-Est de l'Amérique Méridionale.

Les deux grandes Rivières de l'Amérique Septentrionale sont, celle de *Saint-Laurent* ou de *Canada*, & celle de *Mississipi*.

La première traverse le Canada du Sud-Ouest au Nord-Est, passe à Québec, Capitale du Canada, & se jette dans le Golfe Saint-Laurent.

La Rivière de Mississipi coule du Septentrion au Midi, & se jette dans le Golfe du Mexique.

Dans cette même partie de l'Amérique, au Nord, on trouve cinq grands Lacs : le Lac *Supérieur*, le Lac *Michigan*, le Lac *Huron*, le Lac *Érié*, & le Lac *Ontario*. Ces cinq Lacs se rendent les uns dans les autres, & ensuite dans la Rivière de Saint-Laurent. L'Érié se décharge dans celui d'Ontario, après avoir fait une nappe d'eau qui descend de très-haut ; c'est ce qu'on appelle le *Saut de Niagara*.

Les chaînes de Montagnes les plus considérables de l'Amérique, se trouvent dans l'Amérique méridionale : ce sont celles que l'on nomme la *Cordillère*, ou les *Andes*, dans le Pérou & le Chili, & les Cordillères du Brésil. Les premières commencent à l'*Isthme de Panama*, & finissent quinze cens lieues plus loin, au *Détroit de Magellan*. Ce sont les plus hautes Montagnes de la terre.

Les Cordillères du Brésil forment une chaîne de Montagnes qui traverse toute la partie Septentrionale de cette vaste Région, & ensuite s'étend le long de la partie Orientale.

La nature elle-même semble avoir partagé l'Amérique en deux grandes portions, la *septentrionale* & la *Méridionale* : elles sont jointes par l'Isthme de Panama ; ainsi nous ne pouvons mieux faire que de suivre cette division, célèbre parmi les Géographes.

CHAPITRE PREMIER.

De l'Amérique Septentrionale.

ON peut diviser l'Amérique Septentrionale en six principales parties, qui sont : 1.° le *Canada*, avec la Louisiane : 2.° les anciennes *Possessions Angloises*, au Sud-Est & au Nord du Canada : 3.° la *Floride*, qui s'étend depuis la Caroline jusque vers le Fleuve Mississipi, en forme de Presqu'Isle : 4.° le *Mexique*, ou la *Nouvelle Espagne*, à l'Ouest & au Sud : 5.° le *Nouveau Mexique*, au Nord de la Nouvelle-Espagne : 6.° les *Nouvelles Découvertes* faites à l'Ouest du Canada. A ces six parties il faut ajouter plusieurs Isles ; sçavoir, *Terre-Neuve*, &c. à l'Est du Canada ; les *Lucayes*, au Sud-Est de la Floride, & les grandes & petites *Antilles*, dont les premières sont vers l'entrée du Golfe du Mexique, & les secondes à leur Sud ; enfin les *Açores* vers l'Europe.

Article I.

Du Canada.

Le Canada, avec la *Louisiane*, se nommoit ci-devant *Nouvelle France*, parceque ces deux Contrées ont été également occupées par des Colonies Françoises. Nous en traiterons séparement.

§. I. *Du Canada.*

Ce Pays fut découvert par les François en 1504. Vingt ans après, François I y envoya Jean Verazzan, Florentin, qui en prit possession au nom de ce Prince, & lui donna le nom de *Nouvelle-France*. Après la mort de Verazzan, qui fut pris & mangé par les Sauvages, Jacques Cartier, de Saint-Malo, entra plus avant dans le Pays, en 1535, remontant le fleuve Saint-Laurent, & s'avança jusqu'à l'Isle de Montréal. Par la Paix de 1763, le Canada a été cédé aux Anglois, & la Religion Catholique y doit subsister.

Quoique cette Contrée soit située au milieu de la Zone Tempérée, l'air y est néanmoins froid. Les Forêts & le grand nombre de Lacs qu'on y rencontre, en sont la vraie cause, aussi-bien que les brouillards & les neiges qui y durent depuis Novembre jusqu'en Avril. La terre cependant y est assez fertile, & le bled y vient fort bien. On y trouve quelques mines de fer & de cuivre, & diverses espèces d'animaux, comme des ours, des élans, des cerfs, des loutres, des martres, & des castors (*a*), qui font, avec les grains, les bois

---

(*a*) Les Castors sont des animaux amphibies, c'est-à-dire, qui vivent également sur terre & dans l'eau. Il y a parmi eux une sorte de société & de république. Ils travaillent de concert à se bâtir des cabanes à deux étages au bord des Lacs & des Ride construction, la pêche de la morue & d'autres poissons, la plus grande richesse du Pays, par le commerce qu'on fait de ces différentes choses.

Québec, *Evêché*, sur la Rivière de Saint-Laurent, est la *Capitale* du Canada. C'est une Ville médiocrement grande, divisée en haute & basse. La haute est située sur un rocher, & la basse sur la Rivière Saint-Laurent, qui y forme un vaste Port & très-profond. Elle est d'ailleurs fort peuplée, bien bâtie, & défendue par une bonne Citadelle.

Montréal, Isle au-dessus de Québec.

Montréal, ou Ville-Marie, sur le Fleuve Saint-Laurent, *Capitale*. Cette Ville est fortifiée & très-commerçante, sur-tout en peaux de castors & d'ours. MM. du Séminaire de S. Sulpice de Paris en sont Seigneurs.

Les Trois Rivières, entre Québec & Montréal.

Les anciens Habitans du Canada sont des Sauvages, dont les plus connus sont les *Iroquois*, les *Algonquins* & les *Hurons*. Les Iroquois & les Hurons sont cruels & vindicatifs. Les François ont eu de fréquentes guerres avec les premiers. On a bâti pour les contenir trois Forts : celui de *Chambli*, à l'Orient de Montréal ; celui de *Frontenac*, ou de *Cataracoui*, vers l'endroit où le Lac Ontario se décharge dans le Fleuve Saint-Laurent ; & celui de *Niagara*, entre les Lacs Erié & Ontario.

On peut joindre au Canada, les Découvertes faites vers 1738, par des Officiers François sous les ordres de M. le Comte de Maurepas, à l'Ouest du

---

vières : ils y amassent leurs provisions, qui consistent dans les feuilles & les écorces d'arbres dont ils se nourrissent. Ils se servent de leur queue comme de truelle pour bâtir leurs maisons. Ils ont la précaution de se retirer dans le second étage, lorsque l'eau & la glace ont occupé le bas. C'est avec le poil de cet animal qu'on fait les chapeaux de Castor, &c.

Lac Supérieur & au-dessus de Mississipi, parcequ'elles font partie du Gouvernement du Canada. Elles consistent dans une suite de Rivières & de Lacs qui font espérer, dit M. Buache, dans ses *Considérations Géographiques*, pag. 39, qu'on pourra bientôt parvenir de ce côté-là, près de la *Mer de l'Ouest*, & ainsi à la Mer du Sud. Les François ont bâti sur ces Lacs plusieurs Forts, & fait six établissemens, dont le plus éloigné à l'Ouest est distant du Lac Supérieur d'environ trois cens lieues. Les Forts sont, d'Orient en Occident, le *Fort Saint-Pierre*, sur le Lac *Tacamamiouen*, ou de la Pluye; le *Fort Saint-Charles*, sur le Lac *Minittic*, ou des Bois, le *Fort Maurepas*, à l'Ouest du précédent; le *Fort la Reine*, sur la Rivière Saint-Charles, ou des Assiniboils, entre l'Isle aux Biches & l'Isle des Prairies, qui sont à son Nord; les Forts *Dauphin*, & *Bourbon*, au Midi du Lac de même nom. Il faut consulter sur ce Pays la huitième Carte de M. Buache, qui est jointe à ses *Considérations Géographiques* (*a*).

§. II. *De la Louisiane.*

Ce Pays est arrosé par le Fleuve *Mississipi*, qui le traverse du Nord au Sud, & se décharge dans le Golfe du Mexique. Ce Fleuve nommé par les Naturels du Pays *Meaâchassipi*, qui signifie à la lettre, le *Vieux Père des Eaux*, a reçu le nom de Mississipi par corruption. On l'appelle aussi le Fleuve *Saint-Louis*. Sa source est vers le Lac du Brochet, dans le Pays des Sioux, au Nord-Ouest. Depuis le *Saut de Saint-Antoine*, où il a déja trente brasses de profondeur, on compte huit cens lieues jusqu'à son embouchure. Il reçoit à l'Est & à l'Ouest plusieurs Rivières, dont les principales du côté de

---

(*a*) Il l'a mise depuis dans ses nouvelles Editions de l'Amérique & de la Mappemonde de M. Delisle, son beau-père.

l'Eſt ſont celles des *Ilinois* & d'*Ouabache*, & à l'Oueſt le *Moingona*, le *Miſſouri*, la Rivière des *Acanſas* & celle qu'on appelle *Rouge*. Les François ont conſtruit dans ce Pays pluſieurs Forts, qui ſont du Sud au Nord le long du Miſſiſſipi, celui de la *Baliſe* à l'entrée du Fleuve, pour en défendre l'entrée ; le Fort de *Roſalie*, au trente-cinquième dégré de latitude Septentrionale, auſſi ſur le Miſſiſſipi, pour contenir les *Natchès*, peuples ſauvages; le Fort des *Naquitoches*, autre Nation ſauvage, ſur la Rivière Rouge, au même dégré de latitude, au-deſſus de ſon embouchure dans le Miſſiſſipi ; le Fort des *Ilinois*, au quarante-cinquième dégré de latitude, ſur le Miſſiſſipi. Ce dernier Fort eſt bâti de pierres, avec de belles caſernes, des magaſins, une garniſon aſſez forte, & une grande Egliſe.

La Louiſiane eſt ſituée entre le Nouveau Mexique, le Canada, & la Floride, dont elle faiſoit partie. Elle comprend, outre les *Ilinois*, pluſieurs Peuples ſauvages, dont les principaux ſont les *Aſſiniboils*, ou *Aſſenipouels*, les *Panis*, les *Padoucas*, les *Canſès*, les *Canis*, les *Chicachas*. On l'a nommée *Louiſiane*, du nom de Louis XIV, ſous le règne duquel elle a été découverte en 1680, par le ſieur Robert Cavelier de la Salle. Le Roi céda en 1710, à M. Crozat le privilège excluſif du commerce de ce Pays pour ſeize ans ; mais M. Crozat ayant remis ſon privilège à Sa Majeſté, elle accorda, en 1717, la propriété de la Louiſiane à la *Compagnie d'Occident*, qui a donné naiſſance à celle des *Indes*, ne s'en réſervant que la foi & l'hommage. La Compagnie des Indes en fit une rétroceſſion au Roi en 1730; & en vertu de Lettres-Patentes du 10 Avril de cette année, M. de Salmon en prit poſſeſſion au nom de Sa Majeſté. Par la Paix de 1763, la Louiſiane à l'Orient du Miſſiſſipï, a été cédée aux Anglois ; & depuis la France a cédé au Roi d'Eſpagne la partie de cette Contrée, qui est à l'Occident de la même Rivière.

La Louisiane est fertile en palmiers, en chênes, en châtaigniers, en frênes, en mûriers, &c. en maïs, en bled, & en toutes sortes de simples & de plantes inconnues en Europe pour la plûpart. Elle produit aussi de très-bon ris, du seigle, de l'orge & de l'avoine. Tous les légumes qu'on y a portés d'Europe, y réussissent mieux qu'en France, lorsqu'ils rencontrent un terrein qui leur convient. Les oiseaux y sont en si grand nombre, qu'on n'en peut connoître toutes les espèces. Les plus remarquables sont : l'aigle, plus petit que celui des Alpes, mais bien plus beau, étant presque tout blanc, à l'exception de l'extrémité des plumes qui est noire; le dindon sauvage, qui est plus gros, plus beau, & meilleur à manger que celui de France. Les faisans, les perdrix, les bécasses & les bécassines sont semblables aux nôtres, excepté que les trois dernières espèces ont la chair blanche & sans fumet. Les pigeons ramiers y sont en prodigieux nombre; & on y distingue trois espèces de canards sauvages, sans parler de plusieurs espèces d'oiseaux qui nous sont absolument inconnus. Il y a aussi dans la Louisiane beaucoup de bœufs sauvages, qui font la principale nourriture des Naturels du Pays; & des ours, dont la chair est très-bonne, très-saine, & fournit beaucoup de graisse qui n'est point inférieure au sain-doux des porcs, & de l'huile aussi bonne que la meilleure huile d'olive. Le tigre de ce Pays n'est haut que d'un pied & demi, & long à proportion : il est rare; sa chair étant cuite ressemble à celle du veau, mais moins fade. On y voit des couleuvres & des serpens, entr'autres, une espèce qui a comme des sonnettes à la queue, & qu'on appelle pour cela *Serpens à sonnettes*. Ils sont longs & gros, & leur morsure est dangereuse; mais on en trouve le remède dans les bois même où ils se retirent.

La Nouvelle Orléans, *Capitale*, environ à près de quarante lieues de l'embouchure du Mississipi. Les fondemens de cette Ville ont été jettés en 1717. On y voit de beaux bâtimens faits de brique, & grand nombre de maisons à 4 & 5 étages.

La Mobile *, *Fort*, sur la Rivière de ce nom : on l'appelloit aussi le *Fort Condé*. M. d'Yberville en a jetté les fondemens en 1701. Il a fait aussi construire deux autres Forts ; celui de *Mississipi*, au bord du Fleuve de même nom, au-dessous de son embouchure, & celui de *Biloxi*, au Sud-Ouest de ce premier.

Article II.

Des anciennes Possessions Angloises.

Nous renfermons sous ce nom, non-seulement tout ce que les Anglois possédoient le long de la Mer du Nord, depuis l'Acadie jusqu'à la Caroline inclusivement, avant leur acquisition nouvelle du Canada & de la Floride ; mais encore une vaste Contrée au Nord du Canada, & qui comprend les environs de la Baye d'Hudson, où les Anglois ont divers établissemens.

I. Les Possessions Angloises le long de la Mer du Nord & au Midi du Canada, consistent en huit Provinces du Nord au Sud ; ce sont : 1.° l'*Acadie*, ou Nouvelle Ecosse : 2.° la *Nouvelle Angleterre* propre : 3.° la *Nouvelle Yorck* : 4.° le *Nouveau Jersey* : 5.° la *Pensilvanie* : 6.° le *Maryland* : 7.° la *Virginie* : 8.° la *Caroline*.

1. L'*Acadie*, est la partie Méridionale d'une

Presqu'Isle, située au Midi de la Baye Françoise : elle s'étend depuis le Cap *Canceau* jusqu'au Cap de *Sable*, & depuis le Cap de Sable jusqu'au Cap Fourchu. Ce Pays est fertile en bled, en fruits & en légumes; la chasse & la pêche y sont abondantes. Par le Traité d'Utrecht en 1713, la France a cédé l'*Acadie* à l'Angleterre, avec la Ville de *Port-Royal* & sa Banlieue, qui n'a jamais fait partie de l'*Acadie*. Les François sont les premiers Européens qui se soient établis dans l'*Acadie*.

PORT-ROYAL, qui porte le nom d'ANNAPOLIS-ROYALE, depuis la cession qui en a été faite par le Traité d'Utrecht, à la Reine Anne, avec l'*Acadie*, que les Anglois ont nommée *Nouvelle Ecosse*.

2. La *Nouvelle Angleterre propre*. Son terroir est très-fertile, & produit non-seulement du maïs, mais encore du bled d'Europe : la mer y est très-poissonneuse ; & l'intérieur du Pays est rempli de divers oiseaux, comme coqs-d'inde, perdrix, pigeons, oyes, cannes, &c. Les cerfs y sont en grand nombre. On y fait trafic avec les Sauvages de peaux de castors, de loutres, de martres & de renards noirs, qu'ils donnent pour peu de chose ; il en est à peu-près de même des Pays suivans.

BOSTON, *Capitale*, résidence du Gouverneur Anglois. C'est une grande Ville bien bâtie, qui a une *Université*, & un excellent *Port*. Elle est le centre du commerce des Colonies Angloises : il en part tous les ans de nombreuses flottes pour l'Angleterre.

3. La *Nouvelle Yorck* appartenoit ci-devant aux Hollandois, qui lui avoient donné le nom de *Nouvelle Hollande*. Les Anglois, à qui ils l'ont cédée en 1666, pour Surinam dans l'Amérique Méridionale, l'ont nommée *Nouvelle Yorck*.

NEW-YORCK *, *Capitale*, sur la Rivière de *Hudson*, & dans l'Isle de *Mahanatan*. Cette Ville s'appelloit autrefois la *Nouvelle Amsterdam* : elle est grande & bien bâtie. En remontant la Rivière, on trouve un Fort considérable, nommé *Albany* : il s'appelloit ci-devant le *Fort Orange*.

Vis-à-vis de la Nouvelle Yorck est *Long-Island*, ou l'Isle-longue. Cette Isle appartient aussi aux Anglois. Elle est délicieuse & bien peuplée.

4. Le *Nouveau Jersey*, qui s'appelloit ci-devant la *Nouvelle Suède*. Les Hollandois en ayant chassé les Suédois, furent obligés de céder aussi ce Pays aux Anglois en 1666.

Elisabeth-Town, en est la Capitale.

5. La *Pensylvanie* : cette Province a reçu son nom du Chevalier *Pen*, Anglois, qui en a été le premier Propriétaire, en vertu des Lettres-Patentes de Charles II, en 1681. Elle est à l'Occident de la Nouvelle Yorck.

Philadelphie, grande & belle Ville entre les Rivières de Ware & de Schuyskil, bâtie par les Quakers ou Trembleurs, sur le modèle de l'ancienne Babylone.

6. Le *Mariland*, ou *Pays de Marie* : c'est en mémoire de Marie, épouse de Charles I, Roi d'Angleterre, qu'on l'a ainsi appellée.

Sainte-Marie, dans la Baye de Chesapeack, *Capitale*, est une Ville bien bâtie.

7. La *Virginie* passe pour le meilleur de tous ces Pays. Il fut découvert, selon quelques Auteurs, d'abord en 1497, par Sébastien Cabot, Portugais ; suivant d'autres, par Verazzan, sous François I. Mais si l'on en croit l'Auteur de l'*Etat présent de la Grande-Bretagne*, ce fut Richard Grenwil qui en fit la découverte en 1585 ; & ce ne fut que quelques années après que Walter Rawleig y fut envoyé par Elisabeth, Reine d'Angleterre. Il le nomma *Virginie*, pour faire honneur à cette Princesse, qui vécut toujours dans le célibat. Quelques Historiens

même prétendent que ce fut cette Reine qui lui donna ce nom, pour perpétuer la mémoire de sa virginité.

L'air de Virginie est fort sain : le terroir est fertile en maïs & en tabac très-estimé : la plûpart des fruits de l'Europe y viennent très-bien. Il y croît une sorte de lin, appellé *Herbe-soye*, dont les Indiens font du fil & du ruban, & qui est bon pour faire des toiles & des habits.

James-Town, *Capitale*, Ville très-forte & bien bâtie, sur la Rivière de *James*, ou de *Powhatan*.

Elisabeth, *Port*, à l'embouchure de la même Rivière.

8. La *Caroline*. Elle a été ainsi nommée d'un Fort bâti par les François en 1562, sous le règne de Charles IX. Les Espagnols s'en étant emparés, en furent chassés eux-mêmes par les Anglois, qui en sont aujourd'hui en possession. En 1663, Charles II, Roi d'Angleterre, la donna en propriété à six Seigneurs d'Angleterre ; ce qui l'a fait diviser en six Provinces qui portent leur nom : ces Provinces sont Albemarle, Clarendon, Craven, Barclay, Colleton & Carteret. Sous le règne de George II, les Anglois se sont étendus à l'Occident, & ils ont appellé cette nouvelle partie de la Caroline, *Géorgie*, du nom de ce Roi.

Le terroir est naturellement fertile ; il produit de très-bons fruits, & l'air y est sain. On y trouve beaucoup d'abeilles & de vers à soye.

Charles-Town, *Capitale* : les rues en sont larges, & la plûpart des maisons bâties de pierres. Il y a un bon Port à quelque distance de la Ville.

II. Le Pays que les Anglois possèdent au Nord du Canada, se nomme *New-Galles*, & est autour de la *Baye d'Hudson*. Cette Baye s'appelle ainsi, du nom d'un Capitaine Anglois qui fut employé au commencement du XVIIe. Siècle par une Compagnie de Négocians, associés pour la découverte d'un Passage aux Indes Orientales, soit par le Nord, ou par le Nord-Est, ou par le Nord-Ouest.

On divise ce Pays, qui est extrêmement froid, en deux parties: la première comprend le *Labrador* septentrional. Elle est bornée à l'Occident par la Baye d'Hudson, au Nord par le Détroit de même nom; à l'Orient elle est séparée du Groenland par la Mer, & au Midi est le Canada. Ses Habitans se nomment *Esquimaux*. Ce sont des hommes si sauvages qu'on n'a pu encore les apprivoiser. Ils portent de grandes barbes, & mangent de la chair crue.

La seconde partie de ce Pays est séparée de l'autre par la Baye d'Hudson. On n'en connoît guères que les Côtes, qui s'étendent depuis le cinquante-unième dégré de latitude Septentrionale, jusqu'au-delà du soixante cinquième. Elle a la Baye d'Hudson à l'Est, & le Canada au Midi; mais ses limites du côté de l'Ouest & du Nord, n'ont pas encore été découvertes.

Le terrein est fertile vers le Midi: celui d'auprès les Côtes est bas, marécageux & couvert d'arbres de différentes espèces, & de toutes sortes d'arbrisseaux. Plus avant dans le Pays, il y a de grandes plaines, couvertes de mousse, entremêlées de touffes d'arbres, de quelques lacs & de quelques collines. Le terrein y est par-tout noirâtre, comme la terre des tourbes. Sur les bords des lacs & des rivières, il croît beaucoup de ris sauvage. Il y a aux Factoreries des Anglois, principalement au *Fort d'Yorck*, appellé autrefois *Bourbon*, à *Saint-Alban* *, & à la Rivière de *Moose* *, d'assez bons jardins, où toutes les espèces de nos légumes viennent fort bien. On trouve en ce Pays beaucoup de différentes sortes de minéraux, comme de la mine de fer, de plomb, outre une mine très-riche de cuivre, différentes espèces de talc & de crystal de roche de plusieurs couleurs & principalement du rouge & du blanc. L'Asbeste, qui est un lin incombustible, y est fort commun, aussi-bien qu'une espèce de pierre noire, unie, qui se détache par feuilles minces & luisantes, & différentes sortes de marbres, dont les uns sont parfaitement blancs, & les autres tachetés de rouge, de verd & de bleu. Les coquillages y sont fort rares : on n'y voit guères que des moules & des pétoncles. Ce n'est pas qu'il n'y en ait de bien d'autres espèces ; mais ils ne paroissent guères, parcequ'ils cherchent le fond de la Mer : précaution sans laquelle ils géleroient tous en hyver ; le froid étant si excessif dans cette contrée, que l'eau-de-vie, & même l'esprit-de-vin y gèlent, & que les lapins, les lièvres & les perdrix qui y sont en abondance, deviennent blancs dans cette saison, de bruns ou gris qu'ils sont en été.

Les Habitans sont d'une taille moyenne, basanés, ont les yeux noirs, & des cheveux longs & droits de la même couleur : leurs traits ne sont pas uniformes, comme ceux de plusieurs autres Indiens : mais ils varient comme en Europe. Ils sont de très-bon caractère, affables, humains, charitables & honnêtes dans leur commerce. Ils vivent dans des cabanes couvertes de mousse & de peaux de bêtes fauves, qui sont très-communes dans ce Pays. Leur occupation principale est la chasse & la pêche, qui seules fournissent à leur nourriture. Ils ne font point d'usage des fruits ni des autres productions de la terre.

Le Fort d'Yorck est le lieu principal des Factoreries Angloises. Il est situé sur la branche méridionale de la Rivière du *Port Nelson*, appellée Rivière de *Hayes*, à cinq lieues de l'endroit où elle se jette dans la Baye d'Hudson, à cinquante-sept dégrés environ de latitude. Ce fort est un bâtiment quarré, flanqué de quatre petits bastions, avec quelques courtines sur lesquelles il y a trois petites pièces d'artillerie. Le nombre des Habitans ne va pas à plus de trente-trois. C'est cependant l'établissement le plus important de la Compagnie Angloise de la Baye d'Hudson, & où se fait son principal commerce, qui consiste en riches fourrures. Les Anglois sont seuls en possession du commerce de cette Baye, auquel les François ont renoncé par le Traité d'Utrecht, en 1713.

Article III.

De la Floride.

Sous le nom de Floride, on comprenoit autrefois cette grande étendue de Pays bornée à l'Occident, par le Mexique, & arrosée par le Mississipi, c'est-à-dire, toute la Louisiane, & même une partie de la Caroline; mais la Floride proprement dite, n'est que cette Presqu'Isle qui est à l'Ouest de la Caroline, & qui s'avance jusqu'au *Canal de Bahama*.

Elle est bornée à l'Occident par la Louisiane, à l'Orient par la Caroline & la Mer du Nord, & au Midi par le Golfe du Mexique. Elle fut découverte, premièrement en 1496, par Sébastien Cabot, que Henri VII, Roi d'Angleterre, avoit envoyé chercher un passage du côté de l'Ouest, pour aller aux Indes Orientales. Il se contenta d'avoir vu le Pays. Le Roi de Castille y envoya en 1512, Jean Ponce de Léon, pour y établir une Colonie; mais il en fut chassé par les Sauvages. En 1520 & 1524, Luc Vasquez d'Aillon, & d'autres Espagnols y allèrent pour en enlever des Habitans, & les faire travailler aux mines de l'Isle de Saint-Domingue. Ferdinand Soto y aborda en 1534, un jour de Pâques-Fleuries, ce qui fit donner à ce Pays le nom de *Flo-*

ride ; mais n'y ayant pas trouvé les richesses qu'il espéroit, il mourut de déplaisir. En 1549, l'Empereur Charles-Quint, pour adoucir l'humeur sauvage des Habitans, y envoya des Religieux qui furent tous égorgés. Les François y abordèrent en 1562, conduits par François Ribaut, qui y bâtit le Fort de la *Caroline*, & y fit amitié avec les Habitans. René Laudonière alla dans ce Pays en 1564, & rétablit le Fort de la Caroline. Les Castillans, jaloux de cet établissement des François, si proche de la Nouvelle Espagne, les surprirent ; & après les avoir fait prisonniers, ils les pendirent, & écorchèrent tout vif Ribaut, qui étoit retourné dans la Floride. Dominique de Gourgue, du Mont de Marsan en Gascogne, ayant appris cette cruauté, arma un vaisseau à ses dépens, & passa, vers 1565, dans la Floride, reprit le Fort de la Caroline & un autre construit par les Espagnols, qu'il pendit aux mêmes arbres où ils avoient attaché les François, & s'en retourna en France l'année d'après. Il eut bien de la peine à échaper à la Justice, étant poursuivi par les Espagnols, avec qui la France étoit en paix. Ils vinrent ensuite à bout de chasser les François de cette portion de la Floride, qu'on nomme aujourd'hui *Caroline*, & qui fait une des Provinces Angloises. Ils en furent maîtres jusqu'en 1663, qu'ils en furent eux-mêmes chassés par les Anglois.

Les Espagnols ont conservé la partie méridionale de la Presqu'isle de Floride, jusqu'en 1763, qu'elle a été abandonnée aux Anglois. Ils y avoient deux Forteresses.

SAINT-AUGUSTIN, sur la côte Orientale, &
PENSACOLA, sur le Golfe du Mexique.

Le reste du Pays est habité par des Sauvages, qui sont de grande stature, sans aucune difformité, & d'un teint olivâtre, qu'ils rendent tel en se frottant de certaines drogues. Ils sont braves, & fort adonnés à la chasse & à la pêche, dont ils tirent presque toute leur subsistance. Ces Sauvages sont gouvernés par plusieurs *Caciques*, ou Chefs, qu'ils appellent *Paraoustis*. Ils se font souvent la guerre ; mais plus par embuches & par surprises, que tout ouvertement, parcequ'ils sont d'un caractère fourbe & dissimulé.

Ce Pays est assez fertile, sur-tout en maïs, dont on fait deux récoltes par an, l'une en Mai, & l'autre en Juin.

ARTICLE IV.

Du Mexique, ou Nouvelle Espagne.

LE *Mexique* a reçu le nom de *Nouvelle Espagne*, depuis que les Espagnols s'y sont établis, il y a environ 250 ans. Ils l'ont nommé ainsi, parcequ'ils ont cru voir de la ressemblance entre ce Pays & l'Espagne.

Il est situé entre le huitième dégré de latitude Septentrionale, & le vingt-septième, & entre le deux cent soixante-septième de longitude, & le deux cent quatre-vingt-dix-septième. Il occupe toute cette langue de terre longue & plus ou moins étroite, qui s'étend du Nord-Ouest au Sud-Est, entre les Mers du Nord & du Sud.

Quoiqu'il soit sous la Zône Torride, l'air y est néanmoins tempéré & fort sain. Les vents & les pluyes fréquentes contribuent beaucoup à diminuer la chaleur. La terre y est fertile en bled, en maïs, en cacao (*a*), & en fruits exquis. Les plus singuliers

---

(*a*) Le Cacao, qui fait le fond du Chocolat, est une amande que produit une gousse longue comme un concombre. On y joint la *Vanille*, qui le relève par sa bonne odeur. C'est une autre gousse pleine d'un suc mielleux, & de petits grains noirs d'une odeur agréable

font l'*Abricotier Mexicain*, dont la chair reſſemble à celle de nos abricots, mais dont la figure eſt fort différente; l'*Aquâtre*, dont le goût eſt délicieux; le *Sapotier*, qui eſt diſtingué en quatre eſpèces; & grand nombre d'autres excellens. Les pâturages y font très-bons, & nourriſſent beaucoup de bétail. On y trouve tous les fruits de l'Europe, qui y ont bien réuſſi. Il y a en ce Pays beaucoup de mines d'or, d'argent, de fer & d'alun. On en tire du baume excellent, des cuirs eſtimés, & beaucoup de cochenille (*a*) & d'indigo. Ce Pays produit une multitude prodigieuſe d'oiſeaux, remarquables par leur chant agréable, & la beauté de leur plumage, dont les Mexicains font des tableaux qui imitent parfaitement les nuances de la peinture. Les plus beaux font le *Senſoutlé*, ou le cinq cens voix, nommé ainſi à cauſe de l'harmonie de ſon chant; le *Cardinal*, qui a reçu ce nom, parcequ'il eſt tout rouge, avec une petite hupe ſur la tête de la même couleur, &c. Outre les animaux qui viennent d'Europe, il y en a un très-grand nombre de particuliers au Pays.

Les Mexicains étoient autrefois idolâtres: ils immoloient même des hommes à leurs fauſſes divinités, auxquelles ils avoient érigé des Temples magnifiques; mais ils ſont maintenant Catholiques, au moins en apparence. Ces Peuples, avant la domination des Eſpagnols, avoient eu neuf Rois pendant l'eſpace de 135 ans. Le Roi étoit électif: on choiſiſſoit le plus brave & le plus capable de gouverner. Le Mexique fut découvert en 1518, par Jean de Grijalva Eſpagnol, envoyé par Vélaſquez, Gouverneur de l'Iſle de Cuba. Quand les Eſpagnols arrivèrent en ce Pays, ils y trouvèrent une police

---

(*b*) La Cochenille eſt un petit ver gris, dont on fait la plus belle écarlate.

& une magnificence qui leur causèrent beaucoup d'admiration. Fernand Cortez, substitué par le même Vélasquez à Grijalva, qui se contenta de reconnoître le pays, effraya tellement les Mexicains par son artillerie, qu'ils le prirent pour le Dieu du tonnerre. Dans le siège de Mexico, fait par ce Général en 1522, il périt environ 120000 Indiens: il n'avoit cependant avec lui que neuf cens Fantassins Espagnols, & quatre-vingt Cavaliers; mais il étoit soutenu par 200000 Américains que ses alliés lui fournirent. Il étoit d'ailleurs pourvu d'un grand nombre de canots, de dix-huit brigantins, & de dix-huit pièces de canon. Il fit la conquête de tout ce Pays en trois ans.

Les Vice-Rois qui y gouvernent pour le Roi d'Espagne, ne confient les emplois de Guerre, de Justice & de Finances qu'aux Espagnols: ils interdisent aux étrangers l'entrée de ce pays si riche. Les Mexicains naturels sont doux, industrieux, & assez propres pour les Sciences & les Arts; mais ils aiment peu le travail.

Le Mexique se divise en trois *Audiences*, ou Gouvernemens, qui prennent le nom de leurs Capitales: *Mexico*, *Guadalajara* à l'Ouest de Mexico, & *Guatimala* au Sud-Est. Chacune de ces Audiences est divisée en plusieurs Provinces (*a*).

§. I. *L'Audience de Mexico.*

Elle renferme neuf Provinces, dont il y en a deux sur la Mer du Sud; savoir, celles de *Mexico* & de

___

(*a*) Le Mexique est aujourd'hui connu plus en détail, au moins quant à une partie considérable, depuis la grande Carte que M. Buache a réduite & fait graver en 1772, sur un Original envoyé à l'Académie Royale des Sciences, auquel on a joint des Observations faites depuis, par M. l'Abbé Chappe, envoyé par le Roi & l'Académie, dans ces Contrées.

Mechoacan; quatre sur le Golfe du Mexique, *Yucatan*, *Tabasco*, *Guasteca* ou *Panuco*, le *Nouveau Royaume de Leon*, & la *Louisiane* ou *Floride Occidentale*; deux dans le milieu, qui s'étendent d'une Mer à l'autre, ce sont *Tlascala* & *Guaxaca*.

1. *Mexico.* Cette Province a pour Capitale:

MEXICO, *Archevêché*, *Université*, & la *Capitale* de toute la Nouvelle Espagne. C'est la plus grande & la plus belle Ville de l'Amérique. Elle est le siège d'un Vice-Roi & d'une Cour souveraine. Elle est bien peuplée, & très-commerçante. La plus grande Place de cette Ville, est celle du Marché. Un des côtés est bâti en portiques, & on y voit des boutiques fournies de toutes sortes d'étoffes de soye. Vis-à-vis de ces portiques est le Palais du Vice-Roi, bâti par Cortez. Il est si vaste qu'il contient avec les jardins qui en dépendent, presque toute la longueur du Marché. Il appartient aux Marquis *Del Valle*, descendans de Cortez, & est loué à leur profit quatre mille ducats, aux Vice-Rois. La Place est d'une telle étendue, qu'aux jours destinés aux courses des Taureaux, le peuple en remplit à peine la troisième partie. Cinq rues y aboutissent: elles sont toutes si larges, qu'un carrosse à six chevaux y tourne sans peine. Les Eglises en sont magnifiques, & elle a une Inquisition. Le Clergé y possède la plus grande partie des biens-fonds. Mexico est bâtie sur le bord du Lac de même nom, dont l'eau est salée, à cause du fond qui est nitreux.

Ce Lac communique avec un autre dont les eaux sont douces. Ces deux lacs ont plus de trente lieues de circuit; ils sont séparés l'un de l'autre par une digue, qui s'étant rompue en 1629, causa une grande inondation dans la Ville de Mexico, & fit périr beaucoup de monde. Les Espagnols, pour prévenir un pareil malheur, ont fait construire même à travers une montagne, un grand canal, pour donner une iſſue aux eaux des Lacs.

Les Habitans de Mexico, ſur-tout les Eſpagnols, ſont magnifiques dans leurs habits. Ils ſont preſque toujours habillés de ſoye. Les hommes portent à leurs chapeaux des cordons d'or, & des roſes de diamans : les artiſans ont des cordons de perles, & les eſclaves même ont des colliers, des braſſelets, & des boucles d'or, d'argent & de perles, avec quelques pierres précieuſes.

Acapulco, au Midi de Mexico, ſur la Mer du Sud. Cette Ville preſque déſerte, mal-ſaine, & manquant de bonne eau, qu'il faut apporter de fort loin, eſt très-remarquable par ſon commerce & par ſon Port, le plus beau & le plus ſûr de toute la Côte. Les Vaiſſeaux qui viennent des Philippines, en traverſant la Mer du Sud, y abordent : ceux qui vont du Mexique aux mêmes Iſles partent du même Port. Ce commerce lie les poſſeſſions des Eſpagnols en Aſie, avec celles de l'Amérique.

2. *Mechoacan*, Province qui abonde en vers à ſoye, & en tout ce qui eſt néceſſaire à la vie.

Mechoacan, ou Valladolid, *Capitale*, *Evêché*, ſur la Mer du Sud. C'eſt une Ville belle & marchande.

3. L'*Yucatan*. C'eſt une Preſqu'Iſle, qui s'avance dans le Golfe du Mexique : elle eſt riche en mines d'or & d'argent, & ſi fertile en grains, qu'on y fait la moiſſon deux fois l'année. On y voit pluſieurs animaux ſinguliers, entr'autres, celui qu'on nomme *Chat-Tigre* : il eſt de la groſſeur des chiens qu'on nomme mâtins, & fort reſſemblant au tigre. Il y en a grand nombre, & ils ſeroient très-redoutables aux Habitans, s'ils ne ſe nourriſſoient des jeunes veaux ſauvages qui s'y trouvent en abondance. Cette Province a auſſi des vaches qui habitent les

bois, dans le voisinage des grandes Rivières. La chair en est saine & de bon goût. Il y en a qui pèsent jusqu'à cinq ou six cens livres. Mais l'animal le plus remarquable est celui qu'on nomme le *Paresseux*, à cause de la lenteur extraordinaire de sa marche; il est de la taille d'un chat, a des griffes & se nourrit de feuilles. L'Yucatan a plusieurs Villes considérables.

MERIDA, *Capitale*, *Evêché*. Le Gouverneur du Pays y réside.

CAMPESCHE. Cette Ville, située sur la Côte Occidentale de l'Yucatan, étoit autrefois bien plus considérable & plus commerçante qu'elle ne l'est à présent. On y faisoit tout le trafic d'un bois fort propre à la teinture, appellé *Bois de Campêche*. Les Flibustiers Anglois & François la prirent en 1678, & la brûlèrent.

4. *Tabasco*, sur le Golfe du Mexique.

TABASCO, *Capitale*, petite Ville, bien peuplée.

5. La Province de *Guasteca*, ou de *Panuco*, au Nord-Est de Mexico.

PANUCO, *Capitale*, sur la Rivière de même nom. C'est une Ville assez peuplée.

6. Le *Nouveau Royaume de Léon*, au Nord-Ouest de la Province de Guasteca, & au-delà de la Rivière de Las-Palmas, du côté de la Louisiane ou Floride. Ce Pays a des mines dans ses montagnes; mais il est presqu'inhabité.

7. La *Louisiane* ou Floride *Occidentale*, toute à l'Ouest du Fleuve Mississipi, à l'exception des environs de la *Nouvelle Orléans*. Ce Pays étoit resté aux François, par la Paix faite avec les Anglois en 1763; mais peu après il a été cédé aux Espagnols.

LA NOUVELLE ORLÉANS en est la Capitale : on en a parlé ci-dessus, pag. 370.

8. La Province de *Tlascala*.

TLASCALA, *Capitale*, à l'Est de Mexico. C'est

une Ville considérable, qui, sous Motézuma dernier Roi du Mexique, formoit une République considérable. Elle jouit de grandes franchises, pour avoir aidé Cortez à la conquête du Mexique. Son siège Episcopal a été transféré à *la Puebla de los Angelos*, Ville située au Midi de Tlascala. Cette dernière a une très-belle Place entourée de tous côtés de Portiques, & une Eglise Cathédrale magnifique. Elle est très-peuplée, à cause de la bonté de son air, & a une manufacture de draps très-estimés, & une verrerie, qui est la seule de cette contrée. Mais ce qui contribue sur-tout à l'enrichir, est sa Monnoie, où l'on fabrique la moitié de l'argent qui se tire des mines de ce Pays, l'autre moitié se fabriquant à Mexico.

Vera-Cruz †, *Port*. Les Espagnols l'ont abandonnée il y a déja long-temps, pour s'établir tout près de-là à *Saint-Jean d'Ulva*, qui est une petite Isle près le continent, avec un Fort.

Nouvelle Vera-Cruz, Ville située sur le Golfe du Mexique. C'est-là qu'arrive à présent la Flotte qui apporte toutes les marchandises d'Europe pour le Mexique & les Philippines. On l'appelle simplement *la Flotte*, pour la distinguer de la Flotte Royale composée des Gallions, qui sont huit ou dix Vaisseaux de guerre destinés à porter en Espagne l'or & l'argent qu'on tire de l'Amérique, & qu'ils reçoivent à *Porto-Belo*, tant pour le compte du Roi, que pour celui des particuliers; & de douze ou quinze Vaisseaux marchands qui s'y joignent, & sont chargés d'indigo, de cochenille, de cacao, de tabac, & des autres productions du Pays.

9. *Guaxaca*. Cette Province qui est au Sud-Est de Tlascala, a des mines d'or & d'argent, de la cochenille en abondance, & la plus estimée, du cacao & du bled.

Guaxaca, *Evêché*, en est la *Capitale*. Cette Ville

Ville est marchande, & la laine des moutons des environs est fort estimée, aussi-bien que les chevaux qui passent pour les meilleurs de la Nouvelle Espagne. Les Religieuses de Sainte-Catherine de Guaxaca composent une poudre qui est la plus excellente de toutes les odeurs. Il s'en fait un débit surprenant, non-seulement dans le Mexique & au Pérou, mais même en Espagne.

ANTEQUERA. Le nombre des Habitans de cette Ville, est, selon Gage, qui la distingue de la précédente, d'environ mille, tant Espagnols, qu'Indiens.

§. II. *L'Audience de Guadalajara, ou Nouvelle Galice.*

Cette Audience est un des Pays les plus fertiles que les Espagnols possèdent en Amérique. Elle renferme plusieurs Provinces, dont les principales sont :

1. *Guadalajara,* ou *Guadalaxara.*

GUADALAJARA, *Capitale, Évêché*, Ville considérable & commerçante. Elle a deux Couvens, l'un d'Augustins & l'autre de Cordeliers.

2. *Cinaloa,* près de la Mer Vermeille, ou du Golfe de Californie. Cette Province abonde en fruits, en maïs, en légumes & en cotton.

CINALOA, *ou* SAINT-JACQUES, *Capitale.*

3. *Culiacan* : il y a dans cette Province des mines d'argent.

CULIACAN, *Capitale.*

4. *Xalisco.*

COMPOSTELLE, *Capitale.*

5. La *Nouvelle Biscaye,* qui est une Province reculée au Nord-Ouest.

SAINTE-BARBE, *Capitale*, où sont les principales mines d'argent. Les François ont tâché d'y pénétrer par la Louisiane ; mais toutes leurs tentatives ont été inutiles.

DURANGO, *Évêché.*

Tome II. R

La Californie.

De l'Audience de Guadalajara dépend la Californie, grande Presqu'Isle qui se détache des côtes Septentrionales de l'Amérique, & s'avance vers le Sud-Est jusqu'au-delà du Tropique du Cancer, entre la Mer du Sud, qui la baigne à l'Occident, & la Mer Vermeille, ou le Golfe de Californie, qui à l'Orient la sépare du Mexique.

Les premiers Espagnols qui reconnurent la Californie, la représentèrent comme une Presqu'Isle. On crut ensuite qu'ils s'étoient trompés, & que c'étoit une Isle; & cette idée subsista, jusqu'à ce qu'enfin le P. Kino, Jésuite, ayant donné la Relation d'un voyage qu'il fit par terre en 1701, du Mexique jusque fort avant dans la Californie, on est resté convaincu que la Mer Vermeille est un grand Golfe, & la Californie une vraie Presqu'Isle.

L'air y est sain, & le terroir fertile. Ses côtes, le long de la Mer Vermeille, sont bien connues, & célèbres pour la pêche des perles, qui est très-abondante. On ne connoît que très-peu les côtes le long de la Mer du Sud, au-delà du *Cap-Blanc*, ou de *S. Sébastien*, & encore moins les Pays qui sont au Nord de ce Cap, & qui par conjecture font partie des *Nouvelles Découvertes* dont on a beaucoup parlé depuis quelques années, & dont il sera question ci-après.

Le CAP S. LUCAR est la pointe de Californie la plus avancée au Midi. C'est un des principaux établissemens qu'on ait formés dans le Pays.

NOTRE-DAME DE LORETTE, au Nord, près la Mer Vermeille, est la plus ancienne Mission établie en Californie. Elle en est encore la plus considérable, & comme la Capitale de toutes les autres. Il y a une Garnison royale.

Trois grandes Nations, différentes par le langage, habitent la Californie, & la partagent en trois portions presqu'égales. La première est celle des *Pericues* ou *Edues*, qui occupe la partie Méridionale ; la seconde, qu'on nomme les *Monquis* ou les *Loretto*, habite le Pays aux environs de Lorette ; la troisième est celle des *Cochimies* ou *Laymones*. Elle occupe toute la partie Septentrionale du Pays.

Les Californiens sont en général robustes, vigoureux & bien constitués. Ils ressemblent à toutes les Nations barbares qu'on a découvertes dans l'Amérique. On remarque seulement qu'ils ont le teint plus basané que les Indiens de la Nouvelle Espagne. Leur phisionomie est assez agréable ; mais ils se défigurent en se perçant les narines & les oreilles, & en se barbouillant le visage de différentes couleurs.

Les Jésuites avoient établi dans ce Pays un très-grand nombre de Missions, & formé beaucoup d'établissemens, qu'ils avoient eu le talent de rendre très-florissans. Mais ces Pères s'étant justement attiré l'indignation du Roi d'Espagne, ils ont été absolument expulsés de tous les Etats de sa domination. D. Dominique Pignatelli, Maréchal des Camps & Armées de Sa Majesté Catholique, chargé d'expulser les Jésuites de la Californie, a exécuté sa commission, au mois de Septembre 1766, avec tant de promptitude, qu'en très-peu de jours ils ont tous été embarqués & transférés au Mexique. Les établissemens que ces Pères y avoient, ont été distribués aux Augustins, Dominicains, Cordeliers & Capucins, qui les ont remplacés.

L'Abbé Chappe, de l'Académie Royale des Sciences de Paris, qui étoit venu faire en Californie des Observations Astronomiques, y est mort en 1769.

§. III. *L'Audience de Guatimala.*

Elle s'étend au Midi de celle de Mexico jusqu'à

l'Isthme de Panama, & renferme plusieurs Provinces, dont les plus considérables sont :

1. *Guatimala.* Cette Province est abondante en tout, mais fort sujette aux tremblemens de terre.

GUATIMALA, *Capitale, Evêché, Université.* Cette Ville est grande & fort riche : il s'y fait un grand commerce, sur-tout de cacao. C'est le siège d'une Audience Royale, & la résidence d'un Gouverneur. Elle n'a qu'une Eglise paroissiale ; mais on y compte un grand nombre de Couvens. Ceux des Jacobins, des Cordeliers & des Pères de la Merci sont d'une magnificence extraordinaire ; aussi-bien que celui des Dames de la Conception, où il n'y a pas moins de mille personnes, soit Religieuses, ou jeunes filles qu'elles instruisent, ou domestiques. Le luxe, & les désordres qui en sont les suites ordinaires règnent dans cette Ville comme à Mexico.

2. *Chiapa,* au Nord-Est de Guatimala.

CHIAPA-EL-REAL, *Capitale, Evêché.* Le principal commerce de cette Ville consiste en cacao, en sucre & en cotton.

CHIAPA-DE-LOS-INDOS, près de la précédente. Son Gouverneur & presque tous ses Habitans sont Indiens, comme le marque le nom qu'elle porte de *Chiapa des Indiens.* Ils sont en grand nombre, non-seulement dans cette Ville, mais encore dans tout le Mexique, & payent quatre réales, c'est-à-dire, environ cinquante sols de France au Roi d'Espagne, outre les autres servitudes dont ils sont chargés.

3. *Honduras,* au Nord-Est de Guatimala, & sur le Golfe de Honduras. Cette Province est la plus pauvre & la plus déserte de l'Amérique Espagnole.

VALLADOLID, *Capitale.*

TRUXILLO, *Port,* sur le Golfe de Honduras, *Evêché* suffragant de Saint-Domingue, & transféré à Valladolid.

4. *Nicaragua*, à l'Orient de Guatimala. C'est une des plus belles & des plus fertiles Provinces de la Nouvelle Espagne. La chaleur est si grande, qu'on n'y peut voyager de jour en été. La saison des pluyes que l'on nomme l'hiver, y dure six mois, & commence en Mai.

Saint-Leon de Nicaragua, *Capitale*, *Evêché*, grande & belle Ville, fort commerçante, située sur un Lac qui se décharge dans la Mer du Nord, & qui n'est éloigné que de quatre lieues de la Mer du Sud. Ce Lac a une profondeur extraordinaire. Il y a aux environs un Volcan qui vomit sans cesse du feu; & dans une Isle, au milieu du Lac, on en voit un autre qui paroît jetter ses flammes du sein des eaux.

Grenade, sur le Lac de Nicaragua, au Sud-Est de Léon, est une Ville plus riche & mieux bâtie que cette dernière. Il y a quatre Couvens, deux de la Merci, un de Franciscains, un de Religieuses, tous extrêmement riches.

5. *Costarica*, ou *Côte riche*, ainsi nommée peut-être à cause de ses mines d'or & d'argent, que la difficulté du travail a fait abandonner. Les Voyageurs varient beaucoup sur la nature de cette Province. Sa fertilité est extraordinaire, selon Gage. Elle ne mérite au contraire le nom de Côte riche que par ironie, si l'on en croit Lionel Waffer & d'autres.

Cartago, *Capitale*, *Evêché*: Ville riche & très-marchande.

ARTICLE V.

Du Nouveau Mexique.

CE Pays, qui est au Nord du Mexique, ou de la Nouvelle Espagne, est borné vers l'Orient par la Louisiane; au Midi par le Mexique; à l'Occident, par la Mer Vermeille. Au Nord ses bornes sont inconnues. Il fut découvert, en 1553, par Antonio d'Epéjo.

L'air y est doux & sain. Le terroir, quoique fort montagneux, abonde en pâturages, & produit du maïs, des melons & différentes sortes de légumes. Il s'y trouve quelques mines d'or & d'argent, aussi-bien que des turquoises, des émeraudes, des perles & du cryftal. On y voit divers animaux sauvages & domestiques, des ours, des chèvres sauvages, des cerfs, des sangliers, des lions & des tigres, des chevaux, des vaches, & une espèce de brebis de la grandeur d'un cheval, qui a la queue fort courte & des cornes fort longues.

La plus grande partie de ce Pays est habitée par divers Peuples, qui sont d'un caractère doux, assez bien policés, & qui vivent de la chasse & de la culture de leurs terres. Ils sont gouvernés par des Capitaines nommés *Caciques*, qui sont choisis parmi les plus braves. Leur Religion est différente, suivant la diversité des Peuples qui habitent cette contrée. Les uns ont un grand nombre d'idoles, d'autres adorent le Soleil. Il y en a qui croyent un Dieu souverain qui réside dans le ciel. Enfin, d'autres n'ont ni Idoles ni Religion. Ils sont assez dociles, & les Espagnols en convertissent de temps en temps quelques-uns.

SANTA-FÉ, au Nord, passe pour la *Capitale* de

ce Pays, où les nouvelles Cartes marquent nombre d'habitations, mais peu confidérables. Elle eft le fiège d'un Evêque, & la réfidence du Gouverneur pour les Efpagnols. Cette Ville n'eft pas loin de la Rivière de *Norte*, qui coule premièrement du Nord au Sud, & tournant enfuite au Sud-Eft, fe jette dans le Golfe du Mexique.

Les parties du Nouveau Mexique qui font à l'Oueft, fur la Mer Vermeille, fe nomment *Nouvelle Navarre*, & *Sonora* : il n'y a point de places importantes.

Article VI.

Des nouvelles Découvertes à l'Oueft & au Nord-Oueft du Canada, & des Pays aux environs de la Baye de Baffin.

Nous croyons devoir parler ici de ces nouvelles Découvertes, dont une partie tient au Canada, & dont l'autre fait connoître la proximité que l'Amérique a avec l'Afie du côté du Nord-Oueft, & comment elle a pu aifément par-là recevoir fes premiers Habitans. La magnificence, les grands ouvrages & la politeffe des anciens Mexicains & des Incas du Pérou, font d'ailleurs croire qu'ils font venus enfuite de la Chine ou de fon voifinage ; toutes les autres Nations de l'Amérique qui les environnoient étant fauvages, & reffemblant en beaucoup de chofes aux Tartares. Il eft encore bon d'obferver que la plûpart de ces Sauvages ont des traditions qu'ils viennent de l'Oueft, c'eft-à-dire, des Côtes voifines de l'Afie.

En faifant la defcription du Nord-Eft de l'Afie, nous avons fuivi la Carte que M. Jofeph-Nicolas

Delisle, Professeur Royal en Astronomie, & M. Philippe Buache, ont présentée en 1750 à l'Académie des Sciences: nous acheverons de l'expliquer ici. Nous la regardons comme une Carte nécessaire pour connoître une portion considérable du Globe, inconnue jusqu'à présent (*a*). Elle contient les nouvelles Découvertes des Russiens; celles qui furent faites en 1640, par l'Amiral de Fonte Espagnol, selon une Relation qui étoit demeurée inconnue jusqu'à présent, & enfin ce qui concerne un très-grand Golfe qui est à l'Ouest du Canada, & que l'on nomme la *Mer de l'Ouest*, sur laquelle feu M. Guillaume Delisle, Géographe du Roi, adressa en 1717 un Mémoire à M. le Comte de Pontchartrain. Pour donner une idée de ces Découvertes, nous nous sommes servis de trois pièces que l'on a bien voulu nous communiquer, sçavoir, du Mémoire sur la Mer de l'Ouest, & de la Relation dont nous venons de parler, aussi-bien que du Mémoire dont M. Joseph Delisle a fait lecture à l'Académie, en lui présentant la Carte des Nouvelles Découvertes. Il sera aisé de sentir par l'exposition que l'on va faire, que l'ordre naturel exige que l'on commence par ce qui regarde la Mer de l'Ouest: on parlera ensuite des nouvelles découvertes des Russiens, & enfin de celles de l'Amiral de Fonte, & des Pays aux environs de la Baye de Baffin.

§. I. *De la Mer de l'Ouest.*

A l'Ouest du Canada & des sources de la Rivière de Mississipi, paroît être un grand Golfe que l'on appelle la *Mer de l'Ouest*. Son entrée dans la grande Mer du Sud, est celle qui fut découverte par Martin

---

(*a*) M. Buache a mis depuis ces Découvertes dans les nouvelles Editions de l'Asie, de l'Amérique & de la Mappemonde de M. Guillaume Delisle, son beaupère.

d'Aguilar Espagnol, & qui est marquée dans les Cartes de l'Amérique, au-dessus du Cap Blanc ou de Saint-Sébastien, & du Cap Mendocin. M. Guillaume Delisle conjecture, dans le Mémoire qu'il a fait au sujet de cette Mer de l'Ouest, que la vraie situation de *Quivira*, où les Espagnols furent en 1542, par le Nouveau Mexique, est au Midi de cette Mer, & il observe que ce qu'ils disent des vaisseaux qu'ils y virent, & qu'ils soupçonnèrent être venus des Pays Orientaux de l'Asie, est confirmé par le rapport de nombre de Sauvages du Canada, qui parlent de cette Mer & de marchandises, entr'autres, de haches faites en queue de perdrix, de bas avec des souliers attachés ensemble, & néanmoins souples comme un gant, & d'autres choses qu'ils échangent avec des pelleteries. Quelques-uns de ces Sauvages ajoutent même, qu'il y a près de cette Mer une Nation qui porte de longues robes (commd les Asiatiques), qui a des Forteresses, & qui vend des couteaux différens des nôtres. Il y a apparence que cette Mer de l'Ouest s'avance considérablement dans les terres du côté du Nord, & peut-être communique-t-elle, par le moyen de quelque Lac, avec la Baye de Hudson (*a*). Les Espagnols ont cru qu'il étoit de leur intérêt de cacher ce qu'ils pouvoient sçavoir de cette Mer ; mais il n'est pas possible, dit Guillaume Delisle, que dans des temps & des lieux différens, tant de différentes personnes, dont il rapporte les témoignages, se soient accordées pour nous tromper, n'ayant aucun fruit à espérer de leur mensonge.

(*a*) C'est ce que M. Buache conjecture dans ses *Considérations*, & il en donne de forts indices, qui expliquent certaines Marées de la Baye de Hudson.

§. II. *Des Découvertes des Russiens en Amérique.*

I. Au Nord-Ouest de l'*Entrée de Martin d'Aguilar* & de la Californie, sont les Côtes que les Russiens ont reconnues en 1741. Ce fut en conséquence d'un Mémoire présenté à la Cour de Russie par M. Joseph Delisle, le Professeur Royal, alors à Saint-Pétersbourg, qu'ils partirent, comme nous l'avons dit, du Port d'Avatcha ou de Saint-Pierre & Saint-Paul dans le Kamtchatka, pour aller découvrir l'Amérique vers le Nord de la Mer du Sud. Alexis Tzirikow, Russien, étoit le Capitaine de l'un des deux Vaisseaux, & il avoit avec lui M. Delisle de la Croyère, frère du Géographe & du Professeur Royal, qui devoit faire des Observations Astronomiques, & qui mourut à son retour en arrivant au Port d'Avatcha. Après une navigation de quarante & un jours, le 26 Juillet 1741, ils virent une Côte de l'Amérique à cinquante-cinq dégrés trente-six minutes de latitude Septentrionale, environ quatorze dégrés au Nord-Ouest de la partie Septentrionale de la Californie. Ils ne purent s'approcher avec leur Vaisseau qu'à une lieue de la terre, & y envoyèrent une chaloupe avec dix hommes & un bon Pilote, que l'on n'a pas revu depuis. Cependant le Capitaine Tzirikow, après avoir fait bien des courses le long de cette Côte pendant tout le mois d'Août, voyant la saison devenir mauvaise, & son équipage mourir de jour en jour du scorbut, prit le parti de revenir au Kamtchatka. A son retour, il apperçut au Nord une Côte montagneuse & couverte d'herbes, environ au cinquante & unième dégré de latitude, & il aborda à l'Ouest dans un Golfe, où il vit des hommes dont plusieurs vinrent à lui chacun dans un petit bateau. Ils ressembloient aux Canadiens, & avoient des Calumets comme les Sauvages voisins du Mississipi. Cette dernière Côte est la partie Méridionale de la grande Presqu'Isle qui est à l'Est de la Sibérie, & dont nous avons déja parlé. L'autre Vaisseau commandé par le Capitaine Béering, reconnut aussi une grande partie de cette Côte, & il échoua à l'entrée du Détroit dans une Isle déserte, où Béering mourut du scorbut, avec une grande partie de son équipage. Le reste regagna le Kamtschatka l'année suivante (*a*).

II. Les Russiens avoient fait en 1731, une autre Découverte plus au Nord-Ouest de l'Amérique, & vis-à-vis la pointe la plus avancée de la Sibérie ou du Nord-Est de l'Asie. Marchant sur les traces du Capitaine Béering, qui avoit reconnu en 1728, toute la Côte de la Sibérie Orientale depuis le Kamtchatka, ils vinrent au Cap le plus Oriental de l'Asie, (appellé *Chalaginskoi*), qui est environ au soixante-sixième dégré de latitude Septentrionale, & ils dirigèrent leur route exactement à l'Est, où ils trouvèrent une Isle & ensuite une grande terre, par une navigation d'un demi-jour. A peine étoient-ils à la vue de cette terre, qu'il vint à eux un homme dans un petit bâtiment : il leur fit entendre qu'il étoit habitant d'un grand Continent, où il y avoit beaucoup de fourures. Les Russiens suivirent la Côte de ce Continent deux jours entiers, en allant vers le Midi, sans pouvoir aborder ; après quoi ils furent assaillis d'une rude tempête qui les ramena malgré eux sur les Côtes de Kamtschatka. On a par là une connoissance certaine du Détroit *du Nord*, qu'on appelloit ci-devant *d'Anian* ; mais que les nouveaux Géographes rejettoient, parcequ'on n'avoit pas de preuves de ce qu'on en avoit autrefois raconté.

(*a*) Ce qui regarde le sort de ce second Vaisseau, n'est point dans le Mémoire de M. Delisle, mais on l'a appris par les Relations que les Russes ont publiées depuis.

§. III. *Des Découvertes de l'Amiral de Fonte, Espagnol.*

Les deux Terres découvertes par les Russiens, en 1731 & 1741, ont une très-grande conformité avec une partie des Découvertes que l'Amiral de Fonte, Espagnol, fit en 1640, au Nord de la Californie & au Nord-Ouest du Canada. Ainsi, quoiqu'on ait peut-être lieu de douter de quelques circonstances de la Relation de cet Amiral, nous allons en donner un abrégé. On tient cette Relation des Anglois, & l'on sçait d'un Officier Espagnol qui a accompagné nos Académiciens au Pérou, qu'elle est connue dans ce Pays.

Barthélemi de Fonte étant venu, avec quelques vaisseaux & chaloupes, au Cap *Blanc*, qui est au Nord-Ouest de la Californie, poussa, en suivant les Côtes au Nord-Nord-Ouest, pendant quatre cens cinquante-six lieues, jusqu'à une grande Rivière qu'ils nomma *Rio los Reyes*. Avant cette Rivière il avoit traversé un parage de deux cens soixante lieues, où il trouva un grand nombre d'Isles, & qu'il appella l'*Archipel de Saint-Lazare*. Il dépêcha ensuite le Capitaine Pedro Bernarda avec un Vaisseau pour faire une route différente de la sienne, & découvrir la Mer de Tartarie. Pour lui, étant entré dans la Rivière de los Reyes, qui coule au Nord-Est, & qui abonde en excellens poissons, il arriva à une belle Ville ou Village d'Américains, nommé *Conosset*. Sa situation est très-agréable, & & ses habitans sont fort humains & civils; des Jésuites y avoient demeuré deux ans en mission. Ce lieu est sur le bord d'un Lac que l'Amiral de Fonte nomma *Belle*, & où il trouva des poissons très-délicats. Il traversa ce Lac avec des chaloupes, & vint à une Rivière qu'il appella *Parmentier*, du nom d'un Espagnol qui servoit d'interprète pour parler aux Sauvages. Cette Rivière qui a huit cataractes, le conduisit à un autre Lac, que l'Amiral appella de son nom *de Fonte*, & qui a cent soixante lieues de long, & soixante de large. Il abonde en morues des meilleures espèces, qui sont larges & fort grasses; & il contient plusieurs Isles, entr'autres, une grande qui est fertile & bien peuplée. On y trouve des bêtes fauves & des oiseaux; des poules de bois, çoqs-d'inde, &c. mais on n'y voit que des arbrisseaux, des cerisiers, des groseillers, des fraisiers sauvages. De ce Lac l'Amiral Espagnol entra au Nord-Est dans un autre qu'il appella *de Ronquillo*, du nom d'un de ses Capitaines. Alors il s'apperçut que le Pays devenoit de plus en plus mauvais, & tel qu'il est dans les régions Septentrionales. Enfin il arriva à une Ville ou Village d'Américains, où on lui dit qu'à peu de distance il y avoit un grand Vaisseau. Les Espagnols y allèrent, & y trouvèrent un Vaisseau Anglois venu de Boston, (apparemment par le Détroit de Hudson). Ils firent des présens au Capitaine Anglois, & tirèrent de lui de belles Cartes & ses Journaux; après quoi ils revinrent à Conosset, le 16 Août 1640, un mois après en être partis. S'y étant fournis de bled d'inde ou maïs, de gibier, de poissons qu'ils salèrent, ils descendirent la Rivière de los Reyes, & retrouvèrent près de son embouchure le Capitaine Bernarda, qui étoit revenu de ses découvertes, dont il nous reste à rendre compte.

Ce Capitaine s'étant avancé un peu au-delà de la Rivière de los Reyes vers le Nord, trouva un Village d'Américains, appellé *Minhasset*, près de l'embouchure d'une belle Rivière qu'il nomma *de Haro*, & qu'il remonta. Il entra ainsi dans un grand Lac de quatre cens trente-six lieues de long, qu'il nomma *de Valasco*, & qu'il trouva rempli d'Isles & abondant en saumons, truites, &c. Au milieu est une Presqu'Isle très-peuplée, & dont les habitans sont polis & honnêtes : elle se nomme *Conchasset*, ou

Conibaſſet. Bernarda parcourut ce Lac avec trois chaloupes Américaines, qui étoient faites de gros arbres, & qui avoient cinquante à soixante pieds de long : il trouva que l'extrémité de ce Lac au Nord-Eſt, s'étendoit juſqu'au soixante & dix-septième dégré de latitude Septentrionale. Il entra ensuite dans une grande Rivière qui sort du Lac de Valaſco, au Sud-Oueſt, & qui a trois sauts ou cataractes pendant quatre-vingts lieues de long : le Pays voisin eſt abondant en gibier, & en poiſſon. Par cette Rivière, Bernarda vint à la Mer, & tournant au Nord, il continua sa navigation au Nord-Eſt dans la Mer de Tartarie, juſqu'au soixante & dix-neuvième dégré de latitude Septentrionale, en ſuivant toujours les Côtes. Il envoya dans les Terres, avec les naturels du Pays, un de ses matelots, qui lui rapporta qu'il avoit vu l'extrémité du Golfe du Détroit de Davis, ou de la Baye de Baffin ; qu'il y avoit en cet endroit un grand Lac d'eau douce à 80 dégrés de latitude, & vers le Nord & le Nord-Oueſt des Montagnes prodigieuses de glaces ; d'où le Capitaine Bernarda conclut, qu'il n'y a point de communication entre le Détroit de Davis & la Mer du Sud. C'étoit pour s'éclaircir sur ce point, que les Vicerois du Pérou & du Mexique avoient envoyé l'Amiral de Fonte, qui conclut de son côté la même choſe, après ses découvertes. Mais ses concluſions sont regardées comme un effet de la politique Eſpagnole par les Anglois, qui soupçonnent fortement un paſſage du côté de la Baye de Hudson, & qui le cherchent avec ardeur depuis long-temps. M. Buache conjecture dans ses *Conſidérations*, qu'il peut exiſter par la *Mer de l'Oueſt*, & que l'Amiral Eſpagnol n'a voulu dire autre choſe, sinon que des Vaiſſeaux ne pouvoient tenir la route qu'il avoit tenue, attendu qu'il avoit fait un portage en ſortant du Lac Belle, pour gagner la Rivière Parmentier.

Les Russiens ont vu en 1731, cette partie de Terre que le Capitaine Bernarda parcourut en sortant de la Rivière *à trois sauts*, & en entrant dans la Mer de Tartarie : là est le Détroit du Nord ou d'Anian. Le Capitaine Béering avoit observé, étant en 1728 au Cap le plus Oriental de la Sibérie, que les Côtes y étoient peu profondes & les vagues basses, & telles qu'on les trouve dans les Détroits ou bras de Mer ; qu'il venoit de l'Est régulièrement tous les ans certains oiseaux, qui s'y en retournoient au bout de quelques mois, & que le vent d'Est amenoit des pins & autres grands arbres sur les Côtes de la Sibérie, où il n'y en a point. C'étoit une preuve de la proximité des terres ; & la description que le Capitaine Bernarda fait des environs du Lac Valasco, se rapporte aux remarques de Béering. En 1741, le Capitaine Russien Tzirikow & M. Delisle de la Croyère ont reconnu les Terres d'Amérique voisines de l'Archipel de Saint-Lazare au Sud-Est. Ces conformités donnent du poids à la Relation de l'Amiral de Fonte & de son Capitaine ; car il est étonnant d'ailleurs qu'ils ayent découvert en un mois ou deux tant de Pays, de Rivières & de Lacs. Le Détroit du Nord ou d'Anian est au soixante-six ou soixante-septième dégré de latitude Septentrionale, & n'a que quarante à cinquante lieues de large ; encore y a-t-il au moins une Isle dans sa largeur : il est gelé une partie de l'année, & il s'y forme un pont naturel par où les hommes & les bêtes peuvent passer de pied ferme. Ainsi on pourroit croire véritable ce qu'un Missionnaire Jésuite a raconté, qu'il avoit trouvé à la Chine une femme *Hurone*, à qui il avoit administré le baptême dans le Canada, & qui l'avoit assuré être venue par terre ou à pied jusqu'à la Chine, ayant été emmenée comme esclave de nations en nations : l'Abbé de Longuerue rapporte la même chose d'une Canadienne trouvée à Constantinople : *Longueruana*, pag. 94.

§. IV. *Des Pays aux environs de la Baye de Baffin.*

A l'Est des Découvertes de l'Amiral de Fonte, & autour des Bayes de Hudson & de Baffin, se trouvent plusieurs Pays : ce sont les Anglois qui en ont découvert les Côtes.

1. Au Nord-Est de la Baye de Hudson, & à l'entrée de la Baye de Baffin, l'*Isle de James*, ou de Jacques. Elle est habitée par de pauvres Sauvages, & une partie de sa Côte, le long du Détroit de Davis, est toujours gelée.

2. A l'Orient du Pays dont on vient de parler, est le *Groenland*, au Nord duquel, à soixante-seize dégrés de latitude, se trouve un Pays qu'Egède, Danois, assure être habité.

Du Groenland.

Nous joignons ici la description du Groenland, que plusieurs Auteurs modernes mettent parmi les Terres Arctiques ; mais qui nous paroît devoir appartenir à l'Amérique Septentrionale, étant situé à l'Orient & au Nord de la Baye de Baffin, & étant uni aux nouvelles Découvertes, suivant la Mappemonde donnée en 1755 par M. Buache.

Le nom de Groenland, en langage Allemand, signifie *Terre verte* : on l'appelle ainsi à cause de la mousse qui croît sur ses côtes. On ne peut rien dire de certain de son étendue. L'air y est si froid que la Mer y géle. Ce Pays est situé entre l'Europe & l'Amérique, dans les deux Hémisphères. Il a à l'Orient le Spitzberg ; au Midi le Détroit de Forbisher & le Cap Farwel ; à l'Occident, le Détroit de Davis & la Baye de Baffin : on ne sait quelles sont ses bornes du côté du Nord, mais il y a apparence que c'est la Mer Glaciale. Il fut découvert pour la première fois au IXe siècle, par un Norwégien nommé Eric ; ce qui engagea le Roi de Norwège à y envoyer une Colonie pour le peupler : on y trouva cependant des Sauvages qui avoient dû y passer de l'Amérique. On ne peut douter que la Religion Chrétienne n'y ait été annoncée, puisqu'on voit dans les Notices du XIIe siècle, un Evêque de ce Pays ; mais comme on cessa d'y envoyer, cette Nation tomba dans l'oubli. On croit qu'on l'a découvert de nouveau sur la fin du XVIe siècle. Plusieurs Auteurs néanmoins prétendent que le Pays qu'on découvrit alors, n'est pas l'ancien Groenland ; c'est ce qui a donné lieu à la distinction du *Vieux* & du *Nouveau Groenland*. On place le premier à l'Orient, & le second à l'Occident, près de l'Amérique. Sans entrer dans cette question, nous nous contenterons de remarquer qu'on y trouve des marbres de toutes sortes de couleurs. Les pâturages y sont très-bons ; & il y a quantité de gros & de menu bétail, des chevaux, des lièvres, des rennes, des loups communs, des loups-cerviers, des renards, beaucoup d'ours blancs & noirs, des castors & des martres aussi belles que celles de la grande Russie. Une singularité fort remarquable de ce Pays & un trait de la Providence digne de notre attention, est que non-seulement les rennes, & les autres quadrupèdes, comme les renards, ours, &c. mais les oiseaux & les différentes espèces de baleines, ont toute leur graisse entre la chair & la peau. La chair est extrêmement maigre, brune, & remplie de sang en beaucoup plus grande quantité que celle des animaux des pays chauds. Cette surabondance de sang doit causer une chaleur extraordinaire, & capable de résister au froid extrême du climat ; & la graisse qui enveloppe la chair en dehors, doit l'empêcher de s'exhaler, & par conséquent la mettre en état de résister aux impressions du froid extérieur. Il n'y a dans cette contrée aucun serpent ni reptile venimeux, auſſi-bien que dans le Spitzberg & l'Iſlande, à cauſe du froid extraordinaire. Parmi les oiſeaux terreſtres, il n'y a que la perdrix de mangeable ; elle eſt blanche & tachetée de noir ſur les aîles, & ſes pattes ſont revêtues d'un duvet fort épais. Elle paſſe l'hiver dans le pays ; ce que ne font pas les autres oiſeaux. Elle amaſſe de l'herbe qu'elle range par petits tas, pour lui ſervir de nourriture pendant l'hiver, quand tout eſt couvert de neige. On y voit auſſi des pies, des moineaux, & une quantité prodigieuſe d'oiſeaux aquatiques, ſemblables à ceux d'Iſlande, & pluſieurs eſpèces d'oyes & de canards ſauvages, dont les plus remarquables ſont les canards à duvet. Les rivieres & les ruiſſeaux ſont remplis de truites, d'écreviſſes & ſur-tout de ſaumons. La Mer qui baigne ces côtes, eſt très-poiſſonneuſe. On y pêche quantité de cabeliaux ou morues, des rayes, des ſoles, des plyes, &c. Les Groenlandois ſe nourriſſent de viande & de poiſſon crud. Ils boivent avec délices de l'huile de baleine, & ne peuvent ſouffrir le meilleur vin. Leur puanteur cauſée par leur extrême mal-propreté, & par les viandes & les poiſſons à moitié pourris qu'ils mangent, eſt inſupportable aux étrangers. Leurs habits ſont faits de peaux de chiens & de veaux marins, auſſi-bien que leurs culottes & leurs bas, & leurs camiſoles de peaux d'oiſeaux ornées de plumes de différentes couleurs. Ils ſe ſervent d'arcs, de flèches, de frondes, de couteaux, d'épées, & de javelots. Les javelots, ainſi que les flèches, ſont armés de cornes ou de dents aiguiſées. Ils reſſemblent aux Lapons. Mais ceux du nouveau Groenland ſont ſimples, ſans être ſtupides, exempts des paſſions brutales, quoique privés de toute idée de Religion. C'eſt peut-être le peuple du monde le plus ſingulier par ſon caractère : affables & enjoués dans la converſation, malgré leur tempérament naturellement mélancolique ; l'envie, la haine, les trahisons, la débauche sont inconnues parmi eux, aussi-bien que le vol, quoiqu'ils n'aient ni loix ni magistrats. Mais, comme l'observe judicieusement M. Anderson, c'est plutôt la nécessité d'avoir le nécessaire qui les contient dans l'indifférence & l'égalité, que la vertu ; & la vie dure qu'ils mènent éloigne d'eux toute idée de volupté. Ils sont d'ailleurs pleins de mépris pour les étrangers, qu'ils regardent comme leur étant très-inférieurs ; & malgré leur profonde ignorance, ils sont attachés opiniâtrement à leurs sentimens. Les canots dont ils se servent pour la pêche, sont fort singuliers. Leur forme approche de celle d'une navette de tisserand : ils ont douze pieds de long, & sont faits de côtes de baleine, & couverts de peaux de chiens ou de veaux marins. Il y a dans le milieu un trou où se met le Groenlandois, qui fait aller le canot avec une petite rame longue de cinq à six pieds, plate & large par les deux bouts.

La Mer, vers les côtes de ce Pays, au Nord de l'Europe & l'Amérique, est remplie de baleines, dont quelques-unes ont près de cent pieds de long. On en tire jusqu'à cent vingt tonneaux d'huile. On compte quinze espèces différentes de cet énorme poisson. M. Anderson, tom. 2. de son *Histoire Naturelle d'Islande*, &c. remarque que la grande baleine de Groenland se distingue sensiblement des autres poissons, dont elle n'a que la figure extérieure ; mais qu'en tout elle ressemble par sa structure intérieure aux animaux terrestres, ayant comme eux le sang chaud, des poumons pour respirer, s'accouplant comme les autres animaux terrestres, étant vivipare & allaitant ses petits. On peut voir dans cet Auteur les réflexions judicieuses & pleines de religion qu'il fait sur la Providence, par rapport à cet animal. Nous remarquerons seulement, qu'elle l'a pourvu d'un long boyau extrêmement large, qui lui sert au même usage que la bouteille d'air dans les autres poissons, c'est-à-dire, pour se mouvoir dans l'eau en tout sens. C'est dans la tête du cachalot que se trouve le blanc de baleine, en Latin *sperma ceti*, qui n'est autre chose que le cerveau de cette espèce de baleine; & dans la vessie, l'ambre-gris, qu'un Sçavant du premier ordre soupçonne être une concrétion des parties huileuses de l'urine qui est renfermée dans cette vessie. Il y en a de trois espèces. Il diffère de la baleine, en ce qu'au lieu de barbes ou fanons, il a des dents; la tête extrêmement grosse & le gosier beaucoup plus large: ce qui a fait penser à quelques Auteurs, que c'est un poisson de cette espèce qui engloutit Jonas. Les Anglois, les Danois, les Hollandois & quelques François vont au Groenland tous les ans, faire une pêche considérable.

Voici la manière dont se fait cette pêche. Lorsque la baleine paroît sur l'eau, un homme de dedans une barque lui lance un harpon, qui est un instrument de fer à trois angles & bien tranchant, auquel est attachée une corde. La baleine étant blessée, perd tout son sang en se débattant, & s'éloigne beaucoup du bateau des pêcheurs, qui ont grand soin de lâcher la corde tant que la baleine tire à elle: elle s'enfonce dans la Mer en mourant, & revient sur l'eau étant morte. On la tire & on la met en pièces, pour en avoir la graisse dont on fait l'huile.

ARTICLE VII.

Des Isles de l'Amérique Septentrionale.

LES principales sont 1.° l'Isle de *Terre-Neuve*, & les autres qui en sont voisines, & situées dans le

Golfe Saint-Laurent, au Nord-Eſt; 2.° les Iſles *Lucayes* vers l'entrée du Golfe du Mexique, & les *Bermudes* vis-à-vis la Caroline; 3.° les *Antilles*, à l'Eſt du Golfe du Mexique, & au Nord de l'Amérique méridionale; 4.° les *Açores*, entre l'Amérique ſeptentrionale & l'Afrique ou l'Europe.

§. I. *Des Iſles ſituées dans le Golfe Saint-Laurent.*

On en compte quatre principales: l'Iſle de *Terre-Neuve*, l'Iſle *Royale* ou du *Cap Breton*, *Saint-Jean*, & *Anticoſti*.

I. *L'Iſle de Terre-Neuve.*

C'eſt une des plus grandes Iſles de l'Amérique. Elle fut découverte en 1495, par des pêcheurs Biſcayens. Ils la nommèrent *Terre de Baccalaos*, qui ſignifie *Morues*, parcequ'en effet on en pêche beaucoup aux environs. Par le Traité d'Utrecht, la France en a cédé la propriété à l'Angleterre, en réſervant la faculté aux François de pêcher & ſécher le poiſſon depuis le lieu appellé Cap de *Bonaviſta*, juſqu'à l'extrémité ſeptentrionale de ladite Iſle, & de-là en ſuivant la partie occidentale juſqu'au lieu appellé *Pointe-Riche*, autrement *le Cap de Raye*: ce qui a changé en 1763.

PLAISANCE. Ce Bourg eſt la principale place de cette Iſle: il eſt au midi, ſitué dans une grande Baye, avec un bon Port, aſſez vaſte pour contenir des flottes entières.

Les Européens ne s'attachant à cette Iſle que pour le commerce, ou plutôt la pêche des morues, ſe ſont peu ſouciés de pénétrer dans l'intérieur, & d'y faire des habitations: ils ſe ſont bornés à s'établir ſur les côtes.

Au Sud-Oueſt de Terre-Neuve, & près de ſes Côtes, il faut remarquer les petites Iſles de *Saint-Pierre* & de *Miquelon*. Par le Traité de 1763, qui abandonne le Canada & les Iſles du Golfe aux

Anglois, les deux petites que l'on vient de nommer, ont été cédées à la France pour servir d'abri à ses pêcheurs ; mais à condition que ces Isles ne seroient point fortifiées, & qu'on n'y entretiendroit qu'une Garde de 50 hommes pour la police. Il y a un Gouverneur François à *Saint-Pierre*.

A soixante lieues au Sud-Est de l'Isle de Terre-Neuve, on rencontre *le Grand Banc*, qui a environ deux cens lieues de long, & quatre cens de tour. On y voit tous les ans quatre à cinq cens Vaisseaux de presque toutes les Nations d'Europe, surtout des Hollandois, des Anglois & des François, pour la pêche de la morue & de la baleine. Les morues y sont si abondantes, qu'elles embarrassent quelquefois les Vaisseaux : un bon pêcheur en prend jusqu'à quatre cens par jour, quoique cette pêche ne se fasse qu'avec des lignes.

II. *L'Isle Royale, ou du Cap Breton.*

Cette Isle a été découverte par des pêcheurs Bretons, qui ont donné leur nom à l'un des Caps de cette Isle. Elle est située au Sud-Ouest de l'Isle de Terre-Neuve, entre le quarante-cinquième & le quarante-septième dégré de latitude septentrionale. Le Détroit qui la sépare de l'Acadie n'a que cinq lieues, sur une de large. On l'appelle le *Passage de Fronsac*. La longueur de cette Isle, du Nord-Est au Sud-Ouest, n'est pas tout-à-fait de 50 lieues ; & sa plus grande largeur d'Orient en Occident, est de trente-trois environ. Sa figure est fort irrégulière, & elle est tellement coupée par des Lacs & des Rivières, que ces deux parties principales ne tiennent que par un Isthme d'environ huit cens pas de large.

Le climat de cette Isle est assez sain, quoique sujet aux brouillards. Toutes les terres n'y sont pas bonnes ; cependant elles produisent des arbres de toutes les espèces, entr'autres, des chênes d'une grandeur prodigieuse, des pins & toutes sortes de bois de charpente. Les plus communs sont le cèdre, le frêne, l'érable, le platane & le tremble. Les fruits, les légumes, le froment, & tous les autres grains nécessaires à la vie, le chanvre & le lin y sont aussi bons qu'au Canada, quoique moins abondans.

Tous les animaux domestiques, les chevaux, les bœufs, les cochons, les moutons, les chèvres & la volaille y trouvent amplement de quoi vivre. La chasse & la pêche y peuvent nourrir les habitans une partie de l'année. Il y a des mines abondantes de charbon de terre : on y trouve aussi du plâtre. La pêche du loup marin, du marsouin, des vaches marines, & sur-tout de la morue, s'y peut faire commodément, & elle y est très-abondante.

Cette Isle a plusieurs Ports, dont le plus fameux est celui de *Louisbourg*, appellé autrefois *le Havre à l'Anglois*.

LOUISBOURG, au Sud-Est de l'Isle. Cette Ville a été bâtie en 1713, sur une langue de terre que forme l'entrée du Port. C'est un des plus beaux du Nouveau Monde, pour sa grandeur qui est de près de quatre lieues de tour, & pour ses autres avantages.

III. *L'Isle de Saint-Jean.*

Cette Isle, qui a environ vingt-cinq lieues de long sur douze de large, n'est séparée de la Côte du *Canada* que par un Canal de quatre à cinq lieues de large, vers le milieu duquel est située la *Baye Verte*. Il y a beaucoup de gibier & de bons pâturages. Les Côtes sont fort abondantes en poisson.

IV. *Anticosti.*

L'Isle *Anticosti*, nom qui a prévalu sur celui de l'*Isle de l'Assomption*, partage en deux l'embouchute du Fleuve Saint-Laurent; elle a près de quarante-huit lieues de long sur dix dans son plus large; elle est couverte de bois. Le terrein est rempli de roches; il n'y a ni Port ni Havre où un bâtiment puisse se mettre en sûreté. On pêche sur ses Côtes des morues fort grandes & fort belles.

§. II. *Des Isles Lucayes, & des Bermudes.*

I. Les Isles *Lucayes*, qui ont été les premières découvertes de l'Amérique, appartenoient autrefois aux Espagnols; mais depuis qu'ils les ont abandonnées, elles ont été occupées par les Anglois, qui ne se sont cependant établis que dans l'Isle de *la Providence.*

L'air y est assez tempéré. Elles sont médiocrement fertiles en maïs & en fruits, & presque désertes depuis que les Espagnols les ont dépeuplées, pour faire travailler les Habitans aux mines de Saint-Domingue, l'une des grandes Antilles. Les principales Lucayes sont, *Bahama*, *la Providence*, & *Guanahani*, ou *Saint-Sauveur*.

1. *Bahama.* Cette Isle qui a environ treize lieues de longueur sur huit de large, a donné son nom au Détroit qui en est proche, & qu'on appelle *le Canal de Bahama.* C'est un passage dangereux, à cause des fréquentes tempêtes qui s'y élèvent, & de la violence des flux & reflux : il a été plus d'une fois funeste aux flottes Espagnoles, qui y passent ordinairement pour s'en retourner du Mexique en Europe. On trouve dans l'Isle de Bahama une espèce d'araignée singulière : sa longueur est de près de deux pouces, & elle a six yeux qui ne sont pas plus gros que de petites têtes d'épingle.

2. *La Providence.* Elle est fameuse par la retraite des Pirates qui s'y étoient si bien établis, qu'il a fallu des escadres pour les en chasser. Les Anglois y ont maintenant un bon Fort.

3. *Guanahani*,

LES ISLES ANTILLES.

3. *Guanahani*, ou *Saint-Sauveur*. C'est dans cette Isle qu'aborda Christophe Colomb en 1492, & elle fut ainsi la première terre d'Amérique où il fit planter une croix, & dont il prit possession au nom du Roi d'Espagne.

II. Les Isles *Bermudes*, ou de *Sommer*, furent d'abord découvertes par les Espagnols en 1527, & les Anglois s'y établirent ensuite. Il y en a quatre principales, dont la plus considérable s'appelle la *Bermude*. Elle elle très-fertile, & on y fait deux récoltes par an : on y recueille quantité de tabac & de soye. On n'y voit aucune bête venimeuse, & il y a des tortues d'une grosseur prodigieuse.

SAINT-GEORGE, *Capitale* de l'Isle qui porte son nom. C'est une petite Ville où réside le Gouverneur Anglois : elle est défendue par plusieurs Forts.

§. III. *Des Isles Antilles.*

Elles furent découvertes par Christophe Colomb en 1492 & 1495. On leur donna le nom d'*Antilles*, parcequ'on les rencontre avant d'aborder à la Terre-ferme, que les Espagnols découvrirent ensuite. Il y en a un fort grand nombre, & elles se divisent en grandes & petites Antilles.

I. *Les grandes Antilles.*

Ces Isles sont situées à l'entrée du Golfe du Mexique, au Sud de l'Amérique Septentrionale, & au Nord de la Méridionale. On en compte quatre, *Cuba*, la *Jamaïque*, *Saint-Domingue* & *Porto-rico*.

1. L'Isle de *Cuba*, qui appartient aux Espagnols, est pleine de montagnes, & peu fertile. On y trouve beaucoup de perroquets, de perdrix & de tourterelles, quelques mines d'or & une de cuivre. Elle a trois cens lieues de long, sur trente de large. Les Es-

Tome II.   S

pagnols en ont détruit tous les Habitans. Ce sont des Nègres qu'on a transportés d'Afrique, qui font presque tout le travail dans cette Isle, dont le principal commerce est en tabac & en sucre.

LA HAVANE, *Capitale*. C'est où abordent les Flottes Espagnoles, qui s'en retournent de l'Amérique en Espagne, & qui viennent s'y réunir. Son Port est très-grand, fort sûr, & peut contenir mille Vaisseaux ; mais l'entrée en est si étroite, qu'il n'y peut entrer qu'un bâtiment à la fois. La Havane est une grande Ville riche, & commerçante, où réside le Gouverneur de l'Isle. Elle a une forte Citadelle & deux Châteaux qui couvrent le Port, dans lesquels on entretient toujours une bonne garnison. Elle fut néanmoins prise dans la dernière guerre par les Anglois, qui l'ont rendue à la Paix de 1763.

SAN-JAGO, *Evêché*. C'est une petite Ville, avec un bon Port & une Citadelle.

2. La *Jamaïque*, qui est plus au Midi, a cinquante lieues de long sur environ vingt de large. Les Anglois en sont les maîtres. Le terroir en est fertile, & elle produit des cannes à sucre, de l'indigo, du tabac, du cacao & du cotton très-fin. Le bétail y est fort commun : on y trouve quantité de tortues, dont les écailles sont très-belles. Il y a dans les Montagnes un arbre d'une médiocre grandeur, que les Habitans du Pays appellent *Lagetto*. Ses feuilles ressemblent à celles du laurier, l'écorce extérieure est à-peu-près comme celle des autres arbres ; mais l'écorce intérieure, qui paroît d'abord blanche & assez solide, est composée de douze ou quatorze couches, que l'on sépare aisément en autant de pièces d'étoffe ou de toile. La première forme un drap assez épais pour faire des habits ; les autres ressemblent à de la toile, & on en fait des chemises. Ces couches dans les petites branches sont autant de dentelles très-fines. Toutes ces toiles sont

LES ISLES ANTILLES.

aſſez fortes pour être blanchies & lavées comme les toiles ordinaires.

Les Eſpagnols ont poſſédé cette Iſle pendant cent ſoixante ans; mais les Anglois les en ont chaſſés en 1655, & s'y ſont maintenus depuis. Ils y ſont maintenant au nombre d'environ quatre-vingt mille, & ils y ont cent mille Nègres. Cette Iſle a ſouffert en 1751 un furieux tremblement de terre, qui y a fait de grands ravages.

SPANISH-TOWN, appellée ci-devant *San-Jago de la Vela*, en eſt la *Capitale*. C'eſt une Ville aſſez grande, bien peuplée & bâtie en quarré: le Gouverneur Anglois y réſide, & on y a établi un Conſeil de Régence. Il ne faut pas la confondre avec ſon Port, qui eſt à quatre lieues, & qui s'appelle *Port-Royal*.

3. L'Iſle de *Saint-Domingue* a près de cent quatre-vingts lieues de long, ſur ſoixante de large dans ſa plus grande étendue, & environ quatre cens lieues de tour. Elle fut découverte en 1492, par Chriſtophe Colomb, qui l'appella *Hiſpaniola*, c'eſt-à-dire, la *petite Eſpagne*. La Ville de Saint-Domingue y ayant été bâtie quelque temps après, elle en a pris le nom, qu'elle porte aujourd'hui le plus ordinairement. Elle étoit extraordinairement peuplée par une Nation ſauvage, qui la nommoit *Ayti*; mais les Eſpagnols y ont fait mourir en dix-ſept ans plus de trois millions d'hommes, & il ne s'y trouve plus aujourd'hui de ces anciens Habitans. Les chaleurs y ſont très-grandes, & l'air en eſt malſain. Elle eſt fertile en maïs, en fruits, en ſucre, en cochenille, en cotton, & en or, dont les Eſpagnols n'ont pas encore épuiſé toutes les mines, faute d'ouvriers. On y a découvert auſſi des mines d'argent, de fer, de cuivre, de talc, de cryſtal de roche, d'antimoine, de ſoufre, de charbon de terre, des carrières de marbre & de pierres. Tous les ani-

maux & toutes les plantes qu'on y a transportés d'Europe, y ont bien réussi, & ont fort multiplié.

Les Espagnols possèdent la partie Orientale de cette Isle, & les François celle qui est à l'Occident. Elle est sujette, comme toutes les Antilles, aux ouragans ; mais les tremblemens de terre y étoient si peu fréquens, en comparaison des autres Isles, qu'autrefois elle s'appelloit l'*Isle Fortunée*. Elle en a éprouvé en 1751 plusieurs secousses terribles, qui y ont causé beaucoup de dégâts, sur-tout dans la partie des Espagnols, qui en ressentit de plus violentes que celles des François. La Ville de Saint-Domingue avoit beaucoup souffert d'un autre tremblement de terre qui s'y étoit fait sentir en 1727. Un dernier tremblement arrivé en 1770, a causé de grands ravages dans la partie Françoise.

SAINT-DOMINGUE, *Capitale* de la partie qui est aux Espagnols, *Port*, *Archevêché*. Cette Ville est grande & bien fortifiée. C'est la résidence du Gouverneur pour les Espagnols, qui l'est aussi de toutes celles des Isles Antilles qui leur appartiennent. Saint-Domingue a une Audience royale, de laquelle dépend une partie de la Terre-Ferme dans l'Amérique Méridionale. Elle a aussi une Cour des Monnoies, une Académie & un très-bel Hôpital. Son Port est défendu par un Fort qui porte le nom de Saint-Jérôme. L'Archevêque est Primat des Indes Occidentales Espagnoles.

La partie de l'Isle qui appartient aux François, est divisée en deux quartiers, celui du Nord & celui du Sud. Les Jacobins, les Capucins, les Carmes & autres Religieux, font les fonctions de Curés dans toutes les Isles Antilles.

Les lieux principaux du quartier du Nord sont :

LE CAP FRANÇOIS, ou simplement LE CAP. C'est un Bourg ou une Ville assez peuplée, mais mal bâtie, avec un bon *Port*. Les Religieux de la

LES ISLES ANTILLES.

Charité y ont une habitation, avec un Hôpital dans un bel endroit & en bon air. Le Roi y a établi, depuis 1702, un Conseil supérieur pour tout le quartier du Nord.

LE PORT-PAIX, au Sud-Ouest du Cap, est aussi un Bourg avec un Fort.

Dans le quartier du Sud :

LEOGANE, Ville située dans une belle plaine, abondante en tout ce qui est nécessaire à la vie. L'air n'y est pas bon. Il y a dans cette Ville un Conseil supérieur pour le quartier du Sud, & un Hôpital desservi par les Religieux de la Charité.

L'Isle *Avache*, & *Saint-Louis* *. Ces deux petites Isles appartiennent aux François, & sont situées au Midi de la partie Occidentale de l'Isle de Saint-Domingue.

4. L'Isle de *Porto-rico*, fournit les mêmes productions que Saint-Domingue, & appartient aux Espagnols. Elle étoit très-peuplée lorsqu'ils y arrivèrent; mais ils firent périr 600000 habitans pour s'en assurer la possession. Comme ils y trouvèrent beaucoup d'or, ils lui donnèrent le nom de *Porto-rico*, ou Port-riche.

SAINT-JEAN DE PORTO-RICO, *Capitale*, *Evêché*. Cette Ville a un *Port* où les Vaisseaux sont en sureté.

II. *Les petites Antilles.*

Ces Isles s'appellent aussi *Caraïbes* ou *Cannibales*, du nom des Peuples qui les ont habitées autrefois. L'air y est assez chaud, mais mal-sain. Elles n'ont que trois saisons, si ce n'est qu'on appelle *hiver* la saison des pluyes. On y fait quantité de tabac & de sucre excellent.

C'est dans ces Isles que l'on trouve un petit oiseau de la grosseur d'un hanneton, que l'on nomme *Colibri*. Sa beauté est parfaite. Il a sur le col un rouge si vif, qu'on le prendroit pour un rubis : le ventre & le dessus des aîles sont jaunes comme l'or, les cuisses aussi vertes qu'une émeraude, les pieds & le bec noirs & polis comme de l'ébène : ses yeux ressemblent à deux diamans ovales, & sont de couleur d'acier bruni : sa tête est verte avec un mêlange d'or surprenant ; celle des mâles est ornée d'une petite huppe.

On distingue les *petites Antilles* en Isles de *Barlovento*, ou d'au-dessus du vent, & en Isles de *Sotovento*, ou d'au-dessous du vent. Elles ont été ainsi appellées par les Espagnols, parcequ'ils laissent au Nord & au-dessus du vent les premières, lorsqu'ils vont d'Europe au Mexique : ils ont donné aux autres le nom de *Soto-vento*, parceque dans cette navigation ils les laissent au-dessous du vent, qui souffle d'ordinaire de l'Est à l'Ouest en ces quartiers-là.

5. *Les Isles de Barlo-vento.*

Ces Isles sont possédées par plusieurs Nations : sçavoir, les François, les Espagnols, les Anglois, les Danois, les Hollandois, & les Naturels du Pays.

Les principales de celles qui appartiennent aux François sont :

1. La *Martinique*. C'est la principale de nos Isles, & la plus florissante Colonie des François, qui s'y établirent en 1635. Elle a environ seize lieues de long, sur quarante-cinq de tour. Elle est fertile en tabac, en indigo, en cannes à sucre, en café, en différens fruits excellens, & en *Maniòc*, qui est une racine dont on fait une espèce de pain qu'on nomme *Cassave*. Cette Isle a beaucoup souffert en 1766, d'un furieux ouragan, accompagné d'un tremblement de terre. On y compte douze ou treize Paroisses gouvernées par des Religieux de différens Ordres, & plusieurs Forts, dont les principaux sont le *Fort Royal*, & le *Fort Saint-Pierre*.

Le Fort-Royal, Bourg ou Ville assez proche du Port de ce même nom, qui est la résidence du Gouverneur général des Isles, du Gouverneur particulier de la Martinique & de l'Intendant.

La Maison que les Jésuites avoient à *S. Pierre de la Martinique*, étoit comme le centre & le chef-lieu de leurs Missions aux Isles du Vent. Là se rendoient les Missionnaires envoyés de France. De-là ils étoient distribués dans les différens lieux de leur destination, par les ordres du Supérieur de cette Maison, qui étoit du nombre de celles qu'on appelle chez les Jésuites, *Maison de résidence*.

Les Anglois s'étoient emparé de la Martinique en 1762. Mais ils la rendirent aux François l'année suivante, que la Paix se fit.

2. La *Guadeloupe*. Cette Isle, dans laquelle les François on commencé d'habiter en 1635, a environ dix lieues de large sur soixante de circuit. Elle est partagée en deux par une petite Rivière, qui communique à la Mer par ses deux extrémités, & qu'on nomme pour cela *la Rivière salée*. La plus grande partie qui est à l'Orient de l'autre, s'appelle *la grande Terre*. C'est un Pays plat, où il y a peu de Rivières; mais très-fertile en cannes à sucre & en cotton. On y trouve des arbres d'une grandeur prodigieuse, & des salines naturelles. L'autre partie de l'Isle s'appelle *la Guadeloupe*. Elle est hérissée vers le milieu de hautes montagnes, dont les unes sont couvertes de beaux arbres qui donnent une verdure perpétuelle; les autres sont toutes couvertes de rochers pelés & affreux. La plus célèbre de ces Montagnes est celle qu'on nomme *la Souffrière*, qui vomit continuellement de la fumée, & quelquefois des flammes. Du pied de ces Montagnes sortent quantité de petites Rivières, qui rendent le Pays très-agréable & fertile en toute sorte de fruits. On y fait beaucoup de sucre & de cotton.

La Guadeloupe est beaucoup plus peuplée que la Grande Terre. On y a bâti un Fort considérable, qui domine sur le Port. Elle a son Gouverneur particulier & un Présidial. Les Anglois la prirent en 1759, mais ils l'ont rendue à la France en 1763.

3. *Saint-Barthélemi*, auprès de S. Christophe, au Nord-Ouest de la Guadeloupe : il y croît beaucoup de manioc, dont on fait de fort bon pain.

4. *Marie-Galande*, au Nord de la Martinique.

5. Les *Saintes*, à l'Occident de Marie-Galande. Il y a dans ces deux Isles de bonnes terres sur le penchant des montagnes, & dans les fonds. Le manioc, les patates, le cotton & le tabac y viennent en perfection. Elles dépendent du Gouverneur de la Guadeloupe.

6. *Sainte-Alousie* ou *Lucie*, au Midi de la Martinique. Elle a été long-temps contestée aux François par les Anglois, qui l'ont enfin entièrement cédée en 1763.

Les principales de celles qui appartiennent aux Anglois sont, en commençant par le Nord & près de Porto-rico :

1. Les *Vierges*, dont la principale est *Virgengorda*.

2. La *Barboude*. Cette Isle est petite, mais rapporte du tabac & de l'indigo.

3. *Antigoa*, au Sud de la Barboude. Les Anglois y ont une colonie de cinq cens personnes, dont le commerce consiste en sucre, en tabac, en gingembre, & en quelque peu d'indigo que l'Isle produit.

4. *Saint-Christophe*, à l'Ouest d'Antigoa. Cette Isle a été découverte par Christophe Colomb, qui lui a donné le nom de son Patron. Elle étoit autrefois partagée entre les François & les Anglois : les premiers en ont été chassés en 1702 par les autres. Elle est fertile en cannes à sucre & en fruits : il s'y

trouve des salines naturelles & une soufrière : elle est d'ailleurs sujette aux ouragans.

5. La *Dominique*, Isle de trente lieues de tour, qui abonde en patates, en manioc & en cotton. Il y a quantité de cochons sauvages, & beaucoup de poisson, sur-tout d'anguilles.

6. La *Barbade*, à l'Est de Sainte-Alousie. C'est une des plus belles Colonies Angloises. Il y a environ vingt mille Blancs & soixante-dix mille Nègres. Les Habitans sont riches : aussi le terroir est-il fertile, sur-tout en cannes à sucre ; mais l'eau y est fort rare.

BRIDGETOWN, en François, VILLE DU PONT, *Capitale*, *Port*. C'est une belle Ville, & assez grande ; ses rues sont droites, larges & bien percées. Elle est pleine d'orfèvres, de jouailliers, d'horlogers, & autres ouvriers fort riches, & il s'y fait un commerce considérable. La Maison de Ville est belle & bien ornée.

7. *Saint-Vincent*, près de la Barbade, sert de retraite aux Nègres fugitifs, dont le nombre l'emporte sur celui des Caraïbes. Par le Traité de 1763 cette Isle a été cédée aux Anglois, par les François, aussi-bien que celles de *Grenade* & de *Tabago*.

Les Danois ont les Isles de *Sainte-Croix*, de *Saint-Thomas* & de *Saint-Jean*, à l'Est de Portorico : elles sont peu considérables, aussi-bien que les suivantes.

Les Hollandois possèdent les Isles de *Saba* & de *Saint-Eustache*, au Nord-Ouest de Saint-Christophe, & la moitié de *Saint-Martin* ; qui en est voisine, & qu'ils partagent avec les François.

Les *Caraïbes* ou *Cannibales*, qui sont les Naturels des Antilles, possèdent aujourd'hui seuls l'Isle de *Beke* ou *Bekia*.

2. Les Isles de Soto-vento.

Les Hollandois ont vers le Cap de la Véla, & les Côtes de l'Amérique Méridionale:

Bonair & *Oruba*, qui sont de peu d'importance.

Curaçao ou *Curaçou*, est la meilleure des Isles Antilles Hollandoises. Elle a un bon Port & une forte Citadelle.

Près de la Terre-Ferme, les Espagnols possèdent:

La Marguerite, ainsi nommée à cause de la quantité de perles qu'on pêche le long de ses Côtes.

La Trinité, qui est vers l'embouchure du Fleuve Orénoque : elle a environ cent lieues de tour, & est fertile en maïs, en sucre & en tabac.

SAINT-JOSEPH est la *Capitale*, & une Ville assez marchande.

§. IV. Des Isles Açores ou Tercères.

Les *Açores* que l'on appelle aussi *Tercères*, à cause de sa principale, sont situées sur la route d'Europe en Amérique, vers l'Afrique, entre le trente-septième & le quarante-unième degré de latitude Septentrionale. Elles furent découvertes au XVe. Siècle par quelques marchands Flamans, qui n'y firent aucun établissement. Gonsalve Velez y aborda en 1449, & en prit possession pour le Roi de Portugal, qui les possède encore aujourd'hui, mais qui n'en tire pas grand profit. Elles ont été nommées *Açores*, nom qui signifie *Epervier*, à cause de la quantité de ces oiseaux qu'on y trouve. Ces Isles ont éprouvé un furieux tremblement de terre le 9 Juillet 1757.

On en compte neuf, qui sont: *Tercère*, *Saint-Michel*, *Sainte-Marie*, *le Pic*, remarquable par une montagne très-haute qui lui a donné ce nom, & qui égale le Pic de Ténériffe, *Fayal*, *Saint-Georges*, *la Gracieuse*, *Corvo* & *Flores*.

Le terroir en est montagneux; mais il ne laisse

pas de produire en quelques endroits affez de bled, de vin, de fruits & quantité de paftel (*a*). Les tremblemens de terre & les vents impétueux y font fréquens.

Tercère eft la plus confidérable de ces Ifles : elle a quinze lieues de tour.

ANGRA, *Evêché*, en eft la *Capitale*. Cette Ville a un *Port*, & eft défendue par une Fortereffe : le Gouverneur des Açores y réfide. Les Eglifes en font belles, fur-tout celle des Cordeliers. Il y a deux autres Couvens d'hommes & quatre de filles.

CHAPITRE II.

De l'Amérique Méridionale.

CETTE partie de l'Amérique n'eft féparée de la Septentrionale, que par l'Ifthme de *Panama*, qui n'a guère que vingt lieues de large : elle a la figure d'un triangle, dont la bafe eft au Nord, & la pointe au Sud. Elle forme ainfi une grande Prefqu'Ifle dont la figure reffemble beaucoup à l'Afrique, qui eft la partie de notre Continent dont l'Amérique eft la plus voifine.

L'Amérique Méridionale fe divife en huit principales parties : la *Terre-ferme*, au Septentrion; le *Pérou* & le *Chili*, à l'Occident; le *Pays des Amazones*, dans le milieu; le *Bréfil* & la *Guyane*, à l'Orient; le *Paraguai*, ou la *Province de Rio de la Plata*, & la *Terre Magellanique*, au Midi (*b*).

(*a*) Le Paftel eft une plante qui teint en bleu, & qui eft d'un grand ufage dans les teintures, pour préparer les étoffes à recevoir toutes les autres couleurs; il eft bien inférieur à l'indigo, auquel il reffemble.

(*b*) Les Efpagnols ont réuni prefque tout ce qui leur appar-

ARTICLE I.

De la Terre-ferme, ou Castille d'Or.

CE Pays fut nommé Terre-ferme par Christophe Colomb, par opposition aux Isles qu'il découvrit d'abord. Comme il est situé dans la Zone Torride, on y éprouve de grandes chaleurs; mais elles sont tempérées par les vents du Nord, & les pluyes qui durent près de quatre mois. Le terroir est fertile en maïs & en excellens fruits; & il y a de très-bons pâturages, & des arbres qui distilent un baume excellent. On y trouve des mines d'or & d'argent, & de la poudre d'or dans le sable des Rivières.

La *Castille d'or*, ou *Terre-ferme*, est séparée de la *Guyane* par la Rivière d'Orénoque. Elle comprend neuf Provinces ou petits Gouvernemens: sept au Nord d'Occident en Orient, & deux au Midi. Les Gouvernemens du Nord sont les Provinces de *Veragua*, de *Panama* ou de la *Terre-ferme* particulière, de *Carthagène*, de *Sainte-Marthe*, de *Rio de la Hacha*, de *Vénézuela*, de la *Nouvelle Andalousie*; les deux Méridionales sont le *Nouveau Royaume de Grenade*, & le *Popayan*.

---

tient dans l'Amérique Méridionale sous deux Viceroyautés, l'une de la *Nouvelle Grenade*, érigée en 1718 & rétablie en 1739 par le Roi d'Espagne; & l'autre du *Pérou*. La Viceroyauté de la nouvelle Grenade comprend les Audiences de la *Nouvelle Grenade*, de *Panama*, ou *Terre-ferme*, & de *Quito*. La Viceroyauté du Pérou comprend les Audiences de *Lima*, ou du *Pérou propre*, de *los Charcas* qui renferme le Paraguai, & du *Chili*, que l'on sous-divise en *Chili Espagnol*, qui est le Chili propre, & en *Chili Indien*, qui est la *Terre Magellanique*. Voyez la *Géographie* de D. Vaissete, Tome IV, p. 342, & suivantes, de l'Edition in-4.º

1. *La Province de Veragua.*

SANT-IAGO AL ANGEL, petite Ville qui a le titre de Cité.

2. *La Province de Panama.*

PANAMA, *Evêché*, & Audience Royale, *Capitale*, sur la Mer du Sud, & dans l'Isthme de Panama ou de Darien. C'est une belle Ville, très-riche, située au fond du Golfe qui porte son nom. On y pêchoit autrefois beaucoup de perles auprès de quelques petites Isles, qu'on a nommées, à cause de cela, *les Isles des Perles*. Panama est comme l'entrepôt des richesses du nouveau Continent, & le centre du commerce entre le Pérou, & l'Espagne. Son Port ne peut recevoir que de petits vaisseaux ; mais celui de *Perico*, qui n'est qu'à deux lieues, reçoit les plus gros, & on en transporte leur charge à Panama.

PORTOBELO, sur le Golfe du Mexique, vis-à-vis de Panama. La beauté de son *Port* lui a fait donner ce nom par Christophe Colomb. C'est une des plus importantes Places que les Espagnols possèdent en Amérique. L'or & l'argent du Pérou, déposés d'abord à Panama, sont voiturés ensuite à Portobélo, d'où on les embarque pour l'Espagne. On y reçoit aussi toutes les marchandises d'Europe, que l'on transporte à Panama. Il s'y tient une fameuse foire à l'arrivée des Gallions d'Espagne : elle dure un mois, & le concours y est si grand, que les moindres boutiques s'y louent mille écus. Les vivres y sont alors très-chers. L'or & l'argent qui arrivent de Panama, se déchargent dans la Place, & sont pesés & marqués par les Officiers du Roi, & y restent jusqu'à l'embarquement. Il y a dans cette Ville un grand nombre de Magasins, où l'on garde les marchandises jusqu'à ce qu'elles soient portées à

Panama. Les Anglois peuvent, en vertu du Traité de l'*Assiento*, terme qui en Espagnol veut dire, *ferme*, y envoyer un Vaisseau pour trafiquer dans le temps de la foire. Les François étoient autrefois en possession de ce commerce; mais ils n'en tiroient pas autant de profit que les Anglois.

3. La Province de Carthagene.

CARTHAGÈNE, *Capitale*, *Port*, *Evêché*, *Université*, sur la Côte Septentrionale. Cette Ville est grande, riche & très-forte. On y fait un grand commerce, sur-tout de perles. Son *Port* est un des plus fréquentés de l'Amérique. On y transporte tous les revenus que le Roi d'Espagne tire de la Terre-Ferme, & une partie des Gallions vient aussi s'y décharger. François Drack, Anglois, la surprit en 1585, & en enleva une quantité prodigieuse d'or & d'argent, & deux cens trente canons. Elle fut prise par les François en 1695. Ils la pillèrent & y firent un butin extraordinaire. Les Anglois ont été contraints d'en lever le siège en 1742, après y avoir perdu beaucoup de monde. Son Evêque, & les suivans, dépendent de l'Archevêque de S. Domingue.

4. La Province de Sainte-Marthe.

Cette Province est remplie de hautes Montagnes. On y trouve des mines d'or & des pierres précieuses. Elle est arrosée par une grande Rivière, qu'on appelle *la Magdelene*, & qui vient du Popayan.

SAINTE-MARTHE, *Capitale*, *Port*, *Evêché*. Ses maisons ne sont construites que de roseaux.

5. La Province de Rio de la Hacha.

RIO DE LA HACHA, *Capitale*, située, sur la Rivière de la *Hacha*, dans un terroir fertile.

Près de cette Ville sont le *Cap de la Vela*, & les *Rancheries*, petits Villages d'Américains, où l'on pêche les perles, ce qui les rend considérables.

6. La Province de Vénézuéla.

VÉNÉZUÉLA ou CORO, *Capitale*, *Evêché*. La Province dont elle porte le nom a été nommée *Vénézuéla*, c'est-à-dire, *Petite Venise*, à cause qu'Alphonse d'Ojéda y trouva, en 1469, un Village bâti sur pilotis, dans de petites Isles, avec des ponts de communication, ce qui la lui fit regarder comme une petite Venise.

CARACAS, ou SAINT-JACQUES DE LEON, au Sud-Est de Coro. Elle est située dans une plaine abondante en excellent cacao, où l'on nourrit beaucoup de bétail.

MARACAIBO, à l'Occident de Coro, sur le Lac de *Maracaïbo*. Il se fait dans cette Ville un grand commerce de tabac, & de cacao, qui est le meilleur de l'Amérique.

VERINE, au Sud-Est de Maracaïbo, petit Village où se trouve le meilleur tabac de l'Univers.

7. La Nouvelle Andalousie.

Les Espagnols n'en possèdent guère que les Côtes

COMANE, ou LA NOUVELLE CORDOUE, *Capitale*. Cette Ville est bâtie à l'entrée d'une petite Baye

8. Le Nouveau Royaume de Grenade.

SANTA-FÉ DE BOGOTA, *Capitale*, *Archevêché*, *Université*. Cette Ville passe pour la Capitale de toute la Terre-ferme : elle est située près les Montagnes de Bogota, sur la petite Rivière de *Pati*, & a un Tribunal souverain.

9. Le Popayan.

Cette Province, la plus Méridionale de la Terre-ferme, est riche en mines d'or ; mais elle est remplie de Sauvages indomptés, qui font une rude guerre aux Espagnols. Une partie du Popayan dépend du Gouvernement du Pérou.

POPAYAN, *Capitale*, *Evêché*, suffragant de Santa-Fé de Bogota.

PASTO, petite Ville qui appartient au Pérou.

ARTICLE II.

Du Pérou.

Le Pérou est situé au Midi du Popayan, & s'étend au Midi le long des côtes de la Mer du Sud. La nature du climat oblige de diviser ce Pays en deux portions. Dans la plus grande, qui s'étend depuis la Baye de *Guyaquil* jusqu'au-delà d'*Aréca*, vers les déserts d'*Atacama*, il ne pleut jamais; & les maisons de Lima & d'Aréca ne sont couvertes que de quelques nattes, sur lesquelles on jette une légère couche de cendre pour absorber la rosée & l'humidité de la nuit. Dans cet espace de quatre cens lieues sur vingt ou trente de largeur, on n'entend jamais le tonnerre, & il n'y a point d'orages. Tout y est plein de sables arides, excepté sur le bord des Rivières, qui en tombant des montagnes traversent le Pays. Dans le reste du Pays, au Nord, depuis Guyaquil jusque vers Pasto, où finit le Pérou, ainsi que dans le reste de la côte jusqu'à Panama, espace de trois cens lieues de longueur, la pluie est si forte & si continuelle, sur-tout dans le *Chaco* *, Province située dans le milieu, que quoiqu'il soit plein de paillettes d'or qui se trouvent dans le sein de la terre, on n'y va habiter qu'avec beaucoup de peine, le climat étant très-contraire à la santé, à cause de l'humidité qui suspend la sueur provoquée par la transpiration.

Entre cette Côte & la Mer, il y a de grandes forêts remplies de plantes & d'arbustes, qui ne se trouvent pas en Europe, & d'autres qui s'y trouvent & qui croissent bien mieux au Pérou. On y trouve aussi des cèdres de plusieurs espèces, des cotoniers, diverses sortes de bois d'ébène, de gayac, & différens bois précieux pour les aromates, leur couleur

& le poli parfait qu'ils peuvent recevoir. Ces forêts ne forment presque toujours qu'une espèce de taillis vers la Mer. A mesure qu'on avance dans les terres, on remarque que les arbres deviennent plus grands. On parvient dans des forêts de plus hautes en plus hautes : & ce n'est qu'à sept ou huit lieues de la Côte qu'on les trouve dans leur plus grande hauteur. Cela dure un espace considérable, plus ou moins large, selon les divers endroits ; mais en continuant d'avancer, les arbres se trouvent moins hauts ; soit que cela vienne de la qualité du terrein, ou parceque le sol s'élève trop en approchant de la chaîne de Montagnes qu'on appelle la *Cordillère*.

Les oiseaux dont ces forêts sont pleines, sont plus beaux pour le plumage que les nôtres ; mais leur ramage est bien inférieur. Ils ne forment qu'un bruit discordant qui étourdit. On y trouve beaucoup de perroquets, des ramiers fort bons à manger, des canards qui ont la tête ornée d'une crête, & des toucans. Les animaux terrestres mal-faisans y sont en grand nombre. Le lion que l'on y voit a plus de rapport au loup, & ne fait point de mal aux hommes ; mais les tigres y sont grands, & aussi féroces que ceux d'Afrique. La Côte abonde en chevaux, qui y ont extrêmement multiplié depuis qu'ils y ont été transportés d'Europe par les Espagnols ; ils sont très-maigres, & cependant d'un fort bon service. Les serpens y sont très-communs & très-dangereux : entre leurs différentes espèces, on remarque celle des serpens à sonettes, qui n'évitent pas la rencontre des hommes, comme la plûpart des autres. Le plus grand nombre des insectes que l'on voit en Europe s'y trouve ; mais ils y sont d'une grandeur qui paroît monstrueuse aux Européens. Ce sont des vers longs comme le bras & gros comme le pouce : des araignées grosses comme un œuf de pigeon, & des fourmis beaucoup plus grandes que les nôtres, & dont quelques-unes sont venimeuses.

Le Pérou est traversé par une chaîne de Montagnes nommée la *Cordillère* ou les *Andes*. Elle a peu de hauteur à deux dégrés de distance de l'Equateur du côté du Nord, en comparaison de celle qu'elle acquiert à mesure qu'elle s'étend. Elle s'élève tout-à-coup auprès de Popayan, qui est située à huit ou neuf cens toises au-dessus du niveau de la Mer. Le mercure s'y soutient à près de vingt-trois pouces. Elle se divise en deux chaînes ; l'une Occidentale, qui prend le chemin de l'Isthme de Panama ; l'autre qui est Orientale, après avoir passé par Santa-Fé, se termine vers Caracas sur la Mer du Nord. La première contient beaucoup d'or. Outre les grains fort gros de ce métal qu'on y trouve, on tire souvent cinq à six marcs d'or, & quelquefois dix-huit ou vingt, d'une tranchée de quarante pieds de long sur cinq ou six de large. Dans les branches qui vont au Midi, on remarque celle de Potosi, qui abonde en mines d'argent.

C'est dans les Montagnes de la Cordillère que croît l'arbre du *Quinquina*, dont l'écorce est si merveilleuse pour arrêter les fièvres intermittentes : cet arbre est de la grandeur d'un cerisier. C'est aussi du Pérou que vient le baume qui porte son nom. Ce baume est un suc tiré d'un arbre de la grandeur d'un grenadier, & dont les feuilles sont semblables à l'ortie. Quand on fait une incision à l'arbre, il en sort une liqueur blanchâtre & gluante, qu'on appelle *Baume*, parce qu'il a les vertus de l'ancien baume de Judée ; mais les Américains gardent le naturel, & nous envoyent l'artificiel, qu'ils composent en faisant bouillir le tronc & les branches hachées de cet arbre, & en ramassant l'huile qui nage dessus, & qui est de couleur rougeâtre & fort odoriférante. On se sert beaucoup de ce baume pour les playes, & il est excellent.

Lorsque les Espagnols se rendirent maîtres du Pérou en 1533, sous la conduite de Pizaro, il étoit gouverné par des Rois nommés *Incas*, qui y régnoient depuis près de quatre cens ans. Les Espagnols sçurent profiter d'une division qui survint entre les deux fils de Huaya-Capac, dont l'un se nommoit Huascar, & l'autre Attabalipa, pour s'emparer de leur Pays. Ces Princes peu contens de régner dans la Pattie de ce Royaume que leur père leur avoit assignée, voulurent chacun envahir le tout : Attabalipa surprit son frère, & remporta sur lui une victoire complette. Il fut ensuite pris lui-même par les Espagnols, & il offrit à Pizaro une chambre pleine d'or pour sa rançon ; mais quoiqu'il eût tenu sa parole, on ne laissa pas de le faire mourir, pour jouir de ce riche Pays.

Les anciens naturels du Pays ressemblent aux Caraïbes : ils n'ont point de barbe, ni de poil en aucun endroit du corps : ils ont de gros cheveux noirs, longs, plats & très-forts. On distingue ceux qui demeurent au bas de la Cordillère, de ceux qui sont au haut : les premiers qui vivent dans les forêts sans mêlange, forment comme de petites Républiques d'étrangers, dirigées par leur Curé Espagnol & par leur Gouverneur, assisté de quelques autres Indiens qui leur servent d'Officiers. Ils se peignent de rocou, drogue qui teint en rouge, non tout le corps comme les Caraïbes, mais par différentes bandes. Ils ne sont pas capables d'invention ; tout ce qu'ils peuvent faire, c'est d'imiter assez bien. Ils sont fort unis, & ont si peu de défiance, que les portes de leurs maisons sont toujours ouvertes, quoiqu'ils aient du cotton, des calebasses, de la pitre, espèce d'aloès dont on tire du fil, & quelques denrées dont ils font trafic. Ils exercent tous les métiers qui leur sont nécessaires. Ils sont charpentiers, tisserands, architectes. Leurs maisons sont si simples, que quelque grandes qu'elles soient, un jour suffit pour en bâtir une. Ils s'occupent de la chasse & de la pêche, qui sont abondantes. Leur couleur tire sur celle du cuivre, lorsqu'ils sont exposés à un hâle violent & continuel. Ceux au contraire qui sont immédiatement au pied de la Cordillère, sont presqu'aussi blancs que nous.

Les Indiens qui vivent au haut de la Cordillère, qui est beaucoup plus habité que les bas, sont fort différens : ils sont paresseux & stupides ; ils servent de Domestiques dans les Villes ; & à la campagne on les applique au travail des terres. L'habillement qu'on leur donne fait partie de leurs gages, de même que les légumes & les grains qu'ils reçoivent pour leur subsistance, lorsqu'ils sont employés à cultiver la terre. Ils payent de gros droits aux Curés pour les mariages & la sépulture, ce qui fait qu'ils n'ont jamais rien en leur disposition. Les *Métis* sont le plus grand nombre des Habitans : ils jouissent de tous les privilèges des blancs ; ils exercent tous les arts dont on a besoin dans les Villes. Ils sont fort durs aux Indiens ; c'est pourquoi on a voulu épargner à ces pauvres restes des Naturels du Pays tous les travaux qui pourroient les surcharger : ils ont des protecteurs d'office dans toutes les Villes, sont exempts de la jurisdiction de l'Inquisition, & ne sont soumis qu'à la correction des Evêques & des Curés.

Le Pérou comprend trois Gouvernemens, ou Audiences Royales, du Septentrion au Midi ; de *Quito*, de *Los-Reyes* ou *Lima*, & de *Los-Charcas*.

Le Pérou.

§. I. L'Audience de Quito.

On la divise en trois Provinces: *Quito*, à l'Occident, *Los-Quixos* * & *Los Paçamores* *, à l'Orient.

La Province de *Quito* est tempérée, bien cultivées, pleine de Villages & de Bourgs habités par des Espagnols & des Indiens; elle a aussi de petites Villes assez jolies, bâties non en roseaux, mais en pierres & en grosses briques séchées à l'ombre. Chaque Village est orné d'une grande place qui forme un quarré long, dont l'Eglise occupe une partie: de cette place sortent des rues ou chemins exactement alignés, qui vont se perdre au loin dans la campagne.

Ce Pays est renfermé par la Cordillère, qui est double, & le sépare à l'Est & à l'Ouest du reste de l'Amérique. La première des deux chaînes de Montagnes est à quarante ou quarante-cinq lieues de la Mer: les deux sont à côté l'une de l'autre, à sept ou huit lieues de distance: c'est-à-dire, leur sommet, qui tantôt s'éloigne davantage, & tantôt se rapproche. Le sol qui les sépare & qui a cinq à six lieues de large, est très-élevé. Quito & la plus grande partie de la Province sont situées de cette sorte dans une longue vallée, qui n'est pas réputée montagne, parcequ'elle est placée entre des montagnes plus hautes & presque toujours couvertes de neiges. La Cordillère n'est double que dans l'espace de cent soixante-dix lieues, depuis le Sud de *Cuença*, jusqu'au Nord du *Popayan*, & même encore plus loin vers le Nord; mais le Pays cesse d'avoir les bonnes qualités de celui de Quito, dans lequel il n'est pas rare de voir des arbres chargés de boutons, de fleurs & de fruits en même temps. Un des plus excellens fruits de ce Pays est le *Chirimoya*: il est souvent plus gros que les plus grosses pommes; sa peau, quoique plus épaisse que celle de nos figues, n'est guère plus forte ; la pulpe en est blanche & par fibres, mais extrêmement délicate. Le terroir de Quito est si bon, que tout ce qui y croît est l'effet de sa fécondité naturelle ; car l'agriculture est fort négligée dans l'Amérique Espagnole. Tous les arbres du Pérou sont sauvages. On ne sçait ce que c'est que greffer, ni retrancher à propos diverses branches. Les cendres jettées des Volcans peuvent servir à augmenter cette fécondité. A quinze ou seize lieues de Quito, vers le Nord, la terre y est assez salée, surtout au Village de *Sainte-Catherine*, pour fournir du sel à presque toute la Province. Ce même canton donne d'excellens melons d'eau, & est le plus fertile de la Cordillère. M. de Tournefort a observé que dans les terres salées, & même principalement vers Trois-Eglises dans l'Arménie, les melons d'eau y viennent aussi très-bien.

Quito, *Capitale* de la Province de même nom, *Evêché*. C'est une grande & belle Ville, qui est le siège d'une Audience Royale. Elle a huit ou neuf cens toises de long, sur cinq à six cens de large : elle est le séjour du Président de l'Audience, qui est aussi Gouverneur de la Province. Il y a dans cette Ville un grand nombre de Communautés, deux Collèges qui sont des espèces d'Universités. Elle a trente ou quarante mille Habitans, dont un tiers d'Espagnols, ou d'origine Espagnole. Les denrées n'y sont pas fort chères : le Pays fournit abondamment tout ce qui est nécessaire à la vie ; mais les marchandises étrangères y sont d'un prix excessif. Elle est élevée de 14 à 1500 toises au-dessus de la Mer ; & le mercure s'y soutient à vingt pouces une ligne. Après avoir été Capitale d'un Royaume particulier, elle fut réunie au Pérou par Huayna-Capac. Depuis cette Ville jusqu'à *Cusco*, on avoit construit deux chemins, l'un dans la plaine, où il avoit fallu affermir le sable & les terres légères avec une dépense immenfe, l'autre dans les montagnes où l'on avoit abattu plufieurs hauteurs & comblé des vallées très-profondes. Ces chemins avoient près de cinq cens lieues de longueur, & étoient larges de vingt-cinq pieds. Il y avoit des maifons pour les Officiers de la Couronne, des Palais & des magafins de diftance en diftance. Les chemins des Romains, qu'on vante avec tant de raifon, ne l'emportent pas fur ce magnifique ouvrage.

PUERTO-VEIO, à l'Occident de Quito. C'eft un des plus anciens établiffemens des Efpagnols, qui conferve le titre de *Cité*, qu'il mérite auffi peu que celui de Port, étant retiré dans les terres, & fa Rivière étant peu confidérable. Les Habitans ont de la cire & du cotton, & cultivent affez de cacao & de tabac; mais la difficulté des chemins, & le défaut de la navigation rend leur commerce fort languiffant. Les maifons y font bâties de rofeaux, & couvertes de paille ou de feuilles de palmier : il y en a cependant d'affez jolies, qui contiennent un affez grand nombre de pièces, & qui ont des galeries, & font ornées de balcons.

GUYAQUIL, Ville confidérable, & une des plus floriffantes du Pays. Sa fituation la rend l'entrepôt du commerce de Panama & de Lima; & elle eft comme le Port de Quito, quoique fort éloignée de cette Ville. Elle eft affez grande, & partagée en Ville ancienne & nouvelle, toute bâtie en bois, située à cinq lieues de la Mer, fur la rive occidentale d'une Rivière large & profonde, immédiatement au-deffous du confluent de la Rivière de *Daule*, qui eft auffi très-belle. La Rivière de Guyaquil fe jette dans le Golfe de même nom : elle a moins de pente que les autres Rivières dont elle reçoit un grand nombre, eft fujette au flux & reflux, & eft très-navigable & poiffonneufe, mais pleine de caïmacans ou crocodiles.

PAITA, *Port*, au Sud-Ouest de Guyaquil. Cette petite Ville est située dans un canton fort stérile. Elle ne contient qu'environ deux cens familles. Le plus grand nombre de ses Habitans sont des Indiens, des esclaves Nègres, des mulâtres, & il y a fort peu de blancs. Ses maisons ne sont que d'un étage, & n'ont que des murs de roseaux refendus & d'argile; mais son Port est le meilleur de ces cantons, & l'ancrage est sûr & bon. C'est le seul lieu où relâchent les Vaisseaux qui vont d'Acapulco & de Panama à Callao, Port de Lima. George Anson, Chef d'une Escadre Angloise, pilla cette Ville & la brûla en 1741.

BAÉZA, à l'Orient de Quito, est la Ville principale de la Province de *Los Quixos* *.

VALLADOLID, au Midi de Baéza. C'est une Ville assez bien bâtie & peuplée, dans la Province de *Los Paçamores* *. Ses Habitans font un grand commerce de sel.

Le Pays de *Maynas* * est voisin de cette dernière Province, & fait aujourd'hui partie du Pérou: nous en parlerons en décrivant le cours de la Rivière des Amazones dans l'Article IV.

§. II. *L'Audience de Los-Reyes, ou de Lima.*

LIMA, *Archevêché*, *Université*, *Capitale* de cette Audience, & de tout le Pérou. C'est une Ville très-peuplée & très-riche, que les Espagnols ont bâtie. Les rues y sont d'une largeur égale, & les maisons bien alignées : il n'y en a point qui n'ait son aqueduc ; mais elles sont fort basses, & n'ont qu'un étage, à cause des tremblemens de terre. Il y a dans Lima huit Paroisses, douze Hôpitaux, vingt-cinq Couvens d'hommes & douze de filles. Le Viceroi de l'Amérique méridionale y réside. Cette Ville a un Conseil Souverain. En 1687, elle fut fort endommagée par un tremblement de terre : un pareil accident y a causé aussi

un

un terrible désastre en 1746, & a détruit son Port nommé *le Callao*. Il s'est tenu dans cette Ville deux Conciles Provinciaux, l'un en 1551, l'autre en 1567. Elle a donné naissance à Sainte Rose, qui y mourut en 1617.

TRUXILLO, *Evêché*, au Nord-Ouest de Lima : c'est une belle Ville, à neuf lieues de la Mer.

CUSCO, *Evêché*, au Sud-Est de Lima. Cette Ville étoit le séjour des anciens Rois du Pérou. Lorsque les Espagnols la prirent, ils en tirèrent des richesses immenses. Les murailles des Temples étoient couvertes de plaques d'or, dans lesquelles on avoit enchâssé des turquoises & des émeraudes. Celui du Soleil avoit outre cela sept fontaines, dont les bassins & les tuyaux étoient d'or. Il y a cinq grandes Paroisses à Cusco, & plusieurs maisons Religieuses. On fait dans cette Ville de très-belles Indiennes, & les Indiens qui y habitent, surpassent tous les autres Américains en fait de peinture.

GUAMANGA, *Evêché*, entre Lima & Cusco.

AREQUIPA, *Evêché*, au Sud-Est de Lima, sur la Côte.

Ces quatre Evêchés sont suffragans de l'Archevêque de Lima.

§. III. *L'Audience de Los-Charcas* *.

LA PLATA, *Capitale, Archevêché*. Cette Ville qui est riche & bien peuplée, est le siège de l'Audience de la Province.

POTOSI, près de la Plata, est une Ville bien bâtie, très-riche & peuplée. Les Eglises y sont magnifiques, sur-tout celles des Religieux, dont il y a plusieurs Couvens de divers Ordres. Elle est fameuse par les mines qui en sont proche, les plus célèbres de toute la terre, quoiqu'elles ne soient que d'argent, & que l'on en ait tiré jusqu'à présent une quantité prodigieuse. Le Roi d'Espagne ne fait travailler à aucune mine pour son compte ; il les abandonne aux particuliers qui en font la découverte, & qui en demeurent propriétaires : il se réserve seulement le quint & la direction générale des mines, à laquelle il commet des Officiers qui obligent les Chefs des Sauvages à fournir un certain nombre d'ouvriers pour travailler.

LA PAZ, *Evêché*, au Nord-Ouest de la Plata.

SANTA-CRUZ, *Evêché*, à l'Orient de la Plata.

Tout le Pérou n'est pas soumis aux Espagnols. Il y a encore dans les montagnes, sur-tout vers Cusco, des Peuples entiers qui ont conservé leur liberté. Ils haïssent les Espagnols, & en tuent autant qu'ils peuvent. Cette haine leur vient en partie de leurs pères, qui avoient les Espagnols tellement en horreur, à cause des cruautés horribles qu'ils exercèrent sur eux lorsqu'ils conquirent leur Pays, que plusieurs de ceux même qui étoient devenus Chrétiens, changèrent de religion, craignant de se trouver en Paradis avec les Espagnols, où on leur avoit dit que les bons de cette Nation alloient après leur mort.

ARTICLE III.

Du Chili.

SELON quelques Auteurs, le nom de *Chili* vient d'un terme qui signifie *froid*, & il est vrai que ce Pays est traversé du Nord au Sud par les *Andes* ou la *Cordillère*, montagnes pleines de Volcans, & néanmoins toujours couvertes de neiges. Mais il est certain que ce Pays a reçu son nom de la Rivière de *Chile* ou *Chili*, qui la traverse de l'Orient à l'Occident. Il a au Nord le Pérou, à l'Orient le Tucuman (qui fait partie du Paraguay,) & la Terre Magel-

LE CHILI.

lanique, qui termine aussi le Chili du Côté du Midi : la Mer du Sud le borne à l'Occident. Les Espagnols qui ont découvert ce Pays en 1539, n'ont pu s'en rendre entièrement les maîtres. Il s'y trouve encore plusieurs Peuples libres & sauvages, qui ont leurs *Caciques* ou Capitaines. Les principaux sont les *Arauques*, & les Habitans des vallées de *Tucapel* * & de *Puren* * : ils ont donné beaucoup d'exercice aux Espagnols, & ont remporté quelquefois de grands avantages sur eux, & les ont obligés d'abandonner plusieurs Places. Ils sont robustes, de haute taille, braves & fort jaloux de leur liberté. Ils honorent, dit-on, le Diable, à qui ils donnent un nom, qui en leur langage, signifie *Puissant*.

La terre est fertile dans les vallées, où l'air est assez chaud : il y vient du bled & diverses sortes de fruits. Les côteaux rapportent du vin. Les campagnes sont pleines d'une infinité d'oiseaux, particulièrement de pigeons ramiers, de tourterelles, de perdrix inférieures à celles de France, de canards de toutes sortes, de perroquets, de cignes & de flamans, dont les Indiens estiment fort les plumes ; parcequ'elles sont d'un beau blanc, & d'un beau rouge, & qu'ils aiment à en orner leurs bonnets en certains jours. On y voit beaucoup de bétail ; & sur-tout de gros moutons, qui ont quelque ressemblance avec les chameaux : ils sont si forts, qu'on s'en sert comme de bêtes de charge, de même qu'au Pérou. Il se trouve au Chili des mines d'or, des carrière de beau jaspe, & beaucoup de bois propres à la teinture.

Ce Pays se divise en trois Provinces : celles du *Chili propre*, d'*Impériale* * & de *Chicuito* ou *Cuyo*. Les deux premières s'étendent le long de la Côte, & sont séparées de la dernière par la Cordillère ou les Andes.

I. *Le Chili propre.*

SAN-JAGO, *Evêché, Capitale.* Cette Ville est aussi Capitale de tout le Chili, & la résidence du Gouverneur, qui dépend du Viceroi du Pérou : elle est presque au milieu du Pays, à quinze lieues de la Mer : les rues sont droites & arrosées de canaux.

II. *L'Impériale.*

LA CONCEPTION, *Capitale, Evêché,* sur la Côte. Elle a un beau Port, avec plusieurs petits Forts ou retranchemens de terre, garnis de quelques pièces de canon. Il y a dans cette Ville six Monastères, & des Frères de la Charité.

IMPÉRIALE. C'est le meilleur *Port*, & la Place la plus considérable du Chili : l'Evêque de la Conception y réside.

BALDIVIA, *Port*, près de l'embouchure d'une Rivière de même nom, & à deux lieues de la Mer. C'est une Ville forte, & dans les environs de laquelle sont des mines dont l'or passe pour le plus pur de toute l'Amérique.

III. *Le Cuyo.*

Ce Pays est situé à l'Orient : il est remarquable par ses riches mines d'or.

MENDOZA. Cette Ville a été bâtie par Hurtado de Mendoza, fils du Marquis de Cognette, Viceroi du Pérou.

SAN-JUAN, Ville qui tient en respect les Sauvages qui habitent dans les montagnes.

ARTICLE IV.
Du Pays des Amazones.

La Rivière des Amazones, qui traverse toute cette vaste Région, lui a donné son nom. On croit communément que le premier Européen qui a reconnu cette grande Rivière, est François d'Orellana. S'étant embarqué en 1539, assez près de Quito sur la Rivière de *Coca*, qui plus bas prend le nom de *Napo*, il tomba de celle-ci dans une plus grande, & arriva au *Cap de Nord* sur la Côte de la Guyane, après une navigation de dix-huit cens lieues, selon son estime. La rencontre qu'il fit en descendant cette Rivière, de quelques femmes armées, dont un Cacique lui avoit dit de se défier, la fit nommer *Rivière des Amazones*. Quelques-uns lui ont donné le nom d'*Orellana* même ; mais avant lui elle s'appelloit *Maragnon*, du nom d'un autre Capitaine Espagnol : Orellana la nomme ainsi dans la Relation de son Voyage. En 1638, un siècle après Orellana, Pedro Texeira Portugais, envoyé par le Gouverneur de Para, Ville du Brésil, remonta ce Fleuve jusqu'à l'embouchure du Napo, & ensuite le Napo, qui le conduisit assez près de Quito, où il se rendit par terre.

La Rivière des Amazones ou le Maragnon sort d'un Lac du Pérou, vers onze dégrés de latitude Méridionale, court au Nord jusqu'à *Jaen* dans l'étendue de six dégrés, de-là elle prend son cours vers l'Est, presque parallèlement à la ligne Equinoctiale, jusqu'au Cap de Nord où elle entre dans l'Océan sous l'Equateur même, après avoir parcouru depuis Jaen, où elle commence à être navigable, trente dégrés en longitude, ou sept cens cinquante lieues communes évaluées par les détours à plus de mille lieues. Elle reçoit du côté du Nord & du côté du Sud un nombre prodigieux de Rivières, dont plusieurs ont cinq ou six cens lieues de cours. Ses bords étoient encore peuplés, il y a un siècle, d'un grand nombre de Nations, qui se sont retirées dans l'intérieur des terres aussi-tôt qu'ils ont vu les Européens. On n'y rencontre aujourd'hui qu'un petit nombre de Bourgades de Naturels du Pays récemment tirés de leurs bois, eux ou leurs pères, les uns par les Missionnaires Espagnols du haut du Fleuve, les autres, par les Missionnaires Portugais établis dans la partie inférieure.

On trouve dans la Rivière des Amazones des poissons singuliers, & sur ses bords différentes espèces d'animaux rares. Le plus grand des poissons d'eau douce qu'on y voit, est le *Lamentin*, à qui les Espagnols & les Portugais ont donné le nom de *Vache-Marine*, ou de *Poisson-Bœuf*. Il paît l'herbe des bords de la Rivière; sa chair & sa graisse ont assez de rapport à celle du veau. La femelle a des mammelles qui lui servent à allaiter ses petits. Il a deux nageoires assez près de la tête, en forme d'ailerons, de seize pouces de long, qui lui tiennent lieu de bras & de pieds: il ne sort point de l'eau, d'où il ne fait qu'avancer la tête pour paître l'herbe. Les yeux de cet animal, qui a quelquefois sept pieds de longueur sur deux de large, n'ont aucune proportion à la grandeur de son corps: ils sont ronds, & n'ont que trois lignes de diamètre. L'ouverture de ses oreilles est encore plus petite, & il n'y paroît qu'un trou d'épingle. Il y a aussi dans ce Fleuve une espèce de *Lamproye*, dont le corps, comme celui de la lamproye ordinaire, est percé d'un grand nombre d'ouvertures, mais qui a de plus la même propriété que la *Torpille* : celui qui la touche avec la main, ou même avec un bâton, ressent un engourdissement douloureux dans le bras, & quelquefois en est, dit-on, renversé. Les Tortues de l'Amazone sont en si grande abondance, qu'elles seules & leurs œufs pourroient suffire à la nourriture des peuples qui habitent sur ses bords. Il y en a de diverses grandeurs & de diverses espèces, & elles sont plus délicates que toutes les autres. Outre les poissons que fournit cette Rivière, les Lacs & les Marais qui se rencontrent fréquemment sur ses bords, & quelquefois bien avant dans les terres, se remplissent de poissons de toutes sortes dans le temps des crues de la Rivière; & lorsque les eaux baissent, ils y demeurent renfermés comme dans des étangs ou réservoirs naturels, où on les pêche avec la plus grande facilité. Les Crocodiles sont fort communs dans tout le cours de l'Amazone, & même dans la plûpart des Rivières qui s'y déchargent : il y en a quelques-uns de vingt pieds de long. Dans le temps des inondations, on en a vu entrer dans les cabanes des Indiens; & il y a plus d'un exemple que cet animal féroce a enlevé un homme d'un canot, à la vue de ses camarades, & l'a dévoré.

Les Animaux terrestres que l'on rencontre le long de l'Amazone & dans les bois qui en sont proche, sont les tigres, les élans, les singes, & un animal de l'espèce de la belette, que l'on nomme *Coati* dans la langue du Brésil. Les tigres ne diffèrent point en beauté ni en grandeur de ceux de l'Afrique. Ils font une guerre cruelle aux Crocodiles : ils leur enfoncent les griffes dans les yeux, l'unique endroit où ils trouvent à les offenser, à cause de la dureté de leurs écailles; mais ceux-ci se plongeant dans l'eau, y entraînent les tigres, qui se noyent plutôt que de lâcher prise. Les élans ne sont pas rares dans les bois de l'Amazone; mais les animaux qui sont en plus grand nombre & le plus du goût des Indiens de ce Pays, sont les singes. Il y en a d'une infinité d'espèces, dont les uns sont grands comme des lévriers,

& les autres aussi petits qu'un rat, sans parler de la petite espèce connue sous le nom de *Sapajous*. Il s'en trouve de plus petits encore, difficiles à apprivoiser, dont le poil est long, lustré, ordinairement de couleur de maron, quelquefois moucheté de fauve. Ils ont la queue deux fois aussi longue que le corps, la tête petite & quarrée, les oreilles pointues & saillantes comme les chiens & les chats, & non comme les autres singes auxquels ils ressemblent peu, ayant plutôt l'air & le port de petits lions. On les appelle *Pinches* dans le Maynas, & *Tamarins*, à Cayenne.

Les serpens & les couleuvres de tout genre sont aussi fort communs dans cette contrée. Un des plus dangereux est le serpent à sonettes, dons nous avons parlé ailleurs. Les chauves-souris qui sucent le sang des chevaux, des mulets, & même des hommes, quand ils ne sçavent pas s'en garantir en dormant à l'abri d'un pavillon, y sont en si grande quantité, qu'elles ont détruit en divers endroits le gros bétail que les Missionnaires y avoient mené, & qui commençoit à s'y multiplier.

Les Oiseaux qui se retirent dans les forêts de la Rivière des Amazones, sont encore en plus grand nombre que les Quadrupèdes. Ils sont semblables à ceux du Pérou & de toute l'Amérique, tant par la beauté de leur plumage, que par la discordance de leur ramage. Les espèces de perroquets & d'*Aras*, différens en grandeur, en couleur & en figure, sont sans nombre. Les plus rares parmi les perroquets, sont ceux qui sont entièrement jaunes, avec un peu de verd, à l'extrémité des aîles.

On ne connoît guère, du vaste Pays des Amazones, que ce qui est le long du Fleuve. Les lieux les plus remarquables que l'on rencontre sur ses bords, depuis sa source dans le Pérou, jusqu'à son embouchure, sont :

Le Pays des Amazones. 441

Jaen. Ce n'est plus qu'un mauvais Village, quoiqu'il conserve encore le titre de Ville, & qu'il dût être la résidence du Gouverneur.

San-Jago, Hameau situé à l'embouchure de la Rivière de même nom, & formé des débris d'une Ville qui avoit donné le sien à la Rivière. Les bords de cette Rivière sont habités par une Nation Indienne, appellée *Xibaros*, autrefois Chrétiens, & révoltés depuis un siècle contre les Espagnols, pour se souftraire au travail des mines d'or. Retirés dans les bois, ils s'y maintiennent dans l'indépendance, & empêchent la navigation de la Rivière de San-Jago.

Borja, Ville à-peu-près de l'espèce des précédentes, quoiqu'elle soit aujourd'hui *Capitale* du Gouvernement de *Maynas*, qui comprend toutes les Missions Espagnoles des bords de la Rivière des Amazones ou de Maragnon. Ce Pays de Maynas est renfermé dans le Pérou par M. d'Anville.

Laguna *, gros Village de plus de mille Indiens portant les armes, & rassemblés de diverse Nations. C'est la principale Mission du Maynas. Il est situé dans un terrein sec & élevé, ce qui est rare dans ce Pays, & sur le bord d'un grand Lac, à cinq lieues au-dessus du *Guallaga*, qui a sa source, comme le Maragnon, dans les Montagnes à l'Est de Lima.

Au-dessous de l'*Ucayale*, l'une des plus grandes Rivières qui grossissent l'Amazone, dont la largeur croît sensiblement depuis cet endroit, aussi-bien que le nombre de ses Isles, on trouve la Mission de *Saint-Joachim*, composée de plusieurs Nations Indiennes, sur-tout de celle des *Omaguas*, autrefois puissante & qui peuploit encore, il y a un siècle, les Isles & les bords de l'Amazone, dans la longueur d'environ deux cens lieues, au-dessous du Napo. Le nom d'*Omaguas*, dans la Langue du Pérou, signifie *Tête-plate*. En effet ces Peuples ont la bisarre

T 5

coutume de preſſer entre deux planches le front des enfans nouvellement nés, pour leur procurer cette étrange figure, & les faire mieux reſſembler, diſent-ils, à la pleine lune. Leur langue eſt fort douce & fort aiſée à prononcer; & la fertilité du Pays qu'ils habitent, eſt extraordinaire.

Pevas, ou *San-Ignatio* *, Bourgade à dix ou douze lieues au-deſſous de l'embouchure du Napo, & la dernière des Miſſions Eſpagnoles ſur les bords du Maragnon. Le Pere Fritz, Jéſuite, les avoit étendues à plus de deux cens lieues au-delà; mais en 1710, les Portugais ſe ſont mis en poſſeſſion de la plus grande partie de ces terres. La Nation Indienne qui l'habite porte le nom de *Pevas*, & eſt compoſée des Indiens de diverſes Nations, dont chacune parle une langue différente, ce qui eſt aſſez ordinaire par toute l'Amérique. La plûpart ne ſont pas encore Chrétiens; ce ſont des Sauvages nouvellement tirés de leurs bois. Sans entrer dans la deſcription de leurs danſes, de leurs inſtrumens, de leurs feſtins, de leurs uſtenſiles de chaſſe & de pêche, de leurs ornemens biſarres d'os d'animaux paſſés dans leurs narines & dans leurs lèvres, &c. on ne peut s'empêcher de remarquer l'extenſion monſtrueuſe de l'extrémité inférieure du lobe de l'oreille de quelques-uns de ces Peuples, ſans pour cela que ſon épaiſſeur en ſoit diminuée ſenſiblement. Il y en a qui ont le bout de l'oreille long de quatre à cinq pouces, percé d'un trou de dix-ſept à dix-huit lignes de diamètre, qu'ils rempliſſent d'un gros bouquet ou d'une touffe d'herbes & de fleurs, qui leur ſert de pendant d'oreille.

Saint-Paul *, un peu au-deſſous de l'embouchure de la Rivière de *Yahuari*, ou *Yavari*. C'eſt la première Miſſion des Portugais, deſſervie par des Religieux de l'Ordre du Mont-Carmel. Elle eſt à ſix ou ſept journées de Pevas.

COARI, ou GUAYARI, est la dernière des six Peuplades des Missionnaires Carmes Portugais. Les cinq premières sont formées des débris de l'ancienne Mission du Père Fritz, & composées d'un grand nombre de diverses Nations, la plûpart transplantées.

Vers l'embouchure du *Rio-Négro*, ou Rivière Noire, dans l'Amazone, les Portugais ont bâti un Fort sur son bord Septentrional : il porte le nom de *Rio-Négro*. C'est le premier établissement de cette Nation qu'on rencontre au Nord de la Rivière des Amazones en la descendant. Cette Rivière Noire est fréquentée par les Portugais depuis plus d'un siècle, & ils y font un grand commerce d'esclaves. Toute la partie découverte des bords de cette Rivière, est peuplée de Missions Portugaises de Religieux Carmes. On prétend que l'Orénoque communique avec l'Amazone par le moyen du Rio-Négro, & en 1744, un camp volant de Portugais, ayant remonté de Rivières en Rivières, a rencontré le Supérieur des Jésuites des Missions Espagnoles de l'Orénoque, avec lesquels les mêmes Portugais sont revenus par le même chemin sans débarquer, dit-on, jusqu'à leur camp de la Rivière Noire.

Au Sud de l'Amazone, & au-dessous de l'embouchure du Rio-Négro, on voit une autre Rivière qui se jette dans celle des Amazones, & qui n'est pas moins considérable que le Rio-Négro. Elle est fort fréquentée des Portugais, qui l'ont nommée *Rio de la Madera*, ou Rivière du bois, peut-être à cause de la quantité d'arbres qu'elle charie dans le temps de ses débordemens. Elle prend sa source près des mines de Potosi dans le Pérou, & traverse le Pays des *Moxes*, où les Jésuites avoient une Mission.

L'Amazone depuis la jonction du Rio-Négro & de la Madera, a communément une lieue de large, & deux ou trois quand elle forme des Isles. Au-dessous de la Rivière nommée par le Père d'Acugna, & M. Delisle, *Cunuris*, & dont le vrai nom est *Jamundas*, les Portugais ont un Fort nommé *Pauxis* *, où le lit du Fleuve des Amazones est resserré dans un détroit de neuf cens toises de large. Le flux & le reflux de la Mer parvient jusqu'à ce détroit, éloigné de plus de deux cens lieues de l'embouchure de la Rivière, au Cap du Nord : le flux s'y fait remarquer par le gonflement des eaux de douze heures en douze heures, & retarde chaque jour comme sur les Côtes.

A quelque distance de Pauxis & au-dessous de ce Fort, les Portugais en ont un autre nommé *Topeyos* ou *Tapajos*, à l'embouchure de la Rivière du même nom, avec un Bourg formé des débris de celui de *Tupinambara*. Ses Habitans sont presque tout ce qui reste de la vaillante Nation des *Tupinambas*, dominante il y a deux siècles dans le Brésil, où ils ont laissé leur langue. C'est chez ces Peuples qu'on trouve aujourd'hui plus aisément ces pierres vertes, connues sous le nom de *Pierres des Amazones*, fort recherchées autrefois à cause des vertus qu'on leur attribuoit, de guérir de la pierre, de la colique néfrétique, & de l'épilepsie. Elles ne diffèrent ni en couleur ni en dureté du *Jade* Oriental, & résistent à la lime, au point qu'il est difficile d'imaginer comment les Américains ont pu les tailler & leur donner diverses figures d'animaux.

Du même côté du Sud ; on trouve une grande Rivière que le Père d'Acugna, & M. Delisle après lui, nomment *Ariopana*, mais dont le nom Indien est *Xingu*: elle se jette dans l'Amazone, & ses bords abondent en deux sortes d'arbres aromatiques, l'un appellé *Cuchiri*, & l'autre *Puchiri*. Leurs fruits sont à-peu-près de la grosseur d'une olive : on les rape comme la noix muscade, & on s'en sert aux mêmes usages. Un fait constant & bien remarquable, c'est que depuis cette jonction du

Xingu avec l'Amazone, à peine trouve-t-on sur la rive droite de cette dernière Rivière ces insectes si incommodes, qu'on nomme *Moustiques* & *Maringoins*, tandis que le bord opposé en est continuellement infecté.

Curupa, ou Corupa, petite Ville Portugaise, sur le bord Méridional de l'Amazone, avec une Forteresse bâtie par les Hollandois, lorsqu'ils étoient maîtres du Brésil. Il n'y a dans cette Ville, qui est située agréablement dans un terrein élevé, d'autres Indiens que les esclaves des Habitans. Depuis Curupa, où le flux & le reflux deviennent très-sensibles, les bateaux ne marchent plus qu'à la faveur des marées. Quelques lieues au-dessous de cette Place, un petit bras de l'Amazone, appellé *Tagipura*, se détache du grand canal, qui tourne au Nord; & prenant une route toute opposée vers le Sud, il embrasse la grande Isle de *Joanes* ou de *Marayo*, défigurée dans toutes les Cartes; de-là il revient au Nord par l'Est, décrivant un demi-cercle, & bientôt après il se perd, pour ainsi dire, dans une Mer formée par le concours de plusieurs grandes Rivières qu'il rencontre successivement, & dont les plus considérables sont, 1.° *Rio de dos Bocas*, ou Rivière des deux Bouches, formée de la rencontre des Rivières de *Guanapu* & de *Pacajas* : 2.° la Rivière des *Tocantens*, & enfin celle de *Muju* qui arrose la Ville de *Para* dans le Brésil (*a*).

(*a*) Cette Description de la Rivière des Amazones, & du Pays qu'elle arrose, est principalement tirée du Voyage de M. de la Condamine; & nous avons cru devoir donner quelque détail sur un Pays aussi peu connu, & qui est cependant si considérable.

ARTICLE V.

Du Brésil.

On comprend sous le nom du *Brésil* la Région la plus Orientale de l'Amérique Méridionale. Elle est presque renfermée entre l'Equateur & le Tropique du Capricorne. Sa plus grande largeur d'Occident en Orient est de dix-sept dégrés, entre le trois cent vingt-huitième & le trois cent quarante-cinquième dégré de longitude.

Son étendue du Nord au Sud, est de trente-cinq dégrés, depuis le premier jusqu'au trente-cinquième de latitude Méridionale. Les Côtes, qui sont bordées de montagnes, s'ouvrant de loin en loin, forment de bons Ports où les Vaisseaux sont en sureté.

Le Brésil fut découvert le 26 Janvier de l'an 1500, par Vincent Yanez Pinçon Espagnol, qui avoit accompagné Christophe Colomb à son premier voyage. Il aborda à un Cap qu'il nomma de *Consolation*, & que l'on appelle aujourd'hui de *S. Augustin*. Il en prit possession au nom de la Couronne de Castille. Mais la même année, la veille de Pâque, Alvarès Cabral, Portugais, voulant éviter le calme auquel la Mer de Guinée est sujette, prit tellement le large, qu'il se trouva à la vue de ce Pays, & entra dans le Port nommé *Séguro*. Une croix de pierre qu'il y planta, fit donner à ce Pays le nom de *Santa-Crux*; ce qui n'a pas empêché que celui de Brésil, qu'il avoit auparavant, n'ait prévalu, même chez les Portugais.

Dès l'an 1539, les François trafiquoient au Brésil, & les Naturels du Pays leur témoignoient plus de confiance qu'à tous les autres Européens. L'Amiral de Coligni y envoya en 1555, le Chevalier de Villegagnon, qui y conduisit une colonie de Calvinistes, qui firent un petit établissement vers le Midi, dans une Isle à l'embouchure du *Rio Janéiro* ; mais Ville-gagnon s'étant converti, l'Amiral ne se soucia pas de lui envoyer du secours. Villegagnon revint en France, & les Portugais chassèrent ce qui restoit de Calvinistes. Les François ont eu aussi une Colonie pendant quelques années dans l'Isle de *Maragnan*, vers le Nord. Ils y bâtirent un Fort, auquel ils donnèrent le nom de *Saint-Louis* ; & c'est ce qui a été le commencement de la Ville de *Maragnan*, construite par les Portugais, après qu'ils en eurent chassé les François, vers 1615.

Quelque temps après la révolte des Provinces-Unies contre le Roi d'Espagne, les Hollandois chassèrent du Brésil les Espagnols, à qui il appartenoit alors : les Portugais à leur tour ont obligé les Hollandois d'y renoncer en 1655. Les fils aînés des Rois de Portugal portent le nom de *Princes du Brésil*. L'air de ce Pays, quoique situé dans la Zône Torride, est assez doux : il est d'ailleurs très-sain ; de sorte que les Peuples y vivent fort long-temps. Le terroir y produit du tabac, du cotton, du maïs, & plusieurs sortes de fruits. Une des productions les plus utiles, est la racine d'un arbrisseau qu'on appelle *Ipecacuana*, dont on se sert en médecine, sur-tout pour la dyssenterie. Les cannes à sucre y viennent en plus grande abondance que par-tout ailleurs. Le sucre qu'elles fournissent est un sucre extrêmement doux, qui s'exprime des cannes qu'on écrase entre deux rouleaux ; ce sont les Nègres qu'on employe à ce travail qui est fort rude. Le sucre du Brésil passe pour le meilleur. On donne le second rang à celui des Antilles.

Il y a des forêts entières de bois de Brésil, qu'on employe pour la teinture. On y trouve un arbre qu'on nomme *Copaiba* ou *Copahu*, dont le bois est fort dur, & de l'écorce duquel on tire par incision une huile fort claire, qu'on appelle l'huile ou le *Baume de Copaiba* ou *Copahu*. Le Brésil fournit aussi aux Portugais de l'or & des diamans en si grande quantité, que le Roi de Portugal appréhendant qu'ils ne devinssent si communs que le prix en diminuât extrêmement, a érigé une Compagnie avec le droit exclusif de chercher des diamans dans tout le Brésil; mais avec cette précaution qu'elle ne peut employer que six cens esclaves au plus à ce travail. Sa Majesté Portugaise possède un diamant, sorti des mines d'où on les tire, qui pese seize cens quatre-vingts carats, ou douze onces & demie, qui est évalué à deux cens vingt-quatre millions de livres sterlings. On trouve dans ce Pays un oiseau de la grosseur d'un frélon : il a les aîles d'un blanc luisant, & chante si bien, qu'il ne le cède pas au rossignol : on le nomme *Gonambucli*.

Les Portugais ne possèdent guère que les Côtes de ce Pays : le reste est rempli de Sauvages. Les plus connus sont les *Tapuyes* & les *Tupiques*. Ces Peuples sont cruels, vindicatifs & antropophages : ils vivent dans des cabanes, & couchent dans des réseaux ou filets de cotton suspendus en l'air ; les uns vont presque tout nuds, d'autres se couvrent de peaux de bêtes. Ils n'ont point de loi, ni de Prince, & ils ne donnent point de marques de Religion. Leurs armes sont l'arc & les flèches. Leurs occupations ordinaires, aussi-bien que de presque tous les Sauvages, sont la chasse, la pêche & la danse. Ils se font une rude guerre, & dans leurs fêtes, ils mangent les prisonniers qu'ils ont faits les uns sur les autres. Ces malheureux sont invités à prendre part à la fête avant leur mort : ils s'y divertissent, & font paroître tant de constance, ou plutôt une telle brutalité, qu'il seroit impossible de s'imaginer qu'ils en doivent être les tristes victimes. Les Sauvages sont avides surtout de la chair des Portugais.

La Côte du Brésil possédée par les Portugais, & qui a environ cent lieues de large, est divisée en quinze Gouvernemens ou Capitaineries. Il y en a trois sur la Côte septentrionale : celles de *Para*, de *Maragnan* & de *Siara*, & douze sur la Côte Orientale du Nord au Sud; sçavoir, de *Rio-grande*, de *Paraïba*, de *Tamaraca*, de *Fernanbouc*, de *Sérégippe*, de la *Baye de tous les Saints* ou de *San-Salvador*, de *Rios dos Ilheos*, de *Porto Séguro*, de *Spiritu-Santo*, de *Rio-Janeiro*, de *Saint-Vincent*, & de la Province *d'el-Rey* ou du Roi.

Il y a dans ce Pays trois Rivières principales, qui coulent d'Occident en Orient, & se jettent dans la Mer. Ce sont, du Nord au Sud, la Rivière de *Saint-François*, dont l'embouchure est au Nord de Sérégippe; celle que l'on nomme *Réale*, qui se jette dans la Mer entre Sérégippe & San-Salvador; la troisième est celle de *Doce*, dont l'embouchure est au Nord de *Spiritu-Santo*.

§. I. *Capitaineries de la Côte Septentrionale.*

1. La Capitainerie de *Para*.

PARA, *Capitale*, *Evêché*, Ville située, selon M. de la Condamine, sur le bord oriental de la Rivière de *Muju*, immédiatement au-dessous de l'embouchure de celle de *Capim*, grossie d'une autre appellée *Guama*; ainsi ce n'est que fort improprement que l'on peut dire qu'elle est sur l'embouchure orientale du Fleuve des Amazones. C'est une grande Ville bien bâtie, avec des Eglises magnifiques; elle commerce directement avec Lisbonne, & donne en échange des marchandises d'Europe, toutes les diverses productions, tant du Fleuve des Amazones, que de ses bords, comme la vanille, le sucre, le café, & sur-tout le cacao qui est la monnoie courante du Pays. Son Evêque, comme tous les autres du Brésil, est suffragant de l'Archevêché de San-Salvador, Capitale du Brésil.

2. La Capitainerie de *Maragnan*.

MARAGNAN, *Capitale, Evêché*. Cette Ville est située dans une Isle, & a été bâtie par les François qui s'y établirent en 1612, & l'appellèrent *Saint-Louis de Maragnan* : ils en furent peu après chassés par les Portugais. La Ville de Maragnan n'est pas grande, mais elle a un Fort & un bon Port.

3. La Capitainerie de *Siara*.

SIARA, *Capitale*, Ville maritime, presqu'à l'embouchure de la Rivière de *Siara*. Elle a un *Port* défendu par un bon Château.

§. II. *Capitaineries de la Côte Orientale.*

1. La Capitainerie de *Rio-grande*.

NATAL-LOS-REYES, *Capitale*, Ville située à l'embouchure de la Rivière nommée *Rio-grande*, ce qui lui fait quelquefois donner ce nom.

2. La Capitainerie de *Paraiba*.

PARAIBA, *Capitale*. Cette Ville a un *Port* assez bon. Les Hollandois la prirent en 1635 ; mais les Portugais la reprirent sur eux peu de temps après.

3. La Capitainerie de *Tamaraca*.

TAMARACA, *Capitale*, est située dans une Isle au bord de la Mer.

4. La Capitainerie de *Fernambouc*.

OLINDE, *Capitale, Evêché*, Ville considérable, dont la situation est si agréable, que les Portugais l'appellent *le Paradis de l'Amérique*. Son *Port* la rend très-commerçante.

LE RECIF. C'est un Fort bâti sur un rocher, avec un Bourg très-peuplé & très-commerçant. On le regarde comme la plus forte Place du Brésil.

5. La Capitainerie de *Sérégippe*.

LE BRÉSIL.   451

SEREGIPPE, *Capitale*, Ville bien fortifiée, & qui a un bon *Port*.

6. La Capitainerie de *la Baye de tous les Saints*. Elle tire son nom de cette fameuse Baye, qui est si large qu'elle peut contenir deux mille bâtimens. On y pêche beaucoup de baleines.

SAN-SALVADOR, *Archevêché*, *Capitale* de cette Capitainerie, & de tout le Brésil. Cette Ville est située sur une hauteur, & son *Port* est sur la Baye dont nous venons de parler. C'est une grande & belle Ville, très-riche, bien peuplée, & fort commerçante. Elle est la résidence du Viceroi du Brésil, le siège d'un Archevêque, & d'une Cour Supérieure. Ses Habitans passent pour être voluptueux, fainéans & bigots. On nourrit beaucoup de bétails dans les environs, & les arbres de canelle qu'on y a transportés d'Asie, y ont fort bien réussi.

7. La Capitainerie de *Rio-dos-Ilheos*.
VILLA-SAN-GEORGIO *, *Capitale*.

8. La Capitainerie de *Porto-Séguro*.
PORTO-SEGURO, *Capitale*, petite Ville maritime, peuplée, bien fortifiée, & qui a un bon *Port* sûr & à l'abri des vents impétueux, d'où elle a tiré son nom.

9. La Capitainerie de *Spiritu-Santo* ou du *Saint-Esprit*.
SPIRITU-SANTO, *Capitale*, Ville médiocre, mais qui a un Château & un *Port*.

10. La Capitainerie de *Rio-Janeïro*.
SAINT-SEBASTIEN, *Capitale*, Evêché, grande Ville, bien fortifiée, avec un Port fort commode.

11. La Capitainerie de *Saint-Vincent*.
SAINT-VINCENT, *Capitale*, grande Ville bien peuplée, qui a un bon Port.
SAINT-PAUL, au Nord-Ouest de Saint-Vincent. Cette Ville étoit une espèce de République, composée de brigands de différentes Nations, gens dé-

terminés & grands voleurs. Ils vivoient sous la protection du Roi de Portugal, qui n'ayant pu les dompter, se contentoit d'en tirer un Tribut : mais enfin il les a soumis, & leur Ville dépend de son domaine immédiat. Benoît XIV y a érigé un Evêché en 1745.

12. La Province d'*el Rei* ou *du Roi*, comprend toute la Côte depuis Saint-Vincent jusqu'à l'embouchure de Rio de la Plata. Ce Pays a été cédé aux Portugais par les Espagnols au Traité d'Utrecht.

COLONIA DO SACRAMENTO *, *Place forte*, à l'embouchure de Rio de la Plata, & vis-à-vis Buenos-Aires, sur les frontières du Paraguay.

Auprès de cette Ville sont les Isles de *Saint-Gabriel*, qui appartiennent aux Espagnols, à qui les Portugais les ont cédées en 1751.

ARTICLE VI.

De la Guyane.

LA Guyane (*a*) est une vaste contrée de l'Amérique, située entre la Rivière des Amazones & celle de l'Orénoque, qui sont les deux plus grands Fleuves de l'Amérique Méridionale.

Ses bornes sont, du côté du Nord l'Orénoque, & du côté du Midi l'Amazone ; à l'Orient la Mer baigne ses côtes, & à l'Occident elle est bornée par le Rio-Négro, grande belle & Rivière que l'on

---

(*a*) Nous tirons cette Description générale de la *Guyane*, de la belle & ample *Description Géographique de la Guyane*, dressée au Dépôt des Cartes & Plans de la Marine, par ordre de M. le Duc de Choiseul, par M. Bellin. C'est un Vol. *in-*4. que ce Géographe a donné au Public, au commencement de l'année 1763, & qui renferme tout ce que nous avons de connoissances sur ce grand Pays.

croit joindre la Rivière des Amazones avec l'Orénoque : de sorte que la *Guyane*, renfermée dans ces bornes, seroit une Isle qui auroit au moins deux cens lieues du Nord au Sud, & plus de trois cens lieues de l'Est à l'Ouest, ayant pour frontières le Brésil, le Pérou & le nouveau Royaume de Grenade.

L'intérieur en est peu connu, & presque point fréquenté par les Européens, quoique beau, fertile & peuplé de Nations Indiennes très-nombreuses, dont à peine on sçait les noms, n'ayant de communication qu'avec celles qui demeurent dans le voisinage des Côtes ou des grandes Rivières, au moyen desquelles on pourroit pénétrer dans le Pays.

Les Espagnols, les Hollandois, les François & les Portugais, ont formé des établissemens dans la Guyane. On peut donc partager ce Pays en quatre parties.

1. La *Guyane Espagnole*, qui comprend les Pays situés le long de l'Orénoque, & entre cette Rivière & celle de *Pomaron*.

SAINT-THOMAS, sur l'Orénoque, en est la Capitale.

2. La *Guyane Hollandoise* est comprise entre les Rivières de *Pomaron* & de *Maroni*.

Les Hollandois ont dans ce Pays, à l'embouchure des Rivières de *Surinam* & de *Berbice*, deux Colonies fort riches, dont la principale est SURINAM. Le Pays qu'elles habitent abonde en fruits, en poissons & en gibier. On y recueille du sucre, du tabac, du café & de la gomme. Il produit aussi du cotton & des bois propres à la teinture.

3. La *Guyane Françoise*, qu'on nomme aussi *France Equinoctiale*, renferme les Pays compris entre la Rivière de *Maroni* & le *Cap de Nord*.

L'Isle de *Cayenne* est le centre de la Guyane Françoise. Cette Isle, à laquelle on donne environ seize lieues de circuit, a la Mer au Nord; la Rivière de Cayenne à l'Ouest; celle d'Ouya à l'Est, & au Midi un bras formé par les Rivières d'Ouya & d'Orapu.

Presque toute l'Isle est un Pays sablonneux, relevé de plusieurs petites montagnes ou collines, que l'on cultive jusqu'au sommet. Les cannes à sucre, le roucou, l'indigo, le cacao, le café, le cotton, le gros millet-manioc, & autres racines y viennent très-bien. Dans le reste de l'Isle c'est un terrein fort bas, & si marécageux en certains endroits, qu'on ne sçauroit aller par terre d'un bout à l'autre; ce qui oblige les Habitans de faire presque le tour de l'Isle pour se rendre à leurs habitations.

La terre de Cayenne est bonne. C'est un sable noir, facile à labourer, qui a deux pieds de profondeur. Au-dessous on trouve une terre rouge, propre à bâtir, à faire des briques & des tuiles, & même de belles poteries. En quelques endroits, il y a des minéraux; & vraisemblablement il y en a davantage en terre-ferme.

Si l'Isle de Cayenne étoit entièrement défrichée, & si l'on y faisoit des canaux pour l'écoulement des eaux, elle seroit très-saine & plus fertile encore qu'elle ne l'est actuellement. Par la même raison, l'air y étoit beaucoup moins sain, lorsqu'on a commencé de s'y établir, qu'il ne l'est aujourd'hui, & les Habitans y étoient sujets à des maladies très-fâcheuses.

CAYENNE, Capitale & chef-lieu de toute la Colonie, est bâtie sur la pointe du Nord-Ouest de l'Isle, ayant la Mer au Nord, & le Port à l'Ouest. C'est une espèce d'exagone irrégulier, entouré de murailles & de cinq bastions, avec quelques demi-lunes & un fossé. Dans cette enceinte, il y a au bord de la Mer, sur une hauteur, un Fort nommé le *Fort-Louis de Cayenne*, qui commande la Ville & le Port. On n'y compte guère plus de deux cens maisons, dont quelques-unes sont à deux étages. La Maison du Gouverneur, celle de S. Sauveur, & la Maison des Jésuites, qui en étoient Curés, sont d'assez beaux bâtimens pour le Pays. Ils sont situés autour de la Place d'Armes. Les Casernes, le Magasin du Roi & l'Hôpital, sont de l'autre côté de la Ville vers la Mer.

Il y a à Cayenne un Gouverneur & un Etat-Major. La garnison est aujourd'hui composée de trois cens hommes de Troupes réglées, divisées en six Compagnies. A la moindre allarme, les Habitans, tant de la Ville que de la campagne, sont obligés de prendre les armes, & de se réunir. Un Conseil souverain connoît de toutes les affaires des Habitans, & juge en dernier ressort. Cette Cour est ordinairement présidée par le Commissaire ordonnateur, en l'absence du Gouverneur.

Remire *, Bourg & Paroisse, dans la partie Orientale de l'Isle, à deux lieues au Sud-Est de Cayenne.

Mahuri *, Paroisse, aussi dans la partie Orientale, à l'embouchure de la Rivière d'Ouya.

Matouri *, qui est aux environs de la Montagne ce nom, dans la partie Occidentale de l'Isle.

4. La *Guyane Portugaise* comprend les Terres situées aux environs des Côtes Occidentale & Septentrionale de la Rivière des Amazones, depuis le *Cap de Nord*, jusqu'au *Rio Négro*, où les Portugais ont leurs derniers établissemens.

Article VII.

Du Paraguay.

Ce grand Pays, qu'on nomme auſſi le Pays de *Rio de la Plata*, à cauſe de la principale Rivière qui l'arroſe, eſt borné à l'Orient par le Bréſil, au Nord par le Pays des Amazones, à l'Occident par le Pérou & le Chili, au Midi par la Terre Magellanique. Il renferme ſept Provinces ; ſçavoir au Nord le *Paraguay* propre ; à l'Occident de la Rivière de Paraguay, le *Chaco* ; à l'Orient de cette même Rivière, le *Guayra* ; trois au Midi, *Rio de la Plata*, le long de la Rivière de la Plata ; à l'Orient de cette Rivière, l'*Uraguai* ou *Urvaig* ; & à l'Occident, le *Tucuman*. Le *Parana*, qui eſt la ſeptième, eſt ſitué autour de la Rivière de Parana, au Sud-Oueſt du Bréſil. La première découverte de ce Pays fut faite en 1516, par Jean de Solis, qui remonta la Rivière de la Plata, & fut mangé avec ſes compagnons par les Sauvages : ce qui n'empêcha pas Sébaſtien Cabot d'y entrer dix ans après, en remontant la même Rivière, & d'y bâtir quelques Forts dans leſquels il laiſſa des garniſons Eſpagnoles.

Les principales Rivières du Paraguay ſont celles de *Paraguay*, de *Parana* & d'*Urvaig*, qui ſe jettent toutes trois dans celle qu'on nomme *Rio de la Plata*, ou Rivière d'argent, parceque l'argent du Potoſi venoit autrefois par-là en Europe. La ſource de cette dernière eſt près de la Ville de la Plata au Pérou.

L'air du Paraguay eſt aſſez doux & fort ſain. Le terroir eſt fertile en bled, en fruits, en cotton, en cannes à ſucre ; il abonde en pâturages, où on nourrit quantité de beſtiaux. Il s'y trouve une herbe
ſingulière

singulière qu'on nomme l'*Herbe du Paraguay*. C'est la feuille d'un arbre grand comme un pommier. Son goût approche de la mauve ; & quand elle a toute sa grandeur, elle est à-peu-près de la figure de celle de l'oranger. La manière d'en faire usage, est de remplir un verre d'eau bouillante, & d'y jetter la feuille pulvérisée. Les Espagnols prétendent avoir dans cette herbe un remède ou un préservatif contre presque tous les maux. La grande fabrique de cette herbe est à Villa-Rica. Ce canton est le meilleur de tous pour la culture de l'arbre qui la produit. On en tire quelquefois pour le Pérou seul pour plus de deux millions de notre monnoie.

Les Espagnols se sont assujétis la plus grande partie de cette vaste Région : il y a néanmoins encore plusieurs Sauvages qui s'exercent dès leur jeunesse au maniement des armes, & à la course. Ils habitent dans des espèces de longues cabanes, où plusieurs familles logent ensemble.

1. Le *Paraguay propre*. Il occupe les deux côtés de la Rivière de Paraguay.

Les principales habitations qu'y possèdent les Espagnols sont :

VILLA-RICA, qui porte ce nom, parceque tous ses Habitans sont fort riches.

MARACAJU, au Nord-Est de Villa-Rica.

2. La Province de *Chaco* n'a aucun lieu remarquable. On prétend qu'on y trouve beaucoup d'or, & que son terroir est très-fertile. Elle est habitée par diverses Nations guerrières, & qui parlent différentes Langues.

3. Le *Guaira*, ou le Pays d'*Ontiveros*. Il est situé autour de la Rivière de Parana, & à l'Orient de celle de Paraguay.

CIUDAD-REAL *, est aujourd'hui la Ville principale de ce Pays.

4. La Province de *Rio de la Plata*.

Tome II. V

L'Assomtion, *Capitale*, *Evêché*, sur la Rivière de Paraguay. C'est une grande & belle Ville, qui est le siège d'un Evêque, & d'une Audience Royale

Santa-Fé *, sur la Rivière de la Plata.

Buenos-Aires, *Evêché*, à l'embouchure de la Plata. Le Gouverneur du Paraguay y réside : il dépend du Viceroi du Pérou. C'est une belle Ville, fort commerçante. Le bon air qu'on y respire lui a fait donner le nom qu'elle porte. Elle est située au milieu d'une plaine fertile, où l'on nourrit un quantité prodigieuse de bestiaux, qui ne coûtent presque rien. C'est à Buenos-Aires que les Anglois transportent les esclaves qu'ils fournissent, par le Traité de l'Assiento, aux Espagnols. On les fait aller de-là par terre à Potosi, qui est au Pérou.

5. La Province d'*Uraguay*, ou d'*Urvaig*. Elle est ainsi appellée de la Rivière d'*Urvaig* qui l'arrose.

San-Salvador *, *Capitale*.

6. Le *Tucuman*. Ce Pays est fertile en cotton, & abondant en pâturages, dans lesquels on nourrit beaucoup de bestiaux. Il éprouve souvent des vents violens, qui abattent les maisons & déracinent les arbres.

San-Jago-del-Estero, *Capitale*, est le siège du Gouverneur de la Province.

San-Miguel : c'est une Ville médiocre.

Cordoue, *Evêché*, résidence de l'Evêque de Tucuman. Les Jésuites y avoient un beau Collège.

7. La Province de *Parana* est appellée ainsi de la Rivière qui l'arrose, le long de laquelle est le Pays qu'on nomme la *Terre de la Mission*, ou la *Conquête spirituelle des Jésuites*. Il est peuplé de Bourgades d'Indiens, qui étoient épars de côté & d'autre, & fort barbares. Ces Pères les ont réunis, & les ont si bien policés, qu'ils ont introduit parmi eux une forme de République, gouvernée par des Magistrats & des Officiers choisis parmi les plus capables d'entre ces Indiens. Ils leur ont assigné à

chacun une certaine quantité de terre à cultiver, & leur ont appris tous les métiers nécessaires à la vie. Ces Indiens, qu'on nomme *Tapes* ou *Tapas*, sont les meilleurs soldats du nouveau monde. Ils sont soumis au Roi d'Espagne, a qui ils paient tribut; mais ils n'avoient aucun commerce avec les Espagnols, ni avec aucun Peuple d'Europe. Ils avoient, dit-on, plus de 30000 hommes d'Infanterie, armés de fusils & de sabres. Leur cavalerie formoit aussi un corps très-nombreux. Toutes ces Bourgades d'Indiens, composées d'environ vingt-quatre mille familles, étoient dirigées chacune par deux Jésuites, dont elles observoient les règlemens. Elles dépendoient d'un Supérieur Général & du Provincial de la Province de Paraguay, qui étoit au moins de trois cens Jésuites. Le Provincial nommoit les Curés, & & le Supérieur Général, les Vicaires ou Secondaires.

Les Troupes combinées des Espagnols & des Portugais voulant forcer ces Indiens de consentir aux limites arrêtées entre les deux Couronnes, & qui devoient passer dans leur Pays, ont défait en 1756, un corps de rebelles de cette Nation, en ont tué quatorze cens, & leur ont enlevé huit canons, & autant de drapeaux, n'ayant eu de leur côté que cinq Soldats tués, & quarante-trois blessés. On les a réduits depuis entièrement, & leurs Jésuites ont été transportés en Europe, & renvoyés à leur Général en Italie, ainsi que tous ceux des autres Pays soumis aux Espagnols & aux Portugais.

ARTICLE VIII.

De la Terre Magellanique.

ON comprend sous ce nom la grande Région qui est à l'extrémité de l'Amérique Méridionale. C'est un Pays froid & peu fertile, habité par des Sauvages, qu'on nomme *Patagons*, & qui font de bien plus haute stature que les Européens. On l'appelle *Terre Magellanique*, du nom de Ferdinand Magellan, Capitaine Portugais, qui la découvrit en 1520. La partie Orientale de ce Pays est remarquable par une singularité qui ne se trouve nulle part ailleurs; c'est que quoique tout le Pays, qui est au Nord de la Rivière de la Plata, soit rempli de bois & d'arbres de haute futaie, tout ce qui est au Sud de cette Rivière est absolument dépourvu d'arbres, à l'exception de quelques pêchers que les Espagnols ont plantés & fait multiplier dans le voisinage de Buenos-Aires; mais en récompense il abonde en pâturages. Il ne paroît composé que de Dunes, d'un terrein sec, léger & graveleux, entremêlé de grands espaces stériles, & de touffes d'une herbe forte & longue, qui sert à nourrir une quantité prodigieuse de gros bétail, comme vaches & taureaux apportés d'Europe, & qui y ont extrêmement multiplié; aussi-bien que les chevaux qui y sont excellens, & à si bon marché, que les meilleurs ne coutent qu'un écu, quoique l'argent y soit très-bas & les marchandises fort chères. On ne sçait pas au juste jusqu'où ce bétail & ces chevaux s'étendent du côté du Midi; mais il y a lieu de croire qu'il y en a au moins quelques-uns qui errent jusqu'aux environs du Détroit de Magellan: & sans doute qu'ils rempliront avec le temps toute cette vaste étendue de Pays, ce qui sera d'une grande commodité pour les Vaisseaux qui relâcheront sur ces Côtes; car les chevaux même sont bons à manger, & plusieurs Indiens en préfèrent la viande à celle du bœuf. Ce qu'il y a de fâcheux, c'est qu'on y trouve peu d'eau douce; la terre y paroît imprégnée de sel & de nître, & les Rivières, aussi-bien que les Mares, n'y fournissent que de mauvaise eau.

Ce Pays est rempli de vigognes, ou moutons du Pérou. On trouve aussi sur la Côte Orientale d'immenses troupeaux de veaux marins, & quantité de *Pengouins*, oiseaux de la taille & de la figure des oyes ; mais qui au lieu d'aîles ont deux espèces de moignons qui ne peuvent leur servir qu'à nager.

Les Habitans de cette Côte sont en petit nombre, excepté vers Buénos-Aires : ceux-ci sont les plus courageux & les plus actifs, excellens hommes de cheval, & fort adroits à manier toutes sortes d'armes blanches. Pour les armes à feu, ils en ignorent l'usage, & les Espagnols ont grand soin de ne leur en pas fournir.

Les Espagnols y avoient bâti deux Forts nommés l'un Saint-Philippe, & l'autre Nom de Jesus, qui sont maintenant détruits. Il y a environ 40 ans que les Jésuites y ont envoyé des Missionnaires ; on dit même qu'ils se sont avancés jusqu'au Détroit de *Magellan*, situé entre la Terre Magellanique & la Terre de Feu. Ce Détroit qui fut découvert en 1520, par Magellan, dont il porte le nom, est un passage de la Mer du Nord à celle du Sud ; & c'est pour s'assurer de ce Détroit, que les deux Forts dont on vient de parler avoient été construits. Mais comme il est dangereux & difficile, on en prend ordinairement un autre qui est plus au Midi, & qui a été découvert environ cent ans plus tard par un Hollandois nommé Jacques *le Maire*, d'où il a reçu le nom de *Détroit de le Maire*.

Nous ne faisons point un Article des *Isles de l'Amérique Méridionale*, parcequ'il n'y en a point de considérable. On peut seulement remarquer, à 200 lieues à l'Est du Brésil, l'Isle de *Noronha*, où les Portugais ont une garnison ; les *Isles Malouines* à l'Est du Détroit de Magellan, où les Anglois se sont établis depuis quelques années ; & enfin dans la Mer du Sud sous l'Equateur, les Isles *Galapes* ou des *Tortues*, ainsi nommées, parcequ'on y trouve beaucoup de tortues. Ces dernières Isles ne sont pas habitées; mais elles sont fort commodes pour les Vaisseaux, qui peuvent s'y rafraîchir en passant.

CHAPITRE III.

Des Terres Polaires, & des Terres Australes.

On donne le nom de *Terres Polaires*, à plusieurs Régions découvertes depuis l'Amérique, & qu'on ne renferme pas dans les deux Continens, soit parcequ'on ne les connoît pas assez pour déterminer à quelle partie de la Terre elles appartiennent, soit parcequ'elles en sont trop éloignées. Pour les mêmes raisons, on y joint les *Terres Australes*, & plusieurs Isles situées entre l'Asie & l'Amérique.

ARTICLE I.

Des Terres Polaires Arctiques.

Ces Terres sont le *Spitzberg*, au Nord de l'Europe; & la *Nouvelle Zemle*, au Nord-Est. Ces Pays ont été découverts par les Hollandois & les Anglois, qui cherchoient par le Nord un chemin pour aller aux Indes Orientales, plus court que celui que l'on fait en doublant le Cap de Bonne-Espérance. Quelques Relations ajoutent aux deux Pays que nous venons de nommer la *Bolschaia Zemla*, au Nord de la Sibérie, vers l'Orient.

§. I. Du Spitzberg.

Ce Pays est situé entre le soixante & dix-septième & le quatre-vingt-deuxième dégré de latitude Septentrionale : on ne connoît qu'une partie de ses Côtes. Il fut découvert par des Hollandois en 1596, & nommé *Spitzberg*, ce qui signifie *Montagnes aigues* : il est en effet rempli de montagnes. On y trouve quantité de plantes qui nous sont inconnues, des oiseaux de différentes espèces, des rennes, des ours blancs, des renards, des bœufs & des veaux marins. L'air y est très-froid, & la terre est presque toujours couverte de glaces. Ceux qui se sont avancés dans le Pays, ou sont morts de froid, ou ont été dévorés par des ours, qui y viennent par les glaces ; c'est ce qui fait que l'intérieur est absolument inconnu, & il y a bien de l'apparence qu'il n'est point habité. Les Anglois & les Hollandois vont sur les Côtes pour la pêche de la baleine.

§. II. De la Nouvelle Zemle.

Ce Pays, dont le nom, en langage Russien, signifie *Nouvelle Terre*, est situé entre le soixante-dixième & le centième dégré de longitude ; & entre le soixante-dixième & le soixante-seizième de latitude Septentrionale ; il est au-delà du Cercle Polaire, au Nord-Est de l'Europe. On ne sçavoit ci-devant si c'étoit une Isle, ou si elle étoit jointe au Continent de l'Asie ; mais les nouvelles Cartes de Russie le représentent comme une grande Isle. Le Détroit de *Waigats* le sépare de l'Europe ou de l'Asie. Les Hollandois cherchant un passage à la Chine & au Japon par le Nord de l'Asie, entrèrent dans ce Détroit en 1595 : mais les glaces les empêchèrent de continuer leur route. On prétend qu'ils firent une nouvelle tentative en 1670, apparemment par le Nord de la Nouvelle Zemle, & qu'ils avancèrent jusqu'au soixante-dix-neuvième dégré, sans mieux réussir cette dernière fois. C'est ce qui a fait croire que ce passage tant désiré n'étoit guère possible, à moins qu'on ne s'éloignât des Côtes. Au reste le froid est si extrême dans la Nouvelle Zemle, que les Hollandois qui y passèrent l'hiver de l'année 1596, ne purent y conserver les vins qu'ils avoient portés; le vin d'Espagne même y gela. La Contrée du Nord-Est, où ils bâtirent une cabane, étoit entièrement déserte. Les *Samojèdes*, ou autres Russiens, passent dans la Nouvelle Zemle pendant l'été, pour y chasser & y pêcher.

§. III. *De la Bolschaia Zemla.*

Au Nord de l'embouchure de la *Kolima* ou *Kowima*, à soixante-quinze dégrés de latitude Septentrionale, est selon quelques Relations un Pays nommé par les Russes *Bolschaia Zemla*, c'est-à-dire, *Grande Terre*, découverte en 1723 par le Prince Chelashi, Seigneur d'une petite Isle entre la Côte de Sibérie & cette grande Terre, & qui a été fait prisonnier par les Russes depuis cette découverte. C'est vers cet endroit que se fait une pêche au milieu des glaces. Les Habitans de cette Côte de Sibérie qui s'appliquent à cette pêche, surpris, ainsi que l'assure le Père Avril, d'après un Officier Russe, d'un dégel subit, sont emportés quelquefois avec de grandes pièces de glaces vers la pointe de l'Amérique la plus Septentrionale, qui n'en est pas loin. Quoique la *Bolschaia Zemla* soit si avancée vers le Nord, on prétend qu'elle est habitée, & qu'il s'y trouve de grands bois: ce qui feroit croire qu'il y a de grandes Montagnes qui la mettent en partie à l'abri des vents froids. Les dernières Relations venues de Russie & publiées par l'Académie de S. Pétersbourg, nient absolument l'existence de cette Terre.

ARTICLE II.

Des Terres Polaires Antarctiques.

On donne le nom de *Terres Polaires Antarctiques*, à plusieurs Côtes découvertes au-delà des Continens connus, vers le Pôle Antarctique, & qui sont des indices de Terres considérables, qui nous sont absolument inconnues. Mais les Glaces énormes qui en viennent supposent de grands Fleuves, & par conséquent de grandes Terres au milieu desquelles ils coulent (*a*).

Les principales sont, la *Terre de la Circoncision*, & celle de *Gonneville*, au Sud de l'Afrique; la *Terre de Feu*, au Sud de l'Amérique Méridionale, & la *Nouvelle Zélande*, à l'Ouest de la Terre de Feu.

§. I. *De la Terre de la Circoncision, & de celle de Gonneville.*

La *Terre de la Circoncision* fut découverte le 1. Janvier 1739, par M. de Lozier-Bouvet, qui étoit chargé par la Compagnie Françoise des Indes de reconnoître les Terres au Sud de l'Afrique. Il apperçut un Cap au cinquante-quatrième dégré de latitude Méridionale, & au vingt-huitième trente minutes de longitude: il le nomma *de la Circoncision*, parcequ'il en fit la découverte le jour qu'on célèbre cette Fête. Il ne put y aborder à cause des montagnes de glaces qui nageoient de tous côtés sur la Mer voisine, du brouillard & des vents contraires. Par les remarques qu'il y fit, on a lieu de penser qu'il y a vers le Pôle Antarctique des Terres élevées & de hautes Montagnes, d'où coulent de grands

---

(*a*) M. Buache a donné sur ce sujet un Mémoire fort curieux, que l'on peut voir, *pag.* 190. du Volume de l'Académie des Sciences pour l'année 1757.

Fleuves qui se gèlent pendant l'hiver, & portent leurs glaces à la Mer.

Cette Nouvelle Terre paroît être peu éloignée de celle que le Capitaine *de Gonneville*, qui étoit de Honfleur, découvrit en 1503, peu de temps après que les Portugais eurent doublé le Cap de Bonne-Espérance. Il y fut poussé par une tempête, & y demeura environ six mois. Il rapporta que c'étoit un Pays fertile & peuplé; qu'on y trouvoit plusieurs racines propres à la teinture; que les Habitans étoient fort humains, & qu'ils avoient plusieurs petits Rois. Il emmena avec lui en France le fils d'un de ces Rois, qu'il promit de ramener dans son Pays; mais n'ayant pu le faire, il lui laissa tout son bien, à la charge qu'il porteroit son nom & ses armes. Un des descendans de cet Australien nommé Paulmier, qui étoit Chanoine de Lisieux, & Résident du Roi de France en Danemarck, publia en 1663, une espèce de Relation des Découvertes du Capitaine de Gonneville, dans des Mémoires touchant l'établissement d'une Mission Chrétienne dans la Terre Australe, qu'il adressa au Pape Alexandre VII. Mais comme ce qu'il dit de ce Pays n'est appuyé que sur le rapport qu'il avoit ouï faire à ses parens, il n'en a pu marquer exactement la situation. On vient, dit-on, de le découvrir de Nouveau, en 1772.

Quelques anciennes Cartes mettent encore au Midi du Cap de Bonne-Espérance une *Terre des Perroquets*, où un Vaisseau Portugais qui alloit aux Indes, trouva de ces oiseaux en grand nombre.

§. II *De la Terre de Feu, & de la Nouvelle Zélande.*

La *Terre de Feu* n'est séparée de l'Amérique que par le Détroit de Magellan. Elle fut appelée *Terre de Feu* par ce fameux Capitaine, qui en fit la découverte en 1520, parcequ'il en vit sortir des flammes pendant la nuit, causées sans doute par le Volcan qui est placé dans sa partie la plus Méridionale. On est convaincu que c'est une Isle, ou un amas de plusieurs Isles, par l'expérience de Jacques le Maire, Hollandois, qui en 1616, trouva au Midi un passage de la Mer du Nord à celle du Sud. Le Pays est rempli de Montagnes couvertes de forêts, & de plusieurs grands Canaux de Rivières ou de la Mer. Les Habitans sont fort blancs, mais fort laids, barbares & antropophages. Cette Terre est terminée au Midi par un Cap, que le Maire nomma *de Horn*, du nom de la Ville où il étoit né.

La *Nouvelle Zélande* est à l'Occident de la Terre de Feu, au quarantième dégré environ de latitude Méridionale, & au cent quatre-vingtième dégré de longitude. Ce Pays est Antipode par rapport à la France. Il a été découvert en 1642, par Abel Tasman, Hollandois, qui y vit en passant, des Sauvages d'une taille grossière, d'une couleur entre le brun & le jaune, les cheveux noirs, & le corps couvert par-devant d'une pièce de natte, ou d'un morceau de toile de cotton. Il y a dans ce Pays de hautes Montagnes.

Article III.

Des Terres Australes.

Nous désignons sous ce nom des Terres situées au Sud-Est de l'Asie, par-delà les Isles de la Sonde, les Moluques & les Philippines. Comme on n'en connoît encore que quelques Côtes, la plûpart éloignées les unes des autres, on ne sçait si c'est un amas de plusieurs grandes Isles, ou si ce ne seroit pas plutôt un Continent plus grand que l'Europe.

On dit que les Hollandois en ont des connoissances plus précises; leurs établissemens aux Isles Moluques les mettent à portée de se les procurer; mais ils ne les communiquent à personne, dans la crainte de se trouver en concurrence avec d'autres Nations, qui pourroient à leur préjudice, y établir un commerce avantageux. Quoi qu'il en soit, les Terres reconnues dans ces Contrées, & découvertes presque toutes par des Navigateurs Hollandois, sont, la *Nouvelle Guinée* ou *Terres des Papous*, la *Nouvelle Bretagne*, la *Carpentarie*, la *Nouvelle Hollande*, la *Terre de Diémen*, & la *Terre du S. Esprit*. On peut y ajouter les *Isles de Salomon*, qui, selon d'habiles Géographes, ne sont guères éloignées de la Terre du S. Esprit.

§. I. *De la Nouvelle Guinée.*

Elle s'étend depuis le premier dégré de latitude Méridionale jusqu'au neuvième, & depuis le cent quarante-septième dégré de longitude jusqu'au cent soixante-deuxième. On la nomme aussi Terre des *Papous*, c'est-à-dire, des *Noirs*. Elle fut découverte en 1527, par Alvaro de Salvedra, qui retournant des Moluques à la Nouvelle Espagne, y fut poussé par les vents.

On lui donna le nom de *Nouvelle Guinée*, parceque son terroir & ses Habitans ressemblent à ceux de la Guinée d'Afrique.

On ne sçait pas encore si elle est jointe à la Carpentarie & à la Nouvelle Hollande, ou si c'est une grande Isle. Les terres y paroissent assez fertiles.

Les Hollandois font quelque commerce en ce Pays, dont les Habitans passent pour si vaillans, que les Rois des Isles voisines en prennent à leur solde: quelques-uns payent, dit-on, tribut au Roi de Ternate, l'une des Isles Moluques.

Au Nord-Est est la *Nouvelle-Bretagne*, grande Isle.

§. II. *De la Nouvelle Hollande.*

Cette Terre est entre le cent trentième & le cent

soixantième dégré de longitude, au Midi des Moluques. Elle fut découverte pour la première fois en 1644. Le peu d'Habitans qu'on y a vus étoient noirs, mal faits, avoient la taille haute, mais menue. Ils sont d'ailleurs fort pauvres, & ne diffèrent guère des bêtes que par la figure humaine.

La partie qui est au Nord s'appelle *la Terre de Diémen*; celle qui est à l'Occident, fut la Côte, *Terre de With*, & *Terre d'Endraght*, ou *de la Concorde*; celle qui est au Midi, *Terre de Liewen*.

Au Nord-Est de la Nouvelle Hollande est la *Carpentarie*, qui fut découverte par Carpenter, Hollandois; & à l'Orient, la *Terre Australe du Saint-Esprit*, qu'un Espagnol, nommé Fernand de Quiros, découvrit.

Au Midi de la Nouvelle Hollande, & au quarantième dégré de latitude Méridionale, est une autre *Terre de Diémen*. On ne sçait si elle tient à la Nouvelle Hollande. Elle fut découverte en 1642, par Abel Tasman, Hollandois. Le nom de *Terre de Diémen*, qu'il lui donna, étoit celui du Gouverneur de Batavia. Il y trouva une Baye qu'il nomma *de Frédéric-Henri*, du nom du Prince d'Orange qui vivoit alors.

§. III. *Des Isles de Salomon.*

On rencontre dans la Mer du Sud, entre l'Asie & l'Amérique, un grand nombre d'Isles, dont les principales sont les Isles de Salomon. Elles furent découvertes en 1567, par Alvaro de Mendoza, Espagnol. On dit que le Pays est bon, l'air tempéré, & que la plupart des Habitans sont noirs ou bruns. Mais elles sont très-peu connues. La plus grande de ces Isles se nomme *Isabelle*. On a prétendu que ces Isles étoient abondantes en or; & c'est pour cela qu'on leur a donné le nom de Salomon, comme si ce Prince y eût fait commerce.

GÉOGRAPHIE SACRÉE,

Ou Description des Pays & des Endroits dont il est parlé dans les Saintes Ecritures.

Cette *Géographie* doit être naturellement divisée en deux parties.

La première regarde les premiers Ages du Monde, & les Lieux où ont demeuré les Patriarches, soit ceux qui sont les Pères du Genre Humain, soit en particulier ceux qui sont les Chefs du Peuple d'Israel, que Dieu a fait dépositaire de ses volontés sur les hommes, & qu'il s'est consacré à son service, pendant que les autres Nations s'abandonnoient entièrement à l'Idolâtrie. On y a joint quelques Lieux éloignés de la Judée dont les Livres Saints ont fait mention.

Dans la seconde partie il est question de la *Judée*, qu'on appelle *Terre-Sainte*, depuis que Jesus-Christ l'a sanctifiée par ses Mystères. On y indique les différentes Divisions qu'on a faites de ce Pays, suivant les Révolutions successives qu'il a éprouvées. Elle contient aussi quelques remarques sur les Peuples voisins, dont l'Histoire se trouve mêlée avec celle des Israélites.

PREMIÈRE PARTIE.

Géographie des Patriarches ou des premiers Ages du Monde, avec l'indication des principaux endroits des mêmes Pays où il est arrivé quelque événement célèbre pendant la Captivité, & même au commencement de la Prédication de l'Evangile par les Apôtres.

Dans cette Partie de la Géographie Sacrée, on considère principalement XIII Pays de l'Asie *Occidentale*, qui sont renfermés entre le Pont-Euxin ou la *Mer Noire*, la Mer Caspienne, la partie la plus Orientale de la Mer Méditerranée, la Mer Rouge, & le Golfe Persique. C'est dans cette espèce de quarré, que se sont passés les faits rapportés dans l'Histoire Sainte (*a*).

On y trouve au Nord trois Pays: l'*Arménie*: à son Orient, la *Médie*; à son Occident, l'*Asie Mineure*.

Au milieu, six Pays: le *Pays de Chanaan*, appellé dans la suite *Judée* & *Terre-Sainte*: la *Phénicie*: le *Pays d'Aram* ou la *Syrie*: la *Mésopotamie*: l'*Assyrie*: la *Babylonie*.

A l'Orient, le *Pays d'Elam*, ou la *Perse*.

Au Midi, deux Pays: l'*Egypte*, & l'*Arabie*.

A l'Occident étoit l'Isle de *Cypre*, dont il n'est parlé dans l'Ecriture Sainte qu'à l'occasion des pré-

---

(*a*) M. Buache a fait pour l'Institution de M. le Duc de Bourgogne une Carte de demi-feuille, relative à ceci.

dications de S. Paul à *Salamine* & à *Paphos*, où il convertit le Proconsul *Sergius Paulus*; c'est pourquoi nous n'en dirons rien davantage.

Les endroits des Pays dont nous venons de parler, les plus célèbres par rapport à l'Histoire & à la Géographie Sacrée, sont:

I. Dans l'Arménie.

EDEN, Pays où étoit le PARADIS TERRESTRE, dans lequel le premier Homme fut mis aussitôt après sa création. Le sentiment le plus probable, est que le Paradis Terrestre étoit dans l'Arménie. Quelques-uns supposent qu'il étoit dans la Babylonie, & d'autres dans la Judée. On trouve dans l'Arménie les sources des quatre Fleuves dont parle Moyse; sçavoir, l'*Euphrate*, le *Tigre*, le *Phison* & le *Gehon*. Il n'y a aucun doute sur les deux premiers; & les deux derniers peuvent être reconnus par le témoignage des plus anciens Géographes, Hérodote & Xénophon.

ARARAT, Montagne très-haute, sur laquelle s'arrêta l'Arche de *Noé*, lors du Déluge universel, qui fit périr tout le Genre Humain, à l'exception de *Noé*, & de ses trois fils, *Japhet*, *Sem* & *Cham*, qui ont repeuplé la terre, & qui sont les Pères de tous ceux qui l'habitent aujourd'hui.

JAPHET, l'aîné, eut sept enfans: Gomer, Magog, Madaï, Javan, Tubal, Mosoch & Thiras. SEM eut cinq enfans: Elam, Assur, Arphaxad, Lud & Aram. CHAM eut quatre enfans: Cus, Mezraïm, Phut & Chanaan.

LUD, quatrième fils de *Sem*, eut son partage dans la partie Occidentale de l'Arménie, & près des sinuosités que l'Euphrate fait vers sa source; ce qui a rapport au nom de *Lud*, duquel peuvent être venus dans la suite les Lydiens, anciens Peuples fameux de l'Asie Mineure.

ARPHAXAD, troisième fils de *Sem*, & l'un des

ayeux d'*Abraham*, paroît avoir habité au Midi de l'Arménie, & dans les Contrées voisines. Ses descendans par *Jectan*, traversèrent la Perse, & allèrent les uns aux Indes, les autres dans l'Arabie Méridionale; pendant que ceux qui descendoient de *Phaleg*, demeurèrent près du Tigre & dans la Mésopotamie Septentrionale. Ce fut dans ce dernier Pays que Dieu appella *Abraham*, de qui viennent les *Hébreux*, ou les Juifs, & une grande partie des Arabes, entr'autres les *Ismaélites*.

Au Nord de l'Arménie demeura MAGOG, second fils de Japhet, & Père des Scythes, qui sont les anciens Peuples du Nord de l'Asie & de l'Europe : quelques-uns d'eux ont commencé à peupler l'Amérique.

II. Dans la MÉDIE.

MADAI, troisième fils de Japhet, y eut son partage, & lui donna son nom : ainsi il est le Père des *Mèdes*, Peuples fameux de l'Orient, & qui se sont unis aux Perses.

ECBATANE étoit la Capitale. Ce fut là que le jeune *Tobie*, pendant la Captivité, épousa *Sara*; ayant été conduit en ce Pays, de Ninive dans l'Assyrie, par un Ange.

III. Dans l'ASIE MINEURE.

GOMER, fils aîné de *Japhet*, demeura d'abord dans la partie Septentrionale, & voisine du Pont-Euxin, d'où ses descendans ont passé en Europe, & se sont étendus peu-à-peu jusqu'aux parties les plus Occidentales. Ainsi il doit être regardé comme le Père des premiers Habitans de la Hongrie, de l'Allemagne, de la France, &c. En Angleterre son nom semble encore se conserver dans celui de la Langue des Gallois, laquelle s'appelle Langue de *Gomraeg*.

JAVAN ou ION, quatrième fils de *Japhet*, eut son partage au Midi de l'Asie Mineure, & fut le Père des *Grecs* ou *Ioniens*, qui étant passés en Europe par les Isles de l'*Archipel*, peuplèrent la Grèce, & ensuite l'Italie Méridionale. Alexandre, Auteur de la troisième des grandes Monarchies anciennes, est appellé dans l'Ecriture Roi de *Javan*; & la Macédoine dont il étoit originairement Roi, avant que d'avoir réduit toute la Grèce sous sa puissance, y est nommée *Céthim*: c'étoit le nom de l'un des fils de Javan.

Ces deux fils de Japhet, sont avec **Magog** & **Madaï**, les plus illustres; & c'est pour cela qu'on en doit faire une mention particulière. Ils eurent encore trois autres frères, qui paroissent avoir habité d'abord avec eux dans l'Asie Mineure, sçavoir:

THIRAS (septième & dernier fils), qui fut le Père des *Thraces*: s'étant établi dans la partie de l'Europe la plus voisine de l'Asie Mineure, près de la Propontide, ou Mer de Marmara.

TUBAL & MOSOCH, (cinquième & sixième fils de Japhet), s'allèrent établir au Nord-Est, entre l'Arménie & le Pont-Euxin, & furent les Pères des Nations qui se mêlèrent avec les Scythes, descendans de *Magog*. Plusieurs Auteurs ont remarqué que les *Mosques* & les *Tibaréniens*, de qui sont venus les Ibériens & les Géorgiens, habitoient autrefois en cet endroit.

TARSE, au Sud-Est de l'Asie Mineure; c'est la patrie de l'Apôtre S. Paul. Elle subsiste encore comme la suivante.

ICONE, au milieu: c'étoit l'une des principales Villes de l'Asie Mineure, & où ce même Apôtre prêcha d'abord l'Evangile, avant que de s'avancer plus à l'Occident. On l'appelle aujourd'hui Cogny.

Dans ce même Pays étoient, à l'extrémité Occidentale, mais en tirant au Sud, les sept Eglises dont S. Jean parle dans l'Apocalypse ; sçavoir, *Ephése* Métropole, *Smyrne*, *Pergame*, *Thyatire*, *Sardes*, *Philadelphie* & *Laodicée*.

Au milieu, vers le Nord, & près du Pont-Euxin, étoient les *Galates*, descendans de *Gomer*. Saint Paul leur a prêché l'Evangile. Une de ses Epîtres leur est adressée.

IV. *Dans le Pays de* CHANAAN, *appellé depuis* JUDÉE.

CHANAAN, quatrième fils de *Cham*, eut son partage dans ce Pays, & lui donna son nom. Ses enfans en furent dépossédés par les Israélites; mais il en resta dans le voisinage, comme on le dira plus bas. Il faut observer auparavant, que des onze enfans de Chanaan sortirent autant de Peuples, qui étoient réduits dans ce Pays à sept, lorsque les *Hébreux* en furent mis en possession par Josué, les autres s'étant alors répandus ailleurs. On nommera ces sept Peuples dans la description de la Judée, ainsi que les Villes *Royales* qu'ils y avoient. Il suffit de faire remarquer ici les Villes les plus célèbres dans l'Histoire des Patriarches, Abraham, Isaac & Jacob : ce sont, en commençant par le Nord :

SICHEM, près de laquelle demeura Jacob, & où il acquit un champ qu'il laissa à *Joseph*, l'un de ses douze enfans.

BETHEL *, où Jacob vit en songe une échelle mystérieuse.

SALEM, appellée depuis *Jébus* & ensuite *Jérusalem* : c'étoit la demeure du Roi *Melchisédech*, Prêtre du Très-haut, qui bénit Abraham.

Le Mont MORIA, ou CALVAIRE, près de Jérusalem. On croit que ce fut là qu'Adam fut enterré; Isaac y fut sacrifié en figure, & Jesus-Christ y fut crucifié.

BETHLÉEM, appellée alors *Ephrata*, près de laquelle mourut *Rachel*, l'une des femmes de Jacob.

HEBRON, & BERSABÉE, } dans le voisinage desquelles demeurèrent long-temps Abraham, Isaac, & Jacob.

LA MER MORTE, à l'Orient de ces deux dernières Villes, n'existoit pas avant le temps d'Abraham. Il y avoit en cet endroit une Vallée délicieuse ; mais Dieu, pour punir les crimes de ses Habitans, détruisit leurs Villes, par une pluye de feu qui les consuma.

SODOME en étoit la principale. Avant sa destruction, deux Anges en firent sortir Loth, neveu d'Abraham.

PHILISTIIM, ou les PHILISTINS, descendans de *Mesraïm*, second fils de *Cham* ; ils habitoient au Sud-Ouest du Pays de Chanaan, & près de la Mer Méditerranée. Il en sera parlé dans la suite plus en détail.

GERARE * étoit la Capitale & la résidence de leur Roi, du temps d'Abraham & d'Isaac : elle étoit peu éloignée de Bersabée.

V. *Dans la* PHÉNICIE.

Les Peuples qui l'occupoient, sont nommés dans l'Ecriture Sainte, *Chananéens* ; les Grecs les appellèrent *Phéniciens*, à cause des palmiers qu'ils trouvèrent chez eux. Ils faisoient un grand commerce : aussi le nom de Chanaan signifie *Marchand*, en Hébreu. Ils se sont rendus célèbres par leurs Navigations, & les Colonies qu'ils ont établies autour de la Mer Méditerranée & sur les Côtes de l'Océan. Ils y portèrent les caractères alphabétiques de l'écriture, que l'on croit être ceux de l'ancien Hébreu ou du Samaritain.

SIDON & TYR étoient les principales Villes de la Phénicie. La première fut bâtie par Sidon, fils aîné de Chanaan. La seconde étoit la résidence du Roi *Hiram*, ami du Roi David & de Salomon, à qui il envoya des bois du Mont *Liban*, pour bâtir le Temple de *Jérusalem*. Il y eut dans ces deux Villes des Chrétiens de fort bonne heure, & S. Paul visita ceux de Sidon, en allant à Rome.

VI. *Dans le Pays d'*ARAM, *ou de* SYRIE.

ARAM, cinquième & dernier fils de *Sem*, habita dans ce Pays, ainsi que dans une partie de la Mésopotamie. Il paroît que les *Phéniciens* ou *Chananéens* se répandirent au Midi de la Syrie, puisque les Auteurs Grecs disent que Syrus, qui lui donna son nom, étoit fils de *Phénix*, & que d'ailleurs les Romains appellèrent la partie Méridionale de la Syrie, *Phénicie du Liban* ou *de Damas*.

LIBAN, chaîne de montagnes, qui avoit autrefois de très-beaux cèdres, & où l'on en voit encore quelques-uns : on s'en servit pour bâtir le Temple de Jérusalem.

DAMAS, au Midi : c'étoit la Capitale des premiers Rois de Syrie, qui furent assujétis par David & par Salomon ; mais qui s'étant relevés ensuite, opprimèrent les Rois d'Israël.

PALMYRE ou TADMOR, à l'Orient, dans un petit Pays très-fertile, mais tout environné de déserts sablonneux. Cette Ville fut bâtie par *Salomon*, dont le Royaume s'étendoit de ce côté jusqu'à l'Euphrate. Elle a été très-célèbre dans le troisième siècle, du temps d'Odénat & de Zénobie. On y voit encore les ruines les plus magnifiques.

ANTIOCHE, au Nord, sur l'Oronte, appellé aujourd'hui l'*Assi*. C'étoit la Capitale des seconds Rois de Syrie, successeurs d'*Alexandre*, & qui ont porté la plûpart le nom d'*Antiochus* : ils affligèrent beaucoup les Juifs, sur-tout du temps des Machabées. Ce fut dans cette Ville que ceux qui crurent à la Prédication des Apôtres, prirent les premiers le nom de Chrétiens.

VII. *Dans la* Mesopotamie.

Les Plaines de Sennaar, au Midi : elles s'étendoient aussi dans la Babylonie, entre le *Tigre*, & l'*Euphrate* qui est appelé dans l'Ecriture, le *grand Fleuve*. Les hommes étoient réunis dans ces Plaines avant la confusion des langues ; mais lorsqu'ils eurent commencé à bâtir la *Tour de Babel*, Dieu en confondant leur langage, les força de se disperser pour peupler la Terre. *Babel* signifie confusion.

Ur *des Chaldéens*, au Nord : c'étoit la patrie du Patriarche *Abraham*, qui descendoit d'*Arphaxad*, troisième fils de *Sem*.

Haran, aussi au Nord, mais vers l'Occident. Ce fut-là où mourut *Tharé*, père d'Abraham, & où arriva ensuite ce qu'on appelle la *Vocation d'Abraham*, lorsque Dieu lui commanda de sortir de son Pays & de sa parenté, pour aller dans la Terre qu'il lui montreroit, & qu'il lui promit ensuite de donner à sa postérité : (c'étoit le *Pays de Chanaan*.) Abraham envoya dans la suite chercher à *Haran* une fille de sa parenté, pour la faire épouser à son fils Isaac : (ce fut Rebecca ;) & Jacob y étant allé, y demeura vingt ans, & y épousa deux de ses parentes, Lia & Rachel.

La *Mésopotamie* a eu un Roi nommé *Chusan-Rasathaïm*, qui mit les *Hébreux* en servitude après la mort de *Josué*.

Chaboras, Rivière fameuse par les visions prophétiques qu'eut dans son voisinage *Ezéchiel*, pendant la Captivité des Enfans d'Israël.

VIII. *Dans l'*Assyrie.

Assur, second fils de *Sem*, eut ce Pays en partage, & lui donna son nom, comme aux *Assyriens*. Ces Peuples, avec les *Babyloniens*, ont formé la première des quatre grandes Monarchies anciennes.

Ninive, *Capitale*, appellée *la Grande*, dès le temps de Moyse. Le Prophète *Jonas* y vint dans la suite prêcher la pénitence. Ce furent les Rois de ce Pays qui détruisirent le Royaume d'Israel, & emmenèrent les dix Tribus qui le composoient, en captivité dans leurs Etats, au-delà de l'Euphrate : c'est ce qui fit que Tobie, entr'autres, demeura & mourut à Ninive.

IX. *Dans la* Babylonie.

La Tour de Babel, d'où se fit après le Déluge, la Dispersion des hommes, alors partagés en trois Races, issues des trois fils de Noé. Les enfans de Sem s'établirent au milieu de l'Asie & à l'Orient : ceux de Cham, vers le Sud-Est & en Afrique : ceux de Japhet, à l'Occident & en Europe, comme au Nord de l'Asie.

Cus, fils aîné de *Cham*, demeura dans la Babylonie avec ses enfans, qui se répandirent ensuite dans le voisinage, mais sur-tout en *Arabie*, d'où ils passèrent en Afrique avec leurs frères. Le nom de Cus subsiste encore dans un Pays à l'Orient de l'embouchure de l'Euphrate & du Tigre, qui se nomme *Cusistan*.

Babylone, Capitale de la Babylonie. Cette Ville étoit le siège de *Nemrod*, fils de *Cus*, qui y érigea le premier Royaume. Elle fut dans la suite augmentée & embellie par son Roi *Nabuchodonosor*. C'est ce Prince qui détruisit le Royaume de Juda, & qui en transporta les Habitans en captivité dans ses Etats, environ 600 ans avant Jesus-Christ.

X. *Dans le Pays d'*Elam, *ou la Perse*.

Elam, fils aîné de *Sem*, eut son partage dans ce

Pays, qui du tems d'Abraham avoit un Roi très-puissant, nommé *Chodor-laomor.* Ce Prince s'assujétit une partie du Pays de Chanaan, & étant venu y faire la guerre avec trois Rois de ses voisins, (entr'autres, celui de Sennaar ou de Babylone,) il fut défait par Abraham.

Suse, qui devint dans la suite Capitale du Pays d'Elam ou de la Perse. Ce fut en cette Ville que, pendant la Captivité, arriva l'Histoire d'*Esther* & de *Mardochée*. *Daniel* y demeura aussi, & y eut ses visions prophétiques sur les quatre grandes Monarchies des *Babyloniens*, des *Perses*, des *Grecs* & des *Romains*, ainsi que sur l'Empire spirituel du Messie, dont le temps précis lui fut révélé.

XI. *Dans l'*Egypte.

Mezraïm, second fils de *Cham*, demeura en ce Pays, d'où l'Idolâtrie s'est répandue par-tout. *Cham* paroît y avoir été adoré sous le nom de Jupiter Hammon, & l'Egypte est quelquefois appellée la *Terre de Cham*.

Phut, troisième fils de *Cham*, après avoir demeuré quelque temps avec son frère en Egypte, passa à l'Occident, dans la *Cyrénaïque*, & ensuite ses enfans s'avancèrent plus loin sur la Côte septentrionale de l'Afrique, qu'on nomme aujourd'hui *Barbarie*. De-là vient que les Pays de Fez & de Maroc se nommoient autrefois *Phut*.

Gessen, partie Orientale de la basse Egypte, & à la droite du Nil. Joseph, devenu le premier Ministre du Royaume, y fit venir & demeurer les Israélites ses frères.

Ramessès, Ville bâtie par les Israélites durant leur servitude, & d'où ils partirent pour sortir de l'Egypte, & passer la *Mer Rouge*, sous la conduite de Moyse.

Tanis, Capitale de l'Egypte du temps de Moyse,

qui y fit ſes Miracles pour forcer le Roi Pharaon à laiſſer ſortir les Iſraélites de l'Egypte.

Memphis, depuis Capitale, & contre laquelle les Prophètes ont prédit les grands maux qui devoient arriver à l'Egypte de la part de Nabuchodonoſor & des Rois de Perſe. Cette Ville étoit vis-à-vis *le Caire*, aujourd'hui Capitale, & qui eſt à la droite du Nil. Les Pyramides étoient près de Memphis.

Alexandrie, Capitale ſous les Rois Grecs d'Egypte, ſucceſſeurs d'Alexandre. S. Marc y vint prêcher l'Evangile, & en fut le premier Evêque.

XII. *Dans l'*Arabie.

Cus, fils aîné de *Cham*, demeura en partie dans ce Pays, d'où pluſieurs de ſes enfans paſsèrent en Afrique.

Jectan, ou plutôt quelques-uns de ſes fils, qui deſcendoient de *Sem* par *Arphaxad*, vinrent s'établir au Midi de l'Arabie, dans la partie appellée l'*Arabie Heureuſe*.

Moab & Ammon, fils de *Loth*, neveu d'Abraham, demeurèrent dans la partie Occidentale, comme ceux qui ſuivent.

Edom ou *Eſaü*, frère de Jacob, fut Père des *Iduméens* & des *Amalécites*.

Hus, Pays de *Job*, étoit dans leur voiſinage, vers l'Orient.

Madian & les autres deſcendans de *Céthura* & d'Abraham, habitèrent auſſi dans la même Contrée, plus au Midi. Moyſe s'y retira pour éviter la perſécution d'Egypte: il y demeura quarante ans, & épouſa *Séphora*, fille de *Jéthro*, qui étoit l'un des Princes de Madian, & Prêtre du Seigneur.

Ismael & ſes douze fils, deſcendans d'*Agar* & d'Abraham. Les Iſmaélites ſe ſont rendus maîtres de toute l'Arabie, & ont vérifié juſqu'à nos jours la Prophétie faite à la naiſſance d'Iſmaël leur Père,

Tome II. X

qu'il seroit un homme fier & sauvage, & qu'il leveroit la main contre tous. (*Genèse*, *Chap.* 16.) On peut voir sur cela le dernier Volume du *Spectacle de la Nature* par M. Pluche. Les Ismaélites ou Arabes, se sont répandus à l'Orient, sur les Côtes de l'Asie, jusqu'aux Isles *Moluques*; & à l'Occident sur les Côtes d'Afrique jusqu'à *Sofala*, & de plus par-tout où a été porté par les armes la Religion Mahométane, qui a pris naissance parmi eux, l'an 622 de Jesus-Christ.

Toutes ces différentes peuplades faites en *Arabie*, dont nous venons de parler, donnent lieu de croire que la vraie signification de son nom, est *Pays de Peuples mêlés ensemble*, comme cela est arrivé en effet.

Le DÉSERT où *les Israélites voyagèrent pendant quarante ans*, après avoir passé la *Mer Rouge*, est la partie Occidentale de l'Arabie, que l'on a nommé ensuite *Arabie Pétrée*. Toute la génération des Israélites qui étoit sortie d'Egypte, périt dans ce Désert, à cause de ses murmures continuels; & il n'y eut que deux hommes de cette génération qui entrèrent dans la *Terre promise*; sçavoir, *Josuè* & *Caleb*. Il faut remarquer dans ce *Désert* trois choses principales : 1°. les *Fontaines de Moyse*, dont les eaux furent rendues douces, d'amères qu'elles étoient auparavant : 2°. les Monts *Sinai* & *Oreb*, où la Loi fut donnée cinquante jours après la sortie d'Egypte : (dans la suite le Prophète *Elie* s'y retira, pour éviter la persécution de *Jésabel*, Reine d'Israel;) 3°. le lieu où fut élevé le *Serpent d'airain*, qui étoit la figure de JESUS-CHRIST, notre Médecin & notre Rédempteur.

ELATH & ASIONGABER, Ports de la Mer Rouge, d'où partoient les Flottes de Salomon, dont le Royaume s'étendoit jusque-là, pour aller faire le commerce de l'or à *Ophir*, que l'on croit être *So-*

fala, sur la Côte de l'Afrique au Sud-Est. Les Rois d'Israël continuèrent ce commerce, dont les Rois de Syrie s'emparèrent ensuite.

Pays de Saba, ou l'*Arabie Heureuse* : ce fut de-là que partit cette Reine, qui vint voir le Roi Salomon & admirer sa sagesse.

Pays des Mages, qui vinrent adorer Jesus-Christ naissant dans l'étable de Bethléem, conduits par une étoile miraculeuse. Plusieurs textes de l'Ecriture donnent lieu de croire qu'ils étoient Rois en Arabie. Le nom de *Mages* prouve qu'ils étoient de la Religion de Perse, & par conséquent dans son voisinage.

Saint Paul ayant été miraculeusement converti près de Damas, se retira ensuite en Arabie, où il demeura trois ans.

Autres Pays éloignés dont il est parlé dans l'Ecriture-Sainte.

Tarsis : ce nom paroît convenir à plusieurs lieux maritimes, où se faisoit quelque commerce ; mais le plus célèbre étoit le Pays le plus Occidental ; sçavoir, l'*Espagne*. Jonas s'embarqua à *Joppé* pour y aller, au lieu de se transporter à Ninive, qui étoit vers l'Orient, comme Dieu le lui avoit ordonné.

Ophir : on a déja dit que c'étoit la Côte Orientale de l'Afrique, vers *Sofala*, où se faisoit le commerce de l'or, comme il s'y fait encore, la plus grande quantité d'or se tirant du Mont *Fura*. Ce fut par ce moyen que David & Salomon amassèrent de grandes richesses, pour bâtir un Temple magnifique au Seigneur.

Javan : c'est proprement le nom de la *Grèce*, qui forme aujourd'hui la partie Méridionale de la *Turquie Européenne*.

Cethim, étoit l'ancien nom de la *Macédoine*, au Nord de la Grèce.

Elisa, Pays fameux par ses Manufactures de pourpre, dont les Prophètes ont parlé : c'est l'*Elide*, qui faisoit partie du *Péloponèse*, aujourd'hui la *Morée*, au Midi de la Grèce.

Lacedemone, Ville considérable du *Péloponèse*, avec laquelle les Juifs firent alliance du temps du Grand-Prêtre Onias & des Machabées. Les Lacédémoniens leur avoient écrit d'abord, ayant trouvé dans leurs Archives qu'ils étoient frères, comme descendans également d'Abraham. Ce furent apparemment des Iduméens qui contribuèrent à la fondation de Lacédémone.

Rome, en Italie. Les Juifs firent alliance avec les Romains du temps de Judas Machabée. Dans la suite, Pompée, Général des troupes Romaines, rendit la Judée tributaire, & cent dix ans après, (c'est-à-dire, l'an soixante-dix de Jesus-Christ,) Titus, fils de l'Empereur Vespasien, détruisit la Ville de Jérusalem, & exerça sur la Nation Juive les jugemens de Dieu, qu'elle avoit irrité en rejettant Jesus-Christ son Fils, le véritable Messie.

SECONDE PARTIE.

Description de la Judée, ou Terre-Sainte.

La Judée est bornée au Nord par la Phénicie & le Mont Liban, qui la sépare de la Syrie ; à l'Orient, par les Monts Hermon, Sanir & Galaad (a) & par l'Arabie ; au Midi, par le Mont Séir, & l'Idumée ou l'Arabie Pétrée ; & à l'Occident, par la Mer Méditerranée, nommée autrement la *Grande Mer*, ou la *Mer Occidentale*.

(a) *Galaad* signifie Monceau du témoignage, & ce nom lui vint de l'alliance que Jacob fit en ce lieu avec Laban.

DESCRIPTION DE LA JUDÉE.

Elle s'étend depuis le trente-unième dégré de latitude septentrionale, jusqu'au trente-troisième trente minutes, & depuis le cinquante-unième quarante minutes, jusqu'au cinquante-cinquième de longitude.

Elle a été nommée :

1. *Terre de Chanaan*, parcequ'elle fut d'abord habitée par des Chananéens ; & l'on y comptoit sept Peuples, divisés chacun en une trentaine de Royaumes, lorsque les Israélites s'y établirent sous Josué, environ 1500 ans avant Jesus-Christ.

2. *Terre promise*, parceque Dieu avoit promis de la donner à la postérité des Patriarches Abraham, Isaac & Jacob, qui y vécurent comme étrangers.

3. *Terre des Hébreux* ou *Israélites*, depuis Josué, qui la divisa en douze Tribus.

4. *Royaume de Juda*, & *Royaume d'Israel*, depuis Roboam, fils de Salomon. Le Royaume de Juda, qui resta à ce Prince & à sa postérité, ne contenoit que le partage des Tribus de *Juda* & de *Benjamin* ; celui d'Israel étoit composé des dix autres Tribus. Les Habitans de ces deux Royaumes furent menés en captivité dans les Etats de Babylone & d'Assyrie.

5. *Judée*, depuis le Retour de la Captivité, dont les Juifs furent redevables à Cyrus, Roi de Perse. La plus grande partie de ceux qui revinrent dans leur Pays, étoient de la Tribu de Juda, & ce fut pour cela que le Pays entier fut ensuite appellé *Judée*.

6. *Palestine*, parceque les Grecs & les Romains, ayant d'abord connu, par le commerce, les Palestins ou Philistins, ils donnèrent leur nom à tout le Pays voisin.

7. *Terre-Sainte* : c'est ainsi que les Chrétiens l'ont appellée, à cause des mystères que JESUS-CHRIST notre Sauveur y a opérés.

Les sept Peuples Chananéens dont nous avons

parlé, sont : 1. Les *Héthéens*, qui habitoient au Midi, à *Hébron*, &c. 2. Les *Amorrhéens*, qui se rendirent maîtres du Pays au-delà du Jourdain, c'est-à-dire, de la partie Orientale : 3. Les *Gergéséens*, qui demeuroient près du *Lac de Génézareth* : 4. Les *Chananéens* proprement dits, qui habitoient la partie Septentrionale du Pays endeçà du Jourdain, ou à l'Occident : 5. Les *Phéréséens*, qui occupoient le milieu, aux environs de *Sichem* : 6. Les *Hévéens*, qui étoient au Nord près du Mont *Liban* : 7. Les *Jébuséens*, au milieu & aux environs de *Jérusalem*, nommés à cause d'eux *Jébus*.

Ces Peuples ayant été vaincus par Josué, tout le Pays fut donné aux douze Tribus des Israélites, & partagé en douze Cantons : deux & demi au-delà, ou à l'Orient du Jourdain ; & neuf & demi endeçà, ou à l'Occident de ce Fleuve, & du côté de la Mer Méditerranée.

Le *Jourdain* qui sépare ce Pays en deux grandes parties, est proprement l'unique Rivière de la Judée. Il a deux sources au Nord de la Ville de Dan ou de Césarée de Philippe ; mais on regardoit autrefois comme sa vraie source, au rapport de l'Historien Josephe, une Fontaine nommée *Phiala*, sur le chemin de Damas, au Nord de la demi-Tribu de Manassé. Les eaux de cette Fontaine ne se rendent au Jourdain que par-dessous terre. Ce Fleuve coule du Nord au Sud, traverse le Lac de Génézareth, ou de Galilée, & se jette dans la Mer Morte.

On remarque dans la Judée plusieurs Torrens, ou Rivières qui ne coulent qu'en certains temps. Il y en a deux au-delà du Jourdain, dont le premier se nomme le Torrent de *Jaboc*, & se jette dans le Jourdain au-dessous de la Mer de Galilée. Le second est le Torrent d'*Arnon*, qui prend sa source dans la Tribu de Gad, sort du Lac de Jaser, & se jette dans la Mer Morte. Il y en a quatre principaux en-deçà du Jourdain, du Sud au Nord: 1. le Torrent d'*Egypte*, ou de *Besor*, qui se jette dans la Méditerranée: 2. le Torrent de *Sorec*, qui sépare la Tribu de Siméon de celle de Dan, & se jette aussi dans la Méditerranée, après avoir traversé le Pays des Philistins: 3. le Torrent de *Cédron*, qui prend sa source près de Jérusalem, & se jette dans la Mer Morte: 4. le Torrent de *Cison*, qui sépare la Tribu d'Issachar de celle de Zabulon, prend sa source auprès du Mont Thabor, & se jette dans la Méditerranée. Un autre Torrent sort de la même Montagne, & coule dans la Mer de Galilée.

Nous avons parlé plus haut des Montagnes qui bornent la Judée ; on en remarque plusieurs dans l'intérieur du Pays. Ces Montagnes sont celles de la *Judée* propre, ou d'*Hébron*, dans la Tribu de Juda: celle du *Calvaire*, dans la Tribu de Benjamin, à l'Occident de Jérusalem ; & celle des *Oliviers*, à l'Orient: les Montagnes d'*Ephraïm*, dans la Tribu d'Ephraïm: celles de *Sichem*, d'*Hébal* & de *Garisim*, dans la même Tribu: celles de *Gelboé*, & du *Carmel*, dans la Tribu d'*Issachar*, & enfin, le *Tabor*, dans celle de Zabulon.

CHAPITRE PREMIER.

Division de la Judée en douze Tribus.

QUOIQUE le Peuple d'Israël ne fût composé que de douze Familles ou Tribus, la Judée se trouvoit partagée en treize parties, la Tribu de Manassé occupant deux portions, l'une en-deçà, & l'autre au-delà du Jourdain ; sans compter la Tribu de *Lévi*, qui n'eut point en partage un Canton particulier.

Les deux Tribus & demie au-delà du Jourdain, ou à l'Orient, sont, du Sud au Nord, *Ruben*, *Gad*, & la *demi-Tribu de Manassé*. Il y en avoit neuf & demie en-deçà, ou à l'Occident. Celles-ci peuvent se partager en deux parties; sçavoir, six dans le milieu, & trois le long de la Méditerranée. Les six du milieu, du Sud au Nord, sont, *Juda*, *Benjamin*, *Ephraïm*, la *demi-Tribu de Manassé*, *Issachar*, *Zabulon* & *Nephtali*. Les trois vers la Méditerranée sont, *Siméon*, *Dan*, & *Aser* qui étoit à l'extrémité Septentrionale de la Judée.

Les Villes les plus remarquables de ces douze Tribus se divisent en trois classes: les Villes autrefois *Royales*, au nombre de trente-six: les Villes *Lévitiques*, au nombre de quarante-huit; & les six Villes de *Réfuge*.

Les *Villes Royales* sont celles qui avoient des Rois Chananéens, quand les Israélites entrèrent dans le Pays.

Les *Villes Lévitiques* furent désignées par Josué, selon l'ordre qu'il en avoit reçu de Dieu, pour servir d'habitation à la Tribu de Lévi, qui étant destinée au service du Tabernacle, & ensuite du Temple, n'avoit point eu de partage, comme les autres, dans la distribution des terres du Pays de Chanaan, mais étoit dispersée par toutes les Tribus, pour être en état des les instruire. Outre les dixmes, les Lévites possédoient des pâturages autour des Villes de leurs habitations, pour nourrir leurs troupeaux.

Les *Villes de Réfuge* servoient de retraite à ceux qui, par accident & contre leur volonté, avoient tué quelqu'un. Ils étoient obligés d'y rester jusqu'à la mort du Grand-Prêtre.

Il y avoit trois de ces dernières au-delà du Jourdain, c'est-à-dire à l'Orient; sçavoir, *Bosor*, dans la Tribu de Ruben; *Ramoth-Galaad*, dans la Tribu de Gad, & *Gaulon*, dans la demi-Tribu de Manaſſé. Les trois autres étoient en-deçà du Jourdain, à l'Occident : *Cariath-Arbé*, ou *Hébron*, dans la Tribu de Juda, *Bethel*, ou *Sichem*, dans celle d'Ephraïm, & *Cedès*, en Nephtali.

§. I. *Des Tribus au-delà du Jourdain.*

Ce Pays fut le premier occupé par les Iſraélites, après la défaite de Séhon, Roi des Amorrhéens, & d'Og, Roi de Baſan.

I.

Dans la Tribu de RUBEN, les principales Villes étoient,

MADIAN, Ville *Royale*, au Midi.

MEPHAAT, Ville *Lévitique*, ſur le Torrent d'Arnon.

MEDABA, ſur le même Torrent.

BOSOR, Ville de *Réfuge*, & *Lévitique*, au Nord-Oueſt de Medaba.

HESEBON, au Nord de Boſor, Ville *Royale* & *Lévitique*. Séhon, Roi des Amorrhéens, y demeuroit.

MACHERUS, près l'embouchure du Jourdain dans la Mer Morte, Château très-fort, dans lequel la Reine Alexandre mit ce qu'elle avoit de plus précieux, & qui ſervit de retraite à Ariſtobule, qui y fut pris par Gabinius, & envoyé à Rome. L'Hiſtorien Joſephe aſſure qu'Hérode Antipas y fit renfermer S. Jean-Baptiſte. Près de ce Château étoit *Callirhoé*, lieu fameux pour ſes eaux chaudes, auxquelles Hérode le Grand eut recours.

ASEDOTH-PHASGA, près le mont Phaſga, dans le milieu de la Tribu de Ruben.

BETHPHOGOR, près le Mont Phogor, au Nord de la précédente : ſon nom vient du Temple de Phogor, Dieu infame des Amorrhéens.

X 5

JASSA, *Lévitique*, à l'Orient de Bethphogor : ce fut près de cette Ville que Séhon fut défait par Moyse.

BETHABARA, au Nord-Ouest de Bethphogor, près du Jourdain. On croit que c'est en cet endroit que les Israélites passèrent le Jourdain : son nom signifie en effet, *Maison du passage*. C'est là aussi où S. Jean baptisoit. Elle est nommée *Béthanie* dans la Vulgate.

II.

Dans la Tribu de GAD.

JASER, *Lévitique*, près le Lac de Jaser.

DABIR, près du Jourdain.

BETHARAN, ou JULIADE, au Nord de Dabir. Elle fut fortifiée par Hérode Antipas, qui la nomma *Juliade*, en l'honneur de Julie, femme de l'Empereur Tibère.

SOCOTH, près du Jourdain, nommée ainsi par Jacob, parcequ'il y dressa ses *tentes*, à son retour de Mésopotamie.

THÈBES, patrie du Prophète Elie, à l'Orient de Betharan.

RAMOT-HGALAAD, Ville *Lévitique* & de *Réfuge*, au Nord-Est, célèbre par la mort d'Achab, Roi d'Israel, qui y fut tué, selon la prédiction du Prophète Michée. Joram, fils d'Achab, y fut aussi blessé, dans la guerre qu'il fit à Hazael, Roi de Damas ou de Syrie.

MASPHA, au Sud-Est de Ramoth : auprès de cette Ville Jephté défit les Madianites, & remit le Peuple d'Israel en liberté.

RABBA, ou PHILADELPHIE, au Nord de Maspha. C'a été pendant un temps la Capitale des Ammonites. Elle fut prise par David, après avoir été long-temps assiégée par Joab, Général de ses armées. On y gardoit le lit de fer d'Og, Roi de Basan, qui prouvoit quelle étoit sa taille gigantesque.

Description de la Judée.

MAHANAÏM, *Lévitique*, au Nord-Ouest, sur le Torrent de Jaboc. Ce fut Jacob qui lui donna ce nom, qui signifie *Camp de Dieu*, parcequ'il y rencontra une troupe d'Anges, comme il revenoit de Mésopotamie.

PHANUEL, plus au Midi : Jacob y lutta contre un Ange, qui le bénit ensuite, & lui donna le nom d'*Israël*, c'est-à-dire, *fort contre Dieu*.

Près de cette Ville étoit la *Forêt d'Ephraïm*, où Absalon, révolté contre son père David, fut défait & tué.

III.

Dans la demi-Tribu de MANASSÉ.

GADARA, Ville forte, au Midi, & auprès de laquelle il y avoit des bains d'eaux chaudes. Josephe la nomme la Capitale de la *Pérée*, c'est-à-dire, du *Pays au-delà du Jourdain*.

JABÈS-GALAAD, à l'Orient de Gadara. Cette Ville est célèbre dans l'Ecriture, parceque ses Habitans ne s'étant pas trouvés avec les autres Israélites pour punir le crime des Benjamites envers la femme du Lévite, ils furent mis à mort, & on ne réserva que les filles. Ils témoignèrent leur reconnoissance envers Saül, qui les avoit délivrés du siège des Ammonites, en détachant son corps des murs de Bethsan, où il avoit été suspendu par les Philistins.

PELLA, à l'Orient de Jabès-Galaad. Cette petite Ville est remarquable pour avoir été la retraite des Juifs devenus Chrétiens, lors du dernier siège de Jérusalem par Titus, qui fut suivi de la destruction de cette Ville. Josephe la donne comme servant de borne, du côté du Nord, à la *Pérée*, qui est le Pays au-delà du Jourdain.

GAULON, Ville de *Réfuge* & *Lévitique*, au Nord de Pella.

ASTAROTH, *ou* BASAN, BAESTRA & CARNAIM

au Nord de Gaulon, *Royale & Lévitique;* c'étoit la résidence du Roi Og, Amorrhéen, qui étoit un géant que les Israélites défirent & dépouillèrent de ses Etats.

GESSUR, au Nord de cette Tribu. C'est dans cette Ville qu'Absalon, après avoir tué son frère Ammon, se réfugia vers Tolmaï, son ayeul maternel, qui en étoit Roi; & il y demeura trois ans.

AURAN, au Midi de Gessur, Capitale d'une contrée nommée *Auranite.* L'Historien Joseph joint toujours l'Auranite à la Batanée & à la Trachonite. Auguste donna ce dernier Pays à Hérode, & ensuite à son fils Philippe.

GERASA, au Sud-Ouest de cette Tribu. C'est dans le Pays des Géraséniens, auxquels elle donnoit son nom, que Jesus-Christ chassa une légion de démons du corps d'un possédé.

CAPHARNAUM, dont il est souvent parlé dans l'Evangile, près de la Mer de Galilée, ainsi que,

BETSAÏDE, ou JULIADE, patrie des Apôtres S. Pierre & S. André. Elle fut augmentée par Philippe le Tétrarque, qui l'appella Juliade, du nom de Julie, fille d'Auguste.

§. II. *Des six Tribus & demie en deçà du Jourdain, & au milieu.*

I.

La Tribu de Juda a pour principales Villes:

EDER, ou HERED, au Sud, *Royale,* près du Désert de Sin, ou de Judée.

CARIATH-SEPHER, ou DABIR, *Royale & Lévitique,* au Nord d'Eder. Son premier nom signifie la *Ville des Lettres,* & c'étoit comme l'Académie des Chananéens. Elle fut prise sur eux par Othoniel, frère de Caleb, qui lui donna en récompense sa fille Axa en mariage.

Jæta, ou Juta, *Lévitique*, près du Désert de Ziph, qui est à l'Occident de la Mer Morte. C'est dans ce Désert que David se cacha, pour éviter la colère de Saül.

Au Nord de ce Désert est la *Vallée de Bénédiction*, ainsi nommée, à cause de la victoire miraculeuse remportée par Josaphat sur les Ammonites, les Moabites & les Iduméens, qui s'y tuèrent les uns les autres, ensorte qu'il n'en resta pas un seul.

Carmel. Cette Ville est remarquable à cause de la Montagne de même nom, qu'il ne faut pas confondre avec un autre Mont *Carmel* plus considérable, qui se trouve dans la Tribu d'Issachar, & où Elie se retiroit. Le Mont Carmel de Juda est célèbre dans l'Ecriture, par l'Arc de Triomphe que Saül s'y fit ériger après sa victoire sur les Amalécites; & par la demeure de Nabal, homme très-riche, mais si dur, qu'il refusa d'assister David, à qui il avoit obligation, & qui étoit dans un pressant besoin.

Maon, dans le Désert de même nom, où David se retira pour se mettre à couvert de la fureur de Saül.

Asason-Thamar, ou Engaddi, près de la Mer Morte, & de la Vallée des Salines. A l'Occident de cette Ville est la Caverne où Saül se retira, & où David, qui étoit caché avec ses gens, épargna sa vie, & l'appaisa par ses humbles remontrances. Au Sud de cette Ville étoient les Villes de *Sodome* & de *Gomorrhe*, détruites par le feu du ciel, au temps d'Abraham, & que l'on prétend avoir été rétablies dans la suite.

Cariath-Arbé, ou Hébron, Ville *Royale de Réfuge & Lévitique*, dans les Montagnes de la Tribu de Juda. On croit que cette Ville étoit la demeure de Zacharie, père de S. Jean-Baptiste, & d'Elisabeth, qui y fut visitée par la Sainte Vierge. C'est dans cette Ville, la principale de la Tribu de Juda, que régna David pendant sept ans, avant d'être reconnu Roi par toutes les Tribus. Son nom de *Cariath-Arbé*, qui signifie la *Ville des quatre*, vient, selon Bochart, de ce qu'on y enterra Enac & ses trois enfans, dont les espions envoyés par Josué, rapportèrent des choses merveilleuses. Hébron est la plus considérable des Villes données aux Prêtres descendans d'Aaron. Tout près de cette Ville, est la Caverne double, où furent enterrés Sara & Abraham, Isaac & Rebecca, Jacob & Lia. Elle est encore visitée avec respect par les Juifs, les Mahométans & les Chrétiens. Près d'Hébron étoit la *Vallée de Mambré*, où demeurèrent long-temps les Patriarches Abraham, Isaac & Jacob.

JETHER, *Lévitique*, au Sud-Ouest de la Tribu de Juda, & au Midi de celle de Siméon.

JERIMOTH, & ODULLAM, ou SOCHO, } *Royales*, près la Tribu de Dan.

EGLON, LACHIS, } *Royales*, vers le milieu.

BETHLÉEM, appellée d'abord *Ephrata*, petite Ville célèbre par la naissance de David, & par celle de Notre Seigneur JESUS-CHRIST. Près de-là étoit le Sépulcre de Rachel, au Nord; & à l'Orient la Tour du Troupeau, où les Anges annoncèrent aux Bergers la Naissance du Sauveur.

MACÉDA, Ville *Royale*, à l'Orient de la Tribu de Dan, & au Nord de Lobna. Elle est remarquable par la Caverne qui en étoit proche, où se cachèrent cinq Rois Cananéens, qui furent pris & mis à mort par Josué.

Le Pays des Philistins, qui étoit sur le bord de la Mer Méditerranée, a fait partie en différens temps de la Tribu de *Juda*, à laquelle il avoit été assigné, (Josué, *ch*. 15.) mais les péchés des Israélites furent cause que ces Peuples les affligèrent beaucoup. On en a déja parlé; & il en sera encore question dans le Chapitre suivant, qui traite des Peuples voisins de la Judée.

II.

La Tribu de BENJAMIN a d'Orient en Occident :

JERICHO, Ville *Royale*, fameuse par son baume. Ses murs furent miraculeusement renversés, lorsque les Israélites entrèrent dans le Pays de Chanaan. Elle fut rebâtie par Hiel, qui perdit son premier & son dernier fils, en la bâtissant, selon la prédiction de Josué, *l*. 3. *Rois*, *ch*. 16. ℣. 34.

Près de Jéricho, vers le Nord-Ouest, se trouve la Montagne où l'on croit que le Diable tenta Jesus-Christ, en lui faisant voir tous les Royaumes du monde.

Au Sud de cette Ville est la Montagne de la Quarantaine, où Jesus-Christ jeûna quarante jours, & fut ensuite tenté par le Démon.

GALGALA, près du Jourdain. Josué y circoncit le Peuple, avant d'entrer dans la Terre promise. C'est près de-là que les deux Tribus & demie, dont le partage avoit été assigné au-delà du Jourdain, bâtirent un Autel, qu'elles appellèrent l'*Autel du témoignage*, pour marquer leur droit aux sacrifices offerts à Dieu dans le Tabernacle.

HAÏ, Ville *Royale*, au Nord-Ouest de la précédente.

BÉTHEL, appellée d'abord LUSA. Jacob lui donna le nom de *Béthel*, qui signifie la *Maison de Dieu*, à cause de la vision de l'Echelle mystérieuse qu'il eut en cet endroit, comme il alloit en Mésopotamie.

ANATHOT ou NOBÉ, *Lévitique*, célèbre par le massacre que fit Saül de quatre-vingts de ses Prêtres. C'est la patrie du Prophéte Jérémie.

JÉRUSALEM, Ville *Royale*, & Capitale de toute la Judée, depuis David. Elle se nommoit d'abord

Salem, & elle eut pour Roi Melchisedech, Prêtre du Très-Haut. Elle s'appella ensuite *Jebus*, & elle demeura entre les mains des Jébuséens jusqu'au temps de David. Elle étoit tellement sur les confins de la Tribu de Juda, qu'une partie de cette Ville en dépendoit.

Gabaon, au Nord de Jérusalem, Capitale des Gabaonites. Ce fut une Ville *Lévitique*.

Béthoron-la-Basse, au Nord-Ouest de Gabaon. C'est-là que Dieu fit pleuvoir des pierres sur les Rois que Josué poursuivoit, & qui étoient venus assiéger Gabaon. Judas Machabée y tua Séron, chef de l'armée du Roi de Syrie.

Masphat, à l'extrémité Occidentale de la Tribu de Benjamin. C'est dans ce lieu que le Prophète Samuel rendoit la justice, & qu'il tenoit les assemblées du Peuple. Saül, premier Roi d'Israel, fut élu dans une de ces assemblées.

I I I.

La Tribu d'Ephraïm a d'Orient en Occident :

Thaphua, Ville *Royale*, près du Jourdain.

Sichem, au milieu, Ville de *Réfuge & Lévitique*. Abraham & Jacob y ont demeuré. Elle fut détruite par Abimélech, fils de Gédéon, & rebâtie par Jéroboam I, Roi des X. Tribus, ou d'Israel. Elle est fameuse par le Veau d'or qu'y mit ce même Jéroboam, & par la malédiction que prononça le Prophète Elisée, contre quarante enfans qui l'avoient insulté, & qui furent dévorés par des ours. C'est aussi près de cette Ville, (qui étoit alors appellée *Sichar*) que Jesus-Christ eut avec une Samaritaine un Entretien rapporté dans le *ch*. 4. de l'Evangile de S. Jean. Cette Ville se nomme aujourd'hui *Naplosa* ou *Naplouse*.

Samarie, au Nord-Est de Sichem, bâtie par Amri, Roi d'Israel, & appellée *Samarie* du nom de Semer, à qui appartenoit la Montagne où elle étoit située, & qu'Amri acheta deux talens d'argent, (3. *l. Rois*, *ch.* 16.) Elle fut depuis ce temps-là Capitale du Royaume d'Ifrael, ou des X. Tribus. Hérode ayant rebâti cette Ville, qui avoit été ruinée, lui donna le nom de Sébaste, en l'honneur d'Augufte; car *Sébafte* en Grec, eft la même chofe qu'*Auguftus* en Latin.

Au Midi de Samarie font les Monts *Garifim* & *Hébal*; & au Nord-Eft de ces Montagnes étoit le *Temple de Baal*, fur la Montagne de Dan.

Machmas, au Midi, fur les confins de la Tribu de Benjamin. C'eft dans cette Ville que les Philiftins avoient mis une garnifon pour attaquer les Ifraélites; & ils y furent vaincus d'abord par Jonathas, & enfuite par Saül.

Najoth, à l'Orient de Machmas: Samuel & David s'y retirèrent pour fuir la colère de Saül.

Silo, au Nord-Eft de Najoth. C'eft dans cette Ville que Jofué plaça le Tabernacle; & il y refta fort long-temps.

Tamnatsaré, à l'Oueft de Machmas: cette Ville eft célèbre par la fépulture de Jofué.

Gazer, Ville *Royale* & *Lévitique*, fur le Torrent de Gaas, à l'Oueft de Tamnatfaré. Salomon ayant époufé la fille du Roi d'Egypte, ce Roi prit cette Ville fur les Chananéens, qu'il fit paffer au fil de l'épée, & en donna le territoire pour dot à fa fille, après l'avoir brulée; mais Salomon la rétablit enfuite. Elle fut fortifiée long-temps après, par Jonathas Machabée; & Simon fon frère paroît y avoir demeuré, après avoir augmenté fes fortifications.

Lydda, fur le même Torrent. S. Pierre y guérit un paralytique nommé Enée.

IV.

La demi-Tribu de MANASSÉ a d'Orient en Occident :

BETBÉRA, sur le Jourdain. Gédéon y fit camper les Ephraïmites pour prévenir les Madianites.

ENNOM, près du Jourdain, ainsi que

SALEM. S. Jean baptisoit près de ces Villes, parce-qu'il y avoit beaucoup d'eau.

BETHSAN, ou SCYTHOPOLIS, près du Jourdain. On croit que son nom vient de ce qu'elle a été habitée par des Scythes. Les Philistins attachèrent le corps de Saül aux murs de cette Ville.

BETHSECA, ou BESEC, au Sud-Ouest de Bethsan, Ville *Royale*.

ABEL-MEHULA, au Midi de Bethseca, patrie du Prophète Elisée.

ALEXANDRION, au Midi de la précédente, Château très-fort, bâti sur une Montagne par Alexandre, Roi de Judée, descendant des Machabées, & dans lequel Aristobule son fils, & Alexandre fils d'Aristobule, se retirèrent. Le Roi Hérode répara ce Château, ainsi que ceux de *Macherus*, dans la Tribu de Ruben, & d'*Hyrcanium* *, au Midi de Juda, & vers les Montagnes d'Arabie, selon Josephe.

THERSA, *Royale*, au Nord-Ouest d'Abel-Mehula. Elle a été la résidence & le lieu de la sépulture des premiers Rois d'Israel, ou des X. Tribus.

GALGAL, *Royale*, à l'Occident.

MAGEDDO, au Sud-Est de Galgal, *Royale* & *Lévitique*. C'est près de cette Ville que le pieux Roi Josias fut tué par Nécao, Roi d'Egypte.

DOR, *Royale*, à l'extrémité Occidentale. Elle fut assiégée par Antiochus, fils de Démétrius, Roi de Syrie, avec une armée de cent vingt mille hommes, pour prendre Triphon son compétiteur, qui se sauva.

Cesarée, *Port*, sur la Méditerranée. Elle a été appellée Tour de Straton, & Drusus, du nom du fils de la femme de César. Son nom de *Césarée* lui a été donné par Hérode, qui l'augmenta considérablement en l'honneur de César Auguste.

Capharsalama, Apollonie, ou Antipatride, sur la même Mer. Cette Ville fut rebâtie par Hérode, qui lui donna le nom d'*Antipatride*, en mémoire de son père Antipater.

V.

La Tribu d'Issachar, contient d'Orient en Occident :

Rameth, ou Jerimoth, *Lévitique*, au Sud-Ouest.

Au Nord de Rameth sont les Montagnes de *Gelboé*, où Saül & ses fils furent tués, en combattant les Philistins.

Jesrael, fameuse par la vigne de Naboth, & par la mort de Joram, fils d'Achab, & de l'impie Jésabel, sa mère. C'étoit une Ville *Royale* des Chananéens.

Aphec, au Nord de Jésrael, *Royale*, désignée par Elisée à Joas, Roi d'Israel, comme le lieu où il devoit battre trois fois les Syriens.

Naïm, au Nord d'Aphec. Près de cette Ville Jesus-Christ ressuscita le fils unique d'une veuve.

Betsemès, au Sud-Ouest de Naïm. Il y avoit une autre *Betsemès*, sur les confins du Pays des Philistins & de la Tribu de Dan.

Sunam, au Nord Ouest de Betsemès, célèbre par cette femme qui donna l'hospitalité au Prophète Elisée.

A l'extrémité Occidentale, on trouve le Mont *Carmel*, où souvent Elie se retiroit.

VI.

La Tribu de Zabulon a d'Orient en Occident :

Genezareth, Cineret, ou Tiberiade, fut le bord de la Mer de Galilée. Cette Ville ayant été rebâtie par Hérode le Tétrarque, fut nommée *Tibériade*, en l'honneur de l'Empereur Tibère.

Geth-Epher, ou Jotapat, au Nord-Ouest de Génésareth. C'étoit la patrie du Prophète Jonas. Josephe l'Historien, qui y commandoit dans la guerre contre les Romains, y fit une belle défense, & y fut fait prisonnier.

Dothaïm, au Nord de Geth-Epher : le Patriarche Joseph y rencontra ses frères, qui le vendirent à des Marchands qui le menèrent en Egypte.

Remnon-Amtar, ou Damna, *Lévitique*, au Nord-Est de la précédente.

Bethléem, ou Bethulie, au Sud-Ouest de la précédente. Entre les deux étoit la *Citerne de Joseph*. C'est cette Ville, selon Sanson, qui est célèbre par le siège qu'y mit Holopherne, à qui Judith coupa la tête. Le Père Calmet place Béthulie dans la Tribu de Siméon, d'où étoit Judith : ce qui ne s'accorde pas avec la proximité où il paroît que Béthulie étoit de l'Aulon ou de la Plaine du Jourdain, & des Villes de Jésrael & de Naïm, selon la remarque de Reland.

On trouve vers les frontières d'Issachar, au Sud-Ouest de la Tribu de Zabulon, le Mont *Thabor*. C'est-là que Débora ordonna à Balac de combattre Sisara ; & l'on croit que Jesus-Christ fut transfiguré sur cette Montagne.

Nazareth, au Nord-Ouest du Thabor. Cette petite Ville est célèbre, parceque Jesus-Christ y a demeuré jusqu'à l'âge de trente ans.

Séphoris, au Nord-Est de Nazareth, selon Sanson, c'étoit la Capitale & la résidence d'Hérode Antipas, Tétrarque de Galilée.

CANA, petite Ville, où Jesus-Christ opéra son premier miracle, qui fut de changer de l'eau en vin.

VII.

La Tribu de NEPHTALI renferme du Sud au Nord :

COROSAÏM, fur le bord de la Mer de Galilée : c'est une des Villes impénitentes contre lesquelles Jesus-Christ a prononcé des malédictions.

Au Nord de cette Ville est la Montagne où Jesus-Christ se retiroit pour prier, & où il choisit ses Apôtres.

ABELMAACHA ou ABELMAÏM & ABELA. Ce fut dans cette Ville que Siba, qui avoit fait révolter dix Tribus contre David, s'enferma ; & après quelques jours de siège, il y eut la tête coupée, à la persuasion d'une femme très-sage, qui prévint par-là les suites d'une guerre civile.

CEDÉS : Ville *Royale*, de *Réfuge* & *Lévitique*, vers le milieu : c'étoit la patrie de Barac, qui défit Sisara, Général de Jabin, Roi des Chananéens.

HASORETH DES GENTILS, sur le Jourdain, demeure de Sisara.

HELON, sur le même Fleuve, ainsi que

DAN, ou LAÏS & PANIAS ; appellée aussi CÉSARÉE DE PHILIPPE, du nom de Philippe Tétrarque de l'Iturée, qui l'aggrandit, & l'appella *Céfarée*, en l'honneur de César-Auguste.

§. III. *Des trois Tribus vers la Méditerranée, ou la grande Mer.*

Nous les décrirons aussi du Sud au Nord.

I.

La Tribu de SIMEON, a

BERSABÉE, ou BASIOTHIE, vers le Torrent d'Egypte, ou de Besor. C'est depuis ce lieu jusqu'à

Dan ou *Laïs*, que l'Ecriture marque l'étendue de la Judée. Bersabée est célèbre par la demeure qu'ont fait dans son voisinage, Abraham, Isaac & Jacob.

HARMA, ou HORMA, *Royale*, vers le milieu. Judas Machabée avec son frère Simon, y défirent les Gentils, & l'appellèrent *Horma*, c'est-à-dire, *Anathême*.

CESIL, ou BETHUL, au Sud d'Horma: c'est, selon le P. Calmet, la fameuse *Béthulie*, où Judith tua Holopherne, Général des Assyriens ; mais ce sentiment a bien des difficultés, comme nous l'avons observé, *pag.* 500.

SICELEG, au Nord-Ouest d'Horma, fameuse parcequ'elle fut donnée à David par Achis, Roi des Philistins. Elle fut brulée par les Amalécites en l'absence de David, & ils en enlevèrent les femmes & les enfans; mais David les ayant poursuivis, reprit sur eux tout ce qu'ils avoient enlevé, & fit un grand butin.

Il faut remarquer que cette Tribu eut son partage dans le territoire qui avoit d'abord été assigné à la Tribu de Juda, & qui étoit trop grand pour elle.

I I.

La Tribu de DAN contient, du Sud au Nord :

MODIN, patrie de Matathias, & de ses enfans nommés Machabées : ce fut aussi le lieu de leur sépulture. Simon y éleva un Mausolée de marbre blanc, d'une hauteur prodigieuse.

SARAA, patrie de Samson, au Midi, près du Torrent de Sorec.

ESTHAOL, au Sud-Est de Saraa.

HIRSEMÈS, ou la *Ville du Soleil*, au Nord d'Esthaol.

THAMMA, *ou* TEMNA *&* THAMNATA, au Nord-Ouest d'Hirsemès. C'est près de cette Ville que Samson, allant pour épouser une femme du Pays des

Description de la Judée.

Philiftins, rencontra un lion, qu'il mit en pièces, & dans la gueule duquel il trouva à son retour un rayon de miel; ce qui lui donna occasion de proposer une énigme.

Joppé, *Port*, sur la Méditerranée, tout au Nord de la Tribu de Dan. S. Pierre y ressuscita Tabite.

Betsemès, *Lévitique*. Le Géographe Sanson l'a mise entre Accaron & Geth, dans le Pays des Philiftins, qui en ont été les maîtres pendant un temps. Cette Ville est célèbre par la mort de 50000 de ses Habitans, à cause de leur curiosité par rapport à l'Arche, lorsque les Philiftins la renvoyèrent, après l'avoir prise.

III.

La Tribu d'Aser est au Nord-Ouest de la Judée, & a du Sud au Nord :

Acco, *ou* Ptolémaïde, *Royale*, nommée *Ptolémaïde*, parcequ'elle fut aggrandie par Ptolémée I, Roi d'Egypte. On la nomme aujourd'hui *Acre*.

Cadès, *ou* Cedessa, *Royale*, dans le milieu.

Abran, *ou* Abdon & Madon, *Royale & Lévitique*, sur les confins de Nephtali.

Rohob, au Nord de Cadès. Ce fut jusqu'à Rohob qu'allèrent les douze hommes envoyés par Moyse, pour considérer la Terre Promise.

La Côte des *Sidoniens*, où sont les Villes de *Tyr*, *Sarepta* & *Sidon*, avoit été assignée aux enfans d'Aser, par Josué; mais leur lâcheté & leur désobéissance, firent que ce Pays resta indépendant. C'est ce qu'on appelle autrement la *Phénicie*, dont nous parlerons à la fin du Chapitre qui suit.

CHAPITRE II.

Du Pays des Philistins, & des autres Peuples voisins de la Judée.

Les Peuples voisins de la Judée, dont Dieu se servit plusieurs fois pour punir les prévarications des Israélites, étoient, sans compter les Egyptiens:

Au Sud-Ouest, le long de la Méditerranée, les Philistins: au Midi de la Judée, les Iduméens, les Amalécites, les Madianites, & autres enfans de Céthura, au Sud-Est.

A l'Orient, les Moabites: les Ammonites: les Ismaélites, (Nabathéens, Cédariens, &c.)

Au Nord, les Syriens: les Phéniciens, (Tyriens, Sidoniens.)

I. Les PHILISTINS tiroient leur origine des Egyptiens, & occupoient les bords de la Mer Méditerranée, depuis le Torrent d'Egypte jusqu'à l'extrémité de la Tribu de *Dan*. Ils affligèrent long-temps les Israélites criminels; mais après avoir été vaincus par Samson, Samuel & Saül, ils furent enfin assujettis par David. Leur Pays fit long-temps partie de la Tribu de Juda, dans le partage de laquelle il avoit été mis par Josué.

Ils avoient cinq Villes principales, qui formoient autant de Satrapies, ou de Gouvernemens; sçavoir, du Sud au Nord:

GAZA, grande Ville, célèbre par la mort de Samson. Ayant été détruite par Alexandre-le-Grand, elle se rétablit & soutint deux sièges, l'un de la part de Jonathas Machabée, & l'autre de Simon son frère, qui la reçut à composition. Son Port s'appelloit *Majuma*.

ASCALON, *Port*, Ville forte & très-ancienne. Elle

Elle se rendit à Jonathas. Hérode le Grand l'embellit ensuite de bassins, de lacs, de magnifiques galeries & d'un Palais Royal: c'étoit la Ville d'où il tiroit son origine.

Azoth, Ville très-forte, où les Philistins mirent l'Arche dans le Temple de Dagon, leur Dieu. Elle fut prise & brûlée par Jonathas, aussi-bien que ce Temple.

Accaron. C'est dans cette Ville qu'Ochosias, Roi d'Israel, malade à Samarie, envoya consulter le Dieu Béelzébuth, en conséquence de quoi Elie lui annonça une mort prochaine. Cette Ville fut donnée à Jonathas par Alexandre, fils d'Antiochus l'illustre.

Geth, patrie du superbe Goliath, qui fut tué par David.

Il faut encore remarquer dans le Pays des Philistins :

Jamnia, *Port*. Cette Ville fut prise par Judas Machabée, qui brûla son Port & ses Vaisseaux.

II. Les Iduméens occupoient une partie de ce qu'on appelle aujourdhui l'Arabie Pétrée. Ils descendoient d'Edom, ou d'Esaü, fils d'Isaac, qui s'étoit d'abord établi dans le Mont *Séir*, au Midi de la Tribu de Juda. Ce peuple a toujours témoigné de la haine contre les Israélites, quoiqu'ils descendissent d'un même Père. David assujettit les Iduméens, & ils demeurèrent soumis aux Rois de Juda jusqu'au règne de Joram, fils de Josaphat. Pendant la Captivité des Israélites, les Iduméens s'emparèrent d'une grande partie du territoire qu'avoit occupé la Tribu de Juda. Mais les Princes Machabées, & sur-tout Jean Hircan, les soumirent de nouveau, & les obligèrent d'embrasser la Religion Juive.

Petra, *ou* Jectael, étoit leur Capitale : elle

se trouvoit au Midi, environ à une égale distance de la Mer Morte & de la Mer Rouge.

III. Les AMALÉCITES faisoient originairement partie des Iduméens, & habitoient dans leur voisinage, au Sud-Ouest de la Judée. Ils tiroient leur nom d'Amalec, petit-fils d'Edom. Leur haine contre les Israélites étoit très-violente : aussi Dieu ordonna-t-il de les exterminer. Saül fut rejetté, parcequ'il avoit voulu épargner leur Roi Agag, & ce qu'ils avoient de meilleur. Aman, qui du temps d'Esther pensa faire périr les Juifs captifs, étoit de la race des Amalécites.

IV. Les MADIANITES, & autres enfans de Céthura & d'Abraham, occupoient cette partie de l'Arabie qui s'étend au Sud-Est, depuis la Mer Morte jusqu'à la Mer Rouge. Ce Peuple s'étant joint aux Amalécites pour affliger les Israélites, Dieu suscita Gédéon, qui les vainquit.

V. Les MOABITES, qui descendoient de Moab, fils aîné de Loth, neveu d'Abraham, habitoient à l'Orient de la Tribu de Ruben. Balac leur Roi engagea Balaam à maudire les Israélites, lorsqu'ils vinrent dans la Terre Promise ; mais Dieu força Balaam à les bénir. Eglon, autre Roi des Moabites, affligea dans la suite le Peuple d'Israel, que Dieu délivra par Aod. Les Rois David & Salomon assujettirent cette Nation ; mais elle secoua le joug dans la suite.

AR, *ou* RABBAT-MOAB, sur l'Arnon, étoit leur Capitale.

VI. Les AMMONITES, qui venoient d'Ammon, frère de Moab, demeuroient plus au Nord, à l'Orient de la Tribu de Gad. Ils tinrent les Israélites en servitude pendant dix-huit ans ; mais ils furent défaits par Jephté. Ils furent ensuite plusieurs fois vaincus par Saül, & assujettis par David ; mais

DESCRIPTION DE LA JUDÉE. 507

ils fecouèrent le joug des Ifraélites après la mort d'Achab.

RABBAT-AMMON, appellée enfuite *Philadelphie*, étoit leur Capitale.

VII. Les ISMAÉLITES, qui defcendoient d'Agar & d'Abraham par Ifmaël, habitoient plus à l'Orient que les Nations dont nous venons de parler. La Tribu de Ruben remporta fur eux plufieurs avantages. Comme Ifmaël avoit eu douze enfans, ainfi que Jacob ou Ifraël, ce Peuple fut d'abord divifé en douze Tribus, dont les plus connues font les *Nabathéens*, les *Cédariens*, les *Ituréens*, &c. Avec le temps il devint très-puiffant, & fe rendit maître de toute l'Arabie, d'où il envoya ailleurs nombre de Colonies, comme nous l'avons déja dit. On a donné à ces Peuples le nom général de *Sarafins*, qui fignifie, felon plufieurs Sçavans, les *Orientaux*.

VIII. Les SYRIENS, au Nord de la Terre des Hébreux, étoient d'abord divifés en plufieurs petits Royaumes que David s'affujettit. Sur la fin du règne de Salomon, il s'y en éleva un très-puiffant, dont les Rois, qui demeuroient à *Damas*, firent beaucoup de mal aux Ifraélites. Ce Royaume fut détruit à-peu-près dans le même temps que celui d'Ifraël, par le Roi des Affyriens.

DAMAS étoit fa Capitale : elle a toujours été une Ville confidérable.

IX. Les PHÉNICIENS, qui étoient les reftes des Chananéens, & que l'on regarde comme les Inventeurs des Lettres & de la Navigation, occupoient la Côte Nord-Oueft de la Judée, le long de la Tribu d'*Afer*. Ils s'étendoient encore plus au Nord fur la Côte de Syrie ; mais nous ne parlerons ici que des Villes de la baffe Phénicie, qui étoient voifines des Ifraélites, dont il eft fait mention dans l'Ecriture-fainte. Ce font, du Sud au Nord :

TYR, *Port*, fur la Méditerranée, dont Hiram,

ami de David & de Salomon, étoit Roi. Ses plus illustres Colonies au loin, font *Thèbes* en Grèce, *Carthage* en Afrique, & *Cadix* en Espagne. Les Carthaginois, qui se font rendus très-fameux, se nommoient en Latin *Pœni*, qui est le même nom que celui de Phéniciens.

SAREPTA, célèbre par la retraite du Prophète Elie, qui y fut nourri par une pauvre veuve dont il ressuscita le fils.

SIDON, *Port* : cette Ville fut bâtie par Sidon, fils aîné de Chanaan, & elle a été la mère de Tyr. Jésabel, femme d'Achab, Roi d'Israël, & qui fit beaucoup de mal au Peuple de Dieu, par une suite de son zèle pour l'Idolâtrie, étoit fille du Roi de Sidon.

CHAPITRE III.

Division de la Judée, depuis le Retour de la Captivité, & particulièrement sous Hérode le Grand & ses enfans.

LES Juifs, principalement de la Tribu de Juda, étant revenus de la Captivité où Nabuchodonosor les avoit transportés, après avoir détruit Jérusalem, rebâtirent cette Ville, & peu-à-peu les autres. Mais les différentes parties du Pays ne portèrent plus le nom des douze Tribus. Il fut alors partagé en quatre Provinces : la *Galilée*, la *Samarie*, la *Judée* propre, la *Pérée*. A quoi il faut ajouter deux petits Pays, dont il est fait mention dans le partage des enfans du Roi Hérode : la *Trachonite* & l'*Iturée*.

En-deçà du Jourdain étoient les trois premières Provinces.

I. La GALILÉE, qui étoit partagée en Supérieure & Inférieure. La première, qui s'appelloit aussi

Galilée des Gentils, parceque la plus grande partie de ses Habitans fut toujours de race Gentile, comprenoit les Territoires des Tribus d'*Aser* & de *Nephtali* : elle s'étendoit même, selon plusieurs Auteurs, dans la demi-Tribu de *Manassé* au-delà du Jourdain. La Galilée Inférieure contenoit les Tribus de *Zabulon* & d'*Issachar*.

On appelloit *Décapole* une Région très-fertile, qui avoit dix Villes autour du Jourdain. Ces Villes étoient, selon Sanson : au Nord *Capharnaüm* & *Bethsaïde* ; au Nord-Ouest, *Corosaïm* : à l'Orient, *Gadara*, *Gerasa*, *Gamala* : au Midi, *Scythopolis*, & à l'Occident, *Tarichée*, *Tibériade* & *Jotapata*.

II. La SAMARIE, qui, après la destruction du Royaume d'Israël, fut habitée par des Colonies que les Rois d'Assyrie y avoient envoyées de leurs Etats, comprenoit les Territoires de la Tribu d'*Ephraïm*, & de la partie de *Manassé* en-deçà du Jourdain.

III. La JUDÉE propre, qui renfermoit *Benjamin*, *Juda*, *Siméon*, *Dan*, & le Pays des Philistins.

Sa partie méridionale, qui pendant la captivité avoit été entre les mains des Iduméens, s'appelloit *Idumée*, & *Gabalène*, c'est-à-dire, le *Pays des Montagnes*.

Au-delà du Jourdain étoit :

IV. La PERÉE, dont le nom signifie en Grec *le Pays au-delà*. Elle renfermoit le Territoire des Tribus de *Ruben* & de *Gad*, & la partie de *Manassé* à l'Orient du Jourdain.

Les deux petits Pays dont il faut encore parler, sont :

V. La TRACHONITE, qui occupoit la partie la plus septentrionale de la Tribu de Manassé.

VI. L'ITURÉE, qui étoit située à l'Est de la même Tribu de Manassé. Elle étoit ainsi appellée à cause de la roideur de ses Montagnes, *Hermon* & *Sanir*. On prétend que le nom d'*Iturée* signifie la même chose en Syriaque ; c'étoit là où habitoient les Ituréens, l'une des races Ismaélites.

Les Juifs, revenus de Captivité, 536 ans avant J. C. par la bonté que Dieu inspira à Cyrus, n'occupèrent d'abord qu'une partie de la Judée propre, étant sous la dépendance des Perses, & ensuite d'Alexandre & de ses successeurs, soit les Rois d'Egypte, soit les Rois de Syrie. Ils se mirent en liberté sous les Machabées, & par leurs armes ils conquirent les autres parties de la Judée.

Hérode s'empara ensuite du Gouvernement de ce Pays, avec le secours des Romains, qui l'en déclarèrent Roi. Après sa mort, le Royaume de Judée fut divisé entre ses trois fils, Archélaüs, Hérode-Antipas & Philippe. L'Empereur Auguste qui fit ce partage, donna le nom d'*Ethnarque* au premier, & de *Tétrarque* aux deux autres.

Archélaüs posséda la Judée avec l'Idumée, & la Samarie. Son Etat fut gouverné après son exil, par des Procurateurs envoyés par les Romains, & qui dépendoient du Gouverneur de Syrie. Pilate, qui condamna Jesus-Christ, étoit l'un de ces Procurateurs.

Hérode-Antipas eut la Galilée & la Pérée.

Philippe fut mis en possession de la Trachonite & de l'Iturée.

L'Evangile, en parlant de ces Tétrarques (Luc, ch. 3.) fait mention de Lysanias Tétrarque de l'*Abylène*. Ce Pays n'étoit point de la Judée ; mais dans la Célésyrie, ou Syrie creuse, entre les différentes chaînes du Mont-Liban, où étoit *Abila*, Ville alors considérable, au Nord-Ouest de Damas.

CHAPITRE IV.

Divifion de la Paleftine fous les Romains.

LA Judée fut appellée *Paleftine* par les Romains, du nom des Philiftins ou Paleftins, qu'ils avoient les premiers connus, parcequ'ils étoient près de la Mer & de l'Egypte, où les Romains vinrent plutôt qu'en Syrie.

La Paleftine, fous les Romains, dépendoit du Gouvernement de Syrie, & étoit divifée en trois :

La *Paleftine première*, qui comprenoit la Judée & la Samarie. *Céfarée de Straton* en fut la Capitale, depuis que Titus eut détruit Jérufalem, 70 ans après Jefus-Chrift.

La *Paleftine feconde*, qui renfermoit la Galilée & la Trachonite. La Capitale étoit *Scythopolis* ou *Bethfan*.

La *Paleftine troifième*, dans laquelle étoient comprife, la Pérée & l'Idumée proprement dite. *Pétra* en étoit la Capitale.

CHAPITRE V.

Divifion de la Terre-Sainte fous le Chriftianifme & du temps des Croifades.

AU cinquième fiècle, la Paleftine, quant au Gouvernement Eccléfiaftique, étoit partagée en quatre Métropoles, qui reconnoiffoient la Jurifdiction du Patriarche de Jérufalem. Ces Métropoles étoient, *Céfarée*, Métropole de la Paleftine première ; *Scythopolis*, Métropole de la Paleftine feconde ; *Pétra*, Métropole de la Paleftine troifième, ou première

Arabique; & *Bostra*, Métropole de la seconde Arabique. Chacune de ces Métropoles avoit un grand nombre d'Evêchés sous sa dépendance. La plûpart furent détruits au VIIe siècle, lorsque les Sarasins ou Arabes s'emparèrent de la Palestine & de la Syrie.

Après que les Latins eurent pris Jérusalem sur les Sarasins, en 1099, ils établirent dans cette Ville un Patriarche de leur Communion, & lui donnèrent pour suffragans, *Béthléem*, *Hébron* & *Lidda*.

Ils rétablirent aussi les anciennes Métropoles, sçavoir :

Céfarée, avec un Suffragant à *Sébaste*, ou *Samarie*.

Scythopolis, & depuis *Nazareth*, avec un Suffragant à *Tibériade*.

Pétra, avec un Suffragant au *Mont-Sinaï*.

Pour *Bostra*, ses Suffragans les plus connus, étoient *Ptolémaïde*, *Séyde* ou *Sidon*, & *Barut* ou *Bérite* dans la Phénicie septentrionale.

CHAPITRE VI.

Division de la Judée, ou Terre-Sainte, sous les Turcs.

Aujourd'hui la Judée ne forme point un Pays particulier : les Turcs la renferment dans le *Sham*, ou la Syrie. La partie Septentrionale, du côté de la Mer, dépend du Pachalik ou Gouvernement de *Séyde*, anciennement *Sidon* : celle de l'Orient, appartient au Gouvernement de *Damas*. Le reste de la Judée forme deux Gouvernemens : celui de *Jérusalem*, à l'Occident du Jourdain ; & celui d'*Adgeloun*, à l'Orient du même Fleuve (a).

I. La partie dépendante du Pacha de Seyde, ren-

(a) Cette Division qui n'étoit pas dans les premières Edi-

DESCRIPTION DE LA JUDÉE. 513

ferme les Pays d'*Acra* & de *Saphet* où se trouvent *Nazra* ou Nazareth, & *Tabarieh* ou Tibériade ; c'est-à-dire, presque tout ce qu'on appelloit autrefois la *Galilée*.

II. La partie qui est soumise au Gouvernement de Damas, comprend le Territoire de *Banias*, anciennement *Panéas* ou *Césarée de Philippe*, c'est-à-dire, le Canton des sources de l'*Erden* ou Jourdain ; & à l'Orient de cette Rivière, le Pays d'*Havran* (l'ancienne *Auranite*) & celui de *Bitinia*, (autrefois *Batanée* ou *Basan*,) habité aujourd'hui par les Arabes de *Gouayr*, & où se trouvent les Villes d'*Adréat* (l'ancienne *Adraa*) & de *Bosra*, connue du temps des Romains sous le nom de *Bostra*, Métropole d'une partie de l'Arabie, l'une des Provinces du *Diocèse de l'Orient*.

III. Le Pachalik ou Gouvernement de Jérusalem, renferme avec les Territoires voisins de cette Ville, deux Lieutenances ou Sangiacats au Nord, celui de *Nabolos* ou Naplouse (appellée anciennement *Samarie*,) lequel avec le Pays d'*Hareté*, contient 150 Villages ; & au Sud-Est, le Sangiacat de la Ville de *Gaza*, dont dépend celle de *Rama*, & environ 300 Villages.

Il renferme ainsi ce qu'on nommoit autrefois la *Judée propre* & la *Samarie*, c'est-à-dire, les parties Méridionale & Occidentale de la Terre-Sainte, s'étendant depuis le Pays de *Darom* ou du Midi, jusqu'aux Monts *Carmel*, *Thabor* & *Gelboé*.

On trouve sur cette dernière extrémité, vers le Nord, *Kaisarieh*, autrefois *Césarée*, aujourd'hui en ruines ; *El-Beysan*, Château bâti sur les ruines de l'ancienne Ville de *Bethsan*, qui sont encore con-

---

tions de cette Géographie, est tirée d'un Livre Turc imprimé à Constantinople. Ce qui y étoit auparavant, étoit extrait du curieux Voyage du Père Naud, dont on a conservé quelques Remarques.

sidérables ; enfin *Ledgioun*, autrefois *Legio*, dans la Plaine d'*Esdrelon* ou de *Mageddo*, appellée aujourd'hui *Mirge-ebn-Aâmer*, c'est-à-dire, le Pré du Fils d'Aâmer, fameux Chef d'Arabes qui y ont demeuré ci-devant. Tous ces endroits forment le Pays qu'on appelle d'*Hareté*.

Les environs de Jérusalem se nomment aujourd'hui le Pays d'*El-Kods*, c'est-à-dire, du *Sanctuaire* ou de la Ville Sainte, qui est Jérusalem, l'unique Ville de ce Canton, qui a environ 200 Villages. Cette Ville célèbre doit être la *Cadytis* d'Hérodote, & son nom Turc ou Arabe la fait reconnoître. Les environs d'*Hébroun*, qui est à sept lieues au Midi de Jérusalem, portent le nom de Pays d'*El-Khalil* ou de l'*Ami de Dieu*, c'est-à-dire d'Abraham, dont le Tombeau y est encore visité avec respect par les Mahométans comme par les Chrétiens. Les dépendances de ce Canton ne consistent qu'en 15 ou 16 Villages.

IV. Le Gouvernement d'*Adgéloun* comprend la partie Méridionale du Pays au-delà du Jourdain, nommé autrefois la *Pérée*. On y trouve *Adgéloun*, Château où réside le Pacha ; *Assalt* ou *Salt*, grand Village avec un Château ; *Amman*, l'ancienne *Rabba*, Capitale des Ammonites ; *Hesbon*, qui n'a pas changé de nom ; *Maab*, autrefois *Moab*, près & au Midi de la Rivière d'*Arnon* ; *Karak*, appellée du temps de Croisades *Mont-Royal*, à peu de distance du milieu de la Mer Morte ; que les Turcs appellent *Bahhereth-Louth*, le Lac de Loth.

Il y a dans cette Contrée nombre de Chrétiens du Rit Grec, & encore plus d'Arabes, dont les principaux se nomment *Beni-Aubâyd* & *Beni-Kémané*, c'est-à-dire, les Fils d'Aubâyd & de Kémané. C'est ce qui répond aux Territoires anciennement habités par les Tribus de *Ruben* & de *Gad*, ainsi que par les *Ammonites* & les *Moabites*.

GÉOGRAPHIE ECCLÉSIASTIQUE.

CHAPITRE PRÉLIMINAIRE.

De l'origine du Gouvernement Ecclésiastique, & de la distinction des Eglises Latine & Grecque.

LA Religion Chrétienne ayant été établie surtout dans l'Empire Romain, qui s'étendoit dès-lors dans les trois parties de l'ancien Monde, autour de la Mer Méditerranée, la Hiérarchie Ecclésiastique, composée principalement du Pape, des Patriarches, des Archevêques, des Evêques, répondit dès le commencement de l'Eglise à la forme du Gouvernement Civil.

Ainsi Rome étant le siège de l'Empire, saint Pierre y établit aussi le premier Siège du Monde Chrétien, pour lui & pour ses successeurs.

Comme cette Ville avoit un Préfet, dont l'autorité s'étendoit dans la partie de cet Empire qui étoit en Europe & dans une partie de l'Afrique, le Pape acquit l'autorité de Patriarche sur la plûpart des Provinces qui dépendoient de ce Préfet ; & particulièrement sur les Eglises que l'on appelloit *Suburbicaires*. On verra à l'article de l'Italie, ce que c'étoit que ces Eglises.

Antioche & Alexandrie étoient la résidence de

deux Préfets, l'un pour l'Asie, & l'autre pour l'Afrique Orientale, qui comprenoit l'Egypte & la Cyrenaïque. Les Sièges de ces Villes devinrent aussi deux Patriarchats, & leur autorité s'étendit sur les Provinces qui étoient soumises aux deux Préfets.

Constantinople étant devenue l'un des Sièges de l'Empire Romain dans le IVe siècle, cette Ville obtint le titre de *Nouvelle Rome*, & son Evêque celui de Patriarche. On prit sur Rome & sur Antioche de quoi composer son Patriarchat.

Mais il n'en fut pas de Jérusalem comme des Patriarchats qu'on vient de nommer. Son Evêque obtint la dignité Patriarchale, non par des raisons relatives au Gouvernement Civil; mais parceque le Christianisme avoit pris naissance dans cette Ville : d'où il s'étoit répandu dans tout le monde. On forma ce nouveau Patriarchat d'une partie des Provinces soumises à celui d'Antioche.

Chacune des Provinces de l'Empire Romain avoit une Ville qu'on nommoit *Métropole*, où résidoit le Juge Supérieur. Sous cette Métropole il y avoit d'autres *Cités* où étoient les Juges subalternes. On mit des Métropolitains ou Archevêques dans les premières, & des Evêques dans les autres. Voilà l'origine de la forme du Gouvernement Ecclésiastique, & son état dans les huit premiers siècles.

Les changemens qui arrivèrent ensuite dans l'Etat civil, en produisirent aussi un considérable dans l'Eglise vers le IXe siècle, & occasionnèrent le Schisme des Grecs. L'Empire d'Orient n'ayant plus de liaison avec l'Empire d'Occident, on vit bientôt après, l'Eglise Grecque se séparer de la Latine. Rome qui demeura attachée à l'Empire d'Occident, conserva son autorité sur les Etats qui dépendoient de cet Empire, & s'étendit dans la suite sur tous les Peuples qui se convertirent par ses soins, non-seulement en Europe, mais dans les autres Parties du Monde, où les Catholiques ont établi des Colonies : c'est ce qui a formé l'étendue de l'Eglise qu'on appelle *Latine*, parceque sa Liturgie est en Latin, ou que l'Office divin s'y fait en cette Langue.

Constantinople se voyant Capitale de l'Empire d'Orient, voulut s'égaler à Rome. Cette ambition fut la principale cause du Schisme qu'elle fit avec l'Eglise Latine, dans lequel elle entraîna les trois autres Villes Patriarchales qui dépendoient de l'Empire d'Orient.

Ce Schisme forma une Eglise absolument distinguée de l'Eglise Latine. C'est du sein de cette Eglise, que l'on appelle *l'Eglise Grecque*, parce que sa Liturgie se célèbre en Langue Grecque, que sont sortis plusieurs autres Communions, dont les unes, comme celles des Maronites, se sont réunies à l'Eglise Latine, les autres à l'Eglise Grecque, & d'autres sont demeurées séparées de l'une & de l'autre Eglise, comme les Sectes des Jacobites, Arméniens, Nestoriens, Cophtes, &c.

CHAPITRE PREMIER.

Des Archevêchés & Evêchés de l'Eglise Latine, particulièrement en Europe.

CES Archevêchés & Evêchés étant répandus dans les quatre Parties du Monde, nous partagerons ce que nous avons à en dire en quatre Chapitres. Celui-ci traitera des Archevêchés & Evêchés de l'Europe. Nous parlerons dans les trois Chapitres suivans des Archevêchés & Evêchés Catholiques des autres grandes Parties du Monde.

Les Archevêchés & Evêchés de l'Europe peuvent être partagés en quatre Classes, selon quatre situations différentes : 1. ceux du Midi : sçavoir, les Archevêchés & Evêchés d'Espagne, de Portugal & d'Italie : 2. ceux du Milieu, qui sont ceux de France, d'Allemagne & de Pologne : 3. ceux de la partie Orientale ; sçavoir, de Hongrie, de Dalmatie & des Isles adjacentes : 4. enfin ceux du Nord, c'est-à-dire, des Isles Britanniques, du Danemarck, de la Norwège & de la Suède ; Pays que le Schisme des Protestans a enlevé à l'Eglise, mais dont plusieurs ont encore des Evêques Catholiques.

Article I.

Archevêchés & Evêchés du Midi de l'Europe.

§. I. *Archevêchés & Evêchés d'Espagne.*

Les Romains partagèrent d'abord cette grande Région (dans laquelle étoit compris le Portugal,) en trois Provinces ; sçavoir, la Carthaginoise, la Tarragonoise, la Bétique, auxquelles ils ajoutèrent ensuite par une subdivision, la Lusitane & la Galécienne, comme on le peut voir dans les Notices de l'Empire (*a*).

1. La Province *Carthaginoise* s'étendoit sur tout ce qui dépend aujourd'hui des Archevêchés de Valence, de Tolède & de Burgos.

2. La Province *Tarragonoise* comprenoit non-seulement l'Archevêché de Taragone, qui étoit alors sa Métropole, mais encore celui de Saragoce.

(*a*) Les noms anciens des Provinces Ecclésiastiques qui se trouvent dans cet Article & les suivans, & particulièrement dans le Chapitre cinquième, peuvent donner une idée générale de l'ancienne Géographie Ecclésiastique, & même de la Géographie Civile du temps des Romains ; sur quoi l'on peut faire usage du *Theatrum historicum* de M. Delisle.

3. La *Bétique* avoit anciennement Séville pour Métropole : elle renfermoit encore dans son étendue l'Archevêché de Grenade.

4. La *Lusitane* : sa Métropole étoit autrefois Mérida : elle répond présentement à celle de Compostelle en partie, & à celles de Lisbonne & d'Evora en Portugal.

5. La Province *Galécienne* : sa Métropole étoit Brague : elle comprend maintenant, outre Brague, qui est aujourd'hui de Portugal, une partie de Compostelle en Galice.

Les Goths, les Suèves & les Wandales, qui s'emparèrent de l'Espagne au Ve. Siècle, n'y changèrent rien à la Police Ecclésiastique : les Goths transférèrent seulement les droits de Carthage, surnommée la Neuve, à Tolède, qu'ils firent Primatiale.

Les Sarrasins ou Maures, au VIIe. Siècle, y renversèrent la Monarchie des Goths, & y établirent le Mahométisme ; mais le peu de Chrétiens qui y restoient, s'étant la plûpart sauvés dans les montagnes des Asturies, s'y fortifièrent & regagnèrent peu-à-peu ce qu'ils avoient perdu : ils vintrent même à bout de chasser entièrement le Sarrasins ou Maures. Mais en rétablissant les Sièges Episcopaux, ils n'eurent presqu'aucun égard à l'ancienne Division Ecclésiastique.

L'Espagne est divisée aujourd'hui en huit Provinces Ecclésiastiques ou Métropoles.

Saragoce, Burgos, Compostelle, Taragone, Valence, Tolède, Séville & Grenade.

1. L'Archevêché de *Saragoce*, sur l'Ebre, dans le Royaume d'Aragon.

Cet Archevêché a six Evêchés suffragans, trois au Nord au-delà de l'Ebre, *Jaca*, *Huesca*, *Balbastro :* trois en-deçà au Midi, *Tarraçona*, au Nord-Ouest dans le Royaume d'Aragon, *Albarazin* & *Téruel*, tout au Midi.

2. L'Archevêché de *Burgos*, dans le Royaume de Castille-Vieille, sur l'Arlançon.

Trois Evêchés suffragans, *Palencia* dans le Royaume de Léon, à l'Occident de la Vieille-Castille; *Calahorra*, sur l'Ebre, dans la Vieille-Castille, au Nord-Est; *Pampelune*, Capitale du Royaume de Navarre.

3. L'Archevêché de *Compostelle* dans le Royaume de Galice.

Quatorze Evêchés suffragans: quatre dans la Galice; sçavoir, deux au Nord, *Mondonedo & Lugo*: deux au Midi, *Orense & Tuy*: quatre dans le Royaume de Léon, du Nord au Sud, sans compter l'Evêché de *Léon*, au Nord, qui est exempt, c'est-à-dire, dépendant immédiatement du Pape; sçavoir, *Astorga* sur la Tuerta, & *Zamora*, sur le Douro, *Salamanque*, *Ciutad-Rodrigo*: trois dans l'Estrémadure, *Plazentia*, *Coria*, *Mérida*, *Badajoz*: un dans la Province des Asturies, *Oviédo*, sur l'Asta, & le quatorzième *Avila*, dans la Castille-Vieille, au Sud-Ouest.

4. L'Archevêché de *Taragone*, dans la Principauté de Catalogne.

Cet Archevêché a sous lui sept Evêchés, un au Nord, *Urgel*: quatre dans le milieu, *Lérida*, *Solsone*, *Vich*, *Gironne*; un vers l'Orient, *Barcelone*, & un au Sud-Ouest, qui est *Tortose*, sur l'Ebre, vers l'embouchure de ce Fleuve.

5. L'Archevêché de *Valence*, dans le Royaume de ce nom.

Trois Evêchés suffragans, *Segorbe & Orihuela*, dans le même Royaume, & *Mayorque*, ou *Mallorca*, Capitale de l'Isle de ce nom.

6. L'Archevêché de *Tolède*, dans la Castille Nouvelle, sur le Tage, au Midi de Madrid. L'Archevêque est Primat de toute l'Espagne.

Huit Evêchés suffragans, dont quatre dans la

Vieille-Castille; ce sont *Osma*, sur le Douro; *Valladolid*, *Ségovie*, à l'Occident; *Siguença*, au Sud d'Osma: dans la Castille Nouvelle, *Cuença*; *Jaen* en Andalousie; *Cordoue*, sur le Guadalquivir: *Carthagène*, résidence de l'Evêque de *Murcie*; cette Ville s'appelloit autrefois Carthage la Neuve.

7. L'Archevêché de *Séville* en Andalousie, sur le Guadalquivir.

Deux Evêchés dans sa dépendance; *Cadix*, au Nord-Ouest de Séville, & *Malaga*, près de la Mer; sans compter celui de *Canarie*, ou *Ciutad-di-Palmas*, en Afrique.

8. L'Archevêché de *Grenade*, dans le Royaume de ce nom.

Deux Evêchés suffragans; sçavoir, *Guadix*, à l'Orient de Grenade, & *Almerie* sur le bord de la Mer.

Il ne sera pas inutile, pour mieux faire connoître l'état actuel de l'Eglise d'Espagne, de faire ici quelques observations.

Les Prélatures y sont à la nomination du Roi: elles sont d'un gros revenu, mais chargées de décimes & de pensions. Les Abbayes sont presque toutes régulières & électives; d'ailleurs les Annates y ont lieu comme en France. On appelle *Annates*, le revenu de la première année du Bénéfice, que l'on paye au Pape.

Les Chapitres y ont la nomination des Prébendes pendant la vacance du Siège. Le Pape pour l'ordinaire y nomme pendant quatre mois de l'année; soit que l'Evêque vive ou non. Il faut excepter les Diocèses nouvellement conquis sur les Maures, & les Prébendes de fondations royales, auxquelles le Roi nomme. Mais par le Concordat fait entre le Saint Siège & l'Espagne en 1753, le Roi d'Espagne a donné au Pape la collation de cinquante-deux Bénéfices des plus considérables, à condition que tous les autres Bénéfices seroient à la nomination du Roi, sans préjudicier néanmoins aux droits des Ordinaires dans les mois qui leur appartiennent, & à l'usage de donner les Cures & les Canonicats au concours, dans les lieux où cet usage est établi. La dépouille des Evêques & le revenu des Evêchés, pendant la vacance n'appartiennent plus à la Chambre Apostolique, mais sont réservés aux nouveaux Evêques. Les Nonces qui avoient le sixième de cette dépouille & du revenu de la vacance, reçoivent du Roi d'Espagne en dédommagement, la valeur de cinq mille écus Romains tous les ans. Il auroit été très-utile pour la gloire de cette Eglise, dont les Evêques sont recommandables par leurs mœurs & leur doctrine, que la Bulle d'Innocent XIII pour la réforme du Clergé, autorisée par le Roi d'Espagne, Louis I. en 1724, eût été exécutée, particulièrement par rapport à l'établissement des Séminaires, aux décorations peu décentes des Eglises en certains jours, & aux représentations qui le sont encore moins dans les processions solemnelles, ainsi qu'aux habillemens mondains des statues de la Vierge & des Saints, trop usités en ce pays.

§. II. *Archevêchés & Evêchés de Portugal.*

Il y a présentement dans ce Royaume trois Provinces ou Métropoles; sçavoir, Lisbonne, Brague & Evora, & dix Evêchés. Le Roi de Portugal nomme à ces Prélatures, qui sont très-riches.

1. L'Archevêché de *Brague*, qui est Primatie, au Nord; entre le Minho & le Douro.

Cet Archevêché a cinq Evêchés suffragans, *Mirande*, sur le Douro, à l'Orient; *Lamégo*, sur le même Fleuve; *Porto*, au Midi de Brague, aussi sur le Douro; *Viséo*, & *la Guarda*, dans le Beira.

2. L'Archevêché de *Lisbonne*, dans le milieu.

Deux Evêchés suffragans; sçavoir, *Leiria* & *Coïm-*

bre, sans compter les six d'Afrique, dont nous parlerons au Chapitre III.

3. L'Archevêché d'*Evora*, au Midi.

Trois Evêchés; *Portalegre* & *Elvas*, au Nord-Est d'Evora; *Faro*, dans le Royaume d'Algarve, au Midi.

§. III. *Archevêchés & Evêchés d'Italie*.

Les Romains partagèrent l'Italie pour le Civil en deux *Vicariats*, celui de Rome & celui de Milan.

Le Vicariat de Rome fut divisé en dix Provinces qu'on appella *Suburbicaires*, à cause qu'elles relevoient du Juge résident dans la Ville Capitale. Le Vicariat de Milan n'avoit que sept Provinces, & il fut nommé *Italique*.

L'état Ecclésiastique ayant été réglé d'abord sur le Civil, il n'y eut dans les premiers Siècles en Italie que deux Métropoles, *Rome* & *Milan*. Rome conserva long-temps sa supériorité immédiate sur les dix Provinces suburbicaires: ce ne fut que dans le Xe. Siècle qu'on commença à y voir des Archevêques. Mais les Provinces soumises à Milan eurent deux autres Métropoles dès les IVe. & V^e. siècles; sçavoir, *Ravenne* & *Aquilée*. Ravenne s'étendoit sur la troisième & la quatrième des Provinces soumises à Milan, & Aquilée sur la cinquième & la sixième. On verra leurs noms ci-après.

Nous allons donner dans la Table suivante une idée générale de l'Italie, en la divisant, comme l'on fait aujourd'hui, en quatre parties; sçavoir, en haute Italie, où étoient les sept Provinces soumises à Milan; en moyenne & basse Italie, outre les Isles voisines: ce qui renfermoit les dix Provinces dépendantes de Rome.

| L'Italie comprenoit anciennement les Métro- | L'Italie comprend à présent, dans la haute |

poles de *Milan*, dans les Provinces des *Alpes Cottiennes*, de la *Ligurie*, de l'*Emilie*, de la *Flaminie*, de la *Vénétie* & de l'*Istrie* (*a*).

De *Rome* dans les Provinces de *Tuscie* & d'*Ombrie*, de *Valerie*, de *Campanie*, du *Picenum*.

Dans la basse Italie, le *Samnium*, la *Pouille* & la *Calabre*, la *Lucanie* & la *Bruttie*:

Italie, les Archevêchés & Evêchés des Provinces de *Gênes*, de *Lombardie*, de la *Romagne*, & de *Venise*.

Dans l'Italie moyenne, ceux de *Toscane*, & de l'*Etat de l'Eglise*.

Dans la basse Italie, ceux du *Royaume de Naples* :

& les Isles de *Sicile*, *Sardaigne* & *Corse*.

1. *Archevêchés & Evêchés de la haute Italie.*

La haute Italie comprenoit anciennement les Métropoles de *Milan* dans les *Alpes Cottiennes* & la *Ligurie*; d'*Aquilée* dans la *Vénétie* & l'*Istrie*, & celle de *Ravenne* dans la *Flaminie* & l'*Emilie*.

La haute Italie comprend à présent les Archevêchés de *Turin*, dans la Province de *Piémont*; de *Milan*, dans celle de même nom, & de *Gênes*, dans la Seigneurie de Gênes; de *Venise*, dans celle de même nom; d'*Aquilée* ci-devant, & aujourd'hui *Udine*, dans celle du *Frioul* & de l'*Istrie*; de *Ravenne*, dans la *Romagne*; & de *Boulogne*, dans la basse *Lombardie*.

(*a*) Nous ne parlons point ici de la septième ; sçavoir, la *Rhétie*, qui n'est point de l'Italie, quoique pendant un temps elle ait été du Vicariat de Milan : elle comprenoit ce qu'on appelle aujourd'hui le Tirol, le Pays des Grisons, & les parties de la Souabe & de la Baviere qui sont au Midi du Danube.

L'Archevêché de *Milan*, dans le Duché de ce nom, a seize suffragans : ce sont :

Les Evêchés de *Bergame*, dans le Bergamasc, au Nord-Est de Milan ; *Bresce*, dans le Bressan, à l'Orient, tous d'eux dans la Seigneurie de Venise : dans le Duché de Milan, *Crémone*, sur le Po ; *Lodi*, sur l'Adda ; *Pavie*, sur le Tésin, Capitales des Contrées qui portent leurs noms ; *Vigevano*, au Nord-Ouest de Pavie ; *Novare*, Capitale du Novarois, à l'Occident de Milan ; *Alexandrie de la Paille*, dans l'Alexandrin ; *Tortone*, dans le Tortonèse, au Sud-Ouest de Milan ; *Verceil, Casal, Ast*, dans le Piémont, à l'Occident du Duché de Milan ; *Albe* & *Aqui*, dans le Montferrat ; *Savone* & *Vintimille*, dans la Seigneurie de Gênes, à l'Occident.

L'Archevêché de *Turin*, dans le Piémont, a cinq suffragans :

Les Evêchés d'*Yvrée*, au Nord de Turin ; *Pignerol*, érigé en 1749 ; *Saluces*, au Sud-Ouest ; *Fossano* & *Mondovi*, au Sud-Est.

L'Archevêché de *Gênes* a cinq suffragans, sans compter les deux de l'Isle de Corse.

Les Evêchés de *Bobbio*, dans le Duché de Milan, au Sud-Est de Pavie ; *Brugneto* & *Sarsane*, dans la Seigneurie de Gênes, à l'Orient ; *Noli* & *Albinga*, dans la même Seigneurie, à l'Occident.

L'Archevêché de *Venise*, Capitale de la République de ce nom, a trois suffragans :

Les Evêchés de *Chioggia*, au Sud de Venise ; *Torcello*, au Nord ; *Caorte*, au Nord-Est de Torcello.

L'Archevêque de Venise a le titre de Patriarche, depuis la translation du Patriarchat de Grado à Venise au quinzième Siècle.

L'Archevêché d'*Aquilée*, ou plutôt d'*Udine*, dans le Frioul, a dix-neuf suffragans.

L'Archevêque portoit le titre de Patriarche, & résidoit à Udine dans le même Pays; mais en 1751, le Pape a supprimé ce Patriarchat, & a érigé Udine, dans le Frioul Autrichien, en Archevêché.

Ses suffragans sont les Evêchés de *Trieste*, *Capo-d'Istria*, *Citta-Nova*, *Pedena*, *Parenzo*, *Pola*, en Istrie, *Concordia*, dans le Frioul; son Evêque réside à Porto-Gruaro*, située dans la même Contrée; *Ceneda*, dans le Trévisan; son Evêque réside ordinairement à Serraval, Bourg situé à deux milles de Céneda; *Bellune*, *Feltres*, *Trévise*, *Padoue*, *Vicense*, *Vérone*, Capitales des Provinces de leur nom, dans la Seigneurie de Venise; *Mantoue*, dans le Mantouan; *Côme*, au Nord de Milan, dans le Duché de ce nom; *Trente*, dans le Trentin; *Laubac*, dans la Carniole; *Gorice*, dans le même Pays, érigé en Mai 1751. Ces trois derniers Evêchés sont exempts.

L'Archevêché de *Ravenne*, dans la Romagne, Province de l'Etat de l'Eglise, a dix suffragans:

Les Evêchés de *Césenne*, au Sud-Est de Ravenne, *Cervia*, *Rimini*, à l'Orient; *Sarsine*, *Bertinoro*, *Forli*, *Faenza*, au Sud de la même Province; *Imola*, *Commachio*, dans le Ferrarois, qui est aussi de l'Etat de l'Eglise; *Rovigo*, dans la Province de son nom, qui appartient à la Seigneurie de Venise, est située au Nord du Ferrarois. *Ferrare*, ci-devant suffragant de Ravenne, a été érigé en Archevêché par Clément XII, en 1735.

L'Archevêché de *Boulogne*, dans l'Etat de l'Eglise, au Midi de Ferrare, a six suffragans:

Les Evêchés de *Modène*, *Regio*, dans le Duché de Modène; *Parme*, *Borgo-San-Donino*, *Plaisance* exempt, dans le Duché de Parme; *Crême*, dans la Seigneurie de Venise.

2. Archevêchés & Evêchés de l'Italie moyenne.

L'Italie moyenne comprenoit autrefois la Métropole de *Rome*, en sa partie supérieure dans les Provinces de *Tuscie*, où se trouvoient *Florence*, *Sienne*, *Pise*; d'*Ombrie*, de *Valérie*, de la *Campagnie* en partie, & du *Picenum* en partie.

L'Italie moyenne comprend à présent les Archevêchés de *Rome* dans les Provinces du *Patrimoine de S. Pierre*, de l'*Ombrie*, & de la *Campagne de Rome*; de *Fermo*, dans celle de la *Marche d'Ancône*; d'*Urbin*, dans le Duché de même nom, au Pape; de *Florence*, de *Sienne* & de *Pise*, dans la Toscane, au Grand Duc.

L'Archevêché de *Rome*, Capitale de la Chrétienté, a trente-quatre suffragans; ce sont:

Dans la Campagne de Rome, les Evêchés d'*Ostie*, *Albano*, *Frescati*, *Palestrine*, *Tivoli*, *Alatri*, *Veroli*, *Fiorentino*, *Anagni*, *Terracine*; son Evêque réside à Sessa, qui est au Nord-Ouest de Terracine. Dans le Patrimoine de Saint-Pierre, *Viterbe*, au Nord; *Citta Castellana*, à l'Est de Viterbe; *Sutri*, au Sud-Est de Viterbe; *Corneto* *, au Sud-Ouest; *Porto*, au Sud-Est de cette Province; *Orviette*, *Aquapendente*; *Bagnarea*, dans l'Orviétan. Dans le Duché d'Ombrie, *Spolete*; & au Sud de cette Ville, *Terni*, *Narni*; au Sud-Ouest, *Amelia*, *Todi*; au Sud-Est, *Riéti* sur les confins de l'Abruzze; au Nord-Ouest, *Citta-di-Castello*, sur le Tibre, *Assise*, *Foligno*, *Nocere*; *Ancône*, *Lorette*, *Osimo*, *Jesi*, dans la Marche d'Ancône; *Camerino*, au Sud-Ouest d'Ancône; *Ascoli*, au Sud.

L'Archevêché de *Fermo*, dans la Marche d'Ancône, a quatre suffragans:

Les Evêchés de *Macerata*, au Nord-Ouest de Fermo; *San-Severino*, à l'Occident; *Ripa-tran-*

fone, au Sud ; *Monte-Alto*, au Sud-Ouest, dans la même Province.

L'Archevêché d'*Urbin*, dans le Duché de ce nom, a huit suffragans :

Les Evêchés de *Fossombrone, Sinigaglia, Fano, Pezaro*, au Nord-Est d'Urbin ; *Monte-Feltro*, ou *Saint-Léon*, au Nord ; son Evêque réside à Pennade *, Bourg qui en est assez proche, *Urbanea, Santo-Angelo-Papale, Gubio* ou *Agubio*, au Sud d'Urbin.

L'Archevêché de *Florence*, dans la Toscane, a neuf suffragans :

Les Evêchés de *Fiézole*, au Nord-Est de Florence ; *Pistoye*, au Nord-Ouest ; *Borgo-di-San-Sepulchro, Arezzo, Cortone, Monte-Pulciano*, au Sud-Est ; ces trois Evêchés sont exempts ; *San-Miniato*, à l'Occident ; *Colle*, & *Volterra*, exempts, au Sud-Ouest.

L'Archevêché de *Sienne*, dans la Toscane, a six suffragans :

Les Evêchés de *Pienza* exempt, *Chiusi, Monte-Alcino, Soana*, au Sud-Est de Sienne ; *Massa, Grosseto*, au Sud-Ouest.

L'Archevêché de *Pise*, dans la Toscane, a trois suffragans :

Les trois Evêchés de l'Isle de Corse, ci-après aux Isles de l'Italie. Pour *Luques*, qui en dépendoit autrefois, il a été érigé en Archevêché en 1726.

3. *Archevêchés & Evêchés de la basse Italie.*

La basse Italie comprenoit autrefois la Métropole de *Rome*, en sa partie inférieure, dans les Provinces de *Picenum* en partie, de *Valerie* en partie, de *Campanie* en

La basse Italie comprend à présent les Archevêchés de *Chiéti* & de *Lanciano*, dans les Provinces de l'*Abruzze* citérieure ; de *Capoue*, de *Naples* & de *Sorrento*

dans

partie, de *Samnium*, de la *Pouillle*, de la *Calabre*, de la *Lucanie* & de la *Bruttie*.

dans la Terre de Labour; d'*Amalfi* & de *Salerne* dans la *Principauté citérieure*; de *Bénévent* & de *Conza*, dans la *Principauté ultérieure*; de *Siponto* *, dans la *Capitanate*; de *Nazareth* *, *Trani*, *Bari*, dans la *Terre de Bari*; de *Cirenza*, dans la *Basilicate*; de *Tarente*, *Brindisi*, *Otrante*, dans la *Terre d'Otrante*; de *Rossano* & *Cozenza*, dans la *Calabre citérieure*; de *San-Severina* & *Regio*, dans la *Calabre ultérieure*.

L'Archevêché de *Chiéti*, dans l'Abruzze citérieure, a sept suffragans; sçavoir:

Les Evêchés d'*Ortona*, dans l'Abruzze citérieure, sur le Golfe de Venise; *Sulmone*, exempt, au Midi de Chiéti; & dans l'Abruzze ultérieure, *Téramo*, *Civita-di-Penna*, *Civita-Ducale*, *Aquila*, *Marsi* *: ces cinq sont exempts: l'Evêque de Marsi réside à Pescina, à l'Orient du Lac Célano.

L'Archevêché de *Lanciano*, dans l'Abruzze citérieure, sans suffragans.

L'Archevêché de *Capoue*, dans la Terre de Labour, en a treize, sçavoir:

Les Evêchés de *Caserte*, au Sud-Est de Capoue; au Nord-Est, *Cajasso*; au Nord-Ouest, *Calvi*, *Thiano*, *Carinola*, *Sessa*, *Gaëte* exempt, *Fundi* exempt, *Aquino*, dont l'Evêque réside à *Pontecurvo* *, *Venafri*, *Sora* exempt, au Nord-Ouest, sur le Garigliano; *Isernia*, dans le Comtat de Molise, au Nord de Capoue.

L'Archevêché de *Naples*, dans la Terre de Labour, a cinq suffragans:

Les Evêchés d'*Averse* exempt, au Nord; *Acerra*, & *Nola*, au Nord-Est; *Pouzzol*, à l'Occident; *Ischia*, Isle au Sud-Est.

L'Archevêché de *Sorrento*, dans la même Province, a trois suffragans:

Tome II.   Z

Les Evêchés de *Massa*, au Sud-Ouest de Sorrento; *Vico*, *Castel-à-mare-di-Stibia*, au Nord-Est.

L'Archevêché d'*Amalfi*, dans la Principauté citérieure, a quatre suffragans:

Les Evêchés de *Minuri*, *Scala*, *Lettère*, *Capri*, Isle, à l'Occident d'Amalfi.

L'Archevêché de *Salerne*, dans la même Province, a neuf suffragans:

Les Evêchés de *Cava*, *Nocera*, *Sarno*, au Nord Ouest de Salerne; *Acerno*, *Campagna*, au Nord-Est; *Capacio*, au Sud-Est; *Marsico*, à l'Orient, vers la Basilicate; *Policastro* sur la Côte, dans le Golfe du même nom, & *Nusco*, dans la Principauté ultérieure, au Sud-Est de Bénévent.

L'Archevêché de *Bénévent*, dans la Principauté ultérieure, a dix-sept suffragans:

Les Evêchés de *Alisa*, *Télèse*, dans la Terre de Labour; dans la Principauté ultérieure, *Santa-Agata-di-Goti*, *Avellino*, *Monte-Marano*, *Ariano*, *Trevisco*; dans la Capitanate, *Ascoli-di-Satriano*, *Bovino*, *Lucera*, *Volturara*, *San-Seviero*, *Termoli*, qui est sur le Golfe de Venise: *Larina*, *Guardia-al-Feres*, *Trivento*, *Cojano*, dans le Comtat de Molise.

L'Archevêché de *Conza*, aussi dans la Principauté ultérieure, a trois suffragans.

Les Evêchés de *Santo-Angelo di Lombardi*, *Lacedonia* ou *Cedogna*, dans la même Province; & *Muro*, dans la Basilicate:

L'Archevêché de *Siponto*, dans la Capitanate; l'Archevêque réside à Manfredonia, & a deux suffragans:

Les Evêchés de *Troia* exempt, au Sud-Ouest de Manfredonia; *Viesti* ou *Vieste*, sur le Golfe de Venise.

L'Archevêché de *Nazareth*. Son Archevêque réside à Barletta, dans la Terre de Bari, & n'a point de suffragans.

ARCHEV. ET EV. D'ITALIE.

L'Archevêché de *Trani*, dans la Terre de Bari, a deux suffragans :

Les Evêchés de *Bisegli* & d'*Andria*.

L'Archevêché de *Bari*, dans la même Province, a dix suffragans :

Les Evêchés de *Bitetto*, au Sud de Bari ; *Bitonto*, *Ruvo*, *Minorbino*, au Sud-Ouest ; *Laviello*, dans la Basilicate, au Nord de Cirenza ; *Giovesano*, *Molfeta* exempt, au Nord-Ouest de Bari, sur le Golfe de Venise ; *Conversano*, au Sud-Est ; *Monopoli*, *Poliniano*, sur le même Golfe.

L'Archevêché d'*Acerenza* ou *Cirenza*, dans la Basilicate, a sept suffragans :

Les Evêchés de *Venoza*, au Nord de Cirenza : *Melfi* exempt, au Nord-Ouest ; *Monte-Peloso*, à l'Orient ; *Potenza*, au Sud ; *Tricarico*, *Tursi*, au Sud-Est, dans la même Province ; & dans la Terre de Bari, *Gravina*, au Sud.

L'Archevêché de *Tarente*, dans la Terre d'Otrante, a trois suffragans :

Les Evêchés de *Castellaneta*, *Motula*, au Nord-Ouest de Tarente ; *Oria*, à l'Orient, dans la même Province.

L'Archevêché de *Brindes*, dans la Terre d'Otrante, a un suffragant :

L'Evêché d'*Ostuni*, au Nord-Ouest, vers le Golfe de Venise.

L'Archevêché d'*Otrante*, dans la Province de ce nom, a six suffragans :

Les Evêchés de *Castro*, *Alesano*, *Uginto*, au Sud-Ouest d'Otrante ; *Gallipoli*, *Nardo* exempt, à l'Occident ; *Lecce*, au Nord-Ouest.

L'Archevêché de *Rossano*, dans la Calabre citérieure, a un suffragant :

L'Evêché de *Bisignano* exempt, au Sud-Ouest de Rossano.

L'Archevêché de *Cozenza*, dans la Calabre citérieure, a trois suffragans :

Les Evêchés de *Martonaro*, au Midi de Cozenza; *San-Marco*, au Nord; *Cassano*, au Nord-Est, dans la même Province : ces deux derniers sont exempts.

L'Archevêché de *San-Severina*, dans la Calabre ultérieure, a cinq suffragans :

Les Evêchés de *Strongoli*, au Nord-Est de San-Severina; *Umbriatico*, *Cerenza*, au Nord-Ouest, dans la même Province; *Belcastro*, au Sud-Ouest; *Isola* : au Sud-Est.

L'Archevêché de *Régio*, dans la même Province, a dix suffragans :

Les Evêchés de *Bove*, au Sud-Est de Régio; *Oppido*, *Mileto*, *Nicotera*, *Tropea*, *Nicastro*, au Nord; *Gieraci*, au Nord-Est; *Squillace*, *Cantazaro*, près du Golfe de Squillace; *Crotone*, au Sud-Est de San-Severina.

4. *Archevêchés & Evêchés des Isles d'Italie.*

Les Isles d'Italie dépendoient autrefois de la Métropole de *Rome*, & formoient les Provinces de *Sicile*, *Sardaigne* & *Corse*.

Les Isles d'Italie comprennent à présent les Archevêchés de *Palerme*, *Messine* & *Mont-Réal*, dans la Province de *Sicile*, au Roi des deux Siciles; de *Cagliari*, *Oristagni* & *Torre*, dans la *Sardaigne*, au Roi de Sardaigne; & les Evêchés de *Corse*, dans l'Isle du même nom, à la France depuis 1768, sous les Archevêchés de Pise & de Gênes.

L'Archevêché de *Palerme*, en Sicile, a trois suffragans :

Les Evêchés de *Gergenti* ou *Agrigento*, au Sud; *Mazara*, au Sud Ouest; *Malte*, Isle, dont l'Evêque réside à Médina, ancienne Ville de l'Isle de Malte.

L'Archevêché de *Mont-Réal*, en Sicile, au Sud-Est de Palerme, a deux suffragans :

Les Evêchés de *Catania*, & de *Saragoça* ou *Syracuse* sur la Côte Orientale.

L'Archevêché de *Messine*, dans la même Isle, a trois suffragans :

Les Evêchés de *Cifalu*, au Nord-Est de Palerme ; *Patta*, à l'Occident de Messine ; *Lipari*, Isle, au Nord de Patta.

L'Archevêché de *Cagliari*, en Sardaigne. Son Archevêque qui est Primat de cette Isle, est à présent sans suffragans.

L'Archevêché d'*Oristagni*, dans la même Isle, a un Suffragant :

L'Evêché d'*Ales* *, petite Ville du Cap Lugodori.

L'Archevêché de *Torré* *, dans la même Isle. L'Archevêque réside à Sassari, au Nord-Ouest de la Sardaigne, & a trois suffragans.

Les Evêchés de *Castel-Aragonese*, au Nord-Est de Sassari ; *Algeri* & *Bosa*, au Sud.

Les Evêchés de Corse sous l'Archevêché de *Pise*, sont :

Aleria, sur la Côte Orientale, dont l'Evêque réside à Corté ; *Sagona*, sur la Côte Occidentale : son Evêque réside à Calvi, qui est à son Nord-Est, *Adiazzo*, sur le Golfe de même nom, à l'Occident.

Les Evêchés de Corse, sous l'Archevêché de *Gènes*, sont :

Mariana, au Nord-Est de l'Isle de Corse : son Evêque réside à la Bastie ; *Nebbio*, dont l'Evêque réside à San-Fiorenzo, au Nord de Nebbio.

ARTICLE II.

Des Archevêchés & Evêchés situés dans le milieu de l'Europe.

CES Archevêchés & Evêchés sont ceux de France, d'Allemagne & de Pologne.

§. I. *Archevêchés & Evêchés de France.*

Jules-César soumit aux Romains *la Gaule*, connue aujourd'hui sous le nom de *France*, cinquante à soixante ans avant la Naissance de JESUS-CHRIST. Les Empereurs la partagèrent en plusieurs Provinces, dont on verra les noms dans la Table suivante. Cette division fut suivie pour le Gouvernement Ecclésiastique, & s'y est conservée plus exactement qu'en aucun autre endroit de la Chrétienté : il y a cependant eu, dans le cours des siècles, quelques subdivisions, dont nous ferons mention en indiquant l'érection des Nouvelles Métropoles. La Foi fut prêchée dans la Gaule, dès le milieu du deuxième siècle ; puisque nous voyons saint Pothin & plusieurs autres Martyrs vers l'an 179, selon Eusebe. Ce ne fut qu'au Ve siècle que les *Francs*, venus d'Allemagne, s'emparèrent de ce Pays. Leur premier Roi Chrétien fut Clovis, que saint Remi baptisa en 496. Les Rois ses successeurs ont mérité, par leur attachement à la Religion Catholique, le titre de Rois Très-Chrétiens & de Fils aînés de l'Eglise.

La France comprenoit anciennement les Métropoles de *Lyon*, dans la Province de la *première Lyonnoise* ; de *Rouen*, dans la *seconde Lyonnoise* ; de *Tours*, dans

La France comprend à présent les Archevêchés de *Lyon*, dans la Province de *Lyonnois* ; de *Rouen*, dans celle de *Normandie* ; de *Tours*, dans celle de *Touraine* ;

la troisième *Lyonnoise*; de *Sens*, dans la *quatrième Lyonnoise*; de *Besançon*, dans la *cinquième Lyonnoise*, ou la grande *Séquanoise*; de *Trèves*, dans la *première Belgique*; de *Reims*, dans la *seconde Belgique*; de *Bourges*, dans la *première Aquitanique*, dite autrement sixième Viennoise; d'*Eause*, dans la *Novempopulanie*, appellée aussi septième Viennoise; de *Narbonne*, dans la *première Narbonnoise*; d'*Aix*, dans la *seconde Narbonnoise*, appellée aussi troisième *Viennoise*; de *Vienne*, dans la *première Viennoise*; d'*Arles*, dans la *seconde Viennoise*, d'*Embrun*, dans les *Alpes Maritimes*, dite aussi quatrième *Viennoise*; sans compter celle de *Tarentaise*, dans les *Alpes Grecques*, ou Pennines; appellée aussi cinquième Viennoise, qui répondent aujourd'hui à la Savoye, & celles de *Mayence* & de *Cologne*, dans la *première* & la *seconde Germanie*, qui étoient autrefois de la Gaule.

de *Sens*, dans celle de *Champagne*; de *Paris*, érigé en 1622, dans celle de l'*Isle de France*; de *Besançon*, dans celle de la *Franche-Comté*; de *Reims*, dans celle de *Champagne*; de *Cambrai*, érigé en 1559, dans celle de la *Flandre Françoise*; de *Bourges*, dans celle de *Berri*; d'*Alby*, érigé en 1678, dans celle de *Languedoc*; de *Bourdeaux* & d'*Ausch*, dans celle de *Guyenne*; de *Narbonne* & de *Toulouse*, érigé en 1317, dans celle de *Languedoc*; d'*Aix*, dans celle de *Provence*; de *Vienne*, dans celle de *Dauphiné*; d'*Arles*, érigé en 450, dans celle de *Provence*; d'*Avignon*, érigé en 1475, dans le *Comtat Venaissin*; d'*Embrun* dans celle de *Dauphiné*, & partie de Provence.

On compte aujourd'hui dix-huit Archevêchés en France : quatre au Nord; Cambrai; Rouen, Paris

& Reims : quatre dans le milieu ; Sens , Tours, Bourges & Besançon : dix au Midi ; Lyon, Vienne, Embrun, Arles, Aix, Narbonne, Alby, Toulouse, Ausch & Bourdeaux.

L'Archevêché de *Cambrai*, dans le Cambrésis, a quatre suffragans :

Les Evêchés d'*Arras* & de *Saint-Omer*, dans l'Artois ; *Tournai* & *Namur*, aux Pays-Bas Autrichiens.

L'Archevêché de *Rouen*, en Normandie, a six suffragans :

Les Evêchés de *Lisieux* & d'*Evreux*, dans la haute Normandie, le premier au Sud-Ouest, & le second au Sud de Rouen ; & dans la basse, *Sées*, au Midi de la Normandie ; *Avranches*, au Sud-Ouest ; *Coutance*, à l'Occident, & *Bayeux*, au Nord.

L'Archevêché de *Paris*, dans l'Isle de France, a quatre suffragans :

Les Evêchés de *Meaux*, dans la Brie Champenoise ; *Chartres*, en Beausse ; *Orléans*, dans l'Orléanois ; & *Blois*, dans le Blaisois.

L'Archevêché de *Reims* en Champagne, a huit suffragans :

Les Evêchés de *Soissons*, *Senlis*, *Beauvais*, *Laon*, *Noyon*, dans l'Isle de France ; *Amiens* & *Boulogne*, dans la Picardie ; *Châlons* sur Marne en Champagne.

L'Archevêché de *Sens*, en Champagne, a trois suffragans :

Les Evêchés de *Troyes*, dans la même Province, d'*Auxerre*, en Bourgogne, & *Nevers*, Capitale du Nivernois.

Dans le Diocèse d'Auxerre, est l'Evêché de *Bethléem*, sans territoire, en un Fauxbourg de Clamecy : son Evêque est exempt.

L'Archevêché de *Tours*, en Touraine, a onze suffragans :

Les Evêchés du *Mans*, dans le Maine ; *Angers*,

en Anjou; *Rennes*, dans la haute Bretagne, à l'Orient; *Dol*, *Saint-Malo*, *Saint-Brieu*, au Nord; *Nantes*, au Midi; *Tréguier*, *Saint-Paul de Léon*, dans la basse Bretagne, au Nord; *Vannes* & *Quimper-Corentin*, au Midi.

L'Archevêché de *Bourges*, en Berri, a cinq suffragans :

Les Evêchés de *Limoges* & *Tulles*, dans le Limosin; *Clermont* & *Saint-Flour*, en Auvergne, & le *Puy*, dans le Velay, exempt.

L'Archevêché de *Besançon*, en Franche-Comté, a trois suffragans :

L'Evêché de *Belley*, dans le Bugey. Ses autres suffragans, sçavoir, *Basle* & *Lausanne*, sont dans la Suisse : le premier réside à Porentru, au Sud-Ouest de Basle; le second, à Fribourg.

L'Archevêché de *Lyon*, dans le Lyonnois, a six suffragans :

Les Evêchés de *Macon*, *Châlons* sur Saône, *Autun*, *Dijon*, en Bourgogne, *Saint-Claude*, en Franche-Comté; & *Langres*, en Champagne.

L'Archevêché de *Vienne*, en Dauphiné, a quatre suffragans, en France :

Les Evêchés de *Grenoble*, *Valence*, *Die*, dans le Dauphiné; *Viviers*, dans le Vivarais. Il a encore deux suffragans hors du Royaume; ce sont *Genève*, résident à Annecy, & *Saint-Jean de Maurienne*, tous deux en Savoye.

L'Archevêché d'*Embrun*, en Dauphiné, a cinq suffragans :

Les Evêchés de *Digne*, *Senez*, *Glandève*, résident à Entrevaux; *Grasse*, *Vence*, en Provence; & hors du Royaume, *Nice*, dans le Piémont.

L'Archevêché d'*Arles*, en Provence, a quatre suffragans :

Les Evêchés de *Marseille* & *Toulon*, en Proven-

Z 5

ce ; *Orange*, dans la Principauté de ce nom ; & *Saint-Paul trois Châteaux*, en Dauphiné.

L'Archevêché d'*Aix*, en Provence, a cinq suffragans :

Les Evêchés d'*Apt*, *Sisteron*, *Riez*, *Fréjus*, en Provence, & *Gap*, en Dauphiné.

L'Archevêché de *Narbonne*, en Languedoc, a onze suffragans :

Les Evêchés de *Carcassone*, *Aleth*, *Agde*, *Béziers*, *Saint-Pons*, *Lodève*, *Montpellier*, *Nismes*, *Alais*, *Usez*, en Languedoc, & *Perpignan*, dans le Roussillon.

L'Archevêché d'*Alby*, en Languedoc, a cinq suffragans :

Les Evêchés de *Cahors*, dans le Querci ; *Rhodès*, *Vabres*, dans le Rouergue ; *Mende*, dans le Gévaudan ; & *Castres*, en Languedoc.

L'Archevêché de *Toulouse*, en Languedoc, a sept suffragans :

Les Evêchés de *Lavaur*, *Saint-Papoul*, *Rieux*, *Mirepoix*, dans le Languedoc ; *Pamiers*, dans le Pays de Foix, *Lombez*, en Gascogne ; & *Montauban*, dans le Querci.

L'Archevêché d'*Ausch*, en Guyenne, a dix suffragans :

Les Evêchés de *Lectoure*, *Bazas*, *Aire*, *Dax*, *Bayonne*, *Tarbes*, *Cominge*, résident à Saint-Bertrand ; & *Couserans*, à Saint-Lizier, en Gascogne ; *Lescar* & *Oléron*, dans le Béarn.

L'Archevêché de *Bourdeaux*, en Guyenne, a neuf suffragans :

Les Evêchés de *la Rochelle*, dans le Pays d'Aunis ; *Poitiers* & *Luçon*, dans le Poitou ; *Saintes*, en Saintonge ; *Angoulême*, en Angoumois ; *Périgueux* & *Sarlat*, en Périgord ; *Agen*, en Guyenne ; & *Condon*, en Gascogne.

Le Comtat Venaissin étant enclavé dans la France, nous joindrons ici *Avignon*, qui en est la Métropole ; d'autant plus que ce Pays est possédé par le Roi depuis l'an 1768.

Les Evêchés de *Cavaillon*, *Carpentras* & *Vaison*, sont ses suffragans.

Outre les deux Evêchés de Savoye, suffragans de Vienne, il y a encore dans ce Duché un Archevêché, sçavoir, *Monstier en Tarentaise*, qui étoit autrefois de la Gaule. Cet Archevêché a deux suffragans : *Sion*, dans le Valais ; & *Aoust*, dans le Piémont.

Il y a en France quatre Evêchés qui dépendent de deux Métropoles, aujourd'hui d'Allemagne, ce sont, *Strasbourg*, en Alsace, qui est suffragant de *Mayence* ; & les trois Evêchés de Lorraine, *Metz*, *Toul* & *Verdun*, qui sont suffragans de *Trèves*.

Il faut observer que les *Annates* ont lieu en France comme en Espagne, non-seulement à l'égard des Archevêchés & Evêchés, mais encore à l'égard des Abbayes.

Suivant le Concordat fait en 1516, entre le Pape Léon X, & le Roi François I, le Roi nomme aux Archevêchés, Evêchés & Abbayes vacantes : il a aussi le droit de Régale ; c'est-à-dire, le droit de percevoir les fruits des Evêchés & Abbayes vacantes, & de nommer aux Bénéfices qui en dépendent, excepté les Cures, jusqu'à ce que ces Evêchés & Abbayes soient remplis.

§. II. *Archevêchés & Evêchés d'Allemagne, & des Pays-Bas.*

L'Allemagne, qui portoit autrefois le nom de Germanie, n'a guères été connue des Romains, dans les quatre premiers siècles, qu'en deçà du Danube & du Rhin. Ce fut vers ces endroits que la Foi fut prêchée. Ses Provinces, marquées dans les Notices anciennes, étoient comprises ou entre les Provinces des Gaules, comme les deux *Germaniques*; sçavoir, la première, où étoit la Métropole de *Mayence*; & la seconde, où étoit celle de *Cologne*; ou entre celles d'Italie, comme les deux *Rhéties*, première & seconde; ou enfin entre celles de l'*Illyrie occidentale*, dans laquelle les deux *Noriques* étoient renfermées. Les ravages d'Attila & des autres Barbares y ruinèrent presque tout dans les Ve & VIe siècles. Saint Boniface & plusieurs autres Missionnaires de France & d'Angleterre, y établirent la Religion dans le VIIIe, étant soutenus de la protection de Charlemagne, qui jetta les premiers fondemens de l'Empire d'Occident.

Le calme ayant succédé aux troubles qu'avoient excité les brouilleries entre les Papes & les Empereurs, à l'occasion de l'élection des Papes & du droit d'investiture, les hérésies de Luther & de Calvin l'ont troublé de nouveau, & ont donné lieu à la suppression de plusieurs Métropoles & Evêchés.

Il y a présentement sept Métropoles ou Archevêchés en Allemagne, sans en compter deux qui étoient ci-devant au Nord; *Brême* & *Magdebourg*, qui ont été sécularisés par la Paix de Munster, en 1648, aussi-bien que les Evêchés qui en dépendoient. Ainsi nous nous bornerons aux Métropoles qui subsistent; ce sont Cologne, Trèves, Mayence, Saltzbourg & Vienne en Allemagne, Prague en Bohême, Malines dans les Pays-Bas.

1. L'Archevêché de *Cologne* a trois suffragans:
Les Evêchés de *Munster*, *Osnabruck* & *Liége*, sur la Meuse, dans le Cercle de Westphalie. Osnabruck est possédé alternativement par un Catholique & par un Luthérien.

2. L'Archevêché de *Trèves* a trois suffragans, qui sont en Lorraine, dont nous avons déja parlé; ce sont *Metz*, *Toul* & *Verdun*.

3. L'Archevêché de *Mayence* a dix suffragans :

Cinq Evêchés sur le Rhin, en remontant vers sa source : ce sont, *Worms*, *Spire*, *Strasbourg*, en Alsace ; *Constance* en Souabe, au Nord-Est de la Suisse ; *Coire*, dans le Pays des Grisons : les cinq autres sont, *Hildesheim*, en basse Saxe ; *Paderborn*, en Westphalie ; *Wirtzbourg* & *Bamberg*, en Franconie, sur le Mein, (ce dernier est exempt ;) *Aischtet*, au Sud-Est de la Franconie ; *Ausbourg*, sur les confins de Souabe & de Bavière.

4. L'Archevêché de *Saltzbourg*, en Bavière, au Sud-Est, a sept suffragans :

Les Evêchés de *Freisingen*, au milieu de la Bavière ; *Ratisbone*, au Nord sur le Danube ; *Chiemsée*, à l'Occident de Saltzbourg ; *Brixen*, à l'Orient du Tirol ; *Gurk* & *Lavamind*, ou *Saint-André*, dans la Carinthie ; *Seckaw*, dans la haute Stirie ; *Passaw*, sur le Danube, ci-devant suffragant de Saltzbourg, dépend immédiatement du Saint Siège depuis 1728.

5. L'Archevêché de *Vienne*.

Vienne en Autriche, qui étoit autrefois suffragant de Saltzbourg, a été érigé en Archevêché en 1721. Il a pour suffragant *Neustat*, en Autriche, sur les confins de la Hongrie.

6. L'Archevêché de *Prague*, en Bohême, a trois suffragans :

Les Evêchés de *Létoméritz*, *Koniginsgretz*, sur l'Elbe ; *Olmutz*, Capitale de la Moravie.

Breslaw, dans la Silésie, ci-devant suffragant de Gnesne, en Pologne, dépend aujourd'hui immédiatement du Saint Siège. Le Roi de Prusse a établi cet Evêque Supérieur général de tous les Catholiques, répandus dans ses Etats, & le Pape l'en a fait Vicaire Apostolique.

7. L'Archevêché de *Malines*.

Il est dans les Pays-Bas Catholiques, qui faisoient partie de l'ancien *Cercle* de Bourgogne. Il a sous lui cinq Evêchés, d'Orient en Occident, *Ruremonde*, sur la Meuse, *Anvers*, *Gand*, *Bruges* & *Ypres*.

On peut joindre l'Archevêché d'*Utrecht* à ceux d'Allemagne. Il a sous lui l'Evêché de *Harlem*, & celui de *Déventer*, dont l'Evêque a été sacré en 1758. Ces Villes ont à présent chacune leur Prélat Catholique, toléré par les *Etats-Généraux* : celui de Harlem réside à Amsterdam.

Les biens temporels de l'Archevêché d'Utrecht & des cinq Evêchés, ses anciens suffragans, sçavoir : *Déventer*, *Groningue*, *Harlem*, *Leuwarde* & *Middelbourg*, sont possédés par les Etats-Généraux, qui s'en sont emparé en supprimant les Evêchés, au commencement de la formation de leur République, à la fin du XVI. Siècle.

Les Prélatures d'Allemagne sont électives ; & lorsque les Chanoines ne s'accordent pas, la nomination est dévolue au Pape. Il en faut néanmoins excepter celles qui sont dans les Etats d'Autriche ; aussi-bien que Breslaw, en Silésie, dont la nomination appartient au Roi de Prusse.

§. III. *Archevêchés & Evêchés de Pologne.*

La Pologne est composée de trois principales parties : la Pologne propre, la Lithuanie, la Russie Noire ou Rouge.

La Pologne propre est l'ancien Domaine des Princes de cette Nation. Au milieu du Xe. Siècle son Duc Miécislas épousa une Princesse Bohémienne qui l'attira à la Religion Chrétienne. L'Evêque de Frescati, qui fut envoyé Légat en ce Pays, baptisa ce Duc, érigea la Métropole de Gnesne, & lui donna sept suffragans.

La Russie Noire ou Rouge appartenoit aux Princes Russes, qui portèrent leur souveraineté en Moscovie; mais elle fut incorporée à la Pologne vers le milieu du XIVe. Siècle. La Métropole du Rit Latin que Louis, Roi de Hongrie & de Pologne, y fit ériger vers la fin de ce même Siècle, subsiste maintenant à Léopol.

Quant à la Lithuanie, Jagellon qui en étoit Duc, ayant été élu Roi de Pologne en 1386, embrassa la Religion Chrétienne, & fit ériger quelques Evêchés Catholiques.

Il y a aujourd'hui deux Métropoles ou Provinces Ecclésiastiques en ce Royaume; *Gnesne*, qui est la plus considérable, & *Léopol* ou *Luvou*; l'hérésie des Luthériens, & les conquêtes des Suédois & ensuite des Russiens ayant enlevé celle de *Riga*, en Livonie. Il y a cependant encore un Evêque titulaire de Livonie.

L'Archevêque de Gnesné est Primat, & Régent du Royaume après la mort du Roi, & convoque la Diète pour l'élection.

Les Evêques de Pologne sont fort riches & fort puissans: ils ont les premières places dans le Sénat; mais ils se reposent souvent des fonctions spirituelles sur des Evêques *in partibus*.

Le Roi nomme aux Prélatures; les Chanoines ont des revenus considérables, & il faut faire preuve de noblesse en beaucoup de Cathédrales. Le Clergé régulier est fort nombreux, & très-riche en Pologne. Les Bénédictins & les Religieux de l'Ordre de Cîteaux y ont plusieurs Abbayes considérables. Il y a cinq sortes de Chanoines réguliers. Les Jésuites y possèdent plus de quarante Collèges, & un grand nombre d'autres Maisons. Les Dominicains y ont au moins cent cinquante Couvens, & il y a autant de Monastères de Franciscains & de Capucins. Les Augustins, les Carmes, & les Chartreux possèdent aussi plusieurs Maisons dans ce Royaume.

Le Calvinifme & le Luthéranifme fe font introduits en Pologne. Il y avoit autrefois beaucoup de Sociniens; mais depuis 1658, qu'ils en furent chaffés, ils font en petit nombre, & fe tiennent cachés. Il s'y trouve auffi un grand nombre de Juifs, qui payent un gros tribu au Roi; ce qui fait qu'on les y fouffre.

Les Grecs, fchifmatiques autrefois, mais aujourd'hui réunis à l'Eglife Romaine, y ont plufieurs Evêques, & les Arméniens Catholiques un Archevêque à Léopol.

1. L'Archevêché de *Gnefne* n'a aujourd'hui que neuf fuffragans:

Les Evêchés de *Cracovie*, Protothrône, en Pologne, fur la Viftule; *Pofna*, fur la Varte; *Plozko*, fur la Viftule; *Inowladiflaw ou Wladiflaw & Culm*, fur la même Rivière; *Warmie*, dont l'Evêque réfide à Heilfberg dans la Pruffe Polonoife, exempt; *Luck*, Capitale de la Volhinie; *Wilna*, dans le Duché de Lithuanie; *Samogitie*, dont l'Evêque réfide à Midnick en Samogitie; *Livonie*, *Smolenfko*, *Kiovie*. Ces trois derniers font comme titulaires, les Ruffes s'étant emparé des Territoires de leurs Diocèfes.

2. L'Archevêché de *Léopol* a trois fuffragans:

Les Evêques de *Chelm*, au Nord de Léopol; *Prémiflie*, à l'Occident de Léopol: *Kaminiec*, en Podolie, au Midi.

ARTICLE III.

Archevêchés & Evêchés fitués dans la partie Orientale de l'Europe.

CES Archevêchés & Evêchés font ceux de Hongrie, de Dalmatie, & des Ifles voifines. Ils s'étendent en grande partie dans ce que les Romains appelloient *Illyricum*, ou *Illyrie Occidentale*. Ces Peuples donnèrent anciennement ce nom à toute cette étendue de Pays qui eſt entre les Alpes & le Golfe de Veniſe au Sud, & le Danube au Nord & à l'Eſt : ils le diviſoient en ſix Provinces, deux Noriques, deux Pannonies, la Savie & la Dalmatie. Les Huns, les Slaves & autres Barbares y mirent tout à feu & à ſang aux Ve. & VIe. Siècles, & ils y établirent pluſieurs Royaumes ou Principautés, auſſi-bien que dans les Pays voiſins : les deux plus conſidérables furent les Royaumes de Hongrie & de Dalmatie.

La *Hongrie* eſt ſituée des deux côtés du Danube : c'eſt une partie de l'ancienne Pannonie & de l'ancienne Dacie.

Le premier Prince Chrétien de ce Pays fut Geiſa, converti par S. Adalbert au Xe. Siècle. Son fils Saint Etienne, premier Roi de Hongrie, y fit fleurir la Religion, & y établit deux Métroples, *Gran* & *Colocz*, avec la plûpart des Evêchés qui ſubſiſtent encore.

Les Turcs, après la mort du Roi Louis, en 1526, s'emparèrent de la plus grande partie de ce Royaume ; mais la Maiſon d'Autriche l'a repriſe ſur eux.

Les Archevêchés & Evêchés y ſont encore les mêmes qu'ils étoient avant l'invaſion des Turcs ; mais ils ſont beaucoup moins riches. Les déſordres de la guerre ont introduit un grand relâchement dans le Clergé. Il y a dans ce Royaume beaucoup de Proteſtans, Calviniſtes, Sociniens & autres Sectaires.

La *Dalmatie* eſt ſituée le long de la Mer Adriatique ou Golfe de Veniſe. Le Chriſtianiſme s'y maintint en vigueur juſqu'au VIe. ou VIIe. Siècle. Les Sclavons, Peuples originaires de Ruſſie, s'en étant alors emparé, y établirent diverſes Principautés. S. Méthode & S. Cyrille, vers le temps du Pape

Jean VIII, au milieu du IXe. Siècle, travaillèrent à leur conversion : ils obtinrent même du Pape le pouvoir de faire l'Office en Sclavon. Ce Pays eut dans le Xe. & le XIe. Siècle des Rois Catholiques qui partagèrent la Province de *Spalato*, où on avoit transféré le siège de la Métropole qui étoit auparavant à *Salone*, en trois Métropoles ; sçavoir, *Zara*, *Raguse*, & *Antivari* ; ce qui subsiste encore à présent.

Les Vénitiens enlevèrent au XIIe. Siècle, ce qui étoit à leur bienséance dans la Dalmatie. Les Rois de Hongrie s'en assujétirent une partie. Les Turcs survinrent ensuite, & s'emparèrent du reste, aussi-bien que de plusieurs Pays voisins.

La Province de Zara est aux Vénitiens ; celle de Spalato est en partie à eux, & en partie à la Maison d'Autriche & aux Turcs.

Le Pape nomme aux Prélatures dépendantes de Venise, où il y a quelques Chrétiens du Rit Grec.

La petite République de Raguse se mit de bonne heure sous la protection du Turc, & conserva ainsi sa Religion & sa liberté. L'Archevêché est d'un assez bon revenu : les Evêchés sont petits, & à la nomination du Pape.

L'*Albanie*, qui confine à la Dalmatie, au Sud-Est, étoit autrefois de la Province de *Durazzo*, qui est du Rit Grec ; ce qui fait que la plûpart des Peuples en sont encore.

Le commerce que les Rois de Dalmatie & les autres Princes d'Albanie eurent avec Rome, fit ériger la Province d'Antivari. Elle a encore aujourd'hui des Prélats nommés par le Pape, & quelques peuples du Rit Latin ; mais c'est peu de chose. Tout ce Pays appartient aux Turcs.

Comme les Vénitiens ont des Prélatures dans les Provinces de Corfou & de Naxie, nous en parlerons ici, quoiqu'elles soient dans l'étendue du Patriarchat de Constantinople, parcequ'elles ont des Evêques Latins pour les Vénitiens qui y demeurent, & que ces Prélats reconnoissent le Patriarche de Venise pour leur Métropolitain.

L'Isle de *Corfou* est au Sud-Ouest de l'Albanie, & appartient aux Vénitiens, à qui les Rois de Hongrie la cédèrent vers la fin du XVe. Siècle.

Le Pape nomme aux Evêchés de cette Isle, qui ne sont que pour les Vénitiens qui vont s'établir dans cette Isle. Tous les originaires sont du Rit Grec : ainsi il y a des Evêques des deux Communions, les uns pour les Grecs & les autres pour les Latins.

Les Vénitiens avoient établi des Evêques dans l'Isle de *Naxie*, & dans les autres Isles qu'ils possèdoient autrefois dans l'Archipel. Ces Evêchés subsistent encore à présent, & sont à la nomination du Pape. Les Chrétiens qui leur sont soumis sont en petit nombre, les originaires étant de la Communion Grecque.

Comme tous ces Evêques sont sous la puissance de plusieurs maîtres, & qu'ils sont mêlés ensemble, il faut faire attention aux marques suivantes.

V. marque les Archevêchés & Evêchés qui sont aux Vénitiens.

A. marque ceux qui sont à la Maison d'Autriche qui possède la Hongrie.

T. marque ceux qui sont sous le Turc.

L'Illyrie Occidentale comprenoit anciennement les Métropoles de *Lorc*, dans la Province de la Norique, & dont le siège a été transféré à *Saltzbourg* en Bavière ; de *Sirmium*, dans celle de Pannonie ; & de *Salone*, dans celle de Dalmatie.

Elle comprend à présent dans les Etats de la basse Hongrie, les Archevêchés de *Gran* A, Primat de Hongrie, qui a six suffragans ; *Wacz* ou *Vaccie* A, *Agria* A & *Neytra* A, dans la haute Hongrie ; *Raab* A, *Vesprin* A, *Cinq-Eglises* A, dans la basse.

Dans la haute Hongrie, *Colocz* A : ses suffragans sont au nombre de neuf, *Zagrabe* A, *Szerem* ou *Sirmich* A, dans l'Esclavonie ; *Bosna-Serai* T, dans la Bosnie ; *Chonad* A, *Varadin* A, dans la haute Hongrie ; *Bacou* T, dans la Moldavie ; & dans la Transylvanie, *Weissembourg* ou *Albe-Julie* A, érigé en 1696, par Innocent XII, & *Fogarais* A, érigé par Clément XI en 1721.

Zara v, dans la Dalmatie, qui a sous lui les Evêchés des Isles d'*Arbo* v, de *Veglia* v, & d'*Osero* v, dans la Mer Adriatique.

Spalato v, en Dalmatie : ses neuf suffragans sont, *Trau* v, *Sebenico* v, *Scardona* v, *Nona* v, *Segna* A, *Mosdruc* A, en Croatie ; *Marcasca* T, *Lezina* A, Isle dans le Golfe de Venise, *Tine* T, en Bosnie (a).

Raguse, en Dalmatie. Cet Archevêché a sous lui cinq Evêchés : *Trebigno* T, *Stagno* T, *Narenta* T, *Cursola* v, *Risano* v, dont l'Evêque réside à Castelnovo.

Antivari T, dans la Dalmatie. Il a sous lui six Evêchés, *Scutari* T, *Polati* T, *Drivasto* T, *Dolcigno* T, *Cataro* v, au Sud-Est de Raguse ; *Budoa* v, au Nord-Ouest d'Antivari.

Outre ces Evêques Latins, il y en a encore plusieurs sous la domination du Grand-Seigneur en Bulgarie ; ce sont l'Archevêque de *Sophie*, avec l'Evêque de *Nicopoli*, son suffragant ; l'Archevêque d'*Uscopia*, au Sud-Ouest, ci-devant Arche-

---

(a) Dom Vaissete nous reproche de faire de *Tine*, tantôt une Isle de l'Archipel, tantôt une Ville de Bosnie ; mais ce reproche est très-mal fondé ; *Tine*, Ville de Bosnie, étant très-différente de *Tine* Isle de l'Archipel. Au reste nous les distinguons d'après la Martinière & l'Abbé de Commanville ; & ce qui est singulier, Dom Vaissete lui-même, Tome I. de sa *Géographie*, pag. 308, de l'Edition in-4.º les distingue comme nous.

vêque d'*Ocrida* ou *Ocri*, sur les confins de l'Albanie, &c.

L'Archevêché de *Corfou* v., dans l'Isle de même nom, située dans la Mer de Grèce, à l'entrée du Golfe de Venise. Il n'a de suffragans que l'Evêché de *Zante* v, auquel celui de *Céphalonie* est uni : ce sont deux Isles au Sud-Est de Corfou.

L'Archevêché de *Naxie* T, Isle au milieu de l'Archipel. Ses suffragans sont, *Andro, Tine, Milo, Skiro, Scio* & *Santorin*, Isles de l'Archipel, qui appartiennent aux Turcs, excepté *Tine*, qui est aux Vénitiens.

Il faut remarquer que dans toutes ces Isles il y a des Evêques du Rit Latin & des Evêques du Rit Grec : les uns reconnoissent le Patriarche de Venise, & les autres celui de Constantinople.

ARTICLE IV.

Archevêchés & Evêchés du Nord de l'Europe.

CES Archevêchés & Evêchés sont ceux des Isles Britanniques, du Danemarck, de la Norwège & de la Suède. Ils ont été enlevés à l'Eglise par l'hérésie & le schisme de Luther & de Calvin, dans le XVIe siècle ; cependant il y a encore des Evêques Catholiques dans quelques-uns de ces Pays, & il y a dans les autres des Fidèles unis à l'Eglise Romaine.

§. I. *Archevêchés & Evêchés des Isles Britanniques.*

Ces Isles sont l'Angleterre & l'Ecosse, qui forment ce qu'on appelle l'Isle de la Grande-Bretagne, & l'Irlande, autre Isle à l'Occident de la précédente.

Les Romains connoissoient l'Angleterre sous le

nom de Bretagne : ils en firent la conquête peu après la naissance de Jesus-Christ, & ils la partagèrent en cinq Provinces, comme on le verra ci-après.

Tertullien assure que la Foi y avoit été prêchée dès le IIIe siècle.

Les Angles & les Saxons, Peuples payens d'Allemagne, s'en rendirent maîtres au Ve siècle, & y établirent sept petits Etats, qui furent réunis au commencement du IXe siècle. Dès la fin du VIe siècle, saint Grégoire le Grand y envoya le Moine Augustin, comme dans un Pays où il n'y avoit plus de Religion. Le peu de Chrétiens qu'il y trouva, étoient adonnés à des coutumes fort irrégulières. Il les traita comme Schismatiques, & les excommunia : il baptisa le Roi de Kent & une grande partie de son Peuple ; & il établit deux Métropoles, *Cantorbery* & *Yorck*, avec plusieurs Evêchés. Le Christianisme fit tant de progrès dans la suite en Angleterre, qu'on y augmenta considérablement le nombre des Evêchés ; mais en 1537, Henri VIII ayant rompu de communion avec le Pape, sa fille Elisabeth, après le règne fort court de Marie sa sœur, qui étoit Catholique, se déclara pour le schisme. Elle fit aussi une réformation à sa mode, tant par rapport au Dogme, ayant embrassé les hérésies de Calvin, que par rapport à la Discipline Ecclésiastique. Elle conserva néanmoins la Hiérarchie, les cérémonies, le chant & les habits sacerdotaux.

L'Ecosse n'a jamais été soumise entièrement par les Romains : elle a eu jusqu'en 1603, ses Rois particuliers. La Foi y fut prêchée dès le Ve siècle ; mais ce n'a été qu'en 1471, que Sixte IV érigea les deux Métropoles ou Provinces de *Glaskow* & de *Saint-André*. Les Presbytériens ou Calvinistes purs, ayant prévalu en Ecosse, il n'y a plus d'Evêques depuis 1690.

Le Cardinal Jean Paperon, envoyé Légat en Irlande par le Pape Eugène III, tint en 1152, un Concile dans le Monastère de Mellifont, où, du consentement du Clergé & des Rois, Ducs, & anciens d'Irlande, il établit les quatre Archevêchés qui subsistent encore, & leur assigna leurs suffragans. Il distribua aux Archevêques quatre Palliums, qu'il avoit apportés de Rome.

Il y a à présent dans les Isles Britanniques huit Archevêchés & cinquante-cinq Evêchés; sçavoir, deux Archevêchés, & vingt-cinq Evêchés en Angleterre; quatre Archevêchés & dix-huit Evêchés en Irlande. On comptoit en Ecosse deux Archevêchés & douze Evêchés. On verra dans la Description suivante, les noms de tous ces Sièges.

La Grande-Bretagne comprenoit autrefois les Métropoles de *Londres*, dans la Province de la *Britannique première*; de *Caerleon* ou *Caerlion* *, Ville du Comté de Monmouth, dans la *Britannique seconde*; & *Yorck*, dans les Provinces de la *Maxime Césarienne*, de la *Flavie Césarienne*, & de la *Valentienne*.

Il y eut ensuite en Angleterre deux Archevêchés; *Cantorbery* & *Yorck*, qui subsistent encore:

Cantorbery a vingt-un Evêques suffragans; sçavoir, ceux de *Londres*, dans le Comté de Mildesex; *Winchester*, dans le Comté de Hant ou Southampton; *Rochester*, dans le Comté de Kent; *Ely*, dans le Comté de Cambridge; *Norwich*, dans le Comté de Norfolck; *Peterboroug*, dans le Comté de Nortampton; *Lincoln*, dans le Comté de Lincoln; *Lichefeld*, transféré à Conventri, dans le Comté de Stafford; *Worcester*, *Hereford*, *Glocester*, *Oxford*, dans les Comtés de même nom; *Chichester*, dans le Comté de Sussex; *Salisbury*, dans le Comté de Wilh; *Excester*, dans le Comté de Devon; *Wels*, résident à Bath, dans le Comté de

Sommerset; *Bristoll*, dans le Comté de Glocester; *Landaff*, dans le Comté de Clamorgan; *Saint-Davids*, dans le Comté de Penbrock; *Bangor*, dans le Comté de Carnavan; *Saint-Asaph*, dans le Comté de Flint.

Yorck a quatre suffragans; sçavoir, *Durham*, *Chester*, dans les Comtés de même nom; *Carlisle*, dans le Cumberland; & *Man*, dont l'Evêque réside à Rushin, Capitale de l'Isle de *Man*.

En Ecosse, il y avoit deux Archevêchés; *Saint-André* & *Glascow*.

Saint-André avoit neuf suffragans; sçavoir, dans l'Ecosse Méridionale où il est situé, *Edimbourg*, dans la Province de Lothian, érigé en Evêché Protestant par Charles I, en 1633; *Dumblain*, dans la Province de Mentheith; & dans l'Ecosse Septentrionale, *Dunkeld*, dans la Province de Perth; *Brechin*, dans la Province d'Angus; *Alberdon*, dans celle de Marr, *Murray*, dont l'Evêque résidoit à Elgin, dans celle de Murray; *Ross*, résidant à Chanrie, dans celle de Ross; *Catness*, résidant à Dornoch, dans le Southerland; & les Isles *Orcades*, dont l'Evêque résidoit à *Kirkal*, Capitale de l'Isle de *Mainland*.

L'Archevêché de *Glascow*, dans la Province de Clifdail, qui est de l'Ecosse Méridionale, avoit trois suffragans dans cette partie de l'Ecosse; sçavoir, celui de *Witern*, dans la Province de Gallovay; de *Lismore* *, dans celle d'Argille, de *Sodore* ou *Colmkil*, ainsi appellé, parceque le Monastère de Saint Colomban étoit dans cette Isle, qui est l'une des *Westernes*.

En Irlande, il y a quatre Archevêchés, autant que de Provinces.

Dans l'Ultonie, l'Archevêché d'*Armagh*, qui a six suffragans; sçavoir, de *Meath*, dont l'Evêque réside à Ardbrac, Bourg de la Province de East-Méath;

Eaſt-Méath ; *Downe* & *Londonderry* , dans les Comtés de ce nom ; *Rapho* , dans le Comté de Tyrconnel ; *Kloger* , à l'Occident d'Armagh ; & *Ardagh* (*a*) , dans le Comté de Longfort.

Dans la Lagénie, l'Archevêché de *Dublin* , qui a trois ſuffragans ; ſçavoir, *Kildare* , au Nord, *Fernes* , au Sud-Eſt, & *Kilkenni* , au Sud-Oueſt.

Dans la Connacie, l'Archevêché de *Toam* , qui a quatre ſuffragans ; *Clonefore* , dans le Comté de Gallouay ; *Elphen* , dans celui de Roſcommon ; *Achonry* , dans celui de Letrim ; *Kilſenor* * (*b*) , dans le Comté de Clare.

Dans la Momonie , l'Archevêché de *Cashel* , qui a cinq ſuffragans ; ſçavoir, *Limmeric* & *Killalou* , ſur le Shannon ; *Ardat* , à l'Occident ; *Corcke* & *Waterfort* (*c*) , au Midi.

Il faut obſerver qu'en Irlande , outre les Evêques Anglicans, il y a dans pluſieurs des mêmes Villes des Evêques Catholiques, qui exercent leur juriſdiction ſur les fidèles de leur Communion. Ils n'ont pas les revenus de leurs Evêchés, ce ſont les Anglicans qui en jouiſſent ; & les Evêques Catholiques ſont fort gênés dans l'exercice de leur miniſtère. En Ecoſſe , les Evêques même Anglicans, n'y ſont que tolérés : la Secte Calviniſte Presbytérienne y eſt dominante. Les Catholiques y ont auſſi des Evêques , de même

---

(*a*) Selon la Martinière, *Méath* a été ſupprimé par les Proteſtans : *Dromore* & *Connor*, qui avoient été unis à *Downe* ſont deux Evêchés diſtingués ; *Rapho* a été ſupprimé ; au lieu de *Ardagh*, il met *Kilmore*, qui lui étoit uni , & il admet un ſixième Evêché ſous Armagh ; ſçavoir, *Dundalk*, dans le Comté de Louth, dont M. de Commanville ne parle pas.

(*b*) La Martinière met ſous Toam, outre Clonefore, *Athlone*, *Killalou*, *Galloway*, *Killala*.

(*c*) Le même Auteur, au lieu de Killalou qu'il place ſous Toam, met *Emly* ſous Cashel. Nous croyons devoir nous en tenir à M. de Commanville, qui a fait un Ouvrage exprès qui ne traite que des Archevêchés & Evêchés.

Tome II.   A a

qu'en Angleterre, mais en très-petit nombre. Ces Evêques n'ont pas de Siège; ce font proprement des Vicaires Apoftoliques, ordonnés Evêques pour les Miffions d'Angleterre & d'Ecoffe.

§. II. *Archevêchés & Evêchés de Danemarck & de Norwège.*

La Foi Catholique fut prêchée dans le Dannemarck par Ebbon, Archevêque de Reims, & par S. Anfchaire, Archevêque de Hambourg, au IXe fiècle. Au milieu du fiècle fuivant, le fils du Roi Harablatand y fut tenu fur les Fonts baptifmaux par l'Empereur Otton. On y érigea enfuite plufieurs Evêchés, dont le Roi Eric compofa, vers le commencement du XIe fiècle, une Province Eccléfiaftique, en faifant ériger en Archevêché *Lunden*, dans le Schonen, qui a appartenu long-temps au Danemarck, & qui eft aujourd'hui à la Suède. Cette Métropole avoit fous elle fept Evêchés; *Rofchild*, dans l'Ifle de Séeland; *Odenfée*, dans l'Ifle de Fionie; *Arrhufen*, *Albourg*, *Vibourg* & *Ripen*, dans le Nord-Jutland; & *Slefwick*, dans le Sud-Jutland. L'Archevêque de Lunden étoit Primat du Royaume : il avoit droit de préfider à l'élection du Roi & de le facrer ; mais vers l'an 1550, Chriftiern III, fils du Roi Frédéric, dit le *Pacifique*, qui avoit introduit le Luthéranifme dans cet Etat, fupprima les Archevêchés & Évêchés, s'empara de leurs biens, & y mit à la place des *Surveillans* Luthériens. Ils font nommés par le Roi, qui choifit ordinairement des Gens de Lettres. Ces Surveillans n'ont que le troifième rang dans l'Etat, au lieu que les Evêques y avoient le premier rang. Depuis ce temps-là le Roi de Suède s'étant emparé de Lunden & de la Province de Schonen, Frédéric III, en 1660, érigea *Copenhague* en Archevêché, & lui foumit tous les Surveillans Luthériens.

Quant à la Norwege, après avoir eu long-temps ses Rois particuliers, elle fut unie au Danemarck par le mariage de Marguerite, Reine de Danemarck, avec Aquin, Roi de Norwège, en 1359.

Ce fut aussi saint Anschaire qui y prêcha l'Evangile. On érigea *Dronthem* en Métropole, vers le milieu du XIIe siècle, & on lui donna pour suffragans six Evêchés qui subsistoient déja depuis long-temps; trois en Norwège; sçavoir, *Berghen*, à l'Occident; *Anslo* ou *Christiania*, au Sud; *Stavanger*, au Midi de Berghen; en Islande, *Skalhot* & *Hola*. Il en avoit encore un dans le Groenland, dont l'Evêque résidoit à *Béatford*.

Les Notices du XIIe siècle font mention de ces Evêchés. A l'égard de ceux d'Islande; c'est le Roi Olaüs qui les fit ériger vers la fin du Xe siècle, par l'Archevêque de Brême. Ce Prélat étoit Métropolitain de toutes les Eglises du Nord. On érigea aussi les Métropoles de Dronthen pour la Norwège, de Lunden pour le Danemarck, & d'Upsal pour la Suède.

Il y a quelques Catholiques en Danemarck, en Norwège & en Islande: on ne les y souffre, que parcequ'ils contribuent à faire fleurir le commerce.

§. III. *Archevêchés & Evêchés de Suède.*

S. Anschaire prêcha l'Evangile dans ce Royaume, de même qu'en Danemarck. Le Pape Alexandre III. érigea *Upsal* en Archevêché au XIIe siècle, fit son Archevêque Primat du Royaume, & lui donna le droit de sacrer les Rois de Suède. Les Evêques y tenoient le premier rang, & étoient très-riches & très-puissans; mais depuis que les Suédois, ennuyés de se voir gouvernés par les Danois, ce qui avoit commencé sous Marguerite, Reine de Danemarck & de Norwège, se furent révoltés sous la conduite de Gustave Ericson, qui s'étant tiré de prison adroi-

556 GÉOGRAPHIE ECCLÉSIAST.

tement, se fit couronner Roi l'an 1523, la Religion Catholique y a été éteinte par l'avarice de ce même Gustave, qui voulant s'emparer des biens de l'Eglise, introduisit les Luthériens dans ce Royaume ; de sorte que l'Archevêque & les Evêques furent obligés de se retirer en différens Etats. Il n'y a aujourd'hui en Suède qu'un petit nombre de Catholiques, qu'on tolère à cause du commerce.

La Métropole d'*Upsal* avoit sous elle sept Evêchés : *Vesteras* ou *Arosen* *, Streugnes *, & *Lincoping*, sur la Côte Orientale & près de la Mer Baltique ; *Wexio*, dans la Gothie, au Sud-Est ; *Scara*, au Nord-Ouest ; *Abo*, dans la Finlande ; & *Vibourg*, dans la Carélie, près du Lac Ladoga. Ce dernier Evêché a été transféré à Borgo, depuis que les Russiens se sont emparés de Vibourg vers l'an 1700. Mais *Lunden*, dans le Schonen, qui étoit autrefois Archevêché dépendant de Danemarck, comme nous l'avons dit, a un Evêque Luthérien, ou Surveillant, qui dépend aujourd'hui de l'Archevêque d'Upsal.

Il y a aussi des Evêques Luthériens à *Gotheborg, Kalmar, Karlstadt, Hernosand, Gottland*. Ceux de ces trois derniers Evêchés, n'ont que le titre de *Surintendant*.

CHAPITRE II.

Des Archevêchés & Evêchés de l'Eglise Latine en Asie, & des Orientaux qui lui sont unis.

JESUS-CHRIST a choisi cette partie de notre Continent pour y opérer les principaux Mystères de la Religion. Le Christianisme y a pris naissance, & elle avoit autrefois un très-grand nombre de Métropoles Catholiques, mais d'un autre Rit que le Latin ; ce qu'il y en a maintenant du Rit Latin, se trouve dans les Colonies que les Espagnols & les Portugais ont établies dans les Indes Orientales. Les Portugais ont fait ériger dans le XVIe siècle plusieurs Evêchés sous la Métropole de *Goa*, qui est la Capitale de leurs Colonies. Les Prélatures étoient d'un assez bon revenu; mais les Hollandois en ont ruiné une grande partie depuis un siècle & demi.

L'Archevêché de *Goa* est toujours considérable ; les Evêchés ne subsistent pour la plupart que pour l'honneur. Le Roi de Portugal y nomme.

Les Espagnols s'emparèrent, vers l'an 1565, des Isles qu'ils appellent *Philippines*, du nom de Philippe II. Ils y firent ériger un Archevêché & plusieurs Evêchés. Le Roi d'Espagne en a la nomination : ils ne sont plus si considérables depuis qu'une partie des Insulaires s'est révolté.

Nous ne parlerons point ici des Evêques de *Babylone*, d'*Ispaham*, &c. ce ne sont proprement que des Vicaires Apostoliques.

Archevêché de Goa.

L'Archevêque de *Goa* est Primat des Indes.

Il a quatre Evêchés sous sa dépendance; sçavoir, *Cochin*, à la Côte de Malabar, (il n'est plus que titulaire ;) *Méliapur* ou *Saint-Thomé*, à la Côte de Coromandel ; *Malaca*, dans l'Inde au-delà du Gange (titulaire ;) *Macao*, dans une Isle du même nom, sur la Côte de la Chine.

Archevêché d'Angamale, sur la Côte de Malabar.

L'Archêque qui avoit été établi en 1609, pour la réunion des Nestoriens de l'Inde, ou Chrétiens de Saint-Thomas, résidoit à Cranganor ; mais les Hollandois s'étant emparés de cette Ville, en ont chassé ce Prélat, qui n'est plus que titulaire : il n'avoit point de suffragans.

Archevêché de Manille.

Cet Archevêché est dans l'Isle de *Manille* ou *Luçon*, la principale des Philippines.

Il a trois Evêchés suffragans : ce sont, *la Nouvelle Ségovie ; Cacerès de Camérina, Nom de Jesus.*

De l'Eglise des Maronites.

Outre les Evêchés de l'Eglise Latine, il y a des Evêques qu'on nomme *Syriens - Maronites*, qui sont unis au Saint Siège. Leur nom vient d'un Moine nommé *Maron*, que plusieurs Auteurs prétendent avoir été hérétique. Quoi qu'il en soit, les Maronites étant tombés, au moins en partie, dans l'hérésie des Eutychéens, en firent abjuration en 1182, entre les mains d'Aimeric, troisième Patriarche Latin d'Antioche, établi du temps des Croisades. Ils demeurent la plûpart sur le Liban, chaîne de Montagnes située dans la Syrie, entre Tripoli & Damas, qui a près de trente lieues de long & autant de large. Ils sont au nombre d'environ soixante mille Habitans, & dépendent d'un Prince, Chef de la Nation des *Druses*, Peuple belliqueux, & composé de près de vingt mille hommes, tous soldats.

Ce Pays est diversifié de côteaux plantés de vignes excellentes, de campagnes pleines de muriers & d'oliviers, & de vallées fertiles en bled & en ris. Les Habitans sont extrêmement vexés par les Pachas de Damas & de Tripoli.

Le Clergé & les Fidèles du Mont Liban sont fort réguliers. Le Chef de cette Eglise est élu par les douze plus anciens Prêtres du Monastère où il réside ordinairement, & par les Prélats que l'on peut assembler. Il est confirmé par le Pape, qui peut casser son élection, & en mettre un autre à sa volonté. Sous ces Prélats sont environ cent cinquante Curés, & deux cens Prêtres dispersés dans les Villages.

Ils portent l'habit violet, & peuvent être mariés comme les Orientaux; mais il n'en est pas de même des Evêques & du Chef de l'Eglise des Maronites, qui doivent avoir fait vœu de Religion. Il y a beaucoup de Moines, qui sont de l'Ordre de S. Antoine. Il y a aussi quelques Couvens de Religieuses, qui vivent dans une perpétuelle clôture & une grande pauvreté. La Liturgie se fait en Syriaque. Il n'y a jamais, selon M. de Commanville, qu'un Prêtre qui célèbre par jour dans chaque Eglise; les autres lui servent d'assistans, consacrent avec lui & communient sous les deux espèces, aussi-bien que le peuple; mais on tient du Procureur Général de l'Ordre de Saint Antoine, que plusieurs de ces usages ne subsistent plus actuellement. Ils se servoient autrefois pour le Service Divin, de leurs habits ordinaires; mais depuis quelque temps ils ont adopté l'usage des Chasubles & des Chapes, & même de la Crosse & de la Mitre pour les Evêques.

Canobin *, Monastère du Mont Liban, est la résidence du Chef de cette Eglise, qui prend le titre de Patriarche d'Antioche, quand celui d'Antioche est Schismatique. Il ne porte pas ce titre aujourd'hui, parcequ'il y a un Patriarche Grec d'Antioche, qui est réuni à l'Eglise Romaine. Le Monastère de Canobin est de l'Ordre de S. Antoine. Le Chef de l'Eglise des Maronites a sous lui sept Archevêques & deux Evêques.

Les Archevêques sont ceux de *Hédem*, *Mar-Antown*, *Saint-Serge*, *Saint-Elisée*, Monastères du Mont Liban; *Tripoli*, Ville de Syrie; *Damas*, Ville de Phénicie; *Barut*, Ville de Phénicie, dont le Prélat réside à Kesroan, Monastère de l'Anti-Liban.

Les Evêques sous le Patriarche des Maronites, sont celui de *Cypre*, qui réside à Nicosie, & celui de *Jérusalem*.

Arméniens Catholiques.

Il y a en Syrie & en Palestine beaucoup d'*Arméniens* unis au S. Siège, quoique sous la domination des Turcs. Ils ont aussi en Perse, ou dans l'Arménie Persane, un Archevêque uni à l'Eglise Romaine. Ce fut un Dominicain, nommé *Barthélemi le Petit*, qui au XIV*e*. Siècle, tira une partie des Arméniens du schisme & de l'hérésie des Eutychéens. De plusieurs Evêchés qui furent érigés pour ces Arméniens, il n'y a plus que l'Archevêché de *Nachevan* ou *Naxivan*, dans l'Arménie Persane, qui subsiste. Cette Ville ayant été ruinée, l'Archevêque avoit établi sa résidence à *Abrener*, qui en est assez proche : mais il a été obligé de se retirer dans la Turquie d'Asie, à cause des troubles survenus en Perse depuis la mort de Thamas Koulikan. Il y a dans ce Bourg sept à huit mille Arméniens très-attachés au saint Siège, auxquels il faut joindre ceux qui sont répandus en Pologne & en Russie, dont l'Archevêque réside à *Léopol*, Capitale de la Russie Polonoise. Ils ont aussi une Eglise à Amsterdam, pour leurs Négocians qui y sont établis. Leur Liturgie se fait en ancien Arménien.

Chaldéens ou Nestoriens.

Il s'est fait en différens temps plusieurs réunions, soit particulières, soit générales, des Nestoriens ou Chaldéens ; mais ces réunions ne subsistent plus, excepté celle qui se fit vers 1680. L'Archevêque de *Diarbekir* s'étant alors réuni par les soins des Missionnaires, fut élu Patriarche & confirmé par Innocent XI. Il s'appelloit Joseph, & ses successeurs jusqu'aujourd'hui ont porté le même nom. La résidence de ce Patriarche est à Diarbekir ou Caramid, dans le Diarbek. Ceux qui lui sont soumis abhorrent le nom de Nestoriens, & s'appellent simplement Chaldéens.

Syriens, ci-devant Jacobites.

Vers l'an 1646, un grand nombre de Syriens Jacobites, c'est-à-dire, Eutychéens, abandonnèrent leurs erreurs par les soins des Pères Capucins, & se réunirent à l'Eglise Romaine. Le principal fut l'Archevêque d'*Alep*, qui devint le Chef de ces nouveaux Catholiques de Syrie. Il a été confirmé par le Saint Siège, & est regardé comme Patriarche Catholique d'Antioche. Celui qui occupe aujourd'hui cette place, est un élève du Collège de la Propagande de Rome. Il a été obligé par les Turcs de sortir d'Alep, & il réside maintenant à *Dair-el-Kamar*, Capitale des Druses, dans le Mont-Liban. Tous les Catholiques de Syrie & de la Terre Sainte, aussi-bien que les Maronites, dépendent de lui.

CHAPITRE III.

Des Evêchés de l'Eglise Latine en Afrique.

CETTE Partie du Monde étoit autrefois remplie d'Evêchés sur la Côte Septentrionale, c'est-à-dire, dans l'Egypte, & dans ce qu'on appelle aujourd'hui la Barbarie, dont la plus grande partie étoit de l'Empire d'Occident & du Patriarchat Romain: il n'y avoit que le Pays de Cyrène ou de Barca qui fût avec l'Egypte, & ensuite l'Abyssinie, du Patriarchat Grec d'Alexandrie. La Religion Catholique a été autrefois très-florissante en Barbarie; mais premièrement les Vandales qui étoient Ariens, & ensuite les Sarrasins ou Arabes qui étoient Mahométans, ont détruit au Ve. & VIIe. Siècles, la vraie Religion en ce Pays; de sorte que maintenant il ne se trouve plus en Afrique d'Evêchés Catholiques, que ceux que les Portugais & les Espagnols y ont fait ériger dans leurs Colonies au XVe. Siècle.

1. Sous la Métropole de Lisbonne en Portugal, il y a six Evêchés; sçavoir, *Fonchal*, dans l'Isle Madère; *Ribeira*, dans l'Isle de Saint-Jacques, l'une de celles du Cap-Verd; *San-Thomé* ou *Saint-Thomas*, Isle sous la Ligne; *Loanda*, sur la Côte d'Angola; *San-Salvador*, Capitale du Congo; *Angra*, dans l'Isle Tercère, qui est une des Açores, Isles au Nord-Ouest de Madère & des Canaries.

Ceuta, dans le Royaume de Fez en Barbarie, près du Détroit de Gibraltar, étoit encore un Evêché dépendant de Lisbonne; mais depuis que les Portugais ont entièrement cédé cette Ville aux Espagnols en 1668, il n'y a plus d'Evêque.

2. Sous l'Archevêché de Séville en Andalousie, Province d'Espagne, *Ciutad-di-Palmas* ou *Canarie*, qui appartient aux Espagnols, dans l'Isle *Canarie*, la plus grande de celles de ce nom, au Sud-Est de Madère.

CHAPITRE IV.

Des Archevêchés & Evêchés d'Amérique.

L'AMÉRIQUE, qui est la quatrième Partie du Monde, forme le nouveau Continent. On la divise en Amérique Septentrionale & Amérique Méridionale. Le Roi d'Espagne, & ensuite les Rois de Portugal & de France y ayant fait de grandes conquêtes, & établi des Colonies, y ont fait ériger des Archevêchés & Evêchés. Léon X érigea le premier Evêché à Saint-Domingue en 1513. Maintenant il y a six Archevêchés; quatre dans l'Amérique Méridionale, & deux dans la Septentrionale.

L'Amérique Catholique comprend:

I. Dans le *Brésil*, qui appartient aux Portugais, l'Archevêché de *San-Salvador*, sous lequel sont:

Les cinq Evêchés, de *Para*, de *Saint-Louis* de *Maragnan*, d'*Olinde* ou de Fernambouc, de *Saint-Paul*, érigé en 1745, & de *Saint-Sébastien* ou de Rio Janeiro. Don Vaissete en ajoute un sixième, qui est *Marianna*, dont il n'indique pas la situation, qu'il dit avoir été érigé en 1745.

II. Dans le Pérou, qui appartient aux Espagnols, l'Archevêché de *la Plata*, dans l'Audience de Los Charcas, a pour suffragans :

Les cinq Evêchés, de *la Paz* de Chuquiaga, & de *Santa-Cruz* de la Sierra, au Pérou ; de l'*Assomption* de Paraguay ; de *la Trinité* de Buénos-Aires, de *Cordoue*, dans le Tucuman.

III. Dans l'Audience de Los Reyes au Pérou, l'Archevêché de *Lima*, sous lequel sont :

Les huit Evêchés, de *Guamanga*, qui réside à S. Jean de la Vittoria, de *Cusco*, d'*Aréquipa*, au Sud-Est de Lima ; & au Nord de Lima, *Truxillo*, & *Saint-François* de Quito, au Pérou ; *San-Jago*, au Chili ; la *Conception* du Chili, dont l'Evêque réside à l'Impériale ; & *Panama*, dans la Terre-Ferme particulière.

IV. Dans *la Castille d'or*, soumise aux Espagnols, l'Archevêché de *Santa-Fé*, dont les suffragans sont :

Les trois Evêchés, de *Popayan*, de *Carthagène* & de *Sainte-Marthe*.

V. Dans l'Isle de *Saint-Domingue*, l'une des grandes Antilles, l'Archevêché de *Saint-Domingue*, qui a pour suffragans :

Les quatre Evêchés, de *Saint-Jacques* de Cuba, de *Saint-Jean* de Porto-rico ; & dans la Castille d'or, *Vénézuela*, & *Truxillo*, transféré à Valladolid, dans la Province de Honduras au Mexique.

VI. Dans le *Mexique* ou *Nouvelle Espagne*, l'Archevêché de *Mexico*, qui a sous lui :

Les dix Evêchés de *Los Angelos* de Tlascala ; de

Guaxaca, dans la Province de même nom, de *Valladolid* de Mechoacan, de *Merida* d'Yucatan, de *San-Jago* de Guatimala, de *Chiapa*, dans la Province de ce nom, de *Léon* de Nicaragua, de *Guadalajara*, de *Durango*, dans la Nouvelle Biscaye, de *Santa-Fé*, dans le Nouveau Mexique.

VII. Dans le Canada, *Québec*. Cet Evêché est exempt, & subsiste selon le Traité fait en 1763 avec les Anglois, à qui la France a cédé le Canada.

Sommaire, ou Table Géographique des Archevêchés & Evêchés de l'Eglise Latine.

L'Eglise Latine comprenoit autrefois les Exarchats:	L'Eglise Latine comprend aujourd'hui dans les Etats d'*Italie* :
D'*Italie* divisée en Provinces *Suburbicaires* & *Italiques*.	41 Archevêchés. 258 Evêchés.
Des *Gaules* divisées en *Lyonnoise*, *Belgique*, *Germanique*, *Aquitanique*, *Narbonnoise*.	De *France*, 18 Archevêchés. 111 Evêchés (a).
	Du *Comtat Venaissin*, 1 Archevêché. 3 Evêchés.
	De *Suisse* & de *Savoie*, 1 Archevêché. 5 Evêchés.
D'*Espagne*, partagée en *Carthaginoise*, *Tarragonoise*, *Bétique*, *Lusitane*, *Galécienne*.	D'*Espagne*, 8 Archevêchés. 45 Evêchés.
	De *Portugal*, 3 Archevêchés. 10 Evêchés.

(a) On comptoit ci-devant 112 Evêchés en France, parce qu'on y renfermoit non-seulement *Béthléem*, qui en est effectivement, mais aussi *Québec* en Canada, qui ne peut plus y être compris. On y ajoute aujourd'hui ceux de Corse.

D'*Illyrie*, divisée en *Occidentale* & *Orientale*. (L'Illyrie Orientale fut accordée à Constantinople, lorsqu'on l'érigea en Patriarchat.)

D'*Allemagne*,
  7 Archevêchés.
  30 Evêchés.
De *Hongrie*,
  2 Archevêchés.
  12 Evêchés.
De *Dalmatie*, *Albanie*, *Bulgarie* & *Archipel*.
  7 Archevêchés.
  32 Evêchés.
De *Pologne*,
  2 Archevêchés.
  12 Evêchés.

Eglises réunies en Europe & en Asie.
  2 Patriarches.
  9 Archevêques.
  5 Evêques.

D'*Afrique Occidentale*, divisée en *Afrique propre*, *Mauritanique* & *Numidique* (a).

Colonies Chrétiennes d'*Asie*, d'*Afrique*, d'*Amérique*,
  9 Archevêchés.
  48 Evêchés.

Total { des Arch. 110
         des Ev. 571

(*a*) Il y avoit encore autrefois un sixième Exarchat; sçavoir, de *Bretagne*, qui comprenoit les Provinces *Britannique*, *Césarienne* & *Valentinienne*, & qui répondoit à ce qu'on appelle aujourd'hui l'Angleterre, & à une partie de l'Ecosse ; mais comme le schisme & l'hérésie ont enlevé ce Pays à l'Eglise Latine, nous ne les avons pas placés dans cette Table, qui ne renferme que les Evêchés Catholiques.

Nous n'y faisons pas mention non plus des Evêques Titulaires, qui sont destinés à être envoyés en qualité de Missionnaires dans les Pays infidèles, parceque ces Evêques n'ont pas de Diocèses, ni de peuples qui leur soient proprement soumis.

CHAPITRE V.

Des Patriarches de l'Eglise Grecque & des autres Eglises Schismatiques.

Pour donner une idée générale de l'Eglise Grecque, il est à propos de mettre ici d'abord une Table Géographique de ses Patriarchats, qui ont fait schisme avec l'Eglise Latine, & qui sont unis de communion avec le Patriarche de Constantinople. Le Schisme de l'Eglise Grecque a été consommé par Michel Cérularius au XIe siècle. Cette Eglise, aujourd'hui désolée, n'a, selon le P. Quien, qu'environ deux cens Evêques sous quatre Patriarches.

L'Eglise Grecque comprenoit anciennement les Patriarchats :

De *Constantinople*, dans les Provinces de *Thrace*, de *Grèce*, de *Dacie* & des *Barbares*, & d'*Asie Mineure*.

D'*Antioche*, dans les Provinces de *Syrie*, de *Cilicie*, d'*Assyrie*, d'*Arménie*.

De *Jérusalem*, dans la *Palestine*.

D'*Alexandrie*, dans l'*Egypte* & la *Lybie*.

L'Eglise Grecque comprend à présent les Patriarchats :

De *Constantinople*, dans la Turquie d'Europe, ou les Provinces de *Romanie*, de *Grèce*, de *Bulgarie*, d'*Albanie*, de *Valachie*; & dans l'*Asie*, ou une partie de la *Natolie*.

D'*Antioche*, en Asie, dans la *Syrie*, la *Caramanie*, la *Diarbeck*, l'*Aladulie*.

De *Jérusalem*, dans la *Palestine*.

D'*Alexandrie*, dans l'*Afrique Orientale*.

Article I.

Du Patriarchat de Constantinople.

CETTE Ville n'étoit d'abord qu'un Evêché suffragant d'Héraclée, & elle portoit le nom de *Byfance*. L'Empereur Constantin en fit le siège de l'Empire au commencement du IVe siècle, & lui donna son nom & celui de *Nouvelle Rome*. Le second Concile général, qui est le premier de Constantinople, accorda en 381, à son Evêque le pas immédiatement après Rome. Le Concile général de Chalcédoine, tenu en 451, lui donna le nom & l'autorité de Patriarche sur les trois Exarchats de Thrace, de Pont & d'Asie. Il eut dans les siècles suivans l'Illyrie Orientale, une partie de l'Occidentale, avec plusieurs Provinces au-delà du Danube. Une partie de la basse Italie & la Sicile lui furent adjugées dans le IXe siècle, parceque les Empereurs Grecs en étoient maîtres. Mais dans le même siècle & dans le suivant, les Sarasins ravagèrent les plus belles Provinces de ce Patriarchat; ce qui engagea le Patriarche à recourir à l'Eglise Romaine.

Les Latins se croisèrent pour délivrer les Grecs du joug des Infidèles; ensuite ils s'emparèrent de Constantinople en 1204, pour arrêter les troubles de l'Empire de Constantinople, & ils choisirent un Empereur & établirent un Patriarche Latin à Constantinople. Mais l'an 1261, l'Empereur Grec & son Patriarche, qui s'étoient retirés à Nicée, rentrèrent dans Constantinople, après en avoir chassé les Croisés.

Les Turcs inondèrent ensuite l'Empire Grec, dans les XIIIe & XIVe siècles, ruinèrent cet Empire, & désolèrent l'Eglise Grecque, par la prise de Constantinople, l'an 1453.

Les Patriarches de cette Eglise étoient élus autrefois par leur Clergé & par les Métropolitains & les Evêques qui se trouvoient dans la Ville Impériale dans le temps de l'élection ; mais depuis que les Turcs se sont emparé de cette Capitale de l'Empire d'Orient, le Grand-Seigneur s'est mis en possession de les nommer. Il vend même à présent cette dignité à celui qui lui en offre le plus d'argent. Cependant on fait encore une élection, mais pour la forme seulement. Cet abus de vendre ainsi le Patriarchat, doit sa naissance à l'ambition d'un Moine Grec, qui fut assez méchant pour offrir de l'argent à la Porte pour sa nomination & son agrément. Les Turcs donnoient auparavant à l'Eglise de Constantinople toute liberté de choisir le Patriarche, & ne se mêloient nullement de cette élection.

Quoique le revenu du Patriarche de Constantinople, autrefois très-considérable, puisse monter encore à quarante mille écus, il lui reste à peine de quoi vivre avec vingt pauvres Moines, qui sont ses Officiers, étant obligé de payer des droits au Trésor Impérial, de faire des pensions aux principaux Officiers du Divan, & de se racheter à force d'argent des avanies auxquelles il est souvent exposé. Son Eglise Patriarchale est fort obscure & fort médiocre ; elle est près du Port & porte le nom de *Panagia* ou de *toute Sainte*, parcequ'elle est dédiée à la Sainte Vierge. Son Palais est tout proche, & a peu d'apparence.

Outre cette Eglise, il y a encore à Constantinople environ vingt Paroisses, gouvernées par des *Papas* ou Curés, pour les Chrétiens du Rit Grec : elles sont toutes médiocres & mal-propres. Il y a aussi plusieurs Couvens de Moines Grecs dans les Isles qui sont aux environs : ils vivent fort régulièrement & fort pauvrement.

Il n'y a pas moins de Chrétiens que de Turcs à

Conſtantinople ; mais il n'y en a pas plus de la moitié de Grecs. On y trouve encore des reſtes des familles Impériales & Patriciennes. Quoique réduites à un état fort médiocre, elles ſont néanmoins auſſi fières que ſi elles avoient encore leurs anciennes richeſſes ; pluſieurs ne laiſſent pas cependant de faire figure & d'avoir de bons emplois.

Le Patriarchat de *Conſtantinople* comprenoit anciennement les Exarchats de *Céſarée* dans le Dioceſe de *Pont*, d'*Epheſe* dans l'*Aſie propre*, d'*Héraclée* dans la *Thrace* ; de *Theſſalonique* dans la *Macédoine* ; d'*Ocrida* dans la *Dace* ou *Dacie*, & les Provinces Barbares.

Le Patriarchat de *Conſtantinople* comprend à préſent, en *Aſie*, les Exarchats de *Céſarée* & d'*Epheſe* dans la *Natolie* ; en Europe, d'*Héraclée* dans la Province de *Romanie*, de *Salonique* & d'*Ocrida*, dans celle de *Macédoine* ; de *Peſch* ou *Péchia* (*a*), en *Servie* ; de *Tornobe* * en *Bulgarie* ; de *Sotſau* * en *Moldavie* ; de *Caffa* en petite Tartarie.

La grande *Ruſſie* ou Moſcovie, a été, depuis la fin du Xe ſiècle, ſoumiſe au Patriarche de Conſtantinople, qui y avoit envoyé prêcher la Foi ; mais comme en l'année 1588, elle commença à ne plus dépendre de ſa Juriſdiction, & à avoir un Patriarche particulier, quoique toujours uni de communion avec celui de Conſtantinople, & que d'ailleurs cette Egliſe fait ſon Office en Sclavon, nous n'en parlerons que dans l'Article V^e, qui doit traiter des Egliſes qui ne ſont ni du Rit Grec ni du Rit Latin, & qui ont été démembrées des Patriarchats Grecs.

(*a*) L'Archevêque de Peſch prend le titre de Catholique, ou Patriarche des Raſciens répandus en Servie, Boſnie & Pays voiſins : il a ſous lui pluſieurs Archevêques & Evêques.

Nous ne mettrons point ici la Liste des Metropoles (a) & des Evêchés dépendans des Exarchats qui sont sous le Patriarche de Constantinople, parceque la plûpart sont situés dans des Bourgs ou Villages. La même raison nous oblige à omettre ceux des autres Patriarchats. Il suffira de remarquer que les Métropolitains sous le Patriarchat de Constantinople sont au nombre de soixante-dix, dont quelques-uns se qualifient d'Exarques, & d'autres ne sont Métropolitains qu'honoraires. Il y a vingt Prélats qui prennent le nom d'Archevêques honoraires, & soixante-quinze Evêques. Tous ces Prélats mènent une vie pauvre & dure, à la tête de leurs Communautés, où ils suivent les loix monastiques auxquelles ils sont assujettis, ainsi que ceux de toutes les autres Communions ou Eglises Orientales d'un autre Rit.

Article II.

Du Patriarchat d'Antioche.

C'est dans la Ville d'*Antioche* que les Fidèles ont commencé à porter le nom de Chrétiens. Son Eglise fondée par Saint Pierre, étoit autrefois très-célèbre ; mais comme Antioche n'est plus aujourd'hui si considérable, le Patriarche réside à Damas, où il peut y avoir sept à huit mille Grecs. Il est élu, comme celui de Constantinople, par le Clergé de son Eglise ; on ne choisit que celui qui a l'agrément du Pacha. Il faut donner ordi-

---

(a) Chez les Grecs, les *Métropolitains* sont des Prélats qui ont des Evêques suffragans : les *Archevêques* sont des Evêques exempts : les *Exarques* sont comme nos Primats ; mais ce nom n'est souvent qu'un titre d'honneur.

nairement trente mille livres pour l'obtenir : ce qui fait à peu près une année du revenu du Patriarchat. Quelque grande que soit cette somme, ces Patriarches ne sont pas à l'abri de se voir dépossédés par des gens avides de leur dignité, qui donnent au Pacha de l'argent pour l'obtenir. On en a vu quelquefois plusieurs dans un nombre d'années assez court, se supplanter les uns les autres.

Le Clergé de ce Patriarchat est composé de quelques Ecclésiastiques & Moines, qu'il envoie dans les Provinces en qualité d'Exarques, pour la levée de ses droits; de trois Métropolitains seulement, selon le Père le Quien; d'un Archevêque honoraire, de cinq Evêques, & des Papas ou Curés, tant de sa Capitale que des Villes, Bourgs & Villages qui sont dans l'étendue de sa Jurisdiction.

Le Patriarchat d'Antioche comprenoit anciennement les Métropoles d'*Antioche*, dans la Province de la *Syrie première*, d'*Apamée*, dans la *Syrie seconde*; de *Laodicée*, dans celle de *Théodoriade*; de *Tharse*, dans la *Cilicie première*; d'*Anazarbe*, dans la *Cilicie seconde*; de *Séleucie*, dans l'*Isaurie*; de *Tyr*, dans la *Phénicie maritime*; de *Damas*, dans la *Phénicie du Liban*; d'*Hiérapolis*, dans l'*Eupratèse*; d'*Edesse*, dans l'*Osroëne*; d'*Amid*, dans celle de *Mésopotamie*; de *Dademon* ou *Ecmiasin*, dans l'*Arménie majeure*, & de *Salamine*, dans l'*Isle de Cypre*.

Le Patriarchat d'*Antioche* comprend à présent les Métropoles d'*Apamée*, dans la *Syrie*; de *Tharse*, dans la *Caramanie*; de *Tyr* & de *Damas*, dans la *Phénicie*; d'*Edesse*, maintenant *Ourfa*, dans le *Diarbeck*; d'*Amid* ou *Diarbekir*, Capitale de *Mésopotamie*, aussi dans le Diarbeck; de *Nicosie*, dans l'*Isle de Cypre*.

Article III.
Du Patriarchat de Jérusalem.

LE second Concile général accorda en 381 à l'Evêque de Jérusalem la préséance sur tous les Evêques de sa Province, & même sur celui de Césarée son Métropolitain. Dans la suite, Juvénal, Evêque de cette Eglise, engagea le Concile d'Ephèse à lui accorder, en 451, la dignité d'Eglise Patriarchale & l'autorité, non-seulement sur les deux Palestines & les deux Provinces Arabiques, mais encore sur les deux Phénicies; mais le Pape s'y étant opposé, le différend fut terminé par le Concile de Chalcédoine, qui rendit en 451 les deux Phénicies à Antioche, & confirma à Jérusalem la dignité d'Eglise Patriarchale.

Les Turcs qui sont maîtres de la *Palestine*, ou *Terre-Sainte*, depuis qu'ils l'ont enlevée aux Mamelucs Soudans d'Egypte, au commencement du XVIe. Siècle, y souffrent des Chrétiens moyennant les droits qu'ils leur payent. Le Patriarche ne laisse pas d'y faire figure: son revenu monte à trente mille écus.

La Ville de Jérusalem n'a pas plus de quinze mille habitans, & environ quatre cens familles Grecques distribuées en vingt Paroisses. L'Eglise Cathédrale dédiée à S. Constantin & à Sainte Hélène, est assez belle: elle est jointe à un Cloître où le Patriarche loge avec ses Officiers & ses Moines: il réside cependant ordinairement à Damas. Il a sous lui, selon le P. le Quien, dans son *Oriens Christianus*, six Métropolitains véritables, six Archevêques honoraires, & cinq Evêques.

Le Patriarchat de *Jérusalem* comprenoit au-

Le Patriarchat de *Jérusalem* comprend à pré-

trefois les Métropoles de *Céſarée*, dans la Province de la *Paleſtine première* ; de *Scytopolis*, dans celle de la *Paleſtine ſeconde* ; de *Petra*, dans celle de l'*Arabique première* ; de *Boſtra*, dans l'*Arabique ſeconde*.

ſent les Métropoles de *Céſarée*, dans les Provinces d'*Elkods* ou *Jéruſalem*, d'*Elkalil* ou *Hébron* & de *Gaza* ; de *Nazareth*, dans celle de *Naplouſe*, de *Saphet* ou de *Nazareth* ; de *Crac*, dans le *Déſert de Sinaï* ; & celle de *Boſtra*.

ARTICLE IV.

Du Patriarchat d'Alexandrie.

L'EGLISE d'Alexandrie fut fondée par Saint Marc. On voit par une lettre de l'Empereur Théodoſe, que ce Patriarchat étoit diviſé à la fin du IVe. Siècle, en dix Provinces ou Métropoles ; elles étoient toutes renfermées dans l'Egypte & la Lybie Cyrénaïque, appellée aujourd'hui le Pays de Derne ou de Barca. L'Abyſſinie en dépendit pendant un temps. Les Turcs ſont maintenant les maîtres de l'étendue de ce Patriarchat. Le Patriarche fait ſa réſidence au *Caire*, Capitale d'Egypte. Il y a environ ſix mille Grecs dans cette Ville, & environ vingt Paroiſſes. A peine dans tout le reſſort de ſa Juriſdiction, en trouveroit-on autant. Lorſqu'il a été choiſi par le Pacha du Caire ou par la Porte, dont il achete la dignité, il va à Conſtantinople ou ailleurs pour recevoir l'Ordination. Il eſt obligé d'avoir recours à l'Egliſe de Conſtantinople où à d'autres pour être ſacré, parceque, ſelon le témoignage d'un Patriarche d'Alexandrie, il y a plus de deux cens ans qu'on n'y a ſacré de Métropolitain & d'Evêques ; le Patriarche ſuffiſant ſeul à toutes ſes fonctions, & gouvernant ſon peuple par des Chorévêques & des Papas, qui font comme nos Doyens Ruraux & nos Curés. Ainsi on ne doit point être surpris de ne point voir dans la Table suivante les Métropoles marquées comme elles l'ont été dans les deux précédentes.

Le Patriarchat d'*Alexandrie* comprenoit anciennement les Métropoles d'*Alexandrie*, dans la Province de l'*Egypte première*; de *Cabassa*, dans celle de l'*Egypte seconde*; de *Péluse*, dans l'*Augustamnique première*; de *Léontopolis*, dans l'*Augustamnique seconde*; d'*Oxirinque*, dans l'*Arcadie*; d'*Antinoé*, dans la *Thébaïde première*; de *Ptolémaïs*, dans la *Thébaïde seconde*; de *Darnis*, dans la *Lybie Marmarique*; de *Cyrène*, dans la *Lybie Pentapole* & la *Tripolitaine*, à l'Occident de l'Egypte.

A présent il comprend les Provinces de la *basse Egypte*, de l'*Egypte moyenne*, de la *haute Egypte* ou *Saïd*, & du Pays de *Barca*.

ARTICLE V.

Des Eglises qui ne sont ni du Rit Grec ni du Rit Latin.

OUTRE les Eglises des Syriens-Maronites, des Chaldéens & des Arméniens Catholiques, qui sont réunies à l'Eglise Romaine (& dont nous avons déjà parlé;) il y en a plusieurs autres dont il est à propos de donner ici une liste, dans laquelle on verra de quels Patriarchats elles ont été démembrées.

Ces Eglises sont:

1. En Europe, l'Eglise de *Russie*, qui s'étend aussi en Asie, aussi-bien que l'Empire Russien; elle dépendoit autrefois du Patriarchat de Constantinople.

2. En Asie, les Eglises des *Georgiens* & des *Mingréliens*, qui étoient aussi sous la dépendance du Patriarchat de Constantinople; les sièges de leurs Patriarches sont : *Teflis*, en Géorgie propre ou Carduel, & *Pijuvitas**, en Mingrélie: les Eglises des *Syriens-Jacobites*, des *Arméniens de Perse*, des *Arméniens de Turquie*, & des *Nestoriens*, autrefois du Patriarchat d'Antioche ; les sièges de leurs Patriarchats sont, *Antioche*, *Ecmiasin*, *Sis*, *Séleucie* ou *Bagdad*.

3. En Afrique, les Eglises des *Cophtes* & des *Abyssins*, qui dépendoient autrefois du Patriarchat d'Alexandrie; les sièges de leurs Patriarches sont, *Alexandrie* & *Axum*.

Nous allons donner une légère idée de chacune de ces Eglises.

I. *Eglise de Russie.*

Cette Eglise qui fait l'Office divin en Sclavon, ancienne langue du Pays, ne fut proprement formée que lorsque la Foi fut prêchée en Russie de nouveau par les Grecs en 987. Sa créance est la même que celle des Grecs; & comme cette Eglise a été sous la dépendance du Patriarche de Constantinople jusqu'en 1588, elle l'a suivi dans son schisme, & elle est restée attachée à sa communion. *Kiow* étoit autrefois son unique Métropole ; mais cette Ville ayant été ravagée par les Tartares, & les Polonois s'étant ensuite emparé de son territoire, le Métropolitain transporta son siège à *Volodimer*, & ensuite à *Moscow*, au commencement du XIVe. Siècle ; mais en conservant toujours son premier titre. On établit cependant en Russie plusieurs Archevêchés & Evêchés, qui paroissent avoir été sans subordination entr'eux, & dans une espèce d'indépendance du Métropolitain, jusqu'à l'érection du Patriarchat. Ce fut en 1588, que Jérémie II,

Patriarche de Constantinople, étant venu en Russie, sacra Job, premier Patriarche de Moscow, à la prière du Clergé & du Czar; mais à condition que les successeurs de ce Prélat, élus par leur Clergé, seroient confirmés par les Patriarches de Constantinople, & leur payeroient cinq cens pièces d'or. Jérémie étant remonté sur son siège, duquel il avoit été chassé par Métrophane, tint un Concile à Constantinople en 1593, où il fit confirmer l'érection du nouveau Patriarchat de Russie, & lui donna rang après celui de Jérusalem. A la fin du Siècle suivant, les Patriarches de Russie cessèrent de se faire confirmer par ceux de Constantinople, & de leur payer le tribut ordinaire, parceque le Czar s'apperçut que les Moines Grecs qu'on envoyoit pour le recevoir, étoient espions des Turcs. En 1703, Adrien, dixième Patriarche, étant mort, le Czar Pierre le Grand supprima cette dignité, parceque ce Prélat avoit une si grande autorité, qu'elle contrebalançoit la sienne; & quelques années après il établit un Synode, composé de divers Archevêques & Evêques, pour juger les affaires Ecclésiastiques. Ce Synode ne peut rien décider dans les cas graves, sans en avoir instruit le Czar & sans son agrément. Pierre le Grand, les dernières années de sa vie, ôta au Clergé l'administration de ses biens & de ses revenus, qui étoient très-considérables; mais la Princesse Elisabeth, sa fille, a rendu, en 1744, au Clergé cette administration, pour se l'attacher.

On comptoit ci-devant quatre Métropolitains sous le Patriarche de Russie; sçavoir, *Novogorod-Veliki*, *Rostow*, *Casan* & *Sarski**, qui prend son titre d'un petit Village près de Moscow.

Le P. le Quien, dans son *Oriens Christianus*, d'après une lettre qu'il avoit reçue de Pétersbourg en 1730, ne fait mention que d'un Métropolitain, celui de *Casan*, de quinze Archevêques & de sept Evêques.

Evêques. Mais il n'y a actuellement que deux de ces Prélats qui portent le nom de *Métropolitans*, six Archevêques & vingt-quatre ou vingt-cinq Evêques.

Les Archevêques sont, en Europe, ceux de *Saint-Pétersbourg*, *Novogorod-Veliki*, *Moskow*, *Rostow*, *Kiow* qui porte le titre de Métropolitain ; & dans la Russie Asiatique, *Astrakan*.

Les Evêques sont, dans la Russie d'Europe septentrionale, ceux de *Ladoga*, qui est vicaire ou suffragant de Novogorod-Veliki ; *Pleskow*, *Twer*, *Archangel*, *Ustiug* & *Vologda*, dont un des sièges est à *Czerdyn*, nommée ci-devant la grande Permie, & qui dépend aujourd'hui du Gouvernement de Casan. Dans la Russie d'Europe Méridionale, *Sarski*, près de Moscow ; *Kroutiski*, peu éloigné de cette même Ville ; *Colomna*, *Kostroma*, *Susdal*, *Volodimer*, *Rezan* où *Pereslaw - Riasanskoi*, *Smolensk*, *Pereslave*, *Czernigow*, *Bielgorod*, *Woronez*, *Tambouw*, *Niznei-Novogorod*. Dans la Russie Asiatique, *Wiatka*, Province dont *Ghlinow* est la Capitale, *Casan*, *Tobolsk*, qui a le nom de Métropolitain, & *Irkutsk*. Il y a outre cela un Evêque Russien en Lithuanie, dans la Ville de *Mohilew*, pour ceux des Grecs non réunis qui sont dans ces cantons.

Si on comptoit ci-devant plus d'Archevêques en Russie, c'est que ce n'est qu'un titre d'honneur donné quelquefois à un Evêque, mais qui ne passe point à son successeur : il en est de même de celui de Métropolitain, qu'un Evêque qui l'a par son premier siège, conserve lorsqu'on le transfère sur un autre. Les Evêques de Russie sont indépendans des Archevêques, à l'exception de celui de Ladoga.

II. *Des Géorgiens & des Mingréliens.*

Les Mingréliens qui habitent dans un Pays qui appartenoit autrefois à la Géorgie, étant depuis long-temps gouvernés par un Prince particulier, il est à propos de parler d'abord des Géorgiens, dont ils ont secoué le joug.

1. Des Géorgiens.

Ils ne different presqu'en rien de l'Eglise Grecque, non plus que les Mingréliens dont on parlera ci-après : leur créance, leur discipline, leurs cérémonies sont à peu de chose près les mêmes. Ils sont unis de communion avec le Patriarche de Constantinople, & très-attachés au Christianisme, malgré l'oppression violente sous laquelle les Persans les tiennent. La Liturgie & le Bréviaire des Géorgiens est dans l'ancienne Langue de ces Peuples, qu'ils n'entendent presque plus. Leur Patriarche réside à *Téflis*, où il a un Palais assez beau, près duquel est une Eglise que l'on nomme *Sion*, où il fait ordinairement ses fonctions. Il y a outre cela dans cette Ville un Evêque qui est comme son Coadjuteur, & dix à douze Eglises, dont la moitié est pour ceux de sa Nation, & l'autre pour les Arméniens. Ce Patriarche a quelques Evêques sous sa dépendance, dont les plus remarquables sont ceux de *Gori* & d'*Ali*, Villes du Carduel & du Caket. Il y a aussi à Jérusalem un Evêque Géorgien, au Monastère de la Croix. On trouve cependant en Géorgie quelques Catholiques, les Capucins y ayant une Mission, & une habitation à Téflis.

2. Des Mingréliens.

Ces Peuples habitent le Pays nommé anciennement la Colchide. Il faisoit ci-devant partie de la Géorgie ; mais celui qui en étoit Gouverneur s'étant révolté contre le Roi de Géorgie, & s'étant rendu Souverain de la Mingrélie, ne voulut plus que ses sujets dépendissent du Patriarche des Géorgiens. Il fit établir par ses Evêques un *Catholique* ou

Primat, que l'on appelle improprement Patriarche. Le Clergé de l'Imirette & du Guriel aima mieux dépendre de ce nouveau Patriarche, que de celui de Géorgie, ce qui subsiste encore à présent. Ce Prélat est élu par le Prince, qui nomme ordinairement à cette dignité son plus proche parent. L'Eglise Cathédrale est près de la Mer Noire, dans un lieu nommé *Pijuvitas* *. Elle est dédiée à S. George. Le Patriarche n'a plus sous sa Jurisdiction que six Evêchés, dont nous ne rapporterons pas les noms, parcequ'ils sont situés presque tous dans des lieux inconnus. Les Théatins y entretiennent une Maison, & ont un Couvent avec un Eglise au Village de *Sipurias* *. S'ils ne font pas beaucoup de conversions, à cause de la grossièreté, de l'ignorance & des vices honteux des Mingréliens, du moins ils baptisent les enfans qu'on leur apporte, lorsqu'on désespère de leur vie.

III. Des Syriens-Jacobites.

L'origine du nom Jacobites qu'ils portent, a paru jusqu'ici assez incertain. Mais les Ecrivains qui ont le plus approfondi cette matière, tels qu'Assemani & le P. le Quien, ont fait voir que ce nom vient d'un certain Moine Eutychéen, nommé Jacob Zanzale, qui ayant été ordonné Evêque par Sévère, Patriarche Schismatique d'Antioche au VIe. Siècle, prêcha l'hérésie d'Eutychès en Mésopotamie & en Arménie. Comme il réunit les différentes Sectes des Syriens Eutychéens, les Grecs leur donnèrent le nom de *Jacobites*. Il se regardoit comme Evêque universel, & il ordonna plusieurs Archevêques & Evêques, & même un Patriarche Schismatique sous le nom de Patriarche d'Antioche. C'est sans fondement que quelques Auteurs ont pensé que le nom de Jacobites étoit commun à tous les Eutychéens, parceque le fameux Dioscore qui répandit leurs erreurs en Égypte, & qui eſt le Chef de ceux qu'on appelle *Cophtes*, ſe nommoit, dit-on, Jacob avant ſon ordination : cette idée n'eſt appuyée ſur le témoignage d'aucun Ancien.

La créance des Syriens-Jacobites eſt ſemblable à celle des Grecs, à qui ils ont donné le nom de *Melchites* (a) : ils ne diffèrent des Grecs, qu'en ce qu'ils n'admettent point les deux Natures en Jeſus-Chriſt. Leur diſcipline a auſſi beaucoup de rapport à la leur, mais leur Liturgie ſe fait en Syriaque. Le chef ou Patriarche de cette Egliſe a toujours porté le titre de Patriarche d'Antioche, quoiqu'il y ait long-temps qu'il ne réſide plus dans cette Ville. Sa réſidence depuis le XIIe. Siècle, eſt dans un Monaſtère de Syriens, nommé *Safran* *, près de la Ville de *Mardin*, à deux journées de Diarbekir, où il eſt obligé d'aller ſouvent pour régler les affaires de ſon Egliſe avec le Pacha qui eſt Gouverneur du Diarbek. Son revenu eſt très-médiocre; les Chrétiens qui dépendent de lui étant les plus pauvres & les plus haïs de tous les ſchiſmatiques. On les nomme *Syriens*, parceque c'eſt de la Syrie où ils avoient beaucoup de Métropolitains & d'Evêques, qu'ils ſe ſont répandus dans toutes les Provinces ſoumiſes autrefois aux Patriarches d'Antioche, de Jéruſalem & d'Alexandrie; mais les Arabes, & enſuite les Turcs, y ont tant exercé de cruautés ſur eux, qu'à peine aujourd'hui compoſent-ils trente mille familles diſperſées, ſans police & ſans ordre, dans l'Empire de Turquie ; il y en a auſſi quelques-unes en Perſe. Les Evêchés les plus connus, qui dépendent à préſent du Patriarche des Jacobites, ſont ceux de *Diarbekir*, Capitale du

---

(a) C'eſt-à-dire, ceux qui ſuivent le ſentiment de l'Empereur. Car ce fut l'Empereur Marcien qui fit tenir en 451 le Concile général de Chalcédoine, contre Dioſcore, fauteur de l'Eutychianiſme.

Diarbeck; d'*Alep*, Capitale de Syrie; de *Damas*, Capitale de la Phénicie; d'*Ourfa* ou *Edesse*, & de *Mosul*, dans le Diarbeck; de l'Isle de *Cypre*, & de *Jérusalem*. Une partie des Jacobites s'est réunie, comme nous l'avons dit, à l'Eglise Romaine, il y a environ cent ans.

IV. *Des Arméniens de Perse.*

On les distingue de ceux de Turquie, non-seulement parcequ'ils sont soumis au Roi de Perse, au lieu que les autres dépendent du Grand-Seigneur; mais encore parceque les Patriarches de cette Secte ayant abandonné *Ecmiasin*, Monastère à deux lieues d'Erivan dans la grande Arménie, où étoit leur siège Patriarcal, & l'ayant fixé à *Sis*, Ville de Cilicie, proche T... & Capitale d'un Royaume que les Arméniens fondèrent vers le XIIIe. Siècle, les Schismatiques qui étoient restés dans la grande Arménie, mécontens de n'avoir plus chez eux le Chef de leur Religion, furent indignés de ce que dans la réunion de ce Patriarche avec l'Eglise Latine dans le XIIIe. Siècle, (réunion qui a subsisté assez long-temps,) il avoit abandonné la doctrine de l'unité de Nature en Jesus-Christ, erreur qui étoit leur opinion favorite. En conséquence ils prirent le parti de mettre un autre Patriarche à Ecmiasin, qui perpétuât dans ce siège les sentimens qu'ils avoient eux-mêmes.

Ce lieu a été nommé *Ecmiasin*, c'est-à-dire, *Descente du Fils Unique*, parceque Jesus-Christ, dit-on, y apparut à S. Grégoire l'Arménien, surnommé l'*Illuminateur*, qui y établit son siège au commencement du IVe. Siècle. Il est appelé aussi *Trois Eglises*, parcequ'on y a bâti trois Eglises, dont la principale est celle de S. Grégoire, qui est jointe à un Monastère où réside le Patriarche.

L'autorité de ce Prélat est bien plus grande que

celle du Patriarche des Arméniens de Turquie résident à Sis, non-seulement par la vénération que tous les Arméniens ont pour le lieu où le premier fait sa demeure; mais encore par le nombre des Eglises qui dépendent de lui, & la multitude de ceux qui sont sous sa Jurisdiction. Tavernier rapporte qu'il a appris d'un Archevêque Arménien, que ce Patriarche a sous lui quarante-sept Archevêques, dont le nombre des suffragans monte jusqu'à cent cinquante; ce qui excède de près de la moitié, selon le Père le Brun, le nombre de ceux que l'on trouve dans la Notice que M. Simon nous a donnée de cette Eglise, & qu'il dit avoir transcrit sur ce qui lui en fut dicté par un Archevêque de cette Secte. Cette liste seroit trop longue, & renferme trop de lieux inconnus, pour la rapporter ici. On peut la voir dans l'Histoire des Archevêchés & Evêchés de l'Univers par M. l'Abbé de Commanville, Ouvrage fait avec soin, & dont ceci est Extrait. Nous avons parlé ci-dessus, page 560, de l'union d'une partie des Arméniens avec l'Eglise Romaine.

La créance & la discipline des Arméniens sont à peu près les mêmes que celles des autres Communions Chrétiennes Orientales, excepté qu'ils sont Eutychéens, qu'ils consacrent avec le pain azyme, & qu'ils ne mettent point d'eau dans le calice. Leur Liturgie & leur Bible est en vrai Arménien, qui n'est guère entendu que de leurs Docteurs qu'ils nomment *Vertabiets*, qui sont plus respectés parmi eux que les Evêques même, dont la plûpart sont fort ignorans. Ces Vertabiets, ainsi que les Evêques, professent la vie Monastique, suivant la régle de S. Basile, mènent une vie fort dure, & demeurent la plûpart dans des Villages. Les Arméniens sont rigides observateurs de leurs jeûnes & de leur carême, qui sont les mêmes parmi eux que chez les Grecs. Les Prêtres séculiers peuvent être mariés;

mais ils ne peuvent épouser des veuves, ni passer à de secondes nôces. Les troisièmes sont défendues, même aux Laïques.

V. Des Arméniens de Turquie.

Ce que nous venons de dire des Arméniens de Perse, peut suffire pour faire connoître l'origine, l'état & la situation de ceux-ci. Nous nous bornerons à remarquer que l'autorité de leur Patriarche est bien diminuée depuis ces derniers Siècles. Premièrement, parceque les Archevêques Arméniens de Constantinople ont obtenu du Grand-Seigneur, à force d'argent, les droits Patriarchaux, non-seulement sur leur Ville, mais encore sur les Provinces voisines de l'Asie, & sur presque toutes celles de la Turquie d'Europe. Une seconde chose qui contribue encore à diminuer l'autorité du Patriarche de *Sis*, c'est que celui des Arméniens de Perse fait souvent de grands présens à la Porte, pour obtenir que ceux de sa Nation qui sont en Turquie, puissent s'adresser à lui; ce qui n'est pas plutôt accordé, que chacun s'empresse de recourir au Patriarche d'Ecmiasin, à cause du grand respect que tous les Arméniens ont pour ce lieu. D'ailleurs les Archevêques même de Jérusalem qui dépendent du Patriarche de Sis, achètent du Grand-Seigneur le même pouvoir, pour les pélerins qui viennent à la Terre-Sainte; de sorte que le Patriarche de Sis n'a plus qu'une ombre de son autorité ancienne. Il a encore sous lui six Archevêques; sçavoir, ceux de *Stambol*, ou Constantinople, de *Jérusalem*, d'*Alep*, de *Salonique*, de *Cypre* & de *Tarse*, dans la Caramanie. Les Evêchés sont, *Anazarbe*, *Adana*, *Mamistra* ou *Mopsueste*, *Tyane*, *Néocésarée*, dont l'Evêque réside à Tocat dans l'Amasie, & *Angouri* ou *Ancyre*, dans la Natolie propre.

Bb 4

VI. Des Nestoriens.

Ces Schismatiques, qui se sont répandus autrefois dans toute l'Asie, ayant pénétré jusque dans la Tartarie, la Chine & les Indes, viennent originairement de l'*Irac*, appellée anciennement la *Chaldée*. On croit que S. Thomas a prêché dans ce Pays; ce qui a donné une telle dévotion à ces Schismatiques pour cet Apôtre, qu'ils ont pris le nom de Chrétiens de S. Thomas, sous lequel ils sont en partie connus aujourd'hui dans l'Orient.

On les partage en deux classes. Ceux que l'on appelle *Chaldéens*, qui habitent dans l'Irac & dans les Provinces voisines, comme le Diarbeck, le Curdistan & la Syrie; & ceux de l'Inde de deçà le Gange, que l'on nomme proprement *Chrétiens de S. Thomas*.

Les premiers sont en si grand nombre, qu'on prétend qu'il monte à plus de quatre-vingt mille familles; mais, selon le P. le Brun, ils diminuent de jour en jour. On en voit peu dans les Villes: la plûpart sont dans les Villages, où ils vivent fort pauvrement. Ils ont deux Patriarches. Le plus considérable réside depuis long-temps à *Alcus* ou *Elcong* *, Monastère près de Mosul. Il prend le titre de Patriarche de l'Orient, ou de *Séleucie*, ou de *Bagdad*; & son autorité s'étend non-seulement dans le Diarbeck, mais aussi dans la Perse & l'Inde. Il a sous lui quatre Métropolitains & un grand nombre d'Archevêques & d'Evêques, que les Monumens orientaux nouvellement publiés à Rome par M. Assemani, font connoître, mais qui sont la plûpart dans des lieux peu considérables. Les quatre Métropolitains sont ceux de *Schiras*, dans le Farsistan, Province de Perse; de *Nisibin*, de *Mosul*, & de *Bassora*, dans le Diarbeck. L'autre Patriarche qui a moins d'Evêques qui lui soient attachés, réside en

Perse à *Ouroumi*, dans l'Aderbijan, près du Lac Van. Il porte le nom de *Siméon*, comme le premier porte celui d'*Elie*. Ce qui a donné lieu à cette division des Nestoriens, c'est que l'an 1551, plusieurs de leurs Evêques voyant que le Patriarchat étoit depuis cent ans héréditaire, élurent selon les règles Siméon Sulaca, qui se réunit à l'Eglise Romaine. Son successeur Ebedjesu assista au Concile de Trente, & les autres Patriarches suivans ont persévéré dans cette union jusqu'en 1653.

Quant aux Chrétiens de S. Thomas, ils ont un Archevêque à *Angamale*, Bourgade de l'Inde en deçà du Gange, & dans le Malabar, sous la dépendance du grand Patriarche Schismatique des Nestoriens. L'Archevêque de Goa, qui est dans leur voisinage, a fait divers efforts pour réunir ces Chrétiens de S. Thomas : mais cela n'a pas eu de suites avantageuses.

La Créance, la Discipline & les Cérémonies des Nestoriens ne diffèrent pas beaucoup de celles de l'Eglise Grecque, & des autres Eglises Schismatiques d'Orient, excepté qu'ils admettent deux Personnes en Jesus-Christ, & qu'ils refusent à la Sainte Vierge le titre de *Mère de Dieu*, à l'exemple de Nestorius : encore plusieurs Auteurs prétendent-ils que quand ils viennent à s'expliquer, on reconnoît qu'ils ne péchent pas tant dans la Doctrine, que par le refus qu'ils font de se servir des expressions consacrées par la Tradition pour l'exprimer.

VII. *Des Cophtes.*

Ce sont des Peuples originaires d'Egypte, comme l'exprime leur nom, qui n'est qu'une corruption de celui d'*Egyptiens*, dans la Langue Grecque. Leur créance est la même que celle des Syriens ; ce qui fait que beaucoup d'Auteurs les confondent, en donnant aux uns & aux autres le nom de *Jacobites*.

Leurs coutumes sont aussi à peu près semblables, ce qui est cause qu'on voit encore aujourd'hui des Villages & des Couvens dans toute l'Egypte, qui sont composés de Cophtes & de Syriens.

Leur Patriarche, successeur du fameux Dioscore, prend le titre de Patriarche d'*Alexandrie*: il réside au *Caire*, & a sous lui quelques Evêques, dont les plus connus sont ceux de *Damiette*, dans la basse Egypte, de *Fium*, dans l'Egypte moyenne, & de *Siout*, dans la haute Egypte. Il y a aussi un Evêque Cophte à *Jérusalem*. Les Cophtes sont fort pauvres, & la plûpart ne subsistent qu'en faisant la fonction de Secrétaires chez les Seigneurs Turcs, étant chargés des registres de leurs terres.

VIII. *Des Abyssins.*

La Foi a été prêchée en Abyssinie par S. Frumence, envoyé par S. Athanase, Patriarche d'Alexandrie; c'est ce qui a tellement attaché ces Peuples au Patriarche d'Alexandrie, que lorsque les Cophtes se separèrent de l'Eglise Catholique, ils les suivirent dans leur schisme. Ils n'ont eu de tout temps qu'un seul Evêque, pour toute la Nation. Il prend maintenant le titre de *Catholique* ou Patriarche d'*Axum*, autrefois Capitale d'Abyssinie, où est l'Eglise Patriarchale dédiée à S. Michel. Sous lui sont les Prêtres & les Diacres, dans lesquels consiste tout le Clergé de la Nation. Les Prêtres desservent les Paroisses qui sont en grand nombre. Pour les Diacres, outre ceux qui exercent les fonctions, il n'y a presque pas de grand Seigneur qui ne le soit, pour avoir entrée dans le Sanctuaire. Le *Negus* même ou Empereur des Abyssins, prend cet Ordre. La créance & les coutumes des Abyssins sont presque en tout semblables à celles des Cophtes, excepté qu'ils sont plus ignorans, & plus porté à la superstition. Ils ont une telle frayeur de l'excommunication, que souvent les Prêtres & les Religieux en abusent, & excommunient pour la moindre bagatelle. Ils jeûnent aussi sévèrement que l'on faisoit dans la primitive Eglise, ne mangeant qu'une fois par jour, après le soleil couché. Leurs jeûnes sont d'autant plus rudes, que la viande ne leur est jamais permise, le beurre & le lait interdits ; & que n'ayant pas de poissons, ils ne vivent pendant tout le Carême que de racines & de légumes. Les Monastères qui sont très-nombreux en ce Pays, ont deux Eglises ; l'une pour les hommes, & l'autre pour les femmes. Dans celle des hommes, on chante en chœur, & toujours debout, sans jamais se mettre à genoux. Leurs instrumens de musique sont de petits tambours, que les principaux Ecclésiastiques portent suspendus au cou & qu'ils battent avec les deux mains.

Fin de la Géographie Ecclésiastique.

AVIS SUR LA PIECE SUIVANTE.

ON a ci-devant parlé, *page* 351, de l'Ordonnance de Louis XIII, qui *fixe le Premier Méridien à l'Isle de Fer, la plus Occidentale des Canaries*; l'on a promis de la donner ici. Elle fut publiée sous & ce titre :

Déclaration du Roi, portant défenses à ses Sujets d'entreprendre sur les Espagnols & Portuguais (a) au-deça du Premier Méridien; verifiée en Parlele 27 Juillet 1634. A Paris, chez Sébastien Cramoisy, &c.

LOUIS, par la Grace de Dieu, Roi de France & de Navarre : A tous ceux qui ces Présentes Lettres verront ; SALUT. Les principaux Marchands de notre Etat, & autres nos Sujets qui s'adonnent à la Navigation, nous ont remonstré que dans les Costes & Ports d'Espagne, depuis quelques années, les Espagnols & Portuguais ont voulu entreprendre sur leurs Vaisseaux allans ou retournans des Indes & de l'Amérique, sans considérer que la voye d'hostilité n'est permise aux uns & aux autres qu'au-delà du Premier Méridien pour l'Occident, & du Tropique du Cancer pour le Midi ; & comme la légitime défense ne peut être prohibée à nos Sujets, & que même il leur est loisible par nos Ordonnances de s'armer contre ceux qui leur empêchent la liberté du Commerce & de la Navigation, ils nous ont requis de leur donner Permission de prendre en

---

(a) Les Portugais (comme l'on écrit aujourd'hui) étoient soumis aux Espagnols depuis 1580, & cela dura jusqu'en 1640.

Mer lesdits Espagnols & Portuguais, allans & retournans desdites Indes & Pays de l'Amérique, en quelque lieu qu'ils les rencontrent. SUR QUOI desirant leur faire entendre notre volonté, pour empêcher que par quelques actions violentes ils ne vinssent à troubler, contre notre intention, la bonne correspondance en laquelle nous voulons demeurer, & par ce moyen tomber en notre indignation ; SÇAVOIR faisons que, de l'avis de notre cher & bien amé Cousin, le Cardinal Duc de Richelieu, Pair, Grand-Maître, Chef & Sur-Intendant général de la Navigation & Commerce de France ; NOUS AVONS, par ces Présentes nos Lettres de Déclaration, signées de notre main, fait & faisons très-expresses inhibitions & défenses à nos Sujets de quelque qualité & condition qu'ils soient, faisant voyages par Mer, d'attaquer ni courir sus aux Navires Espagnols & Portuguais qu'ils trouveront, pour l'Occident au-deçà du Premier Méridien, & pour le Midi au-deçà du Tropique du Cancer ; Voulant que dans les espaces desdites Lignes, nos Sujets laissent & souffrent librement aller, traiter & naviger lesdits Espagnols & Portuguais, même allans & retournans des Indes & Pays d'Amérique, sans leur faire ni donner aucun trouble ni empêchement en leur Navigation, ni autrement ; pourvû que nos Sujets reçoivent d'eux à l'avenir pareil traitement, & qu'il ne soit rien entrepris sur eux par lesdits Espagnols & Portuguais, au-deçà desdites Lignes : sauf à nosdits Sujets d'entreprendre, comme par le passé, à l'encontre desdits Espagnols & Portuguais, au-delà desdites Bornes, ainsi qu'ils trouveront leur avantage jusqu'à ce que lesdits Espagnols & Portuguais ayent souffert le Commerce libre à nosdits Sujets en l'étendue desdites Terres & Mers des Indes & de l'Amérique, & leur ayent donné libre entrée dans tous lesdits Pays, & dans les Ports &

Havres d'iceux pour y traiter & négocier, ainsi qu'au-deçà desdites Lignes. VOULONS que les Capitaines de Navires étant de retour de leurs voyages, & payant les droits pour ce deubs, & faisant apparoir que les Vaisseaux par eux attaqués ont été pris au-delà du Premier Méridien pour l'Occident, & du Tropique du Cancer pour le Midi, ils soient & demeurent paisibles des prises qu'ils auront ainsi faites sur lesdits Espagnols & Portugais sans que pour raison de ce, lesdits Capitaines & Matelots, Armateurs, Avitailleurs & Bourgeois en puissent être recherchés pour quelque cause ou occasion que ce soit, ou puisse être; & afin que plus facilement on puisse juger, si les prises auront été bien ou mal faites, & que le Premier Méridien auquel ont été bornées les amitiés & alliances, soit mieux reconnu qu'il n'a été depuis quelque temps, & après que notredit Cousin s'est fait informer par Personnes capables & expérimentées au fait de la Navigation, Nous faisons inhibitions & défenses à tous Pilotes, Hydrographes, Compositeurs & Graveurs de Cartes ou Globes Géographiques, d'innover & changer l'ancien établissement des Méridiens, ni constituer le Premier d'iceux ailleurs qu'en la partie la plus Occidentale des Isles Canaries, conformément à ce que les plus anciens & fameux Géographes en ont déterminé. Et partant VOULONS que désormais ils ayent à reconnoître & placer dans leursdits Globes & Cartes ledit Premier Méridien en l'Isle de Fer, comme la plus Occidentale desdites Isles, & compter delà le premier Dégré des Longitudes, en tirant à l'Orient; sans s'arrêter aux nouvelles Inventions de ceux qui par ignorance & sans fondement, l'ont placé aux Açores, sur ce qu'en ce lieu aucuns Navigateurs auroient rapporté l'Eguille (*a*) n'avoir point

---

(*a*) De la Boussole.

de Variation, étant certain qu'elle n'en a point en plusieurs autres endroits, qui n'ont jamais été pris pour le Premier Méridien. SI DONNONS EN MANDEMENT à nos amés & féaux Conseillers, les Gens tenans nos Cours de Parlement, que ces Présentes nos Lettres de Déclaration, ils fassent publier & enregistrer chacun en droit soi, & le contenu en icelles garder & observer exactement, selon sa forme & teneur. CAR TEL EST NOTRE PLAISIR. En témoin de quoi nous avons fait mettre notre Scel à cesdites Présentes. DONNÉ à Saint-Germain en Laye, le 1. Juillet, l'an de Grace mil six cent trente-quatre, & de notre Reigne le vingt-cinq. Signé LOUIS, & sur le Repli, Par le Roy, BOUTHILIER. Et scellé sur double Queue de Cire jaune.

Leues, publiées & registrées, Ouï & ce requérant le Procureur Général du Roy pour être exécutées, gardées & observées, selon leur forme & teneur; & que Copies collationnées aux Originaux d'icelles, seront envoyées aux Bailliages, Sénéchaussées, Juges, Officiers de la Marine & Amirautés, pour y être pareillement leues, publiées & registrées, ensemble sur les Ports & Havres, exécutées, gardées & observées, à la diligence des Substituts dudit Procureur Général, auxquels est enjoint d'y tenir la main, & en certifier la Cour avoir ce fait à deux mois. A Paris en Parlement, le 27 Juillet 1634. Signé DU TILLET.

PRIVILÈGE DU ROY,

(Au sujet de la Déclaration précédente, &c.)

Louis, par la Grace de Dieu, Roy de France & de Navarre, &c. SALUT. Sur le desir que nous avons que Notre Déclaration portant défenses à nos Sujets d'entreprendre sur les Espagnols & Portuguais au-deçà du Premier Méridien, vérifiée en notre Parlement, puisse venir à la connoissance d'un chacun, &c. Nous avons pour cet effet commandé à Sébastien Cramoisy, Marchand Libraire juré en notre Université de Paris, nommé & choisi par Notre très-cher & très-amé Cousin le Sieur Cardinal Duc de Richelieu, Pair de France, Grand-Maître, Chef & Sur-Intendant Général de la Navigation, &c. pour Imprimeur ordinaire de la Marine, entretenu pour notre Service & celui de notredit Cousin, ainsi qu'il est porté par ses Lettres de Nomination, données au Bois-le-Vicomte le 16 Janvier 1631, d'imprimer, vendre, &c. la susdite Déclaration. Donné à Paris le 7 Juillet 1634.

Par le Roy en son Conseil,

VICTON.

Et scellé sur simple Queue de Cire jaune.

TABLE
ALPHABÉTIQUE

Des Provinces, Villes, Rivières, Isles, Lacs, &c. dont il est parlé dans cet Ouvrage.

La Lettre A désigne le premier Volume : B indique le second.

A

Aar, *Riv.* A.	405	Acapulco, B.	382
Aron, *Isle*, A.	138	Acara, B.	316
Abasa, *voyez* Abcasses.		Accaron, B.	505
Abawi, *Fleuve*, B.	326 & 328	Accia, A.	521
Abbeville, A.	90	Acco, B.	503
Abcasses (*les*) B.	240	Acerenza, *v.* Cirenza.	
Abdon, *voyez* Abrant.		Acerno, A.	504
Abech (*Côte d'*) B.	329	Achaïe, *v.* Livadie.	
Abel-Maacha, B.	501	Achem, B.	277
Abel-Mehula, B.	498	Achéron (*l'*) *Riv.* A.	495
Abernethy, B.	29	Achonry, B.	44
Abyssinie (*l'*) B.	325	Açores (*les*) *Isle*, B.	418
Abyssins (*Eglise des*) B.	586	Acqs, *voyez* Dax.	
Abo, B.	67	Acqui, A.	443
Abran, B.	503	Acre, B.	139
Abruzze (*l'*) A.	505	Actium, B.	111
Abutua, B.	334	Adana, B.	135
Abylene (*l'*) B.	510	Adde (*l'*) *ou* Adda, *Riv.* A.	430
Acadie (*l'*) B.	370	Adel, B.	343
Acanis (*le grand*) B.	329	Aden, B.	156
Acansas (*Riv. des*) B.	368	Aderbijan, B.	161
		Adgeloun, B.	142

Adjazzo, A.	520	Aix-la-Chapelle, A.	590
Adige, *Riv.* A.	430	Akalziké, B.	149
Adour, *Riv.* A.	221	Akerman, *v.* Bialogrod.	
Adra, A.	376	Aladulie, B.	134
Adreat, B.	140	Alahſa, B.	157
Adria, A.	463	Aland, *Iſle*, B.	68
Adrien (*le Mont*) A.	342	Alanes (*les*) B.	240
Afnana, B.	238	Alanieh, B.	136
Afrique (*l'*) B.	283	Alatri, A.	482
Agades, B.	323	Alatyr, B.	90
Agde, A.	250	Alava (*l'*) A.	342
Agen, A.	225	Alban (*S.*) en *Angl.* B.	13
Agenois (*l'*) A.	*ibid.*	— en *Amérique*, B.	374
Agher, B.	39	Albanie, *en Perſe, v.* Chirvan.	
Aggerhus, B.	51	— *d'Ecoſſe, v.* Braidalbain.	
Agnano, *Lac,* A.	495	— *de Turquie,* B.	110
Agnès (*Sainte*) *Iſle,* B	22	Albano, A.	481
Agoſta, *Iſle,* B.	102	Albany, *v.* Orange (*Fort*).	
Agra B.	173	Albarazin, A.	350
Agram, *voyez* Zagrabia.		Albaſinsk, B.	222
Agria, A.	629	Albe, A.	443
Agrigento, A.	517	— Royale, A.	631
Agvans, *peuples,* B.	163	— Julie, *v.* Veiſſembourg.	
Agubio, *voyez* Gubio.		Albenga, A.	447
Aguilar (*Entrée de Martin d'*) B.	393 & 94	Alberton, B.	298
		Albi, A.	245
Ahun, A.	192	Albourg, B.	46
Ajan, *Côte,* B.	342	Albret, A.	230
Aias, B.	135	Albuquerque, A.	363
Aichſtet, A.	563	Alcacer-do-Sal, A.	398
Aiglun, A.	259	Al-Caira, *v.* le Caire.	
Aignan (*S.*) A.	164	Alcala-la-Réal, A.	371
Aigues-mortes, A.	254	— de Henarès,	359
Aigue-Perſe, A.	207	Alcantara, A.	363
Aiguilles (*Cap des*) B.	335	Alcmaer, A.	320
Aiguillon, A.	226	Alcudia, A.	386
Ainſa, A.	350	Alençon, A.	98
Aintab, B.	135	Alenquer, A.	398
Ainzerbeh, B.	*ibid.*	Alertejo (*l'*) A.	*ibid.*
Aire, *en Artois,* A.	83	Alep, B.	137
— *en Chaloſſe,* A.	232	Aléſano, A.	509
Aire (la Ville d') A.	178	Alet, A.	248
Aiſne (*l'*) *Riv.* A.	113	Alexandrette, B.	138
Ajuka (*Tartares d'*) B.	246	Alexandrie — de la Paille, A.	444
Aix (*l'Iſle d'*) A.	190		
Aix, *en Provence,* A.	261	— de la baſſe Egypte B.	297

ALPHABETIQUE.

Alexandrion, B.	498	Amboyne, *Isle*, B.	274
Aleyut (*Isles d'*) B.	256	Ambracie, *Golfe*, B.	111
Algarie (*l'*) A.	356	Ambrières, A.	145
Algarve (*le Royaume d'*) A.	40	Amédede, *Mont*, B.	289
		Ameland, *Isle*, A.	327
Alger, B.	304	Amencburg, A.	609
Algezire, *v.* vieux Gibraltar.		Amérique (*l'*) B.	358
Algonquins, *peuples*, B.	366	Amersford, A.	326
Alhama, A.	375	Amid, *voyez* Diarbekir.	
Alicante, A.	381	Amiens, A.	85
Alicur, *Isle*, A.	518	Amman, B.	514
Aljuborata, A.	395	Ammonites, *peuples*, B.	506
Allemagne (*l'*) A.	523	Amont (*le Bailliage d'*) A.	180
Allier, *Riv.* A.	193		
Alluye, A.	159	Amorrhéens (*les*) B.	486
Almaçaron, A.	378	Ampazé, *Isle*, B.	342
Almança, A.	361	Amsterdam, A.	318
Almerie, A.	376	— Nouvelle *v.* New-Yorck.	
Almanecar, A.	ibid.	Amur (*l'*) *Riv.*	127, 220
Aloft, A.	305	— *Isle d'*,	457
Alpes (*les*) A.	73. 429	Anadir, *Riv.* B.	253
Alpuxarras (*los*) *Montagnes*, A.	376	Anadirskoi, B.	ibid.
		Anadoli (*l'*) B.	131
Alsace (*l'*) A.	132	Anagni, A.	482
Alt (*l'*) *Riv.* B.	99	Anah, B.	145
Altai, *Montagnes*, B.	227	Anathot, B.	495
Altéa, A.	381	Anazarbe, B.	135
Altenbourg, A.	570	Ancenis, A.	137
Altesmonte, A.	510	Anclam, A.	577
Altorf, *de Suisse*, A.	406	Ancône, A.	485
— *de Franconie*,	565	Ancyre, *voyez* Ankarah.	
Alva de Tormes, A.	367	Andalousie (*l'*) A.	367
Amadabad, B.	174	— *Nouvelle*, B.	423
Amadan, B.	164	Andamans (*Isles des*) B.	282
Amalécites, *peuples*, B.	506	Andeli, A.	93
Amalfi, A.	504	Andéol (*S.*) A.	255
Amand (*S.*) *en Flandre*, A.	78	Auder (*S.*) A.	344
		Andernach, A.	599
— *en Bourbonnois*,	194	Andes, *Montagnes*, *v.* Cordillère.	
Amasie, B.	133		
Amazones (*Pays & Fleuve des*) B.	437	Andorre, A.	237
		Andragiri, B.	277
Amberg, A.	547	André (*S.*) *Cap*, B.	346
Ambez (*le Bec d'*) A.	223	— *Ville*, B.	29
Ambleteuse, A.	90	Andrinople, B.	107
Amboise, A.	153	Andro, B.	118

Andule, A.	254	Antoine (S.) Isle, B.	355
Anduxar, A.	371	Antrim, B.	40
Angermanie (l') B.	66	Anvers, A.	310
Angers, A.	148	Anzico, v. Macoco.	
Anghiera, A.	443. 456	Ariopana, Riv. B.	444
Anglen, B.	48	Aost ou Aoust, A.	439
Anglesey, Isle, B.	21	Apamée, v. Hama.	
Angleterre (l') B.	1	Apennin (l') Montagnes, A.	429
— Nouvelle,	371		
Angoche, Isles, B.	340	Aphec, B.	499
Angola, B.	332	Apollonie, v. Capharsalama.	
Angora, v. Ankarah.		Appenrade, B.	47
Angoulême, A.	198	Appenzel, A.	411
Angoumois (l') A.	195. 198	Apt, A.	258
Angoy, B.	331	Aquapendenté, A.	483
Angra, B.	419	Aquila, A.	506
Anguien, v. Enghien.		Aquilée, ruinée, A. 467 & 540.	
Angus, B.	29		
Anhalt (la Principauté d') A.	572	Aquino, A.	497
		Ar, voyez Rabbat-Moab.	
Anian, ou Détroit du Nord, B.	395	Arabie (l') B.	152, 481
		Aracan, B.	185
Anjou (l') A.	147	Aragon (l') A.	348
Anjouan, Isle, B.	349	Arall, Lac, B.	234
Ankarah, B.	132	Aramon, A.	254
Annan, B.	31	Aran (le Val d') A.	73
Annandail, B.	ibid.	Aranda de Duero, A.	353
Annapolis, B.	371	Aranjuez, A.	359
Anneci, A.	435	Ararat, Montagne, B. 143, & 472.	
Annobon, Isle, B.	355		
Annonai, A.	255	Arau, A.	416
Anflo, v. Christiania.		Arauques (les) peuples, B.	435
Anspach, A.	564		
Antakié, B.	137	Arboga, B.	60
Antéquéra, en Espagne, A.	375	Arbois, A.	183
		Archangel, B.	82
— dans le Mexique, B.	385	Archangelgorod, B.	89
Antibes, A.	265	Arche, Riv. A.	434
Anticosti, Isle, B.	407	Archipel (l') B.	116
Antilles, Isles, B.	409	Arcis sur Aube, A.	117
Antigoa, Isle, B.	416	Arcos, A.	372
Antin, A.	233	Arcoua, B.	329
Antioche, v. Antakié.		Arcy, A.	170
Antipatride, B.	499	Ardagh, B.	41
Antivari, B.	101	Ardart, B.	43
Antoine (S.) A.	219	Ardbrac, B.	41

ALPHABETIQUE.

Ardebil, B.	162	Asaph (S.) B.	21
Ardre, B.	321	Asason-Thamar, B.	493
Ardres, A.	89	Ascalon, B.	504
Arensberg, A.	591	Ascension, Isle, B.	556
Arensbourg, B.	80	Aschaffenbourg, A.	598
Arequipa, B.	433	Ascoli, dans la Marche	
Arezzo, A.	472	d'Ancône, A.	485
Argentan, A.	98	—dans la Pouille,	507
Argenton, A.	164	Asedoth-Phasga, B.	489
Argile, B.	32	Asele-Lap-Marck,	65
Argo, B.	114	Asem, B.	185
Arguin, B.	313	Aser, Tribu, B.	503
Argun, Riv. B.	222	Asie (l') B.	123
— Ville,	255	Asie Mineure (l') B.	129
Ariano, A.	505	Asinara, Isle, A.	520
Arie (l') B.	162, 165	Asiongaber, B.	482
Ariopana, Riv B.	444	Asiot, voyez Siout.	
Arles, A.	260	Asiner, B.	172
Arlon, A.	301	Asna, B.	293
Armagh, B.	40	Assiniboils, peuples, B.	367
Armagnac (l') A.	230	Assens, B.	50
Armenie (l') B	143, 472	Assise, A.	484
Arméniens, B. 560, 581, 583		Assomption (l') B.	458
Armentières, A.	78	—Isle, voyez Anticosti.	
Arnant, v. Albanie.		Assyrie (l') B.	144, 478
Arnay-le-Duc, A.	171	Ast, A.	440
Arnheim, A.	317	Astaroth, B.	491
Arno, Riv. A.	431	Astracan, B.	246
Arnon, Torrent, B.	486	Astorga, A.	365
Aron (Isle d') A.	138	Asturies (les) A.	343
Arona, A.	443	Asvan, v. Souene.	
Arondell, B.	17	Ath, A.	308
Arosen, v. Westeras.		Athènes, voyez Atina.	
Arpajon, v. Châtres.		Athenrey, B.	44
Arpino, A.	497	Athlone, B.	ibid.
Arques, A.	95	Athol, B.	27
Arran, B.	33	Athos (le Mont) v. Monte Santo.	
Arras, A.	82		
Arren, v. Arran.		Atiença, A.	354
Arrhusen, B.	47	Atina, B.	111
Arrois, B.	34	Atlas (le Mont) B.	289
Arsamas, B.	90	Atri, A.	506
Arschot, A.	300	Aube (l') Riv. A.	113
Artois (l') A	81	Aubenas, A.	255
Arve, Riv. A.	434	Auberive, A.	107
Arzroum, v. Erzerum.		Aubin (S.) A.	137

Aubufère (Lac d') A.	379	Ayoud, B.	172
Aubuſſon, A.	192	Ayr, B.	32
Auçagurèle, B.	344	Ayti, v. Saint-Domingue.	
Auch, A.	230	Azof, B.	97, 240
Aude, Riv. A.	241	Azoth, B.	505
Auge (l') A.	96	Azpeytia, A.	342
Augsbourg, A.	554		
Auguſta, A.	515	**B.**	
Auguſtin (S.) Cap, B.	363		
-- Ville,	377	Baalbek, B.	140
Aumale, A.	96	Babelmandel, Détroit, B.	
Aunis, A.	189		329
Auran, B.	492	Babylone, B.	146, 479
Auranite (l') B.	ibid.	Baçaim, B.	176
Auray, A.	139	Bacan, B.	186
Aurick, A.	596	Baccalaos (Terre de) voyez	
Aurillac, A.	203	Terre-Neuve.	
Auton, A.	159	Baccarach, A.	602
Autriche (l') A.	533	Bachaſeraï, B.	96
Autun, A.	173	Bachian, Iſle, B.	272
Auvergne (l') A	202	Bachmut, B.	89
--Dauphiné d'Auvergne,	206	Baſtra, voyez Balck.	
Auxerre, A.	169	Baſtriane (la) v. Usbeks.	
Auxerrois (l') A.	ibid.	Bacu, B.	182
Auxois (l') A.	171	Badajoz, A.	362
Auxone, A.	172	Bade, Ville & Comté, A.	417
Auxumites, voyez Axum.		-- Marquiſat,	553
Ava, B.	185 & 186	Badonviller, A.	126
Avabazari, B.	136	Baéca, A.	371
Avache, Iſle, B.	413	Baeſtra, voyez Aſtaroth.	
Aval (Bailliage d') A.	183	Baeza, B.	432
Avalon, A.	171	Baffin (Baye de) B	400
Avatcha, B.	255	Bagdad, B.	146
Aveiro, A.	394	Bagemder, B.	328
Aveirou, Riv. A.	228	Baglana, B.	172
Avelino, A.	505	Bagnagar, B.	180
Averne, Lac, A.	495	Bagnaréa, A.	483
Aveſnes, A.	80	Bagnols, A.	254
Avignon, A.	267	Bahama, Iſle, B.	408
Avila, A.	355	Bahr-Dambea, Lac, B.	328
Avilles, A.	344	Bahrein, B.	156
Avis, A.	399	Bahri (le) B.	297
Avranches, A.	100	Bahús, B.	63
Awares (les) peup. B.	240	Baikal, Lac, B.	253
Axel, A.	329	Bailleul, A.	78
Axum, B.	327, 586	Bajon, A.	259

ALPHABETIQUE.

Balagate, B.	172	Barjemont, A.	265
Balaguer, A.	384	Barkley, B.	12
Balaruc, A.	252	Barletta, A.	508
Balaton, *Lac*, A.	632	Barlo-vento, *Isles*, B.	414
Balbastro, A.	350	Barney, A.	126
Balck, B.	237	Baronies (*les*) A.	217
Baldivia, B.	436	Barraux, A.	216
Bâle, *Canton Suisse*, A.	413	Barrême, A.	258
— *Terres de l'Evêché*,	604	Barrières (*les*) A.	332
Balise (*Fort de la*) B.	368	Bartenstein, A.	661
Balme (*la*) A.	178	Barthélemi (*S.*) *Isle*, B.	416
— *N. D. de la Balme*, A.	220	Bartonie (*la*) B.	661
Baltistan, *voyez* Tibet.		Barwick, B.	7
Baluclawa, B.	97	Basan, *voyez* Astaroth.	
Bamba, B.	331	Basilicate (*la*) A.	510
Bamberg, A.	560	Basiothie, *v.* Bersabée.	
Banbouc, B.	322	Baskirie (*la*) B.	244
Banc (*le grand*) B.	406	Baskirs, *peuples*, B.	ibid.
Banda, *Isle*, B.	274	Basques (*le Pays des*) A.	
Bander-Abassi, B.	166		232
Banf, B.	28	Basrha, *voyez* Bassora.	
Bangor, B.	21	Bassigni (*le*) A.	119
Banne, *Riv.* B.	38	Bastie (*la*) A.	520
Bantam, B.	279	Bastion de France (*le*) B.	
Bapaume, A.	83		305
Bar (*le Duché de*) A.	130	Bastogne, A.	301
Bar-sur-Aube, A.	118	Batavia, B.	278
— le Duc, A.	130	Batecalo, B.	281
— sur Seine,	169	Bath, B.	19
Barantola (*le*) B.	232	Batta (*le*) B.	331
Barbade (*la*) *Isle*, B.	417	Baugé, A.	149
Barbarie (*la*) B.	298	Baume (*la Sainte*) A.	264
Barbe (*Sainte*) B.	385	Bautzen, A.	624
Barbésieux, A.	197	Bavière (*la*) A.	544
Barbora, B.	344	Baye (*la*) de tous les Saints,	
Barboude, *Isle*, B.	416	B.	451
Barca, B.	300	Baye verte, B.	407
Barck, *Comté*, B.	18	Bayes, A.	495
Barcelone, A.	382	Bayeux, A.	99
Barcelonette, A.	259	Baylur, B.	329
Barcelor, B.	178	Bayona, A.	346
Bardi, A.	450	Bayonne, A.	232
Barèges, A.	233	Bazadois (*le*) A.	223
Bareith, A.	564	Bazas, A.	ibid.
Bargeny, B.	31	Bazoches, A.	159
Bari, A.	507	Béajous (*les*) *peup.* B.	275

Béarn (le) A.	234	Berchtelsgaden, *Prévôté*, A.	549
Béat (S.) A.	248	Berdoa, B.	314
Beaucaire, A.	253	Bérélow, B.	250
Beaufort, A.	149	Berg, *Duché*, A.	591
Beaujenci, A.	157	Bergame, A.	462
Beaujeu, A.	212	Bergen, A.	579
Beaujolois (le) A.	ibid.	Bergerac, A.	224
Beaumaris, B.	21	Berghen, B.	52
Beaumont le Vicomte, A.	145	Berg-op-Zoom, A.	330
Beaune, A.	172	Bergue-Saint-Vinox, A.	78
Beausse (la) A.	157	Berlin, A.	574
Beauvais, A.	109	Bermudes, *Isles*, B.	409
Bec (le) A.	94	Bernai, A.	97
Bédarieux, A.	252	Bernburg, A.	573
Bedford, B.	12	Berne, A.	415
Befort, A.	135	Beroussah, B.	131
Beja, A.	400	Berre (*l'Etang de*) A.	264
Béira (le) A.	393	Berri (le) A.	161
Beirout, B.	139	Bersabée, B.	476, 501
Beisheri, B.	134	Bertinoro, A.	488
Beké, *Isle*, B.	417	Bertrand (S.) A.	233
Bélem, A.	398	Bertuma-Galla, *peup.* B.	328
Bélesme, A.	146	Besançon, A.	181
Belgrade, B.	103	Besestede, B.	54
Bellac, A.	192	Besini, B.	240
Belle, *Lac*, B.	396	Besor (*Torrent de*) B.	487
Bellegarde, A.	239	Bessarabie (la) B.	97
Belley, A.	177	Bessin (le) A.	99
Belle-Isle, A.	140	Betaw (le) A.	316
Belleville, A.	212	Betbéra, B.	498
Bellinzone, A.	420	Béthabara, B.	490
Bellune, A.	467	Bétharan, B.	ibid.
Beltz, A.	650	Bethbéra, *voyez* Lébaoth.	
Benavente, A.	365	Béthel, B.	475, 495
Bender, B.	98	Bethléem (*l'Evêché de*) A.	165
Bénévent, A.	504		
Bengale (le) B.	172 & 173	Bethléem, B.	476, 494
Benguela, B.	333	Bethoron la Basse, B.	496
Benjamin (*la Tribu de*) B.	495	Bethphogor, B.	489
		Bethsan, B.	498
Benjarmassen, B.	276	Bethseca, B.	ibid.
Beni-Aubâyd (les) B.	514	Bethsémès, B.	499
Beni-Kemané (les) B.	ibid.	Bethulie, B.	500, 502
Benin, B.	320	Béthune, A.	83
Berbice, *Riv.* B.	453	Bethsaïde, B.	492

Betlis,

ALPHABETIQUE.

Betlis, B.	148
Betsemès, B.	503
Betuve (le) voyez Betaw.	
Beuil, A.	441
Bévern, A.	580
Béziers, A.	250
Biafara, B.	334
Bialogrod, B.	98
Biche, A.	127
Bidassoa, Riv. A.	341
Biel, Lac & Ville, A.	428
Biéla, B.	88
Bielgorod, B.	ibid.
Biélozero, B.	81
Bielsk, A.	644
Bienne, voyez Biel.	
Bies-Bos, A.	324
Bigorre (le) A.	233
Bihacz, A.	100
Bilbao, A.	340
Bilédulgerid, B.	308
Bilitz, A.	623
Billon, A.	204
Biloxi, B.	370
Binche, A.	309
Biornebor, ou Biorno, B.	67
Birkenfeld, A.	605
Biron, A.	225
Birze, A.	656
Biscaye (la) A.	339
—Nouvelle, B.	385
Bisegli, A.	508
Bisnagar, B.	181
Bitch, voyez Biche.	
Bitonto, A.	508
Blacwater (le) Riv. B.	38
Blaisois (le) A.	159
Blamont, A.	126
Blanc (le) A.	164
Blanche (Riv.), B.	323
Blar, B.	27
Blaye, A.	223
Blecking (le) B.	63
Blois, A.	159
Bobbio, A.	444

Bocage (le) A.	99
Bocca di Lupo, Défilé, B.	111
Bokara, B.	237
Bodman, B.	20
Bog, Riv. A.	640
Bogdois, v. Mantcheous.	
Boglio, voyez Beuil.	
Bohême (la) A.	613
Boj-dor, Cap, B.	313
Bojano, A.	505
Bois-le-Duc, v. Bos-le-Duc.	
Bolgar, voyez Beloyer.	
Bolgarie (la) B.	244
Bologne, A.	488
Bolonois (le) A.	ibid.
Bolschaia Zemla, B.	464
Bombain, B.	176
Bommel, A.	317
Bonair, Isle, B.	418
Bone, B.	305
Bone, voyez Bonn.	
Bonne Espérance (Cap de) B.	335
Bonnet (Saint) A.	217
Bonneval, A.	158
Bonneville (la) A.	435
Bonne-viste, & Bonne-vue, Isle, B.	354
Boranday, B	84
Borckolm, B.	68
Boren-Galla, peuples, B.	328
Borg, A.	582
Borgo, en Italie, A.	472
— en Finlande, B.	67
— San-Donino, A.	450
— Di-Taro, A.	ibid.
Borja, B.	441
Boristhène (le) Fleuve, voyez Dniéper.	
Bormio (le) A.	424
Bornéo (Isle de) B.	275
Borno, voyez Bornou.	
Bornholm, B.	50
Borores, peuples, B.	334
Borromées (les Isles) A.	444
Bosa, A.	520

Tome II.   C o

Bos-le-Duc, A.	330	Brandebourg, *V. d'All*	575
Bosna, *Rivière*, B.	102	Brandebourg, *de Prusse*,	661
Bosna-Séraï, B.	ibid.	Braslaw, A.	654
Bosnie (la) B.	ibid.	Brassau, *voyez* Cronstat.	
Bosor, B.	489	Brastkie, B.	254
Bosra, B.	140	Brava, *Ville*, B.	243
Bost, *voyez* Buth.		— *Isle*,	354
Bothnie (la) B.	65	Bray (le) A.	96
Bouflers, A.	110	Brechin, B.	29
Bouillon, A.	302	Breda, A.	330
Boulai, A.	128	Bregentz, A.	544
Boulogne, en France, A.	89	Breknok, B.	21
— en Italie,	488	Brême, A.	584
Boulonnois (le) A.	89	Bremgarten, A.	417
Boulquenom, A.	127	Bresce, A.	462
Bourbon (le Fort) B.	367	Brésil (le) B.	446
Bourbon l'Archambaut, A.	194	Breslaw, A.	620
		Bressan (le) A.	462
— Lanci,	174	Bresse (la) A.	176
Bourbon (l'Isle) B.	346	Brest, A.	141
Bourbonne-les-Bains, A.	119	Bretagne (la) A.	137
Bourbonnois (le) A.	193	Bri, *voyez* Briey.	
Bourbourg, A.	78	Briançon, A.	218
Bourdeaux, A.	222	Briançonnois (le) A.	ibid.
Bourg-en-Bresse, A.	176	Briare, A.	161
— en Guyenne,	223	Bridgetown, B.	417
Bourganeuf, A.	192	Brie, *Françoise*, A.	105
Bourges, A.	162	— *Champenoise*, A.	120
Bourgogne (la) A.	167	Brie-Comte-Robert, A.	106
Bournou, B.	323	Brieg, A.	621
Bourre, B.	317	Brieu (Saint) A.	138
Boutan (le) B.	232	Briey, A.	128
Bouzonville, A.	128	Brignoles, A.	262
Boyne (la) *Rivière*, B.	38	Brille (la) A.	323
Bozzola, A.	458	Brindes *ou* Brindisi, A.	508
Brabant, Autrichien, A.	299	Brinn, A.	618
— Hollandois,	329	Brionnois (le) A.	167
Brac, *voyez* Ouale.		Brioude, A.	206
Bracchiano, A.	482	Brisach, A.	543
Braclaw, A.	651	Brissac, A.	111
Bragance, A.	393	Bristoll, B.	19
Prague, A.	391	Brive, A.	201
Brahestad, B.	66	Brivezac, A.	202
Braidalbain, B.	27	Brixen, A.	542
Braine-le-Comte, A.	309	Browich, B.	32
Brandebourg (le) A.	573	Broestal, B.	34

ALPHABETIQUE.

Brodrût, *voyez* Porentru.
Brou, A. 159
Brouage, A. 190
Brouageais (*le*) A. *ibid.*
Bruck, A. 537
Bruges, A. 306
Brugneto, A. 447
Brunswick, A. 580
Bruschal, A. 604
Bruxelles, A. 299
Bruyer, A. 126
Brzecie, A. 642
Brzescie, A. 655
Buchan (*le*) B. 28
Buckingam, B. 12
Bude, A. 631
Budissen, *voyez* Bautzen.
Buenos-Aires, B. 458
Buen-Retiro, A. 357
Bug (*le*) Riv. A. 639
Bugei (*le*) A. 177
Bugie, B. 305
Buis (*le*) A. 217
Bukares (*les*) peuples, B. 236
Bukarie (*la grande*) B. 236
— la petite, 229
Bukorest, B. 99
Bulgarie (*la*) B. 104
Burates (*les*) peuples, B. 254
Burckausen, A. 547
Buren, A. 317
Burgos, A. 35
Burse, *voyez* Beroussah.
Busseto, A. 450
Buth, Isle, B. 33
Butow, A. 578
Butrinto, B. 111
Byzance, *v.* Constantinople.

C.

Cabarda ou Cabarta, B. 240
Cabardiniens (*les*) B. 239
Cabite, Fort, B. 269
Cabo-Corse, B. 319
Cabo-Falso, B. 335
Cabia, B. 323
Cabul, B. 175
Cacéres (Nouvelle) B. 269
Cachemire, B. 173
Cachgar, B. 230
Cacho, B. 317
Cacongo (*le*) B. 331
Cadès, B. 503
Cadix *ou* Cadis, A. 372
Cadorin (*le*) A. 467
Cadsand, Isle, A. 369
Caen, A. 99
Caffa, B. 97
Cagliari, A. 519
Cagni, *voyez* Boufflers.
Cahors, A. 226
Cajaneborg, B. 66
Cajanie (*la*) B. *ibid.*
Caifong, B. 208
Caire (*le*) B. 294
Cairoan, B. 303
Caitness, *voyez* Catness.
Caket (*le*) B. 148
Calabre (*la*) A. 509
Calahorra, A. 352
Calais, A. 89
Calaroga, A. 35
Calatajud, A. 349
Calatrava, A. 361
Calenberg, A. 583
Calicut, B. 17
Californie (*la*) B. 386
Calix, B. 66
Callao (*le*) B. 433
Callirhoé, B. 489
Calmaquie (*la*) B. 228
Calmar, B. 62
Calmoucs (*les*) v. Eluths.
Calouga, *voyez* Kaluga.
Calvaire (*le Mont*) B. 475
Calvi, A. 521
Calvisson, A. 254
Camaldoli, A. 472
Camargue (*la*) A. 260
Cambalu, *voyez* Pekin.
Cambaye, B. 174

Cc 2

Camboge, B.	196	Cap de S. Sébastien, B.	386
Cambrai, A.	79	— des Palmes, B.	318
Cambresis (le) A.	ibid.	Cap-Verd (Isles du) B.	353
Cambridge, B.	13	Capchac, B.	245
Camerino, A.	485	Capharnaum, B.	492
Camin, A.	577	Capharsalama, B.	499
Campagna, A.	504	Capim (le) Riv. B.	449
Campesche, B.	383	Capitanate (la) A.	506
Campine (la) A.	331	Capo-d'Istria, A.	468
Campo-Major, A.	399	Capoue, A.	497
Campoli, A.	506	Cappadoce, v. Amasie.	
Campredon, A.	383	Capri ou Caprée, A.	498
Comul, voyez Hami.		Caracas, B.	423
Cana, B.	501	Caraïbes (les) peuples, B.	
Canada (le) B.	365		413, 417
Canal de Briare, A.	161	Caramanie (la) B.	133
— de Bruges,	306	Caramid, v. Diarbekir.	
— de Bruxelles,	299	Carcassonne, A.	248
— de Languedoc,	245	Cardiff, B.	22
— d'Orléans,	156	Cardigan, B.	21
— Royal de Chine, B.	204	Cardone, A.	383
Cananor, B.	179	Carduel (le) B.	148, 149
Canara (la Côte de) B.	178	Carélie (la) Suédoise, B.	67
Canarie, B.	351	— Russienne,	78
Canaries, Isles, B.	350	Carentan, A.	100
Canavez (le) A.	438	Caresen, voyez Fartach.	
Candahar, B.	163	Carezem, voyez Kharasm.	
Candich (le) B.	172	Cariath-Arbé, B.	493
Candie, B.	117	Cariath-Sepher, B.	492
Candy B.	281	Carignan, A.	438
Canée (la) B.	117	Carikfergus, B.	40
Canis, peuples, B.	368	Carinthie (la) A.	537
Canischa, A.	631	Carlburg, A.	561
Cannes, A.	508	Carlisle, B.	7
Canibales, v. Caraïbes.		Carlow, B.	22
Cansès, peuples, B.	368	Carlowitz, A.	633
Canton, B.	212	Carlseron, B.	63
Cantorberi, B.	16	Carlstat, en Francon. A.	561
Cantyr (le) B.	33	— en Suède, B.	60
Cap di Beco, A.	512	— en Croatie,	99
Cap Blanc (le) de Barbarie, B.	313	Carmagnole, A.	441
		Carmanie (la) v. Kerman.	
Cap Blanc (le) de Californie, B.	386	Carmarden, B.	22
		Carmel, B.	492
Cap Breton, Isle, B.	406	Carmel (le Mont) B.	499
— François, Ville, B.	412	Carmona, A.	369

ALPHABETIQUE.

Carnarvan, B. 21
Carnate (le) B. 181
Carniole (la) A. 539
Caroline (la) B. 373
Caroline, Fort, B. 377
Carpentarie (la) B. 469
Carpentras, A. 267
Carpi, A. 452
Carrick (le) B. 31
Carthage, B. 302
Carthagène, en Espagne, A. 378
— en Amérique, 422
Carthago, B. 389
Casaks (les) v. Cosaques
Casal, A. 442
Casan, B. 243
Casbin, B. 164
Caschau, A. 629
Cashel, B. 43
Caspienne (Mer) B. 125
Castagnebère, A. 231
Cassel, en Flandre, A. 78
— dans la Hesse, 608
Cassovie, voyez Caschau.
Castel-Branco, A. 395
Castel-Gandolphe, 481
Castelgeloux, A. 224
Castellane, A. 258
Castelnaudari, A. 247
Castelnau de Magnoac, A. 231
Castel-Sarasin, A. 245
Castiglione, A. 458
Castille-vieille (la) A. 351
— nouvelle, 35
— d'Or, B. 420
Castres, A. 246
Castro, dans l'Etat de l'Eglise, A. 483
— dans la Terre d'Otrante, A. 509
— Aragonèse, A. 520
— Marino, A. 401
— del Rei, A. 337
— de Urdiales, A. 340

Castropol, A. 344
Catalogne (la) A. 381
Catania, A. 515
Cataracouï, voy. Frontenac.
Cataro, B. 101
Catazaro, A. 511
Câteau-Cambresis, A. 79
Cathai (le) B. 221
Catherine (Sainte) voyez Horeb.
Catherine (Sainte) dans le Pérou, B. 430
Catness (le) B. 26
Cathet, voyez Nahalol.
Catzenellenbogen, A. 611
Caucase (Peuples du Mont) B. 240
Caudebec, A. 94
Caudes-Aigues, A. 204
Caumont, A. 224
Cauterès, A. 233
Caux (le Pays de) A. 94
Cava, A. 504
Cavaillon, A. 267
Cavan (le) B. 40
Cavan, Ville, B. ibid.
Cavite, voyez Cabite.
Cayenne, B. 454
Cébu, Isle, B. 270
Cédariens, peuples, B. 507
Cédès, B. 501
Cédessa, voyez Cadès.
Cédron (Torent de) B. 487
Célano, Lac, A. 506
Célebes, Isle, B. 272
Céphalonie, B. 115
Cépoi, A. 156
Céram, Isle, B. 272
Cerdagne Françoise (la), A. 240
Cerenza, A. 510
Cerigo, Isle, B. 116
Cerlier, voyez Erlach.
Cervera, A. 384
Césarée de Cappadoce, B. 134
— de Palestine, B. 499

C G 3

606 TABLE

Cesarée de Philippe, v. Dan.
Césena, A. 488
Césil, B. 502
Céthim, B 483
Cette, A. 250
Ceuta, B. 307
Cévennes (les) Mont. A. 255
Ceylan, Isle, B. 279
Chabanois, A. 199
Chablais (le) A. 435
Chablis, A. 120
Chaboras (le) Riv. B. 478
Chaco (le) B. 457
Chaise-Dieu (la) B. 205
Chalabre, A. 247
Chalais, A. 197
Chalcis, voyez Negrepont.
Chaldéens Nestoriens, B. 584
— Catholiques, B. 560
Challonnois (le) A. 174
Châlons-sur-Marne, A. 117
Challon-sur-Saône, A. 174
Chalosse (la) A. 231
Cham (le) B. 194
Chamaki, B. 162
Chamberri, A. 436
Chambli (le Fort de) B. 366
Chambort, A. 159
Chamchuniven, B. 207
Chamdara, B. 185
Chamo (Désert de) B. 220
Champ des Urnes, A. 174
Champs Elisées, A. 495
Champagne (la) A 112
Champsaur (le) A. 217
Chanaan, Pays, B. 475, 485
Chananéens (les) B. 486
Chanaz, A. 178
Chandegry, voyez Bisnagar.
Chandernagor, B. 174
Chantchuenchan, voyez Sancian, Isle.
Changtong (le) B. 207
Chanrie, B. 27
Chansi (le) B. 206
Chantersier, A. 258

Chaparengue, B. 232
Charcas (los) B. 433
Charente, Riv. A. 195
Charité (la) A. 166
Charlemont, dans le Hainaut, A. 81
— en Irlande, B. 40
Charleroi, A. 309
Charles (S.) Fort, B. 367
Charles-town, B. 373
Charleville, A. 116
Charlieu, B. 212
Charmes, A. 126
Charolois (le) A. 175
Charolles, A. ibid.
Charost, A. 164
Chartres, A. 157
Chartreuse, A. 216
Charybde, Gouffre, A. 512
Château-Briant, A. 137
— Chinon, A. 166
— Cornet, B. 23
— Dauphin, A. 438
— du Loir, A. 145
— Gontier, 149
— Neuf, 109
— Porcien, 115
— Renaud, 153
— Roux, 164
— Salin, 128
— Thierry, 121
— Vilain, 118
Châteaudun, A. 158
Châtel, A. 126
Châtelleraud, A. 187
Châtillon sur Indre, A. 153
— sur Loin, 161
— sur Seine, 169
Châtre (la) A. 164
Chaul, B. 177
Chaulnes, A. 87
Chaumont en Bassigni, A. 119
— en Vexin, 109
Chaumont (S.) A. 211
Chauny, A. 112

ALPHABETIQUE. 607

Chautſien, voyez Corée.
Chaves, A. 393
Chelm, A. 650
Chénonceaux, A. 154
Chenſi (le) B. 205
Cher, Riv. A. 152
Cherbourg, A. 100
Cherſonèſe Cimbrique, v. Jutland
— Taurique, v. Crimée.
— d'Or, v. Malaca.
Cheſter, B. 9
Chevreuſe, A. 107
Chiapa-el-Réal, B. 388
— de-los-Indos, ibid.
Chiavenne (le) A. 424
Chicachas, peuples, B. 368
Chicheſter, B. 17
Chiemſée, A. 547
Chiéti, A. 505
Chignan (S.) A. 249
Chili (le) B. 434
Chimera, B. 111
Chine (la) B. 196
Chinon, A. 154
Chingalais, peuples, B. 280
Chinyang (le) B. 221
Chioggia, A. 466
Chioutayé, B. 131
Chiras, voyez Schiras.
Chirvan (le) B. 162
Chiuſi, A. 474
Chiwa (Tartares de) voyez Kharaſm.
Chlinow, B. 243
Choczin, B. 99
Cholmogori, ou Cholmogorod, B. 83
Choten, B. 230
Choueguen, voyez Oſwego.
Chriſtiansbourg, B. 320
Chriſtianeſtad, B. 66
Chriſtiania, B. 51
Chriſtianopel, B. 63
Chriſtianſtat, B. ibid.

Chriſtina, voyez Elizabeth-Town.
Chriſtophe (S.) Iſle, B. 416
Chunque, voyez Chine.
Chuſiſtan, voyez Khuſiſtan.
Chypre, voyez Cypre.
Cialis, B. 229
Ciampa, B. 195
Cicules (les) peup. A. 633
Cikoko, voyez Kiuſiu.
Cilley, Comté & Ville, A. 537
Cimbelas, peuples, B. 335
Cimbres, voy. Danemarck.
Cinaloa, ou S. Jacques, B. 385
Cinereth, voy. Geneſareth.
Cingales (les) peup. B. 280
Cinq-Egliſes, A. 632
Ciotat (la) A. 264
Circaſſie (la) B. 239
Circonciſion (Terre de la) B. 465
Cirenza, A. 510
Cirthe, voyez Conſtantine.
Ciſon, Torrent, B. 487
Citadella, A. 386
Cîteaux, A. 174
Citta-nuova, A. 468
Ciudad-Réal, en Eſpagne, A. 361
— en Paraguai, B. 457
— Rodrigo, A. 367
— di-Palmas, v. Canarie.
Civita-Vecchia, A. 482
Clagenfurt, A. 538
Clairmareſt, A. 82
Clairvaux, A. 118
Clameci, A. 165
Clamorgan, Comté, B. 22
Clare, en Angleterre, B. 13
— en Irlande, 43
Claude (S.) A. 184
Clauſenbourg, A. 634
Clémente (S.) A. 361
Clérac, A. 225

Clermont, *en Argonne*, A. 131
— *en Auvergne*, 205
— *en Beauvoisis*, 110
— *en Languedoc*, 252
Cléri, A. 157
Clerval, A. 553
Clèves, A. 592
Clogher, B. 39
Cloud (S.) A. 108
Cluni, A. 176
Cluse, A. 435
Cluse (*la*) A. 178
Clyd (*la*) *Rivière*, B. 26
Clydsdail (*la*) B. 32
Co (*Isle de*) A. 152
Coango, *Rivière*, B. 289
Coanza, *Rivière*, B. *ibid.*
Coari, B. 443
Coblentz, A. 599
Coburg, A. 562
Coça, A. 355
Cochimies, *peuples*, B. 387
Cochin, B. 180
Cochinchine (*la*) B. 192
Coëthen, A. 573
Cognac, A. 199
Cogni, B. 133
Coimbre, A. 384
Coire, A. 423
Colberg, A. 578
Colchester, B. 13
Colchide, B. 148
Coldingham, B. 30
Colioure, A. 239
Colmar, A. 132
Colmars, A. 259
Colmogorod, *voy.* Cholmogori.
Colocza, A. 630
Cologne, A. 599
Colombo, B. 281
Colomna, B. 86
Colonia de Sacramento, B. 452
Colorno, A. 449

Colofwar, *v.* Clausenbourg.
Colrane, B. 40
Comachio, A. 490
Comane, B. 423
Comans (*les*) *peuples*, *v.* Capchac.
Combrailles (*le*) A. 206
Côme (*le Lac de*) A. 431
— *Ville*, 456
Coménolitari, *voyez* Macedoine.
Gominge (*le*) A. 243, 248
Commerci, A. 131
Comore (*Isles de*) B. 348
Comorin, *Cap.* B. 175
Comphida, B. 155
Compiègne, A. 110
Compostelle, A. 345
— *Nouvelle*, B. 385
Comtat Vénaïscin (*le*) A. 266
Conception (*la*) B. 436
Conchasset, B. 397
Conches, A. 97
Concorde (*Terre de la*) B. 469
Concordia, A. 468
Condat, A. 184
Condé, A. 80
Condé (*Fort*) *v.* Mobile
Condisches, *peuples*, B. 248
Condom, A. 230
Condrieux, A. 211
Conférence (*l'Isle de la*) A. 341
Conflent (*la Viguerie de*) A. 239
Congo (*le*) B. 326
Coni, A. 438
Conimbre, *v.* Coïmbre.
Coningisgratz, *v.* Konigengretz.
Connacie *ou* Connaugt, B. 43
Conosset, B. 396
Conquête spirituelle des Jé-

ALPHABETIQUE.

suites, *voyez* Terre de la Mission.
Constance (*Lac de*) A. 405
— *Ville de*, 543
— *l'Evêché de*, 555
Constantine, B. 304
Constantinople, B. 105
Consuegra, A. 361
Contessa, B. 109
Conti, A. 86
Conza, A. 505
Coperberg, *Voyez* Fahlun.
Coporio, B. 78
Coppenhague, B. 48
Coptos, *ou* Kené, B. 293
Cophtes (*Eglise des*) B. 585
Cora, B. 152
Coranto, B. 112
Corbeil, A. 105
Corbie, A. 86
Corbigni, *voyez* Philippeville.
Corcang, B. 238
Corcyre, *voyez* Corfou.
Cordillère *du Brésil*, B. 354
— *du Pérou*, 426
Cordoue, A. 370
— Nouvelle, *voy.* Comane.
— *du Paraguay*, B. 458
Corduenne, *voy.* Curdistan.
Corée (*la*) B. 215
Corfou, B. 115
Coria, A. 364
Corinthe, B. 112
Corke, B. 43
Corna, B. 27
Cornich, B. 103
Cornouaille (*le Pays de*) en France, A. 140
— *Comté d'Angleterre*, B. 20
Coro, *voyez* Vénézuéla.
Corogne (*la*) A. 345
Coromandel (*la Côte de*) B. 181
Coron, B. 113
Corrégio, A. 452

Corosaïm, B. 501
Corse, *Isle*, A. 520
Corté, A. 521
Cortone, A. 472
Corvo, *Isle*, B. 418
Corupa, *voyez* Curupa.
Corvey, A. 593
Cosaques (*les*) *peuples*, A. 651, & B. 246
Cosne, A. 166
Costarica, B. 389
Cotan, *voyez* Choten.
Cotatis, B. 149
Cotbuss, A. 625
Côte des Dents, B. 318
— Déserte, B. 276
— d'Or, B. 318
Cotentin (*le*) A. 99
Coteretz, *voyez* Cauterès.
Cotrone, A. 511
Cotwitz, *voyez* Cotbuss.
Coulanges, A. 170
Coulon, *Lac*, B. 225
Coulomiers, A. 121
Coulour, B. 181
Coulouri, *Isle*, B. 120
Courahan-oulen, *Lac*, B. 226
Courourfa, B. 323
Courtagnon, A. 115
Courtenai, A. 106
Courtrai, A. 305
Couserans (*le*) A. 234
Coutances, A. 99
Coutras, A. 223
Coventri, B. 11
Covorden, A. 328
Cozenza, A. 510
Crac, *ou* Erac, B. 153
Crau (*la*) A. 261
Crevant, A. 170
Creci *en Ponthieu*, A. 90
— *en Brie*, 106
Crême, A. 462
Cremieu, A. 220
Cremone, A. 457

Crespi, A. 110
Crète, Isle, v. Candie.
Creuse, Riv. A. 152
Creutz, A. 632
Creutzeberg, A. 608
Creutznach, A. 607
Crim, voyez Crimenda.
Croatie (la) B. 99
Croïa, B. 110
Croisic (le) A. 137
Croix (Sainte) v. Creutz.
Cromartie, B. 27
Cronack, A. 561
Cronenbourg, B. 49
Cronslot, B. 78
Cronstat, A. 634
Cronstat, Isle, B. 78
Crossen, A. 619
Crotone, voyez Cotrone.
Crux (Santa) B. 434
Cuama (le) v. Zambèze.
Cuba, Isle, B. 409
Cuença en Espagne, A. 361
— dans le Pérou, B. 429
Cujavie (la) A. 642
Culembach, A. 564
Culiacan, B. 385
Culm, A. 646
Cumberland (le) B. 7
Cumes, A. 495
Cuncan, voy. Visapour.
Cuningham (le) B. 32
Cunuris, voy. Jamundas.
Curacao, Isle, B. 418
Curdes, peup. B. 147
Curdistan (le) B. ibid.
Curen, voyez Grène.
Curich-Af, Lac, A. 661
— Nerung, Langue de terre, A. ibid.
Curlande (la) A. 657
Curupa, B. 445
Cusco, B. 433
Cuyo (le) B. 436
Cyclades (les) Isles, B. 118
Cydonie, voyez Canée.

Cyr (Saint-) A. 168
Cypre, Isle, B. 136
Cythère, Isle, voy. Cérigo.
Czaslaw, A. 616
Czerdin, B. 243
Czérémisses, peuples, B. 244
Czernigow, B. 88
Czirnitz, A. 539
Czucko, Lac, B. 75

D.

Dabir, B. 490. Voyez encore Cariath-Sepher.
Daca, B. 173
Dagestan (le) B. 238
Dagherst, B. 80
Dagho, Isle, B. ibid.
Dahomé, B. 321
Dahra (le) B. 304
Dalaï, Lac, v. Coulon.
Daleborg, B. 62
Dalécarlie (la) B. 60
Dalem, A. 302
Dalie (la) B. 62
Dalmatie (la) B. 100
Dam, A. 328
Daman, B. 176
Damas, B. 140, 507
Dambéa, Lac, B. 328
Damiat ou Damiete, B. 298
Dammartin, A. 105
Damna, v. Remnon-Amtar.
Dan, Ville, B. 501
— Tribu, 502
Dancali, B. 329
Danemarck (le) B. 45
Dantzick, A. 645
Danube, Fleuve, A. 529
Daourie (la) B. 222
Dar-al-Salam, v. Bagdad.
Darby, B. 9
Dardanelles (les) B. 107
Datien, Isthme, v. Panama.
Darmouth, B. 20
Davids (S.) B. 22

ALPHABETIQUE.

Davis (*Détroit de*) B. 398, & 400
Daule (*la*) Riv. B. 431
Dauphin (*Fort*) à Madagascar, B. 346
— en Canada, 367
Dauphine, (*Isle*) v. Madagascar.
Dauphiné (*le*) A. 212
Dauphiné d'Auvergne, 206
Dax, A. 229
Décapole (*la*) B. 509
Decize, A. 166
Déir-el-Kamar, B 139
Delft, A. 323
Delfzil, *Fort*, A. 328
Delmenhorst, A. 596
Delvino, A. 111
Dely, B. 173
Démona (*la Vallée de*) A. 514
Denbigh, B. 21
Dendermonde, A. 305
Dendre (*la*) Riv. A. ibid.
Denia, A. 380
Denis (Saint) A. 104
Derbent, B. 162
Derne (*le Pays de*) B. 300
Derpt, B. 80
Désert, où les Israëlites voyagèrent pendant quarante ans, B. 482
Dessaw, A. 573
Deux-Ponts, A. 695
Déva, A. 341
Déventer, A. 327
Dévon (*Comte de*) B. 20
Diarbeck (*le*) B. 144
Diarbekir, B. 145
Die, A. 221
Diémen (*Terres de*) B. 469
Diepholt, A. 595
Dieppe, A. 94
Dieppe (Petit) B. 318
Dietz, A. 612
Dieuse, A. 127

Diez (Saint-) A. 126
Digne, A. 258
Dijon, A. 171
Dillenbourg, A. 612
Dillingen, A. 554
Dina (*la*) voyez Duna.
Dinamond, B. 80
Dinant en Bretagne, A. 138
— dans l'Evêché de Liège, 590
Dingoé (*le*) B. 193
Dinh-Cat (*le*) B. ibid.
Diois (*le*) A. 221
Disier (Saint-) A. 115
Dixmude, A. 306
Dniéper (*le*) Riv. A 640, & 653
Dobrzin, A. 644
Doce, Riv. B. 449
Doesbourg, A. 318
Dogado (*le*) A. 464
Dol, A. 138
Dole, A. 182
Dolgoi, *Isle*, B. 246
Dollart, *Golfe*, A. 328
Dombes (*la Principauté de*) A. 178
Domingo de la Calcada (San) A. 352
Domingue (S.) Riv. d'Afrique, B. 317
— Isle d'Amérique, B. 411
— Ville, B. 412
Dominique (*la*) Isle, B. 417
Domo d'Osula, A. 443
Dompaire, A. 126
Domfront, A. 98
Don, Riv. B. 74
Donagal, B. 39
Donavert, A. 547
Donesan (*le*) A. 237
Dongo, B. 332
Dongola, B. 325
Dor, B. 498
Dorat (*le*) A. 192
Dorchester, B. 12

Dordogne (la) Riv. A.	203	Dunaworty, B.	33
Dordrecht, A.	324	Dunbar, B.	30
Dornoch, B.	27	Dundalke, B.	40
Dorpt, voyez Derpt.		Dundee, B.	29
Dorset, Comté, B.	19	Dundonald, B.	34
Dort, voyez Dordrecht.		Dunebourg, A.	657
Dortmund, A.	592	Dunemund, v. Dinamond.	
Dotham, B.	500	Dunes (la Rade des) B.	17
Douay, A.	76	Dungala, voyez Dongola.	
Doue, A.	150	Dungall, voyez Donagal.	
Douglas, B.	32	Dunganon, B.	39
Dounay, B.	195	Dunkeld, B.	29
Dourdan, A.	107	Dunkerque, A.	77
Dourlach, A.	553	Dunnotir, B.	29
Dourlens, A.	86	Dunois (le) A.	158
Douvres, B.	16	Duns, B.	30
Doux (le) Riv. A.	180	Dunstafag, B.	32
Dowglas, B.	22	Durance (la) Riv. A.	214
Downe, B.	40	Durango, en Espagne, A.	
Downowaig, B.	34		340
Drac (le) Riv. A.	214	— dans le Mexique, B.	385
Draguignan, A.	265	Duras, A.	226
Drangiane (la) v. Ségestan.		Durazzo, B.	110
Dras (le) B.	304	Durbuy, A.	301
Drave (la) Riv. B.	536	Durham, B. —	7 & 8
Drente (le Pays de) A.	328	Durlach, v. Dourlach.	
Dresde, A.	568	Durnstein, A.	603
Dreux, A.	108	Dussel (le) Riv. A.	591
Drin (le) Riv. B.	103	Dusseldorp, A.	ibid.
Drogheda, B.	40	Duveland, Isle, A	525
Dromore, B.	ibid.	Dwina (la) Riv. B.	74
Dronthem, B.	52	— Province,	82
Druses, peuples, B.	139	Dyctée (le Mont) B.	118
Drusus, voyez Césarée.		Dylle, Riv. A.	297
Dublin, B.	41		
Dud, B.	341	E.	
Duderstat, A.	571		
Duero, Riv. A.	337	EArne, Lac, B.	39
Duino, A.	539	East-Meath, B.	41
Dulichium, voyez Thiaki.		Ebre, Riv. A.	338
Dumblain, B.	30	Ecaterinbourg, B.	250
Dumbritton, B.	32	Ecbatane, B.	164
Dumer, Lac, A.	595	Echalans, A.	419
Dumfreis, B.	31	Ecija, A.	369
Dun-le-Roi, A.	164	Eclane, A	507
Duna (la) Riv. A.	653	Ecluse (l') voyez la Cluse.	
			Ecluse

ALPHABETIQUE.

Ecluse (l') en Flandre, A.	329	Ely, B.	13
Ecmiasin, B.	144, 581	Embden, A.	596
Ecosse (l') B.	23	Embrun, A.	218
— Nouvelle, v. Acadie.		Emly, B.	43
Eden (Pays d') B.	472	Emmerick, A.	592
Eder, B.	492	Empurias, A.	383
Ederabad, voyez Bagnagar.		Enckuysen, A.	320
Edesse, voyez Ourfa.		Endraght (Terre d') B.	469
Edimbourg, A.	30	Engaddi, voy. Asason-Thamar.	
Edues, voyez Péricues.			
Eger (l') Riv. A.	617	Enghien, A.	308
Eglise (l'État de l') A.	476	Enguien, voyez Enghien.	
Eglon, B.	494	Eniskilling, B.	39
Egra, A.	617	Ennom, B.	498
Egypte, B.	290 & 480	Ens, Ville & Riv. A.	536
Eichfelt (l') A.	571	Eusisheim, A.	133
Eimbecke, A.	583	Entraigues, A.	228
Einsiedlen, A.	408	Entrevaux, A.	259
Eisleben, A.	572	Epernai, A.	115
Ekelenfort, B.	48	Ephèse, B.	132, 475
Elath, B.	482	Ephrata, B.	494
Elbe, Isle, A.	475	Ephraïm (Montagne d') B.	487
Elbe (l') Riv. A.	530	— Forêt,	491
Elbing, A.	646	— Tribu,	496
Elbeysan, B.	513	Epidaurus, voy. Napoli de Malvasie.	
Elbeuf, A.	94		
Elcatif, B.	157		
Elche, A.	381	Epinal, A.	126
Elcong, B.	584	Epire (l') B.	110
Elec, B.	89	Epte, Riv. A.	93
Elgin, B.	27	Erac, B.	153
Elide, B.	484	Erbil, B.	148
Elim, B.	154	Erengabad, B.	181
Elisa, B.	484	Erfort, A.	571
Elisabeth, Port, B.	371	Erié, Lac, B.	363, 364
Elisabeth-Town, B.	372	Eriha, B.	141
El-Kahlil, B.	514	Erivan, B.	144
El-Kods, B.	ibid.	Erkiko, voyez Arcoua.	
Elnbogen, A.	617	Erlach, A.	416
Elne, A.	239	Erlaw, voyez Agria.	
El-Pardo, A.	358	Erpach, A.	563
Elphen, B.	44	Ertzburg (l') A.	569
Elseneur, B.	49	Erzerum, B.	543
Elvang, Prévôté, A.	552	Escalona, A.	359
Elvas, A.	399	Escaut (l') Riv. A.	297
Eluths, peuples, B.	227	Esclavonie (l') A.	632

Tome II.   D d

Escurial, (l') A. 359
Esk méridional, v. South-Esk.
Eskanderoun, voy. Alexandrette.
Eskedail (l') B. 31
Eskerdon, ou Tibet, B. 232
Eski-Hissar, B. 131
Esling, A. 558
Espagne, (l') A. 333
— Nouvelle, v. Mexique
Espare (l') A. 223
Esquimaux, peuples, B. 374
Esseck, A. 632
Essex, Comté, B. 13
Estain, A. 128
Estarac (l') A. 230
Estella, A. 347
Esthaol, B. 502
Estonie (l') B. 79
Estrémadure Espagnole, A. 362
— Portugaise, 395
Estremoz, A. 399
Esweghe, A. 608
Etampes, A. 160
Etaples, A. 89
Etats (l'Isle des) B. 258
Ethiopie, voyez Guinée.
Ethna, voyez Gibel.
Etienne (S.) A. 211
Etuves de S. Germain, A. 496
Eu, A. 95
Eubée, v. Négrepont.
Euphrate, Fleuve, B. 127
Eure (l') Riv. A. 92
Euripe (l') Détroit, B. 118
Europe (l') A. 68
Eust, Isle, B. 33
Eustache (S.) Isle, B. 417
Eutin, A. 588
Evaux, A. 207
Evian, A. 435
Evora, A. 399

Evreux, A. 97
Excester, B. 20
Eyndoven, A. 331
Eysenach, A. 572

F.

Faensa, 488
Fahlun, B. 60
Faifo, B. 194
Faisan (le) B. 311
Faisans (l'Isle des) A. 341
Falaise, A. 98
Falkembourg, voy. Fauquemont.
Falmouth, B. 20
Falster, Isle, B. 50
Famagouste, B. 136
Fano, A. 486
Faro, Ville, A. 400
— Cap, A. 512
Farsa, B. 110
Farsistan (le) B. 165
Fartach, B. 156
Farwel, Cap. B. 400
Faucigni (le) A. 435
Faucilles (le Mont des) A. 124
Fauquemont, A. 302, 331
Fayal, Isle, B. 418
Fé (Santa) en Espagne, A. 375
— de Bogota, B. 423
— du nouveau Mexique, 399
— du Paraguai, 458
Felicur, Isle, A. 518
Feloupes (les) peup. B. 317
Feltre, A. 467
Fenestrange, A. 127
Fenestrelles, A. 438
Fer (l'Isle de) B. 351
Ferabad, B. 162
Ferden, A. 595
Ferette, A. 135
Feria, A. 362

ALPHABETIQUE. 615

Fermanagh (*le*) B.	39	Foglia, *Rivière*, A.	487
Fermo, A.	485	Fogo, *voyez* Fuégo.	
Fernanbouc, B.	450	Foi (*Sainte-*) A.	226
Fernand-Po, *Isle*, B.	556	Fokien (*le*) B.	211
Fernes, B	42	Foligno, A.	434
Fero, (*Isle de*) B.	54	Fonthal, B.	352
Ferrare, A.	490	Fontainebleau, A.	106
Ferrentino, A.	507	Fontaines de Moyse, B.	432
Ferrol, A.	345	Fontarabie. A.	340
Ferté-Milon (*la*) A.	110	Fonte (*Lac de*) B.	397
— Bernard,	145	Fontenai-le-Comte, A.	188
— Sur Grosne,	166	— l'Abattu *v*. Frontenai.	
— Sénecterre,	157	Fontevraud, A.	150
Fescamp, A.	95	Forbi, B.	33
Feuillans, A.	248	Forbisher (*Détroit de*) B.	400
Feurs, A.	211	Forcalquier, A.	257
Fez, B.	306	Force (*la*) A.	224
Fezzen (*le*) *v*. Faisan.		Forestières (*les Villes*) A.	
Fiézole, A.	472		414, 543
Fife (*le*) B.	29	Forez (*le*) A.	211
Figeac, A.	227	Forges, A.	96
Final, A.	447	Forli, A.	488
Finisterre (*le Cap*) A.	346	Formentera, *Isle*, A.	387
Finlande (*la*) B.	66	Formose, *Isle*, B.	211
Finmarck (*le*) B.	52	Fort-Guillaume (*le*) *voyez*	
Fionie (*Isle de*) B.	49	Innerlotte.	
Fiorentino, A.	482	Fort-Louis, *d'Alsace*, A.	
Fiorenzo (*San*) A.	521		134
Fioum, B.	297	— de *Cayenne*, B.	454
Fitz-James, A.	110	Fort Royal, *de Sainte Mar-*	
Fiumecino (*le*) *Riv*. A.	488	*guerite*, A.	266
Flandre Françoise, A.	75	— de *Guinée*, B.	320
— Autrichienne,	303	Fort Royal, *de la Martini-*	
— Hollandoise,	329	*que*, B.	415
Flèche (*la*) A.	148	Fort-Saint-Pierre, B.	414
Flensbourg, B.	47	Fort d'Urbin, A.	489
Flessingue, A.	325	Fortaventura, *Isle*, B.	350
Fleurance, A.	231	Forth, *Rivière*, B.	26
Fleury, A.	250	Fossombrone, A.	486
Flint, B	21	Fougères, A.	137
Florac, A.	255	Foules (*les*) *peuples*, B.	316
Florence, A.	470	Fourches Caudines, A.	505
Florentin (*Saint-*) A.	120	Fourneau de Sologne (*le*)	
Flores, *Isles*, B.	418	A.	84
Floride (*la*) B.	376	Foutcheou, B.	211
Flour (*Saint-*) A.	203	Fraga, A.	350

D d 2

Franc-Alleu (le Pays de) A. 207
France (la) A. 7
France (Isle de) Province, A. 101
France (Isle de) en Afrique, B. 347
France (la Nouvelle) B. 365
— Equinoxiale, v. Cayenne.
Francfort, sur le Mein, A. 610
— sur l'Oder, A. 575
Franche-Comté (la) A. 179
Franches-Montagnes (les) A. 605
François (S.) Riv. B. 449
Franconie (la) A. 559
Franecker, A. 327
Franquemont, A. 553, 584
Fraserburg, B. 28
Fravenberg, A. 646
Frawenfeld, A. 418
Fredeberg, A. 595
Fréderic-Henri (Baye de) B. 469
Fréderic-Stad, B. 48
Frédericheshamn, B. 79
Fréderícks-Hall, B. 52
Freisengen, A. 549
Fréjus, A. 265
Frescati, A. 481
Fribourg, en Suisse, A. 408
— en Souabe, A. 542
Fridberg, en Misnie, A. 569
— dans la Wétéravie, A. 610
Frioul (le) Vénitien, A. 467
— Autrichien, A. 540
Frise (la) A. 326
Frise (la petite) B. 48
Fritzlar, A. 609
Fronsac, A. 223
— (Passage de) B. 406
Frontenac (Fort de) B. 366
Frontenai, A. 197

Frontignan, A. 251
Fucheo, B. 265
Fuégo (l'Isle de) B. 353
Fuessen, A. 554
Fulde, A. 612
Funai, voyez Fucheo.
Fundi, A. 497
Funfkirch, v. Cinq-Eglises.
Fura (le Mont) B. 483
Furca (le Mont) A. 405
Furens (le) Ruisseau, A. 211
Furnes, A. 306
Furstemberg, A. 553

G.

Gabalène (la) B. 506
Gabaon, B. 496
Gabardan (le) A. 230
Gabaret, A. ibid.
Gabriel (S.) Isle B. 452
Gad (la Tribu de) B. 490
Gadara, B. 491
Gadès, voyez Cadix.
Gadume, B. 311
Gaëte, A. 496
Gaillac, A. 246
Gal (Saint) A. 421
Galaad, Mont, B. 484
Galam (Pays de) B. 288, 317
Galapes, Isles, B. 462
Galata, B. 106
Galates (les) B. 132, 475
Galgal, B. 498
Galgala, B. 495
Galice (la) A. 344
— Nouvelle, B. 395
Galicz, B. 84
Galilée (la) B. 509
Galindie (la) A. 662
Galles (la Princip. de) B. 20
— Nouveau, ou New-Galles, B. 373
Galles (les) peuples, B. 328
Gallevesse (le Pays de) A. 120

ALPHABETIQUE.

Gallipoli, B. 107
Gallovay, *Pays d'Ecosse*, B. 31
— *Pays & Ville d'Irlande*, 43
Galmier (Saint) A. 211
Gama (*la Terre de*) B. 258
Gamaches, A. 91
Gambie, *Riv.* B. 288 & 317
Gambre, *voyez* Gambie.
Ganat, A. 194
Gand, A. 304
Gandia, A. 380
Gange (*le*) *Fleuve*, B. 127
Gaoga, B. 323
Gap, A. 217
Garde (*le Lac de*) A. 431
Gardon (*le*) *Rivière*, A. 253
Garizim, *Montagne*, B. 487, 497
Garnisons (*l'Etat des*) A. 475
Garonne (*la*) *Fleuve*, A. 73
Gascogne (*la*) A. 229
Gaster (*le Pays de*) A. 418
Gatières, A. 259 & 266
Gatinois (*le*) *François*, A. 106
— *Orléanois*, A. 160
Gaudens (Saint-) A. 234
Gaulon, B. 491
Gaures (*les*) *peuples*, B. 166
Gaza, B. 141 & 504
Gazer, B. 497
Gazna, B. 163
Gédrosie (*la*) *voy.* Mecran
Gesle, B. 60
Gehan-Abad, B. 173
Gelboé, *Montagnes*, B. 487, 499
Gelenhausen, A. 610
Gemblours, A. 300
Gènes, A. 445
Genezareth, B. 500
Genève, *Lac de*) A. 405
— *Républ. & Ville de*, 426

Génevois (*le*) *en Savoie*, A. 435
Gengenbach, A. 558
George (S.) *Canal de*, B. 6
— *Ville*, B. 409
— *Isles des Açores*, B. 418
Géorgie (*la*) *d'Asie*, B. 148
— (*Eglise de*) B. 578
Géorgie *d'Amérique*, B. 373
Géra, A. 570
Gérare, B. 476
Gérasa, B. 492
Gerbe, *voyez* Zerbi.
Gergeau, A. 157
Gergenti, A. 517
Gergéséens (*les*) B. 486
Gérid (*le*) B. 311
Germain-en-Laye (S.) A. 108
Gessen (*Pays de*) B. 480
Gessur, B. 490
Gestricie (*la*) B. 60
Gété (*Pays de*) B. 228
Geth, B. 505
Geth-Epher, B. 500
Geval, *voyez* Gesle.
Gévaudan (*le*) B. 255
Gewer, *voyez* Goar.
Gex (*Pays & Ville de*) A. 178
Ghilan (*le*) B. 162
Gibel, *Volcan*, A. 514
Gibraltar, A. 373
— vieux Gibraltar, *ibid.*
Gien, A. 161
Giérazi, A. 511
Giessen, A. 609
Gihon (*le*) *Riv.* B. 236
Gill, B. 33
Gilolo, *Isle*, B. 272
Gils, B. 54
Gimont, A. 231
Gingi, B. 182
Gingirbomba *ou* Gingiro, B. 329, 334
Giovenasso, A. 508

D d 3

Girgé, B.	293	Gottingen, A.	584
Gironde, voy. Garone, Fl.		Gottorp, B.	48
Girone, A.	383	Goude, A.	323
Girons, (Saint-) A.	234	Goulette (la) B.	302
Gisors, A.	93	Gourdon, A.	227
Givet, A.	81	Gournai, A.	96
Glamer (le) Riv. B.	52	Gozo, Isle, A.	523
Glandève, A.	259	Gracieuse (la) Isle ; B.	418
Glaris, A.	411	Gracz, A.	537
Glascow, B.	32	Grado, A.	468
Glatz, A.	617	Graisivaudan (le) A.	214
Glinof, voyez Chlinow.		Gramont, A.	236
Glocester, B.	11	Gran', A.	631
Glogaw, A.	620	Grandmont, A.	192
Gluckstadt, A.	586	Grand-Varadin, A.	630
Gnesne, A.	641	Granges, A.	553
Goa, B.	177	Granson, A.	419
Goar (Saint-) A.	611	Granville, A.	100
Gobin (Saint-) A.	88	Grao (le) A.	379
Gobi (Désert de) B.	220	Grasse, A.	265
Goes, A.	325	Graulhet, A.	247
Gojam (Province de) B.	328	Grave, A.	331
		Gravelines, A.	78
Golconde (Royaume de) B.	180	Gravina, A.	508
		Gray, A.	181
Goldingen, A.	658	Grèce (la) B.	107
Gomère, Isle, B.	350	Grecque (Eglise) B.	586
Gomron, v. Bander-Abassi.		Grenade, en Chalosse, A.	232
Gondrecourt, A.	131	— en Espagne, A.	374
Gonneville (Terre de) B.	466	— au Mexique, B.	389
		— (le nouveau Royaume de) B.	423
Gontar, B.	328		
Gorcum, A.	324		
Gorée, Isle, B.	317	Grène, B.	301
Gorice, A.	539	Grenesey, Isle, A. 100. B.	23
Gorlitz, A.	624		
Gorna, voyez Corna.		Grenoble, A.	214
Goriham, B.	323	Grières, A.	409
Goslar, A.	580	Grimberg, A.	300
Gotha, A.	572	Gripswalde, A.	578
Gothard (le Mont S.) A.	405, 430	Grisons (Les) peup. A.	422
		Grodno, A.	654
Gothebourg, B.	61	Groenland (le) B.	400
Gothie (la) B.	ibid.	Groll, A.	318
Gothland (le) voy. Gothie.		Groningue, A.	328
— Isle, B.	68	Grosseto, A.	474

ALPHABETIQUE. 619

Grotta-Ferrata, A.	481	Guilfort, B.	17
Grotte du Chien, A.	495	Guillain (Saint-) A.	308
Gruningen, A.	581	Guilleftre, A.	218
Guadalajara, B.	585	Guimaraens, A.	392
Guadalaxara, A.	359	Guiméné, A.	140
Guadalentin, Riv. A.	378	Guingamp, A.	142
Guadaloupe, A.	364	Guinée (la) B.	315
Guadalquivir (le) Rivière, A.	338	— Nouvelle, B.	468
		Guines, A.	89
Guadeloupe (la) Ifle, B.	415	Guioloffes (les) v. Jaloffes.	
		Guipufcoa (le) A.	340
Guadiana, Riv. A.	338	Guife, A.	88
Guadix, A.	375	Guiftandil, voyez Ocrida.	
Guaira (le)	457	Gulian (le) voyez Ghilan.	
Guallaga, Riv. B.	441	Guntzbourg, A.	544
Guama, Rivière, B.	449	Gurck, A.	538
Guamanga, B.	433	Guria ou Guriel, B.	148
Guan, Ifle, B.	267	Guftrow, A.	585
Guanahani, Ifle, B.	408	Gutskow, A	58
Guanapu, Riv. B.	445	Guyane (la) B.	452
Guarda (la) A.	394	Guyaquil, B.	431
Guadarfui (Cap de) B.	289, & 349	Guyenne (la) A.	221
		Guzurat, B.	172, 174
Guargala, voyez Huerguela.			
Guaftalla (Duché & Ville de) A.	451	**H.**	
Guafteca, voyez Panuco.		Habsbourg, A.	416
Guatimala, B.	388	Hadamar, A.	612
Guayari, voyez Coari.		Haderfleben, B.	47
Guaxaca, B.	384	Haguenaw, A.	134
Guben, A.	625	Hai, B.	495
Gueldre (la) Méridionale, A.	302	Haibron, A.	557
		Hainan, Ifle, B.	212
— Septentrionale, A.	316	Hainaut, François, A.	79
Gueldres (Fort de) B.	182	— Autrichien, A.	307
Guender, voyez Gontar.		Halabas, B.	172
Guerche (la) A.	137	Halberftat, A.	581
Guerret, A.	192	Halep, voyez Alep.	
Guefcar, A.	375	Halifax, B.	8
Guetaria, A.	341	Hall, en Hainaut, A.	308
Guete, A.	361	— en Souabe,	557
Guibrai, A.	99	— en Saxe,	568
Guie, B	166	Halland (le) B.	62
Guien (le) ou Niger, Fleuv. B.	288	Halmftad, B.	ibid.
		Ham, en Picardie, A.	88
Guigan, B.	271	— en Weftphalie,	592

Hambourg, A.	586	Hebrides (les) Isles B.	33
Hamelen, A.	583	Hebron, B.	493 & 494
Hami, B.	230	Hecla, *Volcan*, B.	54
Hamilton, B.	32	Hédémora, B.	60
Hanaw, A.	609	Heidelberg, A.	601
Hangtcheou, B.	211	Heilsberg, A.	646
Hanovre (*Duché & Ville d'*) A.	583	Helène (Sainte-) la Rade de, B.	18
Hant, *Comté*, B.	18	—l'une des I Sorlingues,	22
Hapsal, B.	79	— *Isle d'Afrique*,	357
Hamptoncourt, B.	16	Hélicon, *Montagne*, B.	111
Haran, B.	478	Hélier (Saint) B.	23
Harcas, B.	229	Héliopolis, B.	297
Harcourt, A.	97	Hella, *ou* Helleh, B.	146
Harcourt, *Duché*, A.	99	Hellespont (*le*) B.	107
Harderwick, A.	317	Hélon, B.	501
Hareté (*le Pays de*) B.	514	Helsingfors, B.	67
Harfleur, A.	96	Helsingie (*l'*) B.	60
Harlegh, B.	21	Hems, B.	138
Harlem, *Ville & Lac*, A.	320	Henneberg, A.	561, 562
Harlingen, A.	327	Hennebond, A.	49
Harma, *voyez* Horma.		Henrichemont, A.	163
Harndall (*le*) B.	61	Herat, *voyez* Heri.	
Haro, A.	352	Herculea, *ou* Herculanum, A.	499
— *Rivière*, B.	397	Hered, *voyez* Eder.	
Harray, *Presqu'Isle*, B.	33	Hereford, B.	11
Hatford, B.	13	Heri, B.	162
Harwich, B.	33	Hermanstat, A.	634
Hase, *Rivière*, A.	594	Hermanstein, A.	599
Hasikar, *voyez* Cachgar.		Hermata, B.	276
Hasoreth *des Gentils*, B.	501	Hermitage (*l'*) B.	31
		Hermon, *Montagne*, B.	484
Hasting, B.	17	Hernosand, B.	66
Havane (*la*) B.	410	Herrenhausen, A.	583
Havel, *Rivière*, A.	575	Herworde, A.	595
Havelberg, A.	576	Hetzegovina, *voyez* Mostar.	
Havre de Grace, A.	95, 96	Hesden, A.	83
Havre à l'Anglois (*le*) *voyez* Louis-Bourg.		Hesebon, B.	489, 514
		Hesse (*la*) A.	607
Haye (*la*) *en Touraine*,	154	Héthéens (*les*) B.	486
— *en Hollande*, A.	321	Hévéens (*les*) B.	*ibid.*
Hayes (*Riv. de*) B.	379	Hildbourghausen, A.	562
Hayr, *Désert*, B.	314	Hildesheim, A.	581
Hean, B.	191	Hindmend (*l'*) *Rivière*, *voyez* Inomed.	
Hébal, *Montagne*, B.	497		

ALPHABETIQUE.

Hippolyte (Saint-) en Lorraine, A. 126
— en Languedoc, A. 254
Hirschfeld, A. 608
Hirsemès, B. 502
Hispaniola, v. S. Domingue, Isle.
Hoang (le) Fleuve, B. 203
Hochstet, A. 540
Hockerland (le) A. 661
Hohenberg, Comté, A. 543
Hohenzollern, A. 552
Hola, B. 54
Holland, A. 662
Hollande (République de) A. 311
— la Province de, A. 318
— Nouvelle, B. 48
Holstein (Duché de) A. 586
Holtkein, Riv. A. 581
Holtzmunden, A. 58
Hombourg, de Lorraine, A. 128
— dans la Hesse, 607
Honan (le) Province & Rivière, B. 208
Honduras, B. 388
Honfleur, A. 96
Hongrie (la) A. 626
Hongrois (les) B. 244
Honorat (Saint) Isle, A. 266
Honstein, Comté, A 580
Horbourg, A. 553
Horeb, ou Oreb, Montagne, B. 153 & 482
Horma, B. 502
Horn, en Hollande, A. 318
— au Pays de Liège, A. 390
— Cap de Horn, B. 467
Hottentots (les) B. 335
Houquang, B. 210
Houdan, A. 108
Houlme (le Pays d') A. 98
Hoye, A. 595
Hradisch, A. 618
Hudson, Rivière, B. 371

Baye de Hudson, B. 375
Hudwiksval, B. 60
Hué, Province, B. 194
— Ville, 195
Hueglas (las) A. 352
Huerguela, B. 311
Huesca, A. 351
Huescar, voyez Guescar.
Huette, voyez Guette.
Hull, B. 8
Hulst, A. 329
Humber (l') Riv. B. 6
Huntington, B. 11
Huningue, A. 135
Huns (les) peuples, B. 218, & 245
Hurepoix (le) A. 107
Hurons (les) peupl. B. 366
— (le Lac des) 353
Hus (Pays de) B. 481
Husum, B. 48
Huy, A. 589
Hyères, A. 265
Hyères (les Isles d') A. 266
Hyperboréens (Monts) B. 241
Hyppone, voyez Bone.
Hyrcanie (l') voyez Masanderan.
Hyrcanium, B. 498

I.

Iacutsk, B. 253
Iainbol, voyez Baluclawa.
Iamboli (Pays de) B. 108
Iarensk, B. 83
Iataco, Isle, B. 115
Ibérie, voyez Géorgie.
— voyez Espagne.
Ibrim, B. 294
Icone, B. 133, 474
Ida (le Mont) B. 117
Idstein, Comté, A. 612
Iduméens, peuples, B. 181, & 505

Iena, A. 571
Ienisea, *Fleuve*, B. 126
Ieniseisk, B. 252
Ieroslaw, B. 86
Iési, A. 485
Ighidi, *Désert*, B. 314
Iglaw, A. 618
Ignatio de Agand (Saint-) B. 267
Ignatio (San) *voyez* Pevas.
Igud, *Désert*, B. 314
Ilantz, A. 423
Ildefonse (Saint-) A. 360
Ili, *Rivière*, B. 229
Ilinois, *peuples*, B. 368
Ill, *Rivière*, A. 132
Ilmen, *Lac*, B. 75, 84
Iltz, *Rivière*, B. 550
Imaus, *voyez* Pierre (les Monts de) & Altai.
Imirette, B. 149
Impériale (l') B. 436
Indal, B. 60
Indapour, B. 277
Inde, *Fleuve*, B. 127
Indes (les) B. 167
— Occidentales, *voy*. Amérique.
Indostan (l') B. 170
Indre, *Rivière*, A. 152
Ingermanie (l') B. 76
Ingolstat, A. 546
Ingrie (l') B. 76
Inhambane (l') B. 339
Inhaqua, B. ibid.
Inn, *Rivière*, A. 545
Innereyra, B. 32
Innerlothe, B. 27
Inomed, *Rivière*, B. 165
Inowladislaw, A. 643
Inowlocz, *voyez* Inowladislaw.
Inspruck, A. 541
Inverness, B. 27
Ipswich, B. 13
Iran (l') B. 144

Irkutsk (*Province & Ville* B. 252, 254
Islande (l') B. 35
Iroquois, *peuples*, B. 366
Irtisz, *Rivière*, B. 249
Irvin, B. 32
Isa (l') *voyez* Niger.
Isabelle, *Isle*, B. 469
Ischia, *Isle*, A. 498
Isere (l') *Rivière*, A. 214
Isgaour, B. 148
Islande (l') *Isle*, B. 53
Isle-Bouchard, A. 154
Isle-en Dodon (l') A. 234
Isle de France (l') *Province*, A. 101
— *Isle d'Afrique*, B. 347
Isle-Jourdain (l') A. 231
Isle-Longue, *v*. Long-Island
Isle-Royale, *v*. Cap-Breton.
Isles-Aumont, A. 117
Isles Flotantes, A. 82
Ismir, *ou* Smirne, B. 130
Is-Nik, B. ibid.
Is-Nikmid, B. ibid.
Isny, A. 556
Ispaham, B. 163
Issachar, *Tribu*, B. 499
Issignaux, A. 256
Issoire, A. 206
Issoudun, A. 164
Istrie, *Vénitienne*, A. 468
— *Autrichienne*, A. 540
Italie (l') A. 429
Itchiil (*Pays d'*) B. 135
Ithaque, *voyez* Iataco.
Iturée (l') B. 509
Ituréens, *peuples*, B. 510
Iviça, *Isle*, A. 386
Ivri, A. 97
Iwan, *Lac*, B. 74

J.

J Abès-Galaad, B. 491
Jaboc, *Torrent*, B. 486

ALPHABETIQUE. 623

Jaca, A. 350
Jacatra, *voyez* Batavia.
Jacques (Saint-) de Cinaloa, B. 385
— *en Afrique*, *v.* San-Jago.
— de Léon, *voy.* Caracas.
— en Guinée, *Fort*, B. 317
Jadera, *voyez* Zara.
Jaen, *en Espagne*, A. 371
— *en Amérique*, B. 441
Jæta, B. 493
Jafanapatan, B. 281
Jaffa, B. 141
Jagas, *peuples*, B. 334
Jago (San) *en Afrique*, (*Isle*) B. 354
— *aux Antilles*, B. 410
— *al* Angel, B. 421
— *au Chili*, B. 436
— *au Pays des Amazones*, 441
— del Estero, B. 458
Jagrenat, B. 174
Jaicza, B. 102
Jaïk, *Rivière*, B. 245
Jakutes, *peuples*, B. 252
Jalonitz (*le*) *Riv* B. 99
Jaloffes (*les*) *peuples*, B. 317
Jamaïque (*la*) *Isle*, B. 410
Jambi, B. 277
James (Saint-) *Fort*, B. 357
James (*l'Isle de*) B. 400
James-Town, B. 373
Jamna, B. 505
Jamundas, *Rivière*, B. 444
Janna *ou* Jannina, B. 109
Japon (*les Isles du*) B. 259
Jarnac, A. 199
Jaser, B. 490
Jassa, B. ibid.
Jassi, B. 98
Java, *Isle*, B. 277
Javan, B. 483
Javarin, A. 631
Jaxarte (*le*) *Riv.* B. 234
Jean d'Angeli (S.) A. 197

Jean (S.) de Lône, A. 172
— de Luz, A. 232
— de Maurienne, A. 437
— Pied-de-Port, A. 236
— de Portorico, B. 413
— d'Ulva, B. 384
Jean (S.) *Isle*, l'une des Philippines, B. 271
— *Isle* d'Amérique, B. 407
Jebuséens (*les*) B. 486, 496
Jectaël, *voyez* Petra.
Jedburg, B. 31
Jegersdorf, A. 62
Jemptie (*la*) B. 60
Jénéraliffe, A. 375
Jénibasar, B. 104
Jenisea, *Fleuve*, B. 126, 253
Jénizza, B. 109
Jéricho, B. 141, 495
Jérimoth, *dans la Tribu de Juda*, B. 494
— *dans celle d'Issachar*, B. 499
Jerôme (Saint-) *Fort*, B. 412
Jersey, *Isle*, A. 100
— Nouveau, (*le*) B. 372
Jérusalem, B. 495, 559
Jesrael, B. 499
Jeso, *Isle*, B. 257
Jésuat (*le*) B. 172
Jéther, B. 494
Jetson, *voyez* Cedemoth.
Joachim (Saint-) B. 441
Joanes, *Isle*, B. 445
Jodda, B. 155
Joigni, A. 120
Joinville, A. 118
Jompandam, B. 273
Joppé, B. 141
Joseph (Saint-) *en Guinée* B. 317
— *aux Antilles*, B. 418
Jotapata, *voy.* Geth-Epher.
Jourdain (*le*) *Fleuve*, B. 486

Joyeuse, A. 255
Juan (San) B. 436
Juda, dans la Guinée, B. 321
— Tribu, B. 492
Judée (la) B. 509
Judembourg, A. 536
Judoigne, A. 301
Jugon, A. 139
Jugorie (la) B. 84
Juilly, A. 195
Jukagres, peuples, B. 252
Julfa, B. 164
Juliade, voyez Betharan & Bethsaïde.
Juliers (Duché & Ville de) A. 590
Jura, Isle, B. 33
Juta, voyez Jæta.
Juthia, voyez Siam.
Jutland (le) B. 46

K.

Kadi-Keui, B. 130
Kaisarieh, B. 134
Kakulan (le) Lac, B. 126
Kalisk, A. 641
Kalkas, peuples, B. 224
Kaluga, B. 87
Kama (la) Riv. B. 243
Kamenoi-poyas, Montagnes, B. 241
Kaminieck, A. 650
Kamtchadales (les) B. 254
Kamtchatka, B. ibid.
Kandenoff, Isle, B. 84
Kaoli, ou Corée, B. 215
Karacoram, ou Karacum, B. 226
Karak, B. 142
Karakalpacs (les), peuples, B. 234
Karasm, B. 238
Kargapol, B. 82
Karical, B. 183
Karné, voyez Bournou.
Kars, B. 144
Kasats (les) peuples, B. 234
Kastelholm, B. 68
Katerlagh, B. 42
Kazvin, voyez Casbin.
Kecho, B. 191
Kehné, voyez Hué.
Kell, Fort, A. 354
Kemi, B. 83
Kemois (les) peuples, 196
Kempen, B. 328
Kempten, l'Abbaye, A. 555
— la Ville, ibid.
Kendalle, B. 7
Kené, B. 293
Kensington, B. 16
Kent, Comté, B. ibid.
Kérasoun, B. 133
Kerbetchi (le) Riv. B. 222
Kerkouk, B. 147
Kerlon, Rivière, B. 226
Kerman, B. 166
Kern (le) Lac, B. 296
Kerry, Comté, B. 43
Kewrol, B. 83
Kexholm, B. 78
Khorasan (le) B. 162
Khusistan (le) B. 165
Kiang, Rivière, B. 203
Kiangnan, B. 209
Kiangsi (le) B. 210
Kiell, A. 586
Kierkiouk, voyez Kerkouk.
Kieu-Tching, B. 216
Kikiai, Isle, B. ibid.
Kildare, B. 42
Kilis, B. 138
Kilimane, B. 341
Kilkenni, B. 42
Killalou, B. 43
Killinen, B. 27
Kilmacough, B. 44
Kilmaroy, B. 27
Kilmore, en Ecosse, B. 32
— en Irlande, B. 40
Kimi,

ALPHABETIQUE.

Kimi, B.	66		
Kimi-lap-Marck, B.	65	**L.**	
Kimmenégard, B.	68		
Kingkitao, B.	215	Labiau, A.	66
Kings-Cownty, B.	42	Labour (le) A.	232
Kingstown, B.	ibid.	— la Terre de, A.	493
Kins (les) peuples, voyez Mantchéous.		Labrador (le) B.	374
		Lacédémone, B.	484
Kinsale, B.	43	voyez Misitra.	
Kinston, voyez Hull.		Lacedonia, voyez Cédogna.	
Kiow, B.	88	Lachis, B.	494
Kirin, B.	222	Ladak, B.	232
Kirkwal, B.	34	Ladda, B.	240
Kisle (Le) B.	32	Ladenbourg, A.	603
Kissing, A.	561	Ladoga, Lac, B.	75
Kitay, voyez Cathai.		Ladikieh, B.	138
Kiteva, B.	310	Lagénie (la) B.	41
Kiuncheou, B.	213	Lagni, A.	106
Kiusiu, Isle, B.	264	Lagos, A.	400
Klesma, voyez Kliasma.		Laguna, aux Canaries, B.	351
Knapdail, B.	32	— au Pays des Amazones, B.	441
Koichang, B.	214		
Koietcheou (le) B.	213	Lahor, B.	173
Koge, B.	49	Laïs, voyez Dan.	
Kokonor (le) B.	224	Laland, Isle, B.	50
Kolskoi ou Kola, B.	83	Lamballe, A.	138
Komorre, A.	631	Lambesc, A.	262
Konieh, B.	133	Lambeth, B.	16
Konigengretz, A.	616	Lamego, A.	394
Konigsberg, A.	660	Lamo, Isle, B.	342
Kopore, B.	78	Lampedouse, Isle B.	303
Koreikes (les) peup. A.	252	Lamure, A.	217
Kornich, voyez Cornich.		Lancastre, B.	8
Kostroma, A.	86	Lancerotte. Isle, B.	350
Koüs, voyez Kéné.		Lanciano, A.	506
Krasnoiarsk, B.	252	Landaff, B.	22
Krems, A.	535	Landaw, A.	135
Kuban, Rivière, B.	239	Landernau, A.	141
Kubans (les) B.	ibid.	Landes (les) A.	229
Küfstain, A.	541	Landrecies, A.	80
Kulun, Lac, v. Coulon.		Landscron, B.	62
Kuriles (les) B.	254	Landshut, A.	547
Kustrin, A.	576	Langets, A.	153
Kutaieh, B.	131	Langhes (les) A.	443
Kuttenberg, A.	616	Langogne, A.	255

Tome II.   E e

Langon, A.	223	Leaoton, voyez Chiniang.	
Langres, A.	119	Lebda, B.	302
Languedoc (le) A.	240	Lebrixa, A.	371
Lanion, A.	141	Lebuff, A.	575
Lansperg, A.	576	Lecce, A.	508
Laodicée, B.	475	Leck, (le) bras du Rhin, A.	316
Laon, A.	111		
Laos, (Royaume de) B.	187	— Riv. d'Allemagne,	551
Laponie (la) B.	63	Lectoure, A.	231
— Norwégienne, B.	52	Ledesma, A.	367
— Suédoise, B.	65	Leerdam, A.	324
— Russienne, B.	83	Leglhin, B.	42
Lar, B.	165	Leicester, B.	19
Larache, B.	307	Leinster (le) voyez Lagenie.	
Laredo, A.	340	Leipsick, A.	568
Larina, A.	505	Leiria, A.	395
Larissa, B.	110	Lemberg, voyez Léopol.	
Larrons (Isles des) B.	266	Lemgow, A.	594
Larta, B.	111	Lemnos, voyez Stalimène.	
Lassa, B.	232	Lemta (Desert de) B.	314
Latak, ou Ladak,	ibid.	Lena ou Len, Fleuve, B.	126
Latine (Eglise) B.	517		
Laubach, A.	539	Lencini ou Lencicza, A.	642
Lauban, A.	624		
Lauffenburg, A.	543	Leng, B.	187
Laumelline (la) A.	444	Lennox (le) B.	32
Launitza, voyez Jalonitz.		Lens, A.	83
Laustun, B.	20	Léogane, B.	413
Laurent (Saint-) Isle, voyez Madagascar.		Léon, A.	364
		Léon (nouveau Royaume de) B.	383
Laurent (Saint-) Golfe, B.	362	Léon (Saint-) de Nicaragua, B.	389
— Rivière,	363	Léonard (Saint-) A.	201
Lausane, A.	416	Léontari, B.	114
Lauserte, A.	227	Léopol, A.	649
Lauterbourg, A.	134	Lepante, B.	112
Lautereck, A.	606	Leptis, voyez Lebda.	
Laval, A.	145	Lérida, A.	384
Lavamynd, A.	538	Lérins (les Isles de) A.	266
Lavaur, A.	247	Lerma, A.	353
Lavit, A.	231	Lesbos, voyez Metelin.	
Lawembourg (Duché & Ville de) A.	585	Lescar, A.	235
Laymones, voy. Cochimies.		Lesdiguières, A.	217
Lazare (Archipel de Saint) B.	396	Lesgis (les) peuples, B.	240
		Lesneven, A.	141

ALPHABETIQUE.

Lessines, A.	308	Linose, Isle, B.	303
Leswithiel, B.	20	Lintz, A.	536
Létoméritz, A.	616	Lion le Saunier, A.	184
Létrim, B.	44	Lions, A.	93
Lettonie (la) B.	79	Lipari (Isles de) A.	517
Leucas, voyez Sainte-Maure.		Lippe (la) Riv. A.	592
Leuchtenberg, A.	547	— (Comté de la) B.	594
Leugne, A.	180	Lire, voyez Lierre.	
Leutmaritz, v. Létomeritz.		Liria, A.	379
Leuwarde, A.	326	Lisbonne, A.	396
Levant (l'Isle de) A.	266	Lisieux, A.	96
Levata (les) peuples, B.	314	Lismore, en Ecosse, voyez Kilmore.	
Leveck, voyez Camboge.			
Leverpole, B.	9	— en Irlande, B.	43
Lewes, B.	17	Lisla, A.	641
Lewis, Isle, B.	33	Lith, B.	30
Leyde, ou Leyden, A.	321	Lithuanie (la) A.	652
Lezard (le Cap) B.	20	Livadie, B.	111
Liban, Montagne, B.	138 & 477	Livonie (la) Polonoise, A.	656
Libanova, B.	109	— Russienne, B.	79
Libourne, A.	223	Livourne, A.	373
Lichefeild, B.	10	Lixheim, A.	127
Lick, A.	661	Lizier (Saint-) A.	234
Lidisdail (le) B.	31	Lo (Saint-) A.	100
Liechtensteg, A.	422	Loandá, Isle, B.	332
Liége, A.	589	Loango, B.	330
Lierre, A.	310	Locarno, A.	4.0
Liesse (N. D. de) A.	112	Lochaber, v. Lochabir (le) B.	27
Liéou-Kiéou (Isles de) B.	215	Loches, A.	153
Liewen (Terre de) B.	469	Lodève, A.	252
Lieuvin (le) A.	90	Lodi, A.	456
Lignitz, A.	620	Loffouren, Isle, B.	53
Ligni, A.	130	Logrono, A.	352
Lille, A.	76	Loir (le) Rivière, A.	147
Lima, B.	432	Loire (la) Rivière, A.	73
Limagne (la) A.	204	Lo-Los, peuples, B.	214
Limbourg, A.	302	Lomagne (la) A.	231
Limmerick, B.	43	Lombez, A.	234
Limoges, A.	200	Londonderry, B.	40
Limosin (le) A.	199	Londres, B.	14
Limoux, A.	248	Lonford, B.	41
Lincoln, B.	10	Long-Island, B.	372
Lindkoping, B.	62	Longobuco, A.	510
Linn, B.	13	Longueville, A.	95

E e 2

Longuyon, A. 128
Loo, A. 317
Lop, *Lac*, B. 230
Lorca, B. 378
Lorette (*N. D. de*) A. 485
— *en Californie* , B. 386
Lorgues, A. 265
Lorn (*l'*) B. 32
Lorraine (*la*) A. 122
Lot, *Rivière*, A. 222
Lothian (*le*) B. 30
Lordun, A. 187
Louis (Saint-) *Isle du Sénégal*, B. 317
— *Isle des Antilles*, B. 413
Louis-Bourg, B. 407
Louisiane (*la*) B. 367
Louth (*le*) B. 40
Louvain, A. 300
Louviers, A. 97
Louvo, B. 189
Louwembourg, A. 578
Lowiecz, A. 642
Loxa, A. 375
Loyola, A. 342
Lubek (*Ville & Evêché de*) A. 587
Luben, A. 625
Lublin, A. 649
Lucar (Saint-) de Barrameda, A. 371
Lucar (Saint-) *le Cap* , B. 386
Lucayes, *Isles*, B. 408
Lucena, A. 369
Lucera, A. 507
Lucerne (*Lac de*) *Ville & Canton*, A. 410
Luck, A. 650
Lucrin, *Lac*, A. 495
Luçon, A. 180
— *Isle*, ou Manille, B. 268
Lude (*le*) A. 149
Lugano, A. 419 & 420
Lugo, A. 345
Lugodori (*le Cap*) A. 519
Lugovois, *peuples*, B. 244
Luines, A. 153
Lulea-lap-Marck, B. 65
Lulea, B. 66
Lunden, B. 63
Lune (*Isle de la*) voyez Madagascar.
Lunebourg (*Duché & Ville de*) A. 584
Lunel, A. 251
Luneville, A. 126
Lung-hoang-Chan, B. 216
Lupata, *Mont*, B. 337
Luque, *Rep. & Ville* , A. 475 & 476
Lure, A. 181
Lusace (*la*) A. 623
Lusarche, A. 105
Lusignan, A. 188
Lutzelstein, *Comté*, A. 606
Luxembourg, A. 301
Luxeuil, A. 181
Luzzara, A. 451
Lydda, B. 497
Lyon, A. 208
Lyonnois (*le*) A. 207
Lys (*la*) *Rivière*, A. 297
Lysbourg, A. *ibid.*

M.

Maab, B. 142
Mabéria, *Lac* , B. 288
Macao, B. 213
Macassar, B. 273
Macéda, B. 494
Macédoine (*la*) B. 108
Macérata, A. 485
Machecou, A. 137
Machærus, B. 489, 498
Machian, *Isle* , B. 272
Machmas, B. 497
Macoco, B. 334
Mâcon, A. 176
Macua, B. 329
Macuas (*les*) *peup.* B. 341

ALPHABETIQUE.

Madagascar, *Isle*, B. 345
Madère, *Isle*, B. 351
Madian, B. 481
Madianites, *peuples*, B. 506
Madon, *voyez* Abran.
Madras, B. 182
Madrid, A. 356
Maduré, B. 183
Maelstrand, B. 63
Maelstrom, *Gouffre*, B. 53
Maestrick, *voyez* Mastrick.
Magadoxo, B. 343
Magdebourg (*Duché & Ville de*) A. 582
Magdelaine (*la*) *Isle*, A. 520
— *Rivière*, B. 422
Mageddo, B. 498
Magellan (*Détroit de*) B. 461
Mages (*Pays des*) B. 483
Magliano, A. 483
Magnotes (*les*) *peuples*, B. 113
Magni, A. 109
Maguelone, A. 252
Mahanaïm, B. 491
Mahanatan, *Isle*, B. 371
Mahe, B. 179
Mahuri, B. 455
Majeur (*le Lac*) A. 431
Maillé, *voyez* Luines.
Maillezais, A. 188
Maine (*le*) A. 143
Mainland, *une des Isles Orcades*, B. 34
— *une de celles de Schetland*, 35
Maintenon, A. 158
Maire (*Détroit de le*) B. 461
Majuma, B. 504
Maixant (Saint-) A. 188
Malabar (*la Côte de*) B. 178
Malaca, B. 189
— *Détroit*, B. 276

Malaga, A. 376
Malaguette (*la*) B. 318
Malais, *peuples*, B. 275
Malatiah, B. 134
Maldives, *Isles*, B. 282
Maldon, B. 13
Malé, *Isle*, B. 282
Malines, A. 309 & 311
Malmesbury, B. 19
Malo (Saint-) A. 138
Malte, *Isle*, A. 521
— *Ville*, 522
Maiva (*le*) B. 172
Malvasie, *voyez* Napoli.
Man, *Isle*, B. 22
Manar, *Détroit*, B. 279
— *Isle*, 281
Manassé (*demi-Tribu de*) à *l'Orient du Jourdain*, B. 491
— à *l'Occident*, B. 498
Manbone, B. 339
Manche (*la*) *partie de Mer*, A. 71
Manche (*la*) *Pays*, A. 361
Manchester, B. 9
Mandingues, *peuples*, B. 322
Manfrédonia, A. 506
Mangalia, B. 105
Mangalor, B. 178
Mangaseia, B. 252
Manheim, A. 601
Manica, B. 338
Manilles (*les*) *Isles*, B. 267
Manille, ou Luçon, B. 269
Manincabo, B. 277
Mankats (*les*) B. 234
Manosque, A. 258
Maon, B. 493
Mans (*le*) A. 144
Mansfeld, A. 572
Mantchéous (*les*) *peuples* B. 220
Mantes, A. 107
Mantoue, A. 457
Mapungo, B. 332

E e 3

Maqueda, A.	359	Marienwerder, A.	662
Maracaïbo, B.	423	Mariland (le) B.	372
Maracaju, B.	457	Marin (Saint-) A.	487
Maragnon, B.	450	Maringue, A.	205
Maragnan, voyez Amazones (Riv. de)	190	Mario voyez Joanes.	
		Mariza (la) Riv. B.	95
Marans, A.	190	Marmande, A.	226
Marasch, B.	134	Marmora (Mer de) B.	107
Maravi, B.	334	Marmoutiers, A.	153
Marayo, Isle, voyez Joanes.		Marne (la) Riv. A.	113
Marca (la) voyez Marsalquivir.		Maroc, B.	308
		Maroni, Riv. B.	453
Marcellin (Saint-) A.	219	Maronites, peuples, B.	558
Marche (la) Prov. A.	191	Marpurg, A.	609
Ville, en Lorraine,	127	Marr (le)	28
Ville, en Rouergue,	228	Marsal, A.	128
— Trévisane,	467	Marsalquivir, B.	305
— en Ecosse, B.	30	Marsan (Mont de) A.	232
Marchena, A.	370	Marseille, A.	262
Marchiennes, A.	78	Marthe (Sainte-) Isle, B.	22
Marck (le Comté de la) A.	592	— Province & Ville d'Amérique, B.	422
Marennes, A.	190	Martigue (le) A.	264
Margaban, B.	185	Martin (Saint-) A.	191
Margiane (la) v. Khorasan.		— l'une des Isles Sorlingues, B.	22
Marguerite (la) Isle, B.	418		
Marguerite (Sainte-) Isle, A.	266	— l'une des Antilles, B.	417
Mariana, A.	521	Martinique (la) Isle, B.	414
Mariannes, Isles, B.	266	Maru (le) B.	193
Maribur, A.	42	Marvejols, A.	255
Marie (Sainte-) en Béarn, A.	235	Masanderan (le) B.	162
		Mascarin, voyez Bourbon (Isle.)	
— aux Mines, en Lorraine, A.	126	Mascate, B.	156
— l'une des Isles Sorlingues, B.	22	Maspha, B.	490
		Masphat, B.	496
— Isle près Madagascar, B.	346	Massa, dans le Modénois, A.	452
— dans la nouvelle Angleterre, B.	372	— dans le Siennois,	474
		Massapa, B.	338
— l'une des Isles Açores, B.	418	Masseran, A.	440
		Mastreick, A.	331
Marie-Galande, Isle, B.	419	Masulipatan, B.	181
Marienbourg, A.	646	Matamba (le) B.	332
Marienthal, A.	563	Mataro, A.	383

ALPHABETIQUE. 631

Matéran, B.	279	Médina-Cœli, A.	354
Matmanska, *ou* Matsumai, B.	258	— de Rio-seco, A.	365
		— del Campo, A.	*ibid.*
Matouri, B.	455	— de las Torres,	362
Mathieu (Saint-) *Isle*, B.	556	Médina de Malte, A.	522
		Médine, B.	154
Maubeuge, A.	80	Medniki, A.	656
Maubuisson, A.	109	Médoc (*Pays de*) A.	223
Mauléon, *en Poitou*, A.	187	Meeb *ou* Maab, B.	142
		Mégary, B.	27
— *en Gascogne*, A.	232	Méhun, A.	163
Maure (Sainte-) B.	115	Mein (*le*) Riv. A.	559
Maurepas (*le Fort*) B.	367	Meindelheim, A.	547
Maurice, *Isle*, B.	347	Meintheith (*le*) B.	30
Maurienne (*la*) A.	436	Meinungen, A.	562
Mawaralnahr, B.	235	Meissen, A.	569
Maximin (Saint-) A.	262	Meknez, *voyez* Miquenez.	
Mayence, A.	597	Meldola, A.	488
Mayenne, *Ville & Rivière*, A.	145	Meleda, *Isle*, B.	102
		Méliapur, B.	182
Maynas, B.	441	Melilla, B.	307
Mayo, *Comté*, B.	44	Melinde, B.	342
Mayo, *Isle*, B.	353	Melun, A.	106
Mayorque, A.	386	Membig, B.	138
Mazagan, B.	308	Memel, A.	661
Mazara, *Vallée*, A.	516	Memingen, A.	556
— *Ville*, A.	517	Memphis, B.	481
Mazarin, *voyez* Réthel.		Ménan, *Rivière* B.	185
Mazères, A.	237	Menankiou (*le*) Riv. B.	185
Mazovie (*la*) A.	643	Mende, A.	255
Méaco, B.	263	Mendoza, B.	436
Meaux, A.	120	Mendris (*le Gouv.*) A.	419
Meched, *voyez* Tous.		Ménehoult (Sainte-) A.	115
Méchoacan, B.	382	Menin, A.	305
Meckelbourg (*Duché de*) A.	585	Méphaat, B.	489
		Meppen, A.	593
Mecklenbourg, *voyez* Meckelbourg		Mequinença, A.	350
		Mer, *Ville*, A.	160
Mécon, *Rivière*, B.	187	Mer-Morte, B.	476, 486
Mecque (*la*) B.	155	Mer de l'Ouest, B.	392
Mécran (*le*) B.	166	Mer-Pacifique, B.	358
Médaba, B.	489	Mer-Rouge, B.	482
Médelin, A.	363	Mer-Vermeille, B.	386
Medelpadie (*la*) B.	60	Mer de Sable, B.	312
Médie (*la*) B.	473	Meran, A.	541
Médina-Sidonia, A.	373	Mergenteim, A.	563

Mergui, B.	186	Minden, A.	594, 595
Mérida, A.	363	Mine (la) B.	319
— Nouvelle, B.	383	Mingrelie (la) B.	148
Merionet, Comté, B.	21	Mingreliens (Eglise des) B.	578
Mernis, Comté, B.	28		
Méroé, Isle, B.	324	Minhasset, B.	397
Mersburg, A.	569	Minho, Rivière, A.	337
Mersebourg, A	555	Minittic, Lac, B.	367
Merwe, voyez Meuse, Riv.		Minorque, Isle, A.	386
Mésopotamie (la) B. 144, & 498		Minski, A.	655
		Miquenez, B.	306
Messin (le) A.	128	Miranda de Ebro, A.	352
Messine, A.	514	Mirande, d'Estarac, A.	231
Messis, B.	135	— de Portugal, A	393
Metelin, B.	150, 151	Mirandole (la) A.	452
Metz, A.	128	Mirebalais (le) A.	186
Méulan, A.	107	Mirebeau, A.	ibid.
Meun, A.	157	Mirecourt, A.	126
Meuse (la) Riv. A.	297	Mirepoix, A.	247
Mévillons, A.	217	Mirow, A.	586
México, B.	381	Misitra, B.	113
Mexique (le) B.	378	Misnie (la) A.	568
— Nouveau, B.	390	Mississipi, Rivière, B.	367
—) Golfe du) B.	362	Missouri, Rivière, B.	368
Meyenfeld, A.	424	Mittaw, A.	658
Mezab (le) B.	310	Mizir, voyez Egypte.	
Mezières, A.	116	Moab, B.	142
Mezzen, B.	84	Moabites, peuples, B.	506
Michel (Saint-) voyez Bridgetown.		Mobile (la) B.	370
		Moca, B.	156
— l'une des Isles Açores, B.	418	Modène, A.	451
		Modin, B.	502
Michigan, Lac, B.	363	Modon, B.	113
Middelbourg, A.	325	Mogols ou Mongous, B.	223
Midlesex, Comté, B.	14	Mohilof, ou Mohilow, A.	655
Michel (Saint-) A.	131		
Miguel (San) B.	458	Moingona, Rivière, B.	368
Milan (le Duché de) A.	453	Moissac, A.	227
— (la Ville de)	454	Moldavie (la) B.	98
Milazzo, A.	515	Molfetta, A.	508
Mileto, A.	511	Molise, A.	505
Milhaud, A.	228	Moluques (les) Isles, B.	271
Milo, B.	119 & 120	Momonie (la) B.	42
Mindanao, B.	269 & 270	Monaco, A.	441
Mindelheim, voy. Meindelheim.		Monaghon, B.	40
		Monbase, B.	312

ALPHABETIQUE.

Monçon, A.	350	Montesa, A.	380
Moncontour, en Bretagne, A.	139	Monte-Santo, B.	109
		Montferrand, A.	206
— en Mirebalais, ou Poitou, A.	187	Montferrat (le) A.	442
		Montfort, A.	138
Moncornet, A.	88	Montfort, près d'Utrecht, A.	326
Monda, A.	376		
Mondidier, A.	87	Montfort l'Amauri, A.	107
Mondonedo, A.	345	Montfort de Lémos, A.	345
Mondovi, A.	439	Montignac, A.	225
Monestier (le) A.	256	Montivillers, A.	96
Mongale, B.	341	Montlheri, A.	107
Mongols, voyez Tartares.		Mont-Louis, A.	240
Mongomeri, B.	21	Mont-Luçon, A.	194
Mongous (les) peuples, B.	223	Mont-Luel, A.	177
		Mont-Marsan, A.	232
Monmouth, B.	11	Montmédi, A.	130
Monoémugi, B.	334	Montmélian, A.	436
Monomotapa, B.	337	Montmirail, A.	159
Monquis, peuples, B.	387	Montmorenci, A.	105
Mons, A.	307	Montpellier, A.	251
Monstiers, en Provence, A.	259	Monpensier (le Duché de) A.	207
— en Tarentaise, A.	436	Montréal, en Sicile, A.	517
Montagne (le Pays de la) A.	169	— en Canada, B.	366
		Montreuil, A.	90
Montagne Noire, A.	247	— Bellai, A.	150
Montargis, A.	160	Montross, B.	29
Mont-Athos, B.	109	Montserrat, A.	384
Montauban, en Dauphiné, A.	217	Mont-Saint-Ange, A.	507
		Mont-Sant-Michel, A.	100
— en Guyenne, A.	227, 245	Moose (Riv. de) B.	374
Montbazon, A.	154	Morave (la) Rivière de Bohème, A.	617
Montbelliard, A.	553		
Montblanc, A.	384	— de Servie, B.	103
Montbrison, A.	211	Moravie (la) A.	617
Montcontour, A.	187	Morbihan (le) Golfe, A.	139
Mont-Dauphin, A.	218		
Monte-Alto, A.	485	Morduas (les) peup. B.	90
Monte-Cassino, A.	497	Morée (la) B.	112
Montech, A.	245	Moret, A.	156
Montefiascone, A.	482	Morgarten (la Montagne de) A.	408
Monte-Fuscolo, A.	505		
Montelimart, A.	220	Moria, Mont, B.	475
Monte-Pulciano, A.	472	Morimond, A.	175
Montereau, A.	121	Morlaix, A.	142

Morlaquie (la) B.	100	Muret, en Cominge, A.	234
Moron, A.	370	Muret, en Limosin, A.	201
Mortagne, A.	146	Muri, Abbaye, A.	417
Mortain, A.	100	Murray (le) B.	27
Mortemar, A.	188	Muzumbo-Acalunga, B.	334
Morvan (le) A.	166		
Morvèdre, A.	379	**N.**	
Moruca (le) B.	341		
Mosambique, B.	340	Nabathéens, peuples, B.	507
Moscow, B.	85	Nadravie (la) B.	660
Mosellanes (les) A.	122	Nagornois, peuples, B.	244
Moselle, Rivière, A.	124	Najac, A.	229
Moska (la) Rivière B.	85	Naïm, B.	499
Mosques (les) peup. B.	474	Najoth, B.	497
Mostar, B.	101	Namur, A.	309
Mosul, B.	145	Nanci, A.	125
Motir, Isle, B.	272	Nangazaki, B.	264
Motril, A.	376	Nankin, B.	209
Moulins, A.	193	Nantchang, B.	210
Moultan (le) B.	172	Nantes, A.	137
Mounster (le) B.	42	Nantua, A.	177
Moxes (Pays des) B.	443	Naples, A.	493
Moy, voyez Mayo.		Naplouse, B.	142, 496
Moyenvic, A.	128	Napoli de Malvasie, B.	114
Msciflaf, ou Mcislaw, A.	655	— de Romanie,	ibid.
Mucidan, A.	224	Naquitoches (Fort des) B.	368
Muer, Rivière, A.	536	Narbonne, A.	249
Mugales noirs, B.	223	Nardie (la) A.	660
Mugales jaunes, B.	224	Narenta, B.	101
Mugden, B.	221	Narne, B.	28
Mujac, B.	334	Narni, A.	484
Muju, Rivière, B.	445	Narva, B.	78
Mula, Isle, B.	34	Nassaw, A.	611
Muldaw (le) Riv. A.	615	— Fort, B.	319
Mulhausen, en Alsace, A.	428	Natal-los-Reyes, B.	450
— en Thuringe, A.	572	Natangen (le) A.	661
Mullingar, B.	41	Natolie (la) B.	129
Multan, voyez Moultan.		Naumbourg, A.	609
Mumbos, peuples, B.	334	Naumburg, A.	569
Munich, A.	545	Naupactus, voyez Lépante.	
Munster, A.	592	Nauplia, voyez Napolie de Romanie.	
Murat, A.	203		
Murcie, A.	377, 378	Navan, B.	41
Muren, voyez Muri.		Navarre (la) Franç. A.	236

ALPHABETIQUE.

Navarre (*la*) *Espagnole*, A. 346
—*Nouvelle*, B. 391
Navarrens, A. 235
Naxie, *Isle*, B. 119
Naxow, B. 50
Nazareth, B. 500, 513
Neaught, *Lac*, B. 39
Neckre, *Rivière*, A. 551
Negapatan, B. 183
Négombo, B. 281
Negracut, *Mont*, B. 172
Negrepont, *Isle*, B. 118
Neidenbourg, A. 662
Nemours, A. 106
Nephtali, *Tribu*, B. 501
Nérac, A. 230
Néricie (*la*) B. 60
Nertsinsk, B. 254
Nesbin, B. 145
Nesle, A. 87
Nestoriens, *voy.* Chaldéens.
Neubourg, A. 547
Neucastle, B. 7
Neuchâtel, *en Normandie*, A. 96
—*en Suisse*, A. 427
Nevers, A. 166
Neuf-Brisack, A. 132
Neuf-Château, A. 127
Neuhausel, A. 629
Neuhoff, A. 613
Neuport, B. 23
Neustat, *en Autriche*, A. 535
—*dans la Hesse*, A. 609
Neuville (*la*) A. 110
New-Aberden, B. 28
New-Galles, B. 373
Newmarck, B. 633
Ngninhia, B. 206
Niagara, *Fort*, B. 366
—*Saut*, 363
Nibourg, B. 50
Nicaragua, (*le*) 389
Nice, A. 441

Nicée, *voyez* Isnich.
Nicobar, *Isles*, B. 282
Nicolas (Saint) A. 305
—*Isle*, B. 353
Nicoping, B. 59
Nicopoli, B. 104
Nicosie, B. 136
Nidisdail (*le*) B. 31
Niémen, *Rivière*, A. 640
Niéper (*le*) *Rivière*, ibid.
Niester (*le*) *Rivière*, ibid.
Nieuport, *en Flandre*, A. 306
—*en Angleterre*, B. 23
Niger (*le*) *Fleuve*, B. 288
Nigritie (*la*) B. 321
Nihons, A. 217
Nikoping, B. 59
Nil (*le*) *Fleuve*, B. 287
Nil, *d'Abyssinie*, v. Abawi.
Nimegue, A. 316
Nimhia, B. 206
Ninive, B. 479
Voyez Mosul.
Ninove, A. 305
Niort, A. 187
Niphon, *Isle*, B. 263
Nipchou, B. 254
Nisibl, *voyez* Nesbin.
Nislot, B. 78
Nismes, A. 252
Nisla, B. 104
Nivelle, A. 299
Nivernois (*le*) A. 165
Niznei-Novogorod, B. 89
Noailles, A. 202
Nobé, B. 495
Nocéra, A. 484
Nogais (*les*) B. 239, 245
Nogent-le-Rotrou, A. 146
—le Roi, A. 158
Noirmoûtier, *Isle*, A. 189
Nola, A. 497
Noli, A. 446
Nom de Jesus, *en Asie*, B. 270

TABLE

Nom de Jesus, en Améri-
que, B. 461
Nomeny, A. 126
Nonancourt, A. 97
Nonnosi (le) Riv. B. 222
Nord-Beveland, Isle, A. 325
Nord-Jutland (le) B. 46
Nordland (le) B. 60
Nordlingen, A. 557
Norfoclk, Comté, B. 12
Norkoping, B. 62
Normandie (la) A. 91
Norouse, A. 245
Norté, Rivière, B. 391
Northampton, B. 11
Northausen, B. 572
Northumberland, Comté, B. 7
Norwège (la) B. 50
Norwich, B. 12
Noss, Monts, B. 125
Notebourg, B. 78
Noto, A. 516
Notre-Dame, voy. les noms qui y sont joints.
Nottingham, B. 9
Novare, A. 444
Novellara, A. 452
Novogorod-Wéliki, B. 80
Novogrodeck, A. 655
Noyers, A. 171
Noyon, A. 112
Nubie (la) B. 324
Nuits, A. 172
Nuremberg, A. 565
Nuys, A. 60
Nyd, voyez Nyth.
Nyenburg, A. 595
Nyland (le) B. 67
Nyth, Rivière, B. 26
Nyuches, peuples, B. 220

O.

Oarii, B. 332
Oberdorf, A. 543
Obervald, Comté, A. 594
Oblo, voyez Christiania.
Oby (l') Fleuve, B. 126 & 248
Ocana, A. 359
Ochio (l') B. 264
Ochota, ou Okhotsk, B. 255
Ocrida, B. 109
Oczackow, B. 97
Odensée, B. 50
Oder (l') Riv. de Bretagne, A. 140
— d'Allemagne, A. 530
Odullam, B. 494
Oeland, Isle, B. 68
Oesel, Isle, B. 80
Offen, voyez Bude.
Offenburg, A. 558
Offices libres (les) A. 417
Oise (l') Rivière, A. 84
Oka, Rivière, B. 87
Oku-Jéso (l') B. 257
Old-Aberden, B. 28
Oldembourg, A. 596
Oldenzée, A. 328
Oleron, Isle, A. 191
— Ville de Béarn, A. 235
Olinde, B. 450
Olite, A. 347
Oliva, Abbaye, A. 646
Olivença, A. 399
Oliviers (le Mont des) B. 487
Olmutz, A. 618
Olonec, B. 82
Olonne (Sables d') A. 189
Olten, A. 410
Olutorskes (les) peuples, B. 252
Olympe, Mont, B. 109
Omaguas (les) peup. B. 441
Ombrie (l') A. 484
Omer (Saint) A. 82
Ommelandes (les) A. 328
Onéga, Lac, B. 75
Oneille,

ALPHABETIQUE.

Oneille, A.	441	Ornans, A.	183
Onon (l') Riv. v. Amur.		Orne, Rivière, A.	98
Onor, B.	178	Orthez, A.	235
Ontario, Lac, B.	363	Ortnburg, A.	538
Ontiveros, voyez Guaira.		Ortona, A.	506
Onzigidin, voyez Tiumen.		Ortous (le Pays d') B.	223
Oost-Frise (l') A.	596	Oruba, Isle, B.	418
Ophir, B.	483	Orviette, A.	463
Ophrines (les) Monts, B.		Osacca, B.	264
	122	Osimo, A.	485
Oppa (l') Rivière, A.	622	Osiu (l') B.	264
Oppelen, A.	ibid.	Osma, A.	353
Or (le Mont d') A	203	Osnabruck, A.	594
— Rivière, B.	313	Ossa, Mont, B.	109
Or, voyez Précop.		Ossuna, A.	369
Oran, B.	305	Ostalric, A.	383
Orange, A.	269	Ostende, A.	306
— Fort, B.	372	Osterland (l') A.	570
Orapu, Rivière, B.	454	Ostiackes (les) peuples, B.	
Orbach, B.	102		248 & 249
Orbais, voyez Rebais.		Ostie, A.	480
Orb, A.	543	Ostro, Isle, B.	54
Orbe, A.	419	Ostrogothland (l') B.	62
Orbitello, A.	475	Otrante, A.	508
Orcades, Isles, B.	34	Otrar, B.	234
Orchies, A.	79	Ottenby, B.	68
Ordugna, A.	340	Ouabache, Riv. B.	368
Oreb, Mont, B.	482	Ouale, B.	316
Orebro, B.	60	Ouche (le Pays d') A.	97
Orel, B.	89	Ouckam, B.	10
Orellana, voyez Amazones (Rivière des)		Oudenarde, A.	305
		Oufou, Isle, B.	216
Orenbourg, B.	244	Ougly, B.	174
Orénoque (l') Rivière, B.		Onguela, B.	311
	420, 443	Oviedo, A.	343
Orense, A.	345	Ourdoukent, voyez Cachgar.	
Oreska, voyez Sleutelbourg.		Ourfa, B.	145
Orford, B.	13	Ourique, A.	400
Orient (l') A.	139	Ouro (l') Rivière, B.	313
Orihuéla, A.	381	Ouroumi, B.	585
Oristagni, A.	519	Oustioug, B.	83
Orixa, B.	172, 174	Ouvère, B.	321
Orléanois (l') A.	155	Ouya, Rivière, B.	454
Orléans, A.	ibid.	Overissel (l') A.	327
— Nouvelle, B.	370	Oxford, B.	12
Ormus, B.	166	Oxus (l') Rivière, B.	235

Tome II. F f

P.

Pacajas, *Rivière*, B.	445
Paçamores (*los*) B.	432
Paderborn, A.	593
Padoucas, *peuples*, B.	368
Padoue, A.	464
Paias, B.	135
Paita, B.	432
Palais (S.) *en Navar.* A.	236
— *en Saintonge*, A.	196
Palamos, A.	383
Palaos, *Isles*, B.	271
Palavicin (*l'État*) A.	450
Palencia, A.	365
Palerme, A.	516
Palestine (*la*) B.	496
Palestine *première, seconde, & troisième*, B.	511
Palestrine, A.	481
Paliacate, B.	182
Palimban, B.	277
Palkati, *Lac*, B.	229
Palma-nova, A.	468
Palme, B.	350
Palmes (*Cap des*) B.	318
Palmyre, B.	138
Palos, A.	369
Palus Méotides, B.	74
Pamiers, A.	237
Pampelune, A.	347
Panama, B.	421
Panaro, *Rivière*, A.	489
Panari, *Isle*, A.	518
Pango (*le*) B.	331
Panias, B.	501
Panis, *peuples*, B.	368
Pantalarie, *Isle*, B.	303
Panuco, B.	383
Papoul (Saint-) A.	247
Papous (*Terre des*) B.	468
Para, B.	449
Paradis Terrestre, B.	472
Parago, *Isle*, B.	271
Paraguay (*le*) B.	456
Paraiba, B.	450
Parana (*le*) B.	458
Parai-le-Monial, A.	175
Paris, A.	101
— *en Ardennne*, A.	301
— *petit* Paris, *en Guinée*, B.	316
Parme, A.	448
Parmentier, *Riv.* B.	396
Parnasse, *Mont*, B.	111
Paropamise *voy.* Candahar.	
Paros, B.	119
Parsis (*les*) *peuples*, B.	166
Parthenay, A.	187
Pascarir (*le*) B.	244
Passaro, *Cap*, A.	512
Passarowitz, B.	103
Passavant, A.	553
Passaw, A.	550
Pasto, B.	423
Patagons (*les*) *peup.* B.	460
Paté, *Isle*, B.	342
Pathmos, *Isle*, B.	152
Patna (*le*) B.	172
Patras, B.	113
Patta *ou* Patti, A.	515
Pau, A.	235
Paul (Saint-) *en Provence*, A.	266
— *au Pays des Amazones*, B.	442
— *au Brésil*, B.	451
Paul de Léon (S.) A.	141
— Trois-Châteaux, A.	220
— de Fenouillèdes, A.	248
— de Loanda, B.	332
Pausilippe, *Mont*, A.	496
Pauxis, B.	444
Pavésan (*le*) A.	444, 456
Pavie, A.	456
Pavoacan, B.	355
Pays-Bas (*les*) A.	295
— François, A.	75, 81
— Autrichiens, A.	296
— Hollandois, *ou* Provinces-Unies, A.	311

ALPHABETIQUE.

Pays reconquis (le) A. 295
Paz (la) B. 434
Péblis, B. 31
Pedena, A. 54
Pedraça de la Sierra, A. 355
Péene, Rivière, A. 577
Pegou, ou Pegu, B. 186
Peipus, Lac, B. 75
Peitze, A. 625
Pekin, B. 207
Pelion, Mont, B. 109
Pella, de Macédoine, B. 109
— de Palestine, B. 491
Peloponnèse, B. 112
Pelten (Saint-) A. 535
Pemba, B. 331
Penafiel, A. 353
Penbroch, B. 21
Penée, Rivière, B. 110
Pengab, B. 172
Peña, voyez Portandic.
Peniscola, A. 380
Pensacola, B. 377
Pensilvanie, B. 372
Pentièvre, Duché, A. 138
Penza, B. 244
Péquigny, A. 86
Para, B. 449
Perche (le) A. 146
— Gouet, A. 158
Perée (la) B. 509
Pereslaw Riazanskoi, B. 87
— Zaleskoi, B. 86
Pergame, B. 475
Perico, B. 421
Pericues, peuples, B. 387
Pérignan, A. 250
Périgord (le) A. 224
Périgueux, ibid.
Périnaldo, A. 441
Perles (Isles des) B. 421
Permes (les) peup. B. 243
Pernau, B. 80
Péronne, A. 86
Pérou (le) B. 424
Pérouse (le Lac de) A. 431

Perouse (Ville de) A. 483
Perpignan, A. 238
Perroquets (Terres des) A. 466
Perse (la) B. 157, 479
Persepolis, B. 165
Persique (le Golfe) B. 156 & 166
Perth, A. 29
Pertois (le) A. 115
Pertuis-Rostang, A. 218
Pescara, dans l'Abruzze, A. 506
— en Afrique, B. 310
Peschiera, A. 463
Pescina, A. 506
Pest, A. 630
Petcheli (le) B. 206
Peterboroug., B. 11
Petersbourg (Saint-) B. 77
Peter-Waradin, A. 633
Petigor, B. 240
Petigoriens (les) peup. B. 239
Petra, B. 153, 505
Pétrifié (Pays) B. 311
Péttaw, A. 537
Petzora (le) Riv. B. 84
Pevas, peuples, B. 442
Pezaro, A. 487
Pezenas, A. 250
Phalsbourg, A. 134
Phanuel, B. 491
Phare de Messine (le) A. 513
Pharsale, B. 110
Phénicie (la) B. 476
Phéniciens (les) B. 507
Phéréséens (les) B. 486
Phiala, Lac, B. ibid.
Philadelphie, d'Asie mineure, B. 475
— de Palestine, B. 490
Philippe (Saint-) ou Benguela, B. 333
Philippe, Fort, dans la Magellanique, B. 461

Ff 2

TABLE

Philippeville, A. 81
Philippi, B. 108
Philippines, *Isles*, B. 267
— Nouvelles, B. 271
Philippopoli, B. 107
Philipstown, B. 42
Philisbourg, A. 604
Philistins, *peuples*, B. 476, & 504
Phuyn, B. 193
Pic d'*Adam* (*le*) B. 280
— de *Teyde*, B. 351
— *Isle des Açores*, B. 418
Picardie (*la*) A. 84
Piémont (*le*) A. 437
Pienza, A. 474
Pierre (*le Patrimoine de S.*) A. 482
Pierre (Saint-) *Ville* B. 23
— *Fort, en Canada*, B. 367
— *Fort, à la Martique*, B. 315
Pierre (S.) & S. Paul, B. 255
Pierre-Buffière, A. 201
— Latte, A. 220
Piève de Cadore, A. 467
Pignerol, A. 438
Pignon de Vélez, B. 307
Pijuvitas, B. 148, 579
Pillau, A. 661
Pilsen, A. 617
Pinde (*le*) *Mont*, B. 109
Piney, A. 117
Pingjang, B. 215
Pinhel, A. 393
Pinsk ou Penza, B. 244
Pinsk, en Pologne, B. 655
Piombino, A. 475
Pisatello, *Rivière*, A. 488
Pise, A. 472
Piseck, A. 617
Pistoye, A. 471
Pithea-lap-Marck, B. 65
Pithéa, B. 66
Pitiviers, A. 157
Placentia, A. 342

Plaisance, *en Italie*, A. 450
— *en Amérique*, B. 405
Plata (*la*) *Rivière*, B. 363
— *Ville*, B. 433
Plazentia, A. 364
Plawen, A. 570
Plescow, B. 81
Plessis-lez-Tours (*le*) A. 153
Plimouth, B. 20
Ploczko, A. 644
Ploen, A. 586
Ploermel, A. 138
Plombières, A. 127
Pôt (*le*) *Rivière*, A. 430
Podlaquie (*la*) A. 644
Podolie (*la*) A. 650
Pogésanie (*la*) A. 662
Pointe-Riche, B. 405
Poissy, A. 107
Poitiers, A. 186
Poitou (*le*) A. 185
Poix, A. 86
Pol (Saint-) A. 83
Pola, A. 468
Polésie (*la*) A. 655
Policastro, A. 504
Poligny, A. 183
Polock, A. 656
Pologne (*la*) A. 635
Pomaron, *Rivière*, B. 453
Poméranie (*la*) A. 576
Pomérellie (*Palatinat de*) A. 645
Pomésanie (*la*) A. 662
Poniéwiess, A. 656
Pons, A. 197
Pons (Saint-) A. 249
Port (*Ville du*) B. 417
Pont de l'Arche, A. 97
Pont d'Arlod, A. 178
Pont de Beauvoisin, A. 211
Pont de Cé, A. 151
Pont-Saint-Esprit, A. 254
Pont-l'Evêque, A. 96
Pont du Gard, A. 253

ALPHABETIQUE.

Pont-à-Mouſſon, A.	131
Pont de Royan, A.	209
Pont ſur Yonne, A.	106
Pontarlier, A.	184
Pont-Audemer, A.	97
Pontéba, A.	538
Ponté de Lima, A.	392
Ponté-Védra, A.	346
Pondicheri, B.	182
Ponthieu (le) A.	90
Pontigni, A.	175
Pontivi, A.	140
Pontogale, B.	281
Pontoiſe, A.	109
Pontorſon, A.	100
Popayan, B.	423
Porentru, A.	604
Portalègre, A.	399
Portandic (Fort de) B.	313
Portcros, Iſle, A.	266
Port (Saint-) ou Porto-Santo, Iſle, B.	352
Port Saint-Louis, ou Cette, A.	250
Port-Louis, A.	139
— Morand, A.	156
— Mahon, A.	386
— Sainte-Marie, en Agénois, A.	225
— en Andalouſie, A.	372
— Nelſon, B.	375
— Paix, B.	413
— Royal, ou Annapolis, dans la Nouvelle Angleterre, B.	371
— Royal, dans les Antilles, B.	411
— Vendres, A.	239
Portici, A.	499
Portland, Iſle, B.	23
Porto, en Portugal, A.	392
— en Italie, A.	482
Porto-Belo, B.	421
— Conſtanza, B.	136
— Farina, B.	303
— Ferraio, A.	475
Porto-Fino, A.	447
— Hercolé, A.	475
— Longone,	ibid.
— Rico (Iſle de) B.	413
— Séguro, B.	451
— Veneré, A.	447
Portquerolles, Iſle, A.	266
Portſey, Iſle, B.	18
Portſmouth, B.	Ibid.
Portugal (le) A.	389
Poruttes, peuples, B.	234
Poſna, A.	641
Poſnanie (la)	ibid.
Poſſega, A.	632
Potenza, A.	510
Potoſi, B.	433
Potzdam, A.	575
Pouille (la) A.	506
Poutala, Mont, B.	232
Pouzzol, A.	494
Prades, A.	240
Prague, A.	615
Pratolino, A.	471
Précop, B.	97
Pregnitz (la Marche de) A.	574
Prémiſlie, A.	650
Prémontré, A.	112
Prenſlow, A.	576
Presbourg, A.	628
Preſton, B.	8
Prévéza (la) B.	111
Preuilli, A.	154
Prince (Iſle du) B.	556
Principauté (la) Citérieure, A.	504
— Ultérieure, A.	ibid.
Pripeck (le) Rivière, A.	653
Provence (la) A.	256
Providence (la) Iſle, B.	408
Provins, A.	121
Pruckander, voyez Bruck.	
Prunes (Port aux) B.	346
Pruſe, B.	132

Ff 3

Prusse *Polonoise* (*la*), A.	644	Quillan, A.	248
—Royaume,	658	Quillebœuf, A.	93
Pruth (*le*) Riv. B.	98	Quiloa, B.	340
Ptolémaïde, *en Syrie*, B.	139	Quimper *ou* Quimpercorentin, A.	140
— *en Barbarie*, B.	301	Quimperlai, A.	ibid.
Puebla de los Angelos, B.	384	Quinin (*le*) B.	193
Puente-del-Arcobispo, A.	359	Quintin, A.	139
		Quitevé, B.	338
Puerto-Veio, B.	431	Quito, B.	430
Puicerda, A.	383	Quivira, B.	393
Puilaurens, A.	247	Quixos (*los*) B.	432
Pultawa, B.	88		
Puren, *Vallée*, B.	435	**R.**	
Purgatoire de S. Patrice (*le*) B.	39	Raab, *Rivière*, A.	631
		Rabastens, A.	246
Pustozerskoi, B.	84	Rabbat-Ammon, B.	490 & 506
Puy (*le*) A.	256	— Moab, B.	ibid.
Pyrénées (*les*) A. 333, 342		Rabnitz, *Rivière*, A.	631
		Radnor, B.	21
Q.		Raguse, B.	101
		Rain, A.	537
Quanbing (*le*) B.	193	Ramesses, B.	480
Quanglia (*le*) B.	ibid.	Rameth, B.	499
Quansi (*le*) B.	213	Ramoth-Galaad, B.	490
Quangtcheou *ou* Canton, B.	212	Rancheries (*les*) B.	422
		Randazzo, A.	515
Quangtong, B.	ibid.	Raolconde, B.	178
Quarantaine (*Montagne de la*) B.	495	Rapallo, A.	447
		Rapperschweil, A.	418
Quebec, B.	366	Rappin, *voyez* Ruppin.	
Quedelinbourg, A.	573	Rasebourg, B.	67
Queenescownty, *Comté*, B.	42	Rassem (*le*) B.	311
		Rassit, *voyez* Rosette.	
Queenestown, B.	ibid.	Rastadt, A.	554
Queicheou (*le*) B.	213	Ratibor, A.	622
Queiling, B.	ibid.	Ratisbonne, A.	549
Queil (*la*) *Riviere*, A.	604	Ratzbourg, A.	585
Quenoke (*la*) *Fort*, A.	306	Rava, A.	642
Quentin (Saint-) A.	87	Ravenne, A.	487
Querci (*le*), A.	226	Ravensberg, A.	595
Quesnoi (*le*) A.	80	Ravestein, A.	331
Queyan, *voyez* Koeichang.		Razat, *Cap*, B.	301
Quierasque, A.	439	Reading, B.	18

ALPHABETIQUE.

Réale (la) Rivière, B. 449	Rhin (Palatinat du) A. 600
Réalmont, A. 246	Rhinfeld, A. 543
Rebais, A. 122	Rhinfels, A. 611
Reburne, B. 31	Rhodes, Isle & Ville, B. 149
Recanati, A. 485	
Recht, B. 162	Rhône (le) Fleuve, A. 73
Recif (le) B. 450	Riba de Coa, A. 393
Redgles, Lac, B. 39	Ribadavia, A. 345
Redine, B. 101	Ribadeo, A. ibid.
Rednitz (le) Rivière. A. 559	Ribagorce (le Comté de) A. 350.
Redondela, A. 346	Ribeira, B. 354
Rege, voyez Regio.	Richelieu, A. 187
Regio, en Modénois, A. 452	Richmond, B. 8
	Rieux, A. 247
— en Calabre, A. 511	Riez, A. 259
Reichenbach, A. 570	Riga, B. 79
Reichenvald, A. 553	Rimini, A. 488
Reims, A. 114	Rio de dos Bocas, B. 445
Reine (le Fort la) B. 365	— Grande, B. 450
Reineck, A. 418	— de la Hacha, B. 422
Reinfrew, B. 32	— Janeïro, B. 451
Remire, B. 455	— dos Ilheos, ibid.
Remiremont, A. 126	— de la Madera, B. 443
Remnon-Amtar, B. 500	— Négro, ibid.
Renan (Saint-) A. 141	— de la Plata, B. 456
Rennes, A. 136	— los Reyes, B. 396
Réole (la) A. 224	— Roidera, A. 338
Reschow, voyez Rzeva.	Riom, A. 205
Resina, A. 499	Rioxa (la Province de) A. 352
Resundt, B. 60	
Rethel, A. 185	Ripaille, A. 435
Ré, Isle, A. 191	Riphées, Monts, B. 241
Rétimo, B. 117	Riquier (Saint-) A. 90
Revel, en Languedoc, A. 247	Rise, Riviere, A. 247
	Riswick, A. 322
— en Livonie, B. 79	Rivesaltes, A. 239
Rey (Province d'el) B. 452	Riviera, Bailliage, B. 420
Reyes (los) ou Lima, B. 432	Rivière (le Pays de) A. 231
	Rivières (les Trois) B. 366
Rezan, B. 87	Roa, A. 353
Rheintal (le) A. 418	Roane, A. 211
Rhenen, A. 326	Roche-Bernard (la) A. 137
Rhin (le) Fleuve, A. 315	— Foucault, A. 199
— (Cercle du Bas) A. 597	— sur Yon, A. 189
— (Cercle du Haut) A. 602	Rochechouart, A. 188

Rochefort, A.	189	Roumelie (la) B.	105
Rochelle (la) A.	ibid.	Roumois (le) A.	93
Rochester, B.	16	Roussillon (le) A.	238
Rockelsburg, A.	537	Rovigo, A.	463
Rocroi, A.	116	Royan, A.	196
Rodez, A.	228	Royanès (le) A.	217
Roer, Rivière, A.	302, 591	Royaumont, A.	105
Rognes, A.	262	Roye, A.	87
Rohan, A.	140	Ruben (Tribu de) B.	489
Rohob, B.	503	Rubicon (le) Riv. A.	488
Rois (l'Isle des Trois) B.	217	Rufisque, B.	315
Romagne (la) A.	487	Rugen, Isle, A.	578
Romain (S) Cap, B.	346	Rugenwald, A.	ibid.
Romanie (la) B.	105	Rupin, A.	575
Romans, A.	219	Ruremonde, A.	302
Rome, A.	478	Rushin, B.	22
Romhilt, A.	562	Russ (le) Riviere, A.	405
Romorantin, A.	159	Russie (la) Noire ou Rouge,	
Roncigiione, A.	483	A.	649
Ronda, A.	376	— Lithuanienne, A.	655
Ronquillo, Lac, B.	397	— la Grande, B.	69
Roquefort, A.	232	— la Petite, B.	88
Rosalie (Fort de) B.	368	— Asiatique, B.	241
Roschild, B.	49	Russie (Eglise de) B.	575
Roscommon, B.	44	Rutland (le) Comté, B.	10
Roses, A.	383	Rye (le) B.	17
Rosete, B.	298	Rypen, B.	47
Rosienne, A.	656	Rzeva, B.	81
Rosiere, A.	126	— Wolodimerskoi,	ibid.
Rosoy, A.	106		
Ross (le) B.	27	S.	
Rossano, A.	510		
Rostock, A.	585	Saara (le) B.	312
Rostow, B.	86	Saba, Isle, B.	417
Rota, Ville, A.	372	— (Pays de) B.	483
Rota, Isle, B.	266	Sabia (le) B.	338
Rotenbourg, A.	608	Sabine (la) A.	483
Roterdam, B.	322	Sabionetta, A.	458
Rothesay, Duché, B.	33	Sablé, A.	145
Rotnburg, A.	541	Sables d'Olonne (les) A.	189
Rotweil, A.	558	Sablestan (le) B.	165
Rouen, A.	92	Saffié, B.	308
Rouergue (le) A.	228	Safran, B.	580
Rouge (la Mer) B.	152, 482	Saghalien (le) Fleuve, B.	
— (la Rivière) B.	368		127 & 221
Roum (Pays de) B.	132	Sagona, A.	521

ALPHABETIQUE. 645

Saïd (le) B.	293	Samogitie (la) A.	656
Saikokf, Isle, B.	264	Samos, Isle, B.	152
Saintes, A.	196	Samosate, B.	14
Saintes (les) Isles, B.	416	Sancerre, A.	163
Saintonge (la) A.	195	Sancian, Isle B.	213
Saissan, Lac, B.	229	Sando, Isle, B.	54
Sal (Isle de) B.	353	Sandomir, A.	649
Sala (la) Riviere, A.	559	Sangle (la) Isle, A.	522
Salamanque, A.	366	Sanguesa, A.	347
Salamine, B.	136	Sanguin, B.	318
Salces, A.	239	Sanir, Monts, B.	589
Salé, B.	308	Santaren, A.	396
Salem ou Jérusalem, B.	495	Santerre (le) A.	86
— en Manassé à l'Occident du Jourdain, B.	498	Santillane, A.	344
		Santorin, Isle, B.	121
Salerne, A.	504	Saône (la) Riv. A.	169, 180
Salfeld, A.	571	Saraa, B.	502
Salines (les) Isles, A.	518	Saragoça, A.	515
Salins, A.	183	Saragoce, A.	348
Salisbury, B.	18	Saralbe, A.	127
Salo, A.	463	Sarazana, A.	447
Salobrena, A.	376	Sarbruck, A.	612
Salomon (Isles de) B.	469	Sardaigne (la) Isle, A.	518
Salon, A.	261	Sardes, B.	475
Salona, B.	101	Sardique, B.	104
Salonique, B.	108	Sare, Rivière, A.	124
Salt, B.	514	Sarepta, B.	503
Saltzach (le) Rivière. A.	547	Sargans, A.	418
		Sarguemine, A.	127
Saltzbourg, A.	548	Sargultzar, voyez Heri.	
Salvador (S.) au Congo,	331	Sarlat, A.	225
		Sar-Louis, A.	127
— au Brésil, B.	451	Sarmatie (la) B.	69
— en Uraguay, B.	458	Sarski, B.	576
Salvatiera, en Bisc. A.	342	Sarte, Rivière, A.	144
— en Portugal, B.	395	Sarts (les) peuples, B.	236
Saluces, A.	440	Sarwar, A.	631
Samar, Isle, B.	271	Sas-de-Gand (le) A.	329
Samarah, B.	146	Sassari, A.	519
Samarcand, B.	237	Saffenage, A.	216
Samarie, Ville, B.	496	Saulieu, A.	171
— Province, B.	509	Saumur, A.	149
Sambas, B.	276	Saureland (le) A.	591
Sambre, Rivière, A.	297	Sauts (Riv. à trois) B.	398
Samland (le) A.	660	Sauveur (S.) v. Guanahani.	
Samogédes (les) peup. B.	84	Savatopoli, B.	148

Save (la) Rivière de France,
  A. 231
— d'Allemagne & Hongrie,
  A. 539
Saverdun, A. 237
Saverne, Ville, A. 134
Saverne (la) Riv. B. 6
Savillan, A. 438
Savolax (le) B. 67
Savone, A. 446
Savoie (la) A. 434
Saxe (le Cercle de la haute)
  A. 566
— (de la basse) B. 579
Scanderick, ou Alexandrie
  d'Egypte, B. 297
Scanie (la) B. 62
Scara, B. ibid.
Scarpe (la) Rivière, A. 297
Schafouse, A. 414
Schambourg, A. 127
Scheleftat, A. 134
Schellin (Isle) A. 327
Scheriah, voyez Jourdain.
Schetland (Isles de) B. 34
Schie, Isles, B. 33
Schilda (le) Fleuve, voyez
  Amur.
Schio, Isle, B. 151
Schiras, B. 165
Schonen (le) B. 62
Schowen, Isle, A. 325
Schut, Isle, A. 631
Schwabach, A. 564
Schwartzbourg, Comté, A.
  572
Schwarzenbourg, A. 419
Schweidnitz, A. 621
Schweinfurt, A. 566
Schwinbourg, B. 50
Schwitz, A. 407
Sciro, Isle, B. 120
Sclavonie (la) A. 660
Scutari, B. 110
Scylla, Gouffre, A. 512
Scythes, ou Tartares, B. 218

Scythopolis, voyez Bethsan.
Sébaste, en Asie mineure, B.
  132
— en Judée, B. 497
Sébastien (S.) en Biscaye,
  A. 341
— au Brésil, B. 451
— Cap, en Afrique, B. 346
— Cap, en Amérique, B.
  386
Sébénico, B. 100
Seckaw, A. 536
Seckingen, A. 543
Sedan, A. 116
Séeland, Isle, B. 48
Sées, A. 98
Sesfk, voyez Siewsk.
Ségedin, A. 630
Ségeftan (le) B. 165
Segna, B. 100
Ségorbe, A. 379
Ségovie, A. 354
— Nouvelle, B. 269
Segura (la) Riv. A. 371
Seine, Fleuve, A. 72
Seiffel, A. 178
Selefkeh, B. 135
Seleucie, B. 146
Sélinga (le) Rivière, B. 225
Selinginsk, B. 254
Selkirk, B. 31
Sémendrie, B. 103
Semigalle (la) A. 658
Sémisat, B. 134
Sémur, en Auxois, A. 171
— en Briennois, A. 175
Sena, Fort, B. 338
Sénégal, Fleuve, B. 288
Sénez, A. 258
Senlis, A. 110
Sennaar (Plaines de) B. 478
Sennar, B. 325
Senne (la) Rivière, A. 299
Sénonois (le) A. 120
Sens, A. ibid.
Séphoris, B. 500

ALPHABETIQUE. 647

Sérégippe, B.	451	Silo, B.	497
Séreth (le) Rivière, B.	98	Simbirsk, B.	244
Sermur, A.	207	Siméon, Tribu, B.	501
Serpa, A.	490	Simmeren, A.	605
Serrelione, Cap, B.	315	Simon (Saint-) A.	88
Serres, A.	217	Sin, voyez Chine.	
Servie (la) B.	103	Sinaï, Montagne, B.	482
Sésia (Vallées de la) A.		Singan, B.	205
	443	Singapura, Détroit, B.	276
Sestre (grand) B.	318	Sinjar, B.	145
Setchuen (le) B.	208	Sinigaglia, A.	486
Sétines, B.	111	Sion, en Valais, A.	424
Settenil, A.	377	Sior, B.	215
Sétuval, A.	398	Siouah, B.	311
Seure, A.	174	Siout, B.	293
Séver (Saint-) A.	231	Sipurias, B.	572
Séverie (la) B.	88	Sir, Riviere, B.	234
Séverina (San) A.	511	Siradie, A.	642
Séverino (San) A.	485	Siratique, B.	317
Sévièro (Saint-) A.	507	Sirmich, B.	632
Séville, A.	368	Sis, B.	134, 583
Seyde, B.	139	Sisleck, B.	100
Seyne, A.	258	Sisteron, A.	257
Sézane, A.	121	Sitia, B.	118
Sham (le) B.	137	Sivas, B.	132
Shannon, Rivière, B.	38	Skalholt, B.	54
Shrop, Comté, B.	10	Slaine, B.	41
Shrowesbury, B.	ibid.	Slégo, B.	44
Siam, B.	187	Sleswick, Duché, B.	47
Siara, B.	450	— Ville, B.	48
Siba (le) B.	169	Sleutelbourg, B.	78
Sibérie (la), B.	246	Smaland (le) B.	62
Sibir, B.	246	Smalkalden, A.	562
Siceleg, B.	502	Smolensk, B.	87
Sichem, B.	475, 496	Smyrne, B.	139
Sicile (la) Isle, A.	512	Sobrarbe (la) A.	350
Sidon, B. 508, voyez Seyde.		Socho, voyez Odullam.	
Sienne, A.	373	Socoth, B.	490
Sierra (la) A.	361	Socotora, Isle, B.	349
Siewsk, B.	89	Soczova, B.	92
Sifan (le) B.	232	Sodome, B.	476
Sifans (les) peuples, B.	224	Sofala, B.	338
Siguenza, A.	354	Sogdiane (la) B.	235
Sikokf, Isle, B.	265	Sogno (le) B.	331
Silésie (la) A.	619	Soissonnois (le) A.	111
Silistrie, B.	105	Soissons, A.	ibid.

Soleure, A. 409
Solfarino, A. 458
Solfatara (*la*) A. 495
Solkamskaia *ou* Solkansko, B. 243
Sologne (*la*) A. 159
Solons, *peuples*, B. 212
Solfone, A. 383
Solwyczegockaia, B. 83
Somme, *Rivière*, A. 84
Somme-Sarte, A. 144
Sommer, *Isles*, v. Bermudes.
Sommerset, *Comté*, B. 19
Sommières, A. 254
Sonde (*Isles de la*) B. 274
Sondi (*le*) B. 331
Sondrio, A. 424
Songo, B. 322
Sonora, B. 391
Sophie, B. 104
Sophira, *voyez* Sofala.
Sora, A. 497
Soraw, A. 625
Sorec, *Torrent*, B. 487
Soria, A. 353
Sorlingues (*les*) *Isles*, B. 22
Sorrento, A. 497
Soto-vento (*Isles de*) B. 418
Souabe *Autrichienne* (*la*) A. 542
— (*le Cercle de*) B. 551
Sovardel, B. 33
Soubise, A. 190
Souchouen, B. 208
Souène, B. 293
Souffrière (*la*) *Mont*, B. 415
Soule (*le*) A. 232
Sourie, *ou* Syrie, B. 137
Sousa, B. 303
Sousos (*les*) *peup.* B. 322
Southerland (*le*) B. 27
Southampton, B. 18
Souvigny, A. 194
Spa, A. 590

Spalatro, B. 100
Spanheim, *voy.* Sponheim.
Spanish-town, B. 411
Sparte, *ou* Misitra, B. 113
Spey (*la*) *Rivière*, B. 26
Spire, A. 604
Spiritu-Santo, B. 451
Spitéad (*Rade de*) B. 18
Spitzberg (*le*) B. 463
Spolette, A. 484
Sponheim, A. 606
Sporades (*les*) *Isles*, B. 120
Sprée (*la*) *Rivière*, A. 574
Squillace, A. 511
Stade, A. 584
Stafford, B. 10
Stagire, B. 109
Stagno, B. 102
Stainville, A. 131
Stalimène, *Isle*, B. 120
Stanchio, *Isle*, B. 152
Stantz, A. 407
Stargart, A. 577
Stathern (*le*) B. 29
Stavanger, B. 52
Staveren, A. 327
Stégeborg, B. 62
Stein, A. 413
Stendel, A. 576
Stéphansvert, A. 303
Sterling, B. 30
Stettin, A. 577
Stirie (*la*) A. 536
Stives, *ou* Thiva, B. 112
Stockholm, B. 58
Stralsund, A. 578
Strasbourg, A. 133
Stratnavern, (*le*) B. 26
Straubing, A. 547
Strelitz, A. 585
Stremona, *voy.* Contessa.
Strengnès, B. 59
Strigonie, B. 631
Stromboli, *Isle*, A. 518
Stromo, *Isle*, B. 54
Strongoli, A. 510
Stutgard,

ALPHABETIQUE.

Stutgard, A.	552	Syriens, Jacobites, B.	579
Suaquem, B.	329	—Catholiques, B.	561
Subiac, ou Sublac, A.	482	Szatsk, B.	89
Sudavie (la) A.	661	Szenkursk, B.	83
Sudermanie (la) B.	59	Szerem, A.	632
Sud-Gothland, B.	62		
Sud-Jutland, B.	47	**T.**	
Suède (la), B.	55		
—Nouvelle, B.	372	TA (le) Rivière, B.	212
Suez (le) B.	297	Tabarca, Isle, B.	303
Suffolck, Comté, B.	13	Tabasco, B.	383
Sugulmesse, B.	310	Tabouc, B.	270
Suisse (la) A.	402	Tabristan (le) B.	162
Sukona (la) Riv. B.	74	Tacamamiouen (le Lac) B.	
Sulli, A.	157		367
Sulmona, A.	506	Tachkund, B.	234
Sultzbach, A.	548	Tadmor, B.	138
Sumatra, Isle, B.	276	Tafalla, A.	347
Sunam, B.	499	Taff (le) Rivière, B.	22
Sund, Détroit, B.	49	Tafilet, B.	310
Sundswal, B.	60	Tagazel, B.	314
Sungar, Détroit, B.	49	Tage (le) Fleuve, A.	338
Suntgaw (le) A.	135	Tagipura, Rivière, B.	445
Supérieur (Lac) B.	363	Tagouri, Tartares, B.	222
Sur, ou Tyr, B. 139,	507	Tagrin, Cap, B.	317
Surate, B.	174	Tajiks, peuples, B.	236
Surgut, B.	250	Taillebourg, A.	198
Surinam, B.	453	Taïouan, Isle, B.	211
Surrey (le) Comté, B.	17	Taiyvan, B.	206
Sursée, A.	411	Takaze, Rivière, B.	324
Sus, B	310	Talavera de la Reyna, A.	358
Susdal, B.	86 & 87	Talebourg, B.	33
Suse, en Perse, B.	165 &	Talinga (le) B.	172
	480	Tallard, A.	217
Suse, en Piémont, A.	438	Talmont, A.	197
Sussex (le) Comté, B.	17	Taman, B.	240
Suster, B.	165	Tamaraca, B.	450
Sviajesk, B.	244	Tamarin, B.	349
Swerin, A.	585	Tambow, B.	89
Sydre (Golfe de la), B.	301	Tamise (la) Riv. B.	6
Syenne, ou Souene, B.	293	Tamnatsaré, B.	497
Sylves, A.	400	Tanaïs (le) voyez Don.	
Synde (le) v. Inde, Fleuve.		Tanaro (le) Riv. A.	440
Syracuse, A.	515	Tanaxuma, Isle, B.	216
Syrie (la) B.	137	Tanbouctou, B.	322
Syriens, anc. peup. B.	507	Tandaye, voyez Samar.	

Tome II.   G g

Tanger, B.	307	Témesvar, A.	630
Tangut (le) B.	224	Tempé, *Vallée*, B.	109
Tanjaor, B.	183	Tempi, A.	520
Tanis, B.	480	Temna, *voyez* Thamna.	
Taormina, A.	515	Tendaye (*Isle*) B.	271
Tapas *ou* Tapes, *peuples*, B.	459	Tende, A.	441
Tapuyes, *peuples*, B.	448	Ténériffe, *Isle*, B.	351
Taraçona, A.	349	Tenremonde, *voyez* Dendermonde.	
Tarascon, *au Pays de Foix*, A.	237	Teramo, A.	506
— *en Provence*, A.	261	Terceres, *Isles*, v. Açores.	
Tarbe, A.	233	Tergau, A.	323
Tarcou, B.	239	Tergovisck, B.	99
Tarentaise (*la*), A.	436	Terki, B.	240
Tarente, A.	509	Termoli, A.	507
Targa, *Désert*, B.	314	Ternate, *Isle*, B.	272
Tariffa, A.	373	Terni, A.	484
Tarn (le) A.	228	Terracine, A.	481
Taragone, A.	384	Terre Australe du S. Esprit, B.	469
Tarsis, B.	483	— de la Compagnie (*Isle*) B.	258
Tarsous, B.	135	— Ferme, B.	420
Tartarie (*la Petite*) B.	96	— de Feu, B.	466
— Grande, B.	217	— Magellanique, B.	459
— Chinoise, B.	220	— de la Mission, B.	458
— Indépendante, B.	226	— Neuve (*Isle*) B.	405
— Russienne, B.	241	Terres Arctiques, B.	462
Tartas, A.	229	— Antarctiques, B.	465
Tarudan, B.	310	— Australes, B.	467
Tata, B.	175	Téruel, A.	350
Tatao, *Isle*, B.	216	Teschen, A.	622
Tauber (le) *Riv.* A.	563	Tésin, *Rivière*, A.	430
Taules (les) *peuples*, B.	240	Tessel, *Isle*, A.	327
Tauris, B.	161	Tessoy, *Détroit*, B.	257
Taurus, *Mont*, B.	127	Tete, *Fort*, B.	338
Tavasthus, B.	67	Tétouan, B.	307
Tavastie (*la*) B.	ibid.	Teutonique (*l'Ordre*) & ses principaux domaines, A.	562
Tavira, A.	400		
Tay (le), *Rivière*, B.	26		
Tchékiang (le) B.	210	Thabor (*le Mont*) B.	500
Tchingtou, B.	208	Thamna, B.	502
Técort, *voyez* Tocorte.		Thaphua, B.	496
Téflis, B.	149, 578	Théate, *voyez* Chieti.	
Tégasa, B.	314	Thébaïde (*la*) B.	293
Tégorarin (le) B	310	Thebes *d'Egypte*, B.	ibid.
Télamone, A.	475		

ALPHABETIQUE.

Thèbes de Grèce, B. 112
Théra, voyez Santorin.
Thermopyles, Défilé, B. 111
Thersa, B. 498
Thessalie (la) B. 109
Thessalonique, B. 108
Thiaki, Isle, B. 115
Thiern, ou Tiers, A. 204
Thionville, A. 130
Thiva, B. 112
Thomas (S.) Isle d'Afrique, B. 355
— Isle d'Amérique, B. 355
— Ville de Guyane, B. 453
— (Chrétiens de) B. 584
Thomé (Saint-) B 182
Thomond, Comté, B. 43
Thonon, A. 435
Thorn, A. 646
Thouars, A. 187
Thrace (la) voyez Romanie.
Thraces (les) peuples, B. 474
Thuringe (la) A. 571
Thurso, B. 26
Thyatire, B. 475
Tibaréniens (les) peuples, B. 474
Tibériade, B. 500
Tibet (le) B. 230
Tibre, Rivière, A. 431
Tidor, Isle, B. 272
Tiérache (la) A. 88
Tiers, A 204
Tifédail (le) B. 31
Tigré (le) B. 327
Tillemont, A. 301
Timerais (le) A. 109
Tine, Isle, B. 119
Tipperari, Comté, B. 42
Tipra (le) B. 185
Tirol, Comté, A. 541
— Château, ibid.
Tiumen, B. 249
Tivoli, A. 483
Tiz, B. 166

Tlascala, B. 382
Tlemsen, voyez Tremecen.
Toam, B. 44
Tobol, Rivière, B. 249
Tobolsk, B. ibid.
Tocantens (Riviere des) B. 445
Tocat, B. 132
Tocorte, B. 311
Tocrur, voyez Tombut.
Todi, A. 484
Tokai, A. 629
Tokkenbourg (le), A. 421
Tolède, A. 358
Tolen, A. 325
Tolentino, A. 486
Tolometa, B. 301
Tolosa ou Tolosetta, A. 342
Tomar, A. 395
Tombut, B. 322
Tomes-war, ou Tomi, B. 105
Tomsk, B. 252
Tondern ou Tonderen, B. 47
Tonge, B. 339
Tongres, A. 589
Tonker, B. 232
Tonnai-Charente, A. 198
Tonneins, A. 226
Tonnerre, A. 120
Tonning, B. 48
Tonquin (le) B. 189
Tonsa, Isle, B. 265
Topeyos ou Topajos, B. 444
Tor, B. 153
Tordésillas, A. 365
Torgauts (les) Tartares, B. 246
Torgaw, A. 568
Torno, B. 66
— Lap-Marck, B. 65
Toro, A. 365
Toropec, B. 81
Torre de Moncorvo, A. 393
Torres-vedras, A. 398
Tortone, A. 444

G g 2

Tortose, A.	385	Tricastin (le) A.	220
Tortues (Isle des) B.	462	Trieste, A.	540
Tosa, B.	265	Trim, B.	41
Toscane (la) A.	469	Trimouille (la) A.	388
Tostar, voyez Suster.		Trin, A.	443
Totma, B.	84	Trinité (la) Isle, B.	418
Touargues, peuples, B.	314	Trinquilimale, B.	281
Toul, A.	129	Tripoli, de Syrie, B.	138
Toulon, A.	264	— d'Afrique, B.	301
Toulouse, A.	242	Trivento, A.	505
Tour de Babel, B.	479	Troïa, A.	507
— de Straton, v. Césarée, de Judée.		Troki, A.	654
		Tropez (Saint-) A.	265
— de Cordouan, A.	196	Troppaw, A.	622
— du Pin, A.	220	Trosa, B.	59
Touraine (la) A.	151	Troyes, A.	116
Tournay, A.	306	Truxillo, en Espagne, A.	363
Tournon, A.	255	— au Mexique, B.	388
Tournus, A.	176	— au Pérou, B.	433
Tours, A.	152	Tsanli, voyez Tibet.	
Tous, B.	163	Tsanpou, Rivière, B.	231
Tousera, B.	311	Tsao-Tatses (les) B.	223
Trachonite (la) B.	509	Tschoncoupaitchang, B.	254
Tragonara, A.	507	Tsinan, B.	208
Trajanopoli, B.	107	Ttitcicar, B.	222
Trali, B.	43	Tubingen, A.	552
Trangobar, B.	183	Tucapel, Vallée, B.	435
Trani, A.	508	Tucuman (le) B.	458
Transoxane (la) v. Usbeks.		Tudela, A.	348
Transylvanie (la) A.	633	Tufan (le) B.	232
Trapano, A.	517	Tula, B.	87
Trappe (la) A.	146	Tulle, A.	201
Traerbach, A.	606	Tumen, voyez Tiumen.	
Trébigno, B.	101	Tung, B.	26
Trébisonde, B	133	Tungouses, peuples, B.	253
Treguier, A.	141	Tungusca, Rivière,	251
Tremecen, B.	305	Tunis, B.	302
Tremoille (la) voyez Trimouille.		Tupinambas, peup. B.	444
		Tupiques, peuples, B.	448
Trent (le) Rivière, B.	6	Turcomanie (la) B.	143
Trente, A.	341, 342	Turcs, Tartares, B.	218
Tresmes, A.	122	— Othomans, B.	90
Trèves, A.	598	Turenne, A.	202
Trévise, A.	467	Turfan (le) B.	230
Trévoux, A.	178	Turgovie (la) ou le Turgaw, A.	418
Treysa, A.	608		

ALPHABETIQUE. 653

Tary, A.	99	Upsal, B.	59
Turin, A	435	Ur, B.	478
Turkestan (le) B.	233	Uraguay, B.	458
Turkmens, peuples, B.	238	Urbin, A.	486
Turquie d'Europe (la) B.	90	Urfa, ou Ourfa, B.	145
—d'Asie, B.	128	Urga, B.	229
Tursan (le) A.	232	Urgel, A.	383
Tursi, A.	510	Urgens, B.	238
Turugansko, v. Mangaseia.		Uri (le Canton d') A.	406
Tutucurin, B.	183	Urvaig., voyez Uraguay.	
Twedail (le) B.	31	Usbecks (les) peup. B.	235
Twente (le Pays de) A.	328	Uscopia, B.	104
Twer, B.	81	Usedom, Isle, A.	578
Tygre, Fleuve, B.	127	Usez, A.	254
Tylle (la) Riv. v. Dylle.		Usingen, A.	612
Tyr, B. 139,	507	Ussel, A.	202
Tyrconnel, voyez Donagal.		Ustioug, B.	83
Tyrone (le) B.	39	Utrecht, A.	325
Tzalatzkes, peuples, B.	252	Utznach, A.	418
Tzutshes, peuples, B. ibid.		Uzerche, A.	201

U.

V.

Ubeda, A.	371	V-Abres, A.	228
Ucht, A.	595	Vahal (le) Rivière, A.	315
Udesse, B.	172	Vailli, A.	111
Udine, A.	467	Vaison, A.	267
Ufa ou Ufimski, B. 243,	245	Valais (le) A.	424
Uginto, A.	509	Valaquie (la) B.	99
Uglicz, B.	86	Valasco, Lac, B.	397
Ukermarck (l') A. 574,	576	Val-Bonne (la) A.	177
Ukraine (l') A.	651	Val-Brenna, Bailliage, A.	420
Ulabourg, B.	66	Val de Chezeri, A.	178
Uladislaw, B.	643	Val des Choux (le) A.	169
Ulagola, Mont. B.	226	— des Ecoliers, A.	119
Ulm, A.	557	— di Gargano, A.	505
Ulster ou Ultonie (l') B.	39	— di Taro, A.	450
Ultzen, A.	584	Valdesire, A.	100
Ulva (S. Jean d') B.	384	Valença, A.	392
Umea, B.	66	Valence, en Dauphiné,	
— Lap-Marck, B.	65	— A.	220
Undersaker, B.	61	— en Espagne,	379
Undervald (le Canton d') A.	407	— en Italie,	444
		Valencia d'Alcantara, A.	363
Uplande (l') B.	58	Valenciennes, A.	70

G g 3

TABLE

Valentine, A. 248
Valentinois (le) A. 220
Valery (Saint-) A. 91
Valkembourg, voyez Fauquemont.
Valladolid, en Espagne, A. 353
— au Mexique, voyez Méchoacan.
— dans la Province de Honduras, B. 388
— au Pérou, B. 432
Vallage (le) A. 118
Vallangin, A. 428
Vallée de Bénédiction (la) B. 493
— de Mambré, 494
Valliere (la) A. 149
Valmagia (la) A. 419
Valogne, A. 100
Valois (le) A. 110
Valombreuse, A. 472
Valona (la) B. 110
Valromey (le) A. 178
Valtelline (la) A. 424
Van, B. 143
Vannes, A. 139
Var (le) Rivière, B. 257
Varallo, A. 443
Varna, B. 104
Varsovie, A. 643
Vassy, A. 118
Varte (la) Rivière, A. 639
Vaucouleurs, A. 119
Vaudrevange, A. 127
Vaux, A. 106
Veilli, voyez Vailly.
Veissembourg, en Alsace, A. 148
— en Transylvanie, B. 634
Veit (Saint-) A. 538
Vela (Cap de la) B. 422
Vélai (le) A. 256
Vélaw (le) A. 317
Velétri, A. 481
Vella, voyez Baylur.

Venaiscin (le Comtat) A. 266
Venant (Saint-) A. 83
Vénasque, dans le Comtat Venaiscin, A. 267
— en Aragon, A. 350
Vence, A. 266
Vendôme, A. 159
Vendômois (le) ibid.
Vénézuela, B. 423
Venise, A. 464
Venlo, A. 331
Venoza, A. 510
Ventadour, A. 202
Vera de Plazentia, Plaine, A. 364
Veracruz, B. 385
Nouvelle, ibid.
Veragua (le) B. 421
Verceil, A. 439
Verdon (le) Riv. A. 257
Verdun, en Armagnac, A. 231
— en Bourgogne, A. 174
— en Lorraine, A. 129
Verdunois (le) ibid.
Verfeuil, A. 245
Veria (la) B. 109
Verine, B. 423
Vermand, A. 87
Vermandois (le) A. ibid.
Vermanton, A. 170
Verneuil, A. 97
Verningrod, v. Wernigerod.
Vernon, A. 97
Veroli, A. 482
Vérone, A. 463
Versailles, A. 108
Verschoture, B. 249
Vérue, A. 440
Vervins, A. 88
Vesere (le) Riv. A. 200
Vesle (la) Rivière, A. 113
Vestrogothland (le) B. 61
Vésuve (le) Volcan, A. 498

ALPHABETIQUE.

Vexin (le) Normand, A.	92	Villefranche, en Piémont,	441
— François, A.	109	Ville-Marie, v. Mont-Réal	
Vezelay, A.	165	Ville-neuve, en Agénois, A.	225
Vezelize, A.	126	— en Languedoc,	250
Vezoul, A.	180	Viller-la-Montagne, A.	128
Viana, en Navarre, A.	347	Villeroy, A.	105
— en Portugal, A.	392	Vimeux (le) A.	91
Vianden, Seigneurie, A.	301	Vincennes, A.	105
Via-Regio, A.	476	Vincent (S.) des Asturies, A.	344
Viatka (la) Riv. B.	243	— d'Afrique, Port, B.	346
Vic, en Lorraine, A.	127	— des Antilles (Isle) B.	417
— le Comte, A.	205	— du Brésil, B.	451
— de Bigore, A.	233	Vingrela, B.	177
Vicence, A.	466	Vintimille, A.	447
Vich, A.	383	Vire, A.	99
Vichi, A.	194	Virgengorda, Isle, B.	416
Vidin, B.	104	Virginie (la) B.	372
Vienne (la) Riv. A.	152	Visapour (le) B.	176
Vienne, en Dauphiné, A.	219	— Ville, B.	177
— en Autriche,	534	Visbade, A.	612
Viennois (le) A.	219	Visby, B.	68
Vierges (les) Isles, B.	416	Viseo ou Viseu, A.	394
Vierzon, A.	163	Vistule, Riviere, A.	639
Vigevano, A.	444	Viterbe, A.	483
Vigo, A.	346	Vitoria, A.	342
Vilaine (la) Rivière, A.	136	Vitré, A.	137
Villa, de Condé, A.	392	Vitri-le-François, A.	115
— Flor, A.	393	Vivarais (le) A.	255
— Franca de Panadez, A.	384	Viviers, A.	ibid.
— de Glesia, A.	519	Vlieland, Isle, A.	327
— San-Georgio, B.	451	Vodable, A.	206
— Hermosa, A.	380	Vodana, B.	156
— Nova de Cervera, A.	392	Voghera, A.	444
— Réal, A.	393	Voigtland (le) A.	570
— Rica, B.	457	Volhinie (la) A.	650
— Viciosa, A.	344	Volterra, A.	373
— Vicosa, A.	399	Volturara, A.	507
Villalpando, A.	365	Volturne, Riv. A.	497
Villars-Brancas, A.	258	Vorn, Isle, A.	324
Villars-Vaux, A.	106	Vosge (Monts) A.	74
Villefranche, en Beaujolois, A.	212	Vostani (le) B.	294
— en Rouergue,	229	Votiackes, peuples, B.	243
— en Roussillon,	239		

Youillé, A.	186	Westeras, B.	60
Voutchan, B.	210	Westernes, Isles, A.	33
Vulcano, Isle, A.	518	Westmanie (la) B.	60
		West-Meath, Comté, B.	41
W.		Westmorland, Comté, B.	7
		Westphalie (la) A.	588
Waes (Pays) A.	205	—Duché, A.	591
Waigats, Détroit, B.	463	Wéteravie (la) A.	609
Waldshut, A.	543	Wetzlar, A.	ibid.
Walkenried, A.	580	Wexford, B.	42
Walkeren, A.	325	Wexio, B.	62
Walpersburg, Château, A.	558	Weyl, A.	558
	564	Weymouth, B.	20
Walpo, A.	632	Weyt (Saint-) A.	301
Wandalie (la) A.	578	Wibourg, en Danemarck, B.	47
Waradin (Grand-) A.	630	— en Carélie Russienne,	79
Waranger, B.	53	— en Ecosse, B.	26
Warasdin, A.	632	Wich, A.	383
Warberg, B.	62	Wiclow, B.	42
Warden, B.	47	Wight, Isle, B.	22
Wardhus, B	53	Wigon, B.	9
Warmie (le Palatinat de) A.	646	Wigtoun, B.	31
Warty, A.	110	Wihits, B.	100
Warwich, B.	11	Wilh, Comté, B.	18
Wasa, B.	66	Willisca, A.	647
Wasserthely, A.	633	Wilmanstrand, B.	79
Water (le) Lac, B.	61	Wilna, A.	653
Waterford, B.	43	Wilton, B.	19
Weilbourg, A.	612	Winchelsey, B.	17
Weimar, A.	572	Winchester, B.	18
Weissenfels, A.	569	Windau, A.	658
Welaw (le) A.	217	Windismarck (le) A.	539
Weldentz, A.	606	Windsor, B.	18
Weliki-Louki, B.	81	Weinsheim, A.	566
Wels, B.	19	Winterthur, A.	413
Weluve (le) A.	217	Wirland (le) B.	79
Wenden, B.	80	Wirtemberg, Duché, A.	552
Wener (le) Lac, B.	61	Wirtzbourg, A.	56
Werdenfels, Comté, A.	549	Wismar, A.	586
Wermeland (le) B.	60	Witepsk, A.	656
Wernigerod, A.	582	With (Terre de) B.	469
Werth, A	549	Withern, B.	31
Wesel, A.	592	Wittemberg, A.	568
Weser (le) Riv. A.	529	Wogulitzes, peuples, B.	250
Weslar, voyez Wetzlar.		Wolfenbutel, A.	580

Wolfsberg, A.	538	Younnan, v. Yunnan.		
Wolga (le) Fleuve, B.	74 & 75	Ypres, A.	306	
Wollin, Isle, A.	578	Yrac-Agemi (l') B.	163	
Wolodimer, B.	87	— Arabi, B.	145	
Wologda, B.	84	Yrieix ou Yrier (S.) A.	201	
Worcester, B.	11	Yssel (l') Riv. A.	315	
Worms, A.	603	Yucatan (le) B.	382	
Woronez, B.	89	Yunnan, B.	214	
Wyl, A.	42	Yupis, peuples, B.	222	
		Yurew-Polskoi, B.	86	
		Yvetot, A.	94	
X.		Yvoi, A.	130	
		Yvornick, v. Kornich.		
Xalisco (le) B.	385	Yvrée, A.	438	
Xativa, A.	380			
Xavier, A.	348	**Z.**		
Xerès, A.	372			
— de los Cavalleros,	362	Zab (le) B.	310	
Xibaros, peuples, B.	441	Zabulon, Tribu, B.	500	
Xicoco, Isle, B.	264	Zagrabia, A.	632	
Xingu, Rivière, B.	444	Zahara, A.	372	
Ximo (Isle) B.	264	Zaïre, Riv. B.	289	
		Zambeze, Riv. B.	ibid.	
Y.		Zambre, Lac, B.	ibid.	
		Zamora, A.	365	
Yacoutsk, v. Iacuck.		Zamoski, A.	650	
Yacsa, B.	222	Zanguebar (le) B.	339	
Yahuari, Riv. B.	442	Zanhaga, Désert, B.	312	
Yambo, B.	154	Zanthe, B.	116	
Yarken, B.	230	Zara, B.	100	
Yarmouth, en Angleterre, B.	13	Zarang, B.	165	
— dans l'Isle de Wight,	22	Zare, Lac, B.	ibid.	
Yavari, voyez Yahuari.		Zeila, B.	344	
Yedo, B.	263	Zeitz, A.	569	
Yemen (le) B.	155	Zélande (la) A.	324	
Yesd, B.	164	— Nouvelle, B.	467	
Yéso, voyez Jéso.		Zell, en Souabe, A.	558	
Yeu (l'Isle d') A.	189	— en Basse-Saxe,	584	
Yla ou Yle, Isle, B.	33	Zemle (la Nouvelle), B.	463	
Yonne (l') Riv. A.	113	Zenderow ou Zendrew, voyez Sémendrie.		
Yorck, B.	8			
— Nouvelle, B	371	Zerbi, Isle, B.	302	
— (New) B.	ibid.	Zerbst, A.	573	
— (Fort) B.	374, 375	Zimbaoé, du Monomotapa, B.	338	
Youghill (Havre d') B.	38	Zimbaoé, du Sofala, B.	ibid.	

Zimbas, *peuples*, B.	334	Zuenziga, *Désert*, B.	313
Ziques (*les*) *peuples*, B.	240	Zug, A.	408
Ziph (*le Désert de*) B.	493	Zuickaw, A.	569
Zirani, *peuples*, B.	83	Zurich (*Lac de*) A.	495
Ziriczée, A.	325	— *Ville & Canton*,	412
Zittaw, A.	625	Zutphen, A.	317
Znaïm, A.	618	Zuyderzée (*le*) *Golfe*, A.	327
Zoara, B.	302		
Zuckmentel, A.	622	Zweibruck, *v.* Deux-Ponts.	
Zud-Beveland, *Isle*, A.	325	Zwol, A.	327

Fin de la Table Alphabétique.

APPROBATION.

J'ai lu, par ordre de Monseigneur le Chancelier, un Ouvrage intitulé la GEOGRAPHIE DE LA CROIX; & je n'y ai rien trouvé qui puisse en empêcher la réimpression. A Paris, ce 29 Novembre 1772.

Signé MARIN.

PRIVILEGE DU ROI.

LOUIS, par la grace de Dieu, Roi de France & de Navarre: A nos amés & féaux Conseillers, les Gens tenant nos Cours de Parlement, Maîtres des Requêtes ordinaires de notre Hôtel, Grand Conseil, Prevôt de Paris, Baillifs, Sénéchaux, leurs Lieutenans Civils, & autres nos Justiciers, qu'il appartiendra; SALUT. Notre amé le sieur JEAN-THOMAS HERISSANT Fils, Libraire à Paris, nous a fait exposer qu'il désireroit faire réimprimer & donner au Public, LA GEOGRAPHIE MODERNE, par M. l'Abbé de la Croix; s'il Nous plaisoit lui accorder nos Lettres de Renouvellement de Privilège pour ce nécessaires. A CES CAUSES, voulant favorablement traiter l'Exposant, Nous lui avons permis & permettons par ces Présentes, de faire imprimer ledit Ouvrage autant de fois que bon lui semblera, & de le vendre, faire vendre & débiter par-tout notre Royaume, pendant le temps de six années consécutives, à compter du jour de la date des Présentes. Faisons défenses à tous Imprimeurs, Libraires & autres personnes, de quelque qualité & condition qu'elles soient, d'en introduire d'impression étrangère dans aucun lieu de notre obéissance: comme aussi d'imprimer, ou faire imprimer, vendre, faire vendre, débiter ni contrefaire ledit Ouvrage, ni d'en faire aucuns extraits, sous quelque prétexte que ce puisse être, sans la permission expresse & par écrit dudit Exposant, ou de ceux qui auront droit de lui, à peine de confiscation des Exemplaires contrefaits, & de trois mille livres d'amende contre chacun des contrevenans, dont un tiers à Nous, un tiers à l'Hôtel-Dieu de Paris, & l'autre tiers audit Exposant, ou à celui qui aura droit de lui, & de tous dépens, dommages & intérêts. A la charge que ces Présentes seront enregistrées tout au long sur le Registre de la Communauté des Imprimeurs & Libraires de Paris, dans trois mois de la date d'icelles: que l'impression dudit Ouvrage sera faite dans notre Royaume, &

non ailleurs, en beau papier & beaux caractères, conformément aux Réglemens de la Librairie ; & notamment à celui du 10 Avril mil sept cent vingt-cinq, à peine de déchéance du présent Privilège ; qu'avant de l'exposer en vente, le Manuscrit qui aura servi de copie à l'impression dudit Ouvrage, sera remis dans le même état où l'Approbation y aura été donnée, ès mains de notre très-cher & féal Chevalier, Chancelier Garde des Sceaux de France, le Sieur DE LAMOIGNON, & qu'il en sera ensuite remis deux Exemplaires dans notre Bibliothèque publique, un dans celle de notre Château du Louvre, & un dans celle du Sieur DE MAUPEOU, le tout à peine de nullité des Présentes ; du contenu desquelles vous mandons & enjoignons de faire jouir ledit Exposant & ses ayans cause, pleinement & paisiblement, sans souffrir qu'il leur soit fait aucun trouble ou empêchement. Voulons que la copie des Présentes qui sera imprimée tout au long au commencement ou à la fin dudit Ouvrage, soit tenue pour duement signifiée, & qu'aux copies collationnées par l'un de nos amés & féaux Conseillers-Secrétaires, foi soit ajoutée comme à l'original. Commandons au premier notre Huissier ou Sergent sur ce requis, de faire pour l'exécution d'icelles, tous actes requis & nécessaires, sans demander autre permission, & nonobstant clameur de Haro, Charte Normande, & Lettres à ce contraires : CAR tel est notre plaisir. DONNÉ à Paris le dix-neuvième jour du mois de Novembre l'an de grace mil sept cent soixante-dix, & de notre règne le cinquante-sixième. Par le Roi en son Conseil.

Signé LE BEGUE.

Je soussigné, reconnois avoir cédé & transporté le présent Privilège à Monsieur DELALAIN, Libraire à Paris, pour en jouir en mon lieu & place, suivant les conventions faites entre nous. A Paris, ce 21 Novembre 1770.

Signé HÉRISSANT Fils

Regiſtré le présent Privilège & ensemble la Cession sur le Regiſtre XVIII. de la Chambre Royale & Syndicale des Libraires & Imprimeurs de Paris, N.° 1397, fol. 372, conformément au Réglement de 1723, qui fait défenses Art. 41, à toutes personnes de quelque qualité & condition qu'elles soient, autres que les Libraires & Imprimeurs de vendre, débiter, faire afficher aucuns livres pour les vendre en leur noms, soit qu'ils s'en disent les Auteurs ou autrement : & à la charge de fournir à la susdite Chambre neuf exemplaires prescrits par l'Art. 108 du même Réglement, A Paris, ce 29 Novembre 1770.

Signé BROCAS, *Adjoint.*

www.ingramcontent.com/pod-product-compliance
Lightning Source LLC
Chambersburg PA
CBHW050100230426
43664CB00010B/1385